U0916207

2009
北京广播影视年鉴
Beijing guangboyingshinianjian

北京广播影视年鉴编辑委员会 编

图书在版编目（CIP）数据

北京广播影视年鉴. 2009 /《北京广播影视年鉴》编辑委员会编. - 北京 ：中国广播电视出版社，2009.12
ISBN 978-7-5043-6054-0

Ⅰ. ①北… Ⅱ. ①北… Ⅲ. ①广播事业－北京市－2009－年鉴②电影事业－北京市－2009－年鉴③电视事业－北京市－2009－年鉴 Ⅳ. ①G229.271-54②J992-54

中国版本图书馆CIP数据核字(2009)第240353号

2009北京广播影视年鉴

北京广播影视年鉴编辑委员会 编

责任编辑 常红
装帧设计 一北工作室

出版发行 中国广播电视出版社
电　　话 010-86093580　010-86093583
社　　址 北京市西城区真武庙二条9号
邮　　编 100045
网　　址 www.crtp.com.cn
电子信箱 crtp8@sina.com

经　　销 全国各地新华书店
印　　刷 廊坊市佳艺印务有限公司

开　　本 787毫米×1092毫米　1/16
字　　数 650（千）字
印　　张 31.5
版　　次 2009年12月第1版　2009年12月第1次印刷
印　　数 1300册

书　　号 ISBN 978-7-5043-6054-0
定　　价 128.00元

编辑说明

一、《北京广播影视年鉴》是一部综合性资料工具书和史料文献的大型年刊，由北京市广播电影电视局主持编纂，北京北广传媒集团、北京人民广播电台、北京电视台、中国电影博物馆、各区县文化委员会、各区县广电中心等协助编纂。

二、本年鉴全面反映北京市广播影视的基本情况和发展变化，客观记录上一年全市广播影视业各方面的新情况、新资料。特殊事项，在前后年份上有所延伸。

三、本年鉴以马克思列宁主义、毛泽东思想、邓小平理论、“三个代表”重要思想为指导，认真贯彻落实科学发展观，坚持实事求是的编辑方针，贯彻“贴近实际，贴近生活，贴近群众”的宣传原则，为广播影视从业人员、教学科研人员、决策管理人员以及社会各界了解和研究北京市广播影视业提供可靠信息。

四、本年鉴自2005年起，每年编印一卷。2009年版为第五卷，全书共有19个栏目：图片、特载、概况、产业发展、广播电视覆盖、频率频道、节目栏目、技术工作、影视剧、新媒体与网络传播、书报刊出版、受众调查、组织机构、统计、华彩杯、经验、论文摘编、大事记、索引。

五、本年鉴采用规范语体文，行文力求朴实、简洁、通畅。以记述文章体裁为主体，同时包含志、传、图、表、录等。

六、本年鉴计量单位按照1984年2月27日公布的《中华人民共和国法定计量单位》执行。

七、本年鉴统计数字以统计部门公布的为准。统计部门缺遗的数字，以各单位的为准。

八、本年鉴稿件由各单位、各部门确定专人撰写（特殊约稿除外），经各单位、各部门主要领导审核，最后由年鉴编委会总审。

九、本年鉴的编辑工作得到各撰稿单位、部门及各方面的热情关怀和大力支持，在此深表感谢。由于水平有限，对本书的疏漏之处与不足，恳请各界批评指正，以利于今后改进。

北京市广播电影电视局史志办（本刊编辑部）

2009年10月

编 辑 委 员 会

委　员：

杨春青　北京市广播电影电视局办公室（安全监管办公室）主任

李　伟　北京市广播电影电视局政策法规处（产业促进处）处长

索宇琴　北京市广播电影电视局宣传管理处处长

王　健　北京市广播电影电视局电影管理处处长

李一萍　北京市广播电影电视局传媒机构管理处处长

丁　梅　北京市广播电影电视局网络视听节目管理处处长

陈　煜　北京市广播电影电视局科技处处长

秦　华　北京市广播电影电视局计划财务处处长

秦固生　北京市广播电影电视局组织人事处处长

单志忠　北京市广播电影电视局机关党委专职副书记

王学理　北京市广播电影电视局工会副主席

张大烨　北京市广播电影电视局纪监处处长

马广胜　北京市广播电影电视局史志办主任

郭祥庚　北京市广播电影电视局离退休人员管理中心主任

王　晶　北京市广播电影电视局后勤服务中心副主任

韩　浩　北京市广播电影电视局信息中心副主任

魏利明　北京市广播电视监测中心副主任

曾黎明　北京音像资料馆馆长（研究中心主任）

阎于京　北京广播影视作品审查中心主任

亢亚志　北京人民广播电台副总编辑

孙　巍　北京人民广播电台总编室主任

冯　平　北京电视台史志办主任

许建海　北京紫禁城影业有限责任公司总经理

张连生　北京影视艺术家协会副主席、秘书长

王　伟　北京北广传媒集团党办主任

孙树公　北京北广传媒集团办公室主任

张　平　北京北广传媒集团宣传管理部主任

张　滨　北京歌华文化发展集团党委办公室主任

刘晓辉　北京歌华有线电视网络公司办公室主任

郑晓龙　北京电视艺术中心主任

尤小刚　北京中北电视艺术中心有限公司董事长

张学朝　北京音像公司总经理

李相保　北京广播影视物业管理中心主任

何公明　北京北广传媒数字电视公司总经理兼瑞特影音贸易公司总经理

罗晓军　北京北广传媒移动电视公司副总经理

张振华　北京北广传媒影视公司董事长、总经理

彭　岱　北京北广传媒城市电视公司董事长

蔡恒平　鼎视数字电视传媒有限公司总经理

刘　志　北京北广置业有限公司总经理

程永涛　北京市东城区文化委员会主任

张宏达　北京市西城区文化委员会主任

李承刚　北京市崇文区文化委员会主任兼旅游局局长

王　旭　北京市宣武区文化委员会主任
黄晓伟　北京市朝阳区文化委员会书记
刘明星　北京市海淀区文化委员会主任
王艳秋　北京市丰台区文化委员会主任
刘　燕　北京市石景山区文化委员会主任
陈世杰　北京市门头沟区文化委员会主任
李立新　北京市房山区文化委员会主任
许玉增　北京市大兴区文化委员会主任
杜德久　北京市通州区文化委员会主任
刘振河　北京市顺义区文化委员会主任
张　兴　北京市平谷区文化委员会主任
王玉山　北京市怀柔区文化委员会主任
杨富志　北京市昌平区文化委员会主任
李洪仕　北京市密云县文化委员会主任
张素枝　北京市延庆县文化委员会主任
奚传斌　北京市朝阳区广播电视新闻中心主任
牛爱忠　北京市海淀区新闻中心主任
李　智　北京市丰台区广播电视中心主任
魏志安　北京市石景山区广播电视中心主任
宋　奇　北京市门头沟区广播电视中心主任
李晓梅　北京市房山区广播电视中心主任
李岭涛　北京市大兴区广播电视中心主任
王志刚　北京市通州区广播电视中心主任
王　颖　北京市顺义区广播电视中心主任
刘义华　北京市平谷区广播电视中心主任
刘晓红　北京市怀柔区广播电视中心主任
刘晓梅　北京市昌平区广播电视中心主任
赵力杰　北京市密云县广播电视中心主任
孟昭旭　北京市延庆县广播电视中心主任
王长田　光线传媒有限公司总裁
王中军　华谊兄弟传媒股份有限公司董事长
刘燕铭　海润影视制作有限公司董事局主席
英　宁　北京英氏影视艺术有限公司总经理
腾　站　北京金英马影视文化公司董事长、总经理
蒲树林　华夏视听环球传媒(北京)有限公司董事长
杨伟光　天地人传媒有限公司董事长兼总裁
刘晓霖　北京华亿联盟文化传媒投资有限公司执行董事兼总裁
丁　芯　北京鑫宝源影视投资有限公司董事长
赵　凯　北京京都世纪文化发展有限公司董事长
马中骏　北京慈文影视有限公司

主编　副主编

主　　编：　洪　兵　北京市广播电影电视局巡视员
常务副主编：　马广胜　北京市广播电影电视局史志办主任
副　主　编：　孙　巍　北京人民广播电台总编室主任
冯　平　北京电视台史志办主任
孙树公　北京北广传媒集团办公室主任
王廷富　北京市广播电影电视局史志办高级编辑（特聘）

编辑部编辑与特约编辑

编辑部编辑： 段燕燕　北京市广播电影电视局史志办责任编辑

潘　怡　北京市广播电影电视局史志办责任编辑（特聘）

韩同慧　（特约撰稿）

特约编辑：

王海楠　北京市广播电影电视局办公室（安全监管办公室）副主任

崔　岩　北京市广播电影电视局宣管处干部

解　楠　北京市广播电影电视局组织人事处副处长

钟立红　北京市广播电影电视局传媒机构管理处副调研员

安　凭　北京市广播电影电视局科技处副处长

吴　彤　北京市广播电影电视局政策法规处干部

荀　菲　北京市广播电影电视局办公室（安全监管办公室）干部

车　静　北京市广播电影电视局离退休人员管理中心副主任

杨子君　北京市广播电影电视局后勤服务中心干部

顾　飞　北京市广播电影电视局信息中心干部

马　丽　北京市广播电视监测中心干部

史博华　北京人民广播电台网络信息中心台史办主任

刘　莹　北京人民广播电台总编室宣管科科长

唐晓燕　北京电视台史志办编辑

魏向东　北京电视台史志办编辑

郑　琴　中国电影博物馆办公室干部

檀鲁敏　北京音像资料馆（研究中心）干部

马晓宇　北京市广播影视作品审查中心干部

杨　蕾　北京紫禁城影业公司办公室干部

刘淑霞　北京影视艺术家协会

李广建　北京北广传媒集团办公室副主任

郑向英　北京北广传媒数字电视有限公司办公室干部

王　莹　北京北广传媒移动电视有限公司办公室主任

何　颖　北京北广传媒影视有限公司办公室主任

杨峰斌　北京北广传媒城市电视有限公司办公室干部

付冠林　鼎视数字电视传媒有限公司办公室干部

张　瑜　北京歌华文化集团宣传部主管

王晓芳　北京歌华有线电视网络公司办公室干部

孔　婷　北京电视艺术中心办公室干部

王昌续　北京中北电视艺术中心有限公司办公室主任

杨　琳　北京广播电视报社办公室干部

杨瑾平　北京音像公司办公室干部

彭穗新　北京影视城管理中心办公室主任

常　斌　北京广播影视物业管理中心办公室主任

赵丽艳　北京瑞特影音贸易公司办公室主任

王湘帆　北京市东城区文化委员会干部

周爱平　北京市西城区文化委员会主任科员
杜冉冉　北京市崇文区文化委员会
孔军燕　北京市宣武区文化委员会干部
李宏钧　北京市朝阳区文化委员会科员
戴　明　北京市海淀区文化委员会干部
王　莹　北京市丰台区文化委员会干部
张桂霞　北京市石景山区文化委员会主任科员
王萌萌　北京市门头沟区文化委员会干部
白　杨　北京市房山区文化委员会干部
孔驻军　北京市大兴区文化委员会文化市场管理科科长
杨家毅　北京市通州区文化委员会办公室主任
陈向东　北京市顺义区文化委员会
张春芬　北京市平谷区文化委员会科员
梁　祎　北京市怀柔区文化委员会科员
朱炳祥　北京市昌平区文化委员会执法队副队长
康连兴　北京市密云县文化委员会文化市场指导科科长
刘满利　北京市延庆县文化委员会政办室副主任
邱　阳　北京市朝阳区广播电视新闻中心总编室
刘　莉　北京市海淀区新闻中心办公室干部
马藻茹　北京市丰台区广播电视中心办公室干部
甄趁勇　北京市石景山区广播电视中心办公室副主任
高艳蕊　北京市门头沟区广播电视中心办公室干部
莘德艺　北京市房山区广播电视中心总编室主任
赵长军　北京市大兴区广播电视中心办公室副主任
翟玉中　北京市通州区广播电视中心办公室主任
王秀华　北京市顺义区广播电视中心办公室
朱京平　北京市平谷区广播电视中心办公室主任
王　纲　北京市昌平区广播电视中心办公室主任
姜亦萍　北京市怀柔区广播电视中心办公室副主任
石晓访　北京市密云县广播电视中心总编室主任
高景祎　北京市延庆县广播电视中心办公室副主任
徐　丹　光线传媒有限公司
姜　朋　华谊兄弟传媒股份有限公司制作主管
王存林　海润影视制作有限公司行政总监
郭丙泰　北京英氏影视艺术有限公司主管
李俊宏　北京金英马影视文化公司
张海涛　华夏视听环球传媒（北京）有限公司
孙剑涛　天地人传媒有限公司
赵　娟　北京华亿联盟文化传媒投资有限公司
伍　健　北京京都世纪文化发展有限公司执行董事
邰薪羽　北京鑫宝源影视投资有限公司

Beijing
guangboyingshi
nianjian

2008年12月19日，在第三届中国北京国际文化创意产业博览会开幕期间，中共中央政治局常委李长春（后排右二），中共中央政治局委员、北京市委书记刘淇（后排右一），北京市委副书记、市长郭金龙（后排右三）兴致勃勃前来参观。

李长春、刘淇等领导参观第三届文博会广播影视展区时，北京市广播电视局局长孙向东（右二）在亲自讲解。

2009年10月29日，中共中央政治局委员、北京市委书记刘淇到光线传媒有限公司考察调研，光线传媒总裁王长田（右）介绍情况。

2008年3月6日，中共中央政治局委员、中央书记处书记、中央宣传部部长刘云山（右二）参观北京歌华文化发展集团所属中华世纪坛举办的“古典与唯美”西蒙基金会藏欧洲19世纪绘画精品展。

2008年12月20日，全国政协副主席阿布来提·阿布度热西提（左一）、北京市政协主席阳安江（右一）参观第三届文博会，北京市广播电视局副局长李春良（中）介绍情况。

全国政协副主席阿布来提·阿布度热西提（前左一）、北京市政协主席阳安江（前左二）等领导参观第三届文博会广播影视北广传媒展区时，北广传媒集团总经理马朝军（前左四）、副总经理赵多佳（前左三）介绍情况。

2008年1月31日，中宣部副部长、国家广播电影电视总局局长王太华（前中）和副局长张海涛(右二)在北京市委常委、宣传部长、副市长蔡赴朝（右一）的陪同下到北京市广电系统调研。图为北京电台台长汪良（左一）在汇报情况。

中央宣传部副部长、国家广播电影电视总局局长王太华（右一）和副局长张海涛（右三）在北京市委常委、宣传部长、副市长蔡赴朝（左二）陪同下到北京市广电系统调研。图为北京电视台台长刘爱勤（左一）、总编辑张晓（右二）在汇报工作。

2008年5月31日，中央宣传部副部长李东生（左一）、北京市委常委、宣传部长、副市长蔡赴朝（中）、北京市新闻办主任王惠（右一）检查北京歌华文化发展集团所属歌华开元大酒店改建暨2008北京国际新闻中心建设工程。

2008年9月6日，国务院副秘书长、中央联席会议办公室主任、国家信访局局长王学军（右一）在北京市信访办主任薄钢、国家投诉受理办公室负责人赵春林、北京市政府办公厅副主任吴大仓等陪同下到北京电台调研。

2008年7月26日，中国电影博物馆蜡像厅揭幕。国家广播电影电视总局副局长赵实（中）、电影局原局长刘建中（右二）、电影局局长童刚（左一），北京市广播电视局局长孙向东（左二），中国电影博物馆馆长杨永安（右一）等参加揭幕仪式。

2008年6月29日，在北京电台第三届“听众喜爱的名牌栏目”评选颁奖仪式上，国家广播电影电视总局副局长胡占凡（中）为《一路畅通》节目颁奖。

2009年2月6日，北京市委常委、宣传部长、副市长蔡赴朝（左）到北京歌华有线电视网络股份有限公司调研。歌华有线电视网络公司董事长张淼汇报工作（右）。

2008年3月1日，北京市副市长赵凤桐（中）到北京电台城市服务管理广播调研并参加《城市零距离》节目直播。

2008年9月24日，北京市副市长丁向阳（左）参加北京电台城市服务管理广播《城市零距离》特别节目。

↑ 2009年3月31日下午，北京市广播电视局改为北京市广播电影电视局举行挂牌仪式。

↑ 北京市广播电影电视局新牌。

↑ 2008年2月15日，北京市广播电视局召开北京市广播影视工作会议，总结部署工作，表彰一批先进。

↑ 2008年4月15日，北京市广播电视局召开"平安奥运行动"工作会议。

↑ 2008年6月27日，北京市广播电视局召开"迎七一、促奥运"誓师动员大会。

↑ 2008年10月21日，北京市广播电视局召开全市广电系统奥运工作总结表彰大会。

2008年10月25~26日，北京市广播电视局组织、北京市广播影视作品审查中心承办的“全国广播电视编辑记者、播音员主持人资格考试（北京地区考点）”开考。

2008年11月27日，北京市广播电视局召开“优秀电视剧”推荐会，北京市广播电视局副局长李春良介绍情况。

2008年9月17日，北京市广播电视学会第五届理事会第三次会议暨“2007年度北京市广播电视奖（华彩杯）”颁奖大会召开。

怀柔区广播电视中心获奖人员手捧奖杯与该中心主任刘晓红（中）在颁奖会场合影。

2008年5月28日，北京市广播电视监测系统开通暨总结座谈会。

北京市广播电视局召开2008年北京市广电系统办公室工作会议。

2008年12月17日，北京市广播电视局参与承办的第三届中国北京国际文化创意产业博览会开幕。

第三届文博会广播电影电视展览大厅，规模超过前两届。

第三届文博会北京市广播电视局展区。

“改革创新，科学发展—纪念北京广播影视改革发展30年”，是第三届文博会广播影视发展论坛的主题。图为老同志代表与总局办公厅、北京市广电局、集团等领导在一起合影。

第三届文博会广播影视发展论坛会场。

文博会广播影视论坛发言现场

↑ 国家广播电影电视总局办公厅主任朱虹在论坛上发言。

↑ 北京市政府副秘书长侯玉兰出席论坛并致辞。

↑ 北京市广播电视局党组书记、局长孙向东总结北京广播影视改革发展30年主要成就。

↑ 北京市广播电视局党组副书记、副局长杨淑琴主持广播影视论坛。

↑ 中国传媒大学副校长胡正荣在论坛上发言。

↑ 北京北广传媒集团总经理马朝军在论坛上发言。

↑ 北京电视台台长刘爱勤在论坛上发言。

↑ 北京人民广播电台总工程师王季平在论坛上发言。

↑ 顺义区广播电视中心主任王颖在论坛上发言。

2008年7月29日，北京市广播电视局局长孙向东到怀柔考察“村村通”系统增加转播央视奥运频道情况。

2008年7月，北京市广播电视局副局长臧增祥（中）与朝阳区文委签订广播电视安全传输责任书。

山区群众在家中收看中央电视台奥运频道节目。

北京市广播电视局总工程师何桂芝（左）到密云县广电中心检查指导工作。

北京市广播影视作品审查中心专家在审片。

2008年12月10日，北京市广播电视局开办视频点播业务培训班。

2008年奥运会前夕，北京市广播电视局举办互联网视听节目培训班，副局长臧增祥（右二）出席。

2008年10月21日至24日，由北京市广播电视局承办的中国广播电视年鉴第24届年会在京召开。北京市广播电视局被评为年鉴工作先进单位。

中国广播电视年鉴编委会对北京市广播电视局圆满承办年鉴年会表示感谢，并赠送锦旗。北京市广播电视局巡视员洪兵接受锦旗。

2008年春节，北京市广播电视局工会主席宋春华、副主席王学理到北京电台、北京电视台慰问编播第一线职工。

2008年，北京市广播电视局和北京电台、北京电视台获“抗震救灾，重建家园——工人先锋号”称号。

2008年，北京人民广播电台注重创新节目内容和宣传形式，年内精心组织学习实践科学发展观、贯彻党的十七届三中全会精神、很好地完成了全国和北京市"两会"、应对国际金融危机、纪念改革开放30周年等重要活动的宣传报道任务，积极唱响主旋律、打好主动仗，在有力地配合党和政府的中心工作的同时，围绕奥运火炬境内外传递、奥运开闭幕式盛典和各项赛事，每天播出奥运节目超过120个小时，共播发赛事报道1万余条，转播赛事500余场。

2008年11月25日，北京电台召开企业文化建设项目成果发布暨实施推进动员大会。

北京电台音乐广播承办历时五年四届的奥运歌曲征集评选活动，共收到奥运歌曲作品8万9千多首，从中产生奥运会、残奥会歌曲及音乐作品。北京电台台长汪良（左五）出席评选活动。

2008年1月21日，北京电台举办奥运倒计时200天暨奥运征歌评选活动。北京奥组委大型活动部部长赵东鸣（右二），北京电台总编辑陆莹（右一）剪彩。

2008年3月24日17时许，近十万北京市民不仅见证了圣火采集仪式的盛况，同时也见证了北京广播发展史上具有划时代意义的一刻——北京电台DAB数字多媒体广播首次实现了视频现场直播。

2008年7月，集实时路况信息导航、DAB数字广播电视、各种实用信息发布等各种功能于一身的1039新媒体机问世，北京电台研发的"公众服务信息平台"正式向公众提供服务。

2008年7月2日，北京电台举行奥运宣传誓师大会。

北京电台奥运报道部的编播人员正在研讨工作。

2008年3月24日，北京电台新闻广播记者朱凌翔在雅典采访第29届奥运会圣火采集仪式现场采访前国际奥委会主席萨马兰奇。

2008年4月7日，北京电台体育广播记者陈妹在法国巴黎采访第29届奥运会火炬手金晶。

2008年4月23日，北京电台外语广播网络电台举行开播仪式。

↑ 2008年4月30日，北京电台在天安门广场进行奥运会倒计时100天现场直播。

↑ 2008年5月23日，北京电台举办2008年奥运节目推介会。

↑ 2008年7月17日，将北京电台新闻广播特别系列报道《咱们这七年》结集而成的《咱们这七年——发生在北京的奥运故事》中英文版图书正式出版。

↑ 2008年8月9日，奥运会主题歌演唱者刘欢第一时间到北京电台音乐广播直播间做现场直播，介绍奥运主题歌演唱情况。

↑ 第29届奥运会期间，北京电台总编辑陆莹（后右五）、副总编辑王秋（后右六）、亢亚志（后左三）、陈晓海（后右四）前往北京电台奥运报道前方记者住地慰问。

↑ 第29届奥运会期间北京电台在国际台设立奥运直播间。图为总编辑陆莹（右二）、副总编陈晓海（右一）及技术人员正在检查奥运直播准备情况。

四川汶川大地震发生后，北京电台记者芳华第一时间赶到北川县城采访。

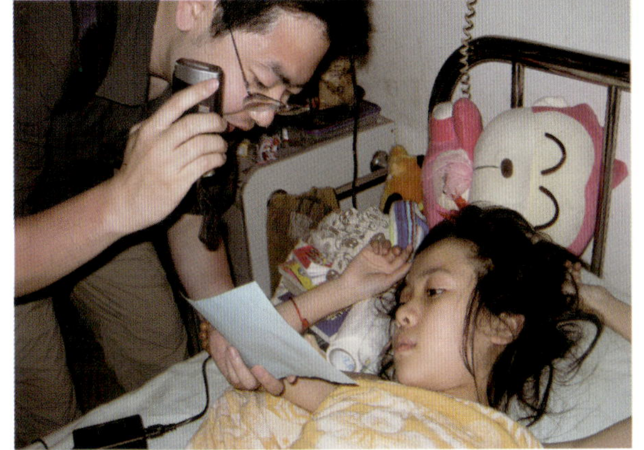

北京电台交通广播记者赵鹏将爱心卡交给地震灾区受伤的小朋友并连线直播。

2008年5月20日，北京电台文艺广播前往四川德阳、绵竹慰问灾区小学生。

2008年6月2日，北京电台新闻在北京老年医院设立直播间，报道四川伤员在京康复情况。

2008年12月3日，由北京电台首都生活广播与北京市红十字会联合发起捐助的“博爱电波书屋”在四川什邡市宏达中学挂牌。

↑ 2008年1月18日~2月20日，北京电台文艺广播、北京广播网联合19家网站共同主办“第三届原创新春祝福短信大赛”，共征集原创短信36154条，累计投票数突破2430万人次。

↑ 2008年3月1日，北京电台城市服务管理广播“社区信息员队伍”正式成立。

↑ 2008年3月~6月，北京电台等单位共同发起了“蒙牛绿色骑手，奔向北京”大型自行车志愿之旅主题活动，骑行3600公里，穿越七大城市。

↑ 2008年6月~7月，北京音乐广播“五一”交响乐团在北京航空航天大学、武警部队、国际维和部队等单位举行了夏季巡演。

↑ 2008年9月20日，北京电台举办“挑战无极限小DJ大不同”主持人选拔活动，一批优秀的年轻主持人进入电台。

↑ 2008年11月21~22日，由北京大学新闻与传播学院、北京电台共同主办的首届数字广播发展高峰论坛在京举办。国家广电总局科技司司长王效杰、总局无线电管理局总工程师李国华、市委宣传部副部长肖培等出席会议。

北京人民广播电台及正式启用的北京广播大厦（建筑面积5.4万平方米）外景。

北京广播大厦一号演播室，内建有8讯道高清演播室。

北京广播大厦8讯道高清演播室控制间，音响、灯光和视频控制系统所采用的设备均为当今视频领域最先进的技术。

2008年2月5日，北京电台在新落成的北京广播大厦400平方米演播厅进行长达8小时的音视频同步直播节目“八台奇斗艳 声屏大联欢”除夕节日大赛。

2008年11月22日，由交通广播、北京市交管局等单位发起的“北京市民千日无违章大赛”揭晓。图为获奖者从北京市公安交通管理局局长宋建国（左一）、北京电台台长汪良（右一）手中接过荣誉证书。

2008年，北京电视台注重创新节目内容和宣传形式，年内精心组织学习实践科学发展观、贯彻党的十七届三中全会精神、全国和北京市“两会”、应对国际金融危机、纪念改革开放30周年等重要活动的宣传报道任务，积极唱响主旋律、打好主动仗，在有力地配合党和政府的中心工作的同时，围绕奥运火炬境内外传递、奥运开闭幕式盛典和各项赛事，承担6个BOB奥运会残奥会项目的直播，共播出奥运节目近2000小时。

↑ 2008年8月8日，北京电视台推出第29届奥运会大型直播节目《光荣与梦想》。

↑ 2008年7月21日，北京电视台举行北京奥运会、残奥会报道暨平安奥运誓师大会。

↑ 2008年9月27日，北京电视台举行奥运宣传总结表彰大会。

↑ 2008年10月30日，北京电视台奥运宣传报道受到党中央国务院的表彰。

↑ 2008年8月7日，《奥林匹克新闻》在播出。

↑ 2008年9月11日，北京电视台体育部BOB转播团队在直播残奥会比赛现场。

↑ 2008年9月6日，北京电视台报道残奥会火炬传递。

↑ 2008年9月7日，北京电视台体育部BOB转播团队在直播残奥会比赛现场。

↑ 2008年3月12日，北京电视台记者采访土耳其副总理。

↑ 开展对外交流，北京电视台台长刘爱勤（右）于2008年8月11日会见韩国三星副总裁。

↑ 开展对外交流，北京电视台总编辑张晓（右）于2008年12月19日会见美联社官员。

2008年8月8日，第29届奥运会在国家体育场“鸟巢”举行盛大开幕式。图为北京电视台卡酷七色光艺术团的小演员们在表演。

2008年2月7日，北京电视台举办的春节晚会《2008北京新春大联欢》在播出。

2008年7月26日，由北京电视台、成龙影业集团、中影集团、英皇星艺集团共同承办的《龙的传人》大型电视选拔活动举行颁奖盛典。

2008年9月26日，北京电视台在神七发射现场采访。

2009年4月4日，北京电视台在直播黄陵祭祀现场。

2008年北京电视台部分优秀节目栏目

↑ 北京新闻

↑ 特别关注

↑ 生活面对面

↑ 身边

↑ 天下收藏

↑ 警法目录

↑ 这里是北京

↑ 首都经济报道

↑ 北京晚间新闻报道

2008年5月15日，北京电视台举办大型抗震救灾直播节目——《抗震救灾，众志成城》。

2008年5月29日，北京电视台举办《托起明天的太阳——首都青少年爱心慈善晚会》。

2008年6月1日，北京电视台卡酷七色光“爱心之旅”——“抗震希望教室”六·一募捐音乐会在中山音乐堂举行。

2009年1月26日，北京电视台记者重返四川灾区采访。

2008年6月4日，北京电视台直播首都人民援建四川灾区首批过度安置房入住仪式。

↑ 北京电视台新址——北京电视中心综合业务楼投入使用，总建筑面积19万平方米。

↑ 北京电视台新启用的多功能演播剧场夜景。

↑ 北京电视台新启用的演播室之一。

↑ 北京电视台新启用的播控中心。

↑ 北京电视台新启用的新闻演播厅。

↑ 北京电视台新启用的开放式编辑办公区。

↑ 2008年10月31日，为进一步推动优秀影视剧创作，北京市广播电视局与北广传媒集团联合开展优秀剧本征集活动。图为“首届优秀剧本征集活动获奖作品揭晓暨颁奖仪式”举行。

2008年，北广传媒集团全力推进数字、移动、城市（楼宇）电视的建设与发展，取得了卓越成绩。数字电视自办和集成48个付费频道，用户达190多万户；移动电视公交车、地铁、出租车安装终端屏幕近30000块；城市电视终端屏幕达11000多块，进一步丰富了市民的文化娱乐生活。

↑ 2008年，确保奥运期间新媒体安全播出和广播电视网络安全传输，是北广传媒集团工作的重中之重。图为8月8日集团领导视察数字、移动、城市电视公司的安全播出情况。

↑ 2008年10月7日，北广传媒集团举行服务保障总结表彰大会。

↑ 2008年7月31日，北广传媒集团党委书记刘志远（左一）、集团副总经理赵多佳（右二）率队赴灾区慰问抗震救灾部队。

↑ 2008年5月16日，北广传媒集团党委组织党员干部和职工踊跃向地震灾区捐款。图为集团党委副书记贾玉祥（右二）在组织捐款。

2008年7月30日，北广传媒集团与市消防局共建消防宣传平台举行签字仪式。

2008年10月17日，北广传媒集团荣获“2008中国民生行动先锋”称号。

2008年8月27日，北广传媒集团、北京市广电局组成慰问组前往青海格尔木探望电视剧《雪域天路》剧组。

2008年11月19日，北广传媒集团召开新媒体业务研讨暨节目表彰会。

2008年12月18日，北广传媒集团集团赞助第七届中国花博会举行签约仪式。

↑ 《论井冈山精神》栏目获奖

↑ 报道中国奥运第一人刘长春之子——刘鸿图。

↑ 北广传媒数字电视开办党建栏目《以案说纪》审片会。北京市纪委常委刘经宇（左二）参加。

↑ 《论井冈山精神》剧照

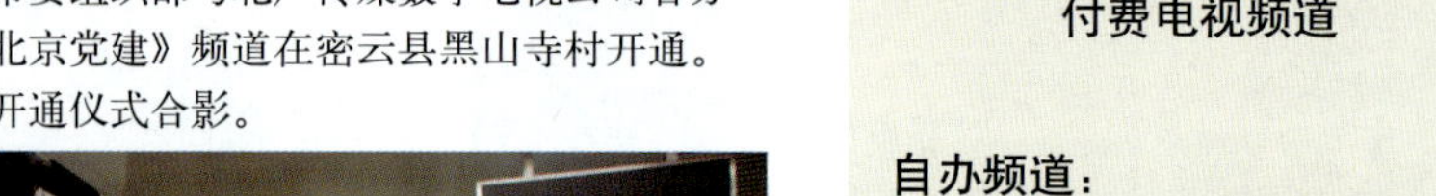

↑ 北京市委组织部与北广传媒数字电视公司合办的《北京党建》频道在密云县黑山寺村开通。图为开通仪式合影。

↑ 党建节目《村官》

↑ 北广传媒数字电视党建频道记者报道北京市政法委“平安奥运”活动中的优秀典型。

↑ 党建节目《村官》

↑ 《百年圆梦》栏目

↑ 第三届北京文博会北广传媒展台——数字电视《北京之窗》栏目开展有奖问答活动。

北京北广传媒数字电视有限公司
Beijing All Media and Culture Digital TV Co.,Ltd

北广传媒数字电视开办的付费电视频道

自办频道：

《京视剧场》、《爱家购物》、《动感音乐》、《车迷频道》、《考试在线》、《亲亲宝贝》、《四海钓鱼》、《弈坛春秋》、《环球旅游》、《新娱乐》、《置业》11个。

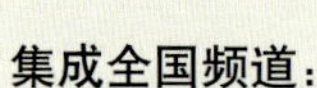

集成全国频道：

《收藏天下》、《读书》、《养生》、《育婴宝典》等37个。

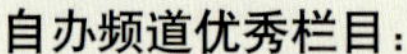

自办频道优秀栏目：

《考试在线》－《高考易错题解析》、《学习法》；
《新娱乐》－《影视风云榜》；
《环球旅游》－《画中话》；
《四海钓鱼》－《钓赛进行时》；
《弈坛春秋》－《棋魂》栏目。

全市数字电视用户达190多万户

北广传媒移动电视

↑ 公交车电视

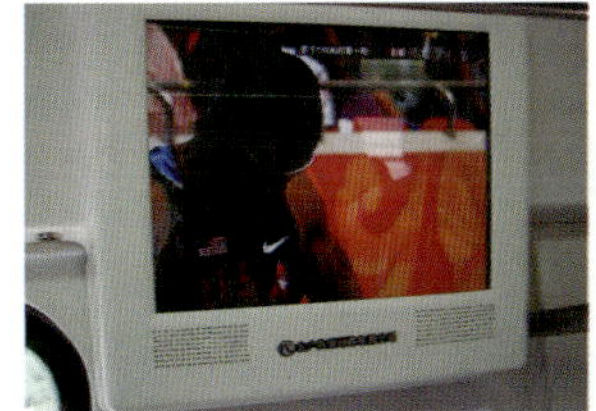

↑ 地铁电视

↑ 出租车电视

← 2008年，移动电视新装公交车辆2287部、新增终端屏幕4574块，终端总数达到24000块，分布在全市380余条公交线路的12000辆车上；完成地铁1号线31组列车共1116块电视显示终端的安装。图为北广传媒移动电视公司2008年度工作总结会议合影。

↑ 《移动电视直通车》栏目

↑ 《出行导航》栏目

↑ 2008年10月23日，北广传媒移动电视公司积极参与杭州移动电视协作体峰会。

↑ 2008年7月4日，北广传媒移动电视公司召开年中工会总结及决战奥运动员会。

↑ 《数说北京》栏目

↑ 《与法同行》栏目

↑ 2008年8月8日，北广传媒移动电视公司播出机房——中央广播电视塔机房值班人员在紧张工作。

↑ 移动电视播出人员在庆贺奥运会开幕式转播成功。

↑ 《城管热线96310》栏目

2008年，北广传媒城市电视终端屏幕安装总数达到11000多块。

↑ 2008年8月8日晚，北广传媒城市电视公司建设在好友世界的大屏幕电视直播奥运会开幕式盛况。

↑ 2008年5月15日，北广传媒城市电视公司建设在王府井工美大厦LED大屏幕电视直播抗震救灾节目。

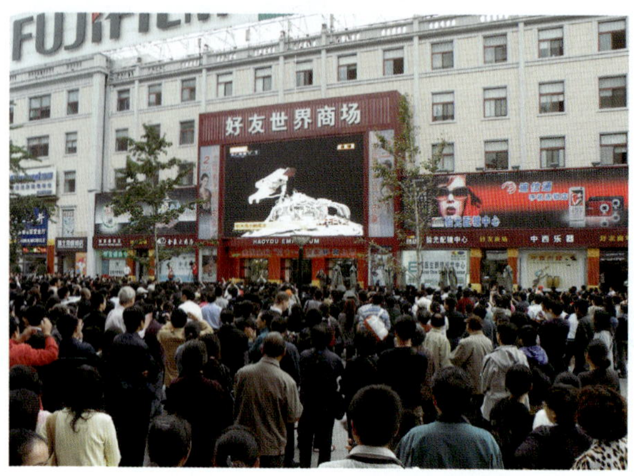

↑ 2008年9月27日，北广传媒城市电视公司建设在王府井好友世界大屏幕电视直播神七发射节目。

↑ 楼宇电视直播神七发射节目。

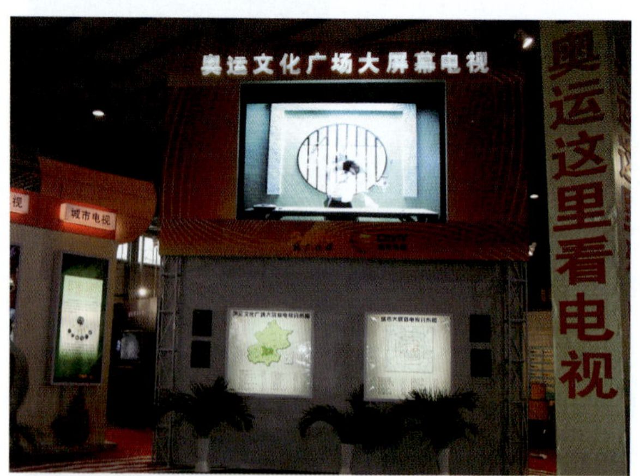

↑ 2008年3月22日，北广传媒城市电视公司在奥运文化广场大屏幕电视在北京国际广播电视设备展亮相。

↑ 2008年12月18日，北广传媒城市电视公司在第三届北京文博会上演示汽车拖动移动大屏幕车。

2008年鼎视数字电视传媒公司上星传输的付费频道达28套，已在全国142个区域落地，节目覆盖3500万机顶盒。

《车迷》	《读书》	《新娱乐》	《环球旅游》
《四海钓鱼》	《家庭健康》	《时代家居》	《时代美食》
《时代出行》	《时代风尚》	《收藏天下》	《法律服务》
《碟市》	《职业指南》	《智趣》	《家庭理财》
《人物》	《考试在线》	《快乐宠物》	《亲亲宝贝》
《财富天下》	《家政频道》	《电子体育》	《家家购物》
《家有购物》	《中国气象》	《证券资讯》	《数码时代》

↑鼎视数字电视传媒公司积极参展国际广播电视展宣传自己

← 北京广播电视报社出版发行3种报刊

← 北京音像公司出版发行的部分音像制品

↑ 北京音像公司参加广播电视展

↑ 北京音像公司成立30周年纪念活动部分新老职工合影。

2009年2月6日，北京歌华有线电视网络股份有限公司召开领导班子会议，向前来调研的北京市委常委、宣传部长、副市长蔡赴朝（前右三）等领导汇报工作。

北京歌华有线电视网络股份有限公司召开2009年工作会议。

2008年6月20日，北京歌华有线电视网络股份有限公司召开奥运安全传输暨奥运专网维护保障工作动员大会，600余人参加大会。

在奥运安全传输动员大会上，全体员工宣誓：确保有线电视网络安全传输。

2008年8月21日，北广传媒集团总经理马朝军（右三）、书记刘志远（左三）及相关部门负责同志，在北京歌华有线电视网络股份有限公司董事长张淼（左二）和总经理卢东涛（右二）的陪同下，来到奥运中心区国际广播中心（IBC）、主新闻中心（MPC）、水立方、奥运村等奥运场馆检查工作。

↑ 北京歌华有线电视网络股份有限公司承建奥运有线电视专网建设。图为歌华有线公司工作人员正在水立方进行施工。

↑ 北京歌华有线电视网络股份有限公司工作人员奋战在有线电视专网维护第一线。

↑ 北京歌华有线电视网络股份有限公司在奥运中心区设立IBC机房，工作人员在大屏幕前紧张有序地工作。

↑ 北京歌华有线电视网络股份有限公司新总前端于2008年5月16日竣工并投入使用。

← 北京歌华有线电视网络股份有限公司在奥运节目传输上实现了三个第一。第一次使用数字信号传输电视节目；第一次使用数字高清信号传输电视节目；第一次提供了GVOD点播服务。在奥运比赛期间，教练和运动员可以通过奥运有线电视专网，即时点播回看比赛实况录像。图为记者正在水立方通过奥运专网观看电视直播。

2008年8月8日，北京歌华有线电视网络股份有限公司员工抢修北京市宣武区椿树街道拆迁地区的电视线路，确保595户居民当天收看奥运会开幕式。

北京歌华有线电视网络股份有限公司员工正在进行抢修维护工作。

北京歌华有线电视网络股份有限公司96196客户服务热线日夜兼听用户来电。

北京歌华有线电视网络股份有限公司员工正在进行抢修维护工作。

2008年北京歌华有线电视网络股份有限公司数字电视推广现场。

第十七届北京国际广播电影电视设备展览会（BIRTV2008）2008年11月5日~8日在北京国际展览中心举行。北京歌华有线电视网络股份有限公司以北广传媒集团组团的形式参展。

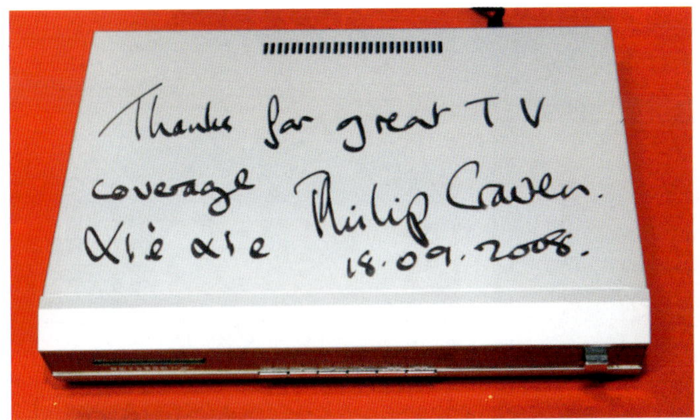

残奥会主席菲利普·克雷文亲笔在歌华有线数字电视机顶盒上签名："感谢卓越的有线电视服务。"

COMITE INTERNATIONAL OLYMPIQUE
INTERNATIONAL OLYMPIC COMMITTEE

CERTIFICAT
CERTIFICATE

Providing high-level services to digital CATV network to Olympic Family Hotel

国际奥委会主席雅克·罗格亲笔签署"2008年北京第29届奥运会高质量有线电视传输服务"的证书。

奥委会颁发给北京歌华有线电视网络股份有限公司的先进集体奖状。

北京歌华有线电视网络股份有限公司

贵单位重承诺、守信用，以先进、成熟、可靠的产品与技术服务奥运，圆满完成2008年北京奥运会/残奥会技术保障任务，为盛会的成功做出了贡献。

二OO八年九月十八日

奥委会给歌华有线的感谢信。

奥委会颁发给北京歌华有线电视网络股份有限公司的奖牌。

赠给北京歌华有线电视网络股份有限公司的锦旗。

↑ 中国电影博物馆集电影艺术展览、电影博览、电影文化教育及电影艺术交流为一体，是目前世界上规模最大、电影科技含量最高、功能最齐全的专业博物馆。图为中国电影博物馆夜景。

↑ 2008年3月28日，中国电影博物馆开始免费开放。

↑ 观众在领票处排队领票参观。

↑ 中国电影博物馆于“5.18”国际博物馆日与北京人民广播电台联合举办“的士之星电影日”活动。

↑ 中国电影博物馆展出的部分电影拍摄器材。

↑ 中国电影博物馆拥有亚洲最大的、代表着世界上最前沿技术的IMAX巨幕影厅，是目前世界上最先进的影像系统。

2008年7月26日，中国电影博物馆蜡像厅揭幕。图为于洋等一批老艺术家与观众一起参观蜡像厅展览。

中国电影博物馆展出的“电影发明者蜡像”。

中国电影博物馆展出的影片《林家铺子》拍摄场景。

中国电影博物馆展出的儿童电影剧中人蜡像。

中国电影博物馆展出的李小龙蜡像。

中国电影博物馆展出的电影特技——蓝幕合成。

↑ 2008年9月26日，中国电影博物馆举行纪念延安电影团成立70周年座谈会，并由此揭开“人民电影先锋——纪念延安电影团成立70周年”系列活动序幕。

↑ 纪念延安电影团成立70周年座谈会现场。

↑ 中国电影博物馆“电影大讲堂”举办——纪念改革开放30周年系列活动。

↑ 2008年4月21日，中国电影博物馆“电影大讲堂”举办——新片赏析“《立春》与观众”交流活动。

↑ 2008年12月16日晚，情景音乐剧《中国电影博物馆之夜》在中国电影博物馆举行首场演出。

↑ 2008年4月24日，中国电影博物馆举办“光影人生，永恒记忆”老艺术家与老教授座谈会。图为电影艺术家葛存壮、谢芳、翟俊杰等参加座谈。

↑ 2008年9月1日，中国电影博物馆举行“奥运故事DV作品征集活动获奖作品首映式暨颁奖收藏典礼”。

↑ 2008年12月16日，中国电影博物馆第二届青年论坛之青年编剧论坛开幕。国家广电总局电影局局长童刚、副局长张宏森，中国电影博物馆馆长杨永安以及10余位专家和青年编剧参加。

↑ 中国电影博物馆于“5.18”国际博物馆日之际举行赈灾义卖和捐款活动。

↑ 2008年8月10日下午，北京市委宣传部常务副部长陈启刚、市广电局局长孙向东到中国电影博物馆检查指导工作。

← 2008年9月28日，中国电影博物馆召开“平安奥运”、“服务奥运”表彰大会。

北京歌华文化发展集团加盟广播影视系统以来产业不断发展壮大，成为北京市文化产业的品牌之一。图为2008年正式启用的综合大楼。

歌华集团积极竞标北京奥运会残奥会票务工作。

歌华集团每年参与承办多项大型活动取得成功。图为2008年1月1日参与承办的“喜迎奥运 祝福北京”大型文艺晚会。

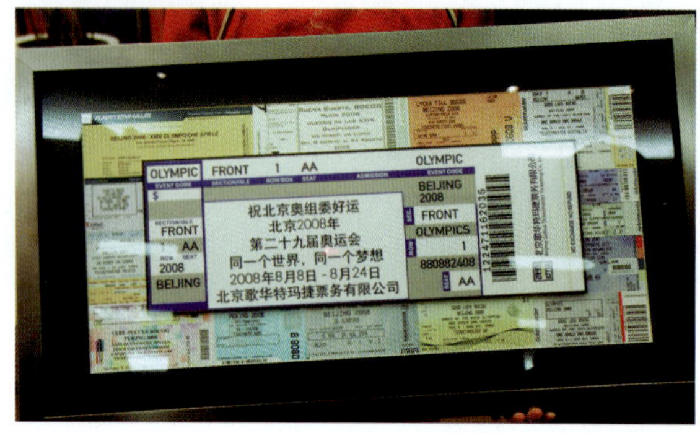

北京奥组委与北京歌华特玛捷票务有限公司在北京奥运新闻中心举行新闻发布会，宣布票务竞标成功。

2008年北京奥运会期间，人们从北京歌华特玛捷票务有限公司售票处热情购票。

歌华集团副总经理陈工（右火炬手）于2008年6月4日参加湖南长沙的火炬传递。

↑ 2008年6月10日，歌华集团承办了北京奥运会残奥会开闭幕式音乐制作录音项目。

↑ 歌华集团“奥运会残奥会音乐制作录音项目组”在研究音乐制作及录音工作。

↑ 2008年9月2日，歌华集团“奥运会残奥会音乐制作录音项目组”邀请刘德华（左）进行残奥开幕式音乐制作演练。

↑ 2008年5月27日，歌华集团“奥运会残奥会音乐制作录音项目组”邀请钢琴家郎朗（中）为奥运会开闭幕式音乐制作录音。

↑ 歌华集团“北京奥运会奥运体育展示培训项目组”培训制作基地之一。

↑ 歌华集团“北京奥运会奥运体育展示培训项目组”培训制作基地之二。

↑ 2008年3月28日，歌华集团承办的“古典与唯美”西蒙基金会藏欧洲19世纪绘画精品展在中华世纪坛世界艺术馆开幕。

↑ 墨西哥西蒙基金会主席安东尼奥 佩雷斯 西蒙先生（右二）参观“古典与唯美”展览。

↑ 来宾欣赏绘画作品“古典与唯美”展览。

↑ 2008年初，歌华集团控股的北京歌剧舞剧院责任有限公司新创贺岁大型乐舞诗《紫气京华》在21世纪剧院隆重上演，图为“紫气京华夜明珠舞”。

2008年7月14日，由歌华莱恩公司主办的“凯莉米洛北京演唱会”在工人体育馆举行。→

↑ 2008年7月25日，北京歌华文化发展集团承办的“同一个世界 同一个梦想”展览布展完成。

↑ 2008年7月8日，2008北京国际新闻中心在歌华开元大酒店正式运行，并举行新闻发布会。歌华集团董事长王建琪（左三）等领导参加。

↑ 2009年1月18日，歌华集团举行成立十周年庆祝活动暨2008年度表彰大会。

↑ 2008年5月30日，为庆祝“六一”国际儿童节，歌华集团与怀柔区宝山镇组织了一场“同在蓝天下，幸福共分享”送戏下乡活动。

← 2008年9月9日，北京北广传媒集团党委书记刘志远（右四）在残奥会期间检查中华世纪坛无障碍设施建设情况。

← 华谊兄弟传媒股份有限公司、寰亚电影有限公司、浙江影视集团出品的影片《非诚勿扰》海报。

↑ 华谊兄弟传媒股份有限公司、寰亚电影有限公司、浙江影视集团出品的影片《非诚勿扰》剧照。

↑ 华谊兄弟传媒股份有限公司等出品的影片《李米的猜想》海报。

↑ 华谊兄弟传媒股份有限公司等出品的影片《约翰–拉贝》剧照。

光线传媒投资并发行的影片《蝴蝶飞》海报。

光线传媒投资并发行的影片《深海寻人》海报。

华谊兄弟传媒股份有限公司等出品的影片《功夫之王》海报。

北京金英马影视等制作的影片《米香》剧照。

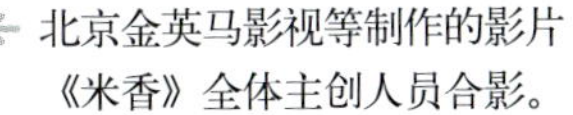

北京金英马影视等制作的影片《米香》全体主创人员合影。

← 中国电影集团、北京紫禁城影业公司、橙天娱乐国际公司、北京电影制片厂、上海电影集团、电影频道节目制作中心、北京保利博纳电影发行公司、英皇多媒体集团(EMG) [香港]等制作的影片《赤壁·上》海报。

↑ 北京紫禁城影业公司、北京一声春雷影视公司等制作的影片《鸟巢》海报。

↑ 中华全国总工会、北京市委宣传部、上海电影(集团)公司、北京市广播电视局、北京紫禁城影业公司、北京金桔海文化投资公司制作的影片《铁人》剧照。

北京紫禁城影业公司、北京热麦国际影视文化传媒公司等制作的影片《烟花恋人》剧照。→

北京紫禁城影业公司等制作的影片《万家灯火》剧照。

光线传媒投资并发行的影片《证人》海报。

华亿联盟、北京慈文影视、影王朝（香港）、北京保利华亿传媒制作的影片《硬汉》海报。

光线传媒投资并发行的影片《大搜查》海报。

华谊兄弟传媒股份有限公司与北京军区政治部、北京电视台、云南电视台等联合制作的电视剧《我的团长我的团》剧照。

华谊兄弟传媒股份有限公司等制作的电视剧《爱你所以离开你》海报。

华谊兄弟传媒股份有限公司制作的电视剧《身份的证明》海报。

华谊兄弟传媒股份有限公司制作的电视剧《人间情缘》剧照。

华谊兄弟传媒股份有限公司与浙江天骄影视有限公司等联合制作的电视剧《望族》海报。

华谊兄弟传媒股份有限公司与苏州吴中区旅游局等联合制作的电视剧《兵圣》剧照。

北京市广播电视局、海润影视、中国电视剧制作中心、上海文广集团、贵州电视台制作的纪实系列剧《震撼世界的七日》海报。

海润影视、云南润视荣光等制作的40集电视剧《翡翠凤凰》海报。

海润影视公司等制作的32集电视剧《中天悬剑》海报。

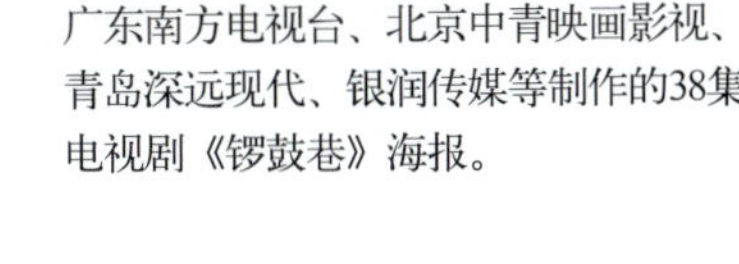

海润影视、贵州电视台、安徽电视台、广东南方电视台、北京中青映画影视、青岛深远现代、银润传媒等制作的38集电视剧《锣鼓巷》海报。

海润影视、贵州电视台、四川广电集团、云南电视台等制作的36集电视剧《重案六组Ⅲ》海报。

海润影视、海政、上海电影集团、贵州电视台、广东润视、上海海润影视等制作的48集电视剧《沧海》海报。

重庆润视传播公司、杭州金视传媒公司等制作的30集电视剧《排球女将》海报。

电视连续剧《沧海》导演赵浚凯和演员尤勇在拍摄现场。

海润影视、重庆市委宣传部、重庆润视等制作的32集电视剧《潮起两江》海报。

海润影视、东上海国际文化影视、上海文广集团、亚信金融卓越基金会制作的28集电视剧《狐步谍影》剧照。

北京电视艺术中心、北京世纪星润影视等制作的33集电视剧《春草》海报。

北京电视艺术中心、北京海天文基影视、空军电视艺术中心制作的25集电视剧《派出所的故事》剧照。

北京电视艺术中心、OO影视资源网等制作的25集电视剧《养母·生母》海报。

北京电视艺术中心、中央电视台、信阳中辰等制作的21集电视剧《战 友》剧照。

北京电视艺术中心、中央文献研究室、河南亚龙影视等制作的12集电视剧《刘少奇故事》剧照。

光线传媒投资并发行的电视剧《祸福相依》剧照。

北广传媒影视、上海晨闻文化传媒等制作的22集电视剧《东京生死恋》剧照。

北京紫禁城影业公司等制作的38集电视剧《牟氏庄园》剧照。

北京鑫宝源影视公司投资、上海电影(集团)公司制作的电视剧《我的青春谁做主》剧照。

北京鑫宝源影视、杭州南广影视等制作的28集电视剧《大工匠》海报。

北京中北电视艺术中心有限公司制作的电视剧《对手》海报。

ЕВРАЗИЙСКАЯ АКАДЕМИЯ ТЕЛЕВИДЕНИЯ И РАДИО

08
5-10 ноября

XI ЕВРАЗИЙСКИЙ ТЕЛЕ ФОРУМ

Специальный диплом

награждается

Ю Сяоган

за большой вклад
в развитие и продвижение
совместных российско-китайских
телевизионных проектов

Москва, 9 ноября 2008 г.

电视剧《对手》荣获欧亚电视论坛创作大奖证书。

北京中北电视艺术中心有限公司制作的电视剧《勇士的最后秘密》海报。

北京京都世纪文化发展有限公司制作的20集电视剧《成长》剧照。

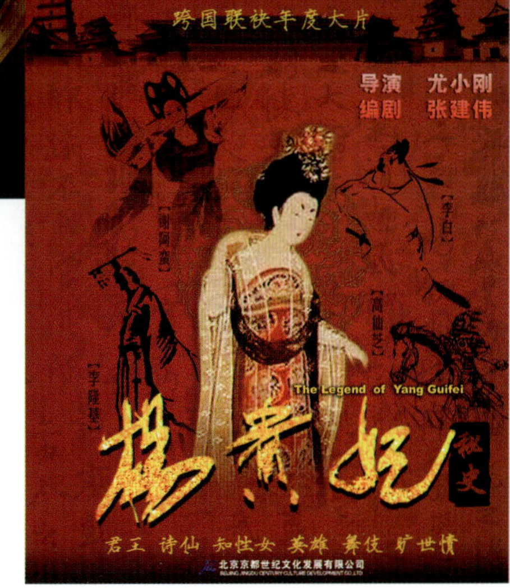

北京京都世纪文化发展有限公司制作的30集电视剧《杨贵妃》海报。

北京电视台、北京传奇时代文化传播公司制作的40集电视剧《百年荣宝斋》海报。

北京电视台、中联经典文化传播公司制作的40集电视剧《漕运码头》海报。

北京电视台、北京传奇时代文化传播公司制作的46集电视剧《狼烟北平》海报。

北京电视台、京视传媒公司制作的33集电视剧《龙须沟》剧照。

北京金英马影视公司等制作的电视剧《乔省长和他的女儿们》海报。

北京金英马影视公司等制作的电视剧《穷妈妈富妈妈》剧照。

北京金英马影视公司等制作的电视剧《对攻》海报。

北京金英马影视公司等制作的电视剧《关中义事》海报。

华谊兄弟影业有限公司等制作的40集电视剧《望族》开机仪式。

华夏视听环球传媒、北京履实文化传播制作的36集电视剧《四世同堂》海报。

华夏视听环球传媒、北京鑫宝源影视制作的33集电视剧《夜幕下的哈尔滨》海报。

华夏视听环球传媒制作的32集电视剧《好孕来临》剧照。

华夏视听环球传媒制作的32集电视剧《大唐游侠传》海报。

北京英氏影视、成都故事村实业、佳和文化传播公司制作的38集情景喜剧《剧组的故事》海报。

北京英氏影视、北京亚环影音、北京光线传媒制作的40集情景喜剧《超人马大姐》剧照。

北京华亿联盟文化传媒制作的32集电视连续剧《仁者无敌》海报。

北京华亿联盟、八一电影制片厂、中国教育电视台、南京广播电视台、中视传媒、江苏盛世影视、北京搜狐、北京华视国影制作的32集电视连续剧《勇者无敌》海报。

北京慈文影视等制作的电视剧《家》剧照。

北京慈文影视等制作的电视剧《嫁衣》剧照。

北京慈文影视等制作的电视剧《战后之战》剧照。

天地人传媒、北京瑞德博才文化公司制作的100集情景喜剧《家有儿女新传》海报。

天地人传媒、北京中和天地文化公司制作的100集动画片《家有儿女2》海报。

天地人传媒、北京中和天地文化公司制作的100集动画片《家有儿女1》海报。

天地人传媒、北京中和天地、北京佳桐世纪影视制作的50集都市生活剧《家住小区》海报。

天地人传媒、北京瑞德博才文化公司制作的100集情景喜剧《家有外星人》海报。

天地人传媒、上海三九文化、东上海影视制作的20集励志剧《男人的承诺》海报。

天地人传媒、深圳广电集团、世纪永禾（北京）国际文化传媒制作的22集都市剧《天地有爱》海报。

天地人传媒、深圳广电集团、广州市伟腾投资集团公司制作的24集《家有爹娘2》海报。

天地人传媒制作的100集情景喜剧《家有儿女3》海报。

天地人传媒制作的65集情景喜剧《家有儿女4》海报。

↑ 2008年除夕，朝阳区委书记陈刚、区长程连元慰问朝阳区广播电视新闻中心员工。

↑ 2008年10月，朝阳区领导阅读朝阳区广播电视新闻中心制作印刷的《奥运之路》刊物。

↑ 朝阳区广播电视新闻中心《和谐在线》栏目录制现场。

↑ 2008年8月，朝阳区广播电视新闻中心记者在天安门广场进行采访。

朝阳区广播电视新闻中心举行的2008年新春联欢会。→

↑ 海淀区委书记谭维克在海淀区新闻中心成立两周年庆典上讲话。

↑ 2008年4月18日，海淀区新闻中心与最高人民检察院影视中心《法治中国》栏目进行合作洽谈。

↑ 2008年4月18日，海淀区新闻中心与人民大学宣传部和校刊进行学习交流。

↑ 2008年10月15日，海淀区新闻中心主任牛爱忠（右）为奥运服务保障先进个人授牌。

↑ 2008年5月30日，海淀区新闻中心面向社会公开招聘工作人员现场。

↑ 海淀区广播电视安全传输领导小组检查温泉电视站机房。

2008年10月9日，丰台区副区长李丽萍（左二）到区广播电视中心调研。

2008年11月10日，丰台区广播电视中心庆祝中国记者节进行体育比赛。图为中心领导与获奖人员合影。

2008年3月13日，丰台区广播电视中心召开年度通联工作会。

2008年8月6日，丰台区广播电视中心工作人员在奥运火炬丰台科技园区传递现场合影。

2008年6月30日，丰台区广播电视中心与西庄店村开展奥运《五环相映党旗红》主题活动现场。

2008年6月30日，石景山区委常委付生柱到区广播电视中心调研。

2008年1月15日，石景山区广播电视中心召开电视监审员会议。

2008年4月29日，石景山区广播电视中心承办“走进奥运——石景山区喜迎北京奥运会倒计时100天电视晚会”现场。

2008年3月5日，石景山区广播电视中心举办《史海钩沉》专题研讨暨首录仪式。

2008年12月15日，石景山区广播电视中心举办“走过30年文艺晚会”现场。

↑ 2008年3月，门头沟区广播电视中心召开2008年广电、新闻中心工作会。

↑ 2008年7月，门头沟区广播电视中心举办全区奥运宣传报道培训会。

↑ 门头沟区广播电视中心组织职工参加奥运火炬门头沟区传递活动。

↑ 门头沟区广播电视中心庆祝第九个记者节。

← 门头沟区广播电视中心组织职工学习非编制作。

↑ 房山区广播电视中心举办纪念改革开放30年论坛。

↑ 房山区广播电视中心记者采访迎奥运活动。

↑ 房山区广播电视中心记者深入田间地头采访。

↑ 房山区广播电视中心记者参与奥运火炬传递活动。

↑ 房山区广播电视中心记者在演播厅现场录制大型论坛节目。

2008年11月20日，大兴区副区长曲凤宏（左）到区广播电视中心调研，听取事业发展的意见和建议。

2008年6月21日，大兴区广播电视中心参与并承办的《中国电视网络影响力报告（2008）》颁布仪式暨中国电视五十周年高峰论坛在中国传媒大学举行。

2008年8月3日至25日，大兴区广播电视中心联合山东齐鲁电视台、河北电视台、黄河电视台等9家省级电视媒体，共同推出直播节目——《"奥"视群雄》，每晚直播一个小时。

2008年12月15日，大兴区广播电视中心举办第二季《我行我秀》颁奖典礼晚会。

第二季《我行我秀》晚会演出现场。

2008年9月19日，通州区政协20名委员视察区广播电视工作。

2008年7月，通州电视台录制《奥运与我》大型电视系列活动总决赛现场。

2008年4月，通州电视台在奥运会倒计时100天举办《春归运河情牵五环》大型新闻活动现场。

2008年6月，通州区广播电视中心开展防非法信号插播训练，中心主任王志刚（右二）在现场指导。

通州电视台播音员在录制《健康人生》节目。

2008年4月28日，顺义区广播电视中心直播“同心奋战100天，共铸奥运新辉煌”水上公园服务保障工作誓师大会，区委书记夏占义、区长张延昆到直播间看望工作人员。

2008年9月2日，顺义电视台录制《燕京歌唱部落》——奥运特别节目。

2008年8月8日，顺义电台、电视台、报社记者在奥运场馆采访。

2008年8月7日，中央电台、北京电台、顺义电台并机直播，三台编辑主持人共同庆祝直播成功。

2008年8月13日，顺义区广播电视中心《顺义时讯》记者在奥运会激流回旋比赛现场摄制的图片报道。

2008年7月27日，平谷区广播电视中心主任刘义华（左四）为《快乐演播厅》年度总决赛获奖者颁奖。

2008年7月27日，平谷区广播电视中心《快乐演播厅》总决赛现场。

2008年2月21日，平谷区广播电视中心记者在“秧歌进城大拜年”活动现场采访。

“秧歌进城大拜年”活动现场采访。

平谷区广播电视中心《希望田野》栏目主持人在采访。

2008年6月30日，平谷区景台山举行广播电视站开播仪式。

2008年6月19日，怀柔区广播电视中心播音员任欢获怀柔区改革开放30周年演讲比赛二等奖，区政协主席武占刚（右二）为其颁奖。

2008年7月8日，怀柔区委宣传部副部长吕晓国（左四）、区广播电视中心主任刘晓红（左二）带队检查村村通线路升级改造工程。

怀柔电视台播音员在录播《怀柔新闻》。

2008年5月，怀柔区汤河口南山广播电视转播塔竣工。

怀柔电视台《国土方圆》栏目主持人在录制国土方圆节目。

怀柔电视台播音员白云霞在录播《安全在线》节目。

↑ 密云县广播电视中心举办记者培训暨记者站工作总结表彰大会。

↑ 密云电视台开办的新栏目《为了明天——青少年成长课堂》。

↑ 密云电视台开办的新栏目《檀州大舞台》。

↑ 密云县广播电视中心承办的《密云县改革开放30周年》专场文艺演出现场。

↑ 密云电视台记者报道“创生态县，建新农村”百村行活动。

2008年5月6日，昌平区委书记关成华（右二）、区委常委、宣传部长戴维（左一）到昌平区广播电视中心调研。

昌平区广播电视中心举办“改革开放30年30位建设昌平先锋人物颁奖晚会”。

昌平电视台《百姓话题》栏目组采访奥运火炬手。

昌平电视台记者在2008奥运会“铁人三项”比赛现场采访。

昌平区广播电视中心举办庆祝中国第九届记者节文艺演出。

2008年3月，昌平区永安公园奥运文化广场大屏幕建成并投入使用。

↑ 延庆县委副书记郭振清在庆祝记者节活动现场和记者们亲切握手。

↑ 延庆县广播电视中心电视栏目《妫川故事》主持人。

↑ 《妫川故事》记者在采访。

↑ 延庆县广播电视中心记者在火炬传递现场采访。

← 延庆县广播电视中心记者在山区采访。

2008年2月28日，北京市广播电视局召开2008年思想政治工作会。

2008年1月16日，中共北京市广播电视局机关第六次党员大会召开。

2008年10月24日，北京市广播电视局召开深入学习实践科学发展观活动动员大会。

2008年，北京市广播电视局处级领导干部竞争（聘）上岗演讲答辩会。

2008年12月9日，北京市广播电视局工会召开贯彻“全国总工会十五大精神”暨工作会议。

2008年7月17日，北京市广播电视局举办"讲党性、重品行、作表率"主题教育党课讲座。

北京市广播电视局工会组织2008年优秀新闻工作者休疗活动，图为全体人员合影。

北京市广播电视局组织离退休干部参观平津战役纪念馆。

2008年4月21日，中国电影博物馆组织共青团员参观怀柔影视基地。

2008年6月11日，北京音像资料馆党支部开展"国旗在我心中"党日活动。

2008年3月26日，北京北广传媒集团召开2008年思想政治工作会议。

2008年11月24日，北京北广传媒集团党支部书记培训班在中华世纪坛举行。

2008年6月29日，北京歌华文化发展集团举行建党87周年表彰暨服务保障奥运临战动员大会。

2008年7月14日，北京歌华有线电视网络公司召开服务保障奥运临时特别党支部成立大会。

北京歌华有线电视网络公司举行廉洁从业责任制签字仪式。

从2005年开始，北京电台实行干部竞聘上岗制度，图为2008年12月16日，北京电台交通广播副台长竞争上岗演讲答辩现场。

2008年6月27日，北京电台总编室党支部慰问本台在北京奥运新闻中心工作的同志。

2008年7月31日，北京电台总编室党支部的党员在天安门倒计时牌前合影留念。

2008年5月29日，北京电台团委组织主持人到延庆清泉铺小学进行支教工作。

北京电台办公室党支部到部队参观学习。

北京电台交通广播党支部为支援灾区建设踊跃捐款。

2008年4月17日，北京电视台举办学习贯彻党的十七大精神培训班。

2008年3月6日，北京电视台举办2008年思想政治工作会议暨党支部书记培训班。

2008年5月24日，北京电视台召开抗震救灾前线临时党支部党员发展大会。

2008年4月24日，北京电视台举办中层干部高级传媒管理培训班。

北京电视台工会第三届会员代表大会暨第三次职工代表大会
2008. 11. 27

2008年11月27日，北京电视台工会第三届会员代表大会暨第三次职工代表大会召开。

2008年9月28日，海淀区新闻中心组织党员参观古田会议会址。

海淀新闻中心组织党员参观革命老区瑞金品尝红井水。

2008年 6 月30日，丰台区广播电视中心与西庄店村党组织开展主题党日活动，邀请《人民日报》记者讲述在汶川地震灾区采访拍摄新闻的情况。

2008年12月19日，石景山区广播电视中心党支部召开党员大会，发展新党员。

2008年12月21日，石景山区广播电视中心开展科级干部竞聘演讲。

朝阳区广播电视新闻中心组织职工参观奥运场馆。

2008年6月21日，门头沟区广播电视中心举办党日活动——参观焦庄户地道战遗址纪念馆。

2009年3月20日，房山区广播电视中心召开深入学习实践科学发展观活动动员大会。

2008年6月28日，通州区广播电视中心组织党员及入党积极分子到西柏坡接受革命传统教育。

2008年6月28日，怀柔区广播电视中心组织党员及入党积极分子参观密云白乙化烈士纪念馆，在烈士墓前重温入党誓词。

2008年5月4日，昌平区广播电视中心组织青年团员进行革命传统教育。

昌平区广播电视中心组织青年团员进行革命传统教育。

密云县广播电视中心党支部组织的党日活动。

密云县广播电视中心党支部组织的党日活动。

2008年5月8日，延庆县广播电视中心组织老党员参观董存瑞纪念馆。

2008年4月，北京电台组织“为保护环境尽责、为绿色奥运出力”植树活动。

北京市广播电视局和北广传媒集团举办2008年春节联欢会——今晚我们联欢。

2008年2月2日，北京电台举办2008年新春联欢会。

2008年2月，北京电台组织“迎奥运、我参与”排球比赛。

2008年4月，北京电台组织“迎奥运、我参与”篮球比赛。

2008年8月24日，北京电视台组织主持人爱心团爱心演出《福娃》。

2008年7月，北京歌华文化发展集团组织“平安奥运”知识竞赛。

2008年10月，北京歌华有线电视网络公司组织职工参观活动。

北京北广传媒数字电视公司组织爬山活动。

2008年5月9日，北京北广传媒移动电视公司组织职工春游活动。

2008年5月9日，北京北广传媒移动电视公司组织职工春游活动。

北京北广传媒城市电视公司成立4周年职工自编自演文艺节目以示庆祝。

北京北广传媒城市电视公司成立4周年职工自编自演文艺节目以示庆祝。

2008年4月25日，石景山区广播电视中心组织代表队参加区拔河比赛。

2008年6月18日，房山区广播电视中心组织代表队参加区运动会。

2008年8月16日，大兴区广播电视中心与山东齐鲁电视台举行篮球比赛。

2008年8月16日，大兴区广播电视中心组织游泳比赛。

2008年7月11日，通州区广播电视中心与区地税局举行足球比赛。

2008年9月18日，门头沟区广播电视中心参加区直机关讲文明、扬清风、促和谐文艺汇演。

2008年5月15日，怀柔区广播电视中心组队参加区第二届全民运动会，图为广电中心方队。

2008年6月3日，延庆县广播电视中心组队参加县端午文化节青年诗文大赛。

2008年4月21日，昌平区广播电视中心组织拔河比赛。

密云县广播电视中心组织拔河比赛。

2008年11月2日，平谷区广播电视中心全体干部职工以登山比赛的形式欢庆第九个中国记者节。

目 录

特 载

概 况

产业发展

广播电视覆盖

频率频道

节目栏目

技术工作

影视剧

新媒体与网络传播

书报刊出版

受众调查

组织机构

统 计

华彩杯

经　验

论文摘编

大事记

索引

特 载

2009/《北京广播影视年鉴》

——记录行业情况　服务业内和社会——

第三届中国（北京）国际文化创意产业博览会开幕
广播电影电视展览与论坛再次取得圆满成功

2008年12月17日，第三届北京文博会开幕式文艺晚会上：小演员们在表演少儿歌舞《北京欢迎你》

2008年12月17日晚，第三届中国（北京）国际文化创意产业博览会开幕。中共中央政治局委员、北京市委书记刘淇，新闻出版总署署长柳斌杰，北京市委副书记、市长郭金龙，文化部副部长赵少华，国家广播电影电视总局副局长张海涛等出席开幕式并与1000多名中外来宾观看了开幕式文艺晚会。刘淇在开幕式上宣布第三届北京文博会开幕，柳斌杰代表组委会致辞。

第三届北京文博会以“文化创意与服务贸易”为主题，深化产业资源整合、产品交易和区域、国际合作，将举办综合活动、展览展示、论坛峰会、推介交易、创意活动、文艺演出六大系列近百场活动。

组委会指出：在当前应对全球金融危机的特殊条件下，文化产业更是启动内需、扩大消费、安排就业的重要领域。希望通过第三届北京文博会的成功举办，推动全国积极实践科学发展观和新的文化发展观，带动文化产业的大发展，振兴经济、扩大内需、调整结构、提供就业、加强国际交流与合作。第三届北京文博会为期5天，由文化部、广播电影电视总局、新闻出版总署和北京市政府共同主办。与前两届相比，第三届文博会规模更大、领域更广，主展场共设有17个专题展馆（区），18场论坛将有近200位来自国际组织的相关负责人、政府主管部门人士、国内外知名专家学者发表演讲，10个专场推介会包括了全国20多个省、区、市文化创意产业项目350多个，招商项目金额近百亿元。

第三届北京文博会中的广播电影电视展览取得圆满成功。该展览由北京市广播电视局主办，北京歌华文化发展集团承办，展览吸引了5万余人次参观，受到有关领导和观众的广泛好评。展览设在中国国际展览中心1号馆B厅，位于整个展馆的黄金位置，展区面积4000平方米，有12家广播影视机构参展，搭建展位13个，200平方米以上展位6个，最大展位

400余平方米，全部为特装搭建，成为本届文博会最吸引眼球的展区之一。

广播电影电视展馆有中央人民广播电台、中央电视台、中国电影集团公司、中国人口宣传教育中心，北广传媒集团、中国电影博物馆，北京人民广播电台、北京电视台，汇佳卡通影视制作有限公司、威亚视讯科技有限公司、北京广播网青檬网络广播、台湾故事集股份有限公司等多家广播影视单位参展。

展览具有5个特点：一是以“广播影视改革发展30年”为主题，突出展示中国广播70年、中国电视50年和北京广播60年、北京电视30年的辉煌历程与成就，成为展区一大亮点；二是国家级机构参展踊跃。中央人民广播电台、中央电视台、中国电影集团、中国电影博物馆、中国人口宣传教育中心等单位都参加了本届展览，为展览增添了光彩；三是互动体验异彩纷呈。本届展览形式创新，展馆内有互动体验区8个，将展览内容融入精彩的现场活动和丰富的互动体验中，北京电视台的主持人见面会、手机电视推介会，中央人民广播电台、北京电台的现场直播，北广传媒数字电视的互动体验活动等不仅为频道、栏目宣传及项目推介创造了良好氛围，也使馆内更加充满生机；四是多媒体特色突出。本届展览集中展示了新媒体发展的新成果，手机电视、网络电视、移动电视、数字电视云集馆内，为展馆营造了高科技氛围，其中北京电台的1039多媒体机、威亚视讯的多触点互动数码桌、台湾故事巢的创意体验装置等吸引了大量观众的参与；五是大展位、全特装、声光电的展现方式独领风骚。声光电技术特色突出，是本届展览中最亮丽的风景之一。这些特点多角度、全方位地展现了广播影视业的新内容、新技术、新成果、新面貌，同时也突出展示了广播影视改革发展30年的辉煌成就。

第三届文博会中的北京电影学院分会场暨第八届“动画学院奖”是北京市广播电视局和北京电影学院联合主办的。文化部文化市场司副司长庹祖海，北京市广播电视局副局长李春良，北京电影学院院长张会军等出席开幕式并致辞。分会场作品展映、论坛峰会、颁奖典礼等活动共接待观众万余人，影响力覆盖全国及东南亚地区近15万人。征集来自国内外参赛作品共计2000余部，经过专家评委层层筛选，最终有219部作品入围，72部作品获奖，北京电影学院的学生作品《诺言》获得本届学院奖的最大奖项——最佳短片奖。美国迪士尼《幻想曲》技术总监Kevin Geiger，《功夫熊猫》技术总监Nathan Loofbourrow，日本东映动画研究所所长富田博，北京市广播电视局局长孙向东，中国民族贸易促进会副会长刘延宁等出席了颁奖典礼并为获奖者颁奖。分会场为北京动画产业发展搭建了交易平台，北京电影学院与众多企业公司签订了动漫产业合作协议，总金额达一亿八千万元。

（北京市广播电视局政策法规处）

改革开辟新路 发展创造辉煌
在第三届文博会广播电影电视发展论坛上的讲演

北京市广播电视局局长 孙向东

第三届中国北京国际文化创意产业博览会广播电影电视发展论坛今天下午在这里举办，我代表北京市广播电视局向国家广电总局、市政府、市政协等有关方面和部门的领导，向业界各位同仁，向新闻界的朋友们，向出席今天论坛的老领导和老同志代表，表示热烈的欢迎和衷心的感谢！

党的十一届三中全会做出了改革开放的战略决策。30年来，广播影视既是改革开放的宣传者，又是改革开放的实践者，在建设中国特色社会主义的伟大实践中，北京广播影视开辟了一条富有首都特点的改革发展之路，取得了辉煌的成就。本次论坛以“改革创新、科学发展”为主题，旨在深刻总结北京广播影视改革发展所取得的成就和经验，深入探索广播影视科学发展的新思路。

下面，仅谈三点认识和体会。

改革开放30年北京广播影视大发展

在市委、市政府和市委宣传部的领导下，在国家广电总局的指导和支持下，北京广播影视行业30年来，坚持解放思想，勇于改革创新，不断适应新形势，提出新思路，开创新局面，取得新成果。主要表现在：

广播电视媒体发展壮大，广播电视节目丰富多彩。30年来，北京市广播电视播出机构由2家成长为16家，广播节目由5套增长到17套，电视节目由1套增长到25套，年播出广播节目10.55万小时，电视节目10.41万小时，分别是1979年的4.4倍和65倍。多媒体广播、网络广播电视、移动电视、楼宇电视、手机电视、户外大屏幕电视等广播电视新媒体快速发展。广播电视节目形态不断创新，内容不断丰富，更加贴近实际、贴近生活、贴近群众。

影视创作空前繁荣，声屏园地万紫千红。1982年，北京建立了全国第一家电视剧制作机构，先后推出了《四世同堂》、《凯旋在子夜》、《渴望》、《编辑部的故事》、《北京人在纽约》等精品力作，开创了影视剧创作的先河。到2008年11月，北京地区已注册广播影视制作机构725家，数量居全国第一。2007年北京地区出品电视剧和电影均占全国生产总量的半数以上。北京电视剧投资额、创收数量、节目销售额均位居全国第一。北京地区获奖影视作品多年来保持全国领先，涌现出《张思德》、《可可西里》、《亮剑》、《历史的天空》等一大批获得国内大奖的优秀影视剧作品，在全国乃至全球华人中产生了广泛的影响。

科技创新步伐加快，服务手段日益完善。北京广播影视高度重视高新技术应用和设备的升级改造，逐步实现了节目采录、制作、播出、传输、发射、接收、存储的数字化、网络化，安全播出水平不断提升。北京电台、电视台中心数字化率分别达到了91.25%和86%，区县广电中心数字化率均在80%以上。北京电视台高清电视正式开播，开全国省级电视台之先河。有线电视网络建设和双向改造步伐加快，用户已达380万户，其中数字电视用户183万户；卫星、无线、有线、“天地一体”的综合覆盖体系基本建成，北京卫视覆盖国内人口达5.75亿。

产业发展形成规模，综合实力显著增强。北京地区广播影视注册企业已近千家，CBD广播电视金三角基本形成，吸引1000余家传媒机构入住；怀柔影视基地、大兴国家新媒体产业基地的集聚效应日渐显现。全市广播影视总资产将近300亿元，位居全国第一；广播影视年创收收入65亿元，是1981年的3141倍，广告外收入占51%，多渠道创收格局基本形成。

新兴媒体崛起，发展充满生机。移动多媒体广播（DAB）已播出16套广播节目和6套电视节目；网络电视已播出10套电视节目；流媒体手机电视已取得运营执照；公交、地铁等移动电视累计安装显示屏2.6万块；楼宇电视累计安装显示屏1.1万块；广场大屏幕电视已在17个区县的核心区域安装26块。全市持有《互联网等信息网络传播视听节目许可证》的机构已有46家。广播电视新兴媒体初具规模，显示出强大的生命力。

基础设施大大加强，保障能力有效提升。改革开放初期，北京广播影视基础设施薄弱，工作条件艰苦。在市委、市政府和市委宣传部领导及有关部门的大力支持下，北京广电大楼、广播大厦、电视中心、歌华大厦、中华世纪坛、中国电影博物馆陆续建成投入使用，有利地夯实了发展基础，大大改善了创业条件。区县广播电视台站基础设施建设也普遍加强，一批新广电大楼成为京郊的新景象。30年比照，财政对广播影视的投入增长了131倍，广播影视固定资产总值增长了685倍，为发展事业和繁荣产业奠定了坚实基础。

公共服务不断加强，“村村通”工程成果显著。历时十余年的广播电视“村村通”工程累计投入资金1.5亿多元，共完成了1069个行政村、854个自然村的“村村通”设施建设，惠及30多万农户、90多万农民。2007年投资7000万元，在5个区县建设了5座无线广播电视转播站，大幅度提高了山区的广播电视覆盖水平。

广播电视对外宣传成效显著，国际影响力不断提升。北京广播影视积极拓展对外宣传渠道，推动节目和产品的境外传播。北京电台与26家境外电台建立了合作关系，开办了外语广播网络电台。北京电视台国际频道在美国、亚洲、欧洲、加拿大、拉美等5个平台上播出，与境外媒体公司签订了节目播映权和音像版权合约。北京地区生产的影视作品每年都有一大批进入国际市场。

人才战略成果丰硕，队伍素质显著提升。北京广播影视秉持人才是第一资源的理念，大力营造人才脱颖而出、才能有效施展的良好氛围，培育和涌现出一大批名编剧、名导演、名演员，一大批名编辑、名记者、名主持人，一大批优秀新闻工作者、优秀科技工作者、优秀管理工作者，他们创造了北京广播影视的卓越成果和辉煌。

体制机制不断改革创新，依法行政建设不断加强。改革创新推动了北京广播影视行业的大发展，也促进了广播影视体制机制的不断完善，行政管理、事业建设、产业经营既相互依托，又各自运行的良性格局初步形成。广播影视管理部门依法行政、依法管理、依法办事的水平不断提高，社会管理职能不断加强，公共服务能力不断增强，促进和规范行业发展的力度不断加大，为广播影视又好又快发展提供了有利保障。

总结改革发展经验，探索科学发展规律

改革开放30年来，北京市广播影视工作者以高度的政治责任感和使命感，艰苦奋斗，开拓进取，努力推进北京广播影视改革创新、繁荣发展，积累了丰富的经验。我这里主要讲五点：

坚持党对新闻宣传的绝对领导，牢牢把握正确的舆论导向。舆论导向正确与否关系国家安宁和社会稳定。北京广播影视在30年的改革发展历程中，始终坚持党对新闻宣传的绝对领导。当各种错误思潮袭来时，北京广播电视工作者始终坚持正确舆论导向，旗帜鲜明的宣传党的基本理论、基本路线、基本原则，坚持围绕中心、服务大局、弘扬主旋律，打好主动仗；坚持正面宣传为主，开展正确的舆论监督；坚持积极健康向上的宣传格调，抵制低俗之风，为首都的繁荣发展提供了强有力的舆论支持。

坚持改革创新，不断提高发展新思路。改革是动力，创新是灵魂。北京广播影视巨变的30年，也是改革创新的30年。在市委、市政府和市委宣传部的领导下，我们坚决贯彻落实中央和北京市改革的总体部署，积极推进广播影视宣传、技术、体制机制、经营管理、用人和分配制度等各方面的改革创新，为广播影视的发展繁荣带来了巨大活力和强大动力，产生了北京广播影视今天的成就。

坚持科学发展观，推动行业持续协调地发展繁荣。北京市广播电视局坚持以人为本、统筹兼顾，遵循广播影视发展规律，以为人民群众提供良好的广播电视视听服务，有效保障人民群众基本的广播电视收听收看权益为核心，着力协调广播与电视、有线与无线、城市与农村、事业与产业、社会效益与经济效益、传统媒体与新兴媒体等各种发展关系，大力推动北京广播影视的协调、持续发展，为首都的和谐稳定做出了贡献。

坚持实施人才战略，建设高素质的广播影视队伍。人才是兴业之本。北京广播影视30年来取得如此丰硕成果，重要原因之一就是高度重视人才队伍建设。各级广播影视机构积极营造尊重劳动、尊重知识、尊重人才、尊重创造的人文环境，逐步建立健全人才培养、引进和使用机制，营造了人才辈出、才有所用的良好环境，培养和吸引了大批的优秀人才投身北京广播影视行业，成就了北京广播影视的辉煌。

坚持依法行政，加强行业管理。切实转变政府职能，构建新形势下的广播影视行政管理体制，是广播影视发展的重要保障。30年来，北京市广播电视局按照体制调整、职能转变的总体要求，不断的强化宏观调控、政策调解、社会管理和公共服务的职能，大力推进依法行政建设，宣传管理、科技管理、社会管理能力进一步提升，层次分明、职责明确的行业管理体系初步形成，对推进广播影视繁荣发展发挥了重要的作用。

努力践行科学发展观，全力推进北京广播影视大发展、大繁荣

30年改革开放，30年发展繁荣，北京广播影视已经进入了一个新的发展阶段。站在新的历史起点上，要实现北京广播影视的大发展、大繁荣，必须深入学习和实践科学发展观，继续坚持解放思想，继续坚持改革创新，牢固确立一个目标，坚持两项原则，抓住两大要点，用好两大资源，借助两个动力，做好两个保障。

确立一个目标。牢固确立争创一流的发展目标，建设一流的、科学完备的公共服务和行业管理体系；打造全国一流的、具有较高公信力和美誉度的媒体品牌，形成完整的、经得起检验的品牌体系；培育全国广电龙头企业并走出国门；建设统一的电影管理体系和全国一流的电影出品、发行、放映院线；将北京建设成为全国广播影视节目制作和交易中心。

坚持两项原则。一是坚持正确的舆论导向，推动全社会形成统一的指导思想、共同的理想信念、强大的精神支柱和基本的道德规范，为首都经济社会又好又快发展和建设和谐社会首善之区提供强有力的思想舆论支持。二是坚持广播影视公共文化属性，确保社会效益第一的原则落到实处，创造最佳的经济效益，实现两个效益的统一，促进事业和产业协调发展。

抓住两大要点。一是着力构建富有首都特色的广播影视公共服务体系，更好地保障首都人民的基本文化权益。紧密结合北京的实际，逐步建立和完善广播影视公共服务标准体系、传输覆盖体系、内容供给体系、评价监督体系、资金保障体系、法律法规体系，实现广播影视公共服务的标准化、体系化、制度化、规范化。二是紧密围绕把北京建成全国广播影视节目制作和交易中心的目标，全面推进北京广播影视产业发展。以培育品牌为目标，不断推进内容生产的专业化、品牌化和集成化。大力支持新兴媒体发展，使其尽快成长成熟起来。大力支持内容资源集成、交易平台建设，立足北京、面向全国、走向世界，开展多种形式的交易和服务。以集群发展为目标，优化产业结构布局。支持怀柔影视基地、大兴星光影视园、CBD国际传媒产业集聚区、动画产业基地的发展，支持有条件的广播影视企业拓展业务领域，开展多种经营，提高整体实力。

用好两大资源。一是充分用好首都的人才资源。借助首都高校和科研机构密集的优势，充分发挥高端人才的“外脑”作用，加强对行业发展前瞻性、战略性的研究和引领，强化发展评估，提高内容生产的含金量，促进行业又好又快发展。二是充分用好境内外广播影视机构高度聚集的总部资源。积极引导节目和资金流向，充分运用信息资源，留住优势项目，借助中央级单位集中的能量优势构筑高端平台，推进广播影视节目制作和交易中心的建设，推动广播影视作品走向国际市场。

借助两大动力。一是借助媒体技术发展的内驱力，加快新技术的开发利用，着力推进传统媒体的技术升级，努力实现数字化、网络化。继续推进有线电视数字化转换，加快双向化改造。大力促进多媒体广播、移动电视、楼宇电视、网络广播电视、手机电视等新兴媒体的发展，实现传统媒体与新兴媒体的融合。二是借助体制机制改革创新的牵动力，进一步解放、发展广播影视生产力。按照中央推进“制播分离”改革和“宣传经营两分开”的总体思路，进一步推进制播体制改革和机制创新。进一步完善行政管理体制，更好地发挥行业管理作用。

做好两个保障。一是推进政府部门职能转变，强化社会管理和公共服务能力，为广播影视持续繁荣发展提供强有力的保障。要从观念和行动上实现由管“脚下”向管“天下”转变，由管微观向管宏观转变，由以行政手段为主向综合应用法律、经济、行政手段转变。进一步加强广播影视法制建设和依法监管，为行业发展提供强有力的支持和保障。二是进一步加强人才和队伍建设，为广播影视大发展、大繁荣提供强有力的组织保障。坚持正确的用人导向，按照“德才兼备、注重实际、群众公认”的原则选拔干部。切实加强队伍培训，使干部职工不断扩大视野，改善知识结构，提高能力水平。实施人才兴业战略，不断地发现人才、招揽人才、培养人才、使用人才、爱护人才，让更多的优秀人才脱颖而出，人尽其才，健康成长。

回顾过去，我们用智慧和辛劳创造了今日的辉煌；展望未来，北京广播影视前途光明、任重道远！2009年我们将迎来新中国成立60周年，我们也将着手编制十二五时期的发展规划。新的蓝图等待我们去描绘，新的业绩等待我们去创造。我们完全相信，有党和国家的宏观决策指引，有市委、市政府的正确领导，有业界人士的聪明才智和辛勤耕耘，北京广播影视的明天一定会更加美好！

北京市广播影视系统
对外及港澳台交流情况综述

2008年，北京市广播影视系统充分利用奥运会这个大舞台，大力推进广播影视“走出去”工程，促进多种形式的国际交流、交往与合作，大大提升了外宣工作水准，打造了具备国际合作能力的广播影视人才队伍，开辟了内容丰富、形式多样的国际交流、合作项目。

一、2008年，全市广播影视系统累计派出110多个访问小组500多人次。出访安排以广播影视事业发展需要为核心，内容紧密围绕国际影视节展、技术引进、人才培训、广播影视节目交流与合作以及新闻报道等，注重实效，取得较好成果。

二、成功举办“北京广播影视走进洛杉矶活动”。北京市广播电视局首次在境外自主举办外宣活动，探索了道路，积累了经验，锻炼了队伍，达到预期外宣成果。在北京市委宣传部的指导帮助下，由北京市广播电视局主办的“北京广播影视走进洛杉矶”活动于2008年元月3日至8日在美国洛杉矶成功举行。本次活动主题为“缘——北京·洛杉矶奥运寻梦之旅”，由电影《一个人的奥林匹克》推介活动和北京电台、北京紫禁城影业公司等北京市广播影视机构与美国同业的交流活动所组成。活动以奥运为契机和纽带，通过交流、推介、展示等多种形式，加强了北京与洛杉矶的联系与交往，促进了美国主流社会对北京广播影视发展的了解以及对北京奥运、对中国文化的认识，为北京广播影视产品“走出去”搭建了一个国际性平台。

三、北京市广播电视局通过采取资金支持、派员指导等多种方式，推动节目走向国际市场。主要有：

（一）2008年4月，由北京市广播电视局主办、首都广播电视节目制作业协会承办，组织21家首都广播影视节目制作公司60余人赴法国参加戛纳电视节。参展公司在会上推出60多部2000余集有一定外销潜力的电视剧节目，无论是节目品种还是制作质量，参展节目都在逐步与国际市场接轨。

展会期间，北京中北电视艺术中心有限

公司与俄罗斯RZNTV签订了戛纳节中第一宗俄罗斯购片合同，合同金额达200多万美元，还与韩国、日本等东南亚七国达成多项播映合同或合拍意向。对此，展会新闻部专门进行了重点采访报道。

北京慈文影视有限公司4部剧《七剑下天山》、《雪山飞狐》、《五号特工组》以及《西游记》预售版权达300万美元，地区遍及希腊、土耳其、以色列、叙利亚、委内瑞拉、南非、俄罗斯、波兰、匈牙利、日本、越南、马来西亚、泰国、新加坡、印度尼西亚、台湾、香港等国家和地区。

北京华亿联盟文化传媒投资有限公司的纪录片《长征》和《孙子兵法》在展会上得到世界重要电视网络的高度重视，从未参与过与中国合作的美国PBS这次也希望参与《孙子兵法》的联合拍摄。4部纪录片节目分别与意大利、美国及全球多家电视机构达成播映权和DVD出版协议。海润公司2部60集节目分别与法国、英国公司达成销售协议。

华夏视听环球传媒（北京）有限公司的《碧血剑》等7部经典武侠剧和《我爱厨房》，与南斯拉夫、印度、俄罗斯、南非、罗马尼亚、波兰、印尼等国的电视媒体达成合作意向。京视传媒的《龙的传人》成功发行到马来西亚，新加坡，文莱与印度尼西亚等国，纪录片《北京印象》大受欢迎，与台湾，韩国，越南等地达成播出意向。北京艺德(优赛)公司在展会上与30余家海外公司进行了高密度的交流，达成引进购买项目初步协议近100万美元。

据不完全统计，在本次戛纳电视节上，达成电视节目交易协议(含意向)近1000万美元。

首次集体亮相戛纳电视节的北京代表团成功举办了以“北京与你合作”为主题的公关酒会，69家海外机构的97位外宾到会，酒会主题鲜明，外宾阵容整齐，朋友交流活跃，被多年代理中国参展事务的CMM机构负责人称为“多年来举办效果最好的一次中国主题活动”。

展会组委会中国区负责人Paul barbarro专程约见北京代表团，听取北京市广播电视局及协会对运用戛纳电视节交易平台的意见、要求和中长期设想，对北京代表团提出的加强对中国节目的宣传和改善中国展区条件等要求，表示将积极配合，并期待协会组团参加今年秋季首推的亚洲综合展。

（二）2008年10月，由北京市广播电视局主办，北京市广播影视作品审查中心承办，成功组派北京电影代表团赴韩国参加釜山电影节。

该代表团由来自10家电影制作机构的33位代表组成，连租展位5个，是该电影节上规模最大的代表团，也是国内首次成规模地参加釜山电影节，因此受到电影节组委会的高度重视。电影节期间，北京电影代表团通过展台展示交易、宣传品发放、宣传片播放、广告推介、影院展映、拜会组委会主席、参加电影市场开幕式、举办大型欢迎酒会等各具特色、各有侧重的活动，立体综合地展示了北京电影事业的发展成就，扩大了北京电影的影响。在组委会的工作小结中，有一段话是这样说的："四天的电影市场，吸引了海外制作机构的关注，包括中国和欧洲，成功地成为亚洲电影市场的中心"。这个总结中，特别强调了中国，说明参加这次电影节不仅代表了北京，也代表了中国。

四、北京人民广播电台圆满完成奥运火炬境外传递大型跨国直播节目"和祥云一起飞翔"。"飞跃巅峰，跨过海洋，点燃激情，传递梦想。"从4月2日到4月29日，伴随着这铿锵有力的声音，北京电台第29届奥运会火炬传递大型直播和系列追踪节目"和祥云一起飞翔"与奥运火炬共同见证了境外传递这难忘的旅程。北京电台体育广播奥运之声、外语广播奥运之声、新闻广播联合北京广播网、DAB数字广播顺利完成了阿拉木图、伦敦、达累斯萨拉姆、堪培拉、胡志明市等12场境外火炬传递音视频现场直播，生动展现了奥运圣火所到之处世界各国人民期盼奥运、祝福北京的深情厚谊。

制作的《倾听北京、感受奥运》系列光盘在美国洛杉矶首发。

五、北京电视台对外宣传与交流工作越来越活跃。2008年，共办理因公外出55批，出访人数247人次，出访地涉及10余个国家和地区。全年共接待美国、英国、德国、法国、巴西、越南、新西兰、日本、韩国、香港、台湾等国家和地区的来宾30批，150余人次，对外宣传与合作不断加强。

1.出色完成境外奥运火炬传递直播报道。先后派出9个摄制组，分赴圣火点燃地点——希腊及境外11座火炬传递城市，以及香港和澳门特别行政区，专访了10位我驻外大使或总领事，专访了澳大利亚总理陆克文先生、土耳其专门负责体育事务的副总理巴谢尔斯基·奥卢和13位奥运火炬传递城市领导，以及9个国家和地区的奥委会主席。

2. 制作宣传片《舞动北京》。应北京奥组委新闻宣传协调小组要求，北京电视台制作了一部30分钟的对外宣传片——《舞动北京》，除在北京电视台播出外，还在中央电视台4套《今日中国》栏目播出，为在全世界范围树立北京的形象起到了积极的作用。

3. 拍摄制作20集中英文北京宣传系列片《北京印象》，每集28分钟。为了多角度、多侧面宣传北京，尤其是展现北京人文奥运风采，由北京广播电视局出资、北京电视台海外节目中心承担制作了20集中英文电视系列片《北京印象》，用镜头记录北京的历史文化、城市变迁以及生活在这里的人们的故事。《北京印象》共制作完成700分钟的中文节目和700分钟的英文节目，于奥运期间以及残奥会期间在北京电视台播出，不仅取得了较高的收视率，同时还取得了很好的社会反响。此外，《北京印象》的英文版在美国联邦公共广播公司MHZ频道以及GlobeCast卫星公司World-wide频道在海外播出，受到北美很多热心观众的欢迎，他们反映通过《北京印象》的片子了解到了一个真实的北京，了解到了这里人们的生活，印象亲切、感人、真实。

4. 制作播出362期《一呼百应迎奥运》。一分钟英语系列节目《一呼百应迎奥运》，经过短暂的筹备，在北京奥运倒计时一周年之际开播。在节目制作过程中，摄制组按照“奥运北京”、“奥运文化”、“赛事知识”、“文明礼仪”和“生活服务”五大主题，以递进的方式，梯次完成制作。一年时间里，教授三百余个英文单词、短语和句子。

5. 境外播出节目工作。北京电视台国际频道（即长城平台BTV频道）因节目丰富深受海外观众的欢迎。在去年由中视国际印发的长城（美国）平台评估报告中，BTV频道取得了在专家评估和观众问卷调查中均列第四位，电话调查列第五位的好成绩。2008年，根据美国麒麟电视网统计，北京电视台国际频道仍稳居长城平台的前五名。

北京电视台与凤凰卫视欧洲台、凤凰卫视美洲台、加拿大城市电视台、美国纽约中文卫视、美国斯克拉教育电视网有着长年的友好合作关系，并向他们提供部分有北京电视台版权的精品中文节目。一方面满足不同地区的海外观众收看中文节目的需求，另一方面也是北京电视台外宣窗口的必要补充。2008年，北京电视台向以上5家海外电视媒体提供了总计443小时的中文节目。

2008年，北京电视台围绕“奥运”、“抗震救灾众志成城”、“改革开放三十周年成就”等主题拍摄制作了31条英语新闻计100分钟，送美国有线新闻网（CNN）播出。英文栏目《这

里是北京》围绕“奥运年”，深化主题，全年共完成52期，每期1小时，共计52小时。该节目从最初在美国华盛顿地区登陆，到至今在美国联邦公共广播公司MHz频道、Echostar卫星公司的长城（北美/亚洲/欧洲）平台北京电视台国际频道、GlobeCast卫星公司的MHz Worldview频道播出。经过了十多年发展，该栏目已在华盛顿地区有73万忠实观众，在全美有1500万户观众。

六、北京北广传媒集团加强了集团本部及所属单位对外及港澳台交流和外宣的管理与服务工作，重点推进了技术设备引进、境外培训、节目销售等项目的开展，取得了较好的实效。

（杨春青　荀 菲　李增明）

概况

2009／《北京广播影视年鉴》

——记录行业情况　服务业内和社会——

北京市广播影视概况

一、基本情况

2008年，本市拥有市级广播和电视台各1座，新媒体（数字、移动、城市、地铁电视）播出机构4个，区县级播出机构14个。广播影视节目制作经营机构累计达772家，从业人员1.84万人，资产总额328亿元。北京人民广播电台办有8套无线广播节目，日播出167小时；开办移动多媒体广播（DAB），播出16套广播节目和6套电视节目。北京电视台办有11套电视节目，其中3套为无线、8套为有线，日播出239小时。北广传媒集团办有1套移动电视节目，日播出17小时；办有1套城市电视（楼宇）节目，日播出17小时；办有1套地铁电视节目，日播出17小时（试转播移动电视节目）；办有数字电视付费频道11个，同时集成全国节目87套，每个频道每日24小时循环播出；付费频道在全国落地142个区域。全市广播电视有线传输网集成数字广播电视节目143套、数字广播节目16套，网络总长135255千米，其中光缆23310千米、电缆11945千米；收视用户（注册）总户数383万户，其中新增数字化转换（机顶盒用户）71万户，总计达190.2万户。

二、宣传工作情况

（一）奥运宣传声势强劲。全市广播电视播出机构先后推出《福娃奥运漫游记》、《咱们这七年》、《北京印象》等一批奥运节目，产生良好的社会反响。围绕奥运火炬境内外传递、奥运开闭幕式盛典和各项赛事，北京电台每天播出奥运节目超过120个小时，共播发赛事报道1万余条，转播赛事300余场；北京电视台承担6个BOB奥运会和残奥会项目的直播，共播出奥运节目近2000小时；北广传媒集团利用移动电视等每天转播奥运赛事655分钟，在残奥会期间每天转播赛事330分钟。各区县广电中心积极配合奥运宣传，也收到较好效果。

（二）舆论引导水平继续提升。各播出机构注重创新节目内容和宣传形式，年内精心组织学习实践科学发展观、贯彻党的十七届三中全会精神、全国和北京市“两会”、应对国际金融危机、纪念改革开放30周年等重要活动的宣传报道任务，积极唱响主旋律、打好主动仗，有力地配合党和政府的中心工作。在抗击南方雨雪冰冻灾害、抗震救灾宣传报道中，北京电台、电视台派出记者奔赴灾区采访报道，制作播出大量新闻和专题节目。北京电台加强频率定位和节目研发，突出个性化服务理念的特点，广播市场份额始终保持67%以上的领先地位。北京电视台不断丰富节目内容和形式，着力推进专业化、品牌化建设，推出的纪念改革开放30周年特别节目《岁月如歌》、《北京记忆》，产生良好的社会反响。北广传媒集团数字电视《北京党建》制作播出的专题片《大学生村官》、《论井冈山精神》等，获得社会各界普遍好评。各区县广电中心努力丰富节目的内容和形式，如密云、延庆广电中心围绕“创建国家生态县”加大宣传报道力度，产生积极影响。顺义、朝阳、丰台、昌平、通州等广电中心根据经济社会发展的实际和城市功能定位，有针对性地完善宣传栏目，收到较好效果。

（三）艺术生产持续繁荣。市广电局和北广传媒集团联手投资200万元，面向全国开展“优秀剧本征集活动”，抓扶持、抓推荐、抓策划、抓创作，共征集作品1400多部，有18部作品获奖。一批优秀电视剧如《乔省长和他的女儿们》、《漕运码头》、《春草》、《祈望》、《雾柳镇》、《沧海》、《雪域天路》、《震撼世界的七日》，以及广播剧《我们永远在一起》、奥运主题歌《我和你》、歌曲《山河作证》等作品，社会反响良好。全年共生产电视剧75部2389集，生产电视动画片12部435集7380分钟，通过审查发行电影3部。北京市广播影视奖“华彩杯”共评出一等奖43个、二等奖65个、优秀栏目奖18个、节目创优先进个人62名、入围奖89个。

（四）对外宣传取得新成绩。成功组织“北京广播影视走进洛杉矶”、首都影视制作机构参加戛纳电视节、釜山电影节、在上海向境外推介北京影视制作项目等活动，促进了影视剧出口。积极开展“体验北京、感受奥运——海外记者看北京”等系列外宣活动，进一步宣传了北京。继续扩大广播电视在海外落地，北京电台增加澳大利亚2AC华人电台和新西兰中华电视网，借助国际互联网开办北京市第一家外语广播网络电台，北京电视台国际频道（中国电视长城平台BTV频道）在美国、亚洲、欧洲、加拿大和拉美平台上均有播出，受到海外观众欢迎。

三、事业产业发展情况

（一）加强公共服务体系建设。提升广播电视村村通质量，完成5个区县143个运行10年以上的村村通系统升级改造工作；建成5座高山广播电视无线覆盖转播站；对7个区县679个村村通系统安装央视奥运频道接收设备，使17万山区群众收看到奥运节目；完成26块大屏幕电视建设任务；推进有线电视数字化转换，全年新增用户71万，累计达到190.2万户；加强数字电视《北京党建》频道和移动、城市电视的服务功能；北京卫视实现在36个省会城市和计划单列市、269个地级市、1718个县和县级市落地，接收人口突破8亿人。

（二）新媒体业务发展加快。北广传媒集团加大新媒体建设力度，移动电视新装车辆2317辆、新增终端屏幕4634块，终端总数达到24000块，分布在全市380余条公交线路的12000辆车上；城市电视新增1000多块屏，终端规模达到11000多个；地铁电视完成1号线31组列车、1116块电视显示终端的安装，终端总数达到7476块；城市电视自建2块、合作10块户外大屏幕电视全部开播，初步搭建起有影响力的户外大屏幕联播网；瑞特公司持续扩大境外卫星电视用户规模，新增酒店50家，累计达到291家。北京电台“播播视频”总节目量超过15000段，时长达3400多小时；DAB数字音频广播加强重点卖场、连锁店等覆盖；1039新媒体机作为电台自主知识产权的新产品，在奥运会之前上市销售。北京电视台“BTV在线”视频制作量逐月增加，月制作量达382小时；手机流媒体业务开播。

（三）产业项目增加，经营收入保持增速。制定《北京市文化创意产业发展专项资金广播影视项目评审办法（试行）》，组织完成134个广播影视项目的初评，占全市申报项目的20.43%，数量位居九大文化创意产业门类的前列。全市批准广播影视节目制作经营单位累计达到772家，具有网络传播视听节目资质的机构累计达到48家，同比分别增长了35%和26.9%。产业收入结构不断优化，创收渠道向多元化发展，行业抗风险能力进一步增强，全市广播影视累计创收72.65亿元，比上年增加7.62亿元，增长11.79%。

歌华集团积极协调外方合作伙伴，共销售奥运会、残奥会全部门票860余万张；落户歌华开元大酒店的2008北京国际新闻中心为150场次新闻发布会、76场次采访和协调会提供了优质服务；组织国内外百余位著名作曲家、近30个一流专业院团和1000多位中外演员参与创作，高品质、高水准地完成了29届奥运会、13届残奥会4个开闭幕式仪式近800分钟的音乐成品，赢得了奥运会、残奥会开闭幕式音乐的使用授权；完成奥运会38个分项、残奥会20个大项及42项“好运北京”测试赛场馆体育展示工作；还承担了舞美制作、灯光音响系统保障、演员训练和管理等重要任务。

（四）安全播出和传输“零”事故。完善全市广播电视安全播出应急预案，加强工作部署和督查，各播出机构坚持技防与人防相结合，北京广播电视监测中心加强值守，为安全播出和传输提供重要保障。“歌华有线”新建并启用网络总前端，承建奥运有线电视专网，保证奥运会赛事节目传输安全，受到国际奥委会主席雅克·罗格、残奥会主席菲利普·克雷文的高度赞扬。同时，全市组织4万余人看护广播电视传输线路和设施，保证237个有线电视机房和1万余公里光缆正常运行，全市广播电视实现奥运期间播出和传输“零”事故。市广电局被国家广电总局评为安全播出先进单位。

（五）产业集聚区发展势头良好。怀柔区影视基地的龙头企业——中影集团已正式投入运营，开始承担大型剧目的制作。大兴区国家新媒体产业基地——星光影视园吸引了国际、国内多家知名传媒机构来此开展业务，运作良好。CBD国际传媒产业集聚区呈现良好发展势头，中央电视台、北京电视台东迁带来的媒体机构集聚效应日益显现，朝阳区已有千余家传媒企业落户。石景山、通州等区县也有众多文化影视企业入驻。北京歌华文化发展集团进一步完善了歌华大厦文化创意产业展示平台、交易服务平台、资源整合与信息交流平台的基础设施建设。

（六）文化会展业进一步发展。第三届文博会广播影视项目圆满成功。广播电影电视展览和论坛从多角度、全方位展现了新内容、新技术、新成果、新面貌。北京电视台承办的开幕式晚会精彩纷呈，北京电影学院分会场为北京动画产业发展搭建了交易平台，签订了动漫产业合作协议总金额达1.8亿元。中国电影博物馆全年举办多场展览和专题活动，如电影人物蜡像和电影器材、道具展览、电影观众月度主题电影展映、电影大讲堂、“纪念延安电影团成立70周年座谈会”、第二届青年论坛活动等，参观人数达301767人次，完成讲解2724场，比2007年增长75%。北京歌华文化发展集团举办文化会展、活动共计100余项，已形成“世界文明”、“艺术大师”、“地方文化”、“当代艺术”、“科技文化”、“奥运主题”、“民族文化”、“社会教育”、“创意设计师”等系列品牌项目，除承办第三届文博会影视展及论坛外，还承办“同一个世界，同一个梦想”大型奥运主题展、国际广播电视设备展、第32届国际藏书票双年展、《古典与唯美——西蒙基金会藏欧洲19世纪绘画精品展》等，经营收益有新的增长。

四、行业管理情况

（一）强化依法行政。坚持对播出机构重点时段、重点节目进行全覆盖式收听收看。执行《电视剧审查管理规定》，加强影视剧题材备案管理。加大影视创作扶持力度，全年拨付影视互济金约3000万元。加强引进节（剧）目的审查监管和境外人员参与广播电视节目和影视剧制作的管理。推进行政执法责任制，完成安全传播地方立法调研，在广播影视播出、卫视综治等加大执法力度。做好行政许可和业绩审核，对市属75家宾馆饭店接收境外卫视安全检查，为其中60多家加装防干扰、防插播“滤波器”。加强网络视听节目管理，对市属31家网站视听节目负责人培训，对50多家网站违规进行查处。市广电局政务大厅全年受理各类事项2000余件。

（二）加强科技管理。启动媒体资产管理共享交换平台建设，开展广播电视科技创新奖、节目技术质量奖评比和技术能手竞赛等系列活动。

（三）政府信息公开。市广电局对2003年以来约5000余条历史信息（公文）进行清理，设立依申请公开场所，改版局网站，全年累计主动公开信息2367条。

（四）赈灾援建。迅速部署汶川特大地震相关援助方案，削减公用经费10%划入救灾专户，组织业内单位为灾区捐款超过2000万元，党员干部交纳特殊党费及捐款200多万元。两次组织人员赴四川什邡市广电中心调研援建项目。年内北京电视台“驻什邡前指工作站”的人员、设备全部到位。

（马广胜 李广建 吴 彤）

中国电影博物馆概况

中国电影博物馆是经国务院批准，国家广播电影电视总局和北京市人民政府共同建设的大型公共文化设施，是目前世界上最大的国家级电影专业博物馆，是纪念中国电影诞生100周年的标志性建筑，是展示中国电影百年发展历程、博览电影科技、传播电影文化和进行学术研究交流的艺术殿堂，是爱国主义教育基地和科普教育基地。

中国电影博物馆占地52亩，建筑面积近3.8万平方米，于2005年12月29日落成，2007年2月10日正式对公众开放。2008年3月28日起实行免费参观。2009年春节，迎来第50万名参观者。

中国电影博物馆设有20个展厅，展线长度2970米。《百年历程，世纪辉煌》展览展示中国电影百年历程，涉及电影1500余部、图片4300余张，介绍电影工作者450余位。

1—10展厅为展览区，位于二层和三层，展示不同时期电影发展和电影工作者的重要艺术成就，展示故事片、科教片、新闻纪录片、译制片、美术片、儿童片等不同类型的电影，开辟专厅介绍香港、澳门、台湾地区电影的发展。

11—20展厅为博览区，位于四层，展示电影科技和电影知识，揭示电影制作的奥秘，从拍摄、剪辑、美术、配音配乐到特技、洗印等电影制作过程均有充分展示，部分项目观众可参与、体验。

影院区有：巨幕（IMAX）电影厅、数字电影厅、三个普通电影厅和六号放映厅，上映最新电影，开辟专门影厅放映精选老电影，并举办专题展映活动。电影厅拥有最新电影放映技术和设备，巨幕（IMAX）电影厅拥有目前世界上最好的影像系统，宽27米高21米的超大银幕和高端六声道音响系统。观看巨幕电影被誉为“电影的终极体验”。

综合服务区拥有中央圆厅、报告厅、多功能厅、贵宾厅以及临展厅，可为各类会议和专题活动等提供服务。馆内设有咖啡厅、餐厅和商店，可选购电影图书、电影音像制品和纪念品。

2008年中国电影博物馆被评为北京市爱国主义教育基地、北京市科普教育基地、北京2008年奥运会、残奥会奥林匹克教育工作先进单位、北京市社会大课堂中小学课程教学活动实验基地。

主要工作：

一、确保免费开放工作安全有序

2008年3月28日，中国电影博物馆向社会免费开放。成立了免费开放工作领导小组，制定服务接待、安全保卫、设备设施运行管理、环境管理、危机控制应急处理等系列方案。增设安检设备设施，加设网上预约系统和预约电话，领票处，检修设备设施，公示免费参观办法，组织全馆综合模拟演练。使工作安全有序。

二、做好服务奥运接待工作

1.规范服务标准，理顺接待管理流程。开展“如何提高观众满意度”调研讨论活动，从观众视角找问题、提建议、促整改。联合馆外专业机构共同开展“观众满意度问卷调查”。建立服务督察机制，重点督察服务、设备、工作和安全。

2.对全馆员工进行四个月通用知识培训，包括岗位业务、普通话、礼仪基础、助残基础、基本救护常识和奥运常识等几方面。推出开放时间“十字口诀”，闭馆时间“地毯式清场”，确保“提高警觉、关口前移、重在发现、反应适度”。

3.举办临时展览和多场专题活动。2008年对外开放日为318天，接待观众301767人次，比2007年增长75%。完成讲解2724场，定时讲解2491场，收费讲解93场，免费专场讲解140场。

举办电影人物蜡像和电影器材、道具展览；面向电影观众的月度主题电影展映；青少年学生电影大讲堂；“纪念延安电影团成立70周年座谈会”、第二届青年论坛活动；亲子乐园、电影动漫进社区、音乐剧《中国电影博物馆之夜》；读者征文和影片推荐等。

4.每月举办一次主题公益电影展映。举办“‘电影祝福奥运’中国体育电影展映”、“‘喜看今日路，胜读百年书’纪念改革开放30周年系列电影展映”、“纪念延安电影团成立70周年纪录片展映”、“贺岁片15年”等13次展映。举办“永不消逝的记忆——孙道临影片展映”、“战胜灾难——抗灾电影展映”和“‘他为电影而生’——谢晋电影展映”。

接待电影观众117026人次，放映电影3857场。巨幕电影放映666场，观众35580人次；院线电影放映2558场，观众51875人次；公益电影放映633场，观众29571人次。

5.2008年“电影大讲堂”共举办39期，讲座23期，专场活动16期，参加活动的学校和单位146个，青少年7365人次。举办“‘我拍DV电影，献给2008’首届青少年DV电影作品大赛”，“光影人生，永恒记忆座谈会”、“迎奥运、中外体育电影赏析系列讲座”、中国少年儿童电影与博物馆社会教育座谈会、“我唱电影歌、童心齐飞翔”、纪念改革开放30周年系列活动等。葛存壮、谢芳、翟俊杰、濮存昕、顾长卫、蒋雯丽、郑洞天等多位电影界的著名艺术家、专家、学者和知名人士受邀讲座和参加活动。

6.会员俱乐部举办了亲子乐园，电影动漫社区行，盲人听电影，《立春》电影人见面会、观看情景实验音乐剧“中国电影博物馆之夜”等活动。发展会员达2100人。

7.馆刊改版，更名为《影博·影响》，由大事记载转向综合性专业刊物，内容和形式全面更新。每期15个栏目，刊稿30余篇。刊载文字10万字，图片100余张，推出“影人·孙道临”、“电影与体育”、“纪念延安电影团成立七十周年”、“纪念改革开放三十周年”、缅怀谢晋等专栏。开展“难忘的光影记忆—纪念改革开放30周年征文”和“30年：我心目中的影片及影人推荐活动”。完成“中国电影博物馆2008年度观众满意度问卷调查”、《中国电影博物馆在推动首都文化大发展、大繁荣进程中的工作思路和着力点》、《电影观众偏好取向及相关问题问卷调查分析报告》等课题研究。

8.制定藏品普查方案，建立藏品普查体系，普查信息数据库。开展抢救性征集工作，走访30余位老艺术家，对部分人员摄录影音资料，征集到电影器材、剧本、剧照、书信等珍贵电影物品1200余件套。成立藏品鉴定委员会，开展藏品分类定级工作。完成共计6800余件套藏品的建档工作，一万余件纸制藏品的消毒工作。

9.2008年初正式启动志愿者工作。加入北京市志愿者协会，成为团体会员单位。开展高校定点招募、社会招募和基础性培训等工作。招募到40余名志愿者。有的志愿者已经来馆进行过服务。

10.2008年底完成报告厅放映改造，增设多种放映功能成为“六号放映厅”。兼具数字播放与胶片放映能力。

三、完成平安奥运任务

按照市委、市政府提出“大事不出、小事减少、管理严格、秩序良好”的“平安奥运”工作要求，制定防止恐怖袭击和突发安全事件等7个应急预案和60多个二级预案；建立观众人数剧增或局部人员聚集的预警和疏导机制；加强安保力量，配备安全检查设备。按照“想到最坏、做到最好”要求，加强安全隐患排查工作。对26项重点设备进行全面检查，对各区域进行隐患排查，完成系列施工和工程改造，排查整改公共区域照明线路存在的重大隐患点位66处。新增设工作马道358延米；通过电消检解决消防系统隐患12个。奥运会期间，全馆无一例交通安全责任事故和交通违章，被评为2007年度北京市交通安全先进单位。

四、完成一期工程交接

成立“中国电影博物馆一期工程交接和收尾工作领导小组”，本着“以我为主，依法办事”原则，制定工作方案，倒排时间表，把接收工作分成交接资料、审核对照、问题汇总三个阶段。组织各相关部室，工作小组，明确工作任务，分工负责。完成大量资料档案交接和现场审核对照工作。中国电影博物馆业主委员会向产权管理方中国电影博物馆移交了工程技术资料共计476册54716页，合同协议资料128份1708页。中国电影博物馆在接收业主委员会移交的资料后，将独立承担产权管理等职能。2009年2月27日，举行中国电影博物馆一期工程交接签字仪式，标志着中国电影博物馆由建设阶段向管理运行阶段的实质性转换完成。

五、加强内部建设

完成廉政手册、员工手册、部门制度手册和实用流程手册的《制度流程汇编》。涉及全馆通用制度73个，各部室制度86个，流程106个。

建立“三个循环”管理模式。即“自查自纠”、“他查他纠”和“馆查馆纠”。每日的早晚例会是工作形式之一。“馆查馆纠”，是以办公室督检科为牵头，全馆各部室在内，统一进行督检考核，建立绩效考评制度，每周的部室第一责任人例会和每月的馆务会进行沟通、检查、考评。

建立员工考核制度和企聘员工分级分类管理制度。制定员工考核制度。通过考核，全面评价员工的业绩，改善工作动力。制定和实施企聘人员分级分类管理办法和岗位标准，规范企聘人员的管理。

（中国电影博物馆办公室）

北京人民广播电台概况

北京人民广播电台是北京市属重要的新闻机构之一，成立于1949年2月2日，位于东长安街延长线的建国门外南侧，英文缩写为“RBC”。

北京人民广播电台最初称北平新华广播电台、北平人民广播电台、北平新华广播电台第二台、北京市人民广播电台。1951年3月11日，改成北京人民广播电台至今。

北京人民广播电台下辖8个专业广播，北京广播网、节目制作中心、15个职能处室及一家注册资本2.74亿元的北京广播公司，员工1000多名。

2008年，拥有8套开路模拟广播、15套有线调频广播、16套有线数字广播和12套开路数字音频广播；建有12个数字化直播机房、11个数字化录制机房，1个数字化广播级视频演播室，8套专业级演播室视频系统和世界一流的播控中心；建成数字化平台，在节目制作、存储、播出、传输等环节，实现数字化；信息传递网络化、办公自动化逐步在全台范围内普及。

北京电台每天播音约348小时，总发射功率193.5千瓦，除覆盖北京地区外，还覆盖河北、天津、山西、山东、辽宁等省市的部分地区；与国内20多家省级电台及国外十几家媒体建立长期合作交流关系。

2001年8月22日，创办北京广播网；2004年3月24日《音乐周刊》创刊；2006年1月9日，《新广播》报创刊；2006年6月16日，青檬网络电台正式开播；2006年9月6日，北京电台DAB移动多媒体广播正式开播，形成广播、网络、报纸、刊物互补的多媒体传播格局。

2008年（包括有线和无线频率）平均日到达率为45.9%，人均收听分钟数为131.4分钟，占有北京广播市场67.6%份额。

截止到2008年底，北京人民广播电台在全国政府奖的评选中荣获“长江韬奋系列奖”之韬奋奖1个、“五个一工程奖”20个，中国新闻奖一等奖7个，二等奖12个，三等奖21个，中国广播奖一等奖54个，中国广播影视大奖9个。

8套无线广播节目：

新闻广播(AM828/FM100.6/有线调频90.4)；

城市服务管理广播(AM1026/FM107.3/有线调频91.9)；

首都生活广播(AM603/有线调频89.1)；

体育广播(AM927/FM102.5/有线调频92.7)；

音乐广播(FM97.4/有线调频94.6)；

文艺广播(FM87.6/有线调频93.8)；

交通广播(FM103.9/有线调频95.6)；

外语广播(AM774/有线调频97.8)。

2008年主要工作：

一、宣传工作

完成第29届奥运会、全国两会、十七届三中全会、纪念改革开放30周年、北京市两会等重大宣传报道任务。

举全台之力搞好奥运宣传报道。成立领导小组，组建报道队伍，投入3000多万元购买技术设备、搞好后勤保障；创办外语广播网络电台；设立全台统一的接发稿平台；协调各方关系争取到赛事转播权和9个奥运会注册记者名额、10个持证非注册记者名额；利用“八台一网”开办奥运专题节目，境内外奥运火炬传递、奥运倒计时100天、“好运北京”测试赛等奥运节点报道独具特色。赛事期间，每天播出120小时奥运节目，占频率总播出时长71%。全程直播开、闭幕式实况、赛事实况500多场，赛事转播场次、时长创历史之最，在全国广播电台中排名第一；播发赛事报道15407条，非赛事报道12884条；北京广播网共发布文字新闻28473条，图片新闻2885组，音频报道2060条，日均发布奥运新闻1200条；9名奥运会注册记者奔波于20多个比赛场馆，对中国队获得奖牌项目的报道无一遗漏。

在南方雪灾和汶川地震灾害宣传报道中，打破常规，全方位、多角度、大篇幅报道抗震救灾工作，共有139个栏目播发抗震救灾报道7100多条次，制作近百条内容不同的公益广告滚动播出，播出节目总时长2015小时。共募集捐款2亿5千多万元，车辆735辆，救灾物资900余吨。国家广电总局副局长胡占凡批示表扬北京电台抗震救灾宣传报道做了很好、很有成效的工作，发挥了首都台特有的作用。

节目制作中心面向全国节目市场，整合内部节目资源，实现成品节目批量销售，销售额15万多元；播音主持管理部完成对全台200多名播音员和主持人音频资料收集建档工作；新媒体编辑部建立系列规章制度，推进电台有关知识产权和商标注册管理工作。

先后举办“广播过大年”春节特别活动、第三届“听众喜爱的名牌栏目”大型评选、“百姓解说奥运会”、第三届“魅力社区”评选、“小DJ大不同”、“改革开放30年听众喜爱的30首金曲评选活动”；主办“体验北京、感受奥运”海外记者看北京、“念慈庵2008年度北京流行音乐典礼”；承办《爱心融化冰雪》首都大型赈灾慈善义演、“蒙牛绿色骑手，奔向北京”大型自行车志愿之旅、“绿色出行·碳路行动”、“第五届‘首都的士英雄’评选活动”、“我喜爱的A级餐厅评选活动”、“志愿家庭和你一起过六一——爱心书包捐赠”、“捐助‘博爱电波书屋’”等品牌活动；第三届中国北京国际文化创意产业博览会、第十届北京国际汽车展、第三届原创拜年短信大赛、第六届朝阳风情节、第三届延庆端午节以及“广播三下乡，年货送农家”等活动深受各界好评。音乐广播承办2008年第29界奥运歌曲征集评选活动，历经五年四届的征集，参与人数众多，社会影响广泛，受到市委宣传部充分肯定。

增加与澳大利亚2AC华人电台、新西兰中华电视网的合作，目前落地范围已覆盖北美、欧洲、东亚、非洲等20多个国家和地区。

1人荣获“2008中国广播传媒年度人物”和“十大传媒领军人物”荣誉称号；3件作品获中国新闻奖；1件作品和1人荣获全国广播“金话筒”奖；13件作品、2个栏目获北京新闻奖；有10个部门、36人被评为北京市级以上奥运会、残奥会先进集体和个人；有8个部门、19人被市广电局评为奥运会、残奥会先进集体和个人；48件作品、5个栏目和18人荣获2007年度北京市广播影视奖。

二、硬件建设

技术部门为主控、播出、网络、发射等各个技术环节提供24小时保障，播出节目技术质量保持平稳。全台共播出54485小时，总停播率0.21秒／百小时。804发射台连续7年保持停播率0秒的纪录。向国家广电总局上报的全年播出通路运行技术指标均达到甲级标准。

投入4900多万元，完成对电台播控中心两路供电系统、综合业务网、办公区域公用电视信号传输、音频网络系统以及高频发射系统的更新改造；完善DAB音频、视频节目和数据业务集成平台，提高中央广播电视发射塔DAB广播发射功率，开播双桥、奥运村、大兴、顺义等五个DAB发射点，使DAB基本覆盖北京市区及所有平原地区。804发射台将天线网络中使用多年的玻璃真空电容更换成陶瓷真空电容，提高了天线抗击雷电的稳定性；配合市广电局完成新闻广播远郊区无线覆盖工程建设。

三、广告收入创新高

进一步规范广告合同，加大广告监听力度，严把广告审查关，有效堵住“跑冒滴漏”。

调整经营策略，变行业代理为项目代理。举办电台首届节目推介会和品牌活动，节目推介增收1100万元，奥运增收1300万元；2009年广告代理项目全部竞标成功，中标总额超出标底37%；2008年，完成广告创收6.2亿元，较去年同期增长12.7%。

四、重点项目新进展

北京广播大厦经营的各项筹备工作基本就绪，完成酒店营业所需各类物资采购、人员招聘，会议中心、VIP贵宾房、办公用房、公共区域和部分附属配套机房的改造装饰等工作；完成大厦工程、系统、设施设备等物业交接工作，设备设施、系统调试运转基本正常，进入试运营。

成立北京银龙广播电视节目制作有限责任公司，标志着北京电台已建立起面向市场的节目制作与销售平台。到目前为止，北京广播公司已拥有9家全资和控股二级公司。6家二级公司经营状况良好。实现经营收入总计47786万元，比2007年增长43990万元，超额完成年初的经营预算指标。

DAB移动多媒体广播项目进展顺利。完成大兴、顺义发射点建设、测试等工作；加强重点卖场、连锁店等销售场所的覆盖网络建设工作；DAB移动多媒体广播接收终端推广成效显著，配合各专业广播首次对奥运火炬境内外传递活动进行现场直播，节目播出质量良好，无播出差错。

完成三款1039新媒体机研制并于奥运会举办前上市销售，是北京电台拥有具有国内首创自主知识产权的科技新产品。其音视频、文字、上网、导航、实时路况等多种媒体功能集成水平处于世界领先地位。

五、完善管理机制

修订电台经济管理办法及内控制度；完成各类统计报表和各项收入、支出核算管理；完成对电台所属21家企业2007年度国有资产产权登记工作。按时、保质完成全国行政事业单位资产核查工作。严格规范人员招录、调进调出、大学生来台实习等程序。归纳提炼电台《企业文化理念体系》、《员工行为规范》，制定今后三年的企业文化建设实施方案。开办员工餐厅，组织各类文化体育活动，营造健康的文化环境。

六、加强队伍建设

荣获“2008中国广播改革创新贡献台”和“首都文明单位标兵”荣誉称号。组织党员、群众向南方遭遇冰雪灾害省份、汶川地震灾区捐款、捐物，职工个人捐款61万多元；党员交纳特殊党费541219元；电台向灾区捐款650万元。援助青海省广播事业建设200万元。继续向电台新疆“和田希望小学”捐助款物，改善学校办学条件；选派18名主持人到延庆县永宁镇清泉铺小学开展帮教活动。希望工程北京捐助中心授予交通广播“爱心1039”称号。

七、对外交流

中央国家机关工委、北京市政协、佛山市委、市人大以及西班牙传媒集团、以色列驻华使馆等近80批次国内外政府机构、社会团体和媒体同行到电台参观交流。期间，国务院副秘书长王学军，国家广电总局局长王太华，市政协主席阳安江，市委常委、宣传部长、副市长蔡赴朝，副市长丁向阳和程红等领导先后到电台考察指导工作。

（刘　莹）

北京电视台概况

北京电视台是北京市属重要的新闻宣传机构之一，成立于1979年5月16日，英文缩写为“BTV”。

北京电视台发展到2008年，已开办12个频道节目，其中3套无线频道，7套有线频道，1套高清频道，1套外宣频道，每天播出240小时。无线频道总发射功率70千瓦。BTV－1除覆盖北京市外，还通过卫星在全国各省会城市及200多个地级城市落地播出，覆盖人口已突破8亿。

12个频道节目是：

BTV－1：北京卫视；
BTV－2：文艺频道；
BTV－3：科教频道；
BTV－4：影视频道；
BTV－5：财经频道；
BTV－6：体育频道；
BTV－7：生活频道；
BTV－8：青少频道；
BTV－9：公共频道；
BTV－10：动画频道；
北京电视台高清频道；

长城平台北京电视台国际频道。

2008年，北京电视台干部职工认真贯彻落实科学发展观，踏实苦干、敢于创新、甘于奉献，奥运报道全面完成，各项工作全面提升。

一、举全台之力，集各方之智，出色完成奥运宣传报道任务

在奥运宣传报道中，北京电视台始终坚持宣传奥运三大理念，始终坚持宣传奥运惠及人民，始终坚持宣传“同一个世界 同一个梦想”的奥运口号，提前谋划，组织有力，制定了完整的奥运报道计划，营造了良好的舆论氛围，并在报道中创立了自己的风格，形成了特色。奥运报道创造了北京电视台历史上的多个第一：第一次成立了跨部门的临战指挥机构，举全台之力大兵团作战；第一次成为国际大型综合体育赛事的持权转播商；第一次全程直播了奥运火炬在北京传递的盛况；第一次携带可移动卫星传输设备到达海拔5000米以上的珠峰大本营，报道了奥运圣火登顶珠峰的历史瞬间。

和谐之旅，圆满完成奥运火炬境内外传递直播。2008年3月24日，北京电视台火炬传递直播报道正式展开。在为期138天的《“和谐之旅”——奥运圣火传递百日大直播》和《你好奥林匹克》直播报道中，累计播出节目6550分钟。在境外传递直播的47天里，完成了与24个国家和地区的上百档传送，其中有40%以上国家和地区是首次实现与北京电视台卫星传送。境内的火炬传递报道，在三亚、深圳、福州等二十余个节点城市进行了视频对播，实现了新闻采制与播出零时差、新闻受众与新闻现场零距离。特别是珠峰报道组携带可移动卫星传输设备到达珠峰大本营，及时发回了动态消息和新闻特写数十篇，成为火炬传递报道中的一个极富特色的亮点。8月6、7、8日三天，奥运圣火在北京传递，北京电视台进行了36小时的全程直播。这次直播，主题突出、信号清晰、准确无误，圆满完成了任务。

有特色，高水平，奥运报道亮点突出。奥运会期间，北京电视台集中优势兵力，全力打造BTV-1、BTV-6两个主打频道，这两个频道17天24小时不停播。BTV-1卫视频道主打奥运金牌频道概念，动态化、全景式报道奥运综合战况。BTV-6体育频道主打奥运赛事频道概念，全面直播赛事，提供专业赛场新闻。另外，还有公共频道和奥运高清两个延播赛事频道、生活频道的一个双语服务时段。文艺、科教、影视、财经、青少、动画频道也充分享用奥运资源，在各栏目推出奥运相关节目。

奥运会期间，我台BOB足球、排球团队出色完成了比赛公用信号的制作任务。

持权转播残奥会，两个奥运同样精彩。残奥会期间，北京电视台首次成为了国际大型综合体育赛事持权转播商，BOB转播团队圆满完成了轮椅篮球、硬地滚球、轮椅击剑三个大项100多场公共信号及相关赛事集锦制作任务，以连续11天300小时的高质量节目，实现了“两个奥运同样精彩”。

自市委部署平安奥运工作以来，北京电视台提出要“精心准备、周密部署、确保万无一失”。为此，台里专门成立了平安奥运领导小组，明确了职责，制定了工作方案。由于组织机构到位、防范措施到位、责任落实到位、人员落实到位、检查督导到位，全台的平安奥运工作开展有力，扎实有效。2008年9月29日，北京电视台奥运报道中心被中共中央、国务院授予“北京奥运会残奥会先进集体”；朱江同志被中共中央、国务院授予“北京奥运会残奥会先进个人”。

二、创新形式、创新内容，圆满完成重大宣传报道任务

2008年是十一届全国人大、全国政协届首之年。北京电视台高度重视、靠前指挥、精心策划两会报道。新闻中心要闻部调派精兵强将，技术部门全力保障。《北京新闻》作为主阵地，《北京您早》、《特别关注》、《直播北京》

三档节目齐头并进，做到了程序性报道——全面、及时、准确；非程序性报道——开发报道空间、拓宽报道视野；成就性报道——大视野、低视角、入情入理。

2008年5月12日汶川地震发生后，北京电视台迅速调整节目，及时增加了抗震救灾的新闻宣传。从5月13日开始，推出了60分钟大型直播特别节目《抗震救灾众志成城》，全面报道了全国上下万众一心抢险救灾的进展情况。5月19日至21日，汶川地震后一周，北京电视台集中了多个中心和部门的力量，配合“全国哀悼日”的报道要求，成功完成了连续三天的《抗震救灾众志成城》大型直播节目。5月29日，成功直播了《托起明天的太阳——首都青少年爱心慈善晚会》。6月4日，成功完成了北京援建四川灾区首批过渡安置房入住的电视直播。接着又在四川什邡建立了“北京电视台驻什邡前指工作站”，配备了足够的人员和设备，及时发回新闻报道。

2008年是中国改革开放30周年。新闻节目中心推出了大型纪录片《北京记忆》，通过北京市民的集体记忆，回溯时代的巨变和市民生活的变迁，被社会学者誉为“北京城史”和“人民生活史”。

文艺节目中心推出了大型音乐纪事节目《岁月如歌》，全面回顾、解读改革开放30年来的音乐、历史和生活，赢得了广大观众的赞誉。

财经节目中心策划筹拍了大型口述历史特别节目《转身——一起走过三十年》，精选了在过去30年岁月中亲历重大历史事件、重要历史时刻的风云人物，以当事人口述的方式再现历史原貌。

另外，新闻中心还策划了《唤醒记忆》、《经典中国辉煌30年》、《我的经历》等节目，报道了北京和北京人在改革开放三十年中的巨大变化。

在2008年度的各项评奖中，北京电视台共获得中国新闻奖、全国法制好新闻、长江韬奋奖、北京新闻奖、金话筒奖等各类奖项107个。其中，《北京新闻》不断突破创新，在奥运倒计时一周年的报道中打破常规、动态编排，获得第十八届中国新闻奖新闻编排一等奖；《法治进行时》获得第十八届中国新闻奖新闻栏目一等奖；消息《好运北京，演兵奥运：北京已经准备好了》获得第十八届中国新闻奖三等奖；动画片《福娃奥运漫游记》获得第九届四川电视节金熊猫奖评委会特别大奖；《真情人生》获得第二十四届金鹰奖中短篇电视剧奖；《2008北京新春大联欢》获得第二十四届金鹰奖优秀文艺节目奖；刘文燕获得优秀电视节目主持人奖。

三、“六个一”工程全面完成，品牌影响力稳步提升

2007年底，北京电视台提出“六个一”工程。投资拍摄的国内第一部反映漕运历史的电视剧《漕运码头》已在北京卫视热播；《龙的传人》大型选拔活动7月27日完美落幕，极大地促进了北京电视台品牌地位的确立；专题片《北京记忆》视角独特、样式新颖、内容丰满、寓意深刻，获得了较高收视率；《2008北京新春大联欢》以创意、创新取胜，节目内容和形式都体现出时代感与都市化，收视率达到17.5%。财经节目中心的《天下收藏》栏目经过一年的磨合，影响力和观众忠诚度都渐入佳境。

新闻节目中心继续打造《北京新闻》、《直播北京》、《特别关注》、《北京您早》等主打新闻栏目及主持人的知名度，品牌影响力进一步提升。

海外节目中心的《环球冲浪》、《国际双行线》栏目收视稳定，《纪实天下》栏目在第二届“纪录·中国”评选活动中被评为金牌栏目。系列片《北京印象》在海内外发行反响热烈。

文艺节目中心锐意创新，《光荣绽放》，《喜来坞》、《五星夜话》等栏目初登荧屏获好评，《星夜故事秀》、《每日文娱播报》等名牌栏目收视稳定。

科教节目中心的《法治进行时》继续保持着午间时段收视率的领先地位，《魅力科学》等科技类节目以清新自然的形象展现在电视观众面前，得到了观众和专家好评。

影视剧中心以“打造卫视影响力”为中心理念，选择了多部精品独播剧和首轮上星剧播出，多次掀起收视高峰。大型电视专题片《电视往事》，播出后最高收视率达到了4.2%。

财经节目中心《天下财经》增加早间版，打造投资“前哨站”；《城市》栏目差异化求生存，实现通档播出；《天天理财》扩版，丰富理财新观念。

体育节目中心的《天天体育》收视始终稳步提升，成为体育频道的品牌栏目。《足球世界波》、《身边》栏目也保持稳步小幅提升态势，拥有固定收视群。

生活节目中心根据加强栏目特色化、建构节目精品化的工作方针，推出了全新编排样式的《生活+》、《食全食美》周末版等电视栏目，进一步丰富了节目品类，使频道的业务发展稳中有进。

青少节目中心以《托起明天的太阳——首都青少年爱心慈善晚会》和《红孩子》为代表，以“公益教育”和“创新意识”为特色，实现了以品牌活动提升频道影响力的目标。另外，《SK状元榜》、《悦读会》等栏目收视率稳中有升。

公共频道节目中心除重点打造《这里是北京》、《红绿灯》、《四海漫游》、《京郊大地》四档品牌栏目外，还新增了《平安生活》、《好戏周周看》两档栏目，取得了不错的反响。

动画节目中心已实现全天24小时、每天首播时间超过10小时的播出规模，为丰富多样的节目内容提供了专业的播出平台和广阔的出口通道，成为一个兼具专业化和产业化特征的动画平台。

国际频道（即长城平台BTV频道）因节目丰富深受海外观众的欢迎，在长城（美国）、亚洲、欧洲、加拿大、拉美五个平台播出。在去年长城（美国）平台评估报告中，BTV频道在17个频道中位列第五。

为了统筹卫视节目资源，创新节目内容，经过一年的紧张筹备，北京电视台成立了卫视节目中心。《真情耀中华》、《新闻晚高峰》等节目已经开始播出，以文化品位、大家风范为定位的北京卫视正在以全新面貌呈现在观众面前。

为了落实市委宣传部指示精神，借力外脑，2008年，北京电视台聘请行业内知名专家学者组建了一支关系紧密、相对稳定、持续服务、具有多专业背景的核心专家顾问团队；定期推出的《北京电视台专家顾问团工作通讯》，及时汇总了专家顾问意见，为台里的相关决策提供了快捷、全面的信息服务。

四、围绕全台重点工作，加强技术设备改造

2008年，重点围绕新址技术系统的建设和奥运会、残奥会的宣传报道两大工作重心，技术部门通力合作，全力以赴，完成了全台技术系统项目的招投标十余项，签订合同23个，还完成了技术设备数字化改造、BTV奥运高清频道的频率申请、高清设备的采购和高清频道技术系统的建设工作。高清频道于2008年5月开始试播。

2008年，全台11个播出频道总播出时间为87850.78小时，停播率为0.19秒/百小时。

五、北京电视台新址全面竣工，搬家工作陆续展开

北京电视中心一期工程已全面竣工并交付使用。为了确保新址的高效运转，行政部经缜密筛选、公开招标后与北京天鸿宝地物业公司签订了《新台址物业管理服务合同》，还引进了专业化餐饮连锁公司。后勤服务保障工作进入了全新的社会化、专业化、正规化管理的新阶段。

六、新媒体业务平稳运行，广告经营保成果、谋发展、创新高

2008年，新媒体发展取得了重大的突破。手机电视已经开通上线、成功融资并正在成立合资子公司；网络电视开始同投资商洽谈；网络版权发行截至2008年底，合同销售收入为767万余元，为北京宽频致力于发展成为一个全国性的网络发行平台打下了坚实的基础。全新打造的互联网视频平台——“BTV在线”2008年3月10日正式上线。半年多来，“BTV在线”日均访问量上升了4倍多，影响力正在稳步上升。

2008年，广告经营工作可以用保成果、谋发展、创新高来概括。全台经营总收入27.69亿元，其中广告收入达到25亿，比2007年同比增长15.9%，其他经营收入为2.69亿元。

到2008年底，全台资产总额为48.65亿元，比2007年增加了7.41亿元，增长18%；比2006年增加了15.49亿元，增长47%，国有资产得到保值增值。

七、加强党建工作，多种形式开展职工培训，努力构建和谐电视台

2008年，台党委理论学习中心组学习内容丰富、收效显著。台里召开了全台思想政治工作会议暨党支部书记培训班，还组织中层干部和全台职工通过集体学习、撰写体会文章等形式，学习贯彻党的十七大精神、胡锦涛同志在人民日报社考察工作时重要讲话等。从10月起，还按照有关部门的要求，扎实推进学习实践科学发展观活动的前期准备工作。

全台的培训教育工作紧紧围绕“奥运”主题展开，开展了高级传媒管理境外培训活动，还举办了奥运报道专题系列讲座、摄像技术人员培训班等，达到了预期的培训效果。

2008年，召开第三届工会会员代表大会，选举产生了第三届工会委员会以及第三届工会经费审查委员会。

史志办编纂出版了北京电视台第一部年鉴——《2008北京电视台年鉴》，收录了文字约50万字，图片225张。

一年里，工会组织了丰富多彩的活动，为职工多办好事、实事。共青团活动充满激情与活力；老干部办公室工作不断创新，拓宽了老年活动的内容。台办公室把职工体检地点选在了安贞医院和友谊医院，提高了体检的质量；还为21位患癌症等大病的职工报销医疗补助23万多元。

（冯　平）

北京市广播电视局工会概况

北京市广播电视局工会成立于2006年9月。经北京市广播电视局工会会员代表大会选举出局工会第一届工会委员会和经费审查委员会。

工会系独立法人单位，财务独立核算，直接受北京市广播电视局党组和北京市总工会领导，财务受北京市总工会财务部领导，并在其指导下开展工会的系列活动。下属工会单位8家：中国电影博物馆工会、北京人民广播电台、北京电视台工会、北京音像资料馆工会、北京市广播影视作品审查中心工会、北京市广播电视局信息中心工会、北京市广播电视监测中心工会、北京市广播电视局后勤服务中心工会。

2008年，局工会团结带领基层工会，贯彻落实科学发展观，学习贯彻党的十七大精神、中央经济工作会议精神和全总十四大、十五大会议精神，构建和谐劳动关系，推动实施《劳动合同法》，加强组织建设、提高自身素质，落实“平安奥运”，提升工会工作水平。

（北京市广播电视局工会）

北京市广播电视局离退休人员管理服务中心概况

北京市广播电视局离退休人员管理服务中心成立于2000年11月，前身为北京市广播电视局老干部活动站。

北京市广播电视局离退休人员管理服务中心的主要职责：负责离退休人员的日常管理服务工作，离退休人员的政治学习和思想教育工作，离退休人员的政治待遇和生活待遇的协调、落实工作，组织离退休人员开展各种文化、体育活动和其他有关工作。

2008年市广电局离退休人员管理服务中心有6名工作人员，承担局系统44位离休老干部和局机关42位退休干部、职工的管理、服务任务。

主要工作：

一、认真落实老同志的政治待遇

及时传达有关重要文件和重要会议精神，不断通报有关重要情况；经常与老同志进行思想沟通，及时征求意见和建议；组织参观、考察活动；认真处理老同志来信来访，保持队伍稳定。

二、全面落实老同志的生活待遇

积极协调局有关部门，按时、足额为老同志报销医药费并按时发放退休费；协助组织老同志年度体检；尽量满足老同志看病及活动用车；及时看望生病住院的老同志；安全完成老同志年度休疗任务；为有生活困难的同志申请经济补助，在一定程度上帮助这些同志解决困难，渡过难关。

三、组织老同志开展文体活动

组织棋牌比赛、书画摄影展、春、秋游，垂钓、年度休疗等活动，丰富老同志的精神文化生活。

四、鼓励老同志继续为人民做贡献

积极引导老同志关心国家大事，继续为国家和人民做贡献。5月12日，汶川发生特大地震灾害后，离退中心及时发动并组织老同志以各种名义共向灾区捐款达6万余元，全体老同志以实际行动向灾区人民表示爱心。第29届奥运会在北京举办前夕，离退中心按照上级有关部门的安排和要求，积极在老同志队伍中开展“高举旗帜促和谐，携手奥运乐晚年”主题实践活动，老同志坚持从自己做起，从小事做起，自觉为奥运会的举办增砖添瓦，收到很好的活动效果。

（郭祥庚　车　静）

北京市广播电视局后勤服务中心概况

北京市广播电视局后勤服务中心成立于2006年8月，前身为北京市广播电视局机关后勤服务部。

主要职责是：负责全局房管房改、机关职工物业、供暖费的审批报销工作，机关基本建设；固定资产管理、办公设备政府采购及维修、办公用品采购、科研资料与报刊书籍的印刷、机关医疗、绿化、临时用工人员管理工作；指导全局交通安全管理，建外办公区安全保卫、消防，及局机关车辆的管理、调配、使用等工作。

2008年，中心坚持“以人为本，强化管理；与时俱进，改革创新；服务干部职工工作生活”原则，保障后勤服务落到实处。完成年度办公用品采购发放工作，对局办公区、宿舍区物业、供暖、水电费用及离休人员住房补贴等数据进行详细核定，完成对局机关各处室及局属单位的固定资产进行帐实核对工作，组织完成局机关在职和离退休人员的公费医疗的报销工作和体检工作，及时对局机关与集团办公用房进行合理调整，严格保障监控器和高层缓降器等安保设施安装到位，保障机关单位用车安全无误。完善后勤服务制度建设，根据2008年奥运安保要求，结合局实际情况，制定和修改了数十项管理办法，使后勤服务工作纳入制度化轨道。不断提高后勤服务整体素质，树立以服务为宗旨的理念，通过学习培训提高人员自身素质，不断加强执行力建设。

（北京市广播电视局后勤服务中心）

北京市广播电视局信息中心概况

北京市广播电视局信息中心组建于2006年下半年，正式成立于2007年1月18日。

主要职责是：负责本系统信息化建设，承担局机关电子政务、网络运行的技术保障，负责局网站日常管理和信息发布工作。

2008年主要工作：

一、做好“平安奥运”安全保障

按照北京市信息化工作办公室的统一部署，采取5项措施：制定和完善奥运期间各项工作应急预案；奥运前认真组织开展安全应急演练；对信息系统进行安全测评，在奥运前完成整改加固；认真开展信息安全自查工作；实行24小时应急职守制度。

二、完成办公自动化系统升级改造

为提高局办公自动化程度，实现非涉密公文和相关文件在内网（OA）上进行流转和批阅，信息中心和系统开发公司对各相关业务处室进行调研，对局办公自动化系统进行升级改造。对局所有使用人员进行操作培训。新系统于2009年1月1日正式上线试运行。

三、确保新版网站安全上线

3月26日，局新网站正式上线运行。规范栏目的设置和管理，丰富信息内容和形式，加强便民服务事项。网站可提供北京地区电视和广播节目预告，设计有北京人民广播电台（8个频道）和北京电视台（10个频道）的频道链接和热点活动链接以及中国电影博物馆的影讯和活动，通过点击可直接查看各个频道的信息，方便快捷，增加市广电局审批通过在北京地区即将播映发行的电视剧、经典影视和动画片的图文介绍，可提供行政许可类和其他政务事项的办理流程、介绍及各类表单，从多种渠道获取信息，方便查询和办理。设有市广电局及其所属单位办公地点的地理位置电子地图和联系方式，满足公众需求。

四、完成信息安全保护工作

根据市公安局、市信息办、市国家保密局、市国密办联合下发《关于印发北京市开展信息安全等级保护工作的实施方案的通知》要求，信息中心对局办公OA系统、公文交换系统、决策信息服务平台和网上审批系统、局门户网站、政务信息共享资源平台等6个信息系统进行安全等级保护的定级和备案。按照定级标准，对上述6个信息系统自定为二级，并将系统安全等级保护定级报告、备案系统表报送市信息办备案。

（北京市广播电视局信息中心）

北京市广播电视监测中心概况

北京市广播电视监测中心是北京市属广播电视播出质量监测的专门机构，成立于2006年7月，前身为北京广播电视技术监测台。监测中心同时加挂北京市广播电视局信息网络视听节目传播监管中心、北京市广播电视局安全播出调度中心。

北京市广播电视监测中心主要职能是：负责对本市广播电台、电视台等播出机构以及有线电视网络的播出、传送及运行情况进行监测；负责本市互联网传播视听节目的监测工作；受北京市广播电视局委托，承办有关广播电视节目安全播出调度指令的发布、安全信息预警，承担广播电视节目传播突发事件处置的技术保障工作；受北京市广播电视局委托的其他工作。

2008年主要工作：

一、确保主要时期安全播出

元旦、春节、五一国际劳动节、十一国庆节、政协人大会议期间、奥运会和残奥会等是确保安全播出的重要时期。在这个期间，监测中心领导带班，双人值班，无1次漏监、漏报事故，完成监测任务。

1.防非法信号插播演练

监测中心在局指挥调度中心策划下，在丰台和通州进行有线插播演练和无线插播演练。其出现场速度、对非法信号捕捉定位、对非法信号干扰压制及对非法装置拆除都非常到位。奥运前夕，监测中心又参加在房山区由市里统一举行的开路非法信号插播演练，中心的行动速度和配合效果显著。

2.完成广播电视信号发射

为保证北京市广播电视信号发射，监测中心抽调3名干部和技术人员，苦干一年半，完成在北京延庆、房山、平谷、怀柔、密云5个高山上的无线发射塔的建设工程，在奥运会前完成90%人口覆盖和81%山区土地覆盖的广播电视信号发射，使当地百姓及时看到奥运会转播。

3.完成转播站开通检测

转播站工程被列为年内第47件为民办实事工程，为确保转播站防雷接地系统安全可靠，4月，监测中心委托北京市避雷装置安全检测中心对5个转播站防雷接地系统进行检测，不合格的限期整改，有的转播站进行了4次检测，直到符合接地电阻值指标。6月28日完成调试工作，30日，平谷区景台山转播站正式开通。

4.完成覆盖范围测试

7月，在监测中心维修科配合下，完成对5个转播站开通后广播电视覆盖范围测试，广播电视在远郊区县的覆盖面积达到81%，增加64%；使远郊区县覆盖人口达到90%，约285万人，增加覆盖人口约164万人。

5.确保保证期安全播出

7月20日至9月20日为安全播出保证期。监测中心对区县广电中心提出要求：转播站每天24小时安排2人不间断值守，每天按规定时间上报转播站播出情况。无线覆盖办公室安排工作人员每周3次去转播站进行检查，累计检查次数达到近30次。

6.配置卫星电话

为保证转播站的正常通讯，监测中心提请局科技处为转播站配置卫星电话，并在奥运会开幕前夕完成转播站微波设备的安装、调试工作，实现转播站与各广电中心之间的微波电话通路。

二、技术改造绩效考评优秀

根据市财政局要求，年内对监测中心二期技术改造1600万元项目进行绩效考评。为做好前期准备，中心主任和技术部门负责人多次参加财政局考评学习班。4月28日，监测中心参加财政局专家组主持的项目考评、答辩和审核，取得94.5分的优秀成绩。

三、通过ISO9001认证

经培训学习、质量管理手册编撰和4个多月的执行考查等工作过程，在11月份顺利通过审核并拿到国家和国际的质量管理体系认证。

（北京市广播电视监测中心）

北京音像资料馆概况

北京音像资料馆成立于1987年，主要从事音像资料译制、收藏、观摩、制作等工作。译制200多部国外影视资料片，占全国音像资料馆协会译制总量的1/3。购置300多万元的设备，含2套线性编辑设备、2套非线性编辑设备，1套数字化录音设备，2套摄像设备。资料磁带库100余平方米，库存各种载体的音像资料3万余部集，总库存6万余盘、册。录像资料15000余部集；录音带15000余盘。

2008年9月3日，北京市机构编制委员会办公室以“京编办事[2008]66号”函复，同意加挂“北京广播电视研究中心”牌子，差额拨款变为全额拨款事业单位，编制不变，主要职责：承担全市广播电视的政策研究和重点课题研究，有关音像资料的收集、整理、研究及挖掘、补救工作，承担广播电视年鉴的编撰工作。

2008年，被评为全国音像资料馆协作会先进单位和北京市广播电视局平安奥运行动先进集体，收到北京奥运村感谢牌；2人被评为全国音像资料馆协作会先进工作者，1人被评为市总工会和市广电局服务奥运先进个人，1人被评为局平安奥运行动先进个人；两篇论文分获全国音像资料馆协作会和局处级干部论文奖。

主要工作：

摄制约20次局务资料、第三届北京文博会广电专题和北京广播影视产业调研片。召开跨媒体资源开发研讨会；汇编局属部门和单位月度工作PPT片、全局全年工作PPT片和录像回放片、文博会广电精品回放片、馆藏资料推介片《典藏》；发送北京广播影视精品荟萃《声屏华彩》约1200套。清点馆藏音像资料3万余部集、7万余盘片（录像节目15000余部集、音带15000余盘），150余部50年公共版权电影可多种开发；抢救刻录有价值的馆藏译制片母带38部7440分钟，为局领导送馆藏片目3500余条，完成《这里是北京》近百小时节目的刻录；新收集优秀影视资料近百部。建立研究资料室，新添北京广电1980—2007年统计数据、120部业务书籍和许多报刊、音像和网上信息。

（北京音像资料馆／北京广播电视研究中心）

北京市广播影视作品审查中心概况

北京市广播影视作品审查中心是北京市广播电影电视局直属全额拨款事业单位，成立于2006年，由前北京市电视节目供片中心整改而成，承担着北京市属影视制作机构制作生产的电影、电视剧、动画片，以及部分引进剧的审查工作。“依法行政、科学高效”是中心的工作宗旨，除组织专家学者对影视作品进行内容审查之外，中心还肩负着收集、加工、整理公益性电视资料片以及建设北京影视艺术信息数据库的工作，旨在搭建影视制作机构与主管部门之间的沟通、交流平台，积极开发、开放政务信息，从政策上、市场上等各个方面加强对制作机构的服务，全面推动北京文化艺术创意产业的发展。

2008年，审查中心依法审查国产电视剧76部2426集；引进电视剧4部96集；电影4部；引进电影15部；专题片1部9集；引进专题片1部9集；国产动画片12部436集7390分钟；引进动画片1部52集；审读剧本19部。收集、整理影视相关信息上万条，制作完成23期公益性资料片《影视剧艺术知识讲座》。

（北京市广播影视作品审查中心）

北京广播影视海外交流中心概况

北京广播影视海外交流中心成立于1993年2月20日，是北京市地方广播电视社团组织。宗旨是：充分利用北京作为中国首都和文化中心之优势，联合北京广播影视界的对外宣传和交流，发展、繁荣北京的广播影视业，为首都经济建设服务。

2008年北京广播影视海外交流中心主要工作是：继续发挥海外交流中心的桥梁和纽带作用，组织业内技术骨干前往境外进行相关业务考察、交流、学习，从多角度拓展北京广播影视交流的渠道。

北京紫禁城影业有限责任公司概况

北京紫禁城影业有限责任公司成立于1997年，注册资本3200万元，是集影视策划、制作、营销为一体的大型专业影视制作公司。成立12年稳居中国电影生产企业的前列，国内票房过千万的影片20余部，其中多部影片票房居当年年度票房冠亚军地位，总票房超过5个亿，行销到美国、日本、韩国等国家和地区，及中国香港、台湾。形成策划、拍摄、宣传、影片发行、衍生产品开拓等系列运营机制，在同行业公司中取得骄人业绩。

紫禁城影业公司共摄制完成影片30余部，电视剧1000余集。有《甲方乙方》、《不见不散》、《没完没了》、《刮痧》、《红色恋人》、《谁说我不在乎》、《赤壁》等商业大片，还有《离开雷锋的日子》、《张思德》、《生死牛玉儒》、《背起爸爸上学》、《法官妈妈》、《紫日》、《嘎达梅林》、《香巴拉信使》、《山乡书记》、《一个人的奥林匹克》等主旋律影片，获社会效益、经济效益双丰收；摄制出品的《重案六组》、《玉观音》、《少年天子》、《天下第一楼》、《牟氏庄园》等电视连续剧在中央电视台和各地电视台播出后，创极高收视率。连续获得“华表奖”、“五个一工程奖”、“金鸡奖”、“百花奖”、“金鹰奖”等多个国家级大奖，及开罗、莫斯科、东京等国际电影节大奖。

公司具备由一流专业人士组成的影视制作及发行队伍，融入国际化的制片营销理念，建立庞大明星网络，黄建新、冯小刚、叶大鹰、冯小宁、陈国星、胡玫、吕乐、尹力、夏刚、陈道明、葛优、王志文、张国荣、冯巩、陆毅、吕丽萍、斯琴高娃、徐帆、刘蓓、梅婷、徐静蕾、瞿颖、范冰冰、陈好等一大批国内外知名导演、演员都与紫禁城影业公司有过成功合作。

2008年，公司创作电影6部：《一个人的奥林匹克》、《鸟巢》、《烟花恋人》、《赤壁·上》、《铁人》、《万家灯火》。创作电视剧1部：《牟氏庄园》。

其中，《香巴拉信使》获第十五届北京大学生电影节评委会大奖，第十五届北京大学生电影节最受大学生欢迎导演奖；《鸟巢》获第十一届上海国际电影节环保单元最佳影片，第十一届墨尔本国际儿童电影节获最受儿童欢迎的故事影片。

（北京紫禁城影业有限责任公司）

北京北广传媒集团概况

北京北广传媒集团是北京市属广播影视产业化管理与运营相结合的专门机构，成立于2001年5月28日，原称北京广播影视集团，为北京市委、市政府直属事业单位。

2008年主要工作：

一、完成服务奥运任务，实现“平安奥运”目标

1.奥运会和残奥会期间，北京市18个区县的237个有线电视机房和1万余公里光缆运行正常，全市360多万有线电视用户（含170万数字电视用户）收视正常。

2.奥运有线电视专网是北京歌华有线电视网络公司为奥运会京内50个场馆（包括31个竞赛场馆、19个非竞赛场馆）和奥运村近2万个终端提供44套数字标清、高清电视信号，提供赛事点播和本场馆节目插入等服务。2008年奥运会和残奥会期间，歌华有线第一次对全网广播的电视节目通过数字电视的方式提供服务，第一次在专网中提供高清晰数字电视服务，第一次对奥组委指定的区域和用户提供赛事视频点播（GVOD）服务。最终实现网络运行零事故、场馆保障零故障、服务对象零投诉。

3.北京歌华文化发展集团联合中体产业集团、美国特玛捷公司成立的联合体——歌华特玛捷票务有限公司，作为奥运会票务服务独家供应商，售出第29届奥运会650余场次比赛的690余万张门票，售出残奥会门票170万张。

4.北京歌华文化发展集团所属歌华开元大酒店，作为第29届奥运会接待各国非注册媒体记者的唯一官方发布工作场所和“记者之家”，共接待4000多位记者和官员，并为140场新闻发布会、83场采访和协调会提供了服务。

5.“同一个世界 同一个梦想”展览由北京奥组委、中共北京市委、北京市人民政府、国家体育总局和中国残疾人联合会共同主办，北京歌华文化发展集团承办。展览从“百年奥运、中华圆梦”、“七年筹办、推动发展”、“残奥运动与中国残疾人事业”、“中华体育、神韵流长”和“现代奥运、体坛庆典”五部分，向公众介绍了北京申奥、筹奥历程以及中国体育事业和国际奥林匹克运动发展史，共展出图片2450余幅、实物近1300件。

6.北京歌华文化发展集团负责第29届奥运会开闭幕式、第13届残奥会开闭幕式仪式音乐的创作与制作工作。项目组组建了4个创作团队，邀请国内外音乐界的百余位作曲家，聘请国际顶级的录音师，启用国际高端的录音设备、运用先进科学技术，保证了音乐的高品质、高水准。

7.北京歌华文化发展集团文化中心控股的北奥公司完成奥运会和残奥会开闭幕式运动员的集结、入场、散场、返回等，完成了近百项舞美道具制作，几万名专业及非专业演员的联系、组织、彩排和正式演出，搭建最先进的辉煌灯光系统，运用万象多媒体数码灯，近距离、高密度安装设置数百部音响，完成百余款演出服装的设计制作。

8.北京奥组委与歌华集团奥运体育展示项目组合作搭建培训与制作基地。各个场馆体育展示团队在歌华大厦内搭建的实践培训基地进行多频率、多层次的通用模板和专业知识、竞赛知识、专业技能的培训和对重要赛事的观摩实习，共完成5轮为期100多天的培训，累计34项、近6000人次，颁奖仪式演练29次、467人次，每天24小时进行视频采编工作，共18天。

9.在奥运会和残奥会宣传报道中，北广传媒数字电视调用一路视频轮播奥运会、残奥会开闭幕式盛况，调整《北京之窗》栏目开设“奥运”、“残奥”图文专栏，以服务观众、指导观赛为主，以奥运官网、新华网的有关赛事资讯为基础进行编辑制作，每日更新三次。北广传媒移动电视播出集成视频新闻1128条、播出频次约2894次，转播赛事共计15925分钟，制作播出5分钟专题约280个、播出频次约740次，播出滚屏信息1600多条、播出频次约90000次，制作各类奥运专题片超过200个、包装节目数量近20档、总计超过1000分钟。北广传媒城市电视小屏幕以新闻类节目为主，每日分别在早间、午间及晚间三个时段，精选精彩赛事直播，奥运文化广场大屏幕电视直播了百余场赛事。北广传媒地铁电视剪辑制作了火炬传递、开幕式集锦、奥运场馆指南、奥运歌曲等节目合集在地铁1号线、2号线、5号线、10号线及奥运支线上定时播放。

10.北京歌华有线电视网络公司网络总前端传输电视节目146套，安全传输80592小时。奥运专网传输电视节目40套，安全传输31901小时。移动电视实现公交频道、出租车频道安全播出1147小时，安全转播415小时，完成节目、广告上载1000余次，实现手动插播广告460次，实现城市电视频道安全播出930小时。数字电视付费频道累计循环播出98232小时，实现“零事故”。《北京党建》安全播出7824小时，5路视频节目累计循环播出21480小时，实现“零事故”。《北京之窗》安全播出“零事故”。

二、网络建设

1. 5月16日，集北京市模拟电视、数字电视、奥运专网、网管中心等多功能为一体的新总前端正式全面启用。新总前端主要设备均为双机热备，达到国际一流水平，为安全传输提供了强有力的保障。

2.完成北京市164条大街缆线整治任务，共敷设光缆366公里，架空线入地207公里，完成奥运场馆周边27条大街的管道建设和光缆入地工程，配合市电力公司进行了94条大街光缆清理整治工作，完成建设管道约180公里，敷设光缆1172公里，其中管道内敷设光缆666公里，新建网络6万户，改造网络40万户，双向网总数达到了180万户。全年新增有线电视用户30万户，全市有线电视用户达到379万户。

3.截至9月底，歌华有线用户新增光节点1303个，签约节点数2432个。新发展中国石油北京加油站监控专网，农行、建行、工行等金融监控专网，宣武、丰台、海淀社区政务网。完成1400个文化服务点项目二期开通工作，并与首都图书馆签订了文化共享工程三期服务协议。在通州、昌平、大兴、房山、延庆、平谷等区县的近2000个行政村建立项目服务点，基本完成了信号接入任务。与市农科院积极配合，促进市党员干部现代远程教育有线直播项目的落实工作。个人宽带业务新发展用户2.7万户，达到在线户数8.2万户，其中有线宽带7.1万户，社区宽带1.1万户。2008年实现收入1.964亿元。

4.年内完成密云县3个乡镇有线电视网络的收购，对朝阳3方网的网络资产收购正在积极推进加紧协商，收购外省部分地区网络的前期调研工作已基本完成，宽带合资公司项目进展顺利，歌华有线与LGI、华创伙伴投资有限公司签署合作开发和拓展高速宽带数据增值业务的协议，完成合资公司的工商注册，股权管理成效显著，涿州分公司在用户数量、固定资产总额、主营业务收入上与2005年相比实现三个翻番。

三、新媒体建设

1.数字电视

全市数字电视用户达到190多万户，完成全年新增70万用户的既定目标。

截至10月底，数字电视公司集成了包括中数传媒、文广以及全国其他地区的37个数字电视频道，加上自办的11套数字电视节目，在北京地区集成播出的数字电视频道数量达到48个。同时，为《收藏天下》、《读书》、《养生》、《育婴宝典》4个频道提供代理播出技术服务，代理播出服务频道已增至9个。

鼎视平台集成上星节目30套，覆盖用户达2625万户，占全国机顶盒总用户的42%，落地地区136家。与中国直播卫星公司谈判，完善频道服务体系。开展与国际广播电台IPTV公司的洽谈与合作，将节目拓展到IPTV领域。

2.移动电视

移动电视新装车辆公交平台2287部、新增终端屏幕4574块。目前，终端总数达到24000块，分布在全市380余条公交线路的12000辆车上，出租车装车项目正准备试装。

3.城市电视

城市电视着手小屏平台系统的市场维护，不断调整结构，提高终端质量，全年共签约1000多块液晶屏，终端规模达到11000多个，人为黑屏率控制在3%以内。

4.地铁电视

完成地铁1号线31组列车共1116块电视显示终端的安装，完成地铁1、2号线电视和PIS系统建设工程初步设计方案及概算，并与多家设备生产厂商进行工程建设技术交流。

5.户外大屏幕电视

户外大屏幕电视共11处、13块。其中，自建2块、合作11块，已开播8处9块。

6.境外卫星电视

瑞特公司拓展境外卫星电视市场，扩大用户规模，规范整合市场，参与有线电视数字化推广工作，尝试开发数字卫星电视前端，2008年奥运会前有50家酒店成为新用户，

7.手机电视

进行DVB−H的第一次开路演示，并利用现网实现部分基本功能，8月初完成最终演示任务，为奥运会场进行信号覆盖并且开通多个数据服务，增加节目单显示和各种互动功能，圆满完成与欧盟的合作项目。

2月，中国移动多媒体广播CMMB项目网络覆盖框架基本完成，歌华有线、移动电视、集团技术部等单位密切合作，进行为期4个月的组网调试和信号覆盖测试，圆满完成奥运会和残奥会期间播出的保障工作。

四、把握导向、扩大影响

集团所属广播电视报社、数字电视、移动电视、城市电视等媒体紧紧围绕市委、市政府的中心工作，牢牢把握正确的舆论导向，扎扎实实做好新闻宣传工作，先后完成北京市和全国“两会”、奥运火炬传递、抗震救灾、奥运会和残奥会开闭幕式、奥运赛事、神七发射、十七届三中全会、亚欧首脑会议、

纪念改革开放30周年等一系列重大事件的宣传报道和直播转播任务，受到社会各界的好评。

数字电视、移动电视、城市电视、地铁电视、户外大屏电视等新媒体在抗震救灾、奥运会、神七发射等重大事件的宣传报道中反应迅速、处置得当、报道有力、积极创新获得各方的肯定和好评。

5.12汶川大地震发生后，几家单位立即启动突发事件报道机制，紧急调整播出计划，在第一时间对地震灾情及抗震救灾工作进行报道。移动电视采制各行各业抗震救灾内容的新闻共计27条、播出频次43次，城市电视以“北京向前冲”为主题，自制民生新闻和抗震救灾专题节目，数字电视与中央电视台“抗震救灾”特别节目并机播出，《北京党建》利用图文易浏览、播出周期长的特点，推出系列图文报道——《抗震救灾英雄谱》。

集团所属各新媒体对奥运赛事及奥运资讯及时快捷的报道，得到广播、电视、报纸等众多媒体和广大出行人群的广泛关注。据统计，通过城市电视户外大屏幕、文化广场大屏幕、移动电视、地铁电视观看开闭幕式的群众，多达上百万人次，受众满意度达95%以上，各类新闻媒体也对移动电视在奥运期间的报道情况给予高度关注。

五、影视剧制作与获奖

北京电视艺术中心、北京中北电视艺术中心有限公司和北广传媒影视公司3家影视制作单位共拍摄完成电视剧10部253集。其中：12集电视连续剧《刘少奇故事》在CCTV-1黄金时间首播；21集电视连续剧《战友》在CCTV-8黄金时间首播；33集电视剧《春草》在湖北经视台首播，并创下收视第一的好成绩。24集大型人文历史系列专题片《前清秘史》2008年初在北京卫视热播，收视点达到4.21（该频道收视最高点）。30集电视连续剧《一生有你》在北京BTV-4热播，收视点达到8.85。38集电视连续剧《最后的王爷》在北京电视台上星频道（BTV-1）热播，创下北京卫视平均收视率6.5%的历史新高，并在同期全国卫视电视剧播出排行榜中拔得头筹。24集现实题材剧《原谅》于9月2日在沈阳电视台首播。电视剧《老板马一明》、《养母·生母》、《派出所的故事》、《对手》、《勇士的最后秘密》、《老师错了》、《雾柳镇》、《滴泪痣》等已拍摄完成或正在拍摄。

50集电视连续剧《金婚》获第24届中国电视金鹰奖优秀长篇电视剧奖，荣获北京电视台2007影视盘点颁奖典礼最佳导演、最佳男女主角、最佳电视剧4项大奖和上海地区2007国产电视剧年度大奖和收视大奖，在第14届上海“白玉兰”奖评选中获最佳电视剧银奖、最佳导演奖、最佳男演员奖、最佳女演员奖，并荣获第八届中日韩电视制作者论坛优秀作品奖第一名。《前清秘史》获2007年萨拉托夫全俄影视联欢节纪录片奖，彼得堡第二届国际电影节《知识世界》人文纪录片奖、编导奖。《对手》获第11届俄罗斯欧亚电视节“创作大奖”。

六、加强队伍建设

先后健全完善领导班子议事规则、决策程序、“三重一大”、内部管理等规章制度，并狠抓落实。同时，运用对思想政治工作进行考核评估的办法，强化了各项要求，进一步加大领导干部的考核力度，规范试用期干部的考核程序，全年调整干部74人次。

开展“迎奥运、讲文明、树新风”、“岗位争先、服务奥运”等多项主题活动，结合纪念建党87周年组织召开服务保障奥运动员大会，各级基层党组织也分别召开党员干部动员大会，为圆满完成各项奥运服务保障工作奠定思想组织基础。

（北京北广传媒集团办公室）

北京歌华文化发展集团概况

北京歌华文化发展集团成立于1997年12月，是北京市的大型国有文化产业集团。

歌华集团秉承“传承华夏文明，做优秀文化的创造者和传播者”的使命，致力于文化产业改革与发展，壮大国有文化企业实力。歌华现阶段实行3+2发展战略模式。“3”是指“文化”、“传播”、“科技”三个产业发展与服务平台，“2”，是指“资本”、“创新”两个驱动力，达到主业专精、辅业多元，实现企业从单一传统产业模式向集团化、集约化、专业化现代产业模式的转变。

歌华集团坚持“以品牌融合资源，以文化创造价值”的经营理念，确定了“集团国有独资、中心集团控股、板块资本多元”的资产结构体系。集团本部履行战略制定、投融资、资产管理等职能；下属“文化”、“传播”、“科技”三个中心履行战略执行、主营业务发展、资产授权经营的职能；三个中心下属板块型公司为专业化公司，负责项目操作和经营计划的执行。文化中心以中华世纪坛为平台、传播中心以歌华开元大酒店（传媒主题酒店）为平台、科技中心以歌华大厦为平台发展相关业务。歌华集团有效利用政府、社会、市场资源，成功运作了一系列大型文化项目，获得业界和社会的认同。集团业务范围涉及文化创意产业，文化项目投融资，文化基础设施投资、管理及运营等领域。

2008年是奥运之年，也是歌华集团进入第二个发展规划阶段的开端之年。一年来，集团紧紧围绕“以确保三个安全为核心，做好服务奥运工作，以做实三个中心为目标，统领集团经营管理工作”的工作方针，圆满完成了各项奥运工作并较好地完成了年初制订的经营计划。

一、圆满完成服务奥运工作

根据集团承担奥运项目多、参与奥运人员多、所属物业设施举办活动多的特点，制定了紧紧围绕确保“设施运转、项目操作、人员管理三个安全”的核心工作目标，建立了奥运工作组织指挥系统，制定了“平安奥运”工作实施方案，全面落实各项安全制度和措施，狠抓细节落实，杜绝各类隐患，圆满完成了各项奥运工作。

二、做实三个中心，带动产业发展

重点是实现投资收益，配合三个中心的发展开展投融资工作以及文化资产、文化项目投资业务等非传统业务。

根据集团成长期规划，集团本部履行的是战略制定、投融资、资产管理和非传统业务的研发等职能，是集团的投融资中心；“文化”、“传播”、“科技”三个中心履行的是战略执行、主营业务发展、资产授权经营的职能，是集团的利润中心；中心下属板块型公司为专业化公司，负责项目操作和经营计划的执行，是集团的作业中心。将全部经营性资产划转给三个中心，由三个中心负责资产的运营和相关主业的发展，基本实现了集团本部由投资经营管理型向投资管理型企业的转变。

三、推动行政管理体系的改革

1.建立健全管理体系

加强以董事长、总经理、书记为核心的领导班子团队建设，建立董事长、总经理、书记三位一体的决策体制和分工负责的领导机制，初步实现班子健全、分工到位、责任到人、责权利清晰的管理模式。充分发挥核心班子的宏观把握与决策职能，推进构建现代文化企业新型管理机制，发挥重大事项中心核心班子和集团核心班子决策作用，确保了集团全年工作的有效落实。

进一步加强行政管理的系统化、网络化建设，为集团及中心的经营工作以及奥运项目的实施提供了支持和保障。集团各管理体系实行内部“第一责任人”制，推行18个团队管理体系的搭建工作，完成集团事业管理等各体系的搭建工作。

2.建立健全奖惩相结合的考核体系

结合实行的内部“第一责任人”制，建立健全激励机制与约束机制并存的考核体系。对集团和三个中心各经营部门全面实施划小单位考核管理，制定更加完善的实施方案和激励机制。充分发挥了各经营部门的主观能动性和创造力，促使其进一步拓宽经营思路，全面提高工作效率和经济效益，确保年度经营指标的实现。

3.推进集团遗留问题清理和整顿工作

专门成立清理遗留问题办公室，全面盘点清核三个中心的相关公司和资产，按照历史遗留问题和新的资产划转产生的问题，强化了资产规范化管理制度，以解决艺苑美术中心及歌华阳光广告两个公司问题为重点，按照资产类、经营类、行政类、人资类、基建类等方面对集团遗留的问题进行了分析和处理，为理顺资产管理关系、促进三个中心的良性发展创造了条件。

4.加强组织建设，发挥党组织战斗堡垒作用

充分发挥党组织的战斗堡垒作用，发挥党员的先锋模范作用，党委发出“为奥运奉献、为党旗增辉”的倡议，开展“我是党员我承诺”的活动，团委在“五四”青年节召开了团员青年“平安奥运”动员仪式，向全体团员青年发出“青春映辉团旗、志愿奉献奥运”的倡议，工会积极开展“奥运知识、奥运项目安全、奥运英语”等系列知识培训，要求全体员工要为确保“平安奥运”目标的实现做好相关的服务保障工作。

（北京歌华文化发展集团党办）

北京歌华有线电视网络股份有限公司概况

北京歌华有线电视网络股份有限公司(简称“歌华有线”)于1999年9月经北京市人民政府批准成立，授权负责北京地区有线广播电视网络的建设开发、经营、管理和维护，从事广播电视节目收转传送和广播电视网络信息服务，是北京市属广播电视有线传输的专门机构，是北京市科学技术委员会核定的高新技术企业。

2001年，歌华有线在上海证券交易所上市(股票代码600037)，2004年5月发行可转换公司债券12.5亿元。歌华有线在市委、市政府和有关部门的支持下，先后完成了近、远郊区县有线电视网络的并购统一，2002年2月实现了“一市一网”。2004年9月，公司收购河北省涿州市的全部有线网络资产，标志着跨区域经营迈出突破性的一步。截至2008年歌华有线已形成覆盖北京市18个区县、敷设光缆线路1万余公里、电缆线路10万余公里、接入380余万户的超大型有线电视光缆网络。有线电视网络中共传输节目百余套(其中模拟电视节目50余套，数字电视节目140余套，调频广播节目18套，数字广播节目16套)。

2008年，歌华有线抓住奥运机遇，以奥运促发展，出色完成北京奥运会、残奥会的安全传输和优质服务保障任务，数字电视试点推广、用户发展、网络建设运营管理、数据业务拓展、企业制度建设等工作也取得显著成绩。

主要工作：

一、全力以赴，确保全年安全传输和优质服务

采取了四大措施，建设三项工程，完成了两大任务，确保了一个中心。

一个中心是确保奥运期间的安全传输；两大任务是确保奥运专网的赛时运维和首都市民的正常收视；三项工程是奥运专网建设，新总前端建设和朝阳监控网建设；四大措施是完善组织机制，开展隐患排查整改，建立完善应急预案，进行人员培训演练。

年内成功实现奥运会、残奥会期间奥运专网和全市有线电视网络的安全传输和服务保障，确保了朝阳监控网、北京市电子政务网、市应急指挥视频会议系统、市大屏幕电视系统的安全传输，圆满完成了平安奥运的目标要求。

年内，从人防、技防、物防等方面构建起多层次安全传输体系，成立了平安奥运领导小组和指挥部，全员签署岗位安全责任书，层层落实责任，组织了从总前端到分配网各个专业的隐患排查和整改工作，切实保证了全年尤其是北京奥运会、残奥会、全国“两会”、“十七届三中全会”、亚欧首脑峰会等重要时期的安全传输，确保了全市数百万有线电视覆盖用户的正常收视。

奥运专网运维保障实现了网络运行零事故、场馆保障零故障、服务对象零投诉，获得了多方好评。公司收到23个场馆（群）发来的34封感谢信和5面锦旗。公司获得了国际奥委会主席雅克·罗格亲笔签名的证书，证明歌华有线在奥林匹克大家庭饭店提供了高水平的数字有线电视服务。公司被北京奥组委评为“科技奥运先进单位”，被北京市委、市政府、北京奥组委评为“北京奥运会残奥会先进集体”。

二、有线电视数字化实现快速推进，和谐转换

新增70万数字电视用户，使北京数字电视用户达到190万户。数字电视用户已经占全市有线电视注册用户的50%。

已有东城、西城、崇文、宣武、朝阳、海淀、丰台、石景山、昌平、通州、大兴、顺义、怀柔等13个区县1867个小区进行了有线电视数字化转换。同时，歌华有线加紧推进双向交互业务。

三、固本强基，加强基础网络建设管理

1.新总前端于5月16日全面启用，为奥运安全传输提供强有力的保障。

2.公司对全网拉网式的排查和整改，有效地消除了各种潜在隐患，确保了网络与系统安全。

3.完成164条大街的缆线整治任务，完成奥运场馆周边27条大街等相关地区管道建设和光缆入地工程，配合市电力公司进行94条大街的光缆清理整治工作。

4.改造网络40余万户，新建双向网络6万余户，使双向网总数达到170万户以上。

5.完成对远郊10区县和亦庄新城网络建设的规划编制工作，完成朝阳监控网的建设和奥运期间的运维保障。

四、加强用户服务管理，提高市场运营水平

完成公司综合业务支撑系统BOSS的规划方案。完成客服系统升级，基本实现模拟电视、数字电视、数据业务三大主营业务的统一客户服务。

奥运期间，组织维护单位和自维自管单位负责人收听客户投诉录音，制定解决办法，使超时限服务大幅减少，客服回访满意度明显提高。

城八区和远郊各分公司联合街道办、居委会、驻地派出所等单位实行群防群治，严防非法插播事件和人为破坏事件，奥运期间全市约4万余人每天帮助看护线路设施。

五、加快远郊数字化、信息化建设，服务新农村建设

远郊分公司在用户发展、数字化推广、农村信息化建设及经营创收方面，取得了丰硕成果，新发展数字用户19万户，使远郊数字电视总用户数超过44万户。昌平、通州、顺义、房山、怀柔、门头沟、平谷、密云等分公司积极发展数据业务，扩大新的利润增长点。

大力开展农村网络建设，完成400多个自然村的“村村通”工程。大兴、延庆等分公司还积极推进“户户通”建设。此外，按照市广电局部署的“无线覆盖”任务，延庆、平谷、房山、密云、怀柔等5个分公司完成了信号连通任务，解决了山区居民看好电视、听好广播的问题。

六、加快数据业务发展

新增3500余个用户接入点，个人宽带业务新发展用户3.7万户，在线户数达到8.3万户。积极推进“党员干部远程教育”，在远郊区县的近2000个行政村建立项目服务点。

七、强化资本运作，积极推进公司“十字战略”

1.公司转让所持有的茁壮网络一半股权，获得良好的经济效益。

2.完成对密云县三个乡镇的网络收购，对其他网络的收购，也投入大量前期工作。

3.继续被列为上海证券交易所的治理样本企业，并再次当选为中国证券报评选的上市公司百强企业。

八、提高运营管理水平

1.进一步完善绩效考核与薪酬激励机制，继续推进“工资包干”试点，朝阳、海淀、丰台、城中等分公司的工资总额与经济效益挂钩，增强了激励导向作用。另外，还建立了企业年金制度，这是员工福利建设方面的重大举措。

2.定向开展奥运专题培训，参训人员超过1000余人，建立了“网络课堂”，联合北邮网络教育学院，对维护人员和客服人员开展学历教育和培训，156名员工参加了学习。

3.稽核工作从重视结果稽核向注重过程稽核、管理稽核转型，促进了公司管理的制度化、规范化。

4.成立安全保卫部，奥运期间加强了重点区域、要害部位的安全检查，严格了机房出入管理，进一步提高了安全防范水平。

九、加强党建和思想政治工作

大力加强领导班子建设，落实廉洁从业规定和一岗双责要求，严格执行议事规则和决策程序。奥运期间，公司各党支部，广大党员、团员发挥了先锋模范作用，进一步弘扬正风正气，发挥党团工会作用。团委建章立制、团员活动有特色，工会组建职工书屋，积极开展多种文体活动，丰富了职工的文化生活。

（北京歌华有线电视网络股份有限公司）

北京电视艺术中心概况

北京电视艺术中心是北京市属生产电视剧的专业艺术机构之一，成立于1982年9月17日，最初称北京电视制片厂，是全国最早成立的专业单位之一。1985年5月16日，改称北京电视艺术中心，事业单位，主要从事影视策划、制作、营销影视节目等业务。

北京电视艺术中心成立至今，共制作生产电视剧183部，2693集，译制片百余部千余集，并制作大批专题片。创立国内剧作的四个第一：第一部长篇电视连续剧《四世同堂》，第一部室内长篇电视剧连续剧《渴望》，第一部幽默轻喜剧《编辑部的故事》，第一部以自身资产为抵押、全额贷款、全部在境外拍摄的电视连续剧《北京人在纽约》（与中央电视台合拍）；及《凯旋在子夜》、《便衣警察》、《钟鼓楼》、《出路》、《皇城根儿》、《血色童心》、《反贪局长》、《无悔追踪》、《第二条战线》、《北平和谈》、《蓝色三环》、《一年又一年》、《贫嘴张大民的幸福生活》、《永不放弃》、《彭真》、《结婚十年》、《沃土》、《幸福像花儿一样》、《刑警使命》、《将门风云》、《亲兄热弟》、《城里城外》、《金婚》、《生死十日》、《春草》等多部优秀作品。获得多个"金鹰奖"、"飞天奖"、"五个一工程"奖，并取得连获全国大奖的四连冠佳绩。策划运作第一个在全国28个省级电视台开办专栏节目《长青藤剧场》，联播国产电视剧数十部、几百集，收视人数近8亿，取得社会效益和经济效益的双赢。

2008年主要工作：

拍摄完成、并已播出的电视剧有：《春草》、《战友》和《刘少奇故事》。正在拍摄的电视剧是《我是老板》。

为推进内部改革，起草"北京电视艺术中心繁荣创作谋发展方案框架"，"转变运营机制第一步"具体方案等。完成在职职工与外聘人员签订劳动合同的工作，并完成薪级工资的调整。

为确保2008年北京奥运会的顺利召开，组织会议、传达上级精神，特别是对工作场所的安全、名人接受国外媒体采访、保持职工队伍稳定及配合有关部门的安检等提出具体要求。制定"北京电视艺术中心应急预案"、"2008年北京奥运会特殊时期值班表"，签订平安奥运安全责任书。

（孔　婷）

北京中北电视艺术中心有限公司概况

北京中北电视艺术中心有限公司是北京市属生产电视剧的专业艺术机构之一，主要从事影视策划、制作、营销影视节目等业务。公司成立于2003年7月，是从1995年1月成立的北京中北电视艺术中心转制而重建。

公司旗下现拥有著名导演尤小刚、陶玲玲，著名演员邬倩倩，高级制片人、优秀制片主任杨群、刘沙，高级录音师杨群、蔡方云，高级编辑曹琦等精英。公司拍摄基地在北京机场路南皋乡（环形试验铁路内），技术设备、摄影棚及化妆、服装、道具库房等专业设施相当完善。公司下属中北国际文化发展有限公司及中北国际演艺专修学校是国内、国际一流的演艺人才培训、组织、经纪文化公司，同时还具备举办演出活动，影视节目、音像制品策划制作等项目职能。

2008年主要工作：

一、推进影视剧制作进程

从生产制作节目剧目的内容与形式、公司的体制机制，营销传播的手段上不断创新。北京电视台首次在卫视频道黄金时间，播出24集大型人文历史系列专题片《前清秘史》，播出后收视率节节走高，平均收视点达2.58，是北京卫视近期高峰。

30集电视连续剧《死去活来》，2008年5月中旬首轮由4家上星台——深圳，重庆，江苏，山东台同时播出，该剧以全新的视角，生动形象地反映出构建和谐社会主旋律时代精神，播出后反响热烈，为同期电视剧收视率最高。

32集电视连续剧《大码头》在全国各省市电视台发行播出后，观众反应良好。

反映抗日战争史诗性的大型电视连续剧《对手》，作为向新中国成立60周年献礼剧目，于2008年夏开机，现已进入后期制作。

公司与俄罗斯REN-TV电视台，历经两年多的不断切磋交流，俄方将首次采用预购的方式，购买我方拍摄的电视连续剧《勇士最后的秘密》，目前正在几易其稿精心加工剧本进行前期筹备，准备近期开机。

为迎接新中国成立60周年，公司征集到

5部140集电视连续剧剧本，有讲述解放战争时期特殊战线共产党人前仆后继，用血与火缔造新中国感人事迹的30集电视连续剧《内线》、以及《天下茅台》（30集）、《血时代》（30集）、《隋朝秘史》（30集）等剧本佳作。

二、为北京奥运会多做贡献

组建由党支部书记董事长尤小刚为组长，杨群、刘沙、陶玲玲、王昌续为成员的领导班子，贯彻北广传媒集团"平安奥运行动"实施方案，确保本单位在奥运会期间的绝对安全，并出色完成各项奥运服务保障任务，实现平安奥运的总体目标。

鉴于2008年中北国际演艺专修学校在中华世纪坛"奥运节拍"演出中的出色表现，北京奥组委再次邀请师生进行了5场"奥运节拍"和中秋专场演出，演出受到奥组委领导的肯定与赞扬。

（北京中北电视艺术中心有限公司办公室）

北京广播电视报社概况

北京广播电视报社是北京市属广电系统的传媒机构，成立于1988年9月。

北京广播电视报社以报刊出版为主，向多元化扩展。现办有《北京广播电视报》系列周报、《北京电视》周刊、《北京房地产》杂志（月刊）、北广报刊网及数字电视《置业频道》。

《北京广播电视报》的前身是北京人民广播电台1953年4月12日创办的《广播周报》，后更名为《北京人民广播电台节目报》，1976年1月9日停刊，1979年9月14日复刊，1989年更名为现名。

1988年9月为适应报纸经营管理体制的改革，成立北京广播电视报社，独立建制，性质为差额补贴事业单位，试行企业化管理。1989年1月，实行自办发行。当年发行量从邮局时最高的每期40万份，很快跃升到50万份、60万份和70万份。1990年至1993年每期分别递增到80万份、85万份和90万份。最高单期曾创115万份记录。1991年，报社被国家新闻出版署、中国报纸行业经营管理协会授予"全国报业经营管理先进集体"称号。

《北京电视》1995年由报社独家承办，1998年，由月刊改为周刊。

进入新世纪后，报社紧紧围绕市场需求的变化，不断调整报刊内容，提高办报办刊质量，增强报刊的核心竞争力，同时顺应现代媒体发展趋势，努力探索报业经营发展的新途径、新方法，提出了"坚持主业，多元化发展，打造现代传媒集团"的发展战略。

2002年9月，《北京广播电视报·人物周刊》创办，广受读者的赞誉。

2004年1月，《北京房地产》杂志（月刊16开128页）划归报社经营。

2005年，报社向立体媒体发展，取得了数字电视《置业频道》的经营权并正式开播。同年还创建了北广报刊网。

2008年，在北京报业市场形势日趋严峻、广告经营十分困难的情况下，报社坚持正确的办报办刊方针，针对市场环境的变化和读者需求的变化，进一步明确各报刊不同的市场定位，对各报刊进行相应的版面调整和改造，使之更加适合读者需要。奥运期间，为广大市民收听收看奥运节目提供优质服务，在奥运宣传报道上办出了特色。《北京广播电视报》推出了具有广播电视特色的20余期50余个奥运专版，并出版了4期奥运艺术特刊，借助社会和有关部门力量，在对外合作办报上进行了有益尝试。同时，报社还在报刊经营上积极想办法，努力开拓汽车、房产、分类信息等广告门类，与外地电视台开展栏目合作，尝试市场化经营导视功能，实行报刊发行渠道扁平化管理，减少了中间环节，降低了发行成本，促进了销售终端的销售积极性。

（北京广播电视报社办公室）

北京音像公司概况

北京音像公司是北京北广传媒集团的全资子公司。公司始建于1979年，原称北京市广播电视服务公司。1985年，北京市广播电视服务公司与北京音像出版社合并，成立北京音像公司，成为具有音像制品出版发行、录音录像、节目复制、境外音像制品引进出版和影视节目制作、电视剧（乙级）拍摄等多种经营范围的国有企业。

截至2008年9月底，北京音像公司实现产品销售收入526万元，销售成本341万元，销售费用134万元，管理费用85万元，税金3.3万元，销售利润47万元，营业利润－43.3万元，净利润－39万元。

2008年主要工作：

一、坚持音像行业主营方向，发挥音像行业特点和优势，本着“改换包装、以小搏大、认真选题、打造精品”的出版思路，积极开展出版发行工作。

1.《智化寺音乐》CD获新闻出版局“2008北京市重点音像出版选题”政府奖励补贴。为寻找并整理出早期拍摄的《智化寺》专题片的素材母带，走访了当年的亲历者，组织上报了北京市非物质文化遗产重点题材论证会，得到了专家的肯定和认可。

为纪念相声大师侯宝林诞辰90周年，公司于2008年5月出版发行了《侯宝林相声精选》CD。

2.截至2008年10月底，录音棚使用328小时，非线性编辑145小时，创作了大量的DVD－R制作盘及CD－R制作盘。制作、整理、保存了《警苑神掌》、《海之门》、《中方雇员》、《军魂》、《智化寺》、《小井胡同》、《戏曲》、《易经养生法》、《贺龙》等近20部200集电视剧及专题片。

音像公司承揽中央电视台《空中剧院》母盘制作200部集。

制作赈灾歌曲CD专辑《汇爱成川·点燃希望》10100套20200张。配合集团于2008年八一建军节前，送往赈灾部队6000余套，慰问四川灾区，社会反响较好，为集团争得很大的荣誉。此专辑已申报第二届中华优秀出版物奖。

制作涉奥产品DVD光盘《北京职工文明拉拉队》4000套、《奥运交通服务驾驶员交通安全知识培训》3000套。

完成张勇吉他音乐《弹情2》的第二张CD专辑的全部制作和出版发行。

根据市场的需求，充分利用现有的影视剧资源，努力发行公司自主版权的二轮电视剧作品，力争继续创收。电视剧《警苑神掌》的二轮发行，创收75000元。

积极与集团兄弟单位合作，在发行渠道上努力开拓市场，与其他发行商积极合作，互利互惠求得双赢，出版发行24集电视剧《原谅》，发行38集电视剧《最后的王爷》创收12万余元，已完成两轮分成。

积极同社会电视剧制作单位合作，收购22集电视剧《回家》版权，利用公司良好资质采用后滞90天保底分成方式，解决公司严重的流动资金不足问题。

1至10月音像产品发行、销售总收入221730元。其中销售磁带4161盘，CD3372盘，VCD443盘、DVD1546盘，销售总量9522盘。其他合作出版项目收入131000元。

3.磁带加工复制业继续保持了较好的生产势头，同时积极开发新客户，目前已有多家出版社与公司签订了加工合同。2008年，包装加工CD\DVD产品13259套63796张，截至10月底加工音带530万盒，截至2008年9月底实现纯利润为102万元。

4.在去年与网络商当当网、卓越网合作的基础上，2008年又加强了同北京乐酷无限文化传播有限公司的合作并签署有关网络销售合作协议，努力摸索网络时代音像生存发展的道路。

二、服务保障奥运大局，认真落实各项工作措施。年内围绕服务保障平安奥运这条主线，认真落实各项安全保障措施，做到组织、宣传、措施落实到位，确保了在奥运会期间本单位不出现任何问题，以实际行动实现了“平安奥运行动”的目标。

三、保障部门发挥职能作用，相互协调，积极完成了各项工作任务。重点完成了2008年公司工商等7个执照的年检及法人执照的变更工作。

（北京音像公司）

北京瑞特影音贸易公司概况

北京瑞特影音贸易公司成立于1993年，是全国最早成立的专业境外电视经营管理公司。其主营业务是代理境外影视节目，兼营卫星电视和有限电视的工程业务。

近几年来，随着公司对境外节目收视费市场不断的规范、整合，结合市场形势及时制定、调整销售策略，使北京境外节目市场进入稳定发展期。根据公司的战略发展目标，在稳步发展境外节目的同时，公司领导投入大量人力、物力打造了一支施工人员专业水平相对较高，施工装备先进的工程队伍。积极参与有线电视数字化，歌华有线八大城区光缆维护业务，开发数字卫星电视前端以配合实现全市有线电视数字化，拓展工程施工业务；使工程收入3年来持续大幅提高，并已逐步成为公司的主营业务和第二个盈利点。

一、行业发展情况

逢奥运会召开，给公司的两大主营业务（境外卫星电视代理和有线电视工程）带来商机，有力地拉动这两大主营业务的发展。一方面为迎接奥运会的召开，各大宾馆、饭店集中开业，国内外客人的剧增使各大宾馆、饭店纷纷增加境外节目的数量；另一方面为贯彻“平安奥运计划”市文化执法总队加大对非法接受和超范围传输境外电视节目的打击力度。两方面因素共同推动，使公司2008年第3季度境外卫星电视代理费收入创造历史新高。公司工程部承接了歌华有限的奥运安保系统的标的为2000多万元的安装项目。此外，公司工程部在配合歌华有线数字化改造、境外电视数字前端建设、有线光缆维护等业务上也取得重大突破。

二、行业经营情况

1.为迎接奥运会，通过北京市广播电视局审查有50家酒店成为公司新用户。境外节目收视费高达2838万元，比2007年3季度的1805万元增加近1000万元（相当于正常情况下2个月的收视费）。在境外节目收视市场相对饱和的状况下，使3季度境外节目收视费收入达346万元，占1至9月境外节目收视费收入的38.7%，增长5.7%。3季度工程施工收入比预算增长2.52%。商品销售收入仅第3季度就完成全年预算的72.42%,超季度预算的47.42%。

2.第3季度共实现工程收入548万元（本季度还有正在施工,尚未结算朝阳奥运监控工程300多万元)，超季度预算2.52%。

截至9月底，主营业务收入、主营业务利润、利润总额全面超额完成2008年预算，公司经济效益进一步提高。

三、主要经济指标完成情况

3季度主营业务收入为1045万元,比去年同期增加216万元，增幅高达26.06%。其中，收视费收入实现346万元，比上一年的250万元增加96万元；工程收入实现548万元，比上一年的529万元增加19万元，实现商品销售收入152万元，较上一年的50万元增加了102万元，增幅为204%。1至9月份累计实现主营业务收入2933万元，较去年同期的1951万元增加982万元，增幅高达50.33%。1至9月主营业务利润累计实现1016万元。较去年同期的781万元增加235万元，增长幅度为30.09%，累计实现利润总额45万元，较去年同期的负90万元增加利润135万元。成本费用率由去年同期的92.72%下降到88.41%，降低了4.31%，节约成本费用78万元。

（北京瑞特影音贸易公司办公室）

北京广播影视物业管理中心概况

北京广播影视物业管理中心（原称北京广播电视服务中心)，是北京市广播影视系统后勤管理与服务的专业机构，成立于1990年12月。主要负责北京市广播电视局、北广传媒集团产权房屋管理及职工住房房改；建外和安乐林办公区物业管理（供水、电、气、热、通讯、消防、空调、电梯等)，及职工宿舍区域的物业管理；集体户口管理；经营职工食堂、招待所、声屏苑培训中心；绿化等项工作。

北京广播影视物业管理中心成立十几年来，始终遵循“以为广播电视宣传服务为中心，坚持更新观念，适应市场，强化管理，增创效益”的工作思路，增强服务意识，改善服务设施，提高服务质量，为系统内做了大量的工作。多次被评为“首都义务植树先进单位”、“建外地区治安先进单位”、“建外地区节水先进单位”、“建外地区交通安全先进单位”,2004年声屏苑培训中心被评定为三星级饭店。

2008年主要工作：

完成对建外办公大楼外墙空鼓及脱落瓷砖进行维修，修复450平方米、检查加固22000平方米，并粉刷办公区配楼外墙1600平方米，工程历时两个多月。完成广电系统全年植树任务，春季植树500棵，雨季植树8500棵，成活率100%。完成建外办公区电力增容改造工作；完成建外办公大楼夜景照明改造和消防探头进行检测清理。加强队伍建设，积极组织工会和党支部广大职工为灾区献爱心，踊跃捐款。

2008年度中心再次荣获“北京市卫生先进单位”和“建外地区交通安全先进单位”的称号。在“平安奥运行动”中，有1名职工被评为市委宣传系统服务保障奥运先进个人；有1名职工被评为首都“迎奥运、讲文明、树新风”活动先进个人；有3名职工被北京市广电局评为先进个人；设备工程部、物业管理部被北广传媒集团评为先进集体，8名职工被评为先进个人。

（北京广播影视物业管理中心办公室）

北京北广传媒数字电视有限公司概况

北京北广传媒数字电视有限公司成立于2003年7月。由北广传媒集团发起并控股组建，主要股东包括北京北广传媒集团、北京歌华有线电视网络股份有限公司、北京人民广播电台、北京电视台、北京歌华传播中心有限公司，注册资本7500万元。

北京北广传媒数字电视有限公司定位于数字电视节目集成商，充分发挥数字电视平台的技术优势。截至2008年12月31日已为北京地区191万数字电视用户提供视频、广播、数据业务等三大类的服务，搭建完善的家庭多媒体信息平台，内容构架已形成体系。推出的服务包括：

视频服务专业化数字电视频道，已开播的自办频道达到11套，同时集成全国48套付费电视节目。

音频服务开办戏曲广播、爵士音乐广播等2套付费广播频道，同时集成付费音频广播节目16套。

数据服务即时更新北京数字电视信息平台《北京之窗》、电子节目指南（EPG）等信息服务，并在2007年10月9日正式开通党建专业数字电视多媒体平台《北京党建》。

近期还将开播“导视频道”、准视频点播（NVOD）等业务，为数字电视用户呈献自由选择的视觉大餐。

公司于2005年8月向国家广电总局申请开办全国性有线数字付费电视频道集成运营机构——鼎视数字电视传媒有限公司，实现将数字电视频道及相关数字电视业务面向全国的推广销售。

节目集成平台于2006年7月获得由国家广播电影电视总局颁发的工程技术类《广播电影电视总局2006年度科技创新奖》一等奖证书。此外，公司于2006年和2007年两次荣获首都精神文明单位称号。

2008年，公司面向各个层次和行业的用户，逐步形成品牌突出、特色鲜明、内容丰富、门类齐全的付费频道序列，同时在完善现有数据信息服务的基础上，将推出体现即时性、实用性和个性化服务的电子政务、本地黄页、电视短信等增值服务，以满足受众的多样化互动需求。

北广传媒数字电视公司将以节目为龙头、以网络为载体、以品牌为目标、以市场为手段、多媒体组合，建立北京数字电视全方位服务体系。

（北京北广传媒数字电视有限公司办公室）

北京北广传媒移动电视有限公司概况

北京北广传媒移动电视有限公司是北京市属开发运营广播电视新媒体的专门机构之一，成立于2003年8月，由北京北广传媒集团、北京电视产业发展集团、北京广播公司、北京歌华有线网络电视股份有限公司和北京歌华传播中心有限公司共同发起组建。

2003年7月9日，国家广播电影电视总局授予北京广播影视集团48频道的试验频率，开展地面数字电视试点。2004年2月14日，总局正式批复同意集团在公交、地铁、轻轨、出租车等交通工具及其他公共场所试行开办移动电视节目，呼号为：北京移动电视。北广传媒移动电视成为经总局批准的北京地区唯一一家运营地面移动数字电视的机构。

北广传媒移动电视采用世界先进的DVB－T数字电视技术，利用北京DS－48单频网发射无线数字信号，实现地面数字设备实时接收电视节目。已在中央电视塔、京广中心、名人广场、491发射台、建立一主三辅4个数字发射机站，形成有效覆盖北京市区六环内的数字单频网。

公司积极挖掘广电系统内多种文化产业资源，形成完整的视听节目传输网络，充分发挥自身传播优势，努力成为政府管理的公共信息平台、城市管理的应急平台和百姓生活的资讯平台，服务政府公共管理，服务市民精彩生活。

北广传媒移动电视全天共播出节目17小时。其中，新闻类节目占播出比例30%；娱乐类节目占播出比例17%；法制类节目占播出比例5%；专题类节目占播出比例21%；服务信息类节目占播出比例7%；广告占播出比例20%。

2008年主要工作：

按照“一切为了奥运，一切服务奥运，一切为奥运让路”的工作方针，有序开展全年各项工作。顺利度过了广电有史以来最长的重点保障期，保质、保量地完成了平安奥运的各项宣传报道任务，实现了“借力奥运报道、提升媒体价值”的工作目标。并将奥运标准贯穿全年，取得了经济效益和社会效益的双丰收。

一、节目建设情况

全年完成节目制作总时长约45230分钟，圆满完成了北京“两会”、全国“两会”、汶川地震抗震救灾、奥运会、残奥会、“神七”成功发射、改革开放30周年和第七届亚欧首脑会议等重大事件直播、转播的报道，并积极配合政府进行重大经济宣传报道工作。

1.全力投入奥运报道

宣传报道工作是以奥运为主线进行的。自8月6日至9月17日，43天的时间里，以多种节目形式，全方位宣传报道北京奥运会、残奥会，有效丰富了奥运期间的移动电视荧屏，圆满完成了奥运期间的宣传报道工作。荣获“北京市奥运安全播出奖”、“北京市广播电视系统奥运工作先进集体”、“服务保障奥运先进集体”等多个奖项。北京市奥组委也授予公司“北京市奥运会、残奥会志愿者工作突出贡献单位”称号。

2.完成节目优化工作

全面完成品牌栏目《移动直通车》的优化调整工作。调整后的《移动直通车》节目突出了新闻资讯高密度、海量化、平民化、大众化，交通信息向服务公交乘客倾斜等特点。

3.节目评优工作

在“2007年度北京广播影视奖”评选中，《出行导航——呵护生命》荣获电视新闻长消息二等奖，《96310——灭癣九术、假士兵卖军鞋、城管快报》荣获新闻编排三等奖，《96310》栏目被评为电视优秀栏目。在集团2008年上半年新媒体优秀节目评选活动中，公司送评的消息类、专题类、栏目类节目共计17个，荣获奖项10个。

二、加强单频网络管理，确保安全传输，推进技术合作

1.完善《北京地面数字电视单频网使用规范与技术支持》、《单频网技术手册》、《单频网应急预案》、《单频网巡检制度》和《单频网应急处理手册》等一系列制度办法，涵盖了单频网管理的各个方面，有效保障了单频网的正常运行。同时，为进一步确保单频网系统安全，对关键设备进行备份，经过不懈努力，顺利完成了奥运期间单频网零事故的工作目标。

2.完成单频网激励器的调试和测试工作，成功进行DVB－H的第一次开路演示，利用现网实现部分基本功能，为奥运会场进行信号覆盖并开通了多个数据服务项目，增加节目单显示和各种互动功能，并于8月初进行最终演示，圆满完成了与欧盟的合作项目。

3.中国移动多媒体广播CMMB项目中的信号测试和网络建设维护工作由公司配合进行，CMMB单频网以中央广播电视发射塔为重点逐渐增至7台发射机，组网难度增加。公司配合项目组进行为期4个月的组网调试和信号覆盖测试工作，基本完成网络覆盖框架，测试车出车路程累计达5000公里。

4.强化单频网例行巡检制度，将每个月的第一个星期二定为全部设备系统检查日，专人负责机房和电脑设备的检查维护工作，确保网络传输安全和各个重要时段的播出安全。完善有关制度，增加系统全面大检查频次、采取完善系统硬件设施、增加设备维护力度、规范岗位流程制度、开展实战演练和提升员工工作熟练度等各种措施，以重点播出保障期公司领导现场值班等方式，有效确保安全播出。

自2008年6月23日起，公司调整巡检制度为每天1次，7月起增加为每天2次，奥运会和残奥会期间，实现单频网三个辅助发射塔全天值守，确保单频网系统各设备的正常运行和安全传输零事故的目标。

奥运重点安全播出保障期间，实现公交频道、出租频道安全播出1147小时，安全转播415小时，全年实现公交频道、出租频道安全播出6591.5小时，总播出事故为0秒／百小时。

奥运期间，公司专门为地铁10号线、5号线制作不含广告的地铁电视节目，并通过单频网将信号传至地铁指挥中心，成功地实现了地铁乘客在10号线和5号线实时收看奥运赛事。

三、平台建设与终端维护

在终端维护上，公司建立“突发事件”应急处理小组，应急事件处理方案，保障了“两会”、“抗震救灾”、奥运会等重要安全保障期的终端设备的正常运行。特别是奥运会期间，公司成立专门监测小组，自8月8日起，对公交终端先后进行了多次大面积随机普查，做到随时检查，随时解决，总体故障率为2.44%。

2008年，在相关合作单位的配合下，北广传媒移动公司终端完好率始终保持在96.5%以上。全年共完成公交新装车辆2317辆，公交终端日受众量超过1300万人次。

（北京北广传媒移动电视有限公司办公室）

北京北广传媒影视有限公司概况

北京北广传媒影视有限公司成立于2003年12月，由北京北广传媒集团、北京电视产业发展集团、北京人民广播电台、北京歌华有线电视网络股份有限公司和北京歌华文化发展集团共同出资组建，是从事影视生产经营的专业性公司。公司资金、人才等社会资源占有广泛，拥有丰富的影视策划、制作、营销经验，独特的媒体优势和较强的投资、生产能力。

影视制作播出的主要工作：

2008年，公司在影视生产中坚持精品战略方针，注重节目质量，精心运作每一个项目，不断地推出影视精品，制作完成了《雾柳镇》、《原谅》、《老师错了》、《东京生死恋》等4部电视剧，均受到好评，销售业绩良好。其中，《原谅》在上海交易会上誉为“今年最看好的电视剧之一”；《雾柳镇》被北京市广播电视局列为“2009年重点推荐优秀作品”。

2008年，在北京电视台卫视频道播出的《最后的王爷》，平均收视率达到6.34%，最高收视率高达10.95%，创该频道有史以来最高纪录，并使北京卫视首次荣登全国卫视收视冠军。

公司成立以来，以优秀作品的影响力打开了市场。近几年连续推出的《行走的鸡毛掸子》、《爱了散了》、《杨三姐告状》、《最后的王爷》、《雾柳镇》等几部电视剧，在电视台和广大观众中享有较高的美誉度，初步形成了“北广传媒影视”的良好品牌。2008年获得中国广播电视协会颁发的“全国十佳制作单位”提名奖。

（北京北广传媒影视有限公司办公室）

北京北广传媒城市电视有限公司概况

北京北广传媒城市电视有限公司是北京市属开发运营电视新媒体的专门机构之一，成立于2004年12月15日，主要从事楼宇电视和户外大屏电视的经营管理。公司的宗旨是为大众提供更加完备、更加方便、时效快捷的资讯服务。

公司拥有多种文化产业资源、完整的视听节目传输网络系统和充足的媒体资源、节目资源、技术资源，是一家从事城市户外视频媒体业务的新兴传媒机构。2008年承担奥运会户外视频宣传媒体、北京市公共信息平台、城市预警信息平台和26个奥运文化广场大屏幕信号的接入和运营工作。

2008年的主要工作：

一、发挥新媒体优势，构建独具特色的奥运播出报道平台，全方位、多角度报道奥运，圆满完成平安奥运播出工作

城市电视通过3年多的发展，已经拥有11000个楼宇电视终端，与26个奥运文化广场大屏电视及城市电视的户外大屏电视一起构建了独具特色的奥运播出报道平台。8月8日晚8时，北京奥运会开幕，北广传媒城市电视的户外大屏电视联播网成功转播奥运开幕式盛况，据不完全统计，全市近30块大屏电视，共吸引了50多万人次观看，显示出广电新媒体的传播影响力。该平台在奥运会、残奥会开闭幕式及赛事直播期间，全方位、多角度播报奥运，第一时间传送奥运会、残奥会夺金资讯，完整呈现精彩赛事，充分发挥城市电视三大板块作用，紧跟赛程的脚步，以最快的速度播报最新赛况，显示出了很强的受众影响力及观赏震撼力。年内顺利完成了26个奥运文化广场大屏电视、户外合作大屏电视、楼宇电视的奥运赛事直播、宣传报道和技术保障等工作，全面实现了"平安奥运目标责任书"所规定的目标责任。

二、加强楼宇电视终端平台质量管理，提高渠道质量和集中度，提升城市电视的品牌质量

按计划对楼宇电视终端平台进行较大幅度的调整，城市电视楼宇电视终端增加1000余块，累计签约量11986个。对中小餐饮、健身、歌厅和小医院等低端渠道进行撤拆，加强终端平台的质量管理。在新增的小屏终端中，酒店、商业和写字楼居前3位，占新增总签约屏数的2/3，提高渠道质量，加强渠道集中度，医院、写字楼、酒店等高端比例分别上升了0.8%、1.4%、1.2%。为确保终端播出效果，城市电视楼宇终端的黑屏率得到很好的控制，10月份的平均值仅为3.3%。

三、抓住契机，始终把握媒体定位，做好重大事件播出工作

认真完成所有重大事件的播出任务，践行媒体功能，保证突发事件发生时，第一时间播出最新消息，实时转播相关节目，扩大了媒体影响力。

年初转播迎战、抗击暴风雪、3月3日至15日转播全国政协开闭幕式、全国人大开闭幕式等；5月13日至6月16日，转播"抗震救灾众志成城"专题节目（其中5月13日至21日全天直播）；9月24日至29日转播"神七问天"专题节目，"神七"发射、"神七"航天员出舱行走等节目；10月24日至25日转播亚欧首脑会议开幕及亚欧首脑会议记者招待会。

四、进一步完善管理制度，积极创收，开发新业务

制定并完善了一系列管理制度。为保证安全播出，加强城市电视节目管理，制定了

《城市电视播出机房管理规定（试行）》、《城市电视节目部各岗位业绩考核及奖惩规定（试行）》。为加强设备管理，盘活闲置设备，制定并发布了《北广传媒城市电视设备租赁管理实施细则》，进一步提高了设备的使用率，实现了公司资源的最佳配置和经济效益的最大化，确保国有资产保值增值。为创收节支，增加公司效益，公司还制定了《创收和节支管理办法（试行）》，以激励为主、奖罚对等为原则，充分调动全体员工的工作积极性，鼓励公司各部门及全体员工勤俭节约，创收节支，促进公司发展。

（北京北广传媒城市电视有限公司办公室）

鼎视数字电视传媒有限公司概况

鼎视数字电视传媒有限公司是经国家广播电影电视总局批准的全国性数字付费电视集成运营机构，按照现代企业管理制度的要求，由国内5家数字付费频道的开办单位共同投资组建，股东分别是最早开办数字付费频道的北京北广传媒数字电视有限公司、中央级媒体——中央人民广播电台，以及省级强势媒体和传媒企业——天津时代天创传媒发展有限公司、山东省广播电视总台、安徽电视台。2005年12月8日在北京宣布开业，向全国数字电视用户家庭提供付费电视节目。

公司的成立是广电行业加强自身合作、实现优势共享的一次创新。旨在创建一个经营高效、管理合理的运营平台，营造公平、公开、公正的运营环境，从而促进产业链各主体的合作、促进数字电视产业的发展。

鼎视数字电视传媒有限公司经营全国性数字付费电视集成、传输和营销业务，为全国数字电视观众提供付费频道、视频点播等顶级视频节目与服务。鼎视推出的付费频道产品有“鼎视多”节目包、“鼎视家和”节目包、“鼎视风尚”节目包、“鼎视单选频道”和“鼎视自选套餐”等，包括《车迷》、《读书》、《新娱乐》、《环球旅游》、《四海钓鱼》、《家庭健康》、《时代家居》、《时代美食》、《时代出行》、《时代风尚》、《收藏天下》、《法律服务》、《碟市》、《职业指南》、《智趣》、《家庭理财》、《人物》、《考试在线》、《快乐宠物》、《亲亲宝贝》、《财富天下》、《家政频道》、《电子体育》、《家家购物》、《家有购物》、《中国气象》、《证券资讯》、《数码时代》等28套数字付费电视频道，其中休闲类、生活服务类和教育类频道数量较多，频道实用性、知识性、互动性突出，个性化显著，表现出与传统开路电视完全不同的节目个性特征。

2008年，鼎视公司在全国范围内与各地方有线网络运营商开展广泛合作，节目产品已在全国142个区域实现落地，节目覆盖3500多万机顶盒，占目前机顶盒总数4500万的三分之二。

（鼎视数字电视传媒有限公司办公室）

北京北广置业有限公司概况

北京北广置业有限公司，成立于2006年12月15日，由北京北广传媒集团和北京北广传媒投资发展中心共同出资组建。

2008年，公司以开发影视城项目，整合集团现有房地产资源、实现规模化、多元化运营的发展战略。积极寻求有资质、有实力、有诚信影视文化观光等为一体的多元化经营战略，共同完成影视城的开发建设以及建成后影视城的经营和管理。

（北京北广置业有限公司办公室）

北京市朝阳区广播电视新闻中心概况

北京市朝阳区广播电视新闻中心成立于2003年6月，其前身是原朝阳区广播电视局，由朝阳区新闻中心、朝阳有线电视、朝阳报社、朝阳区有线电视网络中心组建而成。隶属朝阳区委、区政府，受区委宣传部直接领导的全额拨款事业单位。

《朝阳报》每周一、三、五出报，对开4版，免费投递全区各级单位和部分驻区企业，发行量5万份。《朝阳报》周末版《社区生活》2007年5月25日创刊，每周一期，对开8版。

朝阳有线电视现有《朝阳新闻》、《今日点击》、《一周新闻综述》、《和谐在线》、《地税你我他》、《人口视窗》、《朝阳名师讲堂》、《迈向城市化》等9个栏目。在北京公共频道分三时段（7：30—9：00，12：30—2：00，19：30—21：00）播出。

朝阳有线电视拥有独立数字频道（801朝阳社区频道），2008年8月达60万户。

朝阳新闻网（http://www.chynews.cn）2006年6月改版，日均更新文字新闻15000余字、视频新闻50多分钟的专业新闻网站，日均点击率2000次以上。

2008年主要工作：

一、宣传工作

1.宣传奥运

年初，选派10余名编辑、记者进驻奥林匹克公园公共区管委会、人文奥运指挥部、奥运环境建设指挥部、奥运安保指挥部、奥运外围保障指挥部、奥运场馆建设指挥部，及国家体育场、沙滩排球馆和击剑馆等竞赛场馆。成立由一报一台主编、各业务科室负责人、骨干记者组成的联合采访组。

5月，《朝阳新闻》开设“奥运之路”专题，共播出100期，从2001年奥运申办成功到2008年奥运会开幕，开设“奥运倒计时”专题；《今日点击》栏目开设“奥运百姓故事”专题，根据区档案资料和区志区史素材，以电视视角宣传报道；“奥运场馆周边行”反映场馆周边日新月异的环境变化和区域百姓的精神面貌。8月4日，《朝阳新闻》和《今日点击》栏目合并为《奥运朝阳》（日播45分钟），集中报道奥运会期间各项工作及赛事情况。共播出2000分钟。制作奥运相关专题节目计600分钟。在全市奥运总结表彰中荣获市级先进单位称号。

2.报道抗震救灾

《朝阳新闻》5月13日开始，15分钟全部为抗震救灾专题报道。第一时间报道区直机关人员和全区各单位、街头路边举行“国家哀悼日”默哀仪式，区消防、医务人员第一时间赶赴灾区支援，社会各界为灾区捐款捐物、爱心助学的感人事件，掀起“一方有难、八方支援”的舆论高潮。

3.宣传朝阳

完成区两会、“好运北京”测试赛、“朝阳传媒”2008朝阳国际风情节、2007“感动朝阳”十大新闻及新闻人物等重大活动的宣传报道，朝阳有线累计制播节目18000分钟，合作引进节目播出80000分钟。

《朝阳新闻》、《和谐在线》、《今日点击》等栏目，保持较高美誉度，连续四年进行“感动朝阳”十大新闻人物和新闻事件评选活动，收到选票5万余张，得到区委、区政府肯定。

二、完善保障体系

奥运期间，严格执行播出工作制度和机房出入管理规定。组建奥运安全播出值班小组、技术支持小组和监看监听值班小组。更新应急预案。从信号源、系统设备、电力、防御非法信号插播等方面制定详细操作规程，规范突发事件应急处理请示汇报流程，保证24小时通信畅通。进行应急演练。对播出设备、信号质量和播出节目内容进行24小时监控，保证安全播出预警系统和800M电台的正常工作。加强网络设备管理，保证播出网与制作网互联互通、设备正常运行。播出系统将原有功率为5KW的汽油发电机更换为10KW发电机，更换UPS的蓄电池。在办公楼安置门禁系统，坚持实行持证出入办公楼，保障办公和电视播出安全。每日9点向安全播出应急领导小组汇报前一日工作落实和当日工作安排情况，24点向市广电局上报当日播出情况。

三、加强队伍建设

借助奥运新闻宣传机遇，多讲述百姓身边的奥运故事及关注问题，增强区域百姓对新闻中心的认同感。

合理调整人才结构，虚心向同行学习，加强实战演练和应变能力，增强队伍凝聚力和战斗力。确保报纸、电视和网络的统一调度、资源共享。实现同一报道主题的立体化传播，增强各媒介间的支持和互动。

在调查研究基础上拿出提高新闻报道质量的对策，奥运新闻宣传提高了区县级媒体的宣传策划能力和水平。

（朝阳区广播电视新闻中心）

北京市海淀区新闻中心概况

北京市海淀区新闻中心在原海淀区广播电视中心和原《海淀报》社建制基础上，于2006年2月28日成立，海淀区有线电视网络信息中心为其下属事业单位。

2003年1月1日，海淀有线电视节目《海淀新闻》、《今日海淀》、《海淀1时间》及与区相关单位合办《红盾时空》、《教育新闻》、《警方在线》、《城管视点》、《人口与家庭》等专题节目纳入北京电视台公共频道播出。

2008年主要工作：

一、宣传工作

1.宣传海淀

开设《“两会”快讯》、《代表心声》、《委员心声》、《关注“两会”》等栏目，以消息、专访等形式进行宣传报道。播发人大代表和政协委员就社会热点、难点问题的相关意见和建议。开辟《学习贯彻十七大精神》、《领导干部访谈》等栏目，报道全区贯彻落实十七大精神的新思路、新举措。

成立专题部，推出《海淀1时间》、《今日海淀》、《食品安全视线》、《红盾时空》、《地税之窗》等自办、合办10个栏目。完成“学雷锋纪念日”、“三八妇女节”、“七一”、“八一”等重大纪念日、重要活动的宣传，制作《百姓吃上放心菜》、《林下经济富裕农民》、《政府出措施民工得实惠》、《校官理发队》、《我区山区雨洪利用工程显成效》、《小果子摘出大商机》、《我区推广“明厨亮灶”工程》等节目。制播《食品安全视线》、《红盾时空》、《地税之窗》等栏目。

压缩会议和领导活动报道，提高现场报道、群众报道、生活报道和社会新闻比重，播出近300期3000余条。推出《周日风景线》，民生新闻达40%以上。精心制作29个栏目的片头、片花，对字幕、公益广告作改进，美化屏幕形象，增强节目可视性、艺术性。

2.宣传奥运

开辟《快乐看奥运》、《精彩瞬间》、《金牌榜》、《明日看点》。展示运动员在奥运赛场上奋力拼搏、为国争光的精神风貌。宣传区域内奥运火炬的传递及20名奥运火炬手风采。对第一个在奥运会上取得400米游泳项目银牌、海淀区输送运动员张琳进行重点报道。

《海淀1时间》栏目采取flash动画短片形式播出30余期《奥运大讲堂》；制作15期《火炬传递》系列报道；采用现场直播、受众互动的方式制作《奥运场馆您先看》系列专题；制作12个奥运题材汇报片。荣获海淀区奥运服务保障工作先进集体，1人荣获北京市奥运服务保障工作先进个人，18人荣获海淀区奥运服务保障工作先进个人。

3.抗震救灾宣传

地震第二天即以消息、专题、专栏、宣传语等形式重点报道全区捐款、捐物支援灾区的动态新闻及典型事例，及时报道派出抗震救灾赴川医疗队和抢险队。改进报道手段，采取电话连线和视频对话手段，第一时间了解相关单位医护人员在救灾一线救死扶伤感人画面。

4.改革开放30年宣传

开设《海淀辉煌30年》、制作《海淀记忆》、《记者走进基层看变化》等宣传片18部，运用系列报道、人物专访、典型报道、图片图表报道等方式，注重报道百姓衣食住行的巨变。

5.建立奖励机制

专门拿出资金对节目创优工作进行奖励。全年评出优秀新闻作品24条，报送北京电视台新闻60余条，拍摄保留资料200多小时，2人次获得北京电视学会评选新闻类节目三等奖。

二、安全保障

严格执行重要岗位24小时值班制度、重大安全事故报告制度和播出保证期每日报告制度，严格审片制度，坚持节目登记播出制度，对机房、网络等要害部位密切监视，确保万无一失。拟定《奥运期间节目制作及播出责任书》，签订责任书，完善应急预案，组织安全播出演练。

将两台配音工作站并入新闻制播网，对6台非线编辑系统进行相应改造，现8台非编工作站全部并入新闻制作网。对北部四镇百姓电视信号不清进行现场解决，投资50多万元，为苏家坨镇寨口村、大工村接通光缆电视，让村民们收看图像清晰、信号稳定的奥运节目。

配置档案密集柜，建设符合标准的档案库房。归档播出节目和重要资料，历年库存带子录入编目。新播节目及时上载和编目，保证新生资料及时入库。增加5个专题栏目编录。接待借出查找复制资料700余人次，刻录光盘复制音像带百余人次。

三、队伍建设

推进两轮内部人事制度改革，面向社会公开招聘引进人才，实行全员聘任聘用制，干部职工双向选择，打破岗位界限等一系列改革措施。

采取新闻业务培训，自编内部教材，利用网上平台以及传、帮、带等形式，分期分批对从业人员进行专业技术培训12期，100余人次。大专以上占90%，接受专业培训的采编人员达80%。

换届改选2个支部，2名预备党员转正。开辟《党员之家》文化墙，全体干部党员累计捐款达72947元。为长期扶助对子白水洼村捐款、捐献书籍等，为地震灾区捐献棉衣、棉被927件，为社会献出爱心。每逢职工生病和有较大困难时，领导都亲自慰问。组织外出考察、职工体育比赛等活动。

（海淀区新闻中心）

北京市丰台区广播电视中心概况

北京市丰台区广播电视中心前身是丰台区广播站。广播站于1957年2月成立。1975年更名丰台区广播科。1987年5月更名丰台区广播电视管理处。1989年8月更名丰台区广播电视局。2001年11月更名丰台区广播电视中心。《丰台新闻》、《百姓直通车》、《科教大视野》、《相约奥运》、《总部基地·经济报道》、《人大在线》、《政协视窗》、《清风苑》等栏目纳入北京电视台公共频道播出。

2008年，主要工作：

一、宣传工作

《丰台新闻》共发稿2000余条，在中央电视台《新闻联播》、《中国新闻》、《午夜新闻》、《新闻社区》、北京台《北京新闻》、《特别关注》、《北京您早》、《直播北京》、《抗震救灾现场直播》等栏目发稿63条。

1.宣传奥运

开设《2008我们的奥运》、《平安奥运行动》、《迎奥运、讲文明、树新风》、《温馨家园》等板块，播发奥运新闻109条，制作倒计时片花，增加奥运礼仪知识、奥运项目规则等宣传内容。通过《百姓直通车》、《百姓与法》等栏目，宣传普及与奥运相关的法律法规知识。精心制作《崛起的首都新城区——丰台》宣传片，在北京奥运火炬传递直播节目中播出。制作《奥运火炬传递丰台段实况》，拍摄6部反映丰台区各阶层、各行业为奥运会成功举办做贡献的专题片。

2.改革开放30年宣传

推出大型报道《我的三十年》，从个人、家庭或社会生活侧面切入，反映丰台区在城市环境、经济发展、新农村建设、社会保障，及文教卫体等方面变化，拍摄30期故事，每期5分钟。10月6日起，在《丰台新闻》每日播出一期。推出《数字看丰台》和《丰台相册》，通过数字与新老照片展现丰台区的变化与风貌。

3.抗震救灾宣传

深入街乡单位、社区，采访丰台区人民支援抗震救灾情况。制作“抗震救灾、众志成城”宣传片，开设《来自抗震救灾一线的报道》板块，通过电话连线方式，与一线人员联系，及时播发从一线发回的照片，对医务人员家属进行采访。5月13日至6月20日，播发抗震救灾新闻130多条。

4.打造精品

加大民生新闻报道力度，关注社会热点问题，制作《退休老人自制节水装置》、《李炯和他的纸塑艺术品》、《便民菜车进社区》等有关医保、廉租房、就业、养老、市场供应等民生新闻。加强对社区工作报道，有计划地为区属各街道制作节目，在《社区亮点》专栏中播出。

制定节目审看制度、细化评档制度，整合后包括《百姓直通车》、《丰台警方》、《相约奥运》、《科教大视野》、《百姓与法》、《人大在线》和《政协视窗》等栏目。

《百姓直通车》获2007年度北京市广播电视奖优秀栏目奖，主持人三等奖。《丰台警方》制作多期有价值节目，率先获得A档。《相约奥运》以男女主持人脱口秀形式介绍2008北京奥运会最新筹备情况，特别节目《五环相映党旗红》制作的DV获得区委组织部DV作品大赛一等奖。

《希望之旅》以纪实手法，反映2006年度中华慈善奖获得者，军休干部陈荣超、杨玉仙夫妇十几年热心希望事业的感人事迹。11月22日在中央电视台《人民子弟兵》栏目播出。北京慈善协会以《希望之旅》为蓝本，对陈荣超、杨玉仙夫妇投身希望事业的心路历程做了报道。专题片《凝聚流动党员，铸就铁打堡垒》、《永善社区有个“劝导队”》分获北京市委组织部主办的优秀党员电教片一、三等奖。

二、数字化建设

在技术设备改造调整中精心设计、分步实施，将电视后期制作标准格式由BETAcam（模拟）改为DVcam（数字），改造后期传统、非线编辑线路12套，提高电视信号水平，降低节目生产、存储成本。节目的采录、编辑、播出、存储、交换等制作流程数字化率达到88.92%，比2006年的44.92%翻近一番。更新机柜、非线编辑操作台17套，合理规划机房布局，解决机房使用面积小、装机数量不足问题。

三、规范监看流程

1月初，成立督导室，负责丰台有线90分钟节目的监看和督导、社会监看员意见的收集和反馈、建言献策；制定监看规定，规范流程，疏通信息反馈渠道。2008年共收反馈信息300余条，及时核实并改进。召开节目监看会，虚心听取社会监看员的意见和建议，促进节目质量的提升。

四、队伍建设

按照市委宣传部《2008年北京市新闻战线深化“三项学习教育”活动工作方案》要求，开展“三项学习教育”活动。集中组织编辑记者的业务学习和培训。选派业务骨干，参加清华大学举办的“电视节目形态创新策略研讨班”学习；组织编辑记者参加区委宣传部主办“新闻采访基础知识”培训；对播出岗位工作人员进行思想教育及安全播出应急突发情况处理培训和综合演练。

6月28日，党总支走进王佐镇西庄店村，与当地村党总支开展“五环相映党旗红”主题党日活动。《人民日报》摄影部副主任雷声向参加活动的党员和入党积极分子讲述赴汶川地震灾区采访拍摄的感人故事；陈荣超、杨玉仙夫妇讲述他们关注四川贫困地区学生，捐资助学50万元的先进事迹；进行党史知识、奥运知识问答及游戏竞技等活动。“七一”前，组织支部书记参加区委组织部十七大精神辅导培训，捐特殊党费15300元。

（赵　剑　马藻茹）

北京市石景山区广播电视中心概况

北京市石景山区广电中心成立于1974年，2001年10月更名为石景山区广播电视中心。石景山有线电视每天首播90分钟、重播180分钟以新闻为主的电视节目。电视节目纳入北京电视台公共频道播出，覆盖约11万户。

《石景山新闻》、《记者视线》、《新闻盘点》、《生活与信息》、《启公说事》、《走进演播室》、《天气资讯》、《史海钩沉》、《艺海星光》等电视节目纳入北京电视台公共频道播出。

2008年，播发新闻2536条，在市以上电视媒体播发石景山新闻230条。其中，中央台53条，北京台177条，《北京新闻》播发48条，《北京您早》、《直播北京》、《特别关注》、《法制进行时》、《红绿灯》等栏目播发129条。《石景山新闻》中“百姓DV”制播78期，《记者视线》240期，444个专题报道；《走进演播室》19期，《生活与信息》52期，《艺海星光》48期，《说事》252期，《史海钩沉》4讲16期。

一、宣传工作

1.宣传石景山

推出“数字一年间”、“科学发展、关注民生”等新闻板块。深入报道区委区政府中心工作。制播系列报道《科学发展，构建和谐》20期，开展“我是党员、我承诺”主题活动系列报道10余期，“迎、讲、树”后续系列报道20余期。为区“两会”制作《石景山2007年工作巡礼》和《2007年政协工作剪影》，在区“两会”播放后受到好评。为区政协制作专题片《开放合作，创新发展——首都西南五区经济发展论坛》，为区委组织部制作《义工董文亮》，报送市委组织部、市精神文明建设委员会参加优秀专题片评比。

2.宣传奥运

推出“我与奥运”30期、“同行奥运”、“奥运赛场”21条等新闻板块和专题。《记者走场馆》6期，《我在奥运年》6期，《绿色奥运在行动》20条，《奥运梦》14条，《奥运信息服务台》7期，《当好东道主》26条。成立拍摄、制作石景山区奥运工作纪实专题片《光荣属于你》领导小组。组织近10次研讨、修改文稿，整理素材120多小时，选用素材2100多分钟，成片40分钟。8月6日，派出10个摄制组，高质量完成奥运火炬传递盛况现场报道。8月8日，举行新闻工作者决战奥运誓师大会。

与老山街道、区工会等单位合作，组织完成《奥运春光映老山》和《走进奥运》两场迎奥运大型电视文艺活动。制播“迎奥运、讲文明、树新风”公益广告30余条，数千次在广告时段播出，如Flash公益广告片“少开一天车，为了北京的蓝天”、“爱护环境，和谐文明”、公益宣传片“我们准备好了”等。

3.改革开放30年宣传

为纪念改革开放30周年和石景山区解放60周年，启动《30年我们一起走过》大型系列节目，重点专题《辉煌30年》制播20期，《百姓话说30年》14条，《数字看发展》6期，《图说30年》36期。《记者视线》推出特别节目《足迹》，《走进石景山》整体策划20多期，为北京市审计局制作专题片《使命》等。12月15日，举办纪念改革开放三十周年大型电视晚会《走过30年》。

4.抗震救灾宣传

及时调整节目，报道全区各界人民心系灾区、情系灾民爱心行动。播出“一方有难、八方支援”等公益广告，滚动播出抗震救灾MTV音乐作品“生死不离”、“坚持胜利到最后”等歌曲。在《艺海星光》展播电视诗歌“一瞬间”、“孩子请抓紧妈妈的手”等。

5.电视文艺

4月2日，与区文委组织策划大型电视文艺活动《清明诗会》在石景山区雕塑园举办，北京台4频道完整播出。6月26日，承办庆祝建党87周年电视晚会《我是共产党员》。9月25日至27日，与区计生委、团区委和区园林局精心合作，组织《国策之路》、《光荣属于你》和《花儿为什么这样红》三场电视晚会。

6.对外宣传

在中央台、北京台新闻节目中及时反映石景山区洋庙会、茶文化节、奥运倒计时、清明祭扫和奥运火炬传递等重大活动。石景山区奥运新闻素材在北京台奥运倒计时100天直播活动中，被多次使用。《石景山区举办奥运图片展》、《2008“CRD”艺术沙龙开幕》、《户籍警见证居民身份变迁》、《西南五区经济发展论坛在石景山区开幕》等新闻，在《北京新闻》播出。配合北京台完成2期《北京议事厅》节目——专访西南五区政协副主席《谈五区经济合作》。

二、事业建设

1月，按照新《劳动合同法》规定，与21人签订为期一年用工合同。执行核编定岗、减员增效办法，完成减员7人；推行企业化管理，人员分流19人。

投入专项资金63.32万元，对大、中演播厅导播录播设备进行更新改造，第四季度对“一体网”媒资系统进行升级，添置部分设备。

实现收入1141.15万元。其中，事业创收792.14多万元。与2007年相比，总收入增长22.7%，事业创收增长42.05%，职工平均收入增长14.6%，实现利润148万元。

三、内部管理

奥运期间，明确提出“物防不能有漏洞，技防不能有盲区，人防不能有闪失，安全播出不能有一失”硬指标。加大资金投入、安全教育力度，建立各项制度，制定应急预案，实现“大事没出、小事也没出的平安奥运目标”。

组织两次领导成员民主生活会、两次全员谈心活动，谈心人数达120人次。开展“我是党员、我承诺”活动、讲党课活动，两名同志光荣加入党组织。

11月7日，庆祝第九届中国记者节之际，组织以“职责高于一切，使命重于泰山”为主题的座谈活动。

石景山区广播电视中心连续8年荣获首都精神文明先进单位光荣称号，2008年再次荣获首都精神文明先进单位光荣称号。

（石景山区广播电视中心）

北京市门头沟区广播电视中心概况

北京市门头沟广播电视中心前身是门头沟区广播站，成立于1958年7月，1975年更名门头沟区广播管理科，1986年1月更名门头沟区广播电视局，2002年5月更名为门头沟区广播电视中心。电视节目纳入北京电视台公共频道播出。

2008年主要工作：

一、宣传工作

门头沟电视台共播出新闻3063条，拍摄制作各类专题节目165部（期）。

1.宣传区两会

电视台开辟“代表心声”、“聚焦两会”、“连线代表委员”等两会专版、栏目，深入反映两会召开盛况，解读会议精神；围绕区委十届五次全会，制作“落实功能定位，实现科学发展”系列成就报道和《生态新区门头沟》专题片，开辟“回眸2007”、“镇街书记访谈”、“贯彻全会精神，落实全会精神”等栏节目；开设“抗震救灾，众志成城”、“贯彻全会精神，服务保障奥运”、“推动科学发展，建设生态新区”等专题报道。围绕政府工作、社会关注热点，开设广角镜等新闻栏（节）目，加强舆论引导。贯彻区委《关于进一步改进会议和区级领导同志活动新闻报道的实施办法》，对领导活动及各种会议的报道进行规范，将更多镜头、时段留给基层和群众。8月8日，门头沟电视台更换《门头沟新闻》片头、片花、片尾。

2.宣传门头沟

电视台开设“来自重点工程的报道”、“连民心，办实事”、“建设新农村”、“抓党建、促平安、保奥运”等栏节目，及“迎奥运、讲文明、树新风”、“三大环境迎奥运”、“点燃激情，传递梦想”、“服务保障奥运”、“人文奥运看京西”等专题、专栏，对奥运三大环境建设、涉奥重点工作、社会各界参与、奉献、服务奥运的先进典型，进行宣传报道。在《门头沟新闻》中开设抗震救灾专栏，对全区人民为灾区献爱心的生动事迹进行重点报道。电视台开设《坚持改革开放，促进科学发展——改革开放30年巡礼》主题系列报道，《走进社区》栏目开设“经历30年”板块，对改革开放以来门头沟区经济社会发展取得的重大成就进行深入报道。

3.对外宣传

电视台积极整合区内相关宣传资源，加强与中央、市属新闻媒体的沟通与联系，强化对外宣传，树立门头沟区良好形象。电视台完成外宣新闻146条，广播完成外宣任务88条，参评新闻《昔日一盆火，今日变绿洲》获北京市广播电视好新闻二等奖、北京好新闻二等奖。

二、安全保障

坚持每日检查汇报制度，在区两会、全国两会、奥运会及重要节假日等敏感时间节点，制定相关工作预案，实行24小时值班，双岗双责，排查安全隐患，确保安全播出。制定《2008年迎奥运重要播出保障期间安全播出工作应急预案》，与部门值班人员签订安全播出责任书及保证书。严格落实重播重审、三审三签等规章制度，实施加强应急演练、隐患排查、规范流程、双岗双责、零报告等措施，确保节目安全播出。

三、基础设施建设

完成电视节目数字化非编网制作、媒体资源管理系统、前期采集系统、网络机房监控管理系统的建设，结合新机房、新设备的投入使用，对业务部门人员进行上岗培训并组织专业考试，合格率达100%，规范技术操作规程，提高操作技能。

媒体经营取得新进展。广告部立足于门头沟本土市场，采取走出去、引进来双效策略，创新媒体经营管理，建立客户服务网络，深化服务，为企业量身订制整体宣传包装策略，通过广告宣传、合办栏目等形式，推动媒体经营与创收工作。对《信息高速路》、《每日农业信息播报》、《就业直通车》、《工商在线》的包装策划，丰富节目内容，增强节目的可视性和观赏性。10月22日，旧办公楼进入改造阶段，工程进展顺利。

四、制度建设

建立健全《门头沟区广电中心工作规则》，为开展工作提供制度保障；完善工作人员的劳动保障制度和各项管理制度，明确责任和义务；规范各类设施设备的管理使用制度；健全档案管理、信息公开等制度。

五、队伍建设

利用周四集中学习日，加强政治理论学习；制订全年学习计划，利用各种培训资源，做到分层培训，领导带头、全员参与，开展岗位业务培训，提高业务素质；开展丰富多彩的文体活动；深化一岗双责、开展党风廉政教育，“抓党建、促平安、保奥运”党组织责任岗、党员责任区活动，及党组织、党员双向承诺活动，成立中心机关党总支，直选新一届支部委员，强化机关党建，提高队伍综合素质。

（门头沟区广播电视中心）

北京市房山区广播电视中心概况

北京市房山区广播电视中心成立于2001年11月。前身是房山县广播站、房山县人民政府广播科、房山区广播电视局，拥有房山人民广播电台和房山电视台。电视节目纳入北京电视台公共频道播出。

2008年，两台累计播发新闻33000条，专题5700组，拍摄专题片52部。上投稿件80多条，被中央台采用5条；创作电视连续剧《邻居》，在北京广播电视局和北广传媒集团联合举办的优秀剧本征集活动中获奖；有5个节目获中国广播电视协会奖；4篇论文获中国电视艺术家协会优秀论文奖；15幅照片获北京市摄影家协会奖；制播存一体网工程获国家广电总局三等奖。

一、宣传工作

1.宣传房山

《百姓今天》栏目对区委、区政府为民所办30件实事完成情况进行重点宣传报道。结合北沟环境整治工作，制播5集系列报道《见证新北沟》；结合建党87周年，制播反映先进基层党支部突出事迹的10集系列报道《旗帜》。

改变时政新闻报道模式，多报道涉及群众切身利益的新农保、新型农村合作医疗、交通等内容，为群众答疑解惑，宣传相关政策、信息，推出《良乡开通环城公交》、聚焦《劳动合同法》等反映百姓生活的新闻和专题节目，在党和政府与群众之间架起沟通桥梁。办好“我承诺，我创卫”等创卫栏目及“今日卫生”、“健康家园”等健康教育栏目。开辟“创卫知识问答”板块，制作创卫宣传片花、口号、飞播字幕等，深入报道创卫工作典型。两台共播出创卫题材新闻1100多条（次），专题350组（次），为房山创建国家卫生区营造舆论氛围。

录播60分钟2007年房山区“魅力新农村”评选颁奖典礼。近150分钟“欢乐家庭，喜迎奥运”——2008年房山区首届“环保杯”家庭文化才艺大赛决赛，60分钟的房山区“迎奥运，庆五一，共唱就业”——房山区就业工作先进表彰颁奖典礼。

2.抗震救灾宣传

调整宣传计划，制作抗震救灾宣传片花，及时宣传抗震救灾工作。采制《我区白求恩抗震救灾医疗队赴四川灾区抗震救灾》、《各单位采取积极措施，帮助川籍农民工度过难关》等新闻，配发《用抗震凝聚的精神力量建设国家》等评论，营造房山人民与灾区人民同舟共济的宣传氛围。

3.宣传奥运

5月初，以传播奥运知识、展现龙乡风采为主题开展前期宣传。8月8日，派出多路记者，组成特别报道组，奔赴火炬传递主会场、传递沿线乡镇、四个庆祝分会场和重点乡镇社区，采用模拟直播方式，运用实况录像形式，完成现场宣传报道任务。1至9月，播出“迎、讲、树”题材广播电视新闻2100条（次），广播电视专题600多组（次）。在新闻节目开辟《奥运知识问答》，制作、播出《文明奥运从我做起》、《志愿服务情暖社区》、《徒步行走助威奥运》、《退休老人退而不休，一腔痴情献余热》等新闻和专题节目。推介“平安奥运行动”的成功经验和做法，配发评论《激情传递祥云圣火，奋斗助推龙乡发展》。

4.改革开放30年宣传

以“见证30年”为宣传报道主题，在《房山新闻》推出15集系列报道《亲历巨变》，全方位反映房山区的变迁与发展，展示房山区改革开放以来的巨大成就。

二、安全保障

安排部署对播出机房、发射塔、白草畔转播机房和奥运文化广场大屏幕的安全保障工作。对制作与存储系统、播控系统、光路传输设备、发射系统进行指标检测与维护保养，邀请相关厂家对消防系统、供电系统进行清洗和检查，组织播发人员熟悉安全播出应急预案，进行安全知识培训。应急小分队24小时值班，确保两套监测设备使用正常。投资95万元购置车载电视监测系统。

完成房山白草畔转播站和监控机房建设，确保奥运前广播电视正常播出，全年电视安全播出2555小时，广播节目安全播出6387.5小时，奥运文化大屏安全播出341小时，白草畔转播站安全发射7584小时，停播率和劣播率均为0秒／百小时。

三、加强队伍建设

结合纪念建党87周年和北京奥运会，开展“六个一”活动。即：结合“百村帮扶”，组织一次共产党员献爱心慰问活动；组织一次奥运礼仪知识学习教育活动；进行一次反腐倡廉教育，组织收看刘志华、周良洛、许志远等腐败典型案例警示教育片；开展领导干部、支部书记讲一次党课活动；开好一次民主生活会；组织一次重温入党誓词活动。

认真落实基层党组织、党员“双承诺”制，组织干部职工参与“平安奥运行动”，组织广大党员干部向灾区人民先后捐款11.758万元。

（房山区广播电视中心）

北京市大兴区广播电视中心概况

北京市大兴区广播电视中心成立于2001年10月。前身是大兴区广播站、大兴县人民政府广播科、大兴县广播电视局，主要负责大兴区的广播电视宣传工作。拥有大兴人民广播电台和大兴电视台。电视节目纳入北京电视台公共频道播出。

2008年，荣获“首都文明单位标兵”、“春风行动使者”等9项市级荣誉称号；1人荣获全国“首届传媒经济杯理论创新奖”，11人次获得市级表彰和奖励。

一、宣传工作

1.宣传大兴

宣传区委、区政府140项折子工程和38件实事。2008年是大兴西瓜节举办20周年纪念。电视台集中播出20集大型系列报道《辉煌20年——大兴西瓜节精品回顾展播》。对《大兴新闻》重新设定板块。关注时政要点，简化会议新闻，增加新闻信息量，诠释相关政策与法规。《民生大兴》板块汇集民生新闻精华，涵盖百姓生活。《女子别动队》开播一年，通过真实故事让百姓了解党和政府的政策法规。策划《改革开放30周年宣传报道方案》等。

2.抗震救灾宣传

开展《抗震救灾，奉献爱心》专题报道，动员全区人民参与抗震救灾工作，支援灾区人民重建家园。中华兴网在抗震救灾报道中表现出色，获得全国网络视频联盟“抗震救灾报道贡献奖”。

3.宣传奥运

组织新闻骨干到一线采访，制作完成大兴奥运宣传片，报道奥运火炬在大兴传递、群众喜迎奥运等各项活动，8月3日至25日联合山东齐鲁电视台、河北电视台、黄河电视台等9家省级电视媒体，共同推出大型直播节目——《“奥”视群雄》，每晚直播1小时。开北京区县电视台直播的先河。

选派3人到农村，担任“平安奥运”特派员。四个月内，与村干部走街串户，制定治安防范措施，及时上报，确保奥运期间包村工作万无一失。组织党团员参加城市志愿者活动。成立25人组成的奥运应急无偿献血志愿者队伍。

二、安全保障

制订《安全播出工作方案》、《应对突发事件工作预案》。重点岗位实行主班、副班两班制，供电线路实行双路供电，播出设备配置备用设备，以应对突发事件的发生。无线信号监测车随时巡检空中信号，防止非法信号的干扰。奥运期间，未发生任何安全事故。

严格执行维修和检修制度，定期对播出设备进行巡查，每月对设备进行检查检修，对重点设备重点检修，保证采访设备、编辑网络、内外电话的正常使用，保证播出设备、户外电视大屏幕、供电系统的正常运转，安全播出电视节目5400小时、广播节目5800小时。

制定《网络与信息安全保障措施》，确保中华兴网的安全运行；网络视听节目在市广电局备案，并取得市广电局颁发的网络视频传播许可证；每天上传《大兴新闻》、《女子别动队》等音视频节目；保障办公网络正常运转。

三、扩展节目传播领域

联手央视网（www.cctv.com），扩展传播平台。包括时政新闻链接、社会新闻链接、经济新闻链接及人物、名栏、名嘴等板块，允许加入视频联盟的各相关电视台可将自己的视频节目进行上传。4月起，中华兴网与央视网视频联盟建立合作关系，上传60多期视频节目。利用平台对大兴电视台的《大兴新闻》、《女子别动队》、《我行我秀》等节目进行宣传。

四、内部建设

引进4名硕士研究生和1名播音主持专业的本科生，录用6名聘用人员正式进编。公开选拔聘任12名中层干部。

推出《记者备忘录》、《创新时政新闻形式》和《办好民生新闻》等宣传业务方面的实施意见，分发到记者、编辑的手中。聘请原北京电视台新闻中心原主任胡亚利老师为业务指导，每周定时为编辑记者讲课，点评《大兴新闻》和《女子别动队》。制定《关于节目管理的若干规定》，推进工作规范化、科学化；完成节目制作、新闻监制、通联业务、广告编排、播出编单、外联合作等项工作。编辑出版《大兴广播电视》刊物，组织编辑记者学习《大兴区“十一五”规划实施纲要》等，制定《论文竞赛实施准则》。

开设“电视购物”频道，对所有内容进行整合，力推百姓喜爱的“购物节目”，超额完成创收任务。

（大兴区广播电视中心）

北京市通州区广播电视中心概况

北京市通州区广播电视中心成立于2001年10月，前身是通县广播站、通县人民政府广播科、通县广播电视局、通州区广播电视局，下设通州人民广播电台和通州电视台。电视节目纳入北京电视台公共频道播出。

2008年，通州电台、电视台共播出新闻6524篇，播出各类专题节目2044期，安全播出11682小时，被区委、区政府评为绩效突出事业单位。

一、宣传工作

1.宣传通州

《通州新闻》突出地域特色。《看通州》分4板块。《记者视点》为时政性专题节目，《通州故事》反映通州区文化历史掌故、凡人小事，《周望新城》选取报纸、杂志、电视、网络有关通州的报道夹叙夹议，《本周话题》评论社会热点话题。形象素材的采集达到900分钟，创历史之最。

《劳动保障》介绍8名失业人员、外来务工人员的创业经历；宣传10家单位落实劳动法规促进和谐用工的典型经验；展现“老年保障待遇”和“新型农村社会养老保险”给城乡老人生活带来全新变化；制作宣传“劳动合同法”情景剧3集，全年播发劳动法规知识和社会保障政策知识50余条次，招聘信息300余条，帮助上千人就业。

《走进乡村》服务“三农”，用纪实手法和现场解说形式播出，受到农民朋友好评。《健康人生》与疾控中心、红十字会、多家医院及酒店合作，内容丰富，形式多样。

2.宣传抗震救灾

及时调整节目，坚守在区红十字会、区捐赠中心等单位，报道全区人民抗震救灾。5月12—30日播出通州区人民捐款捐物、义务献血、服务灾区等抗震救灾新闻107条，播出相关专题节目10期。

3.宣传奥运

2007年8月开设《学英语，迎奥运》电视栏目，每天一期，播出近500期。开设《奥运与我》电视栏目，采用室外竞技活动加问答的方式，录制播出50期，5000余人参与现场活动。播出相关节目27期，相关新闻110条。奥运火炬在通州传递时，选派20名记者，设置10个机位，全程跟踪报道。奥运会召开倒计时100天，通州电视台举办《春归运河，情牵五环》大型新闻专题活动。

4.改革开放30年宣传

电视台《看通州》栏目制播《30年流行语》，展现30年来通州人民在思想理念和经济生活的变迁。开设“三十年巨变话改革”专栏，制播土地变迁、工业发展、餐桌变化、住房改善等30个方面的系列报道。

5.宣传周波烈士

2008年2月14日驻通州某部四川籍战士周波为抢救2名落水儿童献出年仅20岁的生命。通州电视台第一时间播出消息，组成专题采访小组，分赴驻通部队、当地镇村、采访各阶层人群，制作35条通州各界人士关注英雄，赞扬英雄的新闻。烈士遗体火化当天，设置4个机位，拍摄制作“通州万名群众自发送别英雄”等4条新闻；并到周波烈士家乡和生前学校实地采访，弘扬烈士精神。

二、安全保障

实现广播电视信号故障监测系统和发射监督机制；制作播出操作流程卡，提高安全播出系数；广告资源进一步开发；账务实现网上报表。

请市电力检测队检查用电线路，改造配

电柜，更新消防设备。投资10万元改造电子监控装置，内部组织安检90次，安排23批93人次参加奥运巡逻。在安全播出工作中，采用播出流程和播出监控措施。重大节目和重要时段，启动防非法插播预案，双人双岗盯班，签订安全责任书，实现安全播出零责任事故目标。经查证资料，多方调研，掌握六讯道箱载系统工作原理，投入50万元对现有部分设备进行改造，添置部分新设备，成功自制六讯道箱载系统，于10月投入使用。投资仅占整套设备的1/7，效果可与同类设备媲美，为录制大型节目打下基础。

三、队伍建设

为干部职工购置学习资料，采用政治理论与业务学习、集中培训与分散学习相结合方法，选派35人到中国传媒大学、北京电视台、义乌电视台学习进修。邀请专家讲座、内部组织研讨、撰写心得体会等形式，提高员工职业道德和专业技术水平。

加强制度建设，补充《八条纪律》、《内务管理规定》、《实习人员管理办法》，编制《安全工作方案》、《防震方案》、《防汛方案》、《奥运会残运会安全工作文案》，完善播音员补助标准，对科室工作督查21次，落实责任制和各项制度。

每周对播出新闻和专题节目进行质量评级，以节目质量和数量为标准进行考核，与奖金挂钩，调动积极性和创造性。制作A级新闻136条，优秀专题节目36期。

（通州区广播电视中心）

北京市顺义区广播电视中心概况

北京市顺义区广播电视中心成立于2002年。前身是顺义县广播站、顺义县人民政府广播科、顺义区广播电视局，拥有顺义人民广播电台和顺义电视台、《顺义时讯》报社传播媒体。电视节目纳入北京电视台公共频道播出。

2008年主要工作：

一、宣传工作

1.宣传顺义

区电视、广播、报纸等媒体主动与上级媒体联系，建立对接机制，及时供稿，部分记者成为上级媒体编外特约记者。使顺义的文字、图片、音像多见于《北京日报》、中央电视台、北京电视台、中央人民广播电台等主流媒体。报社记者参与完成《2008顺义准备好了》，8月5日在《北京日报》整版刊登。奥运期间，首都主要报纸关于顺义的报道，80%出自《顺义时讯》上报稿件。顺义人民广播电台同中央人民广播电台、北京人民广播电台首次实现并机直播。广播、电视、报纸共采制新闻报道9765条。

2.抗震救灾宣传

重新调整节目内容，合理安排抗震救灾特别节目。两台新闻、专题部门全面报道关注灾区、支援灾区、悼念遇难群众等新闻。《顺义时讯》制作“我们和你在一起”特刊，表达顺义人民对遇难同胞的缅怀之情。

3.传播奥运

奥运期间，电视台推出《奥运顺义》特别节目，首次推出谈话栏目《奥运聊吧》。电台推出《精彩奥运》、《相聚在顺义》新栏目，发挥直播优势，与受众互动。《顺义时讯》由每周一期增至两期，共发行6期奥运专刊。顺义电视台转播车4月19日走进鸟巢国家体育场，录制“好运北京”国际田联竞走挑战赛。残奥会期间，顺义广电成为参与转播录制奥运的区级媒体。4月28日，电台现场直播在奥林匹克水上公园举行奥运倒计时100天服务保障誓师大会，区委书记夏占义、区长张延昆对直播工作给予高度评价。

罗格、奥斯瓦尔德等国际奥委会官员成

为顺义媒体的核心人物。与全国37家媒体对接发稿，刊发、播出新闻573篇，专题40篇，图片19幅；在国际级媒体刊发图片10张。成功申办七年间，共刊发、播出新闻2913篇，专题152篇。电台、电视台、报纸共开办栏目45个；播出、刊发新闻报道1156篇；录制音像资料30000分钟；拍摄照片30000幅。制作《奥运改变生活》、《火炬手的故事》、《奥运全纪录》、《奥运成功的背后》等报道。

奥运会后，将珍贵资料分别制作摄影艺术画册《盛世华章—奥林匹克在顺义》、《光荣记忆》文集和专题片《永恒的经典》。

4.改革开放30年宣传

制作《燕京中国行》、《感受巨变，一路高歌——纪念改革开放30年系列报道》、《顺义辉煌30年》等专题报道、系列报道55个，向市级以上媒体报送新闻和专题719篇。《情动绿港》、《每周视点》、《绿港观察》聚焦社会热点，《力量》、《拿什么奉献给你我的乡亲》等节目，荣获全国一等奖和北京广播电视一等奖等多项大奖。

电视台文艺部新栏目——《燕京歌唱部落》、《顺鑫佳宇音乐地带》、《时尚风景线》。其中《音乐地带》衍生栏目“明星歌友会”成功举办，是顺义电视台首次尝试。

二、硬件建设

顺义电视台完成数字化改造工程，以硬盘播出系统和媒资管理系统为核心的数字系统已投入使用，实现从节目收录，到集中上载、节目制作、包装、演播室播出等环节网络化、流程化，顺义人民广播电台也完成数字化改造，实现网上音频直播和视频点播。

顺广传媒网站获得国家广电总局颁发的视听节目发布许可证，为北京区县电视台唯一具有该项发布许可证的电视台。

城区有线广播完成44条街道安装音柱2067只；全区18个镇均完成农村有线广播建设工程。全区有线广播线路达900公里。建设完成和谐广场、光明文化广场和顺义公园的三块奥运大屏，丰富群众文化生活。

《顺义时讯》报社成立一周年，邵华泽、范敬宜、梁衡、武春河等知名学者、新闻工作者为报纸题词。

三、经营创收

由市政管委和中心共同策划制作《法治文明60秒》系列动画片项目，得到市文化创意产业领导小组的专项资金支持。马拉松游泳中国公开赛上，中心取得场地广告发布权，为顺鑫农业旗下企业进行全面宣传，实现企业和媒体双赢。依托电视、广播、报纸、户外、网站五大媒体资源，为客户提供贴心服务。

经营部门打破部门限制，实行首问责任。营销人员可跨部门客户推介产品，并对项目进行全过程控制。有效提高合作成功率。

四、团队建设

顺义广电中心成为中国广播电视协会城市（县）级广播电视工作委员会常务理事单位。在“第三届中国（北京）国际文化创意产业博览会·广播电影电视论坛”上，王颖主任作为唯一区县级媒体代表，做了题为《也向春风放一花》的演讲。

组织各类培训38次，投入资金20余万元，开阔员工视野，提高职业素质。

（顺义区广播电视中心）

北京市平谷区广播电视中心概况

北京市平谷区广播电视中心前身是平谷县广播电视局，成立于1987年8月7日。2002年4月8日，平谷区广播电视局行政管理职能部分划归区文委，有线电视网络归北京歌华网络公司。新组建平谷区广播电视中心，拥有平谷人民广播电台和平谷电视台。电视节目纳入北京电视台公共频道播出。

广播节目每天播出8小时，全年播出2920小时；无线电视频道每日播出1.5小时，全年播出537.5小时；有线电视频道每天播出4.5小时，全年播出1642.5小时。开设《平谷新闻》、《视点》、《旅游精点》、《健康》、《希望田野》、《走近医学》、《生活周刊》、《时尚消费》、《警法在线》、《送您一笑》、《快乐周末》、《快乐演播厅》等栏目。

2008年，重点工作：

一、宣传工作

1.宣传平谷

在《平谷新闻》开设“深入贯彻落实区委三届五次会议专题”、“两会特别报道”和“印象2007”、“乡镇亮点”等专题节目，播出新闻60余条。4月17日至5月3日，举办北京平谷第十届国际桃花节，平谷电视台、电台播发新闻116条，播出宣传口号100条次，推出“平谷十二果”系列报道。

开设“党旗飘飘”专栏，推出《新家园建设的领跑者——黑水湾村党支部》等40个优秀党支部、优秀党员事迹；完成“十大杰出青年”、“十佳少先队员”、“十佳辅导员”等专题报道；开设《就业之路》专栏，完成“大学生助理艺术团迎新春汇报演出”、“平谷区农产品质量安全法律知识大赛”、“花会秧歌进城大拜年”、“学习十七大精神知识竞赛决赛”等14场专题实况录像，923分钟，比2007年增加75%。6月21日，京平高速路开通，制播7期节目。《快乐演播厅》节目改成歌手大赛形式。录播27期，500名选手参赛，近5000名观众参与现场录制。《生活周刊》、《警法在线》制播“打击传销，维护稳定”、“骗术大曝光”、“举报被捉且为何”等节目。

2.宣传奥运

开办“迎奥运讲文明树新风”专栏，播出新闻420条。与政法委合作开设《平安奥运行动》专栏，播出新闻20条。播出“喜迎奥运整洁家园”专稿740多条，制作监督热线公益广告。制播《我为奥运做什么》、《环境整洁新发现》、《小巷战役》等专题报道。

8月6日，派出13组记者，记录圣火从刘家店镇丫髻山入境至马坊京平高速路出境全过程，录制200多分钟素材，播出近20分钟《火炬传递特别节目》，制播《备战奥运我们全力以赴》、《奥运火炬手的故事》等专题节目。开设《我看奥运》、《和梦一起飞》专栏，播出新闻200篇。制播《健身与奥运同行》、《喜迎奥运专题节目》等。

3.抗震救灾宣传

及时报道全区干部群众心系灾区踊跃捐款等活动，企业生产救灾物资及起运情况，推出“我区生产的消毒用品支援四川灾区”，“加班加点生产医疗器械送往四川灾区奉献爱心”等10余条相关报道，播发“抗震救灾重建家园”新闻100多条。制播“心手相连”公益广告及“抗震救灾众志成城”等标语口号。

4.改革开放30年宣传

推出“辉煌30年”系列报道，制作播出“旅游迎来大发展”、“婚姻三大件的变迁”、“发达路网提速区域发展”等近30期报道，反映平谷30年来的变化和成就。

5.服务新农村

播发“新农村建设专题研讨会”、“新能源点亮新农村”等新农村建设新闻185条。《希望田野》设“致富明星”、“致富支招”、“科技园”、“农业资讯”四板块，播出48期，解读农业政策，搭建政府与农民间桥梁，宣传农业合作组织，解决农产品销售难题。宣传销售农产品的好政策、好经验，鼓励农民树立信心闯市场。

6.外宣工作

在中央台、北京电视台共播出稿件近百条，其中在BTV-1播出自采“北京平谷第十届桃花节开幕”等新闻31条，合作完成8条；

在《京郊大地》合作制作“阳春三月京郊平谷踏春游”等新闻21条，合作专题两个；在中央电视台播出“京平高速路正式通车”等新闻3条。

二、基础设施

1月28日，平谷区世纪广场大屏幕有线电视信号接通，6月26日正式开播，并通过专家组验收。大屏幕电视累计播出1722小时，奥运会残奥会期间播出630小时。

加快建设景台山广播电视转播站，进度在5个远郊区县位居第一。6月30日，召开转播站开播庆典，近10万百姓能收听收看到北京100.6新闻广播、CCTV-7、北京BTV-1电视节目。

经一年多的筹划、建设，集编辑、制作、资料存储、播出等功能为一体的新非线性制播存一体网于年初建成并投入使用。

三、安全措施

投入10多万元改造发射机房高压供电系统，加装周界报警系统，加装40多平方米不锈钢防护栏6个，防盗门3个；安装门禁系统，改造中心办公楼监控系统。投资2万多元，进行电脑网络改造，加强保密性。加强领导带班和岗位值班，重大节日和奥运会、残奥会期间，坚持24小时值班制度。

制定《中心安全保障》、《防“法轮功”非法插播》、《突发事件》、《供电保障》、《技术保障》、《安全播出》等应急预案，进行实际演练，确保安全播出。

四、队伍建设

新增政工科、总编室、广告科、后勤事务科。出台规章制度，解决值班人员洗浴问题，一线职工住宿问题。

4月8-9日，邀请原中央人民广播电台评论部主任广播学会专家组成员曹仁义、中国传媒大学电视与新闻学院教授田维刚、曾祥敏、陈刚等讲授业务知识，110余名新闻从业人员和记者参加培训。

新发展预备党员5名，4名预备党员按期转正。干部职工三次向汶川地震灾区捐款29330元。向湖南等灾区捐棉衣、棉被共计217件。春节前，区中心领导到山东庄镇大北官村聋哑人张仕刚、南独乐河镇丰台村老军属刘国义家慰问，送去慰问品和慰问金。开展跳绳、拔河、棋类及趣味运动会等活动。组织党员收看电影《没有共产党就没有新中国》，为党员购买《感恩的心》和笔记本。

（平谷区广播电视中心）

北京市怀柔区广播电视中心概况

北京市怀柔区广播电视中心成立于2001年9月。前身是怀柔县广播站、怀柔县人民政府广播科、怀柔县广播电视局、怀柔区广播电视局。拥有怀柔人民广播电台和怀柔电视台。电视节目纳入北京电视台公共频道播出。电视台每天播出14.5小时，电视台首播1.30小时，次日重播两次。全区有广播电视分站14个，电视覆盖率100%，广播覆盖率96.9%。

2008年，怀柔区汤河口广播电视转播分站被中央宣传部、文化部、国家广电总局、国家新闻出版总署评为全国“服务农民服务基层”先进集体；怀柔记者站被评为北京电视台新闻节目中心2007年度优秀记者站。荣获北京市安全生产月组织委员会“优秀新闻报道奖”。怀柔广播电视中心汤河口转播分站主任樊福林被中华人民共和国人事部、国家广播电影电视总局评为全国广播电影电视系统劳动模范。中心党组成员副主任刘金凯被国家广电总局授予北京市广播电视局“国家广电总局十七大安全播出先进个人”一等功。在市以上新闻单位发稿450篇。

一、宣传工作

1.宣传怀柔

电视专题新增《今日三农》、《国土方圆》、《科技视点》栏目，电视专题达10个。设置“两会报道”专栏，《怀柔新闻》由每套15分钟增加到25—30分钟，《文明大家谈》邀请区领导、普通市民走进演播室，讲身边的人和事，效果良好。配合区委、区政府创建学习型社会，编制90分钟专题片6期；与区药监局、文化馆及电影公司合作，拍摄安全用药电视短剧6集；为区委、区政府及相关单位刻录光盘400余张。电视台与北京人民广播电台合作，在《生态北京》，报道怀柔农业发展及新农村建设稿件，与北京9频道《京郊大地》合作，制作宣传怀柔经济、旅游等专题片10余部。

系列报道桥梓凤山百果园、杨宋四季花卉园、怀北红梨园及宝山、汤河口、长哨营等镇乡设施农业和琉璃庙溪水湾、渤海镇栗花沟、喇叭沟门白桦谷等；报道雁栖经济开发区、北房经纬开发区和111国道改造、中影建设等重点工程；《满族风情节》、“敛巧饭”、《汽车拉力赛》、《雁栖风筝节、美食节》等活动。录制怀柔区第18届群众艺术节和十大道德模范报告会、迎奥运唱外国歌大赛、全民运动会开、闭幕式等20多场次。完成《怀柔我的家》MTV拍摄编辑工作。

2.宣传奥运

开办“为奥运贡献、为首都添彩”、“奥运怀柔”等新闻及专题栏目，播出“一呼百应”学英语短片100期，制播公益广告150条。奥运火炬传递《点燃激情、传递梦想》等专题片15部。《文化怀柔》栏目，播出奥运历史、文化及生活等节目12期。制作“你我同行长城承诺迎奥运”、“怀柔巧妇剪纸迎奥运”、“2008来京务工人员展才艺迎奥运”等30余件作品在《中央新闻联播》、《北京新闻》等栏目播出。

3.抗震救灾宣传

5月13日起，增加抗震救灾方面宣传，制播“爱的奉献”片花，采取飞字幕形式，报道单位和个人捐款数额。制播《抗震救灾——你我同行》、《孩子别哭，我们和你在一起》等节目，展示怀柔人民的抗灾热情。

4.改革开放30年宣传

策划、报道改革开放30年怀柔在经济、政治、文化、城镇建设、社会事业等方面的辉煌成就。《怀柔新闻》开办“见证怀柔，辉煌30年”专题栏目，每期3—5分钟；与区委宣传部联合摄制《纪念怀柔改革开放30年》电视系列片15集。

5.品牌效应

实行每月一次评好稿制度，保留受众关注的品牌节目、栏目。拍摄“普法系列短剧”8集，《安全在线》增加现场实况报道，制播《迷失野长城》等节目。

录音新闻《咱们的便民专线真便民》、电视新闻《关爱外地务工人员的民营企业》荣获北京市好新闻评比一等奖，6件作品获二等奖。电视栏目《安全在线》获郊区优秀广播、电视栏目奖。《行风热线》连续两年获京郊优秀广播栏目奖。

二、安全保障

完善《怀柔广播电视安全播出应急预案》、《奥运安全播出预案》，签订安全责任书。对机房前端、发射塔及播出机房等要害部位进行安检，加强监测和防范非法信号，确保广播电视设备正常运转。电视播出2197小时，电台播出3060小时，未发生事故。

三、基础设施

完成怀柔区汤河口南山广播电视无线覆盖工程，怀柔北部山区百姓可收看3套电视节目，2套广播节目。完成173项“村村通”系统加奥运频道工程。确保全区百姓按时收看奥运节目。完成10年以上82个“村村通”前端系统线路升级改造任务，涉及6533户、17717人。

投资400万元，搭建完成集编辑、制作、审片、储存等功能于一体的媒资管理系统。包括：12个编辑站、配音站、卫星收录站等组成的制作网，3个频道的播出系统，T24为存储带库的媒资系统。启用编辑设备使用管理系统、门禁系统、安全监控系统，改变传统录像带存储方式，提高播出系统安全稳定性。

四、队伍建设

修订和完善《广电中心制度汇编》，做到规范有序。

开展“为奥运做贡献，为党旗增光彩”活动；采取上党课、参观白乙化烈士纪念馆、举办党的基本知识培训班、参观抗震救灾主题教育展览、“讲党性、重品行、作表率”主题教育等活动。在区“话改革赞辉煌、谋发展创新绩”主题征文活动和演讲比赛中荣获二等奖。在区总工会组织《劳动颂歌》大赛中，分获小合唱组一等奖和奥运文化广场活动最佳表演奖。在区全民运动会方队入场式上获最佳风采奖。

（怀柔区广播电视中心）

北京市昌平区广播电视中心概况

北京市昌平区广播电视中心成立于2001年10月，前身是昌平县广播站、昌平县人民政府广播科、昌平县广播电视局、昌平区广播电视局，拥有昌平人民广播电台、昌平电视台和昌平广播电视网（www.cprt.com.cn）。电视节目纳入北京电视台公共频道播出。

2008年，电视台播出新闻2700余条，其中经济新闻1200余条，播出专题节目、栏目965期，其中奥运专题近100期。昌平广播电台全天播音17个小时，全年播出文化娱乐类广播节目2000多期，评书小说类节目近1500期。昌平广播电视网编辑、上传电视新闻及专题节目5670条（期）、广播节目7128条，开设22个频道，上载各类信息27033条。电台、电视台所有栏目、板块实现网络播出，网站完成自创节目288期。

一、宣传工作

1.宣传昌平

以现场报道、花絮、侧记等多种形式对与群众切身利益密切相关的代表、委员议案及建议办理情况等进行采访，并在昌平新闻中播出，受到区人大、政协领导的肯定。改版《昌平新闻》，播出时长由10分钟改为15分钟，新开办《古今昌平》、《视角》、《聚能昌平》、《百姓话题》、《真情故事》、《胡先生开讲》、《法制纪事》、《时空关注》等栏目。配合北京电视台完成《区县长访谈》节目录制；为全国村长论坛、昌平苹果节、小汤山温泉文化节及区属单位提供文字材料及影像资料20小时，拍摄新闻和专题30条（部）。选送《十五张选民证见证历史的变迁》、《大赛场上的小亮点》等27部作品分别荣获全国和北京市一、二、三等奖。《昌平举办首届能源科技产业展览会》、《十三陵水库建成五十周年》等30条（部）新闻节目分别在《北京新闻》、《特别关注》、《北京您早》和《京郊大地》播出。

2.聚焦抗震救灾

制播《众志成城，抗震救灾》、《急救世家两代人，奉献一生谱赞歌》等专题新闻，通过声频、荧屏集中展现区各界踊跃捐款捐物支援灾区的感人事迹。

3.宣传奥运

投资120余万元，购置摄像机、录像机、非线性编辑工作站，为完成奥运宣传报道提供技术保障。电视台开设奥运专题《奥运连着你我他》、《奥运大家说》专栏；电台开办《迎奥运，讲文明，树新风》、《我们的奥运，我们的未来》栏目。完成“奥运圣火点亮昌平”特别节目的拍、制、播，制作专题片《2008不会忘记》。为北京奥组委提供3部30分钟专题片在铁三赛场及公路自行车赛道沿线循环播放。开设“奥运回眸频道”，设计flash动画，通过音视频新闻点播方式，展现奥运风采和魅力。

4.改革开放30年宣传

电视台开办《改革开放三十年——聚焦新昌平》专栏，电台开办《我看改革开放三十年征文》节目，展示改革开放30年来全区人民政治生活、精神文化生活、群众物质生活等方面发生的巨大变化。录制《昌平区改革开放三十周年，30人先锋人物颁奖晚会》。

每天转播中央人民广播电台《新闻和报纸摘要》、北京人民广播电台《北京新闻》和《昌平新闻》。形成整点小说和评书、半点音乐和娱乐的编排格局。

二、安全保障

加强广播电台、电视台、网站的采、编、播、制作审查制度，对会审中和节目播出后发现的问题实行责任追究倒查制。成立总编室，统筹管理广播电视节目播出时间，规范BTV−9公共频道昌平时段播出时间，实现正点准时播出。加大广告监审力度，确保“两会”、奥运会和重要节假日期间广播电视节目安全播出。

聘请专业公司对广电技术机房、电视台旧址发射机房的通风设施和发射天线进行检修。制定非法插播应急处理工作预案，安装两台无线监测场强仪，24小时处于出警状态。与歌华昌平分公司成立联合突发事件应急队，与昌平供电公司签订优先供电协议书。播出机房、电视台旧址发射机房实行24小时双岗值班。奥运期间，专门抽调办公室2人带领电视台旧址安保人员对广播电视发射机房和有线电视光接点进行24小时不间断监护。从各部门抽调6人加强技术区出入管理。

制定《广播电视网新闻审核制度》和《昌平新闻》编审流程，针对网站刊发新闻信息，做到三级审核。奥运期间，做到白天10分钟一次，夜间1小时一次监看、每日检查服务器及网络设备运行状况。安全播出考核期实现BTV−9《昌平新闻》时段1642.5小时、无线频道4380小时、科教法制频道6205小时，广播电台4745小时安全播出无重大事故的目标。

三、经营创收

与创收部门签订创收任务，采取措施，多方联系业务，推出《农民课堂》、《时空观注》栏目，贴近百姓生活，在增加收视率同时，带来可观经济效益。优化重组部门设置，广告创收实现统一管理、统一经营。

四、自身建设

经严格组织程序，发展5名优秀青年为中共预备党员。进行政治理论、奥运知识和爱岗敬业的培训。举办新闻采访、拍摄和后期制作等业务培训，安排多名同志外出参加培训。完善《广电中心关于人事管理若干条规定》、《广电中心机房设备管理规定》、《广播电视节目及技术事故处理处罚补充规定》等规章制度。公开中心政府信息17条，印发周报60余期，车辆行驶30万公里安全无事故。

中心干部职工为支援灾区自愿捐款9100元；党员交纳“特殊党费”49100元；捐献衣物200余件，慈善款19400元人民币。

（昌平区广播电视中心）

北京市密云县广播电视中心概况

北京市密云县广播电视中心成立于2000年。前身是密云县广播站、密云县人民政府广播科、密云县广播电视局，拥有密云人民广播电台和密云电视台。电视节目纳入北京电视台公共频道播出。

2008年，电视台播出电视新闻5000余条，6000分钟；广播电台播出新闻730期，7300分钟，播出《今日观察》52期，884分钟；《社会纵横》52期，884分钟，《生态经济一刻钟》52期，884分钟。电视台第一套节目播出5800小时，第二套节目播出2907小时。电台每天播出17小时20分钟，共播出6280小时。

一、宣传工作

1.宣传密云

县两台新闻和专题节目及时报道县两会最新动态，播出两会新闻23条。宣传基层单位创建环境优美乡镇、生态文明村、绿色社区的成功做法。播出创建生态县新闻100余条，为顺利通过国家生态县验收营造舆论环境。宣传贯彻落实十七大精神、新农村建设、招商引资、纪念改革开放30年、京承高速公路建设等工作，全年共开设各类栏目9个。电台全年播出《密云新闻》节目730期，7300分钟，新闻稿件5300余篇。播出专题节目365期，专题稿件2000余篇。播出《平安伴你行》、《生活百叶窗》、《科技大视野》、《曲苑直通车》、《评书联播》等综艺类、服务性节目1200余小时。广告文艺科拍摄、编辑《消费金桥》23个小专题，播出41期，《七彩荧屏》栏目播出1950分钟，安排播放连续剧共17部526集。《劳动保障》共拍摄10个专题，播出41期。

2.抗震救灾宣传

开设《情系灾区人民，奉献一片爱心》栏目，专题报道捐款献爱心和交纳特殊党费活动，县各界干部群众踊跃向灾区捐款捐物的感人场景。如六名小学生将义卖心爱玩具所得善款，支援灾区小朋友的感人事件，在北京电视台一套播出后，产生很大反响；播发相关新闻130条。

3.宣传奥运

开设《迎奥运、讲文明、树新风》栏目，播出相关新闻近70条。开办《平安奥运行动》栏目，以“人人东道主，携手保平安”为主题，宣传开展平安奥运行动的措施、成果和经验。承担奥运文化广场电子大屏幕的建设，该大屏幕从8月1日至24日每天播出14小时，8月25日至9月21日，每天播放4小时节目。

二、推出精品

《今日观察》栏目制播涉及舆论监督节目10期。《檀州采风》栏目主动与各相关部门联系，使用同期声、主持人出镜等形式，确保节目质量。

《生态经济一刻钟》栏目的《回眸2007》系列报道，展示改革开放30年的翻天覆地变化。《社会纵横》弘扬法治和道德观念，抨击假恶丑现象。新办《檀州大舞台》栏目，全年共制播节目25期，1000分钟。制作以新农村建设为主的《走进太师屯》、《魅力古北口》、《不老新篇》等节目。《健康时空》节目播出365期，7000分钟。《星月交辉》节目播出52期，1560分钟。《与单观今》节目通过评书大师单田芳精彩评书热点事件、人物、案例，趣味横生，总长5000多分钟，每期节目23分钟，每周播五天。

三、完善设施

完成演播室灯光照明600多场次；节目素材上载4000多条，约600小时；各类设备器材入出库4千多台次；各种大小维修、维护1000多次；协助各类现场拍摄50余场次。

不老屯西山转播站于5月份完工，奥运前投入使用，使山区人民收看到高质量的奥运赛事转播。

四、安全保障

制定广播电视播出、大屏幕交接班及值班制度，完善安全播出各项应急预案，进行应急预案模拟演练，保障安全播出无事故。

五、落实“双创”目标

年初，中心党组提出创建首都文明单位标兵和争创“五好”基层党组织的双创目标。

4个党支部新发展党员5名，3名预备党员按期转正。全体党员干部、职工群众共为地震灾区捐款36735元，缴纳特殊党费14800元，为灾区捐赠棉衣被147件。

3月，《七彩校园》节目荣获“广播优秀栏

目”奖，广播新闻《小黑板写出村务高效大文章》荣获华彩杯北京广播影视奖三等奖。广播新闻《数字法庭进农家》荣获北京社会治安综合治理优秀新闻一等奖，全国社会治安综合治理优秀新闻节目三等奖，同时荣获中国新闻奖广播消息类三等奖。播出科被县委县政府评为“平安奥运安全运行和安全保卫”先进集体，4人被市局和市妇联命名为平安奥运先进个人，10人被县委县政府命名为先进个人。

（密云县广播电视中心）

北京市延庆县广播电视中心概况

北京市延庆县广播电视中心的前身是延庆县广播站，始建于1958年。1979年发展为县广播事业管理局。1987年更名为县广播电视局。2001年延庆县机构改革，延庆县广播电视中心正式挂牌。2002年延庆有线电视网络被北京歌华网络有限公司购并。拥有延庆人民广播电台、延庆电视台。电视节目纳入北京电视台公共频道播出。

电视台自办节目有《延庆新闻》、《一周新闻综述》、《生活全方位》、《七彩连万家》、《生活气象》、《一路平安》等，电台自办节目有《延庆新闻》、《天气预报》、《家村天地》、《快乐调频92·8》、《生活·时尚·阳光》、《笑傲江湖》、《心灵驿站》等。2008年，电视台《延庆新闻》自制新闻262期，播出稿2380篇，专题栏目播出156期，播出稿1300余篇；电台制作《延庆新闻》360套3600分钟，播出新闻稿2600余篇。延庆广电网自创建，点击率达257492人次，网址：www.yanqingtv.com。

2008年主要工作：

一、宣传工作

1.宣传延庆

《一周新闻综述》播出52期，每期10分钟。开设“贯彻落实十七大，为民办实事”、“延庆人民满意的公务员”等，“每周一星”播出10期，“群众DV新闻”30余条，推出“生态文明伴我行”新闻专题栏目，制播节目60多期，制作全国生态县验收专题片20分钟，为荣膺全国生态县立功。

做好“首届感动延庆十大人物”颁奖晚会、“两会”及县里大型活动、抗震救灾宣传报道，采用新片头、片花，同期声一律打字幕，自办民生栏目《生活全方位》，实现百姓与政府直接对话，为百姓与党和政府之间搭建桥梁。

与教委、公安局、司法局、卫生局等单位联办《延庆教育》、《卫生新视野》、《工商视点》、《一路平安》、《生活气象》等，丰富电视台90分钟自办节目。

7月1日改版电台节目为12个，改原重播节目为日播节目，节目量增加一倍以上，涵盖新闻、生活服务、农业、娱乐文艺等，收到听众反馈电话及信息约5000条。4名年轻女记者成为出境记者兼文字记者。

2.宣传奥运

成立奥运会、残奥会领导小组，加大值班、安保、应急防范工作力度，在单位内保和外围保障过程中出色完成任务，营造欢乐、祥和、安全的奥运环境，完成两奥会保障工作。县电台、电视台累计播出有关“奥运在我身边”，“长城火炬传递”，“自行车赛”等报道500多条。投资540万元，如期完成奥运大屏幕工程。组织工作人员对176个卫星+闭路系统进行增加奥运频道，保障16000户看到奥运节目。完成两奥会转播工作，使几十万人次观看到转播节目，丰富奥运文化广场节目内容。

二、外宣工作

延庆新闻在《北京新闻》、《北京您早》、《特别关注》等节目中播发新闻120余条，内容有：元旦举办新年登高、冰雪节冬泳展示等活动，第四届杏花节预告、天鹅飞临野鸭湖、八达岭森林公园梨花竞相开放、北京最香山谷等，地震捐款综合报道，各行业为地震灾区进行默哀，“捐赠十元钱，爱心送汶川”活动，延庆一小接受灾区学生等。

有九个报送节目获奖，其中专题片《延庆有个百瓜长廊》，获中国广播电视协会电视社教类一等奖；《镇领导带咱去打工》获“华彩杯”北京广播专题类一等奖，同时获参评北京市好新闻资格；社教类栏目《卫生新视野》获得“华彩杯”北京郊区优秀栏目奖。

三、基础设施

为确保乡村人民看到清晰电视节目，克服资金短缺困难，将有限资金投到无线覆盖发射站建设和“村村通”系统的维修、维护中，承接对全县24个自然村“村村通”进行升级改造。投资70多万元，完成浆蓬山电视转播站工程与转播监测设备的安装调试。转播4+3个频道节目，信号覆盖全县，完成两奥会电视信号转播任务，两人荣获北京市广播电视局奥运安全播出大奖。

完成电视台二号演播室200平方米装修调试工作，造价200万元，包括98盏射灯、22平方米LED背景墙、音响、舞台、场景等设备，并正式投放使用。

四、安全保障

在两会、奥运会、国庆、十七届三中全会等重要时期，加强安全播出管理，制定系列规章制度，投入大量资金，充实转播设备，完成重大活动的节目转播任务。配合610办公室，密切监测非法无线信号，严防“法轮功”破坏活动；完成北京市广播电视局视频电视电话会议设备安装调试工作。

五、组织建设

开展以“深化作风建设、提升工作标准、增强履职能力、推动延庆发展”为主题的“机关能力年”活动，完成11个规定动作。筹建、开设中心图书阅览室，免费向职工开放。对编辑、记者、主持人、后期制作、工程、会计等人员进行培训，全年组织各类培训20余次，及外出参观学习交流。

（延庆县广播电视中心）

北京光线传媒股份有限公司概况

北京光线传媒股份有限公司，成立于1998年，十年之前，光线传媒通过《中国娱乐报道》（现在的《娱乐现场》）成名，十年后的今天，光线传媒已经从核心领域电视节目制作和发行，拓展至电影、电视剧、大型活动、艺人经纪、新媒体等众多的娱乐产业，成为一家多方面发展的民营传媒娱乐公司。

自1999年推出《娱乐现场》以来，借助多年积累的传媒娱乐一体化、工业化、品牌化的经验，光线由一个单纯的节目制作机构，向节目管理和出品机构转化，成为中国最大的多媒体视频内容提供商和发行商。

2008年，日产节目超过6小时。除原有的《娱乐现场》、《音乐风云榜》、《最佳现场》、《影视风云榜》等外，新增了包括《今日娱乐网》、《金曲时刻》、《我爱看电影》、《阅读越好看》、《娱乐开讲》、《全能综艺班》、《淑女大学堂》等近十档新栏目，节目在全国620家电视频道播出，覆盖全国所有地区。

光线拥有覆盖全中国的电视节目发行网络，节目已经成功进入600个分布在全国的电视频道，发行网络包括卫星电视、付费电视、大型视频网站、移动媒体等，覆盖中国10亿多人次的观众群，同时还合作运营数字付费频道“新娱乐频道”。

集团控股的电影公司，光线影业有限公

司，主营业务为国际合拍华语商业类型影片的投资和发行，通过投资国内外优秀电影制作公司的主流商业电影，获得影片在中国大陆的发行权，专注于中国市场的运作。光线影业沿袭好莱坞STUDIO模式，其电影业务与光线传媒集团旗下的其他业务互动作业；电影作为高端娱乐内容以及附带的高端娱乐资源，与娱乐传媒集团的广告营销/电视广告投放/大型娱乐活动/视觉设计/电视节目宣传等业务高度互动。光线影业的其他赢利业务包括电影人才经纪、电影相关广告等。依托中国第一民营娱乐传媒机构光线传媒的支持，坚持市场营销/商业类型片/国际合拍/自主项目研发等可持续发展战略，光线影业在短短两年就跃居华语电影公司的前列。自2006年底推出第一部作品《伤城》后，就得到了市场的认可，之后陆续推出了《导火线》、《铁三角》、《女人本色》、《深海寻人》、《蝴蝶飞》、《夺标》、《证人》、《大搜查》、《家有喜事》、《亲密》等作品。

在电视剧方面，光线传媒的信条是：以产业化、规模化为思路，坚持和一线剧作家合作，起用一线导演，网罗一线明星，占据一线宣传平台。2006年以来，光线传媒投资的电视剧近20部。作为首都广播电视制作业协会副会长单位，光线传媒推出了包括《暴雨梨花》、《房前屋后》、《新上海滩》、《中国兄弟连》、《落地请开手机》、《鹰与枭》、《A计划》、《张礼红的现代生活》、《都是爱情惹的祸》、《好好过日子》、《福祸相依》、《落地，请开手机》、《谁怜天下慈母心》等一批热播电视剧，总数已达300多集，成功跻身中国电视剧制作业一线公司行列。同时旗下的《630剧场》拥有1500集情景剧版权，2007年成功推出中国最长的系列情景喜剧《闲人马大姐》的续集《马大姐新传》100集；2008年，光线传媒继续推出了《马大姐》40集，以及另一部100集情景喜剧《桂花打工记》。

光线传媒每年推出上百场大型娱乐活动，包括各种颁奖典礼和娱乐秀。光线传媒一直致力于打造国内最具权威与公信力的专业颁奖典礼，其中“音乐风云榜颁奖盛典”连续8届成功举办，被媒体誉为“中国的格莱美”；年度“娱乐大典”是光线传媒王牌娱乐资讯节目《娱乐现场》的年度总评榜，是国内唯一的年度综合性娱乐颁奖典礼；每年一届的“电视剧风云盛典”，是国内唯一以收视数据为基础的电视剧颁奖礼，已成为电视剧行业的旗帜性活动，2008年的“国剧盛典，回响30年”在改革开放30周年之际对中国电视剧市场的盘点，更是获得空前的反响，在同时段收视率排名全国第一；“时尚风云榜颁奖盛典”是时尚界最具开拓性和影响力的颁奖盛事，也是目前国内唯一专业的时尚颁奖礼；而“模特大典”则是中国目前唯一的模特界年度颁奖盛典。旗下的演艺活动品牌公司，连续多年承办“华表奖”、“金鸡奖”、“百花奖”、“导演协会奖”、“百合奖”等多个电影奖项颁奖活动，也是国内最专业的电影首映式承办机构，承办了包括《卧虎藏龙》、《十面埋伏》、《集结号》、《功夫之王》、《赤壁》、《梅兰芳》、《非诚勿扰》等大片的首映礼；同时还承办央视电影频道《电影之歌》、央视品牌节目《同一首歌》等数十场演出晚会及大型娱乐活动。如今已成为中国承办演出制作量最大的民营演出公司之一，演出及活动总制作量超过200场，拥有丰富的演艺活动运营经验，在演艺活动的各个主要领域处于领导地位，文化部特批拥有涉外演出资质的民营演出公司。

艺人经纪是光线正在着力打造的新业务。旗下拥有近20名签约主持人的光线传媒当之无愧是中国首席主持人经纪公司。光线曾一手培养过李霞、索尼、何炅、谢娜、沈星等一大批深受中国年轻人喜爱的娱乐主持人，被称为“中国著名娱乐主持人的摇篮”，而通过“猫人魅力主持秀”脱颖而出的柳岩、谢楠如今已经成为光线传媒当家花旦，并逐渐成为娱乐主持界新一代掌门人。目前，光线已开始全面进军影视演员和歌手经纪业务2008年，著名民歌歌手汤灿签约光线，同时成功打造并推出了“风云帮”音乐偶像团体，20人的美女组合“TOP20淑女帮”和主持人组合“全能综艺班”等新建组合。

光线传媒记录并保存了中国娱乐界几乎所有的影像素材。2008年3月，光线获得国家广电总局颁发的网络视听许可证，是首批获得此牌照的三家民营企业之一。光线已经开始将库存的6万小时娱乐视频素材以及每天新增20小时的娱乐影像素材全部数字化，建成华语地区的数字娱乐传播平台，将E视网(www.netandtv.com)打造成为中国最大的娱乐视频博物馆，成为互联网视频和明星社区的领军网站，这一计划得到了北京市政府部门的支持。

光线传媒拥有400多名员工，在北京、上海、广州、香港、台北、首尔均设有分公司或办事处，形成了覆盖主要华语地区的内容生产和经营能力。

(北京光线传媒股份有限公司)

华谊兄弟传媒股份有限公司概况

华谊兄弟传媒是中国最知名的综合性娱乐军团之一，由王中军、王中磊兄弟创立于1994年，1998年投资著名导演冯小刚的影片《没完没了》、姜文导演的影片《鬼子来了》正式进入电影行业，随后华谊兄弟全面投入传媒领域，投资及运营领域涉及电影、电视剧、艺人经纪、唱片、娱乐营销，在这些领域都取得了骄人成绩。

华谊兄弟传媒股份有限公司于2004年11月19日成立。2006年8月更名为“华谊兄弟传媒有限公司”。2008年1月，为适应市场变化，更快、更好地拓展业务，经再次工商注册登记变更后，公司更名为“华谊兄弟传媒股份有限公司”，公司注册资本变更为10008万元人民币。主要从事影视策划、制作、营销、发行等业务。

公司自成立以来，以独特敏锐的视角选择剧作，集结国内外影视精英人才，扶持青年才俊，与著名电影导演冯小刚、滕华弢、陈大明、曹保平签约，并与张纪中、吴毅、杨善朴等著名电视剧制片人合作建立了七个工作室。截至2008年，华谊参与投资、制作和发行大量的电影、电视剧，获华表奖、百花奖、金鸡奖、金鹰奖、金马奖、金像奖、“五个一工程”奖等多个国内奖项，以及戛纳、开罗、东京电影节等国际大奖。

华谊兄弟影业

中国最著名的电影品牌，从1998年投资冯小刚电影《没完没了》以来，华谊兄弟分别出品、制作发行电影达50多部，到2007年为止，华谊兄弟电影每年都有多部影片成为年度票房前十名，更有像《可可西里》、《天下无贼》、《卡拉是条狗》等优秀影片获得国际、国内电影奖项的殊荣。2008年投资制作的主要影片有：《功夫之王》、《约翰－拉贝》、《非诚勿扰》、《李米的猜想》。华谊兄弟形成了电影策划、投资制作、营销、发行的完整电影运营阵容，是少有的具备完整产业链的电影企业。

华谊兄弟电视

主要致力于国产电视剧的投资、制作和发行。旗下现有张纪中工作室、李波工作室、周冰冰工作室、王芳工作室和吴毅、康红雷领导的浙江天意影视有限公司。公司每年以高达500集的生产量占据中国电视剧市场的领军位置。近年来推出了《士兵突击》、《鹿鼎记》、《我在天堂等你》、《大院子女》、《远东第一监狱》、《艰难爱情》等老百姓喜爱的作品，并与海外的电视媒体建立相互信任的合作关系。2008年投资制作的主要电视剧有：《我的团长我的团》(43集)、《爱你所以离开你》(22集)、《身份的证明》(32集)、《望族》(35集)、《人间情缘》(32集)、《兵圣》(40集)。

华谊兄弟经纪

经纪事业创建于2000年，是国内最资深的经纪公司之一。华谊兄弟时代文化经纪有限公司主要从事艺员影视剧拍摄、广告代言、形象包装、演出、法律咨询等工作。自成立至今，公司已签约过近百位艺人，如今拥有包括周迅、李冰冰、林心如、徐若暄、黄晓明、苏有朋在内的50多位红星。雄厚的实力在中国的经纪公司中首屈一指。

华谊兄弟音乐公司

华谊兄弟音乐公司是目前国内原创歌手总体实力最强的唱片公司，现公司签约艺人有羽泉、张靓颖、杨坤、尚雯婕、黄征、李慧珍、谢娜等，并与华谊兄弟经纪公司共同包装打造中国第一偶像组合BOBO。

华谊兄弟娱乐营销

华谊兄弟娱乐营销是国内第一也是唯一一家具备优秀的、专业化的、拥有独立优势娱乐资源的娱乐整合行销传播公司。公司凭借华谊兄弟传媒丰富的娱乐资源，以策略为先导、创意为核心、植入营销为手段，为客户提供专业化的娱乐行销全案服务和品牌推广策略规划，公司全力打造国内一流的整合娱乐传播品牌。

(华谊兄弟传媒股份有限公司)

海润影视制作有限公司概况

海润影视制作有限公司成立于2001年4月6日，注册资金5000万元人民币。

2003年4月1日获国家广播电影电视总局颁发的电视剧制作许可证(甲种)甲第146号，是第一批获得甲种“电视剧制作许可证”的民营影视制作机构。

2005年4月16日海润影视集团成立，囊括影视策划、制作、营销、经纪等业务。海润影视用战略性眼光整合各地优质资源，下设海润影视制作有限公司、上海海润影视制作有限公司、广东润视影音制作有限公司、云南润视荣光影业制作有限公司、北京润亚传媒股份有限公司、重庆润视影视传播有限公司、海南海润影视制作有限公司等七家影视制作公司及海南海润演艺经纪有限公司、北京海润音乐有限公司。随着海润业务在港澳台及海外的拓展，集团在香港成立了海润传媒娱乐集团有限公司，在加拿大和纽约分设加拿大HRTV ProductionInc.、海润影视驻纽约销售代表。旗下拥有蒋雯丽、刘烨、孙俪、于荣光、童蕾、王珞丹、丁志诚、谢君豪、杜志国等四十多位两岸三地的优秀演员。

2005年4月16日海润影视集团召开了首届年会，会上统一了各公司的标识，确定每两年拍1-2个重点项目，共同打造精品，会上研讨了电视剧拍摄管理及财务管理办法。

2001年至2008年，海润影视年产电视剧600部(集)左右，投入资金2亿多人民币，300多部(集)远销东南亚、欧美等国家和地区。海润影视的作品多年来几乎囊括了“五个一工程奖”、“金鹰奖”、“飞天奖”“春燕奖”等国内外近百项大奖，是中国产量最大，获奖最多的影视制作机构，遥遥领先于其他同业。

海润影视一直秉承精益求精的精品意识，以人为本的理念，致力于推动国内影视行业的发展，丰富百姓的生活，为社会主义文化建设贡献绵薄之力。2008年5·12汶川大地震震惊世界，举国悲恸。强烈的使命感促使海润影视第一时间提出并联合业内同仁，亲入余震频发的受灾现场，用短短15天时间，拍摄一部反映“多难兴邦献大爱，一代忠良报国恩”的纪实系列电视剧《震撼世界的七日》。以此祭奠死者，慰藉生者。歌颂人性的光辉，鼓舞全民士气。

2008年海润影视拍摄完成多部作品，向改革开放30周年献礼，向建国60周年献礼。首部以军转民为题材的电视剧《潮起两江》以改革开放30年的时代变迁为宏大背景，集中讲述了两代军工人克服重重困难，努力实现摩托车、汽车国产化的奋斗历程。大型电视连续剧《沧海》通过四个家庭，两代海军军人，全景反映中国海军从无到有，从弱到强，从机械化到信息化的发展历程，向海军建军60周年献礼，得到总政、海军、北京市委宣传部的高度重视，被视为海军的形象代言片。2008年先后拍摄完成了《狐步谍影》、《排球女将》、《杀虎口》、《重案六组Ⅲ》、《震撼世界的七日》、《珍宝》、《中天悬剑》、《侦探成旭Ⅱ千年迷局》、《十三省》、《黑三角》、《沧海》、《锣鼓巷》、《翡翠凤凰》、《潮起两江》、《化剑》、《进城》、《风云1949》等多部电视剧。

（海润影视制作有限公司）

北京英氏影视艺术有限责任公司概况

北京英氏影视艺术有限责任公司成立于1995年，民营企业，主要从事影视策划、制作、营销影视节目等业务。

北京英氏影视艺术有限责任公司所拍主要电视剧有：《我爱我家》、《闲人马大姐》、《东北一家人》、《候车大厅》、《中国餐馆》、《电脑之家》、《心理诊所》、《西安虎家》、《售楼处的故事》、《旅行社的故事》、《带着孩子结婚》、《当大卫遇到丽丽》、《伴你一生》、《马大姐新传》、《地下交通站》等，许多电视剧目获得过“飞天奖”、“观众最喜爱的电视节目奖”国家级奖项。

2008年投资拍摄主要完成情景喜剧《剧组的故事》（32集）、《超人马大姐》（40集）。

（北京英氏影视艺术有限责任公司）

北京金英马影视文化有限责任公司概况

北京金英马影视文化有限责任公司成立于1993年，民营企业，主要从事影视策划、拍摄、宣传和发行等业务。

北京金英马影视文化有限责任公司立足于影视制作，开拓艺人经纪、广告业务、图书咨询、电视栏目等多种经营，目标将向集影视制作发行公司、大型演艺经纪公司、电视栏目制作公司、书刊发行公司于一体的文化集团发展。经过多年的经营和摸索，积累了丰富的行业专业经验，形成一条龙的生产模式，制作完成了大量在市场上广受好评的作品，在行业中树立了“金英马影视”品牌地位。公司每年制作电视剧规模均在200集左右，电影1—2部。电视剧销售网络已经覆盖中国大陆、台湾、香港、东南亚及世界各地。

截至2008年，公司共投资摄制影视剧近30部。投资摄制的电影主要有:《三十八度》、《茉莉花开》、《公主复仇记》、《门徒》、《米香》。投资摄制的电视剧主要有:《有爱的日子》、《台湾首任巡抚刘铭传》、《黑洞》、《冬至》、《康定情歌》、《情定爱琴海》、《大宅门》（续集）、《国家公诉》、《茉莉花》、《追杀横路靖六》、《极限追捕》、《乔省长和他的女儿们》、《对攻》、《关中义事》、《穷妈妈富妈妈》等。多部作品获得过“飞天奖”、“金鹰奖”、“五个一工程奖”、“金鸡奖”、“华表奖”、“金紫荆奖”等奖项。

（北京金英马影视文化有限责任公司）

华夏视听环球传媒（北京）有限公司概况

华夏视听环球传媒(北京)有限公司是国内最具规模的龙头民营传媒集团之一,成立于1998年。凭借强大的投资，完善的制作、销售体系，华夏视听已取得了傲人的成绩。

华夏视听致力于电视剧制作、电影制作、电视栏目制作、广播节目制作、全球节目发行、广告和艺人经纪等领域。同时在国内民营企业中，唯有华夏视听拥有一家24小时全天播出的境外华语频道——华夏电视台。

华夏视听拥有一支有一百多名精兵强将的专业化队伍,具有丰富的传媒行业经验,拥有一流的策划、管理、经营运作人才和资深的制作人、编剧、导演等丰富的人力资源，拥有内容丰富多彩的影音资料库，拥有金庸、亦舒、梁羽生、二月河等知名作家著作改编权的版权库,拥有最先进的电视节目技术设备。与中央电视台及全国各省市电台、电视台等国内主流媒体保持着良好的业务合作关系。

2008年,自主投资制作的电视剧有《大唐游侠传》(32集)、《好孕来临》(32集)；联合鑫宝源影视投资有限公司制作的电视剧有《夜幕下的哈尔滨》(33集)、联合北京履实文化传播有限公司制作的电视剧有《四世同堂》(36集)。

（华夏视听环球传媒（北京）有限公司）

天地人传媒有限公司概况

天地人传媒有限公司是在北京市工商行政管理局注册的混合所有制企业,是集影视策划，电视剧、动画片的制作及发行，电视广告的设计、制作、代理及发布，艺人经纪，网络媒体于一身的大型专业传媒公司。

公司成立于2006年，至2008年已打造出一个覆盖全国范围的地面电视播出平台，自制的《家有儿女》真人版及动画版、《家有爹娘》、《家住小区》、《都市六人行》、《家有外星人》等系列情景剧及电视剧深受广大影视观众的喜爱。

公司兼营自有版权节目的网络游戏开发,相关书籍、音像制品出版发行，网站开发和网络点播，小说及连环画改编，文化用品及服装品牌等衍生产品的开发业务。

公司秉承“精品至上、优秀节目为王”的宗旨和理念,汇聚传媒领域最具创造力和运营能力的精英团队，充分融合新技术、新媒体、新模式,为推动国内影视传媒业的健康发展起到了不容忽视的作用,提升文娱产品“中国制造”的国际影响力、提高公司的社会及经济效益，始终是天地人传媒奋斗的终极目标。

天地人传媒自成立以来先后荣获由中国广播电视协会评选的“十佳电视剧制作单位”；由中国广播电视杂志社评选的“2008最具实力民营电视剧制作机构”；董事长杨伟光荣获首届中国品牌媒体高峰论坛暨品牌媒体联盟成立大会评选的“2006塑造媒体品牌十大新锐人物”；董事长杨伟光先生荣获由传媒经济杯学院奖组委会评选的“传媒经济人物／终身成就奖”；董事长杨伟光先生2008年获得“品牌中国30年30人”荣誉称号，“改革开放30年中国传媒突出贡献奖”、“优秀制片人”称号。

（天地人传媒有限公司）

北京华亿联盟文化传媒投资有限公司概况

北京华亿联盟文化传媒投资有限公司成立于2003年6月。主营电影、电视剧的策划、投资、制作、营销和发行。成功发行包括《绿茶》、《我和爸爸》、《野蛮秘笈》、《静静的嘛呢石》、《疯狂粉丝王》、《硬汉》等多部电影；《东北一家人》、《八大豪侠》、《青鸟的天空》、《带着孩子结婚》、《巴士警探》、《红色娘子军》、《房前屋后》、《暴雨梨花》、《穷爸爸富爸爸》、《仁者无敌》、《户口》等多部电视剧。2004年之后，开始积极开辟国际市场。将主旋律题材纪录片《长征》、《我和藏羚羊》、《莎士比亚》等推向包括美国历史频道、探索频道、英国5频道、澳大利亚SBS、NHK在内的主流电视频道。

2008年，由华亿联盟投资拍摄的军旅题材电视剧《仁者无敌》(32集)，开始在全国各电视台相继播出，普遍取得较高收视率。根据央视索福瑞的数据显示，该剧2008年累计播出次数达90次，居年度全国首位。为了迎接新中国60华诞，投资拍摄电视剧《勇者无敌》(32集)、《守着阳光守着你》(30集)；之后又成功发行了农村题材电视剧《户口》(25集)、《翡翠王》(24集)。凭借在国际纪录片市场积累的良好声誉和经验，华亿联盟获得富曼传媒集团青睐，与之结成独家战略伙伴，推出大型纪录片《视野》。在北京、上海、重庆、江苏、福建等地成功播出。

(北京华亿联盟文化传媒投资有限公司)

北京京都世纪文化发展有限公司概况

北京京都世纪文化发展有限公司成立于1999年，专业从事电视节目及电视剧的策划制作和经营业务，是中国影视制作行业知名制作公司之一，是《首都广播电视制作业协会》理事单位。

公司自成立以来，拍摄发行了《孝庄秘史》等12部大型电视连续剧，在全国主要电视台黄金时段播出，并销经海外地区，均取得较高的收视率和业内外人士好评，经济效益显著，多部电视剧获政府各项奖励。公司精心打造的“秘史”品牌，开创了以现代人文精神打造中国古典题材，得到了广大观众的认可，节目储存量已达近千小时。

公司主要作品：

《康熙秘史》42集、《孝庄秘史》38集、《皇太子秘史》32集、《欲望》30集、《欲望续集》30集、《白色陷阱》20集、《白色情人梦》29集、《凤在江湖》42集、《非常24小时》24集、《雪域迷城》32集、《都市东游记》30集、《祈望》32集。

2004年公司在北京顺义赵全营镇建成“京都古代皇城景区”(京承高速路辛樊出口西行2公里）占地150亩，建有古代城墙，午门，皇宫大殿，后宫，宫道、明清皇家花园和古寨村落，老北京四合院等众多景观可为国内外影视广告拍摄提供方便，同时拥有100亩搭景用地。基地配有会议、拍摄、工作、食宿等设施。《孝庄秘史》，《康熙秘史》，《前清秘史》，《大旗英雄传》，《壮士出征》，《一生有你》等影视剧均来此选景拍摄。景区内还备有大量完整的古代服装道具和兵器，为国内外影视、广告拍摄提供方便。

2005年公司在北京顺义区赵全营镇建成“京都文化创意中心”(京承高速路辛樊出口东行6公里)，一期工程建筑面积8840平方米，建有2100平方米（高15米）大型摄影棚、创意科技办公楼、别墅、宾馆、餐厅及多功能大型演出剧场等，是传统媒体与新媒体节目内容研发、创意文化产品制作和展示以及演艺人才培训的基地，为新媒体文化创意产业的聚集发展提供了良好条件。“京都中心”影视基地是为影视制作量身而建，拥有别墅，宾馆，餐厅，会议室，制作间以及2100m²（层高16米），的超大型室内摄影棚，其外观为欧洲教堂，市政厅景观。集拍、制、景、住为一体的功能完备的综合性中心基地，有欧陆古典风格的建筑群充满了欧式风情。与中国古代皇城风格建筑的外景拍摄基地交相呼应，是影视剧拍摄内外景地的首选。《对手》，《勇士的最后秘密》等影视剧均来此选景拍摄。 2006年公司生产发行42集电视连续剧《康熙秘史》，在北京电视台首播，收视率创北京地区第一，在香港、台湾地区播出也创收视率新高。创新剧目长篇电视艺术纪录片《前清秘史》已获北京电视台和海外媒体预购，已于2008年2月初北京卫视在全国首播，取得巨大成功，获得各界一致好评。这年公司与上海文广新闻传媒集团共同投资成立了“北京全视听文化科技有限公司”全方位整合国内新媒体优势平台；开发全新概念的新媒体内容产品；设计完整的新媒体赢利模式。该项目一经宣布，引起海内各业界极大关注，企业发展前景令人瞩目。

2008年由著名导演尤小刚、陶玲玲执导的都市情感剧《祈望》，于2008年11月28日在安徽卫视黄金时段隆重推出，收视率迅速攀升到央视索福瑞和AGB尼尔森调查全国卫视收视排行榜第一名。著名文艺评论家李准、仲呈祥盛赞该剧是一部家庭伦理电视剧的范本。

获奖情况：

2007年电视剧《康熙秘史》在河南电视台我最喜爱的电视剧评选活动中荣获：风靡大剧奖。

2007年制作的大型人文历史故事电视片《前清秘史》连获国际大奖：2007年10月7日获全俄影视联欢节纪录片奖；2007年11月22日获第二届彼得堡国际电影节人文纪录片奖和编导奖；2007年11月25日获第十届欧亚电视节杰出贡献奖。该节目在上海、浙江、江苏、辽宁、贵州、云南、福建等各大电视台引起热购，北京电视台对该节目高度重视，于2008年2月在北京卫视电视剧黄金时段全国首播。

（北京京都世纪文化发展有限公司）

北京鑫宝源影视投资有限公司概况

北京鑫宝源影视投资有限公司成立于1998年5月，民营企业，是一家集拍摄、制作、发行、演员经纪等业务为一体的影视公司，具备国家电视剧制作甲种许可资质，具有雄厚的资金、强大的创作力量以及广泛的业务关系。

公司在国产电视剧的创作上成绩显著。以著名导演赵宝刚为创作主体的几支创作小组，凭借独具风格的作品不断冲击着国内外的电视剧市场，推动了中国偶像剧、言情剧的发展，并形成了以都市情感、重大历史题材、惊险悬疑等为主的类型系列。而各大电视台也把能播放这些作品看作是对电视台高文化品位及高收视率的有力保证。

公司拥有高素质的发行人员，发行网覆盖全国各省、市、自治区的几百家电视台，并一直与他们保持着良好的合作关系，有效地保证了剧目的及时播出。同时，迅捷的信息反馈在诸多方又为剧目创作提供了准确的市场预测。

公司制作、发行的国产电视连续剧有：《一场风花雪月的事》、《无雪的冬天》、《男人离婚》、《永不瞑目》、《像雾像雨又像风》、《金蚕丝雨》、《浮华背后》、《拿什么拯救你，我的爱人》、《白手风云》、《别了，温哥华》、《沧海百年》等；并曾与新加坡、香港、台湾等多家影视文化机构合作，成功地摄制和发行了《少年英雄方世玉》、《陌生人》、《迷侠》、《棋武士》、《机灵小不懂》等多部合拍电视连续剧。这些剧目在全国各地电视台的播出均取得了较高的收视率，其中，《永不瞑目》、《像雾像雨又像风》、《机灵小不懂》、《拿什么拯救你，我的爱人》等剧的收视率更是位居收视排行榜榜首。为了加强国际间的文化合作，公司特别推出以赵宝刚为总导演的22集电视连续剧《别了，温哥华》，该剧是大陆首部在加拿大全程拍摄的都市情感力作，于2004年初春在全国范围播出时，好评如潮。2005年底在各大电视台陆续播出的《风吹云动星不动》同样取得了不俗的收视成绩。

公司与当今活跃在影视领域里的一批年轻演员签订了发展合约，签约演员有：孙红雷、李小冉、赵琳、廖凡、周晓鸥、傅晶、张铎、隋俊波、张歆艺、谭凯、李崇霄、赵蕾等。签约演员除完成本公司年度摄制计划外，还应邀积极参与其他摄制公司的影视作品创作，喜爱他们的观众遍及中国和全世界华人地区，特别是在港台地区受到影迷的热烈欢迎。他们的良好声誉及广泛的影响壮大了公司的实力。

北京慈文影视制作有限公司概况

北京慈文影视制作有限公司是专业的影视制作企业，主要从事影视策划、制作、营销影视节目等业务，是中国第一批被授予电视剧制作许可证(甲种)的民营公司。

公司坚持拍摄精品影视剧的路线，现已发展成为年生产电视剧200小时、后期制作量占中国电视剧市场1/4、年产电影1—2部的全方位综合发展的影视制作公司。经典电视剧：42集古装武侠剧《射雕英雄传》、35集爱情名剧《半生缘》、23集都市时尚剧《真情告别》、42集动漫喜剧《双响炮》、古装武侠电视剧《神雕侠侣》、《七剑下天山》，以及《雪山飞狐》、《家》、《五号特工组》；电影：《七剑》、《天上的恋人》等。此外，还探索拍摄动画片《西游记》。

慈文影视拥有各种摄影、摄像器材，最新型的高清晰度摄像设备和高清后期剪辑设备。慈文影视通过不断努力，已从单一的影视制作发展成为集策划、宣传包装、艺人经纪、后期制作、发行、广告等各个环节紧密一体的完整影视制作机制。

目前出品并拥有版权的作品有100余部近3000集，其中多部获得了国际、国内的艺术大奖，如：《天上的恋人》荣获第15届东京电影节最佳艺术贡献奖、《爱情是蓝色的》荣获中国第二届电视电影百合奖评委会奖。根据AC尼尔森和央视索福瑞的数据统计：2003—2006年期间，慈文制作生产的电视剧在国内各大电视台均位居收视排行榜的前列。

产业发展

2009/《北京广播影视年鉴》

——记录行业情况　服务业内和社会——

北京市广播影视产业发展综述

第三届中国北京国际文化创意产业博览会外景

2008年，北京市广播影视产业继续保持较快的发展速度。全市广播影视创收84.82亿元，比2007年增长30.4%。其中，广告创收38.52亿元，比上一年增长21.4%；网络收入14.7亿元，比上一年增长20.49%。北广传媒集团业务收入20亿元，比上一年增长8.9%；北京人民广播电台经营收入7.02亿元，比上一年增长17.6%；北京电视台经营收入27.86亿元，比上一年增长14.4%。

广播电视节目交易情况

国家广电总局副局长胡占凡在第十四届上海电视节与海润影视董事局刘燕铭交谈

努力打造全国最大的广播电视节目制作和交易中心，是北京市发展文化创意产业的一个重要目标。2008年，北京市广播影视节目制作经营单位新增200家，注册资金约15亿多元。截至年底，全市批准广播影视节目制作经营单位累计达到772家，比2007年增长36.2%。具有网络传播视听节目资质的机构47家，是2007年的3.5倍。广播影视节目制作经营单位的大量增加，促使广播影视节目的生产和交易日趋活跃。目前，北京市广播影视节目制作经营的各单位，已与国内外众多广播影视传媒机构建立了广泛的业务合作关系，越来越多的广播影视产品销售到全国和世界各地的影视市场。

北京电视台在电视产品的销售上，积极开拓国内国际两个市场。2008年，国内电视节目销售收入1539.17万元，其中版权栏目销售收入815万元，比上一年增长15.6%。发行范围覆盖全国45个地区，发行栏目45个，比上一年增长18%。与此同时，北京电视台还与国外新老客户建立了良好的合作关系，逐步扩大节目版权交易。2008年，海外发行业务收入达到65万元，发行区域涉及新加坡、马来西亚、卡塔尔、荷兰及香港等5个国家和地区。

影视剧生产经营情况

电视剧《乔省长和他的女儿们》剧照

2008年，北京加大了优秀影视剧生产的扶持力度。市广电局和北广传媒集团联手投资200万元，面向全国开展“优秀剧本征集活动”，共征集作品1400多部，有18部作品获奖。这项活动，不仅征集了一批优秀影视剧剧本，而且对活跃全市影视剧创作，促进精品剧作的生产也起到了推动作用。全年共生产电视剧75部2389集。一批优秀作品如《乔省长和他的女儿们》、《漕运码头》、《春草》、《震撼世界的七日》等播出后产生了良好的社会反响。

动画片生产经营情况

这一年，北京市共生产动画片12部、435集、7380分钟，比2007年有较大增长。北京电视台在打造北京卡酷动画卫视播出平台的同时，还积极向动漫产业上游动画制作和动漫产业下游动漫衍生品开发及销售延伸，建设了融动画创意、制作与数字化播出为一体的“动画卫视综合制播平台”，推出了卡酷全卡通动漫嘉年华、中国（北京）国际大学生动画节等品牌活动，开办了卡酷旗舰店实体店和卡酷卡通特许零售店，发行了大型儿童动漫全景月刊《卡酷全卡通》，变单一的媒体广告收入为多元业态收入，实现多元化规模化增长。2008年频道广告收入年增长率达到18%，营业收入总额增长率73%，公司总资产翻两番，净资产为公司化运营前的3倍，成为国内增长最快和利润率最高的动画少儿频道，以及业界公认的中国最有影响力的动画媒体第一品牌。

动画片《喜羊羊与灰太狼》剧照

广播电视广告经营情况

2008年，北京市广播电视广告经营创收，克服了金融危机造成的严重困难，保持了继续增长的良好势头。全市广播电视广告收入达到38.52亿元，比2007年增长20.49%。北京人民广播电台加强广告经营的科学管理，妥善处理各种关系，使广告创收继续增长。全年广告收入6.2亿元，比2007年增长11.1%。北京电视台在2008年的广告经营中，采取稳住大客户，保存量、争增量的策略，与国际4A广告公司代理的国内外大品牌客户建立了稳固的合作关系，确保了广告创收在困难的情况下不但不减少，而且继续增长。这一年，全台广告收入达到25.5亿元，比2007年增长了18%。京郊14个区县广电中心也千方百计扩大广告经营规模，广告收入普遍有所增加。特别是顺义区广播电视中心，充分利用本区经济发达的优势，大力开展广告经营创收，全年收入突破2000万元大关。

有线电视网络建设经营情况

2008年，北京有线电视网络建设成绩显著。

一是完成了奥运有线电视专网建设。共完成北京奥运会京内50个场馆有线数字电视专网系统的设计与建设工作，其中包括31个竞赛场馆和奥运村、媒体村、奥林匹克大家庭饭店、奥运大厦、主新闻中心、国际广播中心等19个非竞赛场馆。奥运专网建设管道近300公里，敷设光缆256公里，建设奥运总前端、IBC前端各一个，传输机房27个。专网覆盖总端数为46560端，奥运赛时共使用20000余端，使用标清机顶盒14500台，高清机顶盒1400台，以及部分双向高清机顶盒。奥运专网共传输40套标清赛事实况转播节目、4套高清赛事实况转播节目和21套商业节目。

北京北广传媒集团参展展台

二是建设启用新总前端。经过1年多的建设，歌华有线新总前端于2008年5月16日全面启用。新总前端集全市模拟电视总前端、数字电视总前端、奥运专网前端、网管中心等多功能为一体，系统合理，设备选型精良，达到了国际一流水平。

三是进行环境整治和架空缆线入地。歌华有线克服施工周期短、工程量大、施工难度高等诸多困难，按时完成了164条大街的缆线整治任务，完成了奥运场馆周围27条大街的地区管道建设和光缆入地工程，进行了94条大街的光缆清理整治工作。敷设光缆1172公里，是前两年管道内敷设光缆的总和。

四是开展双向网建设与改造。全年新建双向网6万户，改造40余万户，年底双网总数达到170万户。

有线电视数字化情况

2008年，北京市有线电视数字化整体转换取得突破性进展。全市已完成数字化转换190万户，成为全国数字电视用户最多的城市。

（一）圆满完成新增70万有线电视数字化用户的推广任务。截至2008年12月底，已有东城、西城、崇文、宣武、朝阳、海淀、丰台、石景山、昌平、通州、大兴、顺义、怀柔等13个区县1867个小区进行了有线电视数字化转换。全市有线电视数字化试点用户总数达到190余万户，占全市有线电视注册用户的50%。

北京歌华有线电视网络公司数字电视推进现场

（二）顺利完成全市190万台机顶盒的在线升级工作。这是全国乃至亚洲地区规模最大的一次机顶盒在线升级。歌华有线相关技术部门克服技术难度较大、实施流程无例可循等困难，确保了升级工作平稳实施。

（三）加紧推进双向交互业务。北京数字电视交互式有线传输实验工程项目正在启动，这是在北京有线数字电视已取得研发成果的基础上，分别在城区和村镇进行数字电视交互式有线传输实验，推动数字电视服务向双向、交互、多功能方向发展，满足人民群众的个性化、多样化需求，使有线电视网络成为家家户户都能享用的多媒体信息综合服务平台。

（四）积极服务奥运，创造三项第一。歌华有线建设维护的北京奥运会有线数字电视专网实现了奥运史上的“三个第一”：第一次对全网广播的电视节目通过数字电视的方式提供服务；第一次在专网中提供高清晰度数字电视服务；第一次对奥组委指定的区域和用户提供比赛视频点播（GVOD）服务，成为北京奥运会的科技亮点之一。

广播电视新媒体发展情况

2008年，北京市广播电视新媒体建设步伐加快。北广传媒集团移动电视新装车辆2317辆，新增终端屏幕4634块，公交车安装移动电视总数达到12000辆，终端达24000块，分布在全市380多条公交线路上；城市电视新增屏幕1000多块，终端总数达到11000多个；城区大屏幕电视建成13块，成为影响力逐步扩大的户外新媒体；地铁电视新增1号线、2号线的31组列车，安装终端显示屏1116块，终

公交车乘客在收看北京传媒移动电视

端总数达到7476块。北京人民广播电台“播播视频”总节目量超过15000段，时长达3400多小时；DAB数字音频广播加强对重点卖场和连锁店等公共场所的覆盖，在听众中的影响力正在逐步扩大；1039新媒体机作为电台自主知识产权的新产品，在奥运会召开之前已经上市销售。

北京电视台手机电视已于2008年7月30日召开主题为“融合视界，掌握精彩”的开播新闻发布会，公司化运作和融资工作正在紧张有序地进行；北京宽频在保持频道正常直播的基础上，增加了点播节目内容，并加强了网台互动，在受众中的影响不断扩大；无线增值业务和网络版权销售业务不断拓展，《BTV爱车》手机报内容不断丰富，涵盖面不断扩展，已获得用户的初步认同。

影视产业集聚区的建设情况

怀柔影视基地建设步伐加快，核心区注册的影视制作和文化传媒公司已有80多家。基地的龙头企业——中影集团已正式投入运营，越来越多的影视剧目在这里制作。大兴区国家新媒体产业基地——星光影视园吸引了国际、国内60多家传媒机构来此开展业务，发展态势越来越好。CBD国际传媒产业集聚区呈现良好的发展势头，中央电视台、北京电视台东迁带来传媒机构集聚效应日益显现，已有千余家国际国内传媒企业在朝阳落户。石景山、通州等区县也有众多文化影视企业入驻。

文化会展情况

中国电影博物馆举办电影器材和道具展

北京歌华文化发展集团举办“古典与唯美”展

2008年，在第三届北京文化创意产业博览会上，北京市广播电视局举办了主题为“改革开辟新路，发展创造辉煌”的展览，全面系统地展示了北京市广播电视改革开放30年的辉煌成就。中国电影博物馆在2008年举办了多场电影展览和专题活动，如电影人物蜡像展，电影器材、道具展，主题电影展等，总场次达2724场，参加人数达30.2万人次。北京歌华文化发展集团的文化会展，经过几年的努力，已经形成了“世界文明”、“艺术大师”、“民族文化”、“社会教育”、“创意设计师”等系列品牌。2008年，成功举办展览、活动100多项，如“同一个世界，同一个梦想”大型奥运主题展览，第32届国际藏书票双年展，想象的时空——杰利·尤斯曼摄像巡展等，创造了较好的经济效益和社会效益。

（北京市广电局史志办、北广传媒集团办公室）

广播电视覆盖

2009／《北京广播影视年鉴》

——记录行业情况　服务业内和社会——

北京市广播电视覆盖情况

北京市广播电视覆盖工作主要以无线和有线相结合的方式进行全面覆盖。

2008年，重点扩大了远郊区县农村广播电视无线节目覆盖综合面积和综合人口比例。这一工作，从2006年初到2008年6月份，北京市广播电视无线覆盖工程建设立项、调研和建设历时两年半，工程建设人员累计行程十多万公里，参加调研达一千多人次，联系市属单位、部门近40个。

截至2008年6月30日，北京市广播电视转播站如期开通，远郊区县农村广播电视无线节目覆盖综合面积和综合人口比例有了显著的提高。

无线覆盖转播站建成前后，北京人民广播电台新闻广播信号全市覆盖人口与面积对比数据如表1所示，其中北京人民广播电台新闻广播信号覆盖远郊区县的人口达到90%，约有285万人。

北京市广播电视覆盖情况（表1）

	全市覆盖面积比例	全市覆盖人口比例
转播站建设前	33.09%	83.21%
转播站建成后	87.45%	96.60%

2008年无线覆盖转播站建成后，北京人民广播电台新闻广播信号全市覆盖图如下图所示。

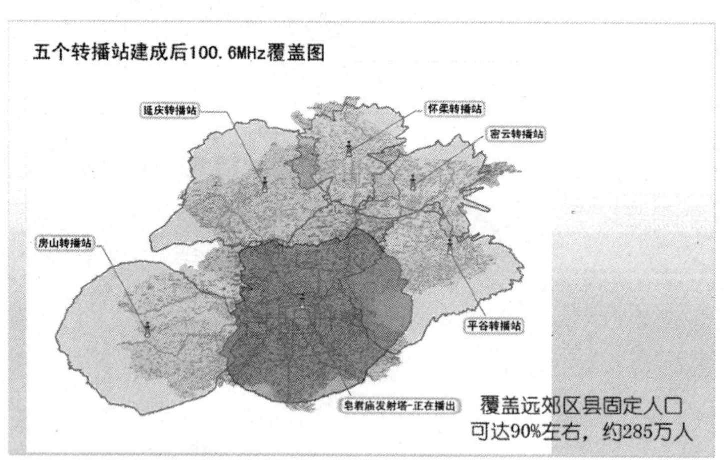

（北京市广播电视局科技处）

北京人民广播电台节目覆盖情况

2008年，北京人民广播电台制作的16套广播节目，分别采用无线调频广播、无线中波调幅广播、无线数字音频广播DAB、卫星广播DVB－S、有线调频广播、有线数字广播DVB－C、互联网广播的方式播出。

表Ⅱ

频道名称	播出参数				
	无线广播			有线广播	
	中波	调频	DAB	有线调频	有线DVB－C
新闻广播	828KHz	100.6MHz	新闻广播	90.4MHz	301
城市服务管理广播	1026KHz	107.3MHz	城管广播	91.9MHz	302
故事广播	603KHz		故事广播	89.1MHz	303
体育广播		102.5MHz	体育广播		304
交通广播		103.9MHz	交通广播	95.6MHz	305
文艺广播		87.6MHz	文艺广播	93.8MHz	306
音乐广播		97.4MHz	音乐广播	94.6MHz	307
外语广播	774KHz		外语广播	97.8MHz	311
爱家广播	927KHz		爱家广播	92.7MHz	316
古典音乐广播			古典音乐	98.6MHz	308
通俗音乐广播				97.0MHz	309
有线教学广播				99.4MHz	310
长书广播			长书广播	104.3MHz	312
有线戏曲曲艺广播				105.1MHz	313
欢乐时光广播			欢乐时光	106.5MHz	314
怀旧金曲广播			怀旧金曲	107.5MHz	315
新闻广播和城市服务管理广播上星播出，播出平台参数为中星6B、C波段、垂直极化、频率3951MHz、符号率9520、纠错方式3/4、PID为1、音频ID为257、左声道为新闻广播节目、右声道为城市服务管理广播节目。					
互联网用户可以登录www.rbc.cn或www.rbc.com.cn在线实时收听全部16套广播节目					

一、无线调频广播覆盖

1.交通广播、文艺广播、音乐广播三套调频立体声节目分别使用103.9MHz、87.6MHz、97.4MHz三个频率在中央广播电视发射塔播出，发射功率各为10千瓦。如果使用车载接收机或手持接收机在室外接收，在北京市行政区划内的平原地区都能进行良好接收。

2.新闻广播、城市服务管理广播、体育广播三套调频单声道节目分别使用100.6MHz、107.3MHz、102.5MHz三个频率在皂君庙发射台播出，发射功率分别为200瓦×2、100瓦和3千瓦。由于天线高度低和发射功率小，故采用单声道模式播出，使用车载接收机或手持接收机，在市区六环路内室外都能良好接收，在北京市行政区划内的平原地区接收效果也能达到可听的水平。

3.北京三面环山，山区地形对于无线广播信号的传播有很大影响。中央广播电视塔发射的信号经百望山（海拔220米）阻挡后损耗达到20dB，经香山（海拔550米）阻挡后损耗达到40dB，而继续进入山区后层峦叠嶂的阻隔使得信号无法覆盖到远郊山区。

2008年，完成房山、延庆、怀柔、密云、平谷等5个广播电视山区转播站的建设，现各个站点已经开始播出新闻广播调频100.6MHz的节目，使得新闻广播的覆盖范围扩展到了北京全境。

二、中波调幅广播覆盖

中波信号的辐射不仅受到山势地形的阻碍，地表土壤被建筑物和道路遮盖导电率下降和城市高大密集建筑物对中波信号造成严重损耗，再有各种电气设备、交通工具产生的电磁干扰使得中波频段本地噪声增大。到了晚间，几百甚至上千公里外的外地同频率或邻近频率天波信号带来干扰，这些使得中波在城区的覆盖越来越艰难。

北京人民广播电台中波广播全部在804发射台进行发射，其中新闻广播828KHz，城市服务管理广播1026KHz采用50千瓦功率发射，故事广播603KHz、爱家广播927KHz采用25千瓦功率发射、外语广播774KHz采用10千瓦功率发射。如果使用车载接收机或使用手持接收机在室外进行接收，在北京市郊区的平原地区接收效果良好，在城区内上述5套节目也能达到可以收听的效果。由于接收地点周围出现强电磁干扰信号，无法正常收听的情况也时有发生。中波发射台位于东北四环外，受信号穿越高大密集建筑影响，中波广播的接收效果四环外强于四环内，城东、城北好于城西、城南。

三、无线数字音频广播DAB

数字音频广播DAB是当今先进的广播技术，目前在北京有5个发射站点，包括中央广播电视发射塔、亚运村名人广场、广电总局491发射台、顺义广电中心、大兴广电中心，覆盖效果和声音质量都是无线广播中最好的。

在市区四环路内区域可以保证手持终端在室内、公交车内、轻型机动车内各种移动接收条件下接收到高质量的节目信号。

在市区六环路内区域，对于使用手持便携接收机在机动车内进行接收，除个别高大建筑物非常密集的地段，信号可良好接收。

在六环路外的平原地区，虽然数字广播的信号有所减弱，但由于没有密集的高大建筑物遮挡，数字广播的覆盖效果良好。

四、有线广播覆盖

对于在室内接收广播信号的听众，由于所处位置的楼层、房屋结构布局、墙体材料、房屋的进深、窗户朝向等众多因素影响，无线信号的衰耗情况与室外相比差异从几倍到甚至成千上万倍，故接收效果无法全部保证。

北京电台全部16套广播节目均已通过有线调频广播或有线数字广播的方式送入歌华有线电视网络。

有线调频广播均采用立体声模式播出，具有信号稳定，不受外界干扰的优势，如有接入音响的调频天线端口，节目的收听质量非常好。

有线数字广播需要使用有线数字机顶盒接收，由于采用256Kbps高码率播出，声音完全可以达到CD质量。

（张旭　章通　邓亚程）

北京卫视和卡酷卫视覆盖情况

2008年，北京卫视和卡酷卫视落地工作发展很快。根据北京美兰德媒体传播策略咨询有限公司提供的调查数据显示，目前北京卫视覆盖可接收人口为8.01亿；卡酷动画频道在全国同类专业频道中覆盖面积也处于领先地位。

1.北京卫视在36个省会城市、直辖市及计划单列市已完全覆盖，同时还针对广州、武汉、长沙、兰州4个城市省市两网共存的局面，进行了两网同传，以弥补4个城市覆盖的不足。

2.签约完成245个地级城市的落地项目，已有24个地级城市自主落地。据统计，全国共有333个地级以上城市（州），北京卫视现已覆盖269个，约占总数的80%。

3.签约县级市（县）落地项目共1334个。另有384个县级市（县）自主接收北京卫视落地，目前已有1718个。据统计，全国共有2867个县级接收前端，北京卫视已覆盖其中的60%。

4.国内大中型城市酒店有线电视接收方式独立于公共网之外，为此，北京卫视在全国部分广告资源和旅游资源较为丰富的城市中，选择235家四星、五星级酒店进行专项落地覆盖。

5.北京电视台卡酷动画频道已在天津、重庆、南京、杭州、青岛、厦门、东莞、珠海及内蒙古省级网（包含12个地州市）等32个城市实现落地。

（北京电视台）

北京电视台光缆传统覆盖新进展情况

北京电视台应急新闻回传网，是在1997年至1998年两年间建成，是北京市广播电视系统除北京歌华有线电视网络公司外，唯一拥有覆盖北京14个郊区区县的光缆干线网络，总长约为600公里。应急新闻回传网兼有以下传输功能：

一、初期功能

1.北京歌华有线电视网络公司成立前，北京电视台各频道14个区的节目信号覆盖。

2.北京歌华有线电视网络公司成立后，将北京电视台的10套节目（BTV-1至BTV-10）传送到10个郊区区县的歌华分公司，作为歌华公司的一路传输路由，其中传输频道节目有主路也有备路。

二、目前功能

1.与北京市市政府指挥中心联网，用于应急指挥北京市突发事件，明确此线路为传输的主要通路。

2.与北京市交通管理局主备两路光缆连通，承担每天的路况直播。

3．与北京市气象局主备两路光缆连通，传输每天的天气预报图像及资料。

4．与北京市广播电视局监测台光缆连通，实时监测北京电视台各频道的安全播出情况。

5．北京电视台的各个频道电视信号传送到各区县的歌华分公司，作为备路传输。

6．全市14个郊区区县广播电视中心的新闻素材全部通过此线路及时传回北京电视台，每天进行新闻的收录，承担着关键性的业务。

（北京电视台）

北京北广传媒移动电视公司单频网建设发展情况和覆盖情况

截至2008年，北京北广传媒移动电视公司已建有一主三辅四部发射机，并建成多部直放站，初步形成4+N的网络布局，实现了六环路内的有效覆盖，覆盖面积达6000余平方公里，单频网覆盖规模大、覆盖效果好。

（北京北广传媒移动电视公司）

北京市广播电视村村通系统覆盖情况

2008年，北京市广播电视实现在村村通卫星闭路系统中增加接收中央电视台的奥运频道节目，覆盖范围扩大到了北京歌华有线电视网络尚未覆盖的北京市山区地区。

该专项投资近240万元，北京市广播电视局组织统一采购卫星解码器和调制器设备，于2008年7月28日前，完成全部的设备加装、调试工作，使分布在北京市门头沟、昌平、怀柔、平谷、房山、密云、延庆等7个山区区县679个村村通系统的6万余户、17万多人收看到了中央电视台奥运频道的电视节目。

一批“村村通”工程竣工，北京市广电局局长孙向东向建设者赠送锦旗

奥运会、残运会结束后，又将该频道调整为接收央视新闻频道，使全市广播电视村村通系统增加了一套电视节目。

（北京市广播电视局社会管理处）

顺义人民广播电台有线广播覆盖情况

顺义人民广播电台目前拥有无线和有线两种传输途径。

无线传输时间每天16.5小时，覆盖顺义全境及本市朝阳、通州、平谷、密云、昌平、河北三河等地，有效覆盖面积3000多平方公里，有效收听人数近170万。

有线传输时间每天3.5小时，线路全长240余公里，拥有低音柱2560余只，无人值守二级功放站13个，覆盖整个城区45条主干道及周边马坡、牛栏山等13个镇。

截至2008年年底，顺义人民广播电台已完成全区18个镇农村的有线广播工程，实现了村村通广播。

（顺义区广播电视中心）

平谷区世纪广场大屏幕电视建设和使用情况

由平谷区广播电视中心承建的世纪广场大屏幕电视建设项目是被北京市政府列入奥运前重点折子工程。

大屏幕核心设备——彩色屏箱体采用日亚原装进口红绿蓝LED管，显示屏控制系统采用美国视频图像处理器。为确保质量，在进口设备运达上海海关时，广电中心及时组织技术人员前往验货，并对工程建设进行全程监管。

大屏幕电视建设工程于2007年11月底全部完工，2008年1月28日，世纪广场大屏幕有线电视信号接通，标志着这项民心工程圆满完成。建成后的大屏幕电视具有完善的防尘、防水、防雷、防风等安全措施，整体画面宽高比为4：3，显示寿命10万小时。

2008年6月26日世纪广场大屏幕电视正式开播，97平方米大屏幕电视较好地满足了信号播出和图像显示要求，图像质量清晰稳定，施工工艺精细，工程质量较好，基本符合招标文件的技术要求。

广场大屏幕电视开播后，每天播出平谷新闻、北京新闻、中央电视台新闻节目。奥运会、残奥会期间，大屏幕电视发挥了重要的作用：大力宣传新北京、新奥运，全方位播放精彩赛事，极大地满足了群众的观赏热情，特别是在8月8日北京奥运会开幕当晚，4万多人云集世纪广场大屏幕前观看直播奥运会开幕盛况。

开播至2008年底，广场大屏幕电视已累计播出1800多小时，奥运会、残奥会期间每日播出14小时，共播出630小时。

作为大屏幕电视的管理者，广电中心一方面责成专人维护好设备，加强值班，确保安全正常播出；另一方面还要对播出内容进行严格的审查把关，保障大众文化的品质，让大屏幕电视真正发挥丰富居民文化生活的作用。

（刘义华）

密云广播电视转播站建设和覆盖情况

密云县转播站建设是北京市政府为民办事折子工程之一，2007年9月正式开工建设，按照设计要求转播站建成投入使用后，山区用户可收看中央1套、中央7套、北京1套以及密云电台、电视台的节目，全县广播电视山区无线覆盖率达90%以上。

转播站占地面积0.2677公顷，2007年年底完成200平方米转播发射机房主体及转播站塔基的基础建设。铁塔的施工在2008年年初展开，从运输到施工安装，确保每一个细节都达到设计要求。

2008年建成使用的密云县广播电视转播站

在各项施工过程中，本着百年工程的质量标准严格要求，施工同监理方和设计方密切合作，对工程中出现的各种问题，尊重科学，尊重设计，为设计方提出详细的修改意见和构想，要求原设计方科学合理地修改方案，得到了施工方的理解和支持并具体实施。

工程于2008年6月竣工，转播站供电、发射、监控、照明等各项设备的安装调试工作完成并投入使用，2008年奥运期间整个系统运转正常，密云山区人民收看到了高质量的奥运赛事转播。

（密云县广播电视中心）

密云县电子大屏幕建设和奥运会转播情况

按照密云县委宣传部的要求，2007年9月密云县广播电视中心开始承建奥运文化广场电子大屏幕。100平方米的电子屏幕，担负着密云县宣传北京2008年奥运会的重要任务。电子大屏幕于2007年底完成土建和大屏的安装工作。2008年初对大屏的播控和大屏主体进行多次改进、更换、调试。经过几个月的试运行，确保了大屏的播出效果和工作稳定性。为保证播出质量和播出安全，对信号源进行了改进，使信号源直接从歌华有线机房

密云县建设的大屏幕在播出

通过光缆送入到播出设备，提高了节目的传输质量。奥运期间，大屏从每天早8：00—晚10：00不间断播出，为市民及外地民工提供了观看奥运会精彩赛事的有利条件，深受人们的欢迎。

（密云县广播电视中心）

延庆县广播电视覆盖情况

一、广播电视“村村通”覆盖

从1998年北京市政府实施广播电视“村村通”工程惠及农村以来，延庆县广播电视中心承担工程的建设和维护维修任务，截至2008年底已经建成224个“村村通”系统，其中有155个卫星＋闭路系统和69个卫星＋切换系统。共涉及255个自然村：卫星＋闭路包括221个村；卫星＋切换包括34个村。目前用户达到2.3万多户，其中和乡镇政府联网的有：刘斌堡乡15个行政村、千家店镇19个村、沙梁子地区10个村、珍珠泉乡5个村、井庄镇13个村。

广播电视“村村通”工程在全县覆盖率达到100%，确保了山区人民能够清晰地收看到8套以上电视节目。

从2005年市政府对已建“村村通”系统进行模拟转数字工程，2006年对“村村通”系统增加到8套节目和对9个运行10年以上的系统进行升级改造，2007年对47个系统进行升级改造，2008年对24个系统进行升级改造。

二、建立转播站无线覆盖

延庆县浆棚山无线覆盖转播站工程是市政府为民办事折子工程。

2007年4月初，中心工程技术人员利用5天的时间分别到4个乡镇，进行实地察看地形地貌，为无线覆盖转播站选址，最终选定在刘斌堡乡上虎叫村的浆棚山。同年5月，工作人员分别和相关部门、单位进行协商，得到了各个相关单位的大力支持，并在11月初，完成了2007年的全部工程计划。

延庆县“村村通”工程

2008年7月15日，发射塔土建工程竣工，转播站所有设备到位，各厂家对所有设备进行调试均已完成。2008年7月20日，所有设备经过调试正常运行并投入使用。该项工程建成投入使用后，延庆县广播覆盖率达到90%，保证了山区人民能够正常、清晰地收听3套广播节目，收看到清晰的中央1套、中央7套、北京1套和本地电视节目。电视无线信号覆盖方圆5公里。

（延庆县广播电视中心）

延庆县文化广场大屏幕建设情况

延庆县文化广场大屏幕于2007年9月18日开始破土动工,基础建设及屏体焊接组装全面展开,同时选择好控制机房及供电配电箱的具体位置。为保障大屏幕不间断供电,供电部门要求采用双路供电,办理这几项手续做了大量工作。该工程投资共计540万元,在2007年12月15日之前完成调试工作,进入试运行阶段。2007年12月10日大屏幕正式调试完成,通过了市局及专家组的测试验收。

延庆县建设的大屏幕在播出

2008年5月1日,奥运大屏幕投入使用,奥运会、残奥会期间共有几十万人次观看转播精彩赛事,丰富了延庆奥运文化广场的文化生活,广电中心圆满完成转播工作,没有出现任何事故。

(延庆县广播电视中心)

频率频道

2009/《北京广播影视年鉴》

——记录行业情况　服务业内和社会——

频率频道介绍

北京人民广播电台频率一览表

频率名称	开办时间	播出时间	节目栏目设置
新闻广播 FM100.6 AM828	1993年3月1日	0：00—24：00	转播中央人民广播电台《新闻和报纸摘要》、《北京新闻》、《新闻热线》、《新闻大视野》、《大宝体育大世界》、《资讯早八点》、《健康有约》、《你早，北京》、《健康乐园》、《文明之光与奥运同行》、《气象服务》、《生态北京》、《人口直通车》、《我的奥运情》、《钱来钱往有话说》、《法制天地》、《新闻天天谈》、《评话2008》、《议政论坛》、《环球采风》、《财税周刊》、《温馨之声》、《记忆里的歌声》、《法制晚报时间》、《828军情瞭望》、《新闻2008》、转播中央电视台《新闻联播》、《纪实广播小说连播》、《教育面对面》、《财智风云榜》、《人物周刊》、《心目影院》、《都市夜心情》、《动情时刻》
城市服务管理广播 FM107.3 AM1026	2005年3月1日	5：00至 次日1：30	《今日有约》、《似水年华》、《七点早新闻》、《市民热线》、《城市零距离》、《生活公告牌》、《奥运百事通》、《安全新干线》、《开心广场》、《评书奥运》、《城市零距离（服务版）》、《茶余饭后话北京》、《老年之友》、《国际汇市报道》、《市民热线（直播版）》、《社区内外》、《中国财经60分》、《财富星空》、《城市印象》、《历史传奇》
首都 生活广播 AM603	2004年1月1日	5：00至 次日1：30	《天下生活》、《消费者热线》、《生活进行时》、《历史聊斋》、《知识开讲》、《生活探秘》、《首都健康在线》、《奥运健身与你同行》、《旅行记》、《城市生活语录》、《长书天地》、《播客秀》、《我的收藏》、《购物英雄》、《说烦解忧》、

续表

频率名称	开办时间	播出时间	节目栏目设置
			《今晚拍案》、《读书俱乐部》、《603节目展播》
体育广播 FM102.5 AM927	2002年1月1日	5：55至 次日1：00	《我爱国粹》、《百年笑声》、《体育新世界——雄鸡唱晓》、《奥运健康大讲堂》、《评话2008》、《体育新闻》、《体坛乐话》、《玩家》、《体育新世界——喜鹊登枝》、《聊聊吧》、《饭点儿说吃》、《奥运啦啦队》、《体育新世界——金戈铁马》、《体坛夜话》、《奥运趣事通》、《谈心》、《体育新观察》
音乐广播 FM97.4	1993年1月23日	0：00—24：00	《男左女右》、《中国歌曲排行榜》、《永恒的魅力》、《古典也流行》、《我的音乐博客》、《特别创意》、《美丽清晨》、《音乐叫你醒》、《记忆的唱片》、转播中央人民广播电台《新闻和报纸摘要》、《先听为快》、《中国歌曲排行榜》、《唱响奥运》、《永恒的魅力》、《彩铃乐翻天》、《古典也流行》、《午后大道东》、《沸腾97度4》、《我的音乐生活》、《金典风尚》、《英伦音乐风》、《全球华语歌曲排行榜》、《爱车音乐·动听生活》、《走进2008》、《欧美歌曲排行榜》、《热舞派对——iMix》、《我为歌狂》、《我的音乐博客》、《在流行》、《统一心情世界》、《甜蜜对对碰》、《国家大剧院》
文艺广播 FM87.6	1994年4月1日	5：30至 次日1：30	《养生之道》、《空中笑林》、《早安北京》、《天下行》、《幽默集装箱》、《健康乐园》、《娱乐杂货铺》、《小说连播》、《评书连播》、《音乐一线牵》、《快乐秀场》、《甜蜜蜜》、《新音乐风暴》、《娱乐72变》、《开心茶馆》、《好歌回放》、《快乐高尔夫》、《吃喝玩乐大搜索》、《环球旅行家》、《爱星满天》、《演艺群英会》、《智慧榜样》、《话说天下》、《广

续表

频率名称	开办时间	播出时间	节目栏目设置
			播剧场》、《武林天下》、《子夜柔情》、《午夜拍案惊奇》、《悬疑剧场》、《奇闻夜谈》
交通广播 FM103.9	1993年12月18日	0：00—24：00	《夜歌》、《谜幻时空》、《流行外传》、《娱乐大篷车》、《音乐旅途》、《一笑堂》、《激情岁月》、《交通新闻热线》、《交通新闻》、《今日交通》、《一路畅通》、《欢乐正前方》、《汽车天下》、《警法时空》、《路况会商室》、《百姓TAXI》、《长书连播》、《1039交通服务热线》、《车友音乐时空》、《行走天下》、《新闻直通车》、《动感北京——舞动奥运》、《有故事的人》、《蓝调北京》、《有我陪着你》
外语广播 AM774	2004年9月17日	6：00—24：00	《英语自助餐》、《私房拷贝》、《城市节拍》、《在音乐上——把耳朵叫醒》、《咚咚腔儿》、《私房拷贝》、《在音乐上——午间小憩》、《奥运英语PK台》、《名师在线》、《感受北京》、《在音乐上——落日余温》、《奥运同心结》、《小鬼当家》、《环球60分》、《音乐漫步》、《法国音乐风情》、《俄罗斯风情》、《莱茵音乐之旅》、《东京音乐广场》、《私房拷贝》、《游游吧》、《在音乐上——你还在线吗》、《夜读》
有线 教学广播 FM99.4	2002年1月1日	6：00—24：00	《现代汉语》(一)、《现代汉语》(二)、《现代汉字学》、《现当代文学专题研究》、《中国现当代文学名著选讲》、《古代汉语》、《汉语专题2》、《比较文学概论》、《美学专题》、《语言逻辑学》、《经济应用文写作》、《外国文学》、《非言语交际》、《唐诗宋词选讲》、《老年科学健身》、《老年心理》、《中国古代文学》(上)、《中国古代文

续表

频率名称	开办时间	播出时间	节目栏目设置
			学》(下)、《广告经营》和《中国近现代史》、张道真《自学英语》、《每日一招说英语》、《空中英语教室》(初级版、中级版)、《英语快行线》、《学英语话文明》、《英语300句》、《日语300句》、《德语300句》、《法语300句》、《俄语300句》
有线古典音乐广播FM98.6	2002年5月1日	0：00—24：00	《钢琴世界》、《华夏神韵》、《新CD橱窗》、《HIFI时间》、《POPS音乐》、《听室内乐》、《现场魅力》、《历史回眸》、《精品收藏》、《交响空间》、《歌舞剧场》、《钢琴世界》、《华夏神韵》
有线通俗音乐广播FM97.0	2002年5月1日	0：00 – 24：00	《柔情主义》、《极限失真》、《另类空间》、《Hot-Pop》、《Rock八九十》、《老歌也疯狂》
长书广播FM104.3	2002年5月	0：00 – 24：00	《广播剧欣赏》、《经典戏剧故事》、《武林天下》、《言情小说》、《拍案惊奇》、《小说连播》、《精品小说》、《诺贝尔获奖小说》
有线戏曲曲艺广播FM105.1	2002年5月	0：00 – 24：00	《长安大戏院》、《梨园金曲》、《评书连播》、《戏剧空间》、《电影录音剪辑》、《空中曲苑》、《地方戏》
欢乐时光广播FM106.5	2006年9月6日	6:00至24:00	《经典走四方》、《旧单车老情歌》、《下一站的回味》、《金曲无终点》、《音乐在旅途》
怀旧金曲广播FM107.5	2006年9月6日	6:00至24:00	《欢乐无限》、《纪实广播小说连播》、《幽默集装箱》、《相声大会》、《娱乐大篷车》、《谜幻时空》、《百年笑声》、《欢乐故事》

北京电视台频道一览表

频道介绍	开办时间	播出时间	节目栏目设置
北京卫视 BTV−1	1979年5月16日开播。	每天06:00开播，次日06:00结束，播出量为24小时。	卫视频道是以新闻节目为龙头展示精品节目的综合性频道，文化品味大家风范彰显首都新闻品质，构筑国内外新闻传播平台，开创首播独播剧全新品牌，打造明星剧场理念。塑造经典专栏节目，营造纪实故事的文化情怀。 2008年在奥运期间，奥运节目部应运而生，新闻、体育、海外等各中心，推出各档奥运上星节目。其宗旨是营造浓烈的奥运氛围，记录推进城市的文明进程，为北京添彩，为奥运助威。 主要栏目《北京新闻》、《北京您早》、《特别关注》、《晚间新闻报道》、《新闻手语》、《搜城记》、《五百强在北京》、《真实档案》、《京华剧场》、《身边》、《通向2008》、《我爱北京》、《奥林匹克人物访》、《祝福北京》、《现在行动》、《争霸王中王》、《奥运在身边》、《唱响奥运》、《珍藏奥运》、《奥运知多少》、《纪实天下》、《国际双行线》、《环球冲浪》、《这里是北京》、《中华文明大讲堂》、《天下收藏》等。
文艺频道 BTV—2	1988年12月30日开播。	每天06:00开播；次日凌晨02:30结束。	文艺频道以“以深层的综艺内容打造前沿看点，以新的形态的文娱形式提升北京人的生活品质”为宗旨，涵盖了明星访谈、影视专题、综艺互动、文娱资讯以及大型综艺晚会、歌会等不同风格、类型的节目。将全面提升节目收视率、美誉度和文化品位。鼓励频道多元化发展，有效吸引中高文化的年轻观众，拓展受众群，近一步增强频道的影响力和竞争力。 主要栏目有《每日文娱播报》、《天天影视圈》、《百姓秀场》、《影视风云路》、《精彩乐翻天》、《神州音画》、《星夜故事秀》、《光荣绽放》、《北京剧场》。

续表

频道名称	开办时间	播出时间	节目栏目设置
科教频道 BTV-3	1999年12月27日开播，其前身为1993年11月1日开播的以教学节目为主的二十七频道。	每天06：00开播，次日凌晨02：04结束。	科技频道以传播科学、教育理念的窗口，科技、教育、文化、健康、法治节目组成科教传播平台。电视剧及引进精品节目组成一个立体传播网络。2008年主要栏目为《法治进行时》、《大家说法》、《现场说法》、《魅力科学》、《名师讲坛》、《教育点点透》、《美丽大讲堂》、《金色时光老年大学》、《祝你健康》、《传奇》、《强档故事汇》、《生命、生育、生活》、《星月剧场》等。
影视频道 BTV-4	1992年5月4日开播。	每天06：00开播，次日02：00结束，播出量为24小时。	影视频道为专业化影视频道，24小时全天播出，其宗旨离观众最近的频道，节目最精彩的频道。拓展品牌度和知名度，力争形成观众看电视剧找BTV影视频道的概念，打造北京地区热播剧的符号象征。频道以播出优秀电影、电视剧为主。主要设有《家和剧场》、《休闲剧场》、《英雄剧场》、《晚间情景剧场》、《黄金剧场》、《明星剧院》等。
财经频道 BTV-5	2001年7月1日开播。	每天06：00开播，次日凌晨01：40结束。	财经频道以"创新推动进步、智慧创造财富"为宗旨，向受众展示权威、时效、专业的财经新闻资讯、股市点评。主要栏目有《天下财经》、《留学生》、《数说北京》、《首都经济报道》、《天天理财》、《财富志》、《天下收藏》、《北京议事厅》、《经济法眼》、《超级访问》、《名人堂》、《财智人物》、《环渤海经济圈》。
体育频道 BTV-6	1986年12月30日开播。	每天06：00开播，次日06：00结束，播出量为24小时。	体育频道汇集赛事转播、体育新闻、专栏节目，包容竞技体育、健身运动，既服务于百姓，也服务于奥运。2008年在奥运倒计时的一年中，最重要的内容是围绕奥运备战展开，努力做好"好运北京"测试赛的报道、制作与参与制作多项奥运专题的大型活动。主要栏目有《快乐健身一箩筐》、《足球100分》、《篮球风云》、《桌上运动》、《较

续表

频道名称	开办时间	播出时间	节目栏目设置
			量》、《经典回眸》《体坛资讯》、《足球世界波》、《天天体育》等。 频道转播体育赛事占播出总量70%。包括世界杯足球赛、欧洲足球锦标赛、欧洲冠军联赛、国际篮球NBA赛事、中国足球超级联赛、CBA中国男篮甲A联赛等。
生活频道 BTV-7	1996年11月8日开播。	每天06：00开播，次日凌晨02：00结束。	生活频道节目内容贴近生活，注重服务，立足京城，服务咨询衣、食、住、行，用行动让生活更美。将实现打造都市生活服务频道的第一品牌的目标。主要栏目：《健康生活》、《食全食美》、《生活秀》、《生活面对面》、《生活实验室》、《7日7频道》、《第7日》、《快乐生活一点通》、《心灵密码》、《大城小事》、《时尚装苑》、《生活广角》、《我爱我车》、《你该怎么办》、《魅力前线》、《真情互动》、《生活家》等。
青少频道 BTV-8	2002年1月1日开播。	每天06：00开播，次日凌晨02：00结束。	青少频道定位“服务青年、沟通世界、贴近时尚、引领新潮”。关注青少年成长、打造快乐成长天地。节目类型主要有动画片、谈话节目、科普节目、知识竞赛、才艺展示、音乐节目、青春剧、成才服务节目等。主要栏目有：《炫影院》、《欢乐正前方》、《第八区》、《先锋达人》、《sk状元榜》、《谁在说》、《八区故事》、《北京男孩》、《动感秀场》、《情感部落格》、《探索》、《替身》、《悦读会》等。

续表

频道名称	开办时间	播出时间	节目栏目设置
公共频道 BTV-9	2003年1月1日开播。	每天早6:00开播，次日凌晨2:00结束。	公共频道注重公众共享平台，八方通讯四海采风。以关注北京十八区县的方方面面，发布权威的交通资讯，展现四海旅游风采，纪录社会人情故事为宗旨。主要栏目包括《红绿灯——早间路况直播》、《红绿灯——平安行》、《故事汇》、《我的父亲母亲》、《京郊大地》、《四海漫游》、《手机江湖》等。
卡酷动画卫视 BTV-10	2004年9月10日开播。（动画频道）卡酷动画卫视于2006年10月13日成立	每天早6:00开播，次日凌晨2:00结束。	卡酷动画频道的开播，是我国首个专业动画频道为国产动画业提供了可靠的播出平台，对于扶植民族动画产业、发展先进文化具有重要的现实意义。卡酷动画卫视频道节目资源丰富多彩，国产原创节目策划开发强劲，库存动画总量达到15万分钟左右。主要栏目有：《十分开心》、《闪天下》、《漫画天下》、《七色光》、《动漫卡酷地带》、《小神龙俱乐部》、《乐乐园》、《心语心愿》、《互动123》、《巧手卡通》、《宝贝星计划》等。以及6档动画片剧场《中国制造》、《酷片酷映》、《午喜欢》、《幼幼堂》、《周周聚》、《KAKU周末超级大连播》。推出一系列原创动画片《福娃奥运漫游记》、《快乐东西》、《秦时明月》、《快乐星猫》、《龙图公案》等。
长城卫星频道（北美／亚洲／欧洲／加拿大）	2004年10月1日开播。	每天首播为7小时，全天24小时播出。	长城（美国／亚洲／欧洲／加拿大／拉美）平台，选播北京电视台十个频道的精品节目，内容涵盖资讯、文化、生活、旅游、体育、少儿、科技、娱乐、中英文双语等。

北京北广传媒数字电视公司频道一览表

频道名称	开办时间	播出时间	主要栏目
京视剧场（有线）	2003.9.1	21:00首播4小时30分钟，全天24小时轮播	\
爱家购物（有线）	2003.9.1	21:00首播4小时，全天24小时轮播	《健康桥》、《时尚轩》
动感音乐（有线）	2003.9.1	21:00首播4小时，全天24小时轮播	《华语至尊地带》、《谁比我原创》
车迷频道（有线）	2003.11.1	21:00首播4小时，全天24小时轮播	《八卦车坛》、《汽车影院》
考试在线（有线）	2003.11.1	16:00首播8小时，全天24小时轮播	《历史大讲堂》、《高考易错题解析》
优优宝贝（有线）	2004.1.1	21:00首播4小时，全天24小时轮播	《第一宝贝》、《成长指标》
四海钓鱼（有线）	2004.1.1	21:00首播4小时，全天24小时轮播	《渔我同行》、《游钓天下》
弈坛春秋（有线）	2005.3.18	21:00首播4小时，全天24小时轮播	《美嘉围棋时间》、《尖峰对决》
环球旅游（有线）	2005.4.8	21:00首播4小时，全天24小时轮播	《魅力世界》、《环球览胜》
新娱乐（有线）	2005.7.22	21:00首播4小时，全天24小时轮播	《影视风云榜》、《帮帮忙》
置业（有线）	2005.7.28	21:00首播4小时，全天24小时轮播	《楼市大盘点》、《完全装修手册》
戏曲广播（有线）	2003.11.1	全天	《评书联播》、《梨园金曲》
爵士音乐广播（有线）	2003.11.1	全天	《爵士经典》、《爵士列车》

北京北广传媒数字电视公司《北京党建》频道一览表

时间	星期一至星期日		播出方式
	视频栏目	图文栏目	
12:00 首播	《基层党建创新报告》 《党员大讲堂》、《榜样》 《红色记忆》、《特别节目》		24 小时滚动播出
16:00 首播		《党建动态》 《党务问答》 《党史上的今天》	

北京北广传媒数字电视公司《北京之窗》频道一览表

频道名称	开办时间	播出时间	主要栏目
《北京党建》	2007 年 10 月 9 日	每日 9:00、12:00、16:30	党建资讯、基层党建创新报告、党员大讲堂、榜样、红色记忆等
《首都政务》	2004 年 3 月 15 日	每日 16:30	首都要闻、民生民情、实用资讯、热点话题
《天气出行》	2004 年 3 月 15 日	每日 12:00	影城影讯、演出资讯、特别推荐等
《影视演出》	2004 年 8 月 25 日	每日 12:00	一周天气、国内城市、国际城市、出行提示
《生活消费》	2007 年 5 月 15 日	每日 16:30	美食、游玩、理财、购物等

北京北广传媒移动电视公司频道一览表

频道介绍	开办时间	播出时间	主要栏目
北广传媒移动电视	2004 年 5 月 28 日	5：58—23：00	《朝闻天下》、《移动直通车》、《路况直播》、《96310》、《时尚工厂》、《出行导航》、《移动 TV 俱乐部》、《法制进行时》、《大话英语》、《每日文娱》、《开心购物》、《移动音乐坊》、《数说北京》、《请您欣赏》、《身边》、《星夜故事秀》、《光荣绽放》等

北京北广传媒城市电视公司频道一览表

频道介绍	开办时间	播出时间	栏目设置
北广传媒城市电视	2005年8月1日	6：59—20：00	《北京您早》、《朝闻天下》、《新闻30分》、《体育新闻》、《你好，奥林匹克》、《当好东道主，热情迎嘉宾》、《你好2008》、《综合新闻》、《财经报道》、《体育报道》、《天下财经》、《体坛资讯》、《体育报道》、《整点新闻》、《奥运时段》、《奥运圣火传递百日大直播》、《奥运口号宣传片》、《北京欢迎你宣传片》、《残奥会宣传片》、《福娃MV》、《奥运火炬宣传片》、《奥运会徽宣传片》、《奥运奖牌宣传片》、《奥运志愿者宣传片》、《奥运加油中国加油宣传片》、《奥运会吉祥物宣传片》、《残奥会培训公益宣传片》、《奥林匹克水上公园》、《残联宣传片》、《残奥会吉祥物宣传片》、《国际导演拍北京》、《迎奥运公益宣传片》、《奥运项目礼仪规则》、《奥运环保公益广告》、《一呼百应迎奥运》、《奥运时刻》、《这里是北京》、《奥运中国》、《奥运歌曲MV》、《走近2008》、《水晶视界》、《走进奥运赛场》、《奥运ABC》、《同一个世界》、《奥运来了》、《唱响奥运》、《中国奥运军团》、《传奇奥运》、《北广传媒集团奥运宣传片》、《北京市旅游局宣传片》、《文明办宣传片》、《青岛城市宣传片》、《消防局宣传片》、《影视风云榜》、《音乐风云榜》、《每日文娱播报》、《时尚工厂》、《闪天下》、《城市预警系列》等

朝阳区广播电视新闻中心频道一览表

频道名称	开办时间	播出时间	节目栏目设置
BTV-9 （公共频道） 朝阳时段			《朝阳新闻》 《一周新闻综述》 《今日点击》 《和谐在线》 《朝阳名师讲堂》 《人口视窗》 《聚焦电子城》 《地税你我他》 《迈向城市化》 《走进朝阳教育》 《环保前线》 《郎咸平说》 《我爱相对论》 《爱车空间》

海淀区新闻中心频道一览表

频道名称	开办时间	播出时间	节目栏目设置
BTV-9 （公共频道） 海淀时段	2003年1月	首播19：30—21：00；重播次日7：30—9：00、12：30—14：00	《海淀新闻》、《教育新闻》、《城管视点》、《海外风情》、《今日海淀》、《红盾时空》、《地税之窗》、《一周回眸》、《人口与家庭》、《公共服务在身边》、《周日风景线》、《警方在线》

丰台区广播电视中心频道一览表

频道名称	开办时间	播出时间	节目栏目设置
BTV-9 （公共频道） 丰台时段	2003年1月	首播 19：30—21：00；重播次日7：30—9：00、12：30—14：00	《丰台新闻》、《一周新闻综述》、《百姓直通车》、《丰台警方》、《人大在线》、《政协视窗》、《清风苑》、《总部基地·丰台经济报道》、《食客》、《百姓与法》、《相约奥运》、《科教大视野》、《中国古代名人圣贤》、《用工信息》、《年轻态》、《健康伴你行》等

石景山区广播电视中心频道一览表

频道名称	开办时间	播出时间	节目栏目设置
BTV−9 (公共频道) 石景山时段	2002 年 12 月 20 日	首播：19：30—21：00 重播：7：30—9：00 12：30—14：00	《石景山新闻》、《天气资讯》、《说事》、《记者视线》、《新闻盘点》、《生活与信息》、《艺海星光》、《走进演播室》、《史海钩沉》

门头沟区广播电视中心频道一览表

频道名称	开办时间	播出时间	节目栏目设置
BTV−9 (公共频道) 门头沟时段	2002 年 12 月 20 日	19：30—21：00	《门头沟新闻》、《信息高速路》、《民间收藏》、《走进社区》、《工商在线》、《检察时空》、《教育纵横》、《一周新闻综述》

房山区广播电视中心频率频道一览表

频率频道名称	开办时间	播出时间	节目栏目设置
房山人民广播电台：频率 FM107	1989 年 9 月	6：10—23：30	《房山新闻—信息链接》、《龙乡行》、《漫话 119》、《劳动和社会保障园地》、《法苑纵横》、《健康家园》、《健康生活》、《婚育文化》、《花季星空》、直播节目《直通 107》、直播节目《音乐快车》、《评书连播》、《中国笑星》、《小说剧》等
BTV−9 (公共频道) 房山时段	2003 年 1 月	首播 19：30—21：00 重播次日 7：30—9：00、12：30—14：00	《房山新闻》、《新经济》、《百姓今天》、《三农零距离》、《时尚生活》、《满意新居》、《红灯停绿灯行》等

大兴区广播电视中心频率频道一览表

频率频道名称	开办时间	播出时间	节目栏目设置
大兴人民广播电台：频率 FM98.6	1995 年 1 月	5：25—00：45	《健康与生活》、《转播中央和北京电台新闻》、《大兴新闻》、《娱乐大排档》、《评书》、《资讯BBS》、《播客王国》、《情感魔方》、《夜故事》等

BTV-9 （公共频道） 大兴时段	2003年1月	首播：19：30—21：00；重播次日7：30—9：00、12：30—14：00	《大兴新闻》、《精品赏析》、《女子别动队》（含农贸快讯和天气预报）、《社会·大兴——社会关注、经济直通车、医林医道、缘来是你》、《互动京南——天下无双、我行我秀、开讲930、天生我才、粉丝大派送》等

通州区广播电视中心频率频道一览表

频率频道名称	开办时间	播出时间	节目栏目设置
通州广播电台 107.7兆赫	1991年12月	6.20—次日1.00	《通州新闻》、《走进中年》、《通州这方土》、《劳动信息通道》、《6538服务台》等
BTV-9 （公共频道） 通州时段	1994年2月	19：30—21：00 次日8：00—9：30 12：30—14：00重播	《通州新闻》、《看通州》、《经济生活》、《安全》、《劳动保障》、《漫话计生》、《通州城建》、《通州农业》、《健康人生》、《红盾之光》、《普法园地》、《潞电之光》、《通州科技》、《古韵缘》、《关注民生》等19个栏目

顺义区广播电视中心频率频道一览表

频率频道名称	开办时间	播出时间	节目栏目设置
顺义人民 广播电台： 频率FM92.9	1992年11月	6:25—23:00	转播中央人民广播电台《新闻和报纸摘要》、《绿港新闻网》、《评书联播》、《绿港新生活（直播）》、《边走边听》、《健康指南（药品广告）》、《精彩奥运（一、三、五）（首播）》、《生活风向标（二、四、六、日）（首播）》、《中国移动—正午点唱机（直播）》、《纪实60分》、《逍遥茶馆》、《休闲娱乐总动员（直播）》、《越聊越开心（直播）》、《中国笑星》、《健康金钥匙（药品广告）》、《悦耳聆听》等
BTV-9 （公共频道） 顺义时段	2003年 1月1日	首播19:30—21:00；重播次日7:30—9:00、12:30—14:00	《国际专题—电讯》、《新华纵横》、《历史万象》、《顺义新闻》、《天气预报》、《顺义时空》、《情动绿港》、《歌友会》、《圆梦奥运》、《歌唱部落》、《时尚风景线》、《音乐地带》等

平谷区广播电视中心频率频道一览表

频率频道名称	开办时间	播出时间	节目栏目设置
平谷人民广播电台：频率 FM89.2	1992 年 3 月 11 日	6:30—8:20；11:00—12:00；18:30—19:30	《平谷新闻》、《绿谷风采》、《老年之友》、《话说金融》、《卫生与健康》、《戏曲选粹》、《廉政之声》、《红盾》、《法制园地》、《相声集锦》、《岁月如歌》、《评书联播》
BTV-9（公共频道）平谷时段	2003 年 1 月 1 日	首播 19:30—21:00；重播次日 7:30—9:00、12:30—14:00	《平谷新闻》、《气象预报》、《视点》、《生活周刊》、《送您一笑》、《旅游精点》、《警法在线》、《健康》、《希望田野》、《走近医学》、《快乐演播厅》、《快乐周末》、《时尚消费》

怀柔区广播电视中心频率频道一览表

频率频道名称	开办时间	播出时间	节目栏目设置
怀柔人民广播电台 101.3 兆赫（有线＋无线）	1996.11	11:30	新闻类
		8:30	专题类
		7:30	直播节目
		12:30	文艺类
		20:00	讲座
BTV-9（公共频道）怀柔时段	2003 年	19:30 播出	《怀柔新闻》
	1999.03.01	周四、周五（15 分）	《信息大世界》
	2002.06.30	周一、周日（15 分）	《怀建周日特别报道》
	2004.04.20	周二、周三（15 分）	《法制时刻》
	2006. 03. 12	周二、周五（5—10 分）	《旅游天地》
	2007. 06. 11	周一、周六（15—20 分）	《文化怀柔》
	2007. 06. 13	周三、周四（10—15 分）	《安全在线》
	2007.06.13	周六、周日（10—15 分）	《文明在身边》
	2007. 06. 20	周一至周日	《精品回顾》
	2008. 03. 5	周三（10 分）	《科技视点》
	2008.03.12	周四（5 分）	《国土方圆》
	2008. 04. 25	周五（12 分）	《今日三农》

昌平区广播电视中心频率频道一览表

频率频道名称	开办时间	播出时间	节目栏目设置
昌平人民广播电台；频率 FM103.1	1987年7月	6:28—16:30 16:58—23:00	《音乐前沿》、《影视金曲》、《长书剧场》、《名家书场》、《今古传奇》、《评书开讲》、《晚间书场》、《听电影》、《快乐乐翻天》、《与单观今》、《健康罗盘》、《健康驿站》、《健康一点通》、《健康进行时》、《戏曲天地》、《空中笑林》、《超级逗翻天》、《夜色聊人》、《红森林剧场》
BTV-9 （公共频道） 昌平时段	2003年1月	首播 19:30—21:00 重播次日 7:30—9:00 12:30—14:00	《昌平新闻》、《时空关注》、《农民课堂》、《真情故事》、《法治纪事》、《古今昌平》、《视角》、《胡先生开讲》、《百姓话题》、《城乡特快》

密云县广播电视中心频率频道一览表

频率频道名称	开办时间	播出时间	节目栏目设置
密云人民广播电台：FM94.1 频率	1989年	6:28—13:00； 17:58—22:15	转播中央电台《新闻和报纸摘要》节目、转播北京电台《北京新闻》、《密云新闻》、《今日密云》、《七彩校园》、《教育天地》、《每日专题》、《每周一歌》、《广告与天气预报》、《科技大视野》、《生活百叶窗》、《小说与评书连播》、《平安伴你行》、《曲苑直通车》、《短信互动》等
BTV-9 （公共频道） 密云时段	2003年1月	首播 19：30—21：00； 重播次日 7：30—9：00 12：30—14：00	《密云新闻》、《事事关心》、《天气预报》、《生态经济一刻钟》、《导视30秒》、《七彩荧屏》、《今日观察》《消费金桥》、《嘟嘟成长日记》、《檀州采风》、《檀州大舞台》、《社会纵横》、《神秘的地球》、《四季养生》等

延庆县广播电视中心频率频道一览表

频率频道名称	开办时间	播出时间	节目栏目设置
延庆县人民广播电台（FM92·8兆赫）	1997年1月1日	早6：25—晚23：05	转播中央台《新闻和报纸摘要》节目、转播北京台《北京新闻》、《延庆新闻》、《天气预报》、《健康讲座》、《广播剧场》、《快乐调频9·28》、《生活·时尚·阳光》、《农村天地》、《相声精选》、《小说连续广播》、《生活专题节目》、《今日说法》、《百家书场》、《笑傲江湖》
BTV-9（公共频道）延庆时段	1994年7月1日	每天首播 19：30—21：00 次日第一次重播 7：30—9：00 次日第二次重播 12：30—14：00	《延庆新闻》、《一周新闻综述》、《生活全方位》、《七彩连万家》、《一路平安》、《卫生新视野》、《延庆教育》、《生活气象》、《农产品信息》、《法制延庆》、《工商视点》、《收视指南》、《妫川故事》

节目栏目

2009/《北京广播影视年鉴》

——记录行业情况　服务业内和社会——

2008年优秀节目栏目介绍

北京人民广播电台优秀节目栏目

（一）节目

1.2007年12月28日《新闻大视野》新闻编排

播出单位：北京电台新闻广播

播出频率：AM828，FM100.6

节目作者：宋梓祯

播出时间：2007年12月28日

节目时长：15分50秒

主要内容：2007年12月27日巴基斯坦前总理贝·布托遇袭身亡。28日，北京电台新闻广播在第一时间内对该事件进行了全方位立体式报道。编排播出了贝·布托的身世、家庭、政治主张和与各方势力错综复杂的关系等大量相关资料，集中了有关专家的分析和点评，在理性的事实中以其感性细节和知识性的内容，增强政治突发事件报道的可听性，突出了广播特色。当天其他国内、国际新闻信息量也很大，全套节目共有25条消息，以使整套节目张弛有度，从而达到良好的收听效果。

获奖情况：荣获第十八届中国新闻奖新闻编排二等奖、北京广播影视奖三等奖。

2.广播连续报道《爱的奇迹——救助的士女儿王秋月》

播出单位：北京电台交通广播

播出频率：FM103.9

节目作者：李洋、王世玲

播出时间：2007年12月28日

节目时长：15分50秒

主要内容：的士司机16岁的女儿身患白血病。为拯救生命，在骨髓配型成功时，30万元的移植费却使这个家庭陷入绝境。为此他们求助于北京电台交通广播，《百姓TAXI》栏目在电波中发出了爱的呼唤，打动了无数北京的士司机和京城百姓。短短5天共募集善款33万余元，孩子的手术得以顺利进行并逐渐康复。节目记录了这段真情救助的故事，并持续报道了捐助中的感人事迹，掀起爱心救助热潮。

本节目为典型的进程式连续报道，制作精良，播出后社会反响强烈。

获奖情况：荣获第十八届中国新闻奖三等奖、北京新闻奖二等奖、北京广播奖广播新闻类二等奖、北京电台2007年优秀节目连续报道最佳奖。

3.大型现场直播特别节目《五环同心盼奥运 圣火光芒耀全球》

播出单位：北京电台体育广播

播出频率：FM102.5，AM927

节目作者：北京电台奥运报道部

播出时间：2007年8月8日17：00～21：00

节目时长：4小时

主要内容：第29届奥运会倒计时一周年时北京电台推出的特别节目。节目共四部分：①“五环同心盼奥运”，连线奥运建设场馆工地、好运北京赛场、各运动队、奥运新闻中心、天安门广场庆典仪式等现场记者。②“圣火光芒耀全球”，连线希腊华人华侨总商会、华人华侨联合会、新华社驻雅典记者以及在澳大利亚悉尼、英国伦敦等国定居的海外华人。③天安门广场庆典仪式现场直播。④奥运协办城市活动的报道。

获奖情况：节目荣获第十八届中国新闻奖三等奖、2007年度北京新闻奖一等奖。

4.现场报道《“嫦娥”升空实现中国人千年奔月梦想》

播出单位：北京电台新闻广播

播出频率：FM100.6，AM828

节目作者：曹力

播出时间：2007年10月24日

节目时长：3分13秒

主要内容：2007年10月24日18点05分，中国长征三号甲火箭搭载“嫦娥一号”探月卫星顺利升空，记者在卫星发射中心距火箭发射架1000米的一个山坡上对这一事件进行了现场报道。该节目清晰而震撼人心的现场音响，记者充满激情的现场描述和对一号“嫦娥”探月卫星科学使命和历史背景的巧妙介绍，向听众解释了人们所关心的发射过程中的一些细节问题，展现了中国发射“嫦娥”探月卫星的社会现实意义。

获奖情况：2007年度北京新闻奖一等奖、2007年度北京广播奖一等奖。

5.系列报道《2007北京故事》

播出单位：北京电台新闻广播

播出频率：AM828，FM100.6

节目作者：新闻广播

播出时间：2007年12月3～28日

节目时长：5分钟／集，20集

主要内容：该系列报道围绕奥运主题，展现北京正在发生着巨大的变化。北京电台新闻广播早中晚三个新闻板块《北京新闻》、《新闻天天谈》、《新闻2007》栏目播出。在每集短短5分钟里，记者以平实温馨的叙事风格，讲述奥运建设和发展给普通百姓的生活带来的变化，并通过新闻链接的手法专访百姓故事所涉及的相关部门的一把手，全面介绍2007年北京在公交、地铁、环保、无障碍设施建设、文化设施建设、拆迁、打工子弟学校、社区医疗服务、保障性住房、医疗保险、零就业家庭扶助、面向农村均衡义务教育及高等教育等方方面面所取得的成就，体现奥运建设汇集于民的成果。

获奖情况：2007年度北京新闻奖一等奖、2007年度北京广播奖广播新闻类一等奖。

6.大型奥运直播特别节目——《全景奥运 直播北京》

播出单位：北京电台体育广播

播出频率：FM102.5，AM927

播出时间：2008年8月4～24日

节目时长：24小时

主要内容：第29届奥运会开幕前夕推出。北京电台体育广播成为全天候的“奥运之声”，其中06：00～24：00为滚动直播，00：00～06：00为录音播出。下设栏目有：奥运金牌榜、奥运快报、第一夺金点、煮酒论英雄、记者总动员、奥运啦啦队、村里的故事等。该节目的前方记者组、赛事直播组、后方编辑主持组为特别节目和下设栏目提供充分、适时的现场目击报道、录音报道、赛事直播、评论、听众短信互动等内容和素材，前方记者累计发稿800多条，赛事直播100多场次。期间，体育广播收听率和市场占有率比平时翻了一番，成为奥运期间北京广播市场收听率和市场占有率增长幅度最大的广播频率。

获奖情况：2008年度北京电台最佳编排奖。

7.百集奥运故事《咱们这七年》

播出单位：北京电台新闻广播

播出频率：FM100.6，AM828

播出时间：2008年4月21日至8月8日

节目时长：5分钟／集，100集

主要内容：2001年至2008年的七年时间，对于中国人和北京人来说是不同寻常的七年。

在“奥运”倒计时100天的时候，新闻广播在早间《北京新闻》中策划推出了百集奥运故事《咱们这七年》。节目通过广泛征集，选取了100个采访对象，他们中有奥运场馆的建设者、出租车司机、环保志愿者、奥运冠军、艺术家、大学生、导游、商人、奥运火炬手、警察等社会各个层面的普通百姓，以他们亲口讲述在迎“奥运”七年间发生在自己身边的故事，充分表现了奥运会的举办如何激发出普通百姓的想象力和创造力。

节目内容播出后结集成书，并由国际奥委会主席雅克·罗格先生作序。在北京奥运会召开期间，成为北京奥运会主新闻中心和非注册记者新闻中心赠送来京各国记者和运动员的一份礼物。

8.系列报道《和祥云一起飞翔》

播出单位：新闻广播

播出频率：AM828，FM100.6

节目作者：桑丹

播出时间：4月6日、4月10日、4月27日早7点

节目时长：3分钟/集，3集

主要内容：该节目用话筒记录了第29届奥运火炬境外传递难忘的旅程。节目分3集，分别对英国伦敦、美国旧金山和韩国首尔的火炬传递情况进行报道。展现了北京奥运圣火在境外传递时，中外火炬手、华人华侨留学生、文艺体育界知名人士以及当地民众对于北京奥运圣火的期盼和热情、对北京奥运的祝愿和对世界和平与发展的向往，同时还真实地记录了爱国华人华侨、留学生同破坏火炬传递的“藏独”分子进行斗争的实况。

获奖情况：2008年度北京电台优秀节目一等奖。

9.专题节目《坚持拍摄鸟巢6年的老人》

播出单位：北京电台城市服务管理广播

播出频率：AM1026，FM107.3

节目作者：成音、芳华

播出时间：2008年4月16日

节目时长：23分钟46秒

主要内容：71岁的老人何林元风雨无阻地坚持拍摄“鸟巢”，6年中，他拍摄了1万多张照片，记录了“鸟巢”从开始圈地拆迁、建造直到完成的全过程。节目通过对老人朴实的讲述和部分照片的展示，让更多人了解到照片的背后——“鸟巢”这项伟大工程的建设者们的奉献与敬业精神，感受到北京奥运蕴涵的人文精神及13亿中国人期盼奥运奉献奥运的精神。

获奖情况：2008年度北京电台优秀节目一等奖。

10.音乐专题《梦想的旋律》

播出单位：北京电台音乐广播

播出频率：FM97.4

节目作者：冯健、梁言

播出时间：2008年6月28日

节目时长：28分钟

主要内容：作品抓住了梦想这一题材做文章，充分发挥广播特点，用音乐和事实来说话，作品表现了申奥成功之夜全球华人狂欢的场面和在奥运会、残奥会上那些令人难忘的历史瞬间。作品通过《歌唱祖国》歌词的改编者吴军、29届奥运会主题歌演唱者之一莎拉·布莱曼等奥运会参与者的激情回忆，将激发出来的视觉想象空间化作音乐的旋律，描绘了奥林匹克的宗旨和精神，突出了“同一个世界，同一个梦想”的主题，体现了人类追求和平和友谊的美好愿望。

获奖情况：北京广播影视奖2008年度北京电台优秀节目一等奖。

11.广播消息《同胞走好——成都人民悼念地震遇难同胞》

播出单位：北京电台城市服务管理广播

播出频率：AM1026，FM107.3

节目作者：芳华

播出时间：2008年5月19日

节目时长：3分钟59秒

节目内容：作品真实地记录了2008年5月19日汶川大地震全国哀悼日的第一天，成都天府广场上万群众为遇难同胞默哀送行这一庄严肃穆的时刻。哭泣之后，人们决心化悲痛为力量，众志成城，重建美好家园。本篇消息是作者的现场报道，音响清晰，语言现场感强，极具震撼力。

获奖情况：2008年度首都女记协好新闻一等奖、2008年度北京电台优秀节目一等奖。

12.抗震救灾特别节目《心系灾区，风雨同行——和你在一起》

播出单位：北京电台新闻广播

播出频率：FM100.6，AM828

播出时间：2008年5月14日至16日

节目作者：李革、罗湘萍、刘芳、李哲勇、陈彦旭、朱秦、杨洪、王薇、陈光、郭士荧

节目时长：6小时／天，3天

主要内容：该节目是在5·12四川汶川大地震发生的次日，北京电台新闻广播推出的特别节目，连续3天每天6个小时报道抗震救灾情况。大篇幅报道了中央领导亲临灾区指挥抗震救灾工作，解放军、武警官兵、公安干警克服困难开展救援，社会各界团结一致支援灾区的生动事例；每个半点与本台记者及四川电台、《四川日报》等媒体记者连线，及时报道前方抗震救灾最新进展；报道北京市社会各界捐款捐物奉献爱心、支援灾区和四川当地抗震救灾的最新动态，开通短信互动，表达北京市民心系灾区的同胞之情。

13.特别节目《心手相连 众志成城》

播出单位：北京电台交通广播

播出频率：FM103.9

节目作者：交通广播集体

播出时间：2008年5月13日至6月2日

节目时长：24小时

主要内容：2008年5月12日，四川汶川大地震发生，5月13日，北京电台交通广播启动“心手相连众志成城”大型宣传行动，以强烈的社会责任感，迅速投入到抗震救灾全方位宣传战役中。推出了抗震救灾公益广告，全天12次在交通广播黄金时间和重点栏目滚动播出；通过连线中央各大媒体、四川主要媒体记者等方式，获取来自第一线的鲜活材料，向听众及时介绍抗震救灾的最新进展，并派出多路记者前往民航、铁路、交通委、北京红十字会、交通部公路司、公安部交管局等单位，了解各行业为抗震救灾所做的工作，了解铁路受阻、航班延误情况以及相关行业为确保旅客出行所采取的措施。同时充分利用自身影响力和号召力，发起爱心公益募捐活动；发起并组织实施“爱心航线”、“爱心专列”、“爱心直通车”等公益行动，为灾区同胞捐献和运送物资；发起“志愿家庭”的招募行动等，充分发挥了新闻媒体的舆论引导作用，为听众搭建了爱心平台。

14.长篇评书《贺龙传奇》

播出单位：北京电台文艺广播

播出频率：FM87.6

播出时间：2008年6月24日

节目作者：徐北威、张宏

节目时长：22分29秒

主要内容：为庆祝新中国成立60周年，以先进的文化鼓舞人民，北京电台文艺广播推出由著名评书表演艺术家单田芳播讲的大型系列广播评书《红色将帅传奇》，以元帅、将领传记为蓝本，以独特的艺术构思，雅俗和谐的艺术语言，声情并茂的艺术表演，逐一展现共和国开国将帅波澜壮阔的传奇人生。《贺龙传奇》是该系列的开篇之作，讲述贺龙元帅从一个普通农民，成长为坚定的共产主义者的传奇人生。

获奖情况：2008年度北京电台优秀节目一等奖。

15.广播剧《京城第一家》

播出单位：北京电台文艺广播

播出频率：FM87.6

播出时间：2008年12月24日至27日

节目时长：25分钟／集，4集

主要内容：位于北京市东城区中国美术馆附近一条狭小的胡同里，有一家小小的“悦宾饭馆”。这个看似貌不惊人的小饭馆，1980年9月30日开业的当天，就吸引了中外媒体，因为它是京城里第一家被批准开业的个体经营实体，标志着改革开放政策在中国大地上翻开了历史性的一页。四集广播剧《中国第一家》通过“悦宾饭馆”开办前后鲜为人知的故事，反映了改革开放之初，人们在经济体制改革上的种种努力，从中回顾改革开放30年中国社会的发展历程。

（二）栏目

1.栏目名称：《资讯早八点》

播出单位：北京电台新闻广播

播出频率：FM100.6，AM828

播出时间：周一至周五8：00～9：00

栏目时长：60分钟

栏目介绍：该栏目是北京电台新闻广播立足新闻，强化实用资讯，贴近生活、贴近群众、贴近实际，服务早间收听群的一档新闻资讯板块节目。其宗旨是：以多种方式，迅速、及时地报道各类实用新闻资讯。

获奖情况：2006年度北京广播电视奖广播优秀栏目奖，2007、2008年度北京电台名牌栏目。

2.栏目名称：《开心茶馆》

播出单位：北京电台文艺广播

播出频率：FM87.6

播出时间：15：00～16：30

栏目时长：90分钟

栏目介绍：是一档以相声为主的曲艺欣赏类节目。开播五年来，该节目致力于挖掘传统相声作品，尝试创新与娱乐性、知识性互现，在满足听众娱乐要求的同时，以弘扬优秀民族文化为己任，在听众及曲艺界皆取得了良好的口碑。

获奖情况：2007年、2008年两度荣获北京电台名牌栏目称号，被评为北京电台“第二届听众喜爱的名牌栏目”。

3.栏目名称：《新闻热线》

播出单位：北京电台新闻广播

播出频率：FM100.6，AM828

播出时间：7：25首播，9：55重播

栏目时长：5分钟

编辑主持：李瑞先、韩月、章萍、桑丹、左天驰、王劲清、马骏

栏目介绍：“新闻热线”——65159063诞生于1993年，是北京电台创办的第一条新闻热线。它作为媒体与听众沟通的桥梁和纽带，在当时引起了极大的反响。该节目以听众讲述亲身经历的具有新闻价值的事件，或依据听众提供的新闻线索进行追踪报道为主要内容。强调新闻性和社会性，所揭示出的问题具有一定的普遍性和警示作用。节目形式注重编排、串联、追踪、点评。

获奖情况：2008年度北京新闻奖优秀栏目奖、2008年度北京广播奖优秀广播栏目奖、北京电台“听众喜爱的名牌栏目”。

4.栏目名称：《汽车天下》

播出单位：北京电台交通广播

播出频率：FM103.9

播出时间：10：00～11：00

栏目时长：60分钟

主持人：梁洪

栏目介绍：栏目收听对象为汽车爱好者和汽车潜在消费者。内容包括新鲜的汽车资讯、权威的专家评论、个性化的汽车介绍、最新交通法规、汽车俱乐部的活动等，突出了广播媒体对汽车技术和汽车市场分析的专业性与权威性。

获奖情况：被评为北京电台"听众喜爱的名牌栏目"、主持人梁洪荣获2008年度中国播音主持"金话筒奖"。

5.栏目名称：《行走天下》

播出单位：北京电台交通广播

播出频率：FM103.9

播出时间：周一至周五16：10～17：00；
周六、周日16：10～16：30

栏目时长：周一至周五50分钟；
周六、周日20分钟

编辑主持：牛力、吴勇、延安

栏目介绍：是北京电台交通广播重点打造的一档新闻谈话栏目。主题覆盖时政、军事、经济、交通、旅游等内容，力求与新闻同步，深度挖掘专家观点，通俗解读大千世界。2008年更加突出主题设置，每天邀请权威嘉宾做客直播间，一方面敏锐把握国内外新闻的最新动向，一方面明确提出"环球声音周刊"模式，从周一到周五分别设立军事、经济、时政、行游和新闻主题。周六和周日则开辟子板块《天下一家人》，讲述天下人的天下故事。

获奖情况：被评为北京电台第三届"听众喜爱的名牌栏目"。

6.栏目名称：《百姓TAXI》

播出单位：北京电台交通广播

播出频率：FM103.9

播出时间：12：20～13：00

栏目时长：40分钟

主持人：李洋

栏目介绍：以倡导行业新风、弘扬"的士"文化、积极宣传行业政策规章、扫描业内万象、树立"的士"榜样、提高"的士"司机素质、丰富出租司机运营生活、提供资讯指南、服务大众出行为主要内容。开播八年来赢得了出租汽车司机的喜爱，被京城出租司机亲切地称为"的士司机温馨的家"，是出租车司机这一庞大收听群体的知心朋友。

获奖情况：被评为北京电台第三届"听众喜爱的名牌栏目"。

7.栏目名称：《演艺群英会》

播出单位：北京电台文艺广播

播出频率：FM87.6

播出时间：20：00～21：00

栏目时长：60分钟

编辑主持：小英、朱红、王东、高磊

栏目介绍：北京电台文艺广播强力打造的一档大型文化娱乐话题节目。节目围绕娱乐文化业热点进行全面、深入、独到的展示与评论，从影、视、歌到戏、剧、演；从全新模式的艺人专访到节目自身策划的各种活动，力求通过资源的整合，成为演艺界重要的信息发布与话题平台，并成为京城百姓文娱消费指南。

获奖情况：2007年度北京电台优秀栏目奖、北京电台第三届"听众喜爱的名牌栏目"。

8.栏目名称：《先听为快》

播出单位：北京电台音乐广播

播出频率：FM97.4

播出时间：周一至周五7：00～9：00；
周六、周日7：00～10：00

栏目时长：周一至周五120分钟；
周六、周日180分钟

编辑主持：白杰等

栏目介绍：《先听为快》是一档健康、阳光、活力十足的早间节目。力求把动感音乐与新鲜资讯相互结合，大信息量，快节奏，以及搞笑有趣的音乐互动，顺应了清晨上班族的需求，赢得了听众的喜爱，创北京音乐广播早间收听高峰。

获奖情况：被评为北京电台第三届“听众喜爱的名牌节目”。

9.栏目名称：《市民对话一把手》

播出单位：北京电台城市服务管理广播

播出频率：FM107.3，AM1026

播出时间：2008年2月23日至4月22日

栏目时长：60分钟

栏目介绍：是北京电台城市服务管理广播《城市零距离》栏目推出的系列节目。节目通过邀请北京市和民生发展密切相关的委、办、局一把手以及各区、县的区、县长走进直播间和市民直接对话，解读各项政策、探讨城市发展的话题，为市民解决切身问题。

该节目2005年第一次播出，以后每年一次，其影响力和知名度不断提升，已经成为城市服务管理广播的一个重要节目品牌。2008年度《市民对话一把手》节目以“迎奥运、促和谐”为主题，受到了听众和各媒体的广泛关注，中宣部在《新闻阅评》上充分肯定其作用，认为该节目“充分发挥电台广播特有功能，力所能及地为举办一届高水平的奥运会营造和谐的社会环境和舆论氛围，值得称道。”

10、栏目名称：《城市节拍》

播出单位：北京电台外语广播

播出频率：AM774

播出时间：周一至周五17：30～18：30首播；次日8：00～9：00重播

栏目时长：60分钟

编辑主持：王异戈、刘智嘉

栏目介绍：该节目以讲英语人群为主要服务对象，双语播出，为听众提供及时的国内外新闻资讯、奥运报道，为来京外国友人提供周到的服务，使他们在北京的生活更加丰富多彩。

北京电视台优秀节目栏目

1.栏目名称：《北京新闻》

播出单位：北京电视台

播出频道：北京卫视

首播时间：周一至周日18：30

栏目时长：30分钟

栏目介绍：1979年5月16日开播。《北京新闻》始终坚持与市委、市政府保持一致，坚持正确的舆论导向。作为北京市改革开放、经济发展、社会进步的重要窗口，《北京新闻》以“权威发布政策资讯，悉心关注百姓冷暖”为节目宗旨，报道快捷、内容新颖、资讯全面，追求时政新闻的严谨性，经济新闻的生动性，社会新闻的思想性。《北京新闻》2008年平均收视率为10.30%。

获奖情况：《北京新闻》2008年获中国新闻奖一等奖（新闻栏目）、北京新闻奖（优秀专栏奖）、北京广播影视奖二等奖（新闻编排）、北京广播影视奖一等奖（录制技术新闻类）。

2.栏目名称：《法治进行时》

播出单位：北京电视台

播出频道：科教频道

首播时间：周一至周六12：00

栏目时长：20分钟

栏目介绍：1999年12月27日开播。2008年《法治进行时》的时长由30分钟缩短为20分钟，将原有的法治专题独立出去，改为法治资讯节目。该节目节奏快、信息量大，内容涉及北京法治建设的方方面面，形成科教频道日间节目的最高收视点。追踪与展现，推理与探案，紧张、真实、深刻，重视可视性是这档节目设计的出发点。栏目致力于民生新闻的报道，关注百姓身边的法律故事。以独特的新闻视角、第一时间的现场报道、鲜活生动的案例，帮助广大观众学法、守法、用法。《法治进行时》2008年平均收视率为6.89%。

获奖情况：《法治进行时》2008年被评为中国新闻奖一等奖。

3.栏目名称：《治安播报》

播出单位：北京电视台

播出频道：科教频道

首播时间：周日12：00

栏目时长：30分钟

栏目介绍：2004年8月开播。《治安播报》为《法治进行时》的周末版节目，在北京电视台科教频道午间播出。《治安播报》以《法治进行时》日播的内容为基础，并针对日播节目播出后观众的反馈意见，在原有内容基础上加以精编，增强了系统性和针对性。密集的信息点满足了观众的更多需求。

《治安播报》2008年平均收视率为6.31%。

4.栏目名称：《特别关注》

播出单位：北京电视台

播出频道：北京卫视

首播时间：周一至周日12：30

栏目时长：30分钟

栏目介绍：2000年11月16日开播。《特别关注》节目宗旨："关注社会发展、贴近百姓生活"。2008年，《特别关注》以特快的速度、特别的视角、特色的电视手段，诠释民生新闻，关注百姓生活，"您的电话我们接听，您的故事我们关心"。该栏目围绕节目定位制定了自己的编辑思路、报道方式以及主持风格。力求头条新闻能够反映出24小时以来或近期百姓关注的热点问题、重大事件，使节目特色鲜明、节奏紧凑，体现出《特别关注》"特别时间、特别事件、特别视点"的节目风格。《特别关注》2008年平均收视率为4.50%。

获奖情况：2008年获得北京广播影视奖二等奖（播音与主持类）。

5.栏目名称：《快乐周末》

播出单位：北京电视台

播出频道：生活频道

首播时间：周六20：35

栏目时长：50分钟

栏目介绍：2004年5月3日开播。《快乐周末》是《快乐生活一点通》的周末版。主要以演艺明星客串的形式将《快乐生活一点通》播出一周来受欢迎的小窍门串联起来，内容精彩。《快乐周末》是以一个快乐家庭的节目形态将日常生活中的小发明、小窍门一一展现，融表演性、知识性、服务性、实用性为一体的生活服务类节目。

《快乐周末》2008年平均收视率为2.76%。

6.栏目名称：《生活面对面》

播出单位：北京电视台

播出频道：生活频道

首播时间：周一至周六19：00

栏目时长：28分钟

栏目介绍：2002年1月1日开播。《生活面对面》以"贴近北京都市生活，服务北京大众民生"为宗旨，力求伴随、纪录、引导北京百姓生活。栏目理念是"趣味信息有效传播，有效信息趣味传播"。《生活面对面》采用故事化的纪实手法，进行现场生活经验的展示和生活技巧的交流，其内容清新、信息量大，融趣味性、知识性、实用性为一体，主持人的亲和力受到广大观众喜爱，近几年收视率明显提升。2008年奥运期间，《生活面对面》全方位、多角度报道了奥运会给北京市民生活和心态带来的新变化，将北京新面貌以新的角度传达给国内外的观众。

《生活面对面》2008年平均收视率为2.71%。

7.栏目名称：《身边》

播出单位：北京电视台

播出频道：北京卫视

首播时间：周一至周日11：58

栏目时长：28分钟

栏目介绍：2004年4月5日开播。《身边》关注北京民生，关心百姓生活。节目风格生动活泼。该栏目自开播以来，收视率不断上升，位居生活频道前列，受到观众的好评，是北京电视台2005年九大优秀栏目之一，被市委宣传部评为“折子工程”。

2008年，《身边》播出了环境区长访谈系列节目，其中《迎奥整治脏乱——北京大变样之西城篇》被评为首届北京市“2008环境建设好新闻特别奖”。

《身边》2008年平均收视率为2.66%。

8.栏目名称：《天下收藏》

播出单位：北京电视台

播出频道：北京卫视

首播时间：周六21：40

栏目时长：50分钟

栏目介绍：2007年1月6日开播。《天下收藏》聚焦中国传统文化艺术精品，凸显北京地域特色，用现代化的传播方式及国际化的视角，诠释中国古代艺术品的精湛与美艳。该栏目始终遵循“去伪存真”的节目宗旨。每期节目围绕中华文化瑰宝中的一个主题进行，共分为亮宝、辩宝、护宝三个环节。

亮宝环节：每期有一件国宝级的收藏品，让观众感受与故宫、国家博物馆同样的震撼和冲动。

辩宝环节：藏宝人、明星嘉宾、国内外知名鉴定与收藏家汇聚一起，共同就“宝物”的收藏与鉴赏展开论战。

护宝环节：所有的疑问在这里得到破解，一纸专家鉴定意见书，一把销毁赝品的“护宝锤”，让真相大白与惊心动魄同时上演。

这档节目在欧洲和北美地区也可以收看到。在北京地区收视率名列前茅，2008年平均收视率为2.52%。

获奖情况：2008年《天下收藏》获中国广播电视协会优秀电视经济节目一等奖。

9.栏目名称：《现场说法》

播出单位：北京电视台

播出频道：科教频道

首播时间：周一至周六11：35

栏目时长：25分钟

栏目介绍：2005年1月7日开播。《现场说法》是依托《法治进行时》栏目的一档全新日播法制节目，2008年时长由20分钟延长为25分钟。这档节目采用短剧、律师点评和事件真实镜头的方式，讲述真实发生的事件，解析事件中的法律点。《现场说法》采用老百姓喜闻乐见的栏目剧形式宣传法律知识，普及法律常识，提高群众的法律意识。

《现场说法》栏目的宣传语是“百姓身边事，牵动众人心”。该栏目重视增强观众朋友们的参与感，邀请观众参加节目的拍摄。

《现场说法》2008年平均收视率为2.52%。

10.栏目名称：《星夜故事秀》

播出单位：北京电视台

播出频道：文艺频道

首播时间：周六21：15

栏目时长：70分钟

栏目介绍：2006年4月11日开播。《星夜故事秀》的定位是：“北京人的娱乐秀”。该栏目用浓郁的京腔京韵，展现北京特有的语言风格和城市文化魅力，以欢乐的讲述，“听故事、看世界、笑对生活”，“看星夜、改变心情；好心情，改变生活”。《星夜故事秀》是北京电视台全力打造的一档代表欢乐与智慧的原创综艺脱口秀节目，成为深受北京观众喜爱的“好心情电视节目”。

《星夜故事秀》2008年平均收视率为2.49%。

11.栏目名称：《快乐生活一点通》

播出单位：北京电视台

播出频道：生活频道

首播时间：周一至周五20：40

栏目时长：25分钟

栏目介绍：2004年1月1日开播。《快乐生活一点通》以“快乐一家人”的情景剧形式开创了角色化主持的先河，立足于为观众提供功能性、服务性的生活窍门。《快乐生活一点通》节目以三代同堂的五口之家，其乐融融的生活氛围，生动地再现了原汁原味的生活场景被真实生动地搬上荧幕，人们在轻松愉快之余使生活节奏变得简单快捷。

《快乐生活一点通》2008年平均收视率为2.48%。

12.栏目名称：《食全食美》

播出单位：北京电视台

播出频道：生活频道

首播时间：周一至周六18：20

栏目时长：25分钟

栏目介绍：2002年1月1日开播。《食全食美》定位“走百姓路线，寻找私家菜”，平均收视率在全国同类节目中居首位。至今为止，有上千位民间高手参与节目制作，为京城观众提供展示自我风采的舞台。《食全食美》适时地加入了“健康美食”的理念，由资深营养师现场对私家菜进行科学合理的点评。

《食全食美》2008年平均收视率为2.36%。

13.栏目名称：《7日7频道》

播出单位：北京电视台

播出频道：生活频道

首播时间：周一至周六19：30

栏目时长：28分钟

栏目介绍：2002年1月1日开播。《7日7频道》植根于普通百姓的生活，以其鲜明的个性赢得了观众的认可。该栏目不断调整思路，确定了“帮助百姓解决生活中的各种实际困难，坚持贴近百姓，贴近生活”的宗旨。同时在形式上创新，延续栏目固有的故事化包装，在帮助百姓解决实际困难的同时加强服务性，提升栏目品牌价值，对百姓息息相关的热点新闻进行追踪分析，到生活中发掘新鲜事。栏目力求成为百姓生活中的资讯指南。

《7日7频道》2008年平均收视率为2.32%。

14.栏目名称：《生活实验室》

播出单位：北京电视台

播出频道：生活频道

首播时间：周日19：00

栏目时长：28分钟

栏目介绍：2007年7月22日开播。《生活实验室》主要以百姓生活为题材，突出服务性、实用性、知识性、趣味性，达到科普的效果。《生活实验室》节目形态鲜活有趣，可视性强，演播室即实验室，主持人为实验员，邀请观众作现场实验员或监督员，通过运用各种道具，让观众真正体会到“实验从生活中来，实验又为观众服务”的节目宗旨。作为国内第一个纯粹电视实验节目，它的特点是节目的形式是纯粹的实验，内容也是纯粹的实验。《生活实验室》的另外一个特点就是节目贯穿“百姓节目百姓做”的理念，让观众参与到节目当中来，观众不仅可以通过热线互动，而且还可以成为节目的实验员或者是实验观察员。

《生活实验室》2008年平均收视率为2.29%。

15.栏目名称：《警法目录》

播出单位：北京电视台

播出频道：科教频道

首播时间：周日 11：35

栏目时长：20 分钟

栏目介绍：2005 年 1 月 1 日开播。《警法目录》以法医和刑侦技术人员为主角，讲述北京警方科学办案的故事，从DNA检验技术、刑技勘察、伤检分析等角度报道了我市公安系统科技强警的成果。《警法目录》以先进人物为切入点，介绍了片警、户籍警、巡警、治安民警、网络民警和法医等六个警种的职能，使普通观众从中了解民警的日常工作。

在《警法目录》节目的观众群体中，15 岁至 44 岁的观众约占观众总数的 40%。针对这一收视特点，栏目增强了故事性，在设置悬念和逻辑推理等方面加大力度，行文风格更适应年轻人的品位。

《警法目录》2008年平均收视率为2.23%。

16.栏目名称：《第 7 日》

播出单位：北京电视台

播出频道：北京卫视

首播时间：周日 21：40

栏目时长：45 分钟

栏目介绍：1999 年 4 月 1 日开播。《第 7 日》坚持植根于普通百姓的生活，在北京人中间具有亲和力，在很大程度上影响着北京人的生活，已成为电视屏幕上品牌栏目。《第 7 日》注重保持平民视角，展现平民智慧。用百姓语言讲百姓爱听的理儿。《第 7 日》强调人文内涵，关注人物命运，关注小人物，透过一个个小人物的故事，展示出他们处事的智慧和内心坚忍不拔的精神。

《第 7 日》2008 年平均收视率为 2.22%。

17.栏目名称：《每日文娱播报》

播出单位：北京电视台

播出频道：文艺频道

首播时间：周一至周日 19：00

栏目时长：27 分钟

栏目介绍：2002 年 1 月 1 日开播。《每日文娱播报》以“娱乐因我们而精彩”为宗旨，注重独家内容、独特视角、独特观点，在忠实记录文化娱乐事件现场的同时，力求从更深的层次进行分析，解读娱乐真相，发出独特的声音。

《每日文娱播报》聚焦文化、娱乐、影视、音乐、时尚界，着重报道新近发生的重要文娱资讯，为观众提供准确、及时的文娱信息，以全新的电视手法，全景观呈现中国、亚太地区以及欧美等国家的文娱盛事，突出现场感与可视性。《每日文娱播报》坚持“人无我有，人有我新，人有我特”在报道理念。摒弃低俗报道，抵制虚假新闻，坚持客观、真实、及时的新闻观，坚持为观众奉献娱乐。

《每日文娱播报》2008 年平均收视率为 2.18%。

18.栏目名称：《神州音话》

播出单位：北京电视台

播出频道：文艺频道

首播时间：周五 21：25

栏目时长：42 分钟

栏目介绍：2002 年 1 月 1 日开播。《神州音话》的基本理念是“成为连接音乐人和观众之间的纽带”，真诚、细腻、平民化的视角是栏目的风格。该栏目走进明星家庭，采用演播室内主持人、嘉宾、观众三方互动的大型访谈节目形式，融入精彩的人性化情节设置及时尚的包装设计，优美的画面、动听的音乐给观众带来视听盛宴。

在主持人真挚话语引导下嘉宾往往能敞开心扉，展开发自肺腑的述说。栏目惯用外拍记录方式，或抓拍嘉宾最原始的工作状态，或记录嘉宾作为平常人的生活状态。让观众在繁忙的工作之余涌现出真情的感动。栏目坚持以名人的影响力为核心，讲述打动百姓的温情故事。

《神州音话》2008年平均收视率为2.17%。

19.栏目名称：《真情互动》

播出单位：北京电视台

播出频道：北京卫视

首播时间：周一21：40

栏目时长：45分钟

栏目介绍：2001年3月10日开播。《真情互动》栏目视角直击弱势群体生存状态，以强烈的社会责任感呼唤真情，给弱势群体以人文关怀，反映普通人不普通的命运，用爱心帮助社会中需要帮助的人群。该栏目突出社会公德、家庭美德和职业道德的传奇故事，用真情温暖人生，用爱心点亮生命，用真诚化解恩怨。《真情互动》栏目通过主人公的陈述、当事人的佐证，展现了面对困难的人生态度，使观众品味人生，具有一定的指导意义。2008年《真情互动》仍坚持感受真情、呼唤真情、传递真情、回报真情的节目宗旨。与电视观众一起寻求心灵的契合与共鸣。

《真情互动》2008年平均收视率为2.03%。

20.栏目名称：《生活广角》

播出单位：北京电视台

播出频道：生活频道

首播时间：周一至周五21：30

栏目时长：30分钟

栏目介绍：2004年8月3日开播。《生活广角》在原有形式的基础上进行了改版，成为北京地区第一档以调解家庭矛盾为题材的谈话节目。该栏目以百姓故事、生活遭遇、生活感受为主要内容，以外景采访和演播室讲述为主要表现方式，以现场观察员调解为主要渠道，以反映人间真善美，化解矛盾引发思考为主体意图的现场情感类谈话节目。

《生活广角》开播至今，共选择了1000多个家庭，涉及夫妻矛盾，婆媳矛盾、房产归属、赡养纠纷，隔代关系等。起到舆论的宣传和督导功能，受到北京观众的好评。提升了栏目的品牌价值，为北京社会和谐发展发挥了积极引导作用。

《生活广角》2008年平均收视率为1.98%。

21.栏目名称：《谁在说》

播出单位：北京电视台

播出频道：青少频道

首播时间：周一至周日19：30

栏目时长：30分钟

栏目介绍：2007年2月1日开播。《谁在说》采用故事和论辩形式相结合。节目形式：上篇精彩的故事讲述，下篇激烈的即席辩论，用两天分段呈现。空间设置：主体的演播室，辩论者的密室区，两个空间的及时沟通。节目环节：当事人现身说法，个性讲述。两方辩手言语交锋。神秘嘉宾密室观战，推波助澜。现场观众激情参与，高潮迭起。两个空间、两个时段，完成一个热点、焦点的全景展示和全面论战。以青年人为中心，以其相关人群为轴线，拉动社会各阶层对青年生活状态的关注。

《谁在说》2008年平均收视率为1.96%。

22.栏目名称：《北京您早》

播出单位：北京电视台

播出频道：北京卫视

首播时间：周一至周日07：00

栏目时长：90分钟

栏目介绍：1991年7月开播，是国内开播最早的一档早间电视新闻节目。《北京您早》定位于“第一时间看北京、看中国、看世界”，在立足本地新闻的同时，增加了国内外重大新闻的比重，报道视野更加开阔。节目推出：“昨夜今晨”——浓缩夜京城的都市状态；“京华新气象”——以切身感觉气象信息；“晨读时光”——阅览报刊网络之精粹，解读重大事件之深度；“学英语看天下”——英语解说新闻关键词等板块，其中守候京城捕捉夜间新闻的夜线记者和清新活泼的气象小姐让观众耳目一新。《北京您早》2008年平均收视率为1.83%。

获奖情况：《北京您早》2008年被评为中国广播电视协会优秀视觉效果二等奖(片头)。

23.栏目名称：《这里是北京》

播出单位：北京电视台

播出频道：北京卫视

首播时间：周二21：40

栏目时长：45分钟

栏目介绍：2004年10月1日开播。《这里是北京》全面介绍北京本土文化，以“在变化中看传统北京，在变化中看现在的北京”为宗旨。该节目探寻老北京的人文精神，引导观众探访北京的人文古迹、巷陌民生；用独特的视角反映北京的历史、文化、名人、掌故，留住易逝的文化根脉。

节目里主持人用一口标准的京腔讲述着一个个动人的传奇，让观众在国际化大都市包容并蓄的氛围中，探寻与领略北京的独特风韵。

《这里是北京》2008年平均收视率为1.80%。

24.栏目名称：《首都经济报道》

播出单位：北京电视台

播出频道：财经频道

首播时间：周一至周日19：00

栏目时长：50分钟

栏目介绍：1998年5月4日开播。《首都经济报道》是以报道首都经济发展为内容，以互动为手段，以演播室点评为形式的大型直播资讯“脱口秀”节目。《首都经济报道》以“贴近首都市场、服务北京市民”为宗旨，关注百姓身边的新闻，透视新闻背后的经济，紧抓首都经济发展的热点、焦点、难点、亮点、冰点问题，反映出首都经济巨大的变化。

主持人邀请社会名人，发挥评论优势，共同主持参与节目。以报道当日新闻焦点，近日经济话题为内容，以主持人的演播室点评为形式。

节目追求独家线索、独到视角、独具画面、独有声音，为广大电视观众提供内容实用鲜活、形式丰富多彩、节奏明快简洁的经济资讯。

《首都经济报道》2008年平均收视率为1.79%。

25.栏目名称：《百姓秀场》

播出单位：北京电视台

播出频道：文艺频道

首播时间：周一21：25

栏目时长：42分钟

栏目介绍：2008年1月7日开播。是展示普通百姓DV作品的平台。《百姓秀场》记录真情、记录生活，让珍贵的记忆，随影像同行。该栏目寻找发现普通百姓自己记录下身边事、奇闻轶事、趣事、感人的事，让感动的精彩故事感染更多的人，让电视观众看到自己编导的原汁原味的生活，让普通百姓走上荧屏。

《百姓秀场》2008年平均收视率为1.75%。

北京北广传媒移动电视公司优秀节目栏目

1.栏目名称：《移动直通车》

播出单位：北广传媒移动电视

播出频道：北京移动电视(无线)

首播时间：周一至周五08:00～09:00、17:30～18:30

栏目时长：60分钟

栏目介绍：2006年3月21日开办，2009年6月16日改版。《移动直通车》是北京移动电视与交管局联合推出的一档以交通、新闻资讯、服务信息为主的大型直播节目，以集成节目的方式全力打造移动电视的重点栏目。服务观众、贴近民生、突出亮点。节目以公交受众关注的内容为出发点，筛选、集成两台的新闻资讯，服务信息、大众娱乐，构成栏目的三大主要内容。新闻资讯的选取方向以民生为主，将早、晚高峰路况播报和公交信息有机结合，突出“新闻性、资讯性、服务性、娱乐性”。内容包括：新闻、路况、资讯、生活信息、MTV。风格轻松，格调高雅，适宜公交乘客观看。

2008年圆满完成了北京“两会”、全国“两会”、众志成城，抗震救灾宣传和平安奥运、“神七”发射、改革开放30周年等重大活动的宣传报道任务。

2.栏目名称：《移动直通车准点播报》

播出单位：北广传媒移动电视

播出频道：北京移动电视(无线)

播出时间：周一至周五 09:05（直播）10:05（重播）；

11:05（直播）12:00（重播）；

15:00（直播）16:05（重播）；

20:00（直播）21:00（重播）；

周六、周日 17:00（直播）18:00（重播）

栏目时长：10分钟

栏目介绍：2005年8月15日开办。《移动直通车准点播报》是一档综合性的新闻服务类资讯节目，每天播出8次，4次首播4次重播，它是移动电视力推的自制节目之一，是集自制新闻、生活、娱乐、体育信息资讯、出行服务为一身的综合节目。《移动直通车准点播报》快速、全面地充分利用北京各大媒体新闻资源，从服务的视点出发，为移动人群快速准确地提供最新的新闻报道和实用的服务信息。

3.栏目名称：《出行导航》

播出单位：北广传媒移动电视

播出频道：北京移动电视(无线)

首播时间：17：00

重播时间：21：30　次日7：20、8：30

栏目时长：10分钟

栏目介绍：2005年12月15日开办《出行导航》是一档移动电视与北京市交管局联合推出的以发布交通信息新闻为主的节目，本着结合电视信息发布的直观性和广播服务快捷性的原则，针对城市移动人群，建立全新的交通信息发布平台，随时提供保障老百姓安全出行的道路交通信息，使乘客能够方便、直观地了解到城市交通服务的内容。

2008年，重点进行北京奥运会的系列宣传报道工作。组织策划完成系列专题片《奥运地图》、小板块专题节目《奥运交通英语》，系列专题报道《大家说盛会》，突出了移动电视特色，得到了各方好评。其间还制作完成了改革开放30年3集专题片《车轮滚滚30年》，展现30年公交的变迁，体现国富民强，欣欣向荣的景象。

4.栏目名称：《整点路况直播》

播出单位：北广传媒移动电视

播出频道：北京移动电视(无线)

播出时间：周一至周五 10：00、11：00、16：00

栏目时长：3分钟

栏目介绍：2006年2月22日开办。《整点路况直播》作为穿插在全天的路况直播节目，及时有效地提供城区各个主要道路的实时交通信息。同时，作为城市应急媒体的一个重要资源，承担着应对突发事件的应急直播功能，是北京移动电视与交管局合作的又一亮点。

5.栏目名称：《与法同行》

播出单位：北广传媒移动电视

播出频道：北京移动电视(无线)

栏目时长：10分钟

栏目介绍：2007年8月30日开办的周播节目。《与法同行》由北京移动电视、北京市司法局共同开办。融新闻性、趣味性、知识性、服务性于一体，为北京2008奥运会营造良好的城市氛围，在市民中广泛普及奥运法律知识，营造首都良好的法治环境，力求为百姓搭建一个普法的平台，一个轻松学法的窗口，“行在路上，法在身边”，成为百姓行在路上的好伙伴。2008年，紧紧围绕奥运，制作了《奥运普法大课堂》等专题节目。

6.栏目名称：《数说北京》

播出单位：北广传媒移动电视

播出频道：北京移动电视(无线)

首播时间：周一至周五播出，每日2次

栏目时长：每集10分钟

栏目介绍：《数说北京》是由北京市统计局、国家统计局北京调查总队与北京电视台联合制作的电视节目，该节目每集选取一个或一组社会经济生活中的热点数据或百姓关心的统计数据，以室内情景剧喜剧故事的形式，以统计杂志《数据》编辑部为背景，通过6位编辑、记者及他们家人、朋友的日常工作和生活内容，反映北京市各项发展成就，展示具有时代特色的北京人风貌，演绎说明数字背后北京社会经济的发展变化。剧集内容贴近百姓生活，能够得到观众的广泛认可。

7.栏目名称：《96310》

播出单位：北广传媒移动电视

播出频道：北京移动电视(无线)

播出时间：每周三期，每天播出2次

栏目时长：每期10分钟

栏目介绍：《96310》“报道城市管理，倾听百姓心声”。《96310》栏目由北京市城市管理综合行政执法局主办，在北京移动电视平台播出，以生活服务类节目定位。本栏目主要以行业新闻、热点追踪、案例分析为主，所有新闻报道贴近百姓、平凡有趣。通过独特的报道视角、运用生动的表现形式，向广大市民讲述“城管的事”，在“平民新闻”及与市民互动中力求使百姓与政府进行有效的沟通。

北京北广传媒城市电视优秀节目栏目

1.栏目名称：《今日头条》

播出单位：北广传媒城市电视

播出频道：北京城市电视(无线)

栏目介绍：《今日头条》是一档新闻资讯类栏目，该栏目结合新媒体的播出特点，选取每日各类新闻资源中重大的新闻事件、重要的资讯信息，在第一时间发布，并在全天高频次滚动播出。在内容设置上，每日聚焦政策热点，关注民生民情，服务奥运建设。该栏目资讯传递及时、快速、有效，信息覆盖面广泛，重点突出，受众广泛。

北京北广传媒数字电视优秀节目栏目

1.栏目名称：《高考易错题解析》

播出单位：北广传媒数字电视

播出频道：考试在线频道

栏目介绍：电视辅导节目《高考易错题解析》通过对历年高考高频考点的分析，讲解命题人的命题思路和陷阱设置方法，讲解产生错误的原因，使学生对知识的运用和考题的分析能够做到举一反三，融会贯通，从而帮助考生在短时间内洞悉考题陷阱，减少出错机会，提高考试分数。

《高考易错题解析》内容包括语文、数学、英语、物理、化学、生物、历史、地理、政治9个考试科目，所讲试题来源为北京、山东、河南、河北、福建、湖北、广东、江苏等省份2003年－2008年高考试卷分值较大的典型考题。

2.栏目名称：《学习法》

播出单位：北广传媒数字电视

播出频道：考试在线频道

栏目介绍：《学习法》栏目分为初中与高中两个单元，受众定位初、高中学生。节目区别于一般性知识点讲解，讲授内容主要是基于教师多年教学经验及教育研究成果，给学生提供最有效率的、最实用的学习方法，帮助学生梳理知识脉络，发现知识规律，轻松学习，快乐学习。

3.栏目名称：《特级教师讲高考》

播出单位：北广传媒数字电视

播出频道：考试在线频道

栏目介绍：《特级教师讲高考》栏目，邀请具有20年以上教龄的一线特级教师为考生传授最有效、最得法的复习方法，模拟课堂教学，还原课堂情境，现场板书和课件相结合，从课堂教学内容入手，详细讲解高考的解题方法、应试技巧、答题策略等。

4.栏目名称：《影视风云榜》

播出单位：北广传媒数字电视

播出频道：新娱乐频道

栏目介绍：《影视风云榜》栏目通过对上千部电视剧集的跟踪报道，数百次拍摄现场的幕后直击，众多位影视明星的近距离访问以及对电视的收视率、电影票房榜单的发布，成为报道准确，评论权威、全面的王牌影视资讯栏目，成为全国唯一一档全面反映华语电视剧和电影的生产、制作和播出现状的影视百科全书。

5.栏目名称：《画中话》

播出单位：北广传媒数字电视

播出频道：环球旅游频道

栏目时长：30分钟

栏目介绍：访谈类节目。全方位、多角度、深层面、对国内外书画界大家、知名人士、传世名画的传承者、著名专家、当代著名书画家、新人新秀做精彩访问。节目主体目标受众为知识阶层、热爱并关注书画这一艺术门类的人士、社会各层面从事艺术专业或业余爱好者以及广大梦想成功、经历成功、收获成功的各界人士。风趣灵动的介绍交流和系统推介的访谈方式，论古道今，毫下画德兼备；画中有话，谈笑妙笔生辉！

6.栏目名称：《钓赛进行时》

播出单位：北广传媒数字电视

播出频道：四海钓鱼频道

栏目介绍：《钓赛进行时》是一档钓鱼竞技娱乐节目，跟踪报道全国最新钓鱼赛事，及时播报比赛概况及比赛成绩，节目聚焦比赛精彩画面，辅以专家点评，并请选手畅谈比赛感受，交流比赛经验。本栏目综合了电视竞技娱乐节目的特点，使观众在第一时间里感受到竞技钓鱼的刺激和乐趣，最大限度地与广大观众交流互动。

7.栏目名称：《棋魂》

播出单位：北广传媒数字电视

播出频道：弈坛春秋频道

栏目介绍：《棋魂》是一档国内全新的棋类解评节目。主持人精选10盘人生棋局并进行自战解说。同时讲述每一盘人生棋局的相关资料，深刻挖掘每一盘棋局背后的棋人棋事，构建一段浩气跌宕的围棋人生。本节目展现给我们的不仅仅是10盘精湛的棋盘争杀，还有每盘棋后倾心呕血的亲身历程，更有在每一颗黑白棋子间与对手的惺惺相惜、与自我争强叫板的真实故事。

朝阳区广播电视新闻中心优秀节目栏目

1.电视栏目：《朝阳新闻》

播出频道：BTV-9朝阳时段

首播时间：每天19：33

节目时长：15分钟

主要内容：1995年1月开播，电视新闻节目。《朝阳新闻》始终坚持与朝阳区委、区政府保持一致，坚持正确的舆论导向，坚持“三贴近”原则，关注民生，关注生活，全方位，多角度，积极探索从会议挖掘有价值的新闻事实，朝着反映政府声音、满足百姓需求的方式不断转变报道形式和风格，取得了可喜的成绩。

2.电视栏目：《今日点击》

播出频道：BTV-9朝阳时段

首播时间：周一至周五19：50

节目时长：30分钟

主要内容：2006年1月开播，电视新闻节目。《今日点击》始终关注民生，深度报道百姓生活酸甜苦辣，服务百姓衣食住行，以发现问题，解决问题，成为朝阳群众和政府职能部门的共同关注之所在。截至12月底，该栏目已接到观众打来的热线电话3000多个，及时解决了许多给百姓生活带来不便的问题，其报道也因为客观公正引起了相关部门的重视，栏目的收视率不断攀升。

3.电视栏目：《和谐在线》

播出频道：BTV-9朝阳时段

首播时间：每周日19：50

节目时长：30分钟

主要内容：2005年4月开播。电视访谈节目。《和谐在线》自开播以来，截至2008年12月31日已播出195期。该节目通过传递人大代表、政协委员的真知灼见、人民群众关心的热点难点问题，搭建起政府与百姓之间沟通的平台，为构建和谐社会发挥舆论引导作用。《和谐在线》已成为朝阳广播电视新闻中心的品牌栏目，得到朝阳区委、区政府和市广电局的肯定。

海淀区新闻中心优秀节目栏目

1.电视栏目：《红盾时空》

播出频道：BTV-9海淀时段

播出时间：每周三20：05

节目时长：15分钟

主要内容：2006年3月开播。《红盾时空》从政府、媒体和公众三者关系的互动结构出发，采用新颖的拍摄手法，坚持用事实说话，通过具体的案例分析，维护消费者权益，使舆论监督公开公正、行之有效。栏目弘扬公正，惩恶扬善，在海淀区拥有固定的收视群体，在观众中有较高的美誉度。

获奖情况：获2006年度北京广播电视奖优秀栏目奖。

2.电视栏目：《海淀新闻》

播出频道：BTV-9海淀时段

播出时间：每周一至周五19：30

栏目时长：15分钟

主要内容：1995年5月开播。《海淀新闻》以全区中心工作为宣传重点，弘扬主旋律，关注民生，服务大局，全方位、多角度报道本区发生的新闻事件。

获奖情况：2006年度在北京广播电视奖评选中《政府买单农民体检》节目获新闻类一等奖，同时获2006年度北京新闻奖三等奖；2006年度《荧屏连红线》节目获北京新闻奖三等奖，获“华彩杯”二等奖。

3.电视栏目：《城管视点》

播出频道：BTV-9海淀时段

播出时间：每周一19：50

栏目时长：20分钟

主要内容：2004年10月15日开播。《城管视点》是反映环境整治动态和工作成果的综合性新闻栏目。

丰台区广播电视中心优秀节目栏目

1.电视栏目：《百姓直通车》

播出频道：BTV-9丰台时段

首播时间：每周日19：30

栏目时长：15分钟

主要内容：2006年3月开播。《百姓直通车》充分体现民生新闻节目的特点，选题贴近生活，既有对公共议题的深度报道、对街巷百姓生活的紧密关注，也有对突发事件的迅速捕捉。节目编排考究、点评视角独特、行文生动活泼。主持人有较强的亲和力，表达到位。

获奖情况：栏目多次荣获广电中心季度优秀栏目评比一等奖，在2007年北京新闻奖评比中，获北京市广播电视播音、主持人二等奖。

2.电视栏目：《丰台新闻》

播出频道：BTV-9丰台时段

首播时间：周一到周五19：30

栏目时长：15分钟

主要内容：1986年12月开播。节目宗旨：坚持正确的舆论导向，围绕中心、服务大局，《丰台新闻》及时报道发生在本地区的新闻事件，传播来自各个层次的政治、经济、文化、科技、社会等方面的信息。2004年11月实现在互联网上传输。

3.电视栏目：《科教大视野》

播出频道：BTV-9丰台时段

首播时间：每周二20：15

栏目时长：15分钟

主要内容：2007年11月开播。《科教大视野》是丰台区广电中心与区人口计生委、科委、教委等合办栏目，隔周播出。《科教大视野》表现形式生动活泼，通过一个个真实的百姓故事为观众介绍人口与计划生育政策、科普新知识、健康小常识以及关系民生大计的教育举措。节目中很多内容在北京电视台《北京您早》、《特别关注》等栏目中播出。

石景山区广播电视中心优秀节目栏目

1.电视栏目：《记者视线》

播出频道：BTV-9石景山时段

首播时间：20：05

栏目时长：20分钟

主要内容：2002年创办时每周一期，2005年改为每周三期，2008年每周五期。《记者视线》栏目始终坚持正面报道为主的方针，围绕中心、服务大局，为区委、区政府当好喉舌。2008年，节目内容主要展现石景山区名胜古迹、旅游文化景点和CRD建设成果。该栏目开设的《走进石景山》板块播出了《石景山》、《八大处》、《游乐园》、《国际雕塑公园》、《石景山夜景照明》等20多期节目。在2008年奥运报道中，深入、全方位地报道了全区保障奥运、服务奥运、奉献奥运的历史性事件。

2.电视栏目：《启公说事》

播出频道：BTV-9石景山时段

首播时间：每周一至周五 19：56

栏目时长：5分钟

主要内容：2007年7月2日开办。《启公说事》栏目注重大话题，小切口，于真人真事的讲述中，蕴含弘扬传统文化，树立高尚情操，培养文明素质，健全人格魅力等深刻内容。

栏目以石景山区的人和事为主体内容，具有较强的贴近性和地域特征，每天一期的话题保持极强的时效性，录制特点基本上是一个长镜头一次录制完成，增添了节目的真实感。2008年全年共播出252期，受到广大观众的一致好评。

3.电视栏目：《生活与信息》

播出频道：BTV-9石景山时段

首播时间：每周一至周日 20：20

栏目时长：20分钟

主要内容：2002年创办、2007年初全面改版。《生活与信息》是一档平民化的经济生活服务类栏目，其功能是引导消费、传递资讯、服务百姓。节目围绕百姓衣、食、住、行等方面的需求和问题，提供相关资讯，探寻解决方法，方便百姓生活。节目形式不拘泥于简单的播报形式，针对不同内容，调动一切传播手法，灵活多变，节目力求做到既好看又实用，吸引大众目光。

2008年新增设《奥运足迹》板块，向观众介绍石景山区筹办奥运7年的不平凡历程。《生活与信息》电视栏目全年制作并安全播出52期。

门头沟区广播电视中心优秀节目栏目

1.电视栏目：《门头沟新闻》

播出频道：BTV-9门头沟时段

播出时间：19：30首播，次日7：30、12：30重播

栏目时长：15分钟

主要内容：《门头沟新闻》1995年开播。宗旨是以全区中心工作为宣传重点，坚持正确舆论导向，弘扬主旋律，坚持“三贴近”原则，关注民生，服务大局，全面、及时、准确报道发生在本区的新闻事件。

获奖情况：该节目荣获（华彩杯）北京广播电视奖电视节目技术质量奖录制技术新闻类三等奖。

2.电视栏目：《京西科技》

主要内容：《京西科技》栏目是门头沟电视台和门头沟区科委合办的一档普及科学知识、强调科技服务的社教类栏目，设有科技动态、科技博览和科技服务三个板块。《京西科技》栏目一直秉承科技是促进社会飞速发展的原动力这一宗旨，精心编排节目内容，着力进行节目包装，以平民化的视角，用通俗化的语言把科技知识送到田间地头，送进校园街道，送到许许多多的农民朋友、社区百姓和在校学

生的日常生产、生活当中。

3.电视栏目:《相约健康》

主要内容:《相约健康》栏目是门头沟电视台与区疾病预防控制中心合办的电视栏目,旨在满足观众需求,传播大众健康知识,加强医疗保健工作的宣传力度,促进全区卫生事业的发展。

房山区广播电视中心优秀节目栏目

一、广播栏目

1.广播栏目:《房山新闻和信息链接》

播出频率:FM107兆赫

播出时间:每天7:30—8:00首播,11:30—12:00、17:30—18:00重播。

节目时长:30分钟

主要内容:1989年10月开播。栏目前半部分是《房山新闻》。这一时段突显政治性、权威性和党和政府的喉舌作用,正确引导舆论,弘扬主旋律,以地方新闻为主,紧紧围绕全区中心工作,宣传报道全区政治、经济体制改革、精神文明建设和各行各业的新成就、新变化。栏目后半部分是在保证区内信息播报充足的基础上开辟《信息链接》,信息来源于报刊、杂志、网络,扩大了新闻节目的信息量。

2.广播节目:《龙乡行》

播出频率:FM107兆赫

播出时间:每周六8:30—9:00首播;12:00—12:30、18:00—18:30重播。

节目时长:30分钟

主要内容:1989年10月开播,是多年来一直保留的一档品牌节目,曾多次在市局节目评比中获奖。节目通过对全区政治、经济、文化等各个方面的新成就、新经验的深度报道,向听众推出行业新星,营造学先进、赶先进的社会氛围,激发龙乡人民热爱家乡建设家园的热情。栏目为优化发展环境,振兴龙乡经济,建设首善之区,实现龙乡的物质文明、政治文明和精神文明协调发展。栏目设有《业态传真》、《今日龙乡人》、《走进新农村》、《龙乡神韵》、《趣闻逸事》、《艺海泛舟》、《讲述老百姓自己的故事》等子栏目。

3.广播栏目:《婚育文化》

播出频率:FM107兆赫

播出时间:每周五8:30—9:00首播;12:00—12:30、18:00—18:30重播。

节目时长:30分钟

主要内容:《婚育文化》是房山人民广播电台与房山区人口计生委联合主办的一档社教类专栏节目,自1986年开办,至今已有20多年历史。节目始终立足于本地区发展实际,以为育龄妇女提供政策信息、知识服务为落脚点和出发点,以增强节目的艺术性、思想性、可听性为目标,力求将节目办成宣传计划生育政策的舆论阵地,倡导婚育新风、推介先进典型的舞台。2008年对《婚育文化》进行改版,进一步增强可听性,品味与质量明显提升。进一步拉近了与听众的距离,收到良好的效果。节目内设《计生新看点》、《家事写真》、《这事给您问了》、《爱在似水流年》、《婚育与法》、《计生故事会》、《生育新观察》等子栏目。

二、电视栏目

1.电视栏目:《房山新闻》

播出频道:BTV-9房山时段

首播时间:每天19:30

栏目时长:15分钟

主要内容：1988年7月开播。《房山新闻》栏目宗旨：坚持正确舆论导向，围绕中心，服务大局，关注民生，体现民意，及时报道经济、政治、文化、社会等方面的新闻事件。栏目突出政治性、思想性、实效性。信息量大，节目创新，手法灵活多样，设有时政新闻，经济新闻以及系列报道、新闻特写、记者见闻等。

2. 电视栏目：《百姓今天》

播出频道：BTV-9 房山时段

播出时间：每周二、四、六

栏目时长：16分钟

主要内容：《百姓今天》是2007年4月2日由《实事报告》栏目改版推出的一档民生专题栏目。以关注民生、关切民情、关心民意为出发点。以平民的视角描述百姓日常生活。栏目强调第一时间、第一现场、亲身体验的新闻理念。

设有《百姓资讯》、《百姓话题》、《图片新闻》、《字幕新闻》、《短信调查》等板块。节目中有人有事，故事中有情有理，在关注百姓家长里短的背后，蕴含着对道德伦理的弘扬、人情风俗的展现、扶助弱小的呼吁，在解析法律与道德、理性与情感的基础上体现人文关怀，使之具有生活质感。

3. 电视栏目：《三农零距离》

播出频道：BTV-9 房山时段

播出时间：每周三 19：50

栏目时长：15分钟

主要内容：2004年4月开播。《三农零距离》是房山广播电视中心与房山区委宣传部、房山区农委合办的一档关注三农问题的电视栏目。栏目以走进农村、走进农业、走进农民为宗旨，以中央、市、区关于三农工作的政策、方针为导向，以普通观众，特别是农民朋友的视角为窗口，说农民想说的话儿，讲农民关心的事儿。通过荧屏反映新农村建设成果和农民丰富多彩的新生活。内设子栏目，“乡村快报”，以简讯的形式展现乡村里的大事小情，节奏明快，短小精炼，信息量大。栏目开播5年来，经常接到农民电话，咨询节目内容、找项目联系人。栏目多次获得市级以上的嘉奖，并得到了各级领导和观众的普遍认可和好评。

大兴区广播电视中心优秀节目栏目

电视栏目：《女子别动队》

播出频道：BTV-9 大兴时段

播出时间：2007年10月29日开播

节目时长：30分钟

主要内容：该节目有如下创新与特色：一是推出组合记者品牌概念，把五名集采、编、播、拍于一身的女记者授以“五朵金花”的概念，以打造明星的方式对她们进行大力推介。二是在栏目中使用穿帮，通过精心设计的穿帮达到一般方式达不到的品牌推广效果。另外是主持人的角色化和实行一主一副双主持人制的做法，在主持节目过程中与其就节目内容进行交流。

通州区广播电视中心优秀节目栏目

1. 电视栏目：《通州新闻》

播出频道：BTV-9 通州时段

播出时间：19：30

节目时长：10分钟

主要内容：《通州新闻》是通州电视台重点栏目，具有政治性、思想性、时事性、服务性的特点。宗旨是：准确宣传党的路线、方针、政策，及时报道社会动态，关注民生、服务百姓、突出地域特色，服务经济发展，坚持正确舆论导向，及时传达区委、区政府重要决策，推广经济发展经验，反映人民群众心声，鞭挞丑恶现象。栏目为架起联系人民群众的桥梁，推动社会发展，构建和谐通州做出了贡献。

2.电视栏目：《看通州》

播出频道：BTV-9通州时段

播出时间：周一19：45

节目时长：20分钟

主要内容：本栏目为通州区广播电视中心评论部制作的一档电视杂志型节目。栏目秉承“贴近群众、贴近生活”的办栏宗旨，紧紧跟踪通州新城区建设和新农村建设的热点，以其平民化的视角和鲜明的节目风格，赢得了通州百姓的欢迎和认可。栏目设有《记者视点》、《通州故事》、《周望新城》和《本周话题》4个板块。其中《记者视点》板块为时政性专题节目；《通州故事》以反映通州区文化历史掌故、凡人小事为主；《周望新城》选取报纸、杂志、电视、网络有关通州的报道夹叙夹议；《本周话题》板块针对当今社会热点话题展开评论。

3.电视栏目：《劳动保障》

播出频道：BTV-9通州时段

播出时间：周二19：50

节目时长：10分钟

主要内容：《劳动保障》坚持以推动和谐社会和通州“两新”建设为主旨，面向群众、关注民生，契合了“以创业促就业”这一改善民生的政府工作思路。节目先后介绍了8名失业人员、外来务工人员的创业经历；宣传了10家单位落实劳动法规促进和谐用工的典型经验；在3期节目里展现了“老年保障待遇”和“新型农村社会养老保险”给城乡老人生活带来的全新变化；制作3集情景剧宣传“劳动合同法”，扩大了宣传效果。全年共播发50余条次劳动法规知识和社会保障政策知识，共播出招聘信息300余条，帮助上千人找到就业岗位。

顺义区广播电视中心优秀节目栏目

1.广播栏目：《绿港新生活》

播出单位：顺义广播电台

播出频率：92.9兆赫

播出时间：周一至周六9：00直播，周日9：00录播

节目时长：30分钟

主要内容：2008年1月开播。《绿港新生活》是一档生活服务类节目，新鲜的资讯扩大百姓视野，促进地区发展，实用的生活信息，给百姓的生活带来方便，节目可听性强，深受欢迎。

2.广播栏目：《边走边听》

播出单位：顺义广播电台

播出频率：92.9兆赫

播出时间：周一至周日9：30

栏目时长：60分钟

主要内容：2008年1月开播。《边走边听》为听众介绍、播放经典老歌，流行音乐，调节紧张生活，愉悦身心。生活离不开音乐，在忙碌的生活中，听上几首优美动听的歌曲，是最好的调剂方式。

3.广播栏目：《精彩奥运》

播出单位：顺义广播电台

播出频率：92.9兆赫

播出时间：周一、三、五上午11：00

节目时长：30分钟

主要内容：2008年1月开播，《精彩奥运》传播奥林匹克精神之光，普及奥运百科知识，报道北京奥运的最新情况；关注奥运给本地区带来的发展和变化，关注百姓的奥运情怀，营造积极热情的奥运氛围。

1.电视栏目：《顺义新闻》

播出频道：BTV-9顺义时段

播出时间：1994年9月2日开播，周一至周六当日新闻，周日为一周综述。

节目时长：12分钟

主要内容：节目宗旨：坚持正确导向，报道客观公正，服务经济发展，反映社情民意。

2.电视栏目：《情动绿港》

播出频道：BTV-9顺义时段

播出时间：2007年12月开播

节目时长：15分钟

主要内容：栏目定位为感人的题材，感动的故事，感慨的回味。它将以浓厚的人文关怀为宗旨，以各阶层的人物生存状态、奋斗经历中寓含的感人故事为主要内容，通过记录亲情、爱情、友情、社情、民情、敬业情、爱国情，表现人物在现代社会背景下的大命运、大情感，电视以平实的视角和关怀的眼光去关注他们的喜、怒、哀、乐，以真情实感感动荧屏前的观众，让每一位观众去感悟人生吸取精华。

3.电视栏目：《盛世花博》

播出频道：BTV-9顺义时段

播出时间：2008年10月

节目时长：10分钟

主要内容：根据七博会的各个历史节点和总体宣传计划，分为解读花博会，介绍七博会硬件以及软件报道；花卉产业发达的国家或者举办过花博会城市的经验报道；展会外围工作典型人物、典型事件以及七博会带给顺义和百姓的影响；七博会后期展商、展会的报道四大块。

平谷区广播电视中心优秀节目栏目

1.电视栏目：《平谷新闻》

播出频道：BTV-9平谷时段

首播时间：每天19:35

节目时长：15分钟

主要内容：1992年5月开播，新闻节目。《平谷新闻》始终坚持“关注社会发展、贴近百姓生活”的宗旨，突出平民化、地域性、服务性的特点，及时详实地宣传党的路线方针政策，围绕区委、区政府的中心工作全面报道平谷社会经济各个领域的重大事件及事件动态，为老百姓和政府搭建沟通理解的桥梁。

2.电视栏目：《警法在线》

播出频道：BTV-9平谷时段

播出时间：每周日20：05

栏目时长：15分钟

主要内容：2001年6月3日。平谷电视台和平谷区政法委联合开办。《警法在线》采用纪实手法，叙述发生在百姓身边的警法故事，从而普及法律知识，树立政法机关形象。尤其是2007年新设的“律师连线”子栏目，采用通过旧案例讲解法律条文的形式，传播法律知识。并开通律师免费热线，深受广大群众的欢迎。《警法在线》栏目开播以来，已成为一块重要的普法阵地，有力地推动了平谷区法制建设。

3.电视栏目：《希望田野》

播出频道：BTV－9平谷时段

播出时间：每周四20：00首播，每周滚动播出8次

栏目时长：10分钟

主要内容：2005年1月开播。《希望田野》栏目面向“三农”，以贴近农民，紧跟农时、通俗易懂、及时有效为特点，传播农业新技术、宣传农业先进典型、解读农业政策法规，让更多的农民享受到专家提供的当前政策、农事、实用技术等农业信息。《希望田野》栏目共包括《致富支招》、《科技一分钟》、《致富明星》、《农业资讯》等4个板块。2008年共播出51期节目，其中《致富支招》36期、《致富明星》20期、《科技一分钟》26期。

怀柔区广播电视中心优秀节目栏目

1.广播栏目：《行风热线》

播出频率：FM101.3

首播时间：每周一、三、五7：20

节目时长：20分钟

主要内容：2005年5月9日开办。《行风热线》是北京郊区广播电台中第一个时政类直播节目。由怀柔区纪检委、区监察局和区广电中心合办。节目宗旨：通过区政府29个职能部门主要领导轮流上线，倾听普通百姓在热线电话中提出的问题，直接受理群众投诉，在百姓与政府之间架起实实在在的理解与沟通的桥梁，从而达到实现优化执政环境、督察政府工作的目的。栏目开播以来，共接听热线电话786个，其中对听众反映的377个问题，都给予了满意的答复或解决。

获奖情况：获2006年度和2007年度（华彩杯）北京广播电视奖郊区优秀广播栏目奖。

2.广播栏目：《安全在线》

播出频道：BTV－9怀柔时段

播出时间：每周三晚首播

节目时长：10－15分钟

主要内容：2007年6月13日开办。怀柔区广播电视中心与区安全生产局联办的一档安全生产、安全生活栏目。该栏目以“揭示危害人们生产生活安全的各种现象、隐患、典型事故案例等，引导人们警惕危害，提高规避风险、防范隐患能力”为宗旨，通过“安全播报”、“引以为戒”和“安全提示”3个子栏目，分别以不同的视角介绍有关安全方面的信息、知识及案例等，开播后，深受广大听众的认可和喜爱。

获奖情况：获2007年度（华彩杯）北京广播电视奖郊区优秀广播、电视栏目奖。

3.广播栏目：《今日三农》

播出频道：BTV－9怀柔时段

播出时间：每周五首播

节目时长：12分钟

主要内容：2008年4月25日开办。《今日三农》是怀柔区广播电视中心与区农委联办的一档立足三农、服务三农的农业类专题节目。该栏目传播中央农业信息，解读各级农业政策。栏目分为4个板块，分别为《三农报道》、《三农亮点》、《农业科技》、《市场行情》，从不同视角介绍各方面农业信息，深受广大农民喜爱。

昌平区广播电视中心优秀节目栏目

1. 电视栏目：《农民课堂》

播出频道：BTV-9 昌平时段

播出时间：每天20:15

播出时长：10分钟

主要内容：《农民课堂》栏目自2008年1月1日改版以来，以促进农业增效，农民增收为宗旨，分析市场动态，传递种养信息，推广农业科技，宣传致富典型，把种养业的新信息、新项目、名特优新品种、农业实用技术，农产品供求信息，农民致富的典型经验，生动、直观地传播给农民，起到了“科技快餐”的效果，为全区农业结构调整和农民增收发挥积极的引导和促进作用。

获奖情况：获2008年昌平区广播电视中心优秀栏目奖。

2. 电视栏目：《百姓话题》

播出频道：BTV-9 昌平时段

播出时间：周日19:30

播出时长：20分钟

主要内容：2008年3月9日正式开播。《百姓话题》是一档谈话类栏目，栏目零距离面对百姓、政府官员、专家学者，透视社会热点问题、反映当前受人关注的人和事。自栏目开播以来已邀请各阶层人士达数百名，通过贴近老百姓、贴近社会生活的话题设置，使观众对刚出台的惠民新政策或社会热点问题有了充分的了解。让观众感到真实、亲切、可信，产生积极的社会效果。

3. 电视栏目：《真情故事》

播出频道：BTV-9 昌平时段

播出时间：每周一19:49

播出时长：10分钟

主要内容：贴近百姓、贴近生活，弘扬主旋律。《真情故事》以人物为主线，讲述人与人、人与社会之间的真情故事。展现普通人的内心情感，捕捉他们身上闪耀的人性光辉和生命活力，显示平凡中的伟大，展示人性的真、善、美，倡导积极文明的生活方式和精神风貌。

密云县广播电视中心优秀节目栏目

《教育园地》

2005年年初，密云广播电台对《教育园地》节目进行重新策划、改版、包装，调整了责任编辑、主持人和播出时间，把节目定位在大教育的范畴内，开设了《青年话题》和《作文园地》两个栏目，充分体现出学校教育、家庭教育、社会教育三结合的丰硕成果和时代特色。同时也反映了应试教育和素质教育有机结合的必然。《教育园地》栏目，一年来关注密云县各中小学校园五彩纷呈的学习生活，展示当代中小学生的精神风貌，及时报道密云县内外教育教学的发展动态、典型事迹、经验和措施以及教训与成果，成为反映全县学校教育的一个亮丽的窗口。

《密云新闻》

密云新闻节目作为密云电视台的立台之作牢记质量为本，创新为魂的宗旨，始终坚持把传递党和政府的声音和反映社情民意为首要任务，聚焦政府关心、百姓关注的热点、难点问题，架起政府与百姓之间沟通的桥梁。在内容上力求贴近实际，贴近生活，贴近群众，在形式上坚持不断创新，在坚持正确舆论导向的前提下，力求版面的丰富多彩。主流板块分为：时政新闻、新闻栏目、社会新闻和新闻资讯几个层次。时政新闻紧紧围绕县委县政府的中心工作，坚持唱响主旋律。新闻栏目以县委县政府及各部门阶段性重点工作为主线，进行集中宣传，既突出重点，又丰富多彩。基本上做到了月月有栏目，周周有话题。社会新闻坚持面向百姓，关注民生。集引导性、娱乐性、趣味性为一体，让百姓说话，讲百姓的故事。新闻资讯以短、精、快为特点，反映最新经济动态，传递最新政策资讯。

《事事关心》

《事事关心》2006年1月1日开播，是密云电视台二套一档新闻资讯节目，在近半个小时的节目中，快节奏、大信息量地向观众播报密云、本市、国内多种新闻，并与城管，药监合办了专题栏目。另外，《事事关心》还开办了《百姓DV》栏目，聘请了诸多百姓DV员，让百姓拿起手中的DV讲述自己身边的故事，增添了我们与百姓间的互动，使我们的节目更贴近百姓的生活。

《檀州大舞台》

《檀州大舞台》是2008年1月开设的一档新栏目。

本着弘扬文化传统、挖掘文化底蕴、展示大众才艺、丰富百姓生活的主旨，以演播室、文化活动广场、田间、车间以及寻常百姓居所为表演舞台，把勤劳、热情、奉献的密云百姓的文化生活和密云浓郁乡土民情、淳朴民风展现在荧屏上。

大舞台栏目将充分体现贴近群众、贴近生活、贴近实际的三贴近原则，实现真正意义上的搭建百姓的舞台，展示百姓的风采，丰富人民群众的精神文化生活。

延庆县广播电视中心优秀节目栏目

一、广播节目

1.广播栏目：《百家书场》

播出单位：延庆广播电台

播出频率：92.8兆赫

播出时间：每天12：00首播，19：20重播

栏目时长：30分钟

主要内容：1997年开播。《百家书场》栏目是一档各个年龄段都非常喜爱的评书节目，每天中午和下午的黄金时段播出，收听率非常高。

2.广播栏目：《快乐调频92.8》

播出单位：延庆广播电台

播出频率：92.8兆赫

播出时间：每天18：05首播，滚动重播3次。

主要内容：2003年开播，2007全新改版。《快乐调频92.8》是一档娱乐互动节目，奉献的不仅是畅游音乐的快乐，更是与听众互动交流的平台、魅力释放的地带。其中的《搜秀岛》板块更是文艺爱好者才艺展示的舞台，节目深受青年朋友的欢迎，短信互动及信件每天多达百条。

3.广播栏目：《生活·时尚·阳光》

播出单位：延庆广播电台

播出频率：92.8兆赫

播出时间：每天11：25首播，滚动重播2次

栏目时长：20分钟

主要内容：2003年开播。《生活·时尚·阳光》栏目是一档生活服务类节目，节目内容的设置涉及生活的方方面面，其中的1601信息服务资讯，为听众提供了二手商品服务的平台；《爱车一族》板块为开车的朋友们提供车辆维修保养等方面的资讯技术服务。

二、电视节目

1.电视栏目：《延庆新闻》

播出单位：延庆电视台

播出频道：延庆一套

播出时间：周一至周五20:00首播，20:50重播

栏目时长：10分钟

主要内容：1991年1月开播。《延庆新闻》是延庆电视台主打新闻类节目，内容有时政新闻、社会新闻、简讯要闻、短讯快报。播出口号：您所期盼的就是我们的希望所在，您所困惑的就是我们奋斗的目标，您所关心的就是我们关注的焦点。《延庆新闻》，让您每天都能了解县内政事、社会大事、百姓身边事。

2.电视栏目：《一周新闻综述》

播出单位：延庆电视台

播出频道：延庆一套

播出时间：每周六20:00首播，20:45重播

栏目时长：10分钟

主要内容：2002年6月开播。《一周新闻综述》是延庆电视台开办的新闻综述节目。栏目集纳一周新闻重点，重新编排组合，构建新闻航空母舰，将客观评价与舆论引导融入其中，达到潜移默化宣传效果。

3.电视栏目：《检察视点》

播出单位：延庆电视台

播出频道：延庆一套

首播时间：每周三20：36

栏目时长：10分钟

主要内容：2006年2月开播。《检察视点》是延庆电视台与县检察院联办的法制栏目。以宣传检察职能，传播法律知识为主。该栏目设有两个板块，《检察动态》以独特的视角介绍检察工作，宣传检察职能，《检察案例》以理性的目光分析典型案例，传播法律知识，宣传检察工作，展现干警风采。

技术工作

2009/《北京广播影视年鉴》

——记录行业情况　服务业内和社会——

北京市广播电视局科技创新奖获奖情况

“2008年度北京市广播电视局科技创新奖”经过本局评审和终审，共评选出科技成果应用与技术革新奖、工程技术奖、科普作品奖和论文奖4个类别6个奖项。

科技成果应用与技术革新类：

北京市广播电视监测中心的《广播电视安全播出智能监管平台》获科技成果应用与技术革新类一等奖。

工程技术类：

1.北京市广播电视监测中心的《全数字广播电视移动监测、压制及应急指挥系统项目》获工程技术类一等奖。

2.大兴区广播电视中心的《大兴区广播电视中心新媒体业务综合平台之电视制播系统》获工程技术类二等奖。

科普作品类：

通州区广播电视中心《秸秆汽化炉和牛粪发电技术》获科普作品类一等奖。

论文类：

北京电视台毕江、黄正兵《面向服务架构全台网络化节目制播体系环境下跨系统工作流程设计和服务关系说明》获论文类一等奖。

通州区广播电视中心宫宝文、王小利《非法卫星电视信号全方位快速定位、跟踪捕获及自适应压制系统》获论文类一等奖。

（北京市广播电视局科技处）

北京市广播电视局科研立项及完成情况

2008年，北京市广播电视局为利用现有资源，进一步推动全市广播影视数字化、网络化建设，进行了《北京市广播影视媒体资产管理共享交换平台项目》第一期的建设。该项目主要立足于公共服务和全市广播影视媒体资产管理、共享和交换。在项目专家论证会上，国家广播电影电视总局、中央电视台、北京市财政局、北京电视台、大兴区广播电视中心等单位的专家对该项目的必要性、可行性、实用性从技术、需求、功能等几方面进行论证，并一致通过项目论证。

该项目中心共享平台建在北京电视台，选定大兴区、平谷区、石景山区为一期建设的三个远程媒资节点，并开展一期工程的招标工作。经过北京市广播电视局、北京电视台和三个区县的技术人员与厂家进行技术交流与沟通，最终由专家审核，确定了一期招标文件。招标工作于2008年12月顺利完成。

（北京市广播电视局科技处）

北京人民广播电台技术工作情况

2008年，北京人民广播电台圆满完成了安全播出、技术保障、技术建设、技术服务和技术管理工作，全面完成了“平安北京、平安奥运”各时段重要安全保障期的播出任务。

一、安全播出

技术部门保障了全台8套开路广播节目的播出，同时还保障了15套有线调频广播和15套数字广播的播出。纳入安全播出管理的全台累计播出时间共计54485小时。

按照国家广播电影电视总局新下发执行的广播节目停播事故界定标准,即节目中断时间超过8秒视为停播事故的规定(原规定为30秒),2008年全台共停播5次,累计停播时间115秒,全台总停播率为0.21秒/百小时。

二、技术保障

1.每季度向国家广播电影电视总局上报的播出通路运行技术指标,均达到甲级标准。

2.每天对重点时段的重要节目,如《北京新闻》的录制与播出、转播中央人民广播电台的《新闻与报纸摘要》、转播中央电视台的《新闻联播》实施重点保障。

3.在奥运重要保障期,全面启动安全播出应急预案,在原有预案基础上进行了明确的细化,预案重点突出,针对重点采取了相应的防范措施。

4.通过卫星、ISDN和电话线路等传输方式,完成台外实况转播110多场次,包括"北京市两会"、"新春音乐会",以及除夕大联欢、正月十五晚会、首都大型赈灾慈善义演、奥运火炬传递启动仪式、魅力社区晋级评选特别节目、北京国际旅游博览会、地坛书市、国际商务节车展等重要转播工作。

5.根据奥运报道部的要求,为达到奥运期间稿件资源共享的目的,完善并保障了台内采编平台的功能实现和正常运行。并根据需要,实现了网上多方通话功能,为奥运报道提供了可靠保障。

6.在台内综合演播室配合专业广播、北京广播网、北京网视完成音视频节目直播及视频节目的录制220多场次,包括《城市零距离》、《市民对话一把手》等重要音视频直播节目。

7.保障了外语广播每月2次与英国BBC的连线直播,完成音乐广播多次转播或录播境内、外大型音乐会的技术支持工作。

8.奥运火炬传递、奥运专题报道等节目采用音视频共做的形式,安排在DAB平台播出,并完成了临时播出平台的搭建任务,保障了奥运期间连续18天不间断安全播出。

三、技术建设和改造项目

1.播出系统改造完成项目

完成交通广播交管局新播出机房的安装,5月30日投入使用;对8个专业广播播出机房的延时设备进行了全面的检查,并为各专业广播机房新购置安装了1分钟延时器;更新改造了8个播出机房的停播告警设备;为体育广播台内播出机房增加安装4套视频监视器、2套上网电脑、3部热线电话;更新改造主控部分监视、监控设备;更新部分播出机房主、备用音频工作站;在通盘考虑播出区播出机房的技术系统规划后,提出新增加的广播频道机房建设方案,完成设备选型及采购招标工作。

2.网络系统改造完成项目

在主控网络机房增加安装了2组不间断电源,更换了原有不间断电源的电池模块;在804发射台和建外办公楼增加安装不间断电源,为网络设备稳定运行提供了可靠保障;更换了综合网的核心交换机、防火墙,增加了网络流量控制器,VPN硬件设备,网络负载均衡、统一威胁管理等设备;更换了2台音频网络服务器和3个磁盘阵列,对重点节目增加数据备份设备;完成了交管局新播出机房的网络设备安装任务,搭建了新的音频网及综合业务网,并完成网络接入工作;完成全台近300台计算机更新工作和各部门办公室调整后计算机网络的接入工作;配合新音频软件开发与使用,完成网络环境的搭建工作和计算机网络接入工作并完成对电台网络安全等级测评工作。

3.录制、扩声系统改造完成项目

为奥运报道部设在台内的指挥中心和设在北京外国专家公寓的工作室共安装音频录制

工作站6套，ICM音频数据传输交换系统一套；为奥运报道部节目采编制作共安装16套笔记本工作站和20套桌面录制工作站；安装广告制作、管理音频工作站30套及1套会议室系统；为节目制作中心安装6套小录制间的节目录制系统，6个工作室的节目录制系统，28套桌面录制工作站，以及会议室系统和视频监视系统；统一规范节目录制标准，重新测量、校准了部分录制工作站基准工作电平；为编播部门配置、调试85套数字采访机和50套MD采访机，制作专用音频电缆80余条；完成技术楼、部分录制机房的全数字录制系统安装和更新改造；为各专业广播小录制间更新安装16套录制系统，5套ICM音频数据传输交换系统；完成对应用软件提供商正在开发的新版音频系统录制编辑器、用户管理、节目板块管理、节目编排上单、广告编排上单等软件的测试工作。

4.传输发射系统改造完成项目

按照技术标准与要求，为体育广播设在国际台的直播室调试播出设备，搭建国际台至我台之间的2条双向光纤传输通路；为提高奥运期间体育广播102.5MHz收听质量，皂君庙发射台专门为其新安装一部3.5KW调频发射机，以保证播出安全；新增安装一副备用天线，作为所有发射频率的备份，并将所有频率发射机的独立备机配齐；为皂君庙发射台所有发射机安装远程监控系统，通过互联网可在任何地点对发射机的运行状态进行实时监控；更新改造皂君庙发射机房音频传输光端机系统；为新闻广播100.6MHz更新安装3KW发射机；为城市服务管理广播107.3MHz更新安装调频同步系统；为保证奥运期间转播及收看电视信号优质可靠，维护、调整了台内有线电视系统，为直播区有线电视信号增加一套光纤传输备用系统；完成技术楼主控机房至广播大厦中心机房光纤通路的建设。

为提高中波天线匹配网络的稳定性，804发射台逐步对828KHz、1026KHz天线调配网络中使用了多年的玻璃真空电容器更换成陶瓷真空电容，并完成了南塔的调配间与铁塔之间连接器的更换工作；完成对774KHz小天线主体结构的检查和维护；完成了南塔顶层拉线的检查维修和二层拉线绝缘子的更换工作，并对南北塔所有拉线进行了拉力测试和校准；完成了对馈线电缆充气设施的维修和改造，确保馈管内气压正常；对主用发射机各工作点供电的直流电源和内部电路板及其附属设备进行彻底的维护，并更换了部分滤波电容器，确保发射机安全稳定地运行。

四、技术管理与服务

1.重新修订并完善质量管理体系中有关技术方面的管理规定及相关文件，完成为部分工作流程编制作业指导书的工作。

2.编制了“奥运期间确保安全播出应急预案”，实现编播人员、主持人、导播以及值机人员从节目安全到播出安全“无缝连接”。

3.配合北京悦龙数字广播传媒科技有限责任公司完善了数字广播（DAB）前端系统，使该系统在安全稳定性和播出质量方面得到全面提升，包括增加音频信号源自动切换，视频信号源数字化及主备路由改造，增加备用前端复用系统和复用信号监测记录功能等，还完成了四个同频发射站点的建设，确保了市委宣传部对奥运期间节目信号覆盖目标要求的实现，另外，还为“悦龙”和“交广”两公司开展多种数据服务业务提供了多方支持。

4.配合本台广播发展研究中心完成广播受众实验室项目的技术系统搭建工作。

5.配合北京市广播电视局完成调频100.6MHz的郊区覆盖工程建设。

6.配合本台广播大厦完善演播室视频、音频系统和灯光系统的后续工作。

（章通 郭励 邓亚程）

北京电视台数字化制播存一体化应用情况（一）

——北京电视台新址制播网络系统

北京电视台新址采用了基于SOA架构的系统设计，新制播体系包括两个主要层次：生产业务系统和技术支持平台。

生产业务系统完成日常节目的制作和播出，实现媒体资产管理、收录、演播共享等公共服务功能。技术支持平台实现生产系统内部以及与其它业务系统之间的数据交换、为生产系统提供综合业务支持。

一、制播网络系统的应用业务系统

新闻类节目制播网络系统：包括新闻节目制播网络系统与体育节目制播网络系统，完成新闻类节目的上载、编辑、配音、审查、演播等工作。

非新闻类节目制作网络系统：完成各个非新闻类节目的制作、包装等工作。

演播共享网络系统：包括综合业务楼演播共享网络和多功能演播中心演播共享网络，完成非新闻类节目演播室录制、直播中的节目播放和采集等工作。

总编室编播网络系统：是以节目备播库和节目代码缓存库管理为基础，同时完成编排周单、编排导播日单、节目送播等工作。

媒体资产管理网络系统：是制播网络系统资料存储管理中心，提供资料归档、资料检索／调用等功能。

收录网络系统：完成外来信号收录、直播信号收录及开路播出信号监录等工作。

播出网络系统：完成电视台所有频道的安全播出等工作。

广告编播网络系统：完成广告编排、上载等工作。

二、制播网络系统总体工作流程

在网络化制播体系下，节目及广告编播总体工作流程的设置以业务域为基本构成单位，各业务域一般以独立业务系统的模式予以实现，与一线制播相关的业务可以划分为节目（含广告）制作、节目（含广告）备播和节目（含广告）播出等业务域，如参考图所示。

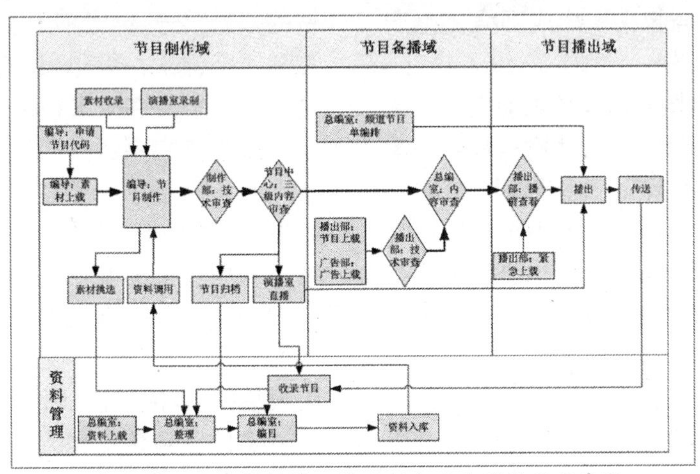

参考图：网络化制播工作流程和业务域设置示意图

在节目制作域，节目制作完成并通过本域内成片审查后，通过备播流程进入节目备播域，实现节目备播库管理、本域内成片审查以及与播出节目单的关联，最终通过送播流程进入节目播出域，节目备播域完成节目播出单的编排，编排结果也通过送播流程进入节目播出域。

在技术实现层面，节目制作域的业务功能是由各种不同类型的节目制作系统实现。如：新闻类节目制播网络系统，广告编播网络系统。节目备播域是由总编室编播系统实现，而节目播出域是由频道播出系统实现的。

（北京电视台）

北京电视台数字化制播存一体化应用情况（二）

——北京电视台网络化节目制播体系

2008年，北京电视台借着新台址建设的契机，完成了全台一体化制播网网络的建设。

北京电视台新台制播网，历经5年时间建成，是目前国内已建成的真正意义上的全台制编播一体化网络，将“采、编、播、存、管”在一个系统内实现，实现了“前期数字化、编辑制作网络化、播出硬盘化、存储数据化、管理科学化”五大目标。

新台制播网，以数字化为基础，网络化为核心，摒弃了传统离散操作、独立运行的生产模式，以适应广电业内网络化的发展趋势，采用网络化制作模式将生产系统的各个组成部分有机地结合起来，形成网络化生产体系。

北京电视台制播网从设计功能上涵盖了所有台内生产工作流程，包括演播室录制和播出、内容采集、后期编辑、文稿处理、数据存储和生产管理等诸多环节，以台内节目生产的全程数据化为基本目标。同时，也建立了生产网络与办公网络的数据接口，将台内节目生产相关信息发布平台的内容经严格审查和筛选后发布到生产业务网络中，并将生产业务网络中的信息及时反馈到台内节目生产信息发布平台。

新台制播网简介

节目生产是电视业务的重要组成部分。北京电视台新台制播网的设计以节目生产为核心，按照节目生产的不同类型及节目生产的不同环节，将新台制播网从网络结构上分为业务支撑平台及若干应用系统，各应用系统通过业务支撑平台进行业务数据交换。新台制播网网络架构如下：

制播网系统由基础网络平台、业务支撑平台、主体业务系统和其它业务系统组成。

基础网络平台

制播网络系统是进行信息通信和数据传输的基础平台。针对不同业务子系统的应用特点和实际需求，基础网络平台可提供安全、稳定、高效的网络接入和路由支持。

业务支撑平台

整个制播网络系统管理和互联互通的中心枢纽。该平台以互联总线为模型，对制播网络系统中可能用到的通信协议、软件接口协议、信息协议、数据压缩格式和文件格式进行了标准化的定义和实现，支持各个业务子系统的灵活接入和平等互联。

主体业务系统

指与北京电视台节目生产直接相关的各

个业务子系统，包括：总编室编播网络系统、新闻类节目制播网络系统(包括新闻节目制播网络系统和体育节目制播网络系统)、非新闻类节目制作网络系统（包括普通编辑网络系统、深度编辑网络系统、包装合成网络系统、高清制作网络系统)、广告编播网络系统、演播共享网络系统、收录网络系统、播出网络系统和媒体资产管理网络系统(以下简称媒资系统)。

其他业务系统

指主体业务系统范围之外的业务系统及其支持系统。随着广播电视行业应用和技术的不断发展，可以预见新兴衍生业务将成为电视台业务的增长点，例如：数字电视、IPTV和网站等。此外，二维动画制作系统、运行调试系统也是制播网络系统的重要组成部分。

北京电视台新台制播网是目前国内规模最大的电视制播网络，整个网络一期工程包括一个业务支撑平台、八个业务网。服务器数量将近400台，工作站数量将近700台。

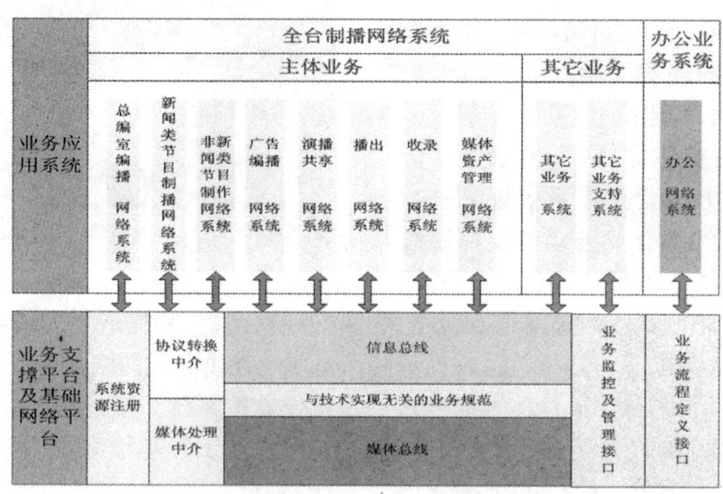

北京电视台新台制播网机房分布在综合业务楼的7−19层，28层、30层，以及演播楼的分控机房。

为了确保新台制播网的技术安全，制播网系统关键设备和关键应用部件都采取群集或双机热备方式部署，即如关键设备出现故障不影响系统正常运转。为确保新台节目播出不受制播网灾难影响，制播网制定了在制播网全面瘫痪情况下的应急预案，即在制播网不能正常工作时，新台节目生产系统可以短时绕过制播网，节目照常可以在播出系统播出。

系统试运行阶段

系统试运行阶段从2009年1月至2009年6月。2008年12月18日科教频道进驻普通编辑网，开始编辑记者培训，为2009年1月15日第一期试播做全面演练。科教频道所有栏目采集、制作、录制、包装、合成和网络化送播的全过程均在制播网内实现。2009年1月15日，BTV−科教频道正式在新台制播网成功制作、播出，同时BTV−影视（节目在新台制播网深度编辑网上载)、BTV−青少频道（节目在老台制作)也在新台成功播出。按照新台制播网工作计划，新台第二期试播定在2009年4月1日，第二期试播包括BTV−北京、BTV−体育、BTV−文艺、BTV−高清频道。2009年3月10日，新闻、体育系统进入全面演练阶段。

（北京电视台）

北京歌华有线电视网络股份有限公司技术改造情况

一、新客服业务系统建设

歌华有线于2007年底启动了新客服业务系统的建设工作，新系统于2008年4月28日正式上线，实现了歌华有线模拟电视、数字电视、数据三大主营业务的业务受理功能以及跨多部门的工作流功能，点对点通知、群发公告功能，呼入接续功能，呼出回访功能，客服知识库功能以及统计报表等功能。

二、IBOSS规划和建设

歌华有线研究编制完成了10余万字的《歌华有线综合业务运营支撑系统规划技术规范》和《歌华有线综合业务运营支撑系统规划业务规范》，并于2008年10月16日顺利通过验收。IBOSS将为实现歌华有线各业务（模拟电视、数字电视、交互电视、宽带接入、数据广播等）、各分（子）公司统一的客户资料管理、统一的账务管理、统一的受理界面、统一的客户服务、统一的维护管理服务。

三、用户管理系统的统一与机顶盒的升级

歌华有线从2007年底开始着手建立在远郊分公司推广统一的用户管理系统。截至2008年底，已顺利实现了密云、顺义、延庆、房山、怀柔、平谷、门头沟等7个分公司新版用户管理系统的割接上线，实现了歌华有线远郊分公司用户管理系统的统一。

截至2008年8月，歌华有线完成对长虹、华为、同洲等厂家8种型号19个版本的三种平移单向机顶盒的升级工作，涉及用户数量180万。

四、光缆覆盖与机房建设

2008年，光缆传输网络覆盖工作取得较大发展，顺利实施奥运有线电视专网建设、架空线入地工程和北京数字电视交互式有线传输实验等工程项目。同时，继续实施光进铜退的光缆网络覆盖，完成了有线电视奥运专网工程建设、有线电视网络架空缆线入地工程、朝阳图像监控系统工程建设、北京数字电视交互式传输实验工程基础网络建设、宣武区社区信息网络、海淀区社区信息网络和东城教育信息网络等工程项目，总体光缆的敷设量1407公里。全年完成3个机房的新建和搬迁工作，改善并完成了16个机房极早期烟雾探测消防报警系统建设。

北京歌华有线电视网络公司新启用的数字电视机房

五、新技术开发与应用

2008年，歌华有线公司对有线电视接入网新技术进行了研究和实验。在海淀区社区信息网和宣武区社区信息网采用了EPON技术交互试验平台，为下一步拓展有线电视网络业务覆盖能力提供了技术保障。截至目前已完成对20万用户双向有线电视网络的改造工程、用户管理子系统、机房改造工程、交互试验平台等子项目的建设，交互试验平台在北京奥运会中已成功使用。

六、奥运专网前端系统搭建与应用

奥运前端机房作为奥运专网总信号播出传输机房，是整个奥运专网中最为重要的环节之一，传输40套标清赛事节目、4套高清赛事节目、21套国内外商业频道节目的数字电视信号和7套国内商业频道节目模拟电视信号。公司在总前端机房开辟出独立区域完成了奥运专网歌华前端机房的建设，同时在奥运国际广播中心搭建了奥运有线电视前端机房。通过系统的精心设计和施工调试，奥运会期间做到了100%安全播出。

七、科技项目的组织和研发

2008年，公司继续推进北京市科委《数字电视多媒体关键技术研究应用》项目。项目包含五个课题："数字电视多媒体系统平台的建设"、"以多媒体业务为核心的数字电视增值应用系统"、"融合视频、数据和音频的多媒体终端设备"、"多媒体传输运营安全监控系统"、"数字电视多媒体增值业务体系研究"。目前正在全力完成第四课题的结题及第五课题的实施。

（北京歌华有线电视网络股份有限公司）

北京歌华有线电视网络股份有限公司数字化应用情况

2008年，北京市有线电视数字化试点工作全面推进，截至12月底，北京市已完成数字化转换190万户，成为全国数字电视用户最多的城市。

一、电视数字化用户的推广与机顶盒的在线升级服务

截至2008年12月底，已有东城、西城、崇文、宣武、朝阳、海淀、丰台、石景山、昌平、通州、大兴、顺义、怀柔等13个区县1867个小区进行了有线电视数字化转换。北京市有线电视数字化试点用户总数达到190余万户，数字电视用户已经占到全市有线电视注册用户的50%。同时，歌华有线相关技术部门平稳实施全国规模最大的一次机顶盒在线升级服务。

二、加紧推进双向交互业务

北京数字电视交互式有线传输实验工程项目正在启动，它是在北京有线数字电视已取得的研发成果基础上，分别在城区和村镇进行数字电视交互式有线传输实验，推动数字电视服务向双向、交互、多功能方向发展，满足人民群众的个性化、多样化需求，使有线电视网络成为家家户户都能享用的多媒体信息综合服务平台。歌华有线目前已经做好了双向网络前端，双向机顶盒开发的准备工作。

三、用户服务

2008年，歌华有线通过人员培训、制度建设、增加夜间班次等措施，客服电话平均接听率达到95%以上。歌华有线96196客服热线共接通数字电视方面的来电119万个，问题处理的回访满意度达到96.28%。

四、服务奥运

歌华有线建设维护的北京奥运会有线数字电视专网实现了科技奥运的"三个第一"，第一次对全网广播的电视节目通过数字电视的方式来提供服务，第一次在专网中提供高清晰度数字电视服务，第一次对奥组委指定的区域和用户提供比赛视频点播（GVOD）服务，成为北京奥运会的科技亮点之一。

（北京歌华有线电视网络股份有限公司）

北京北广传媒数字电视公司新技术开发和应用情况

一、TS码流台标字幕机系统的搭建及应用软件开发

在数字电视信号中插入台标和字幕是一项技术难题。目前数字电视TS码流台标字幕机基本采用先将数字信号解码、再叠加台标字幕、最后再编码的方式来解决台标字幕的插入问题，容易造成节目画质下降、出现中断、重编码后码流错误等问题。经过长时间的技术论证和选型测试，数字电视公司搭建了一套TS码流台标字幕发生系统，应用了新的TS码流叠加技术，相应改善了上述技术问题，使码流传输基本不受影响。

TS码流台标字幕机原系统管理软件仅支持一些基本操作，功能并不完善。例如：原系统软件不能实现对欲插入台标和字幕的节目内容进行审核，不符合节目播出流程，操作员没有级别和权限区别，同一时间只能由一名操作员对台标机所管理的单套节目进行字幕插入操作，软件操作界面不友好等等。为此，数字电视公司根据实际应用情况，专门开发了一套新的控制软件，解决了原管理软件的不完善之处，实现了多设备多节目管理、分级操作权限、对插入内容审核后播出等功能，使得软件功能符合实际使用需求。

二、节目素材存储管理系统的设计实施

2008年，数字电视公司共播出及代播节目近30套，节目存储量很大，根据目前数字电视集成平台的功能和特点，以媒资系统为基础设计理念，搭建节目存储和管理系统。该系统与数字电视集成平台结合，可简单实现媒资系统功能，提供节目素材的存储、分类、查询、上载等管理功能，大幅度提高了节目素材的使用效率。

播出部工程师讨论系统改造设计

1.音频监控分析和报警系统的应用

数字电视公司节目集成平台的一个特点是节目集成数量多，需要同时对多个频道的节目磁带进行压缩编码工作，在压编过程中，需要同时监看和监听多套节目的视频和音频，为此，播出部对压缩编码系统进行了技术改造，增加了音频监控分析和报警提示系统。该系统可同时对多路节目音频进行监控，并对其技术指标进行实时分析，并可根据预先设定的各项参数阈值对各类音频问题发出报警。此系统的使用，强化了节目压编过程中对音频问题的检测控制，保证了节目压编质量。

2.数字电视节目集成平台数据库管理模块的优化升级

数字电视公司节目集成平台担负着数字电视节目的播出业务，目前，频道数量由最初的7套增加到近30套。虽然集成平台从投入使用至今一直运行稳定，但却因每天播出的节

目数量多，生成大量的日志信息数据，使原有的数据记录和检索功能在海量数据面前处理能力不足。为此，数字电视公司播出部提出了对数据记录和检索的改进设计方案，并经过与系统集成公司共同研究开发，对数据库管理模块进行了优化升级，有效解决了系统处理海量数据效率低下的问题。

（北京北广传媒数字电视公司）

北京北广传媒城市电视公司新技术开发与应用情况

北广传媒城市电视大屏幕在播出

2008年是奥运年，城市电视大屏幕电视联播网（LED）在此期间充分发挥其自身的技术优势，出色完成奥运文化广场大屏幕电视的播出任务。

超大规模的LED户外大屏幕电视系统采用两种传输方式（即DVB-T统一信号播出及歌华有线电视传输网络采用歌华有线的MSTP网）相结合的传输模式，既保障了传输安全、又兼顾了个性化播出需求，同时两种传输方式互为应急预案的补充。节目信号从播控中心传送到各个终端，具有实时传播、统一发射、安全清晰的特点，能满足多点、多路播出的带宽要求，是世界范围内第一个由一个播出平台控制一个城市乃至多个城市的大屏幕电视的播出系统。

LED户外大屏幕电视系统充分利用传输网络，以文件形式传输非实时节目及节目单，以IPTV方式进行节目直播，利用网络的双向性对各终端的播出进行实时监控和集中管理，解决了播出内容的安全性问题，还为应急预警提供了可能，如有突发事件，只需将要求传到播控中心机房就能在最短的时间内呈现于系统所管控的户外大屏幕上。同时，终端系统放弃传统电视接口标准，采用DVI（数字显示接口）标准，使异型大屏幕正常播出得到保证，并可对屏幕播出区域进行分割，实现视频、图片等多种播出形式，为不同终端的个性化播出提供可能。

北广传媒城市电视应用以上技术的支持，通过歌华有线MSTP网络将分布于北京城区、郊区各处的26块奥运文化广场大屏统一于一个播出平台。以IPTV方式向各大屏幕统一发送一路节目信号，成功完成每日超过6小时的奥运赛事直播，并通过网络传输非实时节目及节目单，完成奥运奖牌榜及赛事速递等栏目的实时更新播出。26块奥运文化广场大屏幕中存在部分异形屏幕，北广传媒城市电视通过联播网系统将屏幕播出区域进行合理分割，使观众在文化广场观看奥运赛事时得到高质量的视觉享受。

2008年奥运期间，各奥运文化广场全天候直播奥运精彩赛事共计百余场次，每日流动观赛人群数量均达到上万人次，日观看总流量最高达到50万人次。

（北京北广传媒城市电视公司）

朝阳区广播电视新闻中心技术工作情况

2008年，朝阳区广播电视新闻中心技术部通过不断加强人员技术培训和规范、提高技术服务水平，确保全年安全播出无重大事故。

一、加强日常管理，规范和强化执行力

演播室全年录制1492小时，制作专题栏目22期、临时专题片16部、节目包装158次、节目技术审查325小时、临时拍摄制作任务9次、刻录光盘2091张、节目上传202小时、维修维护设备62次，安全播出8760小时，妥善处理播出突发事件6次。

根据中心定位和设备情况制定了详尽的《奥运期间安全播出应急预案》，明确岗位、责任到人，规范了五大类七小类可能的故障点的应急措施，并配合601办公室进行有针对性的实战演练，如自动播控电脑死机、非法信号插入等突发事件的应急处理，确保播出人员熟练掌握应急处理预案，遇到突发事件及时、准确、安全地处理，保证了“平安奥运”目标的顺利实现。

二、搭建技术人才发展的工作平台

通过调整设备指标参数等技术手段，提高节目录制质量。2008年在市级技术评比中取得了“零”的突破，共获得二等奖1个，三等奖2个。2008年下半年开展内部培训活动，根据主讲人工作特长规定命题，让每名技术人员走上讲台，进行相关专业理论知识的讲解，并结合实际工作进行深入分析。利用组织实施周维护制度，加强对设备进行日常保养，提高设备性能，延长使用寿命。

三、打造精品项目，扩大和增强影响力

2008年奥运会期间，节目包装组改变技术部只负责技术支持的传统思想，为节目改版工作提前策划，积极与其他部门通力合作，使节目整体包装充满人文奥运风采，凸显奥运主旋律，同时又不失朝阳区在奥运会中地位的自身特点，顺利完成了《奥运朝阳》栏目的整体包装工作，得到各级领导肯定。

（朝阳区广播电视新闻中心）

房山区广播电视中心技术发展情况

2008年，房山区广播电视中心技术发展情况主要是：

一、车载监测系统投入使用

无线监测车（包括车、设备）于7月31日投入使用。这套系统是房山区广播电视中心对本地区合法调频广播电视信号发射和传输安全进行检查和对非法调频广播电视信号进行侦查，对广播电视信号进行测向、定位、监听监看、收录，以确保广播电视信号发射和传输安全的新型监测系统。该系统采用双信道相关干涉仪测向体制，智能化程度高，测向精度和测向灵敏度高，测向速度快，抗外界干扰能力强，能在最短时间内快速发现和排除干扰源。

二、制播存一体网扩充磁盘阵列

制播存一体网自投入使用以来，运行稳定。随着广电中心专题片制作量的不断加大，在进行大量调研的情况下，年内新增两个工作站点，扩容了磁盘阵列，使物理容量达到10T。根据使用情况对空间进行了重新分配，解决了空间使用紧张的问题。

三、房山白草畔转播站

房山白草畔转播站发射塔于3月10日正式开始组装，经过40天艰苦施工，于4月20日组装全部完成，6月15日正式发射。

该发射塔为房山白草畔转播站的监控机房。下半年，中心对房山发射塔机房区域和生活区域进行改建，同时还对机房的取暖设备进行了更新，进一步改善了山上值班人员的工作环境。

四、技术参评

2008年，房山电视台制、播、存一体网荣获国家广电总局工程技术类三等奖。在北京市广播电视局组织的广播电视节目技术质量奖评比活动中，房山广电中心4个电视节目和1个广播节目全部获奖；特别是《房山新闻》节目，获得了电视节目技术质量奖录制技术新闻类一等奖，此为北京郊区电视台首次获得该项荣誉。

（房山区广播电视中心）

怀柔区广播电视中心技术发展与应用情况

2008年，怀柔区广播电视中心根据“数字化、网络化”的电台、电视台发展方向，对电视台播出、非编以及存储系统进行了整体改造。改造以媒资存储系统为核心，将中心原有的录像带播出方式改变为更加稳定、易用的硬盘播出方式，同时，对原有的非线性编辑网络进行了升级改造，扩充了非线性编辑设备的数量，更提高了编辑软件的性能。

新系统改造由播出系统、媒资管理系统以及制作网三个部分组成：

一、播出系统

中心原有的播出系统是传统的磁带播出方式，设备使用多年，已出现老化现象，成为播出安全中的一个隐患。经过改造，播出系统更新为大洋硬盘，新设备采用盘带结合方式。

该系统较为成熟，稳定性好，且其自动播出软件界面简捷、功能实用并且提供了更加强大的网络化功能和丰富的接口功能，为中心实现全台网络化管理提供了良好接口。人性化的播出软件，易学易用。实际播出操作人员可以在最短的时间内全面掌握软件操作及系统应急操作步骤，确保了播出的安全性。

二、媒资管理系统

中心原系统视频资料一直采用录像带存储，这种方式既不符合节约型社会的要求，也不利于资料的保存及再利用。

更新设备后，新系统可满足怀柔电视台对历史的、现实的具有保存价值的资料进行收集、整理、存储和再利用的要求。通过不断的积累，使电视台的图像、声音、文字等方面的资料能有效地为宣传工作服务，有效地为各种数字媒体平台服务，有效地为市场服务。

媒资管理系统充分考虑了与现有编辑网络共享的硬件架构，以及中心对影像资料存储、资产管理等方面的实际要求、使用操作习惯等。同时由于网络存储系统是整个系统的基础平台，其性能和安全稳定性将直接关系到整个系统的运营和素材的安全性。因此该系统将系统性能和稳定性作为系统的设计重点，在关键设备方面都选用了高安全性的设备。

三、制作网整合

中心原有制作网由两个sobey的小网组

成，其中一个已经使用多年，设备老化现象较为严重，已经不能满足中心节目制作的要求。

新系统充分考虑了中心的实际情况，利用现有可用资源，对网络进行扩充和整合。系统采用IP-SAN网络结构，借助千兆以太网通道对大数据包传输的高可靠及高效性，构建一个高速集中共享的网络，供有卡工作站实时处理高码率的音视频素材，使得高码率素材在有卡站点与在线存储体之间高速交换。该系统在计算机技术及网络技术上，是一个集编辑、节目制作、审片、节目生产管理等功能于一体的完整系统，具备设备完善的节目制作流程、资料管理和设备管理功能，能够实现设备管理、节目管理、资料管理、字幕、实时二三维特技制作、业务统计、系统人员管理等功能，中心节目制作水平和工作效率将得到较大提高。

（王革民）

影视剧

2009／《北京广播影视年鉴》

——记录行业情况　服务业内和社会——

北京市广播电视局
2008 年电视剧发行情况备案表

序号	剧名	集数	制作单位	合作单位	发行许可证号	发证日期
1	要案组雷霆出击	24	北京慈文影视制作有限公司	北京祖贝德文化发展有限公司	(京)剧审字(2008)第 001 号	2008-1-4
2	非常 24 小时Ⅲ	24	海润影视制作有限公司	中国教育电视台润亚影视传播有限公司	(京)剧审字(2008)第 002 号	2008-1-15
3	战友	21	北京电视艺术中心	北京延伸长城军转文化交流有限公司	(京)剧审字(2008)第 003 号	2008-1-18
4	情证今生	24	北京金泽太和国际文化交流有限公司	无	(京)剧审字(2008)第 004 号	2008-1-22
5	家和万事兴之奥运我爱你	3	北京电视台	北京市左岸青桐文化传播有限公司 北京环球亚艺广告传媒有限公司	(京)剧审字(2008)第 005 号	2008-1-22
6	因为有你	21	华夏视听环球传媒(北京)有限公司	无	(京)剧审字(2008)第 006 号	2008-1-22
7	济公游记	20	北京本昌文化艺术传播中心	浙江有线电视台	(京)剧审字(2008)第 007 号	2008-1-23
8	胭脂雪	32	北京唐德国际电影文化有限公司	北京唐德国际文化传媒有限公司	(京)剧审字(2008)第 008 号	2008-2-14
9	穷爸爸富爸爸	30	北京华亿联盟文化传媒投资有限公司	无	(京)剧审字(2008)第 009 号	2008-2-29
10	麻辣婆媳Ⅱ	20	北京荣信达影视艺术有限公司	中视传媒股份有限公司	(京)剧审字(2008)第 010 号	2008-2-29
11	人生百事	32	北京东王文化发展有限公司	无	(京)剧审字(2008)第 011 号	2008-2-29
12	丑女	21	北京天寰新宇国际传媒有限公司	无	(京)剧审字(2008)第 012 号	2008-3-11
13	夜幕下的哈尔滨	33	华夏视听环球传媒（北京）	北京鑫宝源影视投资有限公司	(京)剧审字(2008)第 013 号	2008-3-24

续表

序号	剧名	集数	制作单位	合作单位	发行许可证号	发证日期
14	大地	25	海润影视制作有限公司	贵州电视台 上海海润影视制作有限公司	(京)剧审字(2008)第014号	2008-4-3
15	幸福里九号	36	北京盛世凯华文化投资有限公司	无	(京)剧审字(2008)第015号	2008-5-6
16	排球女将	29	海润影视制作有限公司	重庆润视影音制作有限公司 杭州金视传媒有限公司	(京)剧审字(2008)第016号	2008-5-19
17	关中义事	30	北京金英马影视文化有限责任公司	北京嘉兰影视文化艺术有限公司	(京)剧审字(2008)第017号	2008-5-20
18	最后的小院	30	北京电影学院电视剧制作中心	北京好来西影视策划公司 北大青鸟集团北京市演出公司 北京权金城投资公司	(京)剧审字(2008)第018号	2008-5-29
19	回家	23	北京盛世凯华文化投资有限公司	北京大成田园影视文化传媒有限公司	(京)剧审字(2008)第019号	2008-6-17
20	生死谍恋	34	北京东方天星文化传媒有限公司	广州东方明珠文化传播有限公司	(京)剧审字(2008)第020号	2008-6-24
21	乔省长和他的女儿们	34	北京金英马影视文化有限责任公司	北京嘉兰影视文化艺术有限责任公司	(京)剧审字(2008)第021号	2008-6-26
22	我们生活的年代	29	北京小马奔腾影视文化发展有限公司	中视传媒股份有限公司	(京)剧审字(2008)第022号	2008-6-26
23	长城脚下是我家	24	北京君龙古风影视广告有限公司	中共怀柔区委宣传部	(京)剧审字(2008)第023号	2008-7-2
24	震撼世界的七日	16	海润影视制作有限公司	中国电视剧制作中心 上海文广新闻传媒集团 贵州电视台	(京)剧审字(2008)第024号	2008-7-7
25	原谅	24	北京北广传媒影视有限公司	浙江燕风影视制作有限公司	(京)剧审字(2008)第025号	2008-7-7
26	珍宝	28	海润影视制作有限公司	北京市润亚影视传播有限公司	(京)剧审字(2008)第026号	2008-7-15
27	百年往事	42	北京电视台	北京传奇时代影视文化传播有限公司 北京金盾信通影视文化有限公司	(京)剧审字(2008)第027号	2008-7-31

续表

序号	剧名	集数	制作单位	合作单位	发行许可证号	发证日期
28	牛知县真牛	60	北京惠智紫程文化传播有限公司	秦皇岛广顺影视传媒广告有限公司	(京)剧审字(2008)第028号	2008-7-31
29	父亲的诺言	23	北京中企广视文化传播有限公司	无	(京)剧审字(2008)第029号	2008-8-12
30	牟氏庄园	38	北京紫禁城影业有限公司	北京水柔风文化发展有限公司	(京)剧审字(2008)第030号	2008-8-12
31	春草	33	北京电视艺术中心	北京世纪星润影视投资咨询有限公司	(京)剧审字(2008)第031号	2008-8-21
32	李清照	29	北京东方日晟国际文化传媒有限公司	无	(京)剧审字(2008)第032号	2008-8-21
33	魔方	23	北京橙天智鸿影视制作有限公司	北京欢乐文化发展有限公司	(京)剧审字(2008)第033号	2008-9-1
34	赶走你的忧郁	25	北京国立常升影视文化传播有限公司	天津华艺海文化发展有限公司	(京)剧审字(2008)第034号	2008-9-9
35	生于八零后	26	北京嘉信影视传媒有限公司	北京阳光激点文化传媒有限公司	(京)剧审字(2008)第035号	2008-9-9
36	对攻	34	北京金英马影视文化有限公司	北京嘉兰影视文化艺术有限公司	(京)剧审字(2008)第036号	2008-9-11
37	侦探成旭Ⅱ千年迷局	27	海润影视制作有限公司	云南润视荣光影业制作有限公司	(京)剧审字(2008)第037号	2008-9-18
38	祈望	32	北京京都世纪文化发展有限公司	中视传媒股份有限公司	(京)剧审字(2008)第038号	2008-9-22
39	家住小区	100	天地人传媒有限公司	北京佳桐世纪影视文化传播有限公司	(京)剧审字(2008)第039号	2008-9-25
40	一千滴眼泪	32	北京荣焕影视投资有限公司	东阳荣焕影视文化有限公司	(京)剧审字(2008)第040号	2008-10-13
41	二哥	24	北京橙天智鸿影视制作有限公司	无	(京)剧审字(2008)第041号	2008-10-13
42	家有儿女新传(1-30集)	30	天地人传媒有限公司	无	(京)剧审字(2008)第042号	2008-10-20
43	咱们的派出所	100	北京文化艺术音像出版社	北京奉三影视文化中心	(京)剧审字(2008)第043号	2008-10-20
44	贫富人生	32	北京紫禁城影业有限责任公司	北京天寰新宇国际传媒有限公司	(京)剧审字(2008)第044号	2008-10-20

续表

序号	剧名	集数	制作单位	合作单位	发行许可证号	发证日期
45	四世同堂	37	北京履实文化发展有限公司	华夏视听环球传媒(北京)有限公司 浙江天瑞国际传媒有限公司 东阳履实合润影视有限公司	(京)剧审字(2008)第045号	2008-10-20
46	剧组的故事	38	北京英氏影视艺术有限责任公司	成都故事村实业开发有限公司 佳和文化传播有限公司	(京)剧审字(2008)第046号	2008-10-27
47	纸醉金迷	42	北京东方在扬文化传播有限公司	北京东王文化发展有限公司	(京)剧审字(2008)第047号	2008-10-27
48	雾柳镇	33	北京北广传媒影视有限公司	浙江燕风影视制作有限公司	(京)剧审字(2008)第048号	2008-11-11
49	真情无限之养母·生母	25	北京电视艺术中心	北京奇思正维文化发展有限责任公司	(京)剧审字(2008)第049号	2008-11-11
50	家有儿女新传(31-61集)	31	天地人传媒有限公司	无	(京)剧审字(2008)第050号	2008-11-11
51	老师错了	26	北京北广传媒影视有限公司	浙江燕风影视制作有限公司	(京)剧审字(2008)第051号	2008-11-11
52	中天悬剑	32	北京市润亚影视传播有限公司	无	(京)剧审字(2008)第052号	2008-11-27
53	幸福3+2	23	时代宝船影视文化传播(北京)有限公司	怡春贸易(深圳)有限公司	(京)剧审字(2008)第053号	2008-11-27
54	漕运码头	40	北京电视台	北京市通州区委区政府	(京)剧审字(2008)第054号	2008-12-1
55	穷妈妈富妈妈	34	北京金英马影视文化有限责任公司	北京电视台	(京)剧审字(2008)第055号	2008-12-3
56	锁麟囊	3	北京文化艺术音像出版社	无	(京)剧审字(2008)第056号	2008-12-10
57	家有儿女新传(62-100集)	39	天地人传媒有限公司	无	(京)剧审字(2008)第057号	2008-12-10
58	五十玫瑰	27	北京东方在扬文化传播有限公司	无	(京)剧审字(2008)第058号	2008-12-10
59	超人马大姐(1-20集)	20	北京英氏影视艺术有限责任公司	北京亚环影音制作有限公司 北京光线传媒有限公司	(京)剧审字(2008)第059号	2008-12-19

续表

序号	剧名	集数	制作单位	合作单位	发行许可证号	发证日期
60	超人马大姐(21–40集)	20	北京英氏影视艺术有限责任公司	北京亚环影音制作有限公司 北京光线传媒有限公司	(京)剧审字(2008)第060号	2008–12–24
61	深宅	34	北京天中映画文化艺术有限公司	东阳千艺文化传媒有限公司	(京)剧审字(2008)第061号	2008–12–24
62	财星高照	20	北京金英马影视文化有限责任公司	北京嘉兰影视文化艺术有限公司 北京电影制片厂电视剧部	(京)剧审字(2008)第062号	2008–12–29
63	派出所的故事	25	北京电视艺术中心	北京海天文基影视文化有限公司	(京)剧审字(2008)第063号	2008–12–31
64	幸福·幸福不一样	30	北京开心锁影视有限公司	黑龙江省委宣传部 中央电视台影视部	(京)剧审字(2008)第064号	2008–12–31
65	事故科故事	28	北京中企广视文化传播有限公司	公安部政治部宣传局	(京)剧审字(2008)第065号	2008–12–31

（北京市广播电视局宣传管理处提供）

2008年部分单位电影制作统计表

华谊兄弟传媒股份有限公司

剧　名	合拍单位	制片人	编　剧	导　演	主要演员
功夫之王	美国好莱坞	————	约翰·弗斯科	袁和平 罗伯·民可夫	成龙 李连杰 邹兆龙 刘亦菲 李冰冰 安格拉诺
约翰·拉贝	德国 法国	本杰明·赫尔曼	加伦伯特	傅瑞安	张静初 任泉 唐一菲 威尔森的斯蒂夫·布歇密 乌里希·图库尔 丹尼尔·布鲁赫 史迪夫·布切米 安妮·康辛妮 黛格玛·曼佐 香川照之
非诚勿扰	寰亚电影公司浙江影视集团	————	冯小刚	冯小刚	葛优 舒淇 徐若 胡可 范伟
李米的猜想	————	陈国富 王中磊	曹保平	曹保平	周迅 邓超 张涵予 王宝强 王砚辉

北京紫禁城影业有限责任公司

剧　名	合拍单位	制片人	编　剧	导　演	主要演员
一个人的奥林匹克	香港宝联顾问有限公司 电影频道节目中心	王浙滨	王兴东	侯咏	李兆林 刘兆琇 孙海英 关戎波 郭家铭 姚可秀 赵琳 姜秀珍 马境
鸟　巢	-----		宁敬武	宁敬武	滚生丢　贾金甩　滚秀梅
烟花恋人	合拍	许建海	王菁	王菁	乔振宇 查里斯·麦克 包贝尔
赤壁·上	合拍	韩三平		吴宇森	梁朝伟 金城武 胡军 林志玲 张丰毅
铁　人	-----	李晓桐		尹力	吴刚 刘烨 黄渤 白静
万家灯火	-----	钱重远	刘恒	安战军	金雅琴 娜仁花 刘桦 辛柏青 吴越

北京紫禁城影业有限责任公司电影获奖情况

剧　名	拍摄年份	奖项名称
香巴拉信使	2007	（2008）第15届北京大学生电影节评委会大奖 （2008）第15届北京大学生电影节最受大学生欢迎导演奖—俞钟
鸟　巢	2008	（2008）第11届上海国际电影节环保单元最佳影片 （2008）第11届墨尔本国际儿童电影节获最受儿童欢迎故事影片

北京华亿联盟文化传媒投资有限公司

剧　名	合拍单位	制片人	编　剧	导　演	主要演员
硬　汉	北京慈文影视制作有限公司 影王朝有限公司（香港）北京 保利华亿传媒文化有限公司	刘晓霖	丁　晟 刘　涛	丁　晟	刘　烨 黄秋生 尤　勇 孙红雷 于荣光 刘　洋 陈雅伦

北京金英马影视文化有限责任公司

剧　名	制片人	编　剧	导　演	主要演员
米　香	陶　成 韩凯臣	谷小妮	王洪飞 白海滨	陶红 孙亮 王菁华 潘泰名 杨青 牛颢霖

2008年部分单位电视剧制作统计表

华谊兄弟传媒股份有限公司

剧名	集数	合拍单位	制片人	编剧	导演	主要演员
我的团长我的团	43	北京军区政治部 北京电视台 云南电视台等	吴毅	兰小龙	康洪雷	段奕宏 张译 邢佳栋 张国强 李晨 刘威葳
爱你所以离开你	22	————	李波	史海伟	斗琪	李立群 车晓 曹翠芬 李佳璘 田雨 刘晓虎 李玥
身份的证明	32	华谊兄弟娱乐投资股份有限公司	李波	钱滨 易丹	毛卫宁	张涵予 罗海琼 田雨 车晓 李乃文 熊睿玲 冯国强 宗平
望族	35	浙江天骄影视有限公司	周冰冰 胡玫	张强 高仲泰	胡玫 何燕江 杨军	王斑 殷桃 富大龙 文章 黑子 刘科 赵雪莲 毕彦君 张然 傅隽 张兴哲 王志华 陈瑞 李桓
人间情缘	32	————	李波 边晓军	徐兵	刘惠宁	邓超 范冰冰 汤嬿 李小冉 善婷 宋春丽 冯恩鹤 张少华 宗平 洪剑涛 黄爱玲
兵圣	40	苏州吴中区旅游局	张纪中 宋亚平	高大勇 郎雪枫 康峰 马帅 刘东岳	赵箭 吴家骀 戚健	朱亚文 胡静 李泰 许还幻 何琢言 赵毅 陈谜铭

北京紫禁城影业有限责任公司

剧名	集数	合拍单位	制片人	导演	主要演员
牟氏庄园	38	北京水柔风文化发展有限公司	叶新萍	李建新	袁立 吕中 侯天来 连凯 徐敏

北京电视艺术中心

剧　名	集数	合拍单位	制片人	编　剧	导　演	主要演员
春草	33	北京世纪星润影视文化投资公司	曹平 敦淇	周煜	郑晓龙	陶虹　王雷　奚美娟 何政军
派出所的故事	25	北京海天文基影视公司 空军电视艺术中心	洪剑涛 刘玉海	徐君东	洪剑涛	洪剑涛　范明　毛孩 闫妮　沙溢　姜超
养母·生母	25	北京奇思正维文化发展有限责任公司　OO影视资源网	刘戈建	周耀杰	周耀杰	王茜华　徐露　李菁菁 李小萌　王雷
战友	21	中央电视台影视部／北京延伸长城军转文化交流有限公司／信阳中辰文化艺术交流公司／国家民政部新闻办／宁海县委宣传部	向洋	向洋	孙文学	任程伟　韩雯雯
刘少奇故事	12	中央文献研究室科研管理部 河南亚龙影视文化传播有限公司	牛富强	李新	王保华 马庆欣	郭连文　俞颖

北京电视艺术中心电视剧获奖情况

剧　名	拍摄年份	奖项名称
春草	2007	评为2008年度“北京市广播电视局推荐优秀电视剧”剧目
金婚	2006	荣获2008年第14届上海“白玉兰”奖最佳电视剧银奖、最佳导演奖、最佳男演员奖、最佳女演员奖； 荣获上海地区“改革开放30年30部优秀电视剧”奖项； 荣获福建广播电视集团2007—2008年度电视剧收视贡献奖； 荣获第24届金鹰奖优秀长篇电视剧奖； 荣获2008年第8届中日韩电视制作者论坛优秀电视剧作品奖； 荣获贵州电视台2008年度贵州收视冠军大奖； 荣获第11届欧亚电视节电视剧竞赛单元最高奖“创作优胜大奖” 荣获深圳电视台改革开放30年“10部经典电视剧”奖； 荣获第5届南方盛典“剧”变50年“十大经典电视剧金南方奖”
北京人在纽约	1993	荣获上海地区“改革开放30年30部优秀电视剧”奖项
编辑部的故事	1991	荣获上海地区“改革开放30年30部优秀电视剧”奖项
渴望	1990	荣获上海地区“改革开放30年30部优秀电视剧”奖项 荣获第5届南方盛典“剧”变50年“十大经典电视剧金南方奖”

北京中北电视艺术中心有限公司

剧　名	集数	合拍单位	制片人	编　剧	导　演	主要演员
对手	45	-----	杨群	李晓明	尤小刚	赵文瑄 冯远征 黄维德 邬倩倩 石小群 刘德凯
勇士的最后秘密	24	-----	杨群	胡伟	尤小刚	陈小春 刘灿 万妮恩 格列洛瓦·纳捷日答

北京北广传媒影视有限公司

剧　名	集数	合拍单位	制片人	编　剧	导　演	主要演员
东京生死恋	22	上海晨闻文化传媒有限公司	张光北	谢丽虹	乔梁	黄圣依 郭家铭 孔维 藤原尤佳（日本）

北京北广传媒影视有限公司电视剧获奖情况

剧名	拍摄年份	奖项名称
最后的王爷	2007	北京电视台2008年度电视剧播出 “特殊收视贡献奖”
雾柳镇	2008	2008年度北京市广播电视局推荐优秀电视剧

海润影视制作有限公司

剧　名	集数	合拍单位	制片人	编　剧	导　演	主要演员
排球女将	29	重庆润视影视传播公司／杭州金视传媒公司	赵浚凯	娅子	赵浚凯	连奕名 成泰燊 刘 沙 郭昊伦 于娜 王珞丹
侦探成旭Ⅱ千年迷局	27	云南润视荣光影业制作公司	蒋晓荣	王倦	刘逢声	于荣光 张 默 唐国强 岳跃利 许凝 王力可 唐于鸿 徐晚秋
翡翠凤凰	40	云南润视荣光影业制作有限公司	蒋晓荣	张晓亚 张璐	黄文利	于荣光 郭金 矢野浩二 高明 午马 刘金山 于娜 成泰燊等

续表

剧　名	集数	合拍单位	制片人	编　剧	导　演	主要演员
震撼世界的七日	14	北京市广播电视局／中国电视剧制作中心／上海文广新闻传媒集团／贵州电视台	赵智江 张小军 蒋晓梅	总编剧 徐萌	赵浚凯 张子扬 余丁 李继贤 刘国彤 钟晴 崔俊德 傅军	蒋雯丽 陈宝国 孙俪 陈建斌 奚美娟 程煜 曾志伟 刘佳 范伟 童蕾 于荣光 于娜 张卫健 黄海波 杜志国 罗嘉良 王珞丹 丁志诚 王力可 何政军 郑卫莉 贾晓晨 赵子惠 王茜 魏骏杰 甘婷婷 李强 唐于鸿 高亚麟 蔡文艳 孙洪涛 陈蓉 叶静 邹俊百 杜旭东 范志博 王强 郭昊伦 雷汉 肖聪 武强 曹克难 高斯 李虎城 崔志刚 苏丽 陈迪 柯伯龙
锣鼓巷	38	贵州电视台／安徽电视台／广东南方电视台／中国青年出版社／中青映画影视文化传播公司／青岛深远现代文化发展公司／银润传媒	蒋译霆 张小军	龚应恬	余丁	丁志诚 刘威 王刚 朱琳 叶静 陈蓉 邹俊百 肖聪 甘婷婷
重案六组Ⅲ	36	贵州电视台／四川广播电视集团／云南电视台	赵浚凯	王　茜 姜　杨 申　杰 于　飞	徐庆东	王超 王茜 张潮 郭昊伦 肖聪 陈蓉
沧　海	48	海军政治部电视剧制作中心／上海电影集团／贵州电视台／广东润视影音制作公司／上海海润影视制作公司	赵浚凯 吕超	翟晓光 张晓亚 赵浚凯	赵浚凯	尤勇 李幼斌 杜志国 何政军 叶静 郑卫莉 陈蓉
黑三角	30	浙江省东阳银润制作有限公司／上海东上海国际文化影视（集团）有限公司／上海天下丽人文化传播有限公司	邓晓华 张小军 蒋译霆 张　欣	汪遵熙	余丁	黄海波 秦岚 奚美娟 高斯 蔡雯艳 艾伟 王睿 李雨泽 王新 骆达华

续表

剧　名	集数	合拍单位	制片人	编　剧	导　演	主要演员
珍　宝	28	北京润亚传媒股份有限公司	张森 吴晓梅	徐兵	刘一志	杨镒 吴亚桥 王伽宁 郑敏
非常24小时Ⅲ	24	中国教育电视台 北京润亚传媒股份公司	张　森	徐兵	王弈开	张涵予 苏瑾 杨镒 金玉婷
潮起两江	32	中共重庆市委宣传部 重庆润视影视传播公司	唐莉莎	苗月 孙允亭	阎清秀 于德安	吴若甫 杜志国 袁志博 李雨泽 白微 陈曦 马光泽 孙鹏滨 高斯 陈卫 蒲冰墨 丁继勇 李明
十三省	44	上海文广新闻传媒集团 浙江影视（集团）公司	赵岩森	张晓亚	雷献禾 郑　军	赵恒煊 赵子惠 刘向京 刘沙　叶静
狐步谍影	28	上海东上海国际文化影视（集团）有限公司 上海文广新闻传媒集团 亚信金融卓越基金会	胡志明 鲁书潮 赵岩森	金海曙 郝建 石投	杨文军 郑军	谢君豪 唐于鸿 赵子惠 骆达华 吕颂贤 许还山
风云1949	28	北京润亚传媒股份有限公司 广东电视台	张森		滕文骥	黄志忠 杨　雪　李梦男 李东霖
化　剑	36	上海文广新闻传媒集团 上海精文投资公司 东阳新映作影视传媒公司 新疆生产建设兵团	赵岩森	王伶 褚远亮	郑军 李武桥	邢佳栋 刘向京 赵子惠 马剑琪 崔波 高强

海润影视制作有限公司电视剧获奖情况

剧名	获奖单位及人员	拍摄年份	奖项名称
红梅花开	王刚 彭玉 海润影视制作有限公司	2006	BTV年度影视盛典·最佳电视剧男配角、女配角 北京电视台2007年度电视剧“优秀收视贡献奖” 第24届中国电视金鹰奖长篇电视剧三等奖
金 山	孙 俪		罗马故事电影节最佳女演员奖
狼毒花	海润影视制作有限公司	2006	第24届中国电视金鹰奖优秀长篇电视剧奖
金 婚	蒋雯丽	2006	第24届中国电视金鹰奖最佳表演艺术女演员奖 第24届中国电视金鹰奖最具人气电视剧女演员奖 第24届中国电视金鹰奖观众最喜爱女演员奖
青春之歌	童 蕾 海润影视制作有限公司	2006	第24届中国电视金鹰奖观众最喜爱女演员奖 第24届中国电视金鹰奖长篇电视剧三等奖
一世情缘	海润影视制作有限公司	2006	第24届中国电视金鹰奖长篇电视剧三等奖
记忆之城	海润影视制作有限公司	2006	第24届中国电视金鹰奖长篇电视剧三等奖
震撼世界的七日	海润影视制作有限公司	2008	贵州电视台2008年度特殊贡献大奖
羊城暗哨	海润影视制作有限公司	2008	贵州电视台2008年度全国收视贡献大奖

华夏视听环球传媒

剧 名	集数	合拍单位	制片人	编 剧	导 演	主要演员
大唐游侠传	32	————	张纪中	刘毅 莫漠	赵箭 林峰	黄维德 何琢言 沈晓海 路晨 刘添月
夜幕下的哈尔滨	33	鑫宝源影视投资公司	赵宝刚	高光	赵宝刚 王迎	陆毅 李小冉
好孕来临	32	————	刘仪伟	束焕	宋洋	刘仪伟 左小青 陶虹 刘竞
四世同堂	36	北京履实文化传播公司／华夏视听环球传媒（北京）有限公司／浙江天瑞国际传媒有限公司／东阳履实合润影视有限公司	陶昆	张挺	汪俊	黄磊 蒋勤勤 赵宝刚 元秋

北京华亿联盟文化传媒投资有限公司

剧　名	集数	合拍单位	制片人	编　剧	导　演	主要演员
仁者无敌	32	无	李昶	石小克	陈健	李幼斌 张光北 黑子
勇者无敌	32	无	宏胤	石小克	孙文学	陈宝国 韩童生 王海燕

北京华亿联盟文化传媒投资有限公司电视剧获奖情况

剧名	拍摄年份	奖项名称
仁者无敌	2007	福建电视剧收视贡献奖/2008年度江苏观众最喜爱的十佳电视剧/吉林电视台2008年度黄金档电视剧收视第一名/南宁电视台2008年度收视率第二名/东方卫视2008年度收视第五名/上海新闻综合频道电视剧收视全年第三名
长征	2004	美国CINE协会所颁发电视类专业组金鹰奖

北京英氏影视艺术有限责任公司

剧　名	集数	合拍单位	制片人	编　剧	导　演	主要演员
剧组的故事	38	成都故事村实业开发公司/佳和文化传播公司	靖军 陈晨	英宁	英宁	巩汉林 金珠 李琦 英壮 雪村
超人马大姐	40	北京亚环影音制作有限公司 北京光线传媒有限公司	丑述成 陈捷 王小京	束焕	吕小品	蔡明 李建华 虞梦 邵峰 金昭 贾斯文 宋阳

北京金英马影视文化有限责任公司

剧　名	集数	是否合拍	制片人	编　剧	导　演	主要演员
乔省长和他的女儿们	34	北京嘉兰影视文化艺术有限责任公司	——	水运宪	陈家林	李幼斌 陶红 李强 车永莉 胡小庭 李倩 韩青
对　攻	32	北京嘉兰影视文化艺术有限责任公司	郭宏	张巩固	何涛	何冰 林永健 马恩然 刘雨鑫 陈文波 秦旋 方涛
关中义事	30	北京嘉兰影视文化艺术有限责任公司	刘　勇	庞一川	张汉杰	于荣光 沈丹萍 莫小奇 史林 岳跃 许烨
穷妈妈富妈妈	32	北京电视台	——	王之理 张巍	田原鸿	宋春丽 李诚儒 于小慧

北京电视台

剧　名	集数	合拍单位	制片人	编　剧	导　演	主要演员
百年荣宝斋	40	北京传奇时代文化传播公司	曹琦野	都梁	穆德远	刘佩琦 张嘉译 姚晨 郑晓宁
狼烟北平	46	北京传奇时代文化传播公司	曹琦野	都梁	陈国兴	刘佩琦 杜源 郑晓宁 雷恪生
龙须沟	33	京视传媒有限责任公司	李诚儒	李诚儒	李诚儒 王志强	李诚儒
漕运码头	40	中联经典文化传播公司 北京市通州区委区政府	袁炜	袁炜	袁炜	杨立新 王玉梅 樊志起

北京电视台电视剧获奖情况

剧　名	拍摄单位	奖项名称
网络年代	北京电视台、中国木偶艺术剧院有限责任公司、北京永庄文化传媒有限责任公司	第24届中国电视金鹰奖长篇电视剧三等奖
真情人生	北京电视台、北京怡通印象文化传播有限公司、索福视国际传媒股份有限公司	第24届中国电视金鹰奖优秀中短篇电视剧奖

2008年北京电视台
播出收视前10名的电视剧介绍

1.《笑着活下去》

播出频道：BTV-4

播出时间：2008年3月7日

平均收视率：9.7%

播出合同单位：北京东方天星文化传媒有限公司

主创人员：

编剧：张璐、申捷

导演：澄丰、华安

主演：姚芊羽、黄海波

剧情介绍：

当5岁的晏阳被亲生母亲丢弃在福利院门口时，她的命运便注定了苦难。当7岁的晏阳看到母亲早已忘记自己和别人组成家庭时，她告诉自己永远不要再哭泣。当长大后的晏阳终被母亲认回，得知原来竟是要她捐出一个肾给妹妹时，她的苦难便已非常人所及了。亲情变得渺茫，未来变得暗淡，但她微笑着点燃了自己经受的苦难，照亮了周围的黑暗。晏阳给将死的妹妹带来了生的美好，她把青梅竹马的许剑锋主动让给了妹妹。晏阳给分裂的那一家人，带来了家的温馨，因谎言和不可宽恕而分裂的一家人被晏阳教会了享受亲情与温暖。晏阳给丈夫杨文榜带来了爱的光芒，让这样一个五大三粗的壮汉体会到女人的柔情与牺牲。每个人心中的怨都被晏阳带走了，人与人之间的恨都因晏阳的到来化为无影。刚愎自用的丈夫最终原谅了欺骗自己20年的妻子，自私的母亲最终为救晏阳甘愿牺牲自己的性命，胆怯清高的公子哥最终懂得为亲情奉献的意义而捐献了自己的肾脏，曾悲哀自己命苦的小妹妹含笑离开人世，只为给爱人和亲人留下美好的回忆。苦难滋养了美丽的晏阳，她是光的化身，是我们每个人的微笑女神。晏阳在我们每个人的身边，晏阳在我们每个人的心里……

2.《爱无悔》

播出频道：BTV-4

播出时间：2008年3月19日—3月31日

平均收视率：8.6%

播出合同单位：北京亚环影音制作公司

剧情介绍：

清末民初，江南苏州，凤林镇上的“高家饼铺”远近驰名，高家制饼被誉为江南第一；高家饼铺传至高毓明时，已是百年老铺，盛极一时。高毓明与家中丫头碧云相恋，但高父坚决不容，碧云被迫离开。毓明奉父命与月卿成亲，婚后虽相敬如宾，却始终无法忘怀碧云。毓明赴金陵洽商，遇已沦落风尘的碧云，情爱依旧，无法割舍，遂为其赎身，带回高家。高家族老不容风尘女子嫁入，其时碧云已身怀六甲，毓明恐碧云遭不测，黯然携其离开，碧云不久产下一女明月。18年后，碧云临终嘱托毓明，盼明月能认祖归宗，毓明因愧对碧云多年，毅然将明月带回，高家上下为之震动。所

有人都不能容纳她，明月艰苦忍耐。不久，毓明病重故逝，二娘玉贞伙同饼铺大师傅卷秘方潜逃，唯一独子明智又身患罕见病疾，饼铺面临危难，本欲藉长女明秀与罗家结亲渡过难关，明秀却另有爱恋，无视家族承诺，与男友私奔。明月和饼铺二师傅杜浩然本心心相惜，但为保住饼铺营生，毅然放下私情，代姐出嫁。明月的丈夫仁豪是罗家长男，知书达礼，

但痼疾缠身，如风中残烛，不赞成结亲冲喜之婚姻；明月嫁入后，百般礼遇，却不同房，更在生命将尽前，写下休书，还明月自由。明月回到高家后，撑起高家家业，照顾罹病的兄长，视月卿如亲娘孝顺并不惜质押祖宅，挨家挨户地向乡人告贷。几经艰辛，明月终于赎回祖宅，重新挂上江南第一店的金字招牌。月卿感念明月，高家能有今日，全赖明月所为，隆重迎回明月生母碧云的牌位，放入高家祠堂，自此视明月如同亲生女儿。而浩然与明月，两人虽没有说过一句山盟海誓，却终身扶持到老。

3.《宽恕》

播出频道：BTV-4

播出时间：2008年5月29日—6月28日

平均收视率：8%

播出合同单位：东阳嘉艺影业有限公司

主创人员：

编剧：陈彦

导演：陈燕民

主演：许晴、王志文

剧情介绍：

肖一航和庄敏是一对恩爱夫妻。肖一航是一家龙头物流公司的老总，庄敏是电视台金牌节目主持人，两人有一个女儿蓬蓬，家庭十分美满幸福。然而不幸不期而至。庄敏被高中时候强暴过她的老师马平原以裸照相勒索，庄敏不愿屈服，和丧心病狂的马平原斗争。肖一航知道之后，约马平原见面，将此事在两个男人之间解决。不久，马平原跳楼自杀。就在似乎一切过去风平浪静之时，更大的事故发生。一月多后，蓬蓬生日当天在从幼儿园放学回家的路上丢了。肖一航和庄敏及弟弟肖一帆到处寻找蓬蓬未果。

终于，向锦芳不辞而别，肖一航终于领悟到这是一个阴谋。向锦芳幕后是农村进城的无业人员石大海，石大海背后有一个更加深藏的主使人，竟然是肖一帆的恋人沈卉。沈卉就是马平原的女儿，被父亲蒙蔽，以为肖一航害死了父亲，因此设计了一系列的动作相向肖一航报复，不但利用石大海和向锦芳拐走蓬蓬，更做局让肖一航买下一条有问题的船开展航运，最终造成了肖家家破人亡的悲惨遭遇。但是邪不压正，好人终有好报。肖一航和庄敏历尽磨难却始终不离不弃，更不放弃对生活的希望，终于还是找回了女儿，重振了事业，重新开始了幸福生活。沈卉也终于领悟到了自己的罪恶，甘心伏法。她诚心向肖氏夫妇忏悔，得到了宽恕。

4.《最后的王爷》

播出频道：BTV-1

播出时间：2008年11月16日—12月4日

平均收视率：6.3%

播出合同单位：浙江北广影视有限公司

主创人员：

编剧：杨晓雄

导演：韩刚

主演：冯远征、徐帆

剧情介绍：

清宣统年。20岁的贝勒寿元从日本士官学校赶回北京，遵从父命完婚，并承袭了王位。皇上封他为军咨大臣御前行走，授禁卫军都统。他奉旨杀袁世凯未遂，又按日本操法训练“八旗劲旅”被免了官职。武昌起义爆发。寿元又奉命南下征伐，却被身为起义军的老同学彭醒狮劫走了军火。大清亡国后，袁世凯想称帝，寿元找借口拒绝上表“劝进”；尔后，无论世事如何更替，寿元不闻天下事，一门心思学戏，侍弄花鸟鱼虫。寿福晋怀孕后，一脚踩了空，肚子里的孩子没了。丫环银杏的女儿刚出生，就被丈夫卖了。赶巧，寿福晋也“生”了红霞。银杏成了红霞的奶妈。寿元帮助银杏找被卖掉的孩子——谁知已经长大的红霞就是银杏的亲闺女。寿元指责寿福晋的所作所为，寿福晋说出了寿元自己当年也是抱养的……抗战爆发。日本人胁迫寿元出任北平伪政府要员。寿元为拒绝出任躲到了天津。寿元和寿福晋离婚，和银杏结婚。没了皇室的俸禄，寿元挑着菜筐一路吆喝维持生计……红霞跟着彭醒狮去了抗日前线。临行前，她叫了银杏一声“妈妈”……解放了，红霞与寿元阿玛和两个妈妈团聚在一起。从一个大清国的王爷到普通的市民——60岁的寿元迎来了新中国的诞生。

5.《落地，请开手机》

播出频道：BTV-1

播出时间：2008年10月21日—11月1日

平均收视率：6.1%

播出合同单位：北京鑫宝源影视投资公司

主创人员：

编剧：沈亢

导演：李俊

主演：孙红雷

剧情介绍：

飞机在高空中飞行，一客人忽然举止癫狂，空姐李小晚一边制止他拨打手机一边安抚他，最终客人因突发性脑水肿死亡。死者名叫王奇，某保密单位高级研究人员，因涉嫌向境外间谍组织出卖国家能源情报而受到国家安全

局的监控，他的突然死亡使这场反间谍战陷入停滞。为将其一网打尽，公安局逮捕了此人的弟弟王浩，并安排侦查员沈亢以“王浩”的身份出面诱敌。“王浩”进入任务接触的的第一个关系人便是空姐李小晚，这一段颠沛流离的感情故事就这样悄然登场。然而这样的爱情让人无法尽兴，“王浩”始终不能说出自己的身份，王浩在情感的矛盾中痛苦徘徊；而李小晚一直误以为自己是在跟一个黑社会的混混谈恋爱，她为此承受着痛楚和折磨。“王浩”的到来终于引起了境外等待跟王奇交易间谍组织的注意，但他们不敢贸然行动。他们先后派出过“王浩”的情人，“王浩”的大佬来试验真伪，“王浩”一一经受住考验。但是敌人还是看出了破绽。他们决定把李小晚紧紧地捏在手里。李小晚为了亲人、爱人、国家，大义凛然选择临危受命，并在最后的配合中与“王浩”携手切中敌人要害。似乎有情人终不能聚首，刚刚结束的任务顿时成为新一个任务的开端。在同样的眼泪，伤痛和离别中，爱人们重新开始悠长的等待……

6.《马文的战争》

播出频道：BTV-1

播出时间：2008年10月9日—10月20日

平均收视率：4.2%

播出合同单位：北京鑫宝源影视投资公司

主创人员：

编剧：陈彤

导演：于淳

主演：宋丹丹、林永健

剧情介绍：

马文与杨欣本是夫妻，有一个10岁的儿子马虎。夫妻二人年轻气盛，谁也不肯迁就谁，导致离婚。又由于实际的原因，两人只有一套住房，所以离婚后依然住在一起。儿子马虎归杨欣抚养。马文是软件工程师，虽然也和各类女孩子约会，但心中却隐隐约约地存了和杨欣复婚的想法。但杨欣却打算和另一离异男士李义结婚。马文一直冷眼旁观前妻和李义的感情发展，他总觉得杨欣不会真的和李义结婚，因为在他内心看来，自己要比李义强很多。杨欣最终还是和李义结婚，由于李义没有房子，所以，他住了进来。李义虽没有什么大本事大能耐，但心思缜密。他有意化解马文的敌意，让马文认清现实，并着手帮助马文重新找到幸福生活。他为马文介绍了很多有房子的离婚女人，但最终由于种种原因，一个都没有成。最后，李义想到自己的姐姐李芹，李芹虽然比马文年长，但风韵犹存，还是一个"富婆"。李芹有过一任丈夫，夫妻感情不错，后来由于第三者插足，李芹无法忍受，提出离婚。丈夫王大飞是一成功男士，一直对李芹心怀愧疚，所以尽量在物质上满足她，离婚的时候不仅把房产留给她，而且还给了她一大笔钱，但李芹不是一个物质女人，离婚对她的伤害很重。李义把马文介绍给李芹，开始李芹并不当回事儿，但后来通过接触，李芹发现马文有很多可爱的地方，而马文也随着跟李芹的交往，生活逐渐充实起来。一度，李芹、李义、马文、杨欣四个人，是一桌很好的麻将组合。但不久平衡被打破……随着马文和李芹的情感进度，杨欣这才发现自己深爱的男人实际上是马文……

7.《甜蜜蜜》

播出频道：BTV-4

播出时间：2008 年 3 月 31 日—4 月 8 日

平均收视率：7.8%

播出合同单位：北京小马奔腾影视文化公司

主创人员：

主演：孙俪、邓超

剧情介绍：

故事开始于 20 世纪 70 年代末北方某农场，生性顽劣的干部子弟雷雷（邓超饰）邂逅被污破鞋的美丽女知青叶青儿（孙俪饰），彼此暗生情愫，对邓丽君《甜蜜蜜》的共同喜爱使两人青涩的爱情开始萌动。青儿返城上了医学院，雷雷却高考落榜成了待业青年，两人关系也起了微妙变化；雷雷虽然出身高干家庭，但生性顽劣野性叛逆，他大胆顽强地追求着叶青儿，但叶青儿的情感一直备受压抑，虽然对雷雷心怀好感，但沉重的思想负担以及保守的家庭和社会环境，使她一直顽强抵抗着雷雷的爱情攻势。青儿虽然拒绝雷雷的爱情但心里始终牵挂着他，两人之间微妙的关系却遭到了青儿父母的强烈反对，引起家庭地震。青儿父母当众羞辱雷雷，雷雷一怒之下挟持青儿，在双方家庭以及青儿所在大学引起轩然大波。雷雷与青儿在这个过程中产生真正的爱情，但彼此未及表白便因为家庭和社会的巨大压力，被迫分手，发誓永不相见。医学院高材生韩阳与青儿在农场时就认识，对她一直心存爱意，关键时刻也帮过青儿很多，青儿父母对韩阳更是欣赏不已，然而青儿心里始终放不下雷雷。此时雷雷心中也惦记着青儿，他冲破重重阻力再次出现在青儿面前，两人内心情感展露无遗。但好景不长，青儿父母得知后，动用各种手段横加阻拦，迫使两人再次分开。之后长达十几年的生活中，青儿与雷雷聚少离多，两人一直挣扎于爱情与责任，理智与情感的痛苦抉择中，一次次经受沉重的情感考验，一次次被迫擦肩而过……

8.《春草》

播出频道：BTV-4

播出时间：2008年12月13日—12月24日

平均收视率：7.7%

播出合同单位：北京电视艺术中心

主创人员：

编剧：周煜、赵晨阳

导演：郑晓龙

主演：陶虹、奚美娟

剧情介绍：

70年代初，春草出生在江南大山里孟湾村一户上有哥哥下有弟弟、女人毫无地位的农村家庭，从小她就不能上学，除了辛苦劳作，没有任何快乐可言。但她却拥有一种影响了她终身的性格：倔强，不服输。7岁，春草要上学，母亲坚决反对，小小的春草却有着成人般顽强的毅力，和母亲三年斗智斗勇、以死抗争，最终走进学堂，可三个月后就永远与学校绝缘。春草从10岁起就做起小买卖，支撑起全家的生活，自己用勤劳聪明攒着对未来生活的希望。

揣着一定要过上好日子的梦想，她不甘心命运的摆布，奋斗挣扎，自己找婆家，自己闯天下。到了出嫁年龄，春草拒绝了母亲用自己给哥哥换亲的决定，春草找到了自己喜欢的还会说成语的高中生何水远，并不顾母亲的反对嫁进了一个虽然更清贫但充满温暖的家庭。春草和丈夫一起身无分文地踏入陌生的北方城市，充满希望地走上了改变自己和家庭命运的奋斗之路。他们打工，创业、发家、失败，东山再起，再失败，再开始。一次又一次历尽艰辛，吃尽苦头，从农村到城市，从小商贩到清洁工到保姆，春草挣扎、奋斗、忍耐、苦熬，坚持不气馁，不放弃，甚至不诉苦。她操劳、苦做、不甘，梦想、希冀，虽然直到最后她也没有过上大富大贵的生活，可春草却幸福地生活着，向着生活微笑。

9.《想爱都难》

播出频道：BTV-4

播出时间：2008年4月26日—5月6日

平均收视率：7.6%

播出合同单位：北京鑫宝源影视投资公司

主创人员：

编剧：白铁军、高景文

导演：罗长安

主演：张国立、陈小艺

剧情介绍：

除夕，林大明妻子病情恶化住院，叶丽前夫李文达出车祸成为植物人，巨大变故让林大明和叶丽在医院相遇。当晚林大明的妻子病逝，又因工作失误致下岗。林大明面对年迈的岳母和傻儿子，感觉到了前所未有的压力。叶

丽在公公的压力下接替前夫职位。为了不刺激家人，将离婚的事暂时隐瞒。副总舒凡和好友孙菲在业务和生活上都给予叶丽帮助。五年前带着哥嫂创业资金逃跑的李文修因躲债再度回到李家，想从公司捞钱还债被舒凡识破。偶然，林大明成为叶丽的司机。叶丽从林大明身上获得安全感，而林大明因生计无暇考虑个人感情，拒绝了柳星儿的求爱。林大明升为总经理助理，舒凡也感受到叶丽和林大明之间的情愫，这让他非常不满，在工作上处处针对林大明……舒凡向叶丽表白遭拒，住院，孙菲精心照顾，默默地接受了孙菲。叶丽向林大明表白，并说出离婚的事情，林大明震惊。柳星儿鼓励林大明勇敢追求爱情。李文修绑架了叶子，林大明于危机之中挺身而出，协助警察将江天助绳之以法，李文修趁乱逃脱。叶丽将财产处理，和林大明没有了金钱上的差距。两人终以平等的身份和灵魂相爱。

10.《上海王》

播出频道：BTV-4

播出时间：2008 年 9 月 2 日—9 月 13 日

平均收视率：7.5%

播出合同单位：湖南电广传媒股份公司节目分公司

主创人员：

总编剧：赵毅衡

编剧：陈宇、杨晓云

导演：潘文杰、兰少寅

主演：袁立、钟汉良

剧情介绍：

20 世纪初，父母双亡的乡下丫头小月桂随舅妈一起逃荒来到上海，为了生存，她在街头求人买下自己。却阴差阳错于混乱中救下了浦江商会的余其扬，由此，在余的帮助下，一品楼的辛黛玉以 10 元大洋将她留下做了粗使丫头。在一品楼，小月桂认识了浦江商会会长——上海王常力雄。常虽然为上海之王，却愿意吃小月桂亲手所做的一碗“菜泡饭”。常力雄对小月桂的喜爱令辛黛玉感到不安，欲将小月桂嫁给秦老板。小月桂誓死不从，在余其扬涉险救助下逃离，不料却被秦老板发现，将小月桂绑架。关键时刻，常力雄亲自出马救出小月桂，激荡起小月桂的少女情怀。常不顾众人反对，迎娶小月桂。却在婚礼上被黄佩玉刺杀。常死后，小月桂流落乡间，产下一女，辛黛玉夺过小月桂之女并谎称其女已死。穷困潦倒的小月桂被一个戏班收留。数年后，已成为台柱的小月桂随戏班漂泊到上海，与余其扬再次见面。已成为第二代上海王的黄佩玉发现小月桂回到上海，使计让小月桂成为了黄身边的女人。常力雄当年遇害的真相逐渐浮出水面，为替常报仇，小月桂同余其扬等人设计，使黄得到应有的下场，余其扬亲手将其击毙。小月桂在跌宕沉浮的命运中感觉到余其扬的爱和扶持，黄佩玉死后，余其扬成为第三代上海王。但是，余因与商会中其他人不和，被逐出商会，在与小月桂两命活一命的生死抉择中，余将枪放在小月桂的手中，枪口对准了自己。小月桂成为了最后一任上海王，并在上任之日解散了浦江商会。小月桂仰慕常力雄，利用黄佩玉，挚爱余其扬，与三个男人的不同情感使她一步步走向顶峰，成为了上海的无冕之王。

2008年海润影视制作有限公司播出的电视剧介绍

1.《震撼世界的七日》

播出频道：CCTV-1及部分省级电视台

播出时间：2008年7月16日

制作单位：北京市广播电视局、海润影视制作有限公司、中国电视剧制作中心、上海文广新闻传媒集团、贵州电视台

主创人员：

编剧：张巍、陈凯等

导演：赵浚凯、张子扬等

主要演员：蒋雯丽、陈宝国、孙俪、陈建斌、奚美娟、程煜、曾志伟、刘佳、范伟、童蕾、于荣光、于娜等

剧情介绍：

2008年5月12日14时28分，中国四川汶川等地发生里氏8级大地震，灾难惊天动地，面对死神的嚣张，中国说“不抛弃！不放弃！”

解放军来了；

武警部队来了；

医疗人员来了；

新闻记者来了；

国家主席和国务院总理都来了……

多难兴邦献大爱，一代忠良报国恩！

一条又一条生命被我们从仓皇逃窜的死神手中夺回，国际救援界所谓的“黄金七十二小时”定律不断被改写，顽强、坚韧和大爱创造了一个又一个奇迹！人性的光辉在灾难来临时熠熠夺目；用自己的生命拯救学生的老师；痛失爱女却为孤儿哺乳的女民警；临终前用短信给身下孩子表达永恒爱意的母亲；刚从

废墟里被救出却不忘对救援人员敬礼致意的三岁小孩……令人过目难忘！在中华民族多难兴邦、生生不息的发展史上，又一个充满爱、充满人性光辉的伟大七天，在这里定格，在这里铭刻。

2.《侦探成旭》

播出频道：全国省级电视台或省会电视台

播出时间：2007年12月—2008年1月

制作单位：海润影视制作有限公司、云南润视荣光影业制作有限公司

主创人员：

编剧：姚东氚、王倦

导演：黄文利

主要演员：于荣光、午马、高明、甘婷婷、刘牧、陈龙、于娜、西里波香、穆麒同

剧情介绍：

20世纪二三十年代的上海，成旭开办了一家私人侦探所，并在工作中得到了邓凯和施韵两位得力助手。“玉如意”一案，国宝被盗，成旭不计任何报酬，历尽艰辛，为国家挽回了损失。流浪儿顺子、小地瓜和小娟子沦为街头乞丐。成旭与他们成为了好朋友，孩子们利用自己的优势，帮助他破案。从苏格兰场学习归来的魏秋婷通过解剖，帮助成旭、周子元破案。成旭与魏秋婷更多的是兄妹之情，但周子元把成旭当成情敌，两人之间的明争暗斗更为激烈。为了追查二十多年前的疑案，成旭发现养育自己二十多年的干爹魏四与本案有重大的牵连，使成旭站在情与法的边缘……

3.《江湖兄弟》

播出频道：全国省级电视台或省会电视台

播出时间：2008年5月

制作单位：海润影视制作有限公司、海南海润影视制作有限公司

主创人员：

编剧：宋志鹏

导演：张强

主要演员：黄海波、杜志国、何赛飞、叶静、甘婷婷、唐于鸿、施羽、曹克难、高斯。

剧情介绍：

20年前，三个热血青年，唐英明，黄大为，胡南，歃血结义，立志闯出一番天地。然而，

一次爆炸后，一切开始变得不同寻常。20年后，唐英明已经是叱咤上海滩的风云人物。在江湖上飘荡多年后，打算退隐，买了艘豪华邮轮做避风港。荣华号上聚集着各国的达官显贵，阴谋也从这里开始上演。

4.《狐步谍影》

播出频道：全国省级电视台或省会电视台

播出时间：2008年5月

制作单位：海润影视制作有限公司、上海海润影视制作有限公司、东上海国际文化影视（集团）有限公司、上海文广新闻传媒集团

主创人员：

编剧：金海曙、郝建、石投

导演：杨文军、郑军、

主演：谢君豪、唐于鸿、赵子惠、骆达华吕颂贤、许还山

剧情介绍：

1941年秋，各国间谍汇聚上海孤岛，情报与反情报，跨一步与退一步，围绕着这些繁华上海的男男女女，各色扮相，斗智斗狠。

影坛当红巨星于堇，她不一般的身世令人惊讶，她肩负的特殊使命叫人钦佩，她最后的选择让所有人震惊。戏里戏外人生交融，从国际饭店十八楼的纵身一跃划出她人生最后一道光芒，用自己的生命实践了对国家和爱人的责任。表面个性十足的戏剧导演谭呐，真实身

份竟是一位隐藏极深，拥有坚定信仰的中共党地下情报人员。自幼父母双亡、被迫为日本人利用的东北流亡学生白云裳，内心却一直充满矛盾与反抗。潜伏于上海的英国情报局资深元老休伯特，珍惜亲情，但更重视国家利益。日本天皇亲自授勋的反间谍专家风间久彦，思维缜密最终却不得不自认失败。

没有硝烟的谍报战场，个人安危与民族存亡紧系一线，在日本偷袭珍珠港之前展开一场生死对决。

2008年北京电视台
首播的10部优秀动画片介绍

1.《快乐东西》第四部

制作单位：北京卡酷动画卫视、北京其欣然传播机构、北京其卡通动画

剧目类别：情景喜剧片

部（集）：48集×12分钟

播出时间：2008年8月11日首播

播出媒体：北京卡酷动画卫视

内容简介：

在首都北京一条普通得不能再普通的胡同里，有普普通通的一家四口，他们就是《快乐东西》。

这四口人，有着鲜明的性格：老爸老东是个国企老会计，总在动脑子，算计的弦儿绷得比谁都紧；老妈老西爽快，心软，心里存不住事儿，直来直去；哥哥小东，油嘴滑舌，热情来得快也去得快，成事不足，败事有余，梦想当三百六十行的状元，一次又一次地发挥着"阿Q精神"试图在各行各业抖擞挺进；妹妹小西，小白领，披着胄甲在各个领域冲锋陷阵，斡旋于上司，同事还有客户之间，想修炼成刀枪不入的神人战士和精通人情世故的高级小资。

在这一部剧里，《快乐东西》的几个人继续遭遇各种各样好玩、郁闷、甜蜜、痛苦的故事：他们上演了甄家版的《雷雨》；被冬储大白菜搞到崩溃；在背投电视里上演"真人秀"；上电视和情敌PK；开展家庭民主选举；和肌肉男比拼；和导游智斗；请驯兽大师调教小强；侦破小鸡的血案；遭遇失忆事件；和好朋友闹掰了后破镜重圆……在甄家这个小小的茶馆里，每天都上演着波澜起伏、精彩十足的连续剧。

2.《家有儿女》第一部

制作单位：天地人传媒有限公司

剧目类别：情景喜剧片

部（集）：100集×23分钟

播出时间：2008年8月10日首播

播出媒体：北京卡酷动画卫视

内容简介：

夏东海曾长期跟随前妻到美国陪读工作，离婚后带着7岁的儿子夏雨归国发展，并与在国内长大的女儿夏雪相聚，后与某大医院的护士长刘梅结婚，本剧的主要故事就发生在

这个重新组合的家庭中。夏东海和刘梅分别离异过，并各自带有小孩。两人有一个共同特点：关心孩子的成长和教育问题。共同的心愿使他们生活在了一起，期望“整合”两人的爱心和智慧，培养出出类拔萃的后代。但是，由于两人在性格、爱好、教育背景和认识上的差异，造成了教育方法的不同，有时甚至互相矛盾。这给他们带来了诸多烦恼。而且最为重要的是，在他们的眼里，现代的孩子思想越来越怪，越来越难以捉摸。关心越多，反抗却越大，由此引出一个个令人捧腹而又发人深思的故事来。

另一个角度，生活在同一屋檐下的姐弟仨，尽管父母各异，年龄层次不同，倒也相处得煞是融洽，犹如亲生一般。不过由于三人生长环境的迥异，外在环境的影响，使他们有着迥然不同的个性和偏爱，所以争执在所难免。三人时而团结一致，联手对付难缠的父母，时而又进行内部斗争，争取自己的权益。

全剧表现的题材范围包括了孩子成长过程中的所有问题，如学习、交友、早恋、诚信、爱心、兴趣、习惯等引起社会、家庭关注的问题，以及与父母的观念冲突等等。

3.《秦时明月之夜尽天明》

制作单位：北京卡酷动画卫视杭州玄机科技信息技术有限公司

剧目类别：玄幻武侠片

部（集）：18 集 × 24 分钟

播出时间：2008 年 12 月 23 日首播

播出媒体：北京卡酷动画卫视

内容简介：

天下第一剑客盖聂携故人之子天明为躲避秦王追杀，踏上了风起云涌的荆棘之途。

始皇帝嬴政勒令宰相李斯不惜一切铲除抗秦势力。李斯以盖聂为诱饵引天下第一刺客团首领卫庄出山，借其对盖聂的仇恨实现“以江湖对江湖”的策略。

逃亡路上，盖聂、天明结识了墨家众高手、楚国大将后人项少羽和谜样少女高月，一行人在命运的引领下进入被誉为世间最后一片净土的墨家机关城。

机关城隐匿于绝岭雄峰之间，集结了墨家深厚的智慧，是天下所有反秦势力最后的堡垒。

面对固若金汤的墨家机关城，卫庄却向秦王许诺，只需一天时间便能将其攻破。

秦王派出庞大的精锐之师随卫庄攻城，与墨家世代为仇的公输家族首领公输仇也加入了卫庄的阵营，机关城严密的防守工事受到了前所未有的挑战。

卫庄刺客团中的数名高手亦纷纷出动，一时间，机关城内杀机迭起、暗流涌动。

众高手能否齐心协力撑过墨家有史以来最大的危机？天明是否能在重重迷雾中参透自己的身世之谜？盖聂与卫庄推延了20年的宿命之战将如何上演？

所有谜底，《秦时明月之夜尽天明》为你一一揭晓。

4.《快乐星猫》第二部

制作单位：北京卡酷动画卫视、杭州玄机科技信息技术有限公司

剧目类别：三维科幻片

部（集）：13集×23分钟

播出时间：2008年7月13日首播

播出媒体：北京卡酷动画卫视

内容简介：

广大浩瀚的宇宙中，除了人类居住的地球以外，还有许许多多不同的种族，居住在不同的星球……我们的主角星猫，最崇拜的人是和自己同族的大力猫。传说中，大力猫和12星座的勇者，一起合力打败了邪恶的坏蛋黑魔王，让宇宙恢复和平。一日，他发现了一个秘密洞穴。又因为他的调皮捣蛋，而把监禁在洞穴中黑魔王给放出来了。

天下大乱，黑魔王打伤了天神星的卫兵和大天神，逃到人类的世界去了！闯祸的星猫被罚戴罪立功。他得到地球去把黑魔王给抓回来，善良的仙女姊姊提醒他，他可以找12星座的勇者帮忙；不过当然不是原来那些人，而是新一代的勇者。

只会捣蛋的星猫，在小计算机欧应万的协助下走访12国度。一面战斗、一面集合12勇士。在这过程当中，除了打败黑魔王的手下，破坏黑魔王的计谋；星猫也从一个满心不愿意做这件事的捣蛋鬼，慢慢成长为一个负责任的小战士，面对自己闯的祸，想办法去解决它；同时也交到了许多新朋友。在战斗中启发了彼此的能力，明白了合作的重要。在不断的解决困难，挑战邪恶和自己当中，新一代的正义守护者们诞生了……

5.《饮茶功夫学园》

制作单位：南京鸿鹰动漫娱乐有限公司

剧目类别：幽默喜剧片

部（集）：52集×23分钟

播出时间：2008年1月14日首播

播出媒体：北京卡酷动画卫视

内容简介：

话说在我们这个时代，侠客并没消失，功夫依然存在于现代之中。（就像美国有超人一

样……)就在离我们不远的地方，有座「一二山」,「一二山」之上有一座充满传奇性的功夫学园，专门教授小朋友强身健体的中国功夫(由于学员不多，收入微薄，所以学园设备显得有些破旧)，在油条园长的带领下，功夫学园培养出一代代的功夫小子。每年一到桃花开的时节，学园就会招收新的学员进入学园。当然，今年也不例外……

这一天，功夫学园要开学了。「功夫学园」又将迎来了一批菜鸟新生，但这一回可有点不同了……新生包子在前往学园的途中，拾到一位小小子饺子同学，饺子一直跟着她，甩也甩不掉，她只好也把饺子带到学园，成为学园中最小的学员。由于这群新生是一群不知天高地厚的小小子，却有无比的精力，差一点把功夫学园搞得一团乱，尤其小不点饺子总把学园里的东西都试着拿来尝一尝……另外，还有急惊风的烧卖，富家女的包子、胆小的寿桃、爱吃的汉堡、热狗等学员……这些功夫学员的新学员齐聚一堂，于是在他们周遭便发生一连串搞笑的故事，鲜事一箩筐。

这群小活宝们来到这里发生一连串搞笑

的故事，面对这一群不知天高地厚的顽皮的小活宝们，油条院长和老师们真是苦恼万分。在油条园长的教导下，他们每天必须苦练，接受武功考试，还得面对与他们敌人(森林大盗)的挑战，努力保护学园的安全(传说学园中藏有古代海盗所藏的黄金)……每一集的故事内容皆呈现小学生的生活点滴，以学习功夫的过程为发展背景，以幽默风趣的情节与童稚之思维，将小朋友们可爱纯真的本性表达出来。本片透过生动活泼的剧情，栩栩如生的人物描绘，加上天真无邪的童言童语的剧情对白，是一部健康又愉快的动画片集。

6.《小宋当家》

制作单位：广东原创动力文化传播有限公司

部（集）：44集×23分钟

播出时间：2008年7月20日首播

播出媒体：北京卡酷动画卫视

内容简介：

50年代的中国南方小城填，在一间一层半高的旧房子里，住着逃难而来的小宋(宋礼)和他的姑姑——宋心。两人靠屋前开设的小饼店为生，做的烧饼美味又便宜，赢得大家的称许，可赚的钱却仅够供小宋读书和维持基本的生活，主要是由于战后许多人生活都很困难，

虽然宋心做的饼受大家欢迎，但他们非常克己，价格低廉，故此赚的钱并不多。小宋除了上课，余下时间就要帮姑姑做饼、看店。

因为小宋自少父母双亡，就只有姑姑宋心跟他相依为命，所以宋心对小宋甚为严厉，除了要小宋读书明理，还要小宋继承亡父和家族做饼的真传。

小宋自小就被姑姑这样教育长大，所以对同学、友人、甚至过路看见别人没礼貌，不尊敬长辈、态度狂妄，损人利己，不负责任的，他都会挺身而出，如果别人不听劝导，他就会设法让那人知错，最后赔礼道歉。可是不懂礼貌和自私的人实在不少，听劝告的更少，小宋想不出方法的时候便会跑到小屋的阁楼，那是从小犯错，姑姑罚他读书的地方。小宋会吃一块姑姑用父亲秘方做的饼，翻开父亲留下的典籍，在冥想中回到远古的年代，在那里小宋会恭敬地求教他已故的长辈宋秉爷爷，一个智能又乐观的老人，让宋秉给他启发和方向，然后回到现实世界，用一些充满智能的方法去教训或帮助大众，甚至解决大大小小的问题。

7.《猪猪侠勇闯未来之城》

制作单位：广东咏声文化传播有限公司
剧目类别：魔幻环保片
部（集）：20集×23分钟
播出时间：2008年7月10日首播
播出媒体：北京卡酷动画卫视
内容简介：

猪猪侠说他自己曾经进入时空隧道，回到了公元208年的奥林匹斯小岛。迷糊博士觉得事情的可信度很高，于是决定研究大钻石的神奇力量，希望可以回到公元208年的世界去看个究竟。迷糊博士把大钻石装在了一台时间机器上，并找来猪猪侠帮忙实验。然而在混乱当中，迷糊把时间机器的时空坐标调到了2080年，结果一不小心，把猪猪侠给传送到了未来世界。在未来的世界里，科学技术的发展可谓一日千里，各种体育运动项目也是借助高科技的产品进行的。这时，破旧不堪的望子成龙小学由于经费不足的问题，面临停学危机，波比等人还要诡计，强迫菲菲出售学校。猪猪侠为了保住即将被收购的望子成龙小学，与强强科技小学的尖子生超人强展开了一系列紧张刺激的比赛。猪猪侠借助迷糊老师发明的小道具对抗强强科技发明的高性能器械，最终借助大家的力量重振了望子成龙小学。

8.《大耳朵图图》第二部

制作单位：上海美术电影制片厂
剧目类别：幽默喜剧片
部（集）：26集×12分钟
播出时间：2008年9月7日首播

播出媒体：北京卡酷动画卫视

内容简介：

孩子从无知到有知，是一个漫长而琐碎的学习、探索过程，对每一位父母来说，都会经历其中的喜悦和烦恼。当今的独生子女家庭，在孩子成长、教育的问题上更是面临着很多难题，因此我们选择平凡小孩胡图图的一家作为故事的载体，讲述孩子在成长过程中一个个有趣的小故事，以引起观众的共鸣。

我们的故事涉及幼儿生长的每一个领域，关注孩子和父母们关心的每一个话题，比如：我从哪里来？孩子的智商、第一次上幼儿园、孩子的友谊、如何对待比自己小的弟弟妹妹、什么是爱、诚实最可贵等等。

我们特意创造出图图这个可爱又糊涂的小孩形象，希望所有平凡的孩子都能像图图一样愉快、健康地成长，我们赋予图图纯真、善良、快乐的性格，希望那些望子成龙的父母能看到孩子身上最宝贵的品质。

9.《象棋王》

制作单位：南京鸿鹰动漫娱乐有限公司

剧目类别：青春励志片

部（集）：26集×24分钟

播出时间：2008年5月2日首播

播出媒体：北京卡酷动画卫视

内容简介：

竞技、励志类动画《象棋王》是与中国棋王胡荣华合作的世界首部以中国象棋为题材的动画片。故事讲述了一个名叫「无悔」的小学生，从对象棋的无知到赤诚热爱的历程。本片更以重彩浓墨刻画了主人公永不言败、克服万难，为实现自己“象棋王”的理想不懈奋斗的执著形象。

本作品让中国象棋拥有了新的活力，让人耳目一新。它将传统象棋立体化、形象化、生命化。它不再只是刻上文字的棋子，而是会出现投影虚拟人物的象棋角色，特别是棋手对弈时的战斗场面更是精彩纷呈。另外，在音乐

方面《象棋王》更是请来华语歌坛大师级人物方文山填词，并由最佳摇滚组合信乐团主唱，演绎棋手无悔精神。特别值得一提的是，本片画面之细腻、制作之用心，是近年来国产片中少有的作品。

10.《淘气包马小跳》

制作单位：中影动画产业有限公司
剧目类别：校园题材
部（集）：52集×12分钟
播出时间：2008年6月17日首播
播出媒体：北京卡酷动画卫视
内容简介：

从前有这样一个奇怪的男孩生下来就会跳。别的孩子在妈妈怀胎10月的时候就出生了，可他过了11个月了还一点动静没有，他想永远赖在妈妈的肚子里，因为那是世界上最柔软、最安全、最舒服的地方。

这个男孩出生一百天的时候，著名的玩具设计师马天笑先生和漂亮的橱窗设计师丁蕊女士广邀亲朋好友，大摆酒席一同庆祝。抓周仪式上，小男孩再度一跳惊人，喜出望外的马天笑先生索性把自己的儿子起名为马小跳。

马小跳的“特异功能”给马天笑带来了灵感与创作冲动，马天笑先生根据自己儿子的特性开发了畅销儿童玩具“跳跳娃”，一时风靡全球。

马小跳逐渐长大了，上学后的马小跳调皮异常，经常做出惊人之举。三年级新学期的第一天，安琪儿像往常一样来找马小跳一起上学，来到学校后，遇到久别重逢的小伙伴“企鹅”唐飞、“猿猴”毛超、“河马”张达、还有马小跳的“老冤家”丁文涛，当然还有马小跳最欣赏的会跳芭蕾舞的夏林果……

几个小朋友又开心地聚在一起了，他们五彩缤纷地生活着，我们的故事也从此开始了……

新媒体与网络传播

2009/《北京广播影视年鉴》

——记录行业情况　服务业内和社会——

北京人民广播电台
DAB数字多媒体广播发展情况

2005年3月，北京电台DAB数字多媒体广播开始试运行。2006年9月6日北京电台DAB数字多媒体广播正式开播。截至2008年底，已播出的数字音频广播节目17套，视频节目5套。

2008年，北京电台DAB数字多媒体广播在网络覆盖、市场推广、丰富节目等方面的主要工作：

一、加快网络建设，确保奥运服务

为确保奥运服务，2008年初，北京电台相继完成名人广场、双桥发射点、大兴发射点以及顺义发射点的建设、测试工作，使数字广播信号覆盖北京平原地区。

为促进终端销售，继2007年完成海龙、鼎好电子城的DAB信号覆盖之后，北京电台于2008年第一季度完成中关村科贸、百脑汇卖场覆盖工作。3至5月，完成国宜通信广场和中关村鼎好二期电子卖场的DAB信号覆盖，以上电子卖场DAB信号接收良好。此外，国美、苏宁、大中、中复、迪信通等电器卖场和手机卖场的覆盖工作也在陆续进行。

二、丰富节目内容，确保奥运转播

2008年，北京电台DAB自办节目欢乐时光广播全新改版，在保留2007年精品节目基础上，新增《娱乐大篷车》、《幽默集装箱》、《听说电影》、《长书连播》4个强档精品节目，听众反映良好。经过半年筹备，全新长书广播1月1日正式开播，是北京地区第一个以长书节目为主的类型化广播。整套频率选用大量优秀文学作品，体裁多样，题材广泛。

作为“数字奥运”亮点，北京电台较好地完成奥运会播出任务。奥运圣火境内外传递期间，北京电台各专业广播利用DAB数字多媒体广播平台完成“和祥云一起飞翔”、“祥云飞过我的家”大型系列火炬传递直播，节目播出质量良好，无播出差错，这是DAB数字多媒体广播首次对奥运活动进行现场直播，引起广大DAB用户的关注。奥运期间，将原有播出的电视节目调整为中央电视台1、2、5、7四套节目，同时广播和电视节目均变更为全天24小时不停机播出，充分发挥DAB数字多媒体广播的优势，使DAB用户随时随地都能收看到奥运节目，做到优质服务奥运。

配合北京交通广播汽车俱乐部有限公司利用DAB技术，推广包括交通引导在内的公共信息服务平台。

三、推广DAB概念，促进接收终端销售

利用北京电台自身的媒体优势，加大数字广播概念的推广力度。通过举办推广活动、派发宣传单、利用专业媒体和互联网等方式提高数字广播的知名度，为发展用户奠定基础。通过各种途径调动生产厂家和经销商的积极性，鼓励他们参与数字广播市场发展。将DAB形象展示专柜布置到中关村各大电子市场、国宜通信广场和百脑汇等商厦，既宣传了DAB概念，又方便消费者寻找、购买DAB产品。

经北京电台与各地运营商三年多坚持不懈地推广，越来越多的厂商、开发商加入到DAB数字多媒体广播产业链中，形成从芯片研发到各种接收终端生产的数字广播产业链。

（赵以晗）

北京人民广播电台
公众服务信息平台

2008年7月，集实时路况信息导航、DAB数字音频广播收听、数字电视实时收看；各种实用信息实时快报、移动办公、网上冲浪、娱乐平台等功能于一身的1039新媒体机问世。标志着北京人民广播电台为科技奥运服务，经过一年半时间研发而成的“公众服务信息平台”正式面向公众提供服务。

由北京电台下属北京交通广播汽车俱乐部有限公司自主研发的“公众服务信息平台”是无线数字广播的整套软件系统，它利用数字广播技术，整合北京市人民政府、北京人民广播电台、北京市交管局相关信息及服务资源，通过新媒体终端产品，为用户提供包括新闻、政务、娱乐休闲、生活等在内的信息服务、北京市动态路况信息及导航服务、数字电视接收等服务，并具备MP3、MP4、电子相框、电子书、中英文词典、录音机、游戏机等多种功能。

一、研发“公众服务信息平台”

1.筹备阶段：根据北京市委宣传部的指示精神，北京电台下属北京交通广播汽车俱乐部有限公司于2006年7月成立项目筹备小组，决定借助北京交通广播独有技术及资源优势，进行智能交通相关项目研发工作。项目筹备期间，筹备小组主要进行技术可行性研究、技术资料搜集及调研、合作模式及合作伙伴选择等相关工作，并远赴美国、欧洲、韩国等发达国家考察学习其在智能交通领域的先进之处。

2.研发阶段：2007年，“基于无线数字广播（DAB）技术的公众服务信息平台”项目正式立项。经过一年多时间的研发及测试，2008年4月完成“基于无线数字广播（DAB）技术的公众服务信息平台”研发任务，推出与之配套的终端产品——1039新媒体机。2008年4月至6月，开始进行新媒体机改版及测试，6月开始进行整机实测。

3.项目推广阶段：2008年7月开始，公司针对公共服务信息平台及其终端产品——1039新媒体机开展市场推广、宣传工作。加大研发力度，不断完善公共服务信息平台，持续推进新媒体产品研发工作。

二、北京交通广播汽车俱乐部有限公司主要工作

2008年1月至7月，北京交通广播汽车俱乐部有限公司针对已具雏形的公众服务信息平台进行平台稳定性测试、信息试播工作，进一步完善技术，确保公众服务信息平台的稳定、正常运行。

7月，北京交通广播汽车俱乐部有限公司正式推出“基于无线数字广播（DAB）技术的公众服务信息平台”终端设备——1039新媒体机，标志着北京电台自主研发的“基于无线数字广播（DAB）技术的公众服务信息平台”正式面向公众提供服务。

“公众服务信息平台”配备了专业的内容编辑团队，每日不间断更新新闻，保证信息及时性和准确性。奥运期间，该平台累计发布过万篇文字报道，上千张图片，为北京公众、外地及外国来京游客提供第一手北京本地资讯及奥运相关报道信息。动态路况信息服务实现每两分钟更新一次路况信息，为广大用户出行提供及时、具有参考价值的路况信息，方便用户出行。

7月31日起，基于此平台的各项数字广播应用运行一切正常，满足了运营需要。

三、开发、运营公共信息服务平台及相关产品

1.开发完成数字广播运营支撑平台，于7月正式推广商用。

2.结合北京人民广播电台独特资源优势，开发“动态路况信息服务”及“数字广播网站”服务。其中，“动态路况信息服务”，结合智能交通领域和数字广播领域的最新研究成果和技术创新，为国内首创。“数字广播网站”服务，通过数字广播技术，为用户提供新闻、奥运、政务、天气预报、休闲娱乐等各种实用信息。

3.独立研发出A43、A48、A7013款数字广播服务接收终端，该系列终端可为用户提供新闻、奥运、政务、天气预报、休闲娱乐等各种实用信息，实现基于数字广播的实时动态路况导航，能够接收多种数字电视节目及16套数字音频广播，并具备MP3、MP4、电子相框、电子书、中英文词典、录音机、游戏机等多种功能。数字广播终端市场推广工作进展良好，销售累计近20000台，为进一步推广“基于无线数字广播（DAB）技术的公众服务信息平台”打下良好用户基础。

（彭雪）

北京电视台新媒体发展情况

2008年，北京电视台新媒体发展取得重大突破。新媒体主要业务包括手机电视、网络版权发行、网络电视、《BTV爱车》手机报、无线增值业务等。京视传媒新媒体部承担北京电视台新媒体孵化器的功能，手机电视成功融资3500万元，完成合资运营公司的组建工作；网络版权发行，合同销售收入712.5万元；网络电视与投资商洽谈，致力于将北京宽频发展成为全国性网络发行平台。无线增值业务开始向北京通讯管理局申办sp资质，首次推出手机报；网络电视在改版基础上进行推广，启动网络广告计划。

一、手机电视

1.建设流媒体手机电视平台

建设完成北京电视台手机电视多媒体服务平台。2月底，第一笔文化创意产业专项支持资金到位，京视传媒展开系列相关工作，包括直播编码器招标、建设内容管理平台及手机流媒体机房等。

为规范使用专项资金，京视传媒成立项目

招标小组，对专项资金的使用实行严格管理。

5月，确定北京电视台流媒体手机电视系统服务商，开始搭建流媒体平台。

7月，确定北京电视台流媒体手机电视直播编码器中标企业，一个月内完成直播前各项准备工作。

2.开通直播

4月18日，新媒体部圆满完成手机电视直播北京卫视直播鸟巢的大型活动。

7月30日，在北京日航新世纪酒店世纪厅召开主题为“融合视界，掌握精彩”北京电视台手机电视开播发布会，宣布北京电视台流媒体手机电视正式开通上线，成为科技服务奥运亮点之一。

9月26日，由北京移动主办、BTV手机电视协办的“一起体验，一起分享”校园数据俱乐部梁静茹、张震岳、品冠歌友会在中国人民大学世纪厅举行，加大BTV手机电视的市场推广力度。

10月24日，北京电视台手机电视参与亚洲方程式赛事活动的直播宣传工作。BTV手机电视的宣传推广活动赢得合作伙伴的尊敬，实现合作推广双赢。

3.服务奥运及业务测试

手机电视正式上线后，8月以来，京视传媒新媒体部对北京电视台手机电视内容进行更具本地化的内容设置。北京电视台手机电视公司流媒体手机电视移动平台和联通平台。移动平台主要内容包括：直播、轮播与点播。

直播：4个频道。北京卫视频道、北京文艺频道、北京生活频道BTV-7和路况信息，其中路况信息播出北京市交管局提供的北京各交通要道24小时路况直播信息。

轮播：随身加油站。以娱乐资讯为主的频道，为用户提供随时随地加油。

点播：3个特色专题栏目。奥运全记录、北京全攻略和天气预报（奥运气象站），该专题栏目为BTV手机电视最具特色的栏目，立足北京，全方位服务奥运的节目。

现阶段主要是进行业务测试，对手机电视内容没有收费。从移动平台得到的数据显示，北京电视台手机电视在奥运期间得到广大用户的关注，约4万名用户使用北京电视台的手机电视了解奥运信息。

其他频道：音乐电视、名人趣谈。

4.完成内容管理系统招标

9月，京视传媒开始内容管理系统建设，将有助于北京电视台流媒体手机电视对内容进行统一管理及运营。

5.成立手机电视合资公司

手机电视成功融资并成立合资子公司。年初，北京电视台与中信数字技术公司合作，确定由北京电视台以新媒体播映权出资，中信数字技术公司以现金出资，共同成立以北京电视台控股的流媒体手机电视运营公司，已签署完成双方合资合同，新公司名称预核准在进行中，新公司成立前的各项准备工作在有条不紊进行。

在北京市广电局统一安排下，北京电视台与北广传媒、北京人民广播电台共同运营具有自有知识产权的广播式手机电视——CMMB。由京视传媒提交北京电视台在CMMB运营方面的具体方案。

二、网络版权销售

1.销售额

京视传媒新媒体部完成网络版权销售达700余万元，实现版权运营跨越式突破，先后与新浪网、搜狐、网通等主流门户网站建立基于全台内容的版权合作关系，而TOM、新华网、激动宽频、PPLIVE、OPENV等分别采购北京台的部分内容；除互联网，京视传媒新媒体部首次将节目发行到CRI和麒麟电视，覆盖海内外的IPTV市场。新媒体部在新媒体领域扩大北京台内容的覆盖范围，提升影响力。

2.内容集成

除销售北京台现有版权节目，京视传媒新媒体部开展版权集成，争取获得其他版权资源的代理销售权。如路透社新闻以及影视剧，在现有渠道中销售。在影视剧方面，争取拿到BTV电视剧中心和京视传媒参与投拍的电视剧网络独家发行权，为建立网络影视发行平台打下良好基础。

3.打击盗版

视频分享网站盗版严重，电视台的策略是以打击盗版促进版权合作。打击优酷网和偶偶网，并分别获得赔偿。

三、北京宽频

北京宽频在维持频道正常直播基础上，强化点播内容，将适合网络收看的节目碎片化，重新包装编辑成短小精彩的内容。加强网台互动，提供交流平台，进行信息反馈，收集话题情报，组织线上线下进行互动，加强研究网络节目。

四、无线增值业务

京视传媒新媒体部与北京移动合作，测试上线《BTV爱车》手机报。《BTV爱车》定位于爱车族，针对18—40岁年龄段。内容丰富，涵盖面广，明快简洁，更符合手机报用户的阅读习惯。突出娱乐性和服务性，获得用户和汽车厂商的认同。

《BTV爱车》成功运作后，京视传媒新媒体部争取再上线其他主题的手机报，如旅游、生活、音乐、娱乐等。

（北京电视台）

北京市广播电影电视局网站

北京市广播电影电视局网站始建于2002年，经历过2003、2005年的两次改版，2008年再次进行改版升级，于3月26日正式上线。

北京市广播电影电视局新网站首页可提供北京地区电视和广播节目预告，设计有北京人民广播电台（共8个频道）和北京电视台（共10个频道）的频道链接和热点活动链接以及中国电影博物馆的影讯和活动，网民可以直接查看各个频道的信息，方便快捷，突出了网站的实用性和便民性。同时，还增加了市广电局审批通过的在北京地区即将播映发行的电视剧、经典影视和动画片的图文介绍，增强了网站的可看性。在行政办公方面，网站可提供行政许可类和其他政务事项的办理流程、介绍以及各类表单，申请者从网站上获取信息，方便查询和办理。

在信息公开方面，新网站在首页开设了“政府信息公开”专栏，集中展示广电局的信息公开工作情况，及时准确地向公众公开相关信息，接受公众监督。

网站的“在线服务”栏目，是此次网站升级改造的重点，为了突出便民性，新网站在前期进行栏目设计的时候，将原网站中的所有涉及便民服务的功能和栏目都整合到了同一个栏目下，公众可以在同一页面查询到办事流程、表单、结果，大大地节省了大范围查询的时间，方便、快捷。

网站开设“公众监督”栏目，公开监督信箱、监督电话和领导信箱，为公众提供多种咨询和沟通渠道，并以适当形式对问题进行答复。

（田杰鹏）

北广传媒集团网站

北广传媒集团网站(http://www.bamc.com.cn)始建于2003年，现为北京网络媒体协会理事单位。集团网站自成立以来，一直牢牢把握党和国家的宣传方针政策，坚持正确的舆论导向，以整合集团及所属单位网络资源、展示集团核心业务、介绍集团发展动态为宗旨，对推广北广传媒品牌形象起到了非常重要的作用。北广传媒集团网站具有技术先进、访问量大、安全性高、资讯丰富、整合性强等优势。

2008年5月28日集团成立七周年之际，网站全新改版升级，增强了网站的功能性、服务性。网站主页采用典型的宣传、展示欧版设计风格，美观大方、简洁明快、主题鲜明。改版后的北广传媒集团网突出以下几个特点：一是新增视频在线播放功能。网站设置视频播放热点专题，滚动播放集团举办的重大活动宣传片；二是强化政策指导及丰富业内资讯。适时反映国家在网络传输、新媒体发展、影视剧生产等方面最新的政策并及时发布业内最新动态；三是实现网站下载功能。开辟了公告下载区，利用网络传输文件；四是整合信息资源。北广传媒集团网站全面整合了集团及所属成员单位的网络资源，集团所属单位、子公司均刊列在网站首页，有利于体现集团的整体性和统一性，展现北广传媒集团综合实力；五是突出服务功能。集中展示集团新媒体平台精品栏目以及影视剧单位生产的精彩剧集片花供网民欣赏，另外还设立了网上调查版块，增强与网民的互动性。

（李明）

中国电影博物馆网站

中国电影博物馆网站（http://www.cnfm.org.cn）于2007年2月10日正式上线。自开通以来，网站锐意创新、服务观众，不断完善、丰富网络内容，使网站的建设更加清晰便捷。经三次改版，网站页面的各项功能、操作形成一套完善的系统流程。网站风格简约清晰，整体感强，主体清晰，主题内容为特色活动及行业资讯。

中国电影博物馆网站凭借自身优势，充分挖掘内部资源，不断拓展外部信息，从规划、设计、建设等各个流程严格把关，逐步建立内容丰富、清晰时尚、操作便捷的高水准网站。网站设立5个主要服务栏目：新闻、服务资讯、展陈藏品、观影信息、交流体验。网站以展现中国电影博物馆综合功能为基础，将“权威资讯、专业信息、互动交流”等实用资讯服务于大众。在整体结构和内容上创新规划，增加视频专题、影博影响、电影大讲堂、对话博物馆等特色内容，增强与观众的互动。

中国电影博物馆网站具有较完善的会员俱乐部服务，具备英文浏览内容和人性化服务，其系统、科学的管理、操作理念为中国电影博物馆网站带来无限机遇和竞争资本，中国电影博物馆力争将官方网站建设成为国际化、多元化、时尚化、都市化的全球网络交流平台。

（中国电影博物馆技术部）

北京广播网

北京广播网创办于2001年8月22日，是北京人民广播电台又一宣传媒介。2008年，北京广播网围绕“内容优化、资源互动、深化服务”方针，整合、拓展线上线下内容资源，打造全新的生活、娱乐服务平台。Alexa世界网站的平均排名在3300名，在全国广播媒体网站中始终名列第一，社会影响力逐步提高。

2008年，北京广播网主要工作：

一、发挥网络特色，报道奥运会

奥运期间，北京广播网组成30多人奥运报道组，发挥网络快捷特点，采用跟踪报道方式丰富奥运报道；对北京电台奥运报道团队的持续关注则从特别的视角反映奥运的力量，成为北京电台奥运报道的有力补充，在互联网上进一步宣传北京电台。

北京广播网奥运频道在奥运期间（从8月6日～25日），突出音视频特色，24小时滚动报道，共发布文字新闻24000条左右（日平均发布奥运新闻1200条），图片新闻2500组；音频报道1900条；北京电台及广播网原创视频报道50段。

8月6日，北京广播网推出《我与奥运共辉煌》视频访谈节目。邀请北京电台负责奥运报道的有关领导、派驻奥运会的注册及非注册记者，讲述他们的工作及工作中的所见所闻，多角度关注奥运，解读奥运。节目历时20天，播出21期节目，采访记者、主持人40余人次，总节目时长近10小时。《奥运天天报》是北京广播网在奥运期间原创节目，节目以视频直播方式，介绍每日各大报纸、门户网站与奥运相关的资讯，突出奥运比赛期间的人性魅力，以夹叙夹议形式给予网友全新视角观察北京奥运会。该节目共播出13期，每期视频收看800人次。

7月20日至8月20日，奥运频道日均访问人数和页面数屡攀新高，截至8月8日两项数据均已翻三番。奥运期间访问量达到日均4000余人、14万的页面数，创北京广播网大型专题报道以来访问量急剧上升最快，短时间内访问总量最高。

二、以多种形式开展新闻宣传

北京广播网先后制作奥运圣火传递、汶川地震救灾、短信大赛、金庸评书网等近60个专题网页。其中，圣火传递、汶川地震、短信大赛、金庸评书网、市民对话一把手、名牌栏目评选等专题访问量均以数十万计。

北京市“两会”期间，北京广播网再次以独立媒体身份报道“两会”，刊发消息、图片、视频的数量均超过往年，报道尝试整合记者制作的录音新闻等资源在广播网上播发。圣火传递专题将北京电台记者从境内、外火炬传递城市第一时间发回的音、视、图、文结合，收到良好效果。据不完全统计，奥运火炬传递专题共刊发北京电台记者采制的录音报道40余篇、照片80余幅、视频20余段；汶川地震专题收集北京电台记者拍摄的40余幅图片。

三、全新改版，提高版面功能和服务

1.推出技术先进的播播视频网站

2008年3月10日，北京广播网视频网站播播视频全新上线。新亮相的视频网站在版式和技术上，都比过去有了较大的进步，内容涉及音乐、文艺、财经和汽车等方面。其中音乐文艺类视频节目占有较大比例，此外还有网友上传的精彩原创视频。截止到2008年10月底，已上传作品10000多段，时长约3000小时。改版后的播播视频采用业界主流的视频展现方式，并且支持视频上传功能，技术上达到了国内顶级视频分享网站的水准。

2."汇八台之精华，扬e网之优势"

8月8日，北京广播网新版网站正式上线。改版升级采用业界成熟的主流技术，整体色彩清雅稳重，细节设计独具匠心，网站结构简洁清晰，用户使用方便快捷。突出体现北京电台官方网站的权威性，同时关注网站实用性及亲和力。版面设计和谐统一、美观大方，突出"汇八台之精华，扬e网之优势"办网理念，展示浓郁的北京韵味和时代特色。

3.设置17个频道

新版网站共设置17个频道，页面风格更简洁，布局更合理。原有频道播播视频、听吧、博客、点播（广播回放）、论坛保留并重新设计，新增资讯、汽车、娱乐、财经、健康等频道，各频道将专业广播的特色内容、品牌栏目进行整合推广，以吸引网友浏览，扩大宣传效果。

新版网站设计全新的站内搜索系统，以大型互联网搜索引擎技术为基础，提供实时、准确、快速和全面的站内搜索功能，对网站内容进行深度梳理和系统整理，使用户在查询网站信息时游刃有余。改版另一特色是增强网站的互动功能，充分体现Web 2.0时代的技术特色。

四、加大电台访谈节目的音视频共做转化力度

1月1日起，北京广播网日常音视频共做节目拍摄达每周120小时，最多时达130多小时，最大限度地将北京电台访谈节目进行音视频转化。

五、建立移动报道平台，丰富报道手段

4月25日，北京广播网移动报道平台建立，在北京奥运会火炬传递国内报道中正式启用。该平台是在手机移动终端的基础上开发的一套集音、视、图、文采集和传输于一体的移动报道系统，简化记者在报道时音、视、图、文的采集和传输过程，提高新闻的实效性。在奥运火炬境内外传递的49场音视频共做直播中，采用前方发回图片1104幅，视频137段。

六、调整机构和人员，使资源配置合理优化

北京网视与北京广播网长期以来存在业务交叉、技术重叠、缺乏特色等问题。为全力打造集音频、视频、互动于一体的网络宣传平台，经台务会和公司董事会同意，北京网视与北京广播网联合经营，统一资源管理。

（李晓晖）

北京广播网青檬网络电台

青檬网络电台是由共青团北京市委员会与北京人民广播电台共同创办的、面向以大学生为主的青少年的网络电台，网址是：http://qmoon.bjradio.com.cn，是北京广播网的二级频道。

青檬网络电台于2005年12月20日正式建台、开通试播，2006年6月16日正式开播。2007年4月23日，青檬网络电台正式开通"青檬校园台"、"青檬音乐台"、"青檬奥运台"3个全天24小时播出的专业频道。2008年9月23日，北京奥运会之后，"青檬奥运台"与"青檬校园台"两台合并，形成新的"青檬校园台"。

2008年，青檬网络电台拥有超过70名在校大学生的兼职主持人，原创节目累计制作时长433,900分钟。其中，青檬奥运志愿者网络电台制作5档节目980期累计49,000分钟；青檬校园台制作9档节目2096期累计115,600分钟；青檬音乐台制作11档节目2092期，累计269,300分钟。每天有12万多人通过不同方式收听青檬网络电台节目，平均每个用户收听时

长达到71分钟。

2008年，青檬网络电台主要工作：

一、节目建设

1.青檬奥运台。切合奥运时机推出制作精良的节目专辑。3月24日，随着奥运圣火在希腊燃起，“圣火青呈”专题网站（http://qmoon.bjradio.com.cn/v2008）正式上线。网站以“文明传递，青春接力”为口号，通过青檬专门制作的广播音频展现火炬传递沿途的文化与文明，用青春活力的网络广播和网络评论随着圣火传递进行接力。“圣火青呈”专题报道具有结合电子地图系统，图文并茂；大学生与特约记者国际连线；境内火炬到达地、北京街头、青檬直播间三点连线，立体呈现的三个特点。

8月1日至31日，以“大学生眼中的北京奥运会”为主旨的“青檬奥运之声”播出季正式开播，每天17：30至21：30播出。期间，青檬校园台和青檬奥运台并机播出。“青檬奥运之声”由五档节目组成，分别是：《城市进行时》着重城市和人的变化，以街头采访报道为主；《奥运非常道》从竞技角度入手，着重奥运赛事报道；《女生看奥运》以女生眼里的奥运为特色，侧重奥运文化；《北京八月》中，新一代大学生说出他们眼中的奥运，心中的中国；《奥运项目零距离》则以奥运知识普及为重点。

9月6日至18日，“青檬奥运之声”每天播出4小时残奥会专题节目，从竞技体育、人文精神、体育常识、志愿奉献等方面以大学生独特目光呈现2008年北京残奥会。

2.青檬校园台。9月22日起，青檬奥运台与青檬校园台合并。全新的青檬校园台以文化娱乐类节目和讯息服务为主要内容，为满足网络青年人的网络生活需求，对原有节目进行调整，每天10：00—11：00增加直播读新闻的新闻节目《news报》作为校园台新闻类节目的尝试和开始；晚间设置《情感左右间》和《恋恋青檬夜》充实夜间情感类节目；原《青檬文化潮》和《青檬大视野》进行合并，节目更加紧凑。

还特别推出专题“回顾改革开放三十年”，从年轻人的视角看改革开放三十年的变化。《女生向前冲》栏目推出《时光寻宝图》，从女性角度体现时代变迁；《青檬脱口秀》栏目推出专题《激荡三十年》，从年轻人身边的变化回顾改革开放三十年的变化；《体育嘉年华》栏目回顾我国体育工作的成就；《情感左右间》采访父母长辈，谈他们对爱情、亲情的理解；《关注农村》系列节目通过大学生对农村的关注展现出改革开放三十年农村的发展变化。

10月，青檬校园台新闻特写组与北京市公安局合作推出4集新闻特写《巡城记——奥运安保大扫描，是青檬校园台新闻特写组成立后推出的首个节目。节目采访30余位民警以及10余位民警家属，制作完成4期共计70分钟节目，为《第一集：三月不知赛事味》、《第二集：工作狂的私生活》、《第三集：不要叫我80后》、《第四集：同一身警服，同一份责任》，节目播出后得到网友的好评。

3.开展内部系列培训。青檬音乐台开展“青檬当家进化班”内部系列培训，实现培养全面发展、优秀的主持人才。9月13日，“青檬当家进化班”第一堂课邀请《三联生活周刊》主笔王小峰介绍欧美流行音乐知识。9月20日，“青檬当家进化班”第二堂课设在单向街书店，听袁越讲嘻哈音乐。10月16日，邀请《城记》作者王军介绍北京城的故事。

青檬网络电台大时段的直播内容让听众、网友更好地和主持人互动交流。青檬音乐台每月指定一个主题，“想和你去吹吹风”、“没有人会像你一样”、“为你写诗”、“燃烧吧！小宇宙！”等等，使听众在欣赏音乐时，树立积极的生活态度。

二、平台建设

青檬网络电台在网站改版、专题制作、应用软件研究开发中应用诸多先进的互动技术，自主开发的编播平台的易用性和稳定性有很大提升。在“播放条落地”的思路下，开发出多种播放条放置在合作网站中，扩大青檬网络电台的收听人群。

三、品牌活动

青檬网络电台继续坚持网站、活动、节目三位一体的原则，开展一系列青少年喜闻乐见的活动。“歌声与微笑——2008北京高校青春歌会”经过3场复赛选拔，在北京理工大学体育馆进行决赛；“青檬之星——北京高校电台主持人选拔大赛”有近400名选手报名参加选拔。

（钟永健）

北京电视台网站

北京电视台网站开办于1999年。2008年2月底，根据北京市委宣传部关于“打造北京地区的网络视频门户网站”的指示，投入启动资金60万，随后北京市广播电视局又投入资金1000万元，将原有视频频道进行改建、扩建，2008年3月10日，“BTV在线”（http://tv.btv.com.cn）视频网站正式上线。

网站定位

北京电视台网站是北京电视台服务功能的延伸和拓展，属于公共文化服务项目，将一如既往坚持正确的舆论导向，坚守媒体责任，传播先进文化，传播党和政府的声音。全方位地服务北京电视台和电视节目，是优秀电视节目、经典影视剧、动画片网上传播的新阵地；宣传北京、服务北京电视台的新平台；与网民和受众沟通的新渠道。

主要内容

北京电视台网站的内容主要依托电视台自有优势资源，重点宣传全台100多个电视栏目、大型活动和主持人，视频点播内容主要包括经典电视剧、电影、动画片、主持人、时尚生活、菜谱美食、健康养生、优秀电视栏目等，努力以优秀的内容和方便快捷的功能，服务广大网民，为网民建设一座公共文化服务的绿色家园。

运行情况

北京电视台网站拥有北京电视台10个电视频道的网络视频、互动类视频以及图文类的内容发布，初步建成综合性新闻媒体网站。网站的应用系统有着数据量大、并发访问量大、可靠性要求高的特点。“BTV在线”视频网站自2008年3月开通，网站运行基本正常，日均访问量增长24倍，访问者涵盖全国所有省市，数据还在增长。高峰期，如：热门影视剧刚上线、春晚、“两会”、高招、奥运等，访问处理、系统负荷就会急剧增加，访问量往往达到平时的几十、甚至上百倍。随着访问量不断上涨，网站面临着系统负载不断增长、网络带宽需求更大、数据容量存储要求更高等问题。

技术设备

北京电视台网站只建有基于小规模网络视频平台的“节目采集收录系统”，该系统具有采集服务器5台，可收录北京电视台10个频道的精品电视栏目。受存储容量的限制，核心存储应用节目素材库仅收录384KB码率、WMA格式的低码率视频文件。截至2008年9月底，约收录视频节目8000小时，能够满足节目生产的需要。

网站的网络覆盖主要集中在北京地区，这与北京电视台的电视用户主要集中在北京及周边地区有关。随着网站节目内容的丰富，全国各地用户访问数量稳步增长，特别是奥运会期间视频点击率急剧增加，现有网络带宽已不能满足用户的访问需要。计划对现有带宽进行扩容，并逐步提高网站在全国的网络覆盖。按照网站的发展规划和实际用户访问统计(网站访问排前位的省份依次是北京、陕西、广东，分别占48.8%、6.41%、4.96%)，借助与电信运营商的良好合作关系，采用重点部署、逐步推广方式向全国进行CDN和IDC的机房部署。

工作人员

北京电视台网站现有工作人员40余人(内容、技术)，有来自电视节目部门的电视编导，具有媒体从业经历和较好的舆论把关能力，经过互联网业务培训，成为具有综合能力的网络编辑。还有新分来的大学生，熟悉新媒体的各种功能，互联网技术娴熟，思维活跃，富于创新性。

发展目标

根据北京电视台网站建设总体规划，利用先进成熟的计算机项目管理理念，全面提高网站整体服务水平，使北京电视台网站在传播先进文化，服务广大网民的能力上再上新台阶。

网站的发展目标是要打造一个全媒体、多方位服务的网络，实现多终端、立体化传播。网站业务将扩展为以计算机、电视、手机、移动多媒体设备为接收终端，提供海量媒体资产信息服务、集成运营等多项业务，通过有线电视网、宽带互连网、无线移动网接入，给网民提供跨网络互动体验的综合性门户网站。

随着资金、技术、人员等条件的改善，北京电视台网站计划用4～5年时间，利用先进成熟的计算机项目管理理念，为北京电视台建设一个覆盖全网采、编、播、存、发布等业务的网站信息管理平台，实现北京电视台内部信息资源与外宣网站的交换与共享，提高视频节目生产和办公管理效率，降低管理运营成本，提高综合信息服务水平，提升网站访问量和点击率，将网站建成集音视频、图文信息，具有强大互动功能，国内一流的主流媒体门户网站。

（北京电视台）

北京歌华文化发展集团网站

北京歌华文化发展集团网站（www.gehua.com）创办于2001年。2005年网站经历第一次改版，在首页上设计全新的Flash内容，通过动态的水墨图片展现歌华旗下三个中心的基本建筑——中华世纪坛、歌华大厦和歌华开元大酒店。增加并确认网站的基本固定内容，为歌华网站的发展建设打下基础。

再次改版

2007年底至2008年初网站再次改版。集团网站的建设充分体现歌华作为北京大型国有文化企业的主要特征，分为中英文两版，网站总体规划本着合理、简洁、实用原则，在设计中充分突出文化行业的基本特点。即一级栏目明确、明显、醒目，二级栏目包含内容丰富多样，辅助栏目确保其设计规范、内容准确。

固定内容

网站的固定内容包括：歌华简介、集团管理团队、歌华文化中心、歌华科技中心、歌华传播中心、大事记、联系我们等七部分；在“三个中心”的二级栏目下，网站介绍三个中心的基本情况以及未来发展战略，并通过图片和文字的方式分别展示三个中心承办过的重要重大项目。

丰富网页

如今互联网行业发展迅速，网民数量激增，为更好地利用网站宣传企业自身，促进企业发展，歌华网站将于2009年再次改版，以便使网站内容更多地为集团经营服务。

（北京歌华文化发展集团）

北京歌华有线电视网络股份有限公司网站

2008年底，北京歌华有线电视网络股份有限公司新版网站上线，成为公司新的服务窗口。新网站充分利用互联网优势，延展“歌华有线，服务无限”的服务理念，注重在线服务功能，增加更多的在线服务项目和功能模块，通过网站，用户不仅能够及时了解公司信息，还可足不出户在线办理有线电视及宽带的相关业务，方便了用户。

栏目情况

在“业务指南”中，用户可以在网上直接查询公司新增业务。“有线电视”栏目提供了有线电视的相关信息，详细介绍有线电视的报装方法、营业厅业务受理范围、资费标准等；“数字电视”栏目介绍了数字电视的功能与服务、试点推广现场流程和机顶盒的购买须知；“有线宽带”和“社区宽带”板块实现在线安装区域查询、在线报装；“数据广播”作为数据业务的增值服务为用户提供安装配置要求、接入方式等相关信息。“集团客户直通车”为客户了解集团业务提供方便。

自助服务

“自助服务”是歌华有线网站的重要功能，能够让用户在电脑上完成信息查询与申报缴费。定时更新的电视频道列表，便于用户核对自家的电视频道。用户仅需发送短信即可完成查询客户编号、缴费截止日期、客户状态、报修及报装。

客服热线

客服热线96196的网上便捷通道以直观的形式让客户对于服务网点的位置一目了然。客户服务网点采用电子地图的方式，附带网点的联系电话、详细地址、乘车路线等信息。“视频在线”以公司独立制作的视频短片，让用户直观、全面地了解机顶盒的使用等各项服务功能。对于一些用户常见的问题，可以直接在网站上得到答案。

其他板块

歌华有线的用户可以查阅“公司简介”、“发展历程”、“组织结构”，并及时了解全国有线电视数字化方面的新闻和数字化电视业界的最新动态。“投资者关系”板块介绍了证券事务的联系方式，加入实时的股票行情及定期更新的上市公司公告，方便投资者查询。

“人才招聘”板块加入了人才库系统，有志者可以通过在线填表应聘。

（北京歌华有线电视网络股份有限公司）

丰台区广播电视中心网站

丰台区广播电视中心网站于2004年8月18日正式对外发布。网站由丰台区信息中心提供技术支持，丰台区广播电视中心负责信息的编辑、对外发布和网站管理维护工作。

2008年1月，丰台区广播电视中心网站进行全新改版，启用新域名（www.bjftrt.com.cn），对网页做重新设计和调整，主页包含：政务公开、广电动态、视频点击、丰台新闻和主要栏目等内容，突出视频信息，体现行业特点。在首页增加视频窗口，用大版面放在显著位置，在打开主页的同时可以直接收看到最新一期的《丰台新闻》等视频节目。为方便不同受众的收视需求，在视频点播中将《丰台新闻》按照《时政要闻》、《社会民生》、《科技财经》、《文化教育》四个方面的内容分类发布，每条新闻都配有视频和文字稿，每日进行更新，提升新闻的可视性。将《政务公开》栏放在首页醒目位置，以便社会各界能够了解我们的工作和职责，接受社会的监督。为方便查找还新增加分类、日期、关键字检索等查询功能。

网站设立：“单位概况、广电动态、视频点播、荧屏导视、业务介绍和联系我们”六大板块。

单位概况：设有“领导介绍、工作职责、机构职能、政策法规、公众信箱及公告栏”。详细介绍丰台区广播电视中心的主要工作职责，科室、部门的设置及职能，相关的行业法规和单位的联系方式、电子信箱等内容。

广电动态：从党组织建设、思想教育、行政管理、宣传工作、业务学习与培训、工会活动等方面，介绍丰台区广播电视中心各项工作的开展情况。

视频点播：汇集丰台区广播电视中心制作的各类新闻节目和栏目的视频、文字等信息。

荧屏导视：介绍丰台有线电视节目的播出时间表和所有节目主持人的情况。

业务介绍：向社会公开丰台区广播电视中心及下属单位的主要业务开展情况。

联系我们：是丰台区广播电视中心与广大受众建立联系和互动的平台。

（马藻茹）

昌平区广播电视网站

昌平区广播电视网2004年5月开通，由北京市昌平区广播电视中心主办，是一家“立足昌平、面向社会”的全方位信息传媒网站，每天在线播放昌平电台、电视台节目。共开设23个频道，百余个版块，致力于打造昌平对内对外形象，提供各类媒体资讯。

昌平区广播电视网开设广播、电视两个频道。内容包括：昌平时政新闻、旅游文化、娱乐休闲、投资创业、生活居住等各类信息。百姓可以在线收听昌平广播电台节目、在线观看昌平电视台节目。广播频道开设20档电台节目，电视频道开设11档电视节目。其中，广播频道的《戏曲天地》、《评书开讲》、《听电影》等节目受到众多中老年朋友喜爱。网站还专门为电视台专题栏目开设互动平台，以多渠道、多形式实现编导和百姓的沟通，深受全区百姓关注。每天近千人在线观看，网站点击率节节攀升。

昌平区广播电视网“电视人”频道，包括：中心机构、广电印象、广电动态、主持人档案四个版块，充分展示昌平区广播电视中心职工风采，打造昌平区广播电视中心对内对外的良好形象。

“5·12”汶川地震期间，昌平区广播电视网开设了抗震救灾版块，全面宣传昌平区抗震救灾情况，网站组织相关工作人员制作全屏Flash和首页专栏文字链接，并配以新闻转载内容，全面展现灾区情况，通过互联网这一媒体快速、全面报道昌平区企事业单位、市民积极捐助的事迹。采用视频回放、搜救现场、募捐活动、现场救援、心系灾区、坚守阵地、责任如山、千里寻亲等多角度展现全区上下在抗震救灾中众志成城的良好氛围。

2008年奥运会期间，北京昌平作为奥运会铁人三项赛和公路自行车赛的比赛场地，汇集世界各地体坛明星，吸引众多国内外记者前来采访。作为当地媒体的昌平电视台更是报道并制作千余条新闻消息和专题片。网站及时开设“奥运”频道，设立文化、旅游、环境、体育、志愿、外事、安全、专题、火炬传递、铁人三项赛、公路自行车、众说奥运、残奥运、其他共14个版块，每天分类上载昌平电视台奥运节目。如新闻：圣火点亮昌平、微笑遍赛场，爱心暖人间、志愿昌平，和谐先锋；专题片：《时空关注》、《巾帼奉献奥运标兵》、《和谐昌平》等，上载1300多个新闻视频，实现在线观看昌平电视台现场采集的奥运节目。昌平区广播电视网还链接8家奥运媒体网站，保证第一时间向昌平百姓传递奥运会和残奥会的相关信息。奥运期间，昌平区广播电视网因全面信息、及时报道，赢得众多百姓关注，提高了网站知名度。

昌平区广播电视网在现有频道和栏目的基础上，将突出“互动”主题，“网络下乡”的宣传思路，加强与区委、区政府和17个镇街的联系，与全区百姓的交流、沟通、互动，丰富网站内容，提升网站内涵，让昌平区广播电视网走进千家万户。

（昌平区广播电视中心）

延庆县广播电视中心网站

延庆广播电视网于2006年1月正式对外发布。2007年，延庆县信息中心具体对网站的进行建设和管理工作，包括信息资源的组织开发和各个栏目的设计以及网页制作，并承担网站的日常管理和维护工作。

网站设有“中心简介、工作动态、广电研究、行风建设、经典视频、收听收视指南、延庆新闻、生活全方位、联办栏目、村村通、妫川大舞台、广电2008、妫川故事、受众论坛、信息反馈、你点我播、工作总结”等40个链接板块。

网站上传《延庆新闻》、《生活全方位》及

中心动态信息。2008年，生活全方位作为一档讲述延庆百姓身边事儿的重点特色栏目得到延庆百姓的普遍认可，此栏目以朴素的语言，交谈的方式面对观众，为群众排忧解难，内容上立足百姓急需解决的棘手问题，在有限的时间内最大限度地多角度、多渠道、多种形式扩充信息量，以满足观众对信息的需求。延庆新闻让观众每天都能了解县内的政事、社会大事、百姓身边事。网站管理人员以最新的速度传送与延庆相关的理念及事件。在点击率节节攀升情况下，网站的更新率随之跟进。自创建以来，网站的点击率达到257492人次，较好地发挥了信息汇集与交互平台的作用。

（延庆县广播电视中心）

书报刊出版

2009/《北京广播影视年鉴》

——记录行业情况　服务业内和社会——

北京市广播影视书报刊一览表

公开出版物

类别	报刊名称	主管单位	主办单位
周报	《北京广播电视报》	北京北广传媒集团	北京广播电视报社
周刊	《北京广播电视报·人物周刊》	北京北广传媒集团	北京广播电视报社
周刊	《北京电视》周刊	北京北广传媒集团	北京广播电视报社
周报	《新广播》报	京报集团	北京人民广播电台
周刊	《音乐周刊》	京报集团	北京广播公司
年刊	《北京人民广播电台年鉴》	北京人民广播电台	北京人民广播电台
年刊	《北京广播影视年鉴》	《北京广播影视年鉴》编委会	北京市广播电视局
年刊	《北京电视台年鉴》	北京电视台	北京电视台

内部出版物

类别	报刊名称	主管单位	主办单位
月刊	《北京广播影视》	北京市广播电视局	北京市广播电视局 北京市广播电视学会
月刊	《信息参考》	北京市广播电视局	北京音像资料馆（北京广播电视研究中心）
半月刊	《电视文摘》	北京电视台	北京电视台

报刊杂志介绍

《北京广播电视报》

《北京广播电视报》前身是北京人民广播电台1953年4月12日创办的《广播周报》，后更名《北京人民广播电台节目报》。1976年1月9日停刊。1979年9月14日复刊。1989年更名为《北京广播电视报》。2006年起，报纸内容进行全方位调整。宗旨是面向家庭，以导

北京广播电视报
本报本期推出
春节特刊
第5期
本报记者独家采访央视春晚主持人
春晚主持人向本报读者拜年
特刊导读
CCTV特别节目
BTV特别节目
卫视特别节目
春节贺岁剧
春节电影
广播特别节目

听导视为主全方位生活服务型周报。

除满足读者听广播看电视需要的节目预告功能，对重点节目和重点内容进行补充延伸报道，增加报纸的实用性、可读性。

2008年主要栏目有：新闻·热点、新闻·人物、新闻·特刊、新闻·追踪，联动·法制、联动·动物与人、联动·钩沉、联动·百姓、联动·京华，健康生活、生活·新知、生活·关注、生活·养老、生活·美食、生活·情趣、生活·窍门、生活·参谋，收藏信息、服饰资讯、健康资讯、视听指南本周推荐、收视·剧情、视听·下周推荐等。

报纸的《健康周刊》以服务于家庭和百姓健康的特色而受到读者喜爱。报纸为4开40—48版。

《北京广播电视报·人物周刊》

《北京广播电视报·人物周刊》是由北京北广传媒集团主管、北京广播电视报社主办的、公开出版发行的、《北京广播电视报》的一份系列周报，创办于2003年8月，4开24版。

主要内容为：报道新闻中的人物和人物中的新闻，用故事解读人生，在人生中寻觅故事。介绍真善美的情操感染人，揭示奋斗进取的精神鼓励人，挖掘不为人知的故事讲述给人，暴露丑陋劣质的人生经历警示人。

主要栏目有：独家专稿、知名人物相册、艺术人物出镜、七日人物新闻、新闻人物追踪、成功人物之路、传奇人物故事、真情人物再现、身边人物三味、百味人物实录、古今人物意趣、健康人物体验、迷途人物之鉴、历史人物钩沉、鉴藏人物春秋等。

PEOPLE
人物周刊
美国首位黑人总统
我们攀登在陡峭的山坡上
张曼玉
朋友眼中的好搭档
曾祖冯国璋
让冯巩吃尽了苦头
动物学家打入狼营18年
被关5年挖8条地道的二战战俘
贪官夫人的理财败局
抗战老兵70年后回故里
张目 谢芳
当年喜结良缘
如今已度金婚
本报独家专访
乒坛奇人张燮林
生活中的老好人
训练场上的严厉师父
我与乒乓球的完美姻缘
北京电视周刊
现代家庭收视指南
独家专访应采儿
《国家形象》主演专访

《北京电视》周刊

《北京电视》1995年由北京广播电视报社独家承办，1998年7月，由月刊改为周刊。是集文化、娱乐、消费生活于一身的进入大众家庭的杂志，具有中国特色的电视收视精选手册。杂志封面上TVE三个英文字母就是英语“电视精选”的缩写。主要内容以收视热点、独家娱乐报道、情感故事、传奇揭秘、时尚生活几方面为主，具备非常明显的可读性、耐读性和很高的传阅率。8开96页。

主要栏目有：视点（本期聚焦、娱乐专题、视听杂谈）、图吧（7日星情、动感地带）、星闻（独家专访、娱乐在线、海外明星）、周末生活（时尚、计划、收视、情调、资讯、专题、宠缘）、节目推荐（全国电视节目表）、收视指南、节目表、影视故事等。

《新广播》报

《新广播》报是由北京人民广播电台投资出版的一份周报，于2006年1月9日创刊。该报为实现声波与平面媒体的立体传播，进一步提高北京电台的社会影响力，更好地服务听众，并为北京电台的广告客户提供落地服务而创办。主要内容为报道北京电台内发生的听众所关心的动态消息、重点报道，推介重点广播节目，介绍广播新技术、新发展，广播精品节目摘编、广播节目及广播人台前幕后的故事、听众对广播节目的互动点评、生活常识介绍等。下设栏目有：“要闻”、“台内台外”、“话筒前后”、“DJ秀场”、“听迷互动”、“记者观察”、“一周节目”、“车友出行”、“爱家管家”、“健康养生”、“京味茶楼”、“玩家CLUB”等。

该报全彩印刷，8开24版，每周日出版，在北京五环路内200余家中石化、中石油加油站等处免费赠阅，2006年6月1日起实行电话订阅送报上门，发行量8万份。

《音乐周刊》

《音乐周刊》是由北京人民广播电台和北京京报集团合作出版、北京人民广播电台旗下的北京广播公司投资出版的全国第一本流行音乐类周刊，也是全国第一本以广播与文字互动为特色的周刊。自2004年3月24日创刊以来，一直遵循“时尚音乐资讯大全，青年娱乐消费指南”定位原则，在内容上，锁定音乐目标，主打互动特色，受到了业界人士和广大读者的喜爱。目前已发行到全国大部分省、市和地区，填补了全国音乐类期刊的市场空白。

2008年，《音乐周刊》开设“乐闻”、“乐事”、“乐人”、“乐榜”、“乐迷”5大板块以及“A1头条”、“封面故事”、“音乐达人”、“话筒背后”、“众星相”、“974动态”、“新鲜出炉”、“秀场风云”、“音像超市”、“会员地带”等栏目。

《北京人民广播电台年鉴》

《北京人民广播电台年鉴》是北京人民广播电台编纂的一部综合性资料工具书和史料文献的大型年刊。标准16开，公开出版发行。其宗旨是：记录北京人民广播电台的基本情况和发展变化，反映一年中重大事件、各方面情况和史料，为广播宣传工作服务。《北京人民广播电台年鉴》从1994年起编纂，每年编印一册，到2007年为12册。年鉴全书50万字左右。主要内容有：图片、概述、特稿、重要会议、规章制度、宣传工作、专辑、节目设置、评奖、论文、经验、体会、听众工作、技术工作、经营与管理、外事外宣、机构、人物、出版物、大事记等。

《北京广播影视年鉴》

《北京广播影视年鉴》是由北京广播影视年鉴编委会编纂（北京市广播电视局主持、北京北广传媒集团、北京人民广播电台、北京电视台、中国电影博物馆、区县文委及广电中心等协编）的一部综合性资料工具书和史料文献的大型年刊。标准16开，创刊于2005年，公开出版发行。

年鉴以马克思列宁主义、毛泽东思想、邓小平理论、“三个代表”重要思想和科学发展观为指导，坚持实事求是的编辑方针，贯彻“贴近实际，贴近生活，贴近群众”的编纂原则，为广播影视从业人员、教学科研人员、决策管理人员以及社会各界了解和研究北京市广播影视业提供可靠信息。全面反映北京市广播影视的基本情况和发展变化风貌，客观记述上一年全市广播影视业的新情况、新资料。特殊事项，在前后年份上有所延伸。

年鉴自2005年起，每年编印一卷。2008年版为第四卷，全书共有19个栏目：图片、特载、概况、事业产业发展、广播电视覆盖、频率频道、节目栏目、技术工作、影视剧、书报刊出版、新媒体与网络传播、受众调查、组织机构、对外及港澳台交流、华彩杯、经验、论点摘编、大事记、索引。2008年版共印1300册。

《北京电视台年鉴》

《北京电视台年鉴》是由北京电视台年鉴编辑委员会编纂的一部综合性资料工具书和史料文献的大型年刊。以较翔实的图文资料，记录北京电视台在宣传业务、技术设备、队伍建设、事业发展、产业经营等方面的基本情况，反映电视事业的发展变化。于2008年创刊，每年编印一卷。记录和反映北京电视台上一年度的宣传情况和事业发展成果。

该年鉴以马克思列宁主义、毛泽东思想、邓小平理论、“三个代表”重要思想和科学发展观为指导，坚持实事求是的编辑方针，贯彻“贴近实际，贴近生活，贴近群众”的宣传原则，为广大电视工作者及社会各界了解和研究北京电视台提供可靠信息。

主要栏目有：图片、特载、概况、典型经验、专辑、组织机构、频道·栏目、观众调查、论文摘编、获奖·表彰、节目播出时间表、广告价目表、大事记载和索引等。刊物为大16开，2008年版共印500册，公开发行。

《北京广播影视》

《北京广播影视》是由北京市广播电视局和北京市广播电视学会主办、学术与信息相结合、内部出版发行的月刊，创刊于1988年。原称《北京广播电视研究》(季刊)，1994年更名为《北京广播电视》(双月刊)。

2007年1月改版为《北京广播影视》(月刊)。内容定位相应调整，担负起北京市广播电视局机关刊物和广播电视学会学术刊物的双重职能。

2008年《北京广播影视》主要栏目有：《专题论坛》、《创新进行时》、《特别报道》、《声屏华彩》、《走进奥运》、《媒介管理》、《名家

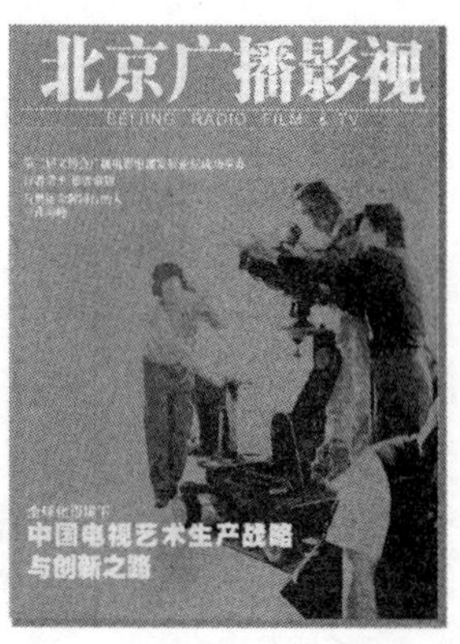

视点》、《传媒科技》、《往事在说》和《业者探究》。全彩色印刷。刊物为大16开72页。每期印制1000册，免费赠阅业内单位及相关部门。

《信息参考》

《信息参考》是北京市广播电视局主管、北京音像资料馆（北京广播电视研究中心）主办、内部出版的月刊，创刊于2006年7月。

2007年1月正式出刊。宗旨是“为各级领导科学决策服务、为各部门业务工作服务、为全系统改革发展服务”。

2008年，根据广播影视业的特点，加强了决策重点、发展热点、业内焦点、工作难点、改革试点、经验亮点资料的搜集，努力提供具有针对性、前瞻性和实用性等重要价值的信息，进行分类和提炼，便于查找和阅读，增强服务性。刊物为大16开48页。每期印制500册，免费赠阅业内单位及相关部门。

《电视文摘》

《电视文摘》是由北京电视台主管、北京电视台总编室主办的、内部出版的一本半月刊，创刊于1998年1月1日。办刊宗旨是荟萃信息精华，浓缩真知灼见。2007年底，该刊从内容编辑、栏目定位、版面设计等方面进行了改版。刊物的主要内容有：动态传真——电视界重要会议、重大改革举措、频道栏目建设以及经营管理等方面的最新动态；理论研究类——媒体改革探索、发展战略研究、节目经营管理、频道栏目建设等理论文章及部分受众包括专家学者对电视发展、建设的建议和评论；业务指导类——电视台具有影响的节目策划、运作、选题和广告经营发展方面的经验；人物介绍类——电视从业人员成长过程、创业经历、个性特点和开拓精神；海外信息类——世界各国电视行业的发展现状、机构设置、管理模式及最新节目动态。刊物为大16开，64页，每期印制600册，免费赠阅业内单位及相关部门。

部分书籍介绍

《陆莹论文集》

《陆莹论文集》一书是北京人民广播电台总编辑陆莹2008年7月著，2009年1月由中国广播电视出版社出版，20.8万字。

刊登论文有《新媒介资源融合研究》、《试论电视频道专业化经营》、《中国电影音乐的创作与“大音希声”的美学精神》、《紧扣时代脉搏推进事业发展》、《来自大洋彼岸的撞击》等，其中《新媒介资源融合研究》有近10万字。作者对新媒介资源融合的产生动因、内

涵、现状、内容、模式等进行了创新的论述，并在研究中运用了经济学、媒介传播学及中西对比等方法，令人耳目一新。论文集还收入了作者对电视剧、电视系列节目、音乐舞蹈交响诗、浩然小说创作及电视频道专业化经营、北京国际电视周研讨等方面的论述文章。国家广播电影电视总局副局长胡占凡为《论文集》作序，称"这是一本跨媒体的书，凡是搞媒介传播的都可以读。"

《遇事而论——新闻广播研究与实践》

《遇事而论——新闻广播研究与实践》一书是北京人民广播电台总编室主任王福全从事广播工作38年中的部分文稿汇编，编著于2008年，同年12月由中国广播电视出版社出版，17.1万字。

37篇文章"都是有感而发，有理、有例，又有论。"如《浅论新闻报道的政治性》、《顺应市场经济深化农村广播宣传》、《试析精品节目从何而来》、《新闻思想源自解决现实问题》、《试论广播劣势与对策》和《开展广播节目质量考评的实践与思考》、《"直播""录播论短长"》、《让老百姓说话——谈谈"百姓发布"新闻活动》等。文章短小精悍、标题画龙点睛、语言通俗易懂，理论深入浅出。

北京电台台长汪良为该书题写书名并撰写序言，"福全以他的文章，凝聚了几十年的思考和感悟，后来者读一读，定会大有启发"。

《咱们这七年——发生在北京的奥运故事》

《咱们这七年——发生在北京的奥运故事》一书由北京人民广播电台主办、北京新闻广播承办。2008年7月，由中国青年出版社出版，36万字。为中文版和英文版2个版本。

该书介绍了100位讲述者在北京奥运会筹备过程中（2001～2008年）的亲历亲闻，他们中既有奥运场馆的建设者、出租车司机、环保志愿者、奥运冠军、艺术家、大学生、导游、商人、奥运火炬手、警察等，还有几名外国友人。体现了奥林匹克的参与精神，并从不同的社会层面，展示出中国人在筹办奥运会时所激发的想象力和创造力，见证了北京这座美丽城市快速发展的历程。

国际奥林匹克委员会主席雅克·罗格为该书撰写序言，北京电台台长汪良题写了书名。

受众调查

2009/《北京广播影视年鉴》

——记录行业情况　服务业内和社会——

2008年度北京地区广播市场收听情况调查分析

北京人民广播电台

根据央视索福瑞广播收听调查提供的数据，2008年度北京地区广播市场收听情况分析如下：

一、2008年北京广播市场基本收听数据

2008年，北京广播市场相对去年整体收听保持平稳。本年度收听率略有下降，日平均到达人数相对持平，听众人均收听有所增加。

(十岁以上所有人丨北京丨全天丨周日至周六丨所有)		
所有频率		
单　位	2007年全年	2008年全年
收听率%	6.55	6.21
平均到达率(万人)	378.2	381.3
人均收听分钟数(听众)	144.3	146.3
广播推及人口（万人）	578	625

二、2008年北京广播收听市场竞争情况

1.北京电台依旧占据市场主导地位，竞争优势明显

2008年北京电台市场份额为67.59%，与去年持平。中央电台的份额为25.67%，略高于2007年。国际电台的份额同比下降了0.77个百分点。北京周边其他电台的份额也出现一定下降。

2008年北京广播市场份额分布

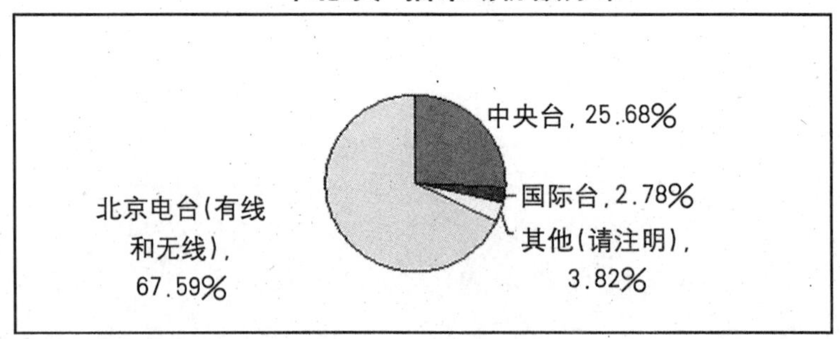

（十岁以上所有人 | 北京 | 全天 | 周日至周六 | 所有）		
电台	08年全年	07年全年
中央电台	25.68	24.92
国际电台	2.78	3.50
其他电台	3.82	4.02
北京电台（有线和无线）	67.59	67.41

2.频率竞争格局相对稳定

从全北京市场17个频率的份额排名上看，前三名依然由北京电台的交通广播、文艺广播和新闻广播占据。交通广播独占鳌头，占据了整个市场的1/4。北京电台的频率中新闻广播和体育广播有明显上升。2008年新闻广播市场份额达到9.765%，与中国之声的差距拉开到一个百分点左右。北京体育广播借奥运之机份额排名提升一位。中央电台文艺之声的表现引人注目，市场份额同比增长了近2个百分点，排名升至第5。国际电台的劲曲调频市场份额也增长明显，名次也同时上升了两位。

2009年北京广播市场上将新增北京电台的爱家频率和中央电台的老年之声，首都生活广播也全面改版为故事广播。各频率的市场份额争夺战将愈发激烈，市场份额分布将会因为新频率的进入或多或少发生改变，尤其是排名靠后的中小频率，份额的波动以及在市场中的排名可能会持续变动。

2008年排名	频　道	2008年全年	2007年全年	差值
1	北京人民广播电台－交通广播FM103.9	25.562	27.312	1.750
2	北京人民广播电台－文艺广播FM87.6	16.025	15.943	−0.083
3	北京人民广播电台－新闻广播FM100.6/AM828	9.783	8.125	−1.658
4	中央人民广播电台一套中国之声	8.634	8.178	−0.456
5	中央人民广播电台第九套文艺之声	7.501	5.584	−1.918
6	北京人民广播电台－音乐广播FM97.4	6.965	6.897	−0.067
7	中央人民广播电台第三套音乐之声	4.402	3.887	−0.515
8	北京人民广播电台－体育广播FM102.5	4.136	3.516	−0.620
9	中央人民广播电台第二套经济之声	3.862	5.069	1.207
10	首都生活广播AM603	2.457	2.663	0.205
11	北京城市服务管理广播FM107.3/AM1026	2.010	2.459	0.448
12	中国国际广播电台劲曲调频(CRIHITFM)	1.587	0.956	−0.632
13	中央人民广播电台第四套都市之声	1.275	2.204	0.929
14	中国国际广播电台轻松调频(CRIEASYFM)	0.664	2.048	1.384
15	中国国际广播电台环球资讯广播FM90.5/AM900	0.531	0.495	−0.037
16	北京人民广播电台外语广播AM774	0.317	0.219	−0.098
17	中国国际广播电台奥运广播AM900	0.086	0.137	0.051

三、2008 年北京广播收听走势

1.全天收听呈现早中晚三峰形，上下班时间为收听高峰期

2008 年北京广播的全天收听走势与去年基本一致，7：00—8：00为全天收听的最高峰，收听率达到18%，平均听众人数达到136.9万人。上午时段虽然较早高峰收听率下跌，但依然维持在8%左右。另外两个小高峰出现在12：00—13：00和18：00—19：00，收听率在8%—10%。晚高峰过后，收听率开始大幅下降，说明广播在晚间对听众的吸引力略有不足。

工作日和周末相比部分时段收听率出现明显差异。工作日6：00—8：00和17：00—19：00的上下班高峰期收听率明显高于周末。周末出行时间推迟，8：00—12：00比工作日收听率更高。

2008 年广播市场全天收听率走势

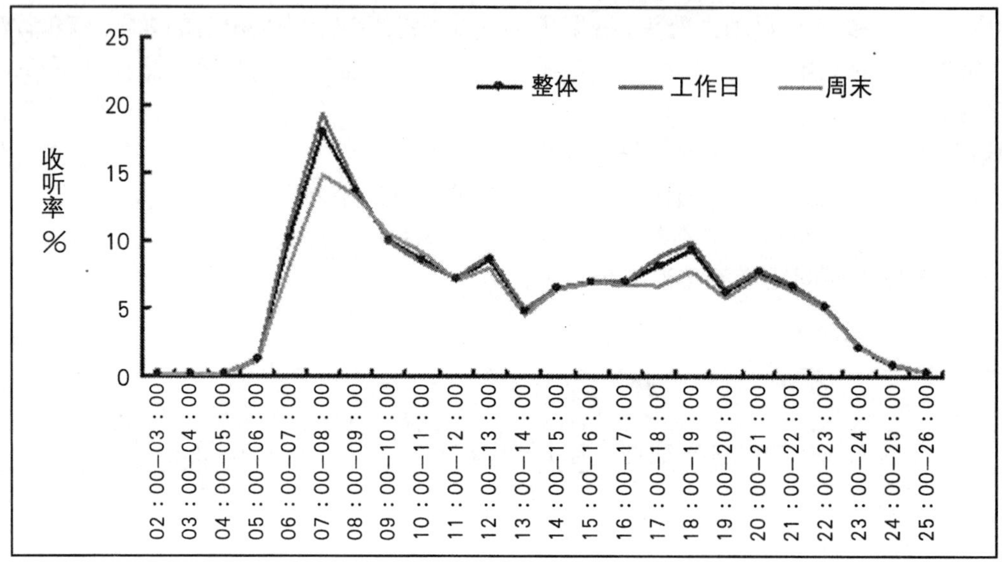

2008 年不同收听地点全天收听率

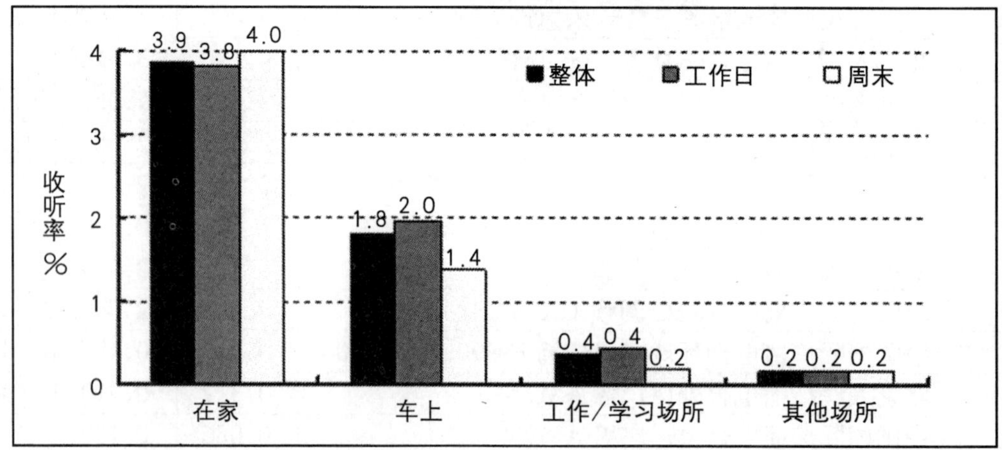

从不同场所的整体收听情况来看：周末在家收听的收听率比工作日要高出0.2个百分点，而车上收听的周末收听率则比工作日降低了0.6个百分点。这说明广播的伴随性媒体特征明显，周末常规出行减少，移动收听有所下降。可见听众对广播媒体的消费模式与人们的出行和作息习惯有着密切的关系。

2. 2008年突发事件对广播收听影响明显

比较2008年与2007年的分月收听情况，2008年2至4月整体广播收听率水平与2007年基本相同。分水岭出现在2008年5月。5月份北京广播市场整体收听率低于2007年同期水平，客观原因可能是由于汶川地震这一重大事件对广播收听产生了影响。5月份以后2008年各月收听率都比2007年同期低，而2008年8月份的收听率低于2007年8月份最多，达到1个百分点。造成这种收听走势的一个重要原因可能是由于2008年重大事件频频发生，地震和奥运这类事件打破了听众常规的媒体接触状态。不同的重大事件对广播也有着不同的影响，例如2008年1月份的雪灾让广播媒体的作用得到很好的发挥，收听率同比2007年1月上涨了0.6个百分点。由此可见，面对不同的重大突发事件，广播媒体应随时做好应对，及时编排和制作节目。

2006—2008年北京广播市场分月收听率走势

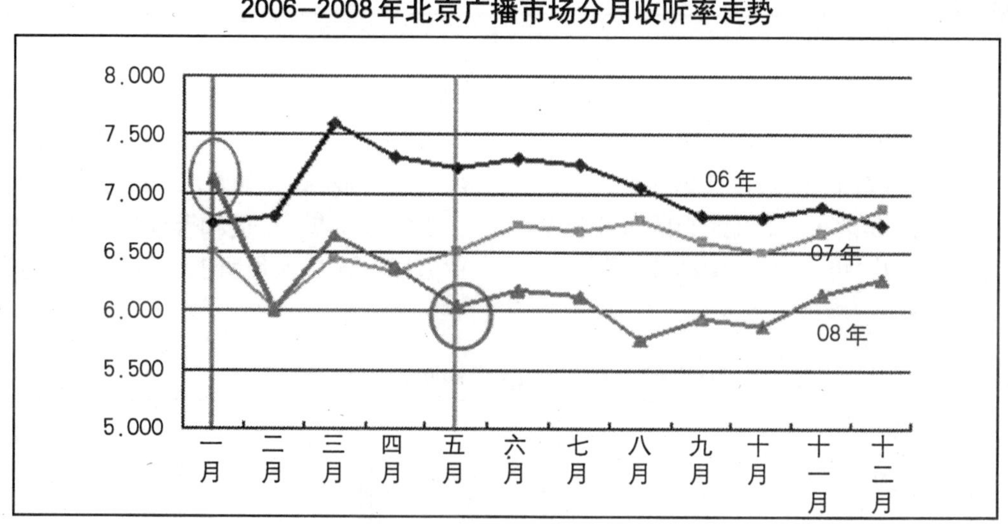

3. 男性、中老年和中等收入人群人均收听时间增长

2008年，不同目标听众的人均收听时长较2007年有不同的变化。男性听众每天人均收听时间比女性多出20多分钟。从各年龄段听众来看，老年听众的人均收听时长仍然是所有年龄段中最长的，但较07年有所下降。31—40岁、51—60岁的听众收听时间有所增长，21—30岁的青年群体收听时间减少相对明显。从收入层次来看，个人月收入在1000—3000元、5000—8000元的人群人均收听时长有所增加，并且广播对个人月收入在1000—3000元的中等收入人群的吸引力更大。

2008年不同目标听众人均每天收听广播时间(分钟)和集中度

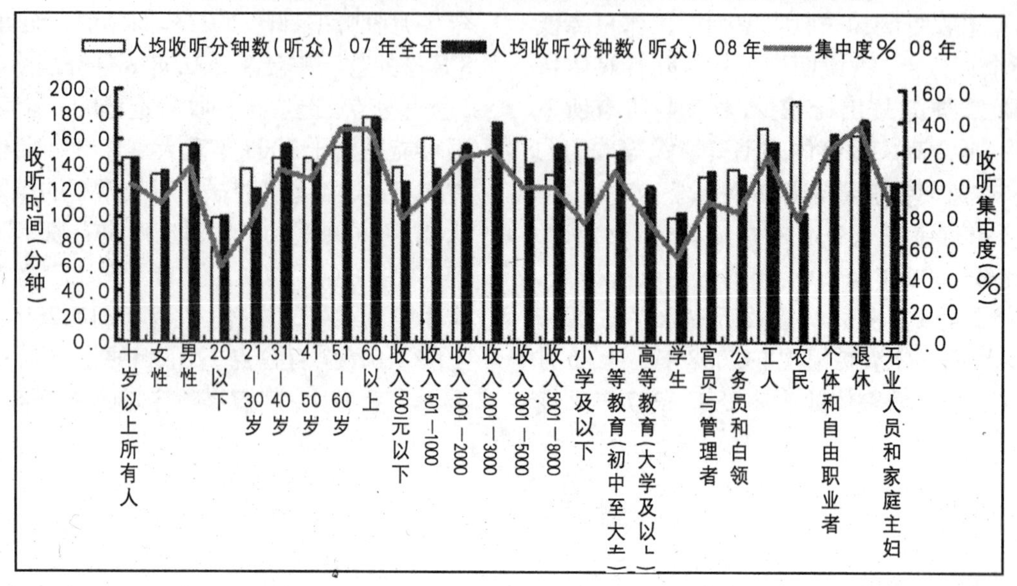

4.听众构成向中青年的成熟群体转变

对比2008年与2007年的听众构成，男性群体的比例依然高于女性，并且男性听众的比重进一步扩大。年龄上，比例最大的听众群从2007年的41—50岁转变为31—40岁的听众，比例达到23.3%。个人月收入在2000—8000元的中高收入听众比例也有较大的提升，所占比例超过了三成。高等教育以上学历的比例也提升了3个百分点。官员和管理者、个体和自由职业者以及退休人员所占比例都有所提升。

2008年北京广播市场的听众构成变化

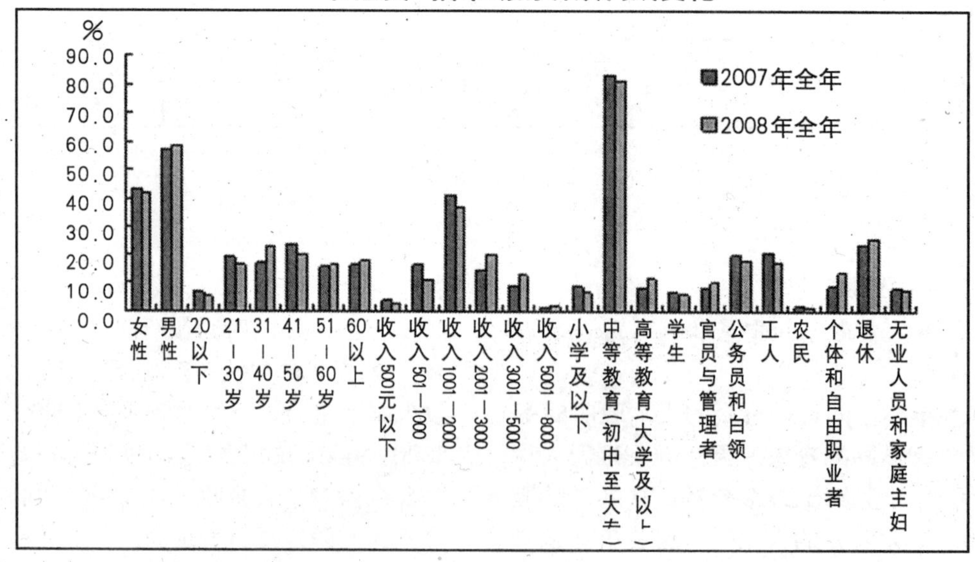

5.移动收听市场空间增长

北京广播市场的快速增长与北京的城市交通有着密切的关系。随着北京私家车保有量的持续上升，移动收听人群，特别是车上收听人群日益增多。2008年车上收听比例占总体收听比例的29%，比2007年上升了1.2个百分点。车上收听听众人均收听时间为156分钟，较2007年增长4分钟。车上收听群体进一步扩大，成为北京广播市场的重要收听力量。

2008年北京广播市场不同场所的收听比例

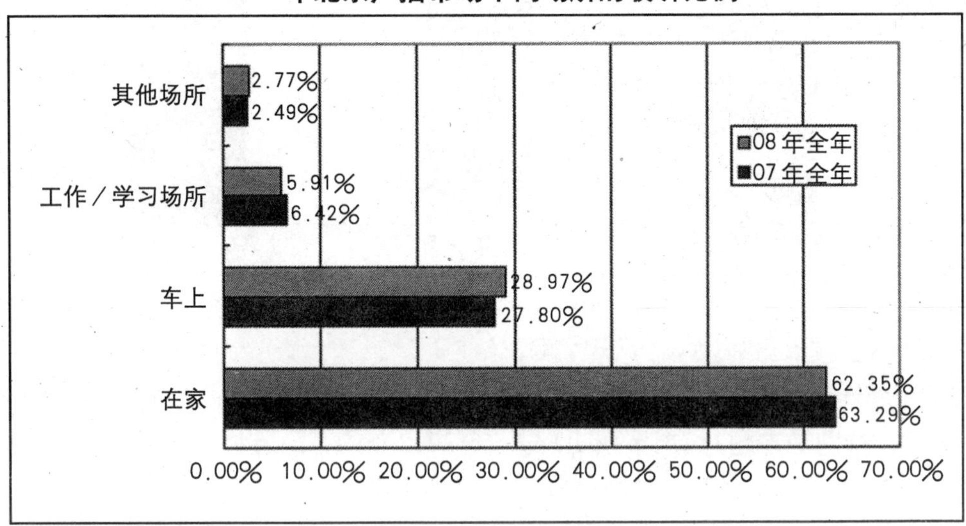

2008年第一季度影视剧中心收视分析报告

萬　萌

一、2008年第一季度影视剧中心收视表现较去年同期有较大幅度增长

2008年第一季度，北京电视台电视市场收视表现较好，在本季前期经历中央电视台有力挑战后，第一季度中下旬成功推出多部高收视剧目，牢牢把握住市场主动。北京电视台电视剧类节目北京地区市场占有份额达到10.45%，较之去年同期提高了1.15%，涨幅为12.37%。

二、2008年第一季度BTV-1、BTV-2首播剧场收视增长显著

进入2008年，北京电视台依据往年收视成功经验，遵循观众收看习惯，完整地继承了2007年首播剧场的编排方式。

2008年第一季度，作为重点打造的北京卫视，在晚间黄金档首播剧的收视表现上可圈可点，第一季度北京卫视电视剧档平均收视率为1.99%，与去年同期相比涨幅达到46.32%。

电视剧类节目市场份额比较

	2007 年全年	2007 年一季度	2008 年一季度
市场份额	11.9	9.3	10.45

数据来源:AGB Nielsen Media Research

北京卫视今年在播出剧目题材上的突破获得了良好的回报,特别是专题片《前清秘史》与《电视往事》的先后播出,平均收视率分别达到2.58%和2.34%,为播出平台多类型节目拓展做出了良好的尝试。

BTV-4晚间黄金档是北京电视台最为重要的电视剧播出档位,进入2008年初期受到中央电视台竞争压力,特别是《闯关东》播出期间,收视空间受到较大程度挤压;在一季度中后期,随着北京电视台重点剧目的陆续播出,收视水平逐步走高,牢牢把握住了市场主导。2008年一季度BTV-4晚间黄金档平均收视率为6.14%,较之去年同期提高了0.82%,涨幅达到15.41%。

BTV-4英雄剧场是北京电视台逐步培养的又一主力电视剧场,集中类型化的剧目播出,培养了忠诚度高且基数巨大的固定观众群,今年以来此平台播出的剧目基本能够保证在4个百分点稳定的收视率。经过长期来的培育,此时段的节目收视稳步提高,英雄剧场一季度平均收视率为4.24%,与去年同期比较增幅达到了68.92%,增幅表现突出。

BTV-2、BTV-3的首播剧场则延续了2007年的下降趋势,今年一季度收视持续出现下滑。

三、2008年一季度北京市场中北京电视台占据电视剧主导地位

在2008年一季度北京地区整体的电视剧节目收视表现中,北京电视台播出的剧目仍然占据市场绝对主导地位,BTV-4的一档剧、英雄剧场、卫视黄金档均有上佳表现。在一季度北京地区电视剧收视前20名中,北京电视台占据了17部之多,中央电视台只有3部上榜。

2008年一季度电视剧的收视冠军是北京电视台BTV-4播出的《笑着活下去》,该剧平均收视率达到了9.72%,一举超过了央视大戏《闯关东》。从2008年一季度收视排名靠前的剧目来看,BTV-4一档播出的家庭情感伦理剧依然是最受欢迎的剧目类型,《笑着活下去》、《爱无悔》以及《女人一辈子》等占据了排行榜前列。

刑侦、涉案剧整体收视表现较为强势,英雄剧场有多达9部剧目入榜。从时段收视来看,英雄剧场两集剧的第1集往往会较多低于第2集的收视,表明英雄剧场受到首播时间因

表1：首播剧场2008与2007年1季度收视比较				
频道	07播出时间	08收视	08播出时间	08与07相比升降幅度
一套	19:44—21:29	1.99	19:44—21:29	46.32%
二套	19:33—21:12	1.33	19:33—21:21	-13.64%
三套	22:10—24:05	0.63	22:01—23:54	-42.73%
四套	16:55—18:50	4.24	16:55—18:50	68.92%
	19:31—22:25	6.14	19:31—22:24	15.41%

数据来源:AGB Nielsen Media Research

素影响较大。17:00开播的首集剧受开机率较低、收视观众无法顺利收看的因素制约，一定程度上抑制了英雄剧场收视空间的拓展，建议推后播出时段，与情景剧场调整播出时间，可进一步提高英雄剧场的收视率。

表2：2008年1季度北京地区电视剧收视前20名（截止至3月25日）			
排名	剧目	频道	收视率（%）
1	笑着活下去	BTV-4	9.72
2	纳爱斯集团特约剧场:闯关东	CCTV-1	9.17
3	爱无悔	BTV-4	7.55
4	女人一辈子	BTV-4	7.51
5	一生有你	BTV-4	6.28
6	纳爱斯集团特约剧场:乡村爱情II	CCTV-1	6.15
7	婆家娘家(2)	BTV-4	5.83
8	霍元甲	BTV-4	5.72
9	一针见血	BTV-4	5.24
10	千钧一发	BTV-4	4.77
11	刑警本色II	BTV-4	4.76
12	迷雾	BTV-4	4.35
13	红蝎子	BTV-4	4.11
14	你有权保持沉默	BTV-4	4.10
15	乡村警察	BTV-4	3.95
16	未列入名册	BTV-4	3.82
17	惊天动地	BTV-4	3.66
18	大过年	BTV-4	3.65
19	黄金强档:神探狄仁杰(第三部)	CCTV-8	3.62
20	结婚进行曲	BTV-4	3.60

城市电视目标受众调查与媒体效果评估报告

北广传媒城市电视公司

研究结果综述

CITY TV媒体价值综述

1.CITY TV媒体的特征与优势:

–覆盖渠道广:覆盖场所包括政府机关、金融系统、医疗系统、商业系统、餐饮休闲等系统。

–覆盖场所人流量密集:据本次调研的人流量数据推算,城市电视媒体覆盖场所的周人流量为35233281人次。

–在态度指标方面,餐饮场所、商业场所、写字楼及文体休闲场所的受众对城市电视媒体印象较好。

–受众教育水平方面,政府机关和写字楼受众表现更好。

主要评估指标	指标表现	表现相对较好的渠道
媒体接受度(完全接受+比较接受)	75%	政府、餐饮场所、商业场所、写字楼、医疗系统和新闻媒体
媒体关注度(非常吸引注意+吸引注意)	55%	写字楼、餐饮系统、商业系统、医疗系统和文体休闲场所
媒体喜好度(非常喜欢+比较喜欢)	59%	餐饮、商业系统、写字楼、医疗系统和文体休闲场所
平均观看时间(分钟/次)	10分钟	——
媒体接触度(每次都看+大多数时候看)	65%	政府机构、写字楼、新闻媒体
受过高等教育的受众比例(大专及以上)	70%	政府机关单位、酒店、写字楼

2.媒体当次到达率——89%

媒体当次平均到达率为89%;分渠道看,城市电视媒体在政府、酒店系统、写字楼和文体休闲场所的当次到达率较高,分别为100%、98%、94%和94%。

3.受众收看CITY TV的习惯——65%的人会收看

总体上,65%的被访者表示他们每次去安装有城市电视的场所时都会收看该媒体;出入政府机关单位、写字楼和新闻媒体的工作人员经常收看城市电视媒体的被访者比例较高,分别达到82%、75%和78%。

4.受众当次留意观看CITY TV的时间——平均为10分钟

受众当次留意收看城市电视媒体的时间平均为10分钟,餐饮系统、医疗系统、文体休闲场所的受众留意收看该媒体的时间较长。

5.CITY TV媒体接受度——75%

总体看，75%的受众对这种“既播放电视节目又同时穿插广告的液晶电视”明确表示接受；其中政府、医疗系统和新闻媒体的受众对该媒体形式的接受度更高一些。

6.CITY TV媒体喜爱度——59%

总体上，59%的被访者表示喜欢这种“节目+广告”的液晶电视媒体；医疗系统的受众对该媒体的喜爱度较高。

7.吸引受众注意的程度——55%

总体上，55%的被访者表示这种“节目+广告”的液晶电视媒体能够吸引他们的注意力；比较而言，安装在医疗系统的城市电视更能吸引受众关注。

媒体效果评估

1.各类场所营业时间内合计人流量

每周总的人流量＝Σ指定渠道平时每天平均人流量X5+指定渠道周末每天平均人流量X2=35233281人次。

2.受众出入各类消费场所的月均频次

分渠道来看，受众出入餐饮场所、商业场所及金融系统场所的频率相对较高。因而安装在这些场所的城市电视液晶媒体触达受众的可能性也相对较高。

3.留意观看CITYTV的时间

餐饮系统、金融系统、文体休闲场所及新闻媒体的受众中留意观看该媒体的时间在10分钟以上的比例较大，而写字楼、商业系统、酒店系统的受众对城市电视媒体的接触时间较短。

4.CITY TV收看习惯

受众对城市电视液晶电视媒体的的收看情况比较好，六成以上被访者表示大多数时候会看或每次都会看；比较而言，政府机构、写字楼、新闻媒体的受众收看情况更好一些，表示多数时候会看的被访者比例较大。

5.CITY TV液晶媒体的接受程度——75%

总体看，75%的受众对这种“既播放电视节目又同时穿插广告的液晶电视”明确表示接受；其中政府、餐饮场所、商业场所、写字楼、医疗系统和新闻媒体的受众对该媒体形式的接受度更高一些；酒店系统受众的接受度最低。

6.CITY TV液晶媒体的喜欢程度——59%

总体看，近6成受众喜欢这种“既播放电视节目又同时穿插广告的液晶电视”；其中餐饮、商业系统、写字楼、医疗系统和文体休闲场所的受众对该媒体形式的喜爱度更高一些；酒店系统的被访者对该媒体的喜爱程度略低。

7.CITY TV液晶媒体吸引受众注意的程度——55%

－总体看，近6成的受众认为该媒体形式能够吸引他们的注意力；

－安装在写字楼、餐饮系统、商业系统、医疗系统和文体休闲场所的CITY TV液晶电视最能吸引受众的注意力。

8.希望看到的节目类型——性别年龄

－受众最希望从城市电视液晶媒体上看到的是新闻、重大事件直播和娱乐资讯类节目；

－不同年龄和性别的受众对各节目类型的喜好也有所不同。

受众特征分析

1.受众特征小结

－目标受众社会特征：受教育程度高、收入较高，其中相当一部分是具有很强的消费能力的中产阶级。

1)在媒体目标受众中，7成受众接受过大专以上的高等教育，其中4成以上受教育程度在本科以上。

2)企业白领、公司管理者、党政机关干部，以及专业技术人员，占受众总体的75%。

3)人均月收入为4344元，平均家庭月收入为9384元，属于社会的中高收入阶层。

－受众媒体接触：城市电视日到达率为62%，已成为人们日常生活中经常接触媒体之一。

1)从不同媒体的日到达率看，传统媒体中家中电视的日到达率最高，为87%。城市电视（即各类场所中即播放电视节目又穿插广告的液晶电视）的日到达率仅略低于家中电视媒体，为62%。

2)互联网的日到达率为56%，位列第三。

－不同渠道的人群差异。

1)政府机关单位、写字楼及新闻媒体等场所的受众，职业较为集中，以企业白领、公司管理者、党政机关干部，以及专业技术人员为主；他们的受教育水平相对更高，收入水平及消费能力也明显更高。

2)商场／超市／卖场等商业场所、医院、银行/证券所等金融机构、影剧院/健身中心/洗浴/公园等休闲场所的受众，职业构成相对更为多元化，也分散为社会各阶层的人士。

2.教育程度

－受众的受教育水平很高。接受过高等教育（大专及以上）的人占总体的70%。

－其中，出入政府机关单位、酒店、写字楼等场所的人群，受教育水平相对更高。

3.个人月收入

－受众的人均月收入为4344元，收入水平较高。

－从不同渠道看，前往酒店／餐饮系统消费的人群收入水平明显更高。

4.家庭月收入

－受众的家庭平均月收入为9384元，收入水平较高。

－相对而言，前往酒店／餐饮场所或文体休闲场所消费的人群收入水平明显更高。

组织机构

2009／《北京广播影视年鉴》

——记录行业情况　服务业内和社会——

组织机构

（统计截至2008年年底，特殊情况延伸至2009年）

北京市广播电视局

领导成员：

党组书记、局长：孙向东

党组副书记、副局长：杨淑琴

党组成员、副局长兼中国电影博物馆党委书记：李春良

党组成员、副局长：臧增祥

党组成员、副局长：丁百之

党组成员、纪检组长：邓宏凤

党组成员、总工程师：何桂芝

巡视员：洪兵

党组成员、副巡视员：宋春华

内设机构：

办公室、宣传管理处、社会管理处、科技处、外联处、组织人事处、政策法规处、计划财务处；另设机关党委、工会；市纪委监察局驻市广电局纪检组监察处

部室主任：

办公室：主任：王霞；副主任：王海楠

宣传管理处：处长：索宇琴；副处长：韩云升

社会管理处：处长：李一萍；副处长：马德献

科技处：处长：陈煜

外联处：处长：杨春青

组织人事处：处长：秦华；副处长：单志忠

政策法规处：处长：王健

计划财务处：负责人：王霞

机关党委：专职副书记：李伟；副书记：刘民武

工会副主席：王学理

纪检监察处：处长：张大烨

地址：北京市朝阳区建国门外大街14号

电话：010-65159068

邮编：100022

网址：www.bjrt.gov.cn

中国电影博物馆

领导成员：

馆长：杨永安

党委书记：李春良（兼）

党委副书记、纪委书记：肖纪龙

副馆长：李米莉、邢建毅

内设机构：

办公室、财务部、组织人事部、保障部、保卫部、研究部（馆刊编辑部）、技术部（网络信息中心）、藏品部、社会教育部、活动管理部、展陈部、影院部、开发部（基本建设办公室）

部室主任：

办公室：主任：许鹰；副主任：孙丽

财务部：主任：信廼萱；副主任：白俊峰

组织人事部：主任：许鹰（兼）；副主任：冯雪梅

保障部：主任：张树新
保卫部：主任：米兆田
研究部：主任：苏志军
技术部：主任：徐曙光
藏品部：（空缺）
社会教育部：主任：张浙
活动管理部：（空缺）
展陈部：主任：王宁
影院部：副主任：谢野
开发部：主任：曹加辛
地址：北京市朝阳区南影路9号
邮编：100015
电话：010－84355959
传真：010－64311588
网址：www.cnfm.org.cn

北京人民广播电台

领导成员：

台长、党委书记：汪良

总编辑、党委副书记：陆莹

总工程师：王季平

党委副书记：赵泽勤

副总编辑：王秋、亢亚志、陈晓海、张松华

副台长：常青、陈晓红

台长助理：李捷

内设机构：

办公室（保卫部）、总编室、播音主持管理部、新媒体编辑部、党委办公室、纪检监察审计办公室、人事部、计财部、广告管理部、工会、技术中心、总工办、网络信息中心、八零四发射台、广播发展研究中心、节目制作中心、新闻广播、城市服务管理广播、首都生活广播、体育广播、音乐广播、文艺广播、交通广播、外语广播、广告经营部（属北京广播公司内设机构）

部门主任：

办公室：主任：冉丽；副主任：吴亚非（兼保卫部主任）、丑承培、路程、赵颖、任怀珠

总编室：主任：孙巍；副主任：周燕玲、景兵

播音主持管理部：主任：张树荣

新媒体编辑部：主任：孙巍（兼）；副主任：唐琮

党办、纪检监察审计部：主任：冯放；纪检副书记：后晓军

人事部：主任：柴修杰；副主任：张厚美、游良婕（兼培训中心主任）

计财部：主任：余维杰；副主任：陈春梅、李淼

广告管理部：主任：郑金诗；副主任：张秋萍

工会：主席：王勤；副主席：谢建国

技术中心：主任：郭励（兼）；副总工程师：章通；副主任：阮勤、刘爽

总工办：主任：郭励；副主任：陈云

网络信息中心：主任：李晓晖；副主任：蔡明可、边江

八零四发射台：台长：张国强；副台长：曹昌

广播发展研究中心：主任：许秀玲

节目制作中心：主任：李捷（兼）；副主任：陈京英、牟燕文

新闻广播：台长：李彦平；副台长：李革、罗湘萍

城市服务管理广播：台长：边建；副台长：陶津、张晶宇

首都生活广播：副台长：李唯唯（主持工作）、孟庆煜

体育广播：台长：陈晖；副台长：张友信

音乐广播：台长：张勤；副台长：吕雪瑞

文艺广播：台长：邵军；副台长：张苹

交通广播：台长：秦晓天；副台长：李秀磊

外语广播：台长：纪烈鸿；副台长：陈雪瑾

广告经营部：主任：孟立；副主任：李康、陆彤、罗燕萍

地址：北京市朝阳区建国门外大街14号

邮编：100022

电话：010-65159125

网址：www.bjradio.com.cn

北京电视台

领导成员：

台长、党委书记：刘爱勤

总编辑、党委副书记：张晓

党委副书记：王云

副台长：邵宣堂

总工程师：田方

副总编辑：华艺

副总编辑：张强

副总编辑：朱江

副总编辑：张亮

内设机构：

党委办公室、台办公室、研究发展部、总编室、人事部、工会、计财部、监察审计办公室、保卫部、行政部、基建办、广告部、经营管理部、总工办、制作部、播出部、转播传送部、动力部、技术设备管理部、信息网络管理部、卫视节目中心、新闻节目中心、海外节目中心、文艺节目中心、科教节目中心、影视剧中心、财经节目中心、体育节目中心、生活节目中心、青少年节目中心、公共频道节目中心、动画节目中心、艺委会、史志办、网络信息编辑室、老干部工作办公室等部室。

部门主任：

副总工程师：李迅

党委办公室：主任：刘纪钢；副主任：赵国旗、刘绍芬

台办公室：主任：温江南；副主任：宋莲、马世飞

总编室：主任：张恒；副主任：史椰森、陈晔、高鎬

总工办：主任：付治栋；副主任：刘宏亚

人事部：副主任：毛仕卿(主持工作)、杨建忠

计财部：主任：孙成刚；副主任：汪红、齐学耕

监察审计办公室：主任：丁梅；副主任：王燕、周久兰

工会：主席：李珍；副主席：孟传妍

纪律检查委员会副书记：琚木根

行政部：主任：王兴军；副主任：张金魁、刘军、纪勇；主任助理：李雅涛

保卫部：主任：黄剑华；副主任：赵修明、钟强

广告部：主任：王澎；副主任：买剑平、张晓耕

基建办：主任：王开平；副主任：程云泽、张宇青；主管工程师：朱晓宇

制作部：主任：郑星；副主任：郎志平、鲁高潮

播出部：副主任：刘晓光（主持工作）、祝志超、周治宪、卢英锁

转播传送部：主任：王喆 副主任：朱雨稼

动力部：主任：王宝德；副主任：王晓龙、刘颖

技术设备管理部：主任：周旭辉；副主任：

章泽群、赵志成

信息网络管理部：主任：余江；副主任：毕江

经营管理部：主任：孙洪斌；副主任：刘方平

卫视节目中心：主任：陈大立；副主任：潘全心（兼综合管理部主任）、杨东（兼专题节目部主任）、齐建彤（兼大型活动部主任）

卫视节目中心：综合管理部：副主任：张宾

新闻节目中心：主任：张亮（兼）；副主任：艾冬云

新闻节目中心：新闻编辑部：主任：艾冬云（兼）；副主任：张冬林

新闻节目中心：要闻采访部：主任：宗燕红；副主任：徐京玲

新闻节目中心：新闻评论部：副主任：袁子勇、刘民

新闻节目中心：社会新闻采访部：主任：丁晓阳；副主任：张丽

新闻节目中心：综合管理部副主任：白艳军

海外节目中心：副主任：杜研（主持工作）、高扬、严崴

文艺节目中心：主任：张帆；副主任：翟建国、李兰、丛薇

科教节目中心：副主任：徐滔（主持工作）、李志国、李利影

影视剧中心：主任：赵彤；副主任：曹力宁、孟宪华、郭跃进；主任助理：于金伟

财经节目中心：副主任：周泳（主持工作）、岳民、杨晓轩

体育节目中心：主任：朱江（兼）；副主任：焦少波、邱大卫、宋健生、王少华、张庆

生活节目中心：主任：倪大海；支部书记：赵琴书；副主任：刘学军、任友红、刘文燕

青少节目中心：主任：庞玉珍；副主任：周星

公共频道节目中心：主任：赵福明；副主任：黄瑨、郝洪

动画节目中心：主任：帅民；副主任：李果、马宏

研究发展部：主任：蒋虎；副主任：闫军才、马克燕

艺委会：主任：齐建新；副主任：刘冰

史志办：主任：冯平

网络信息编辑室：主任：戴巧玲；副主任：张红

京视传媒公司：总经理：霍胜

老干部工作办公室：负责人：韩梅

地址：北京市朝阳区建国路98号

邮编：100022

电话：010-85336688（总机转）

传真：010-85338000

网址：www.btv.com.cn

北京市广播电视局工会

工会主席：宋春华

工会副主席：王学理

工会委员会委员：宋春华、王学理、李伟、王勤、冯庆波、张浙、于娟娟

工会经费审查委员会主任：张大烨

工会经费审查委员会委员：张大烨、周久兰、李淼

下属工会单位：

中国电影博物馆工会、北京人民广播电台工会、北京电视台工会、北京音像资料馆工会、北京市广播影视作品审查中心工会、北京市广播电视局信息中心工会、北京市广播电视监测中心工会、北京市广播电视局后勤服务中心工会

北京市广播电视局离退休人员管理服务中心

领导成员：

主任：郭祥庚

副主任：车静

地址：北京市朝阳区建外大街甲14号

邮编：100022

电话：010-65159158

北京市广播电视局后勤服务中心

领导成员：

副主任：王晶、邵顺荣

内设机构：

综合科、房管科、保卫科、车管科

地址：北京市朝阳区建外大街甲14号

邮编：100022

电话：010-65159939

传真：010-65159939

北京市广播电视局信息中心

领导成员：

副主任：韩浩

地址：北京市朝阳区建外大街甲14号

邮编：100022

电话：010-65157503

北京市广播电视监测中心

领导成员：

主任：郑继明

副主任：杨向东、魏利明

内设机构：

综合科、监管科、维修科、技术科

地址：北京市朝阳区建外大街14号

邮编：100022

电话：010-65158097

北京音像资料馆（北京广播电视研究中心）

领导成员：

馆长：智黎明（兼北京广播电视研究中心主任）

副馆长：马广胜（北京市广播电视局史志办主任兼）

副馆长：郑新梅（兼北京广播电视研究中心副主任）

内设机构：

办公室、资料部、编辑部、研究部

地址：北京市崇文区安乐林路18号

邮编：100075

电话：010-87258004

北京市广播影视作品审查中心

领导成员：

主任：阎于京

副主任：黄培、周红颜

内设机构：

办公室、节目审查科、信息资料科

地址：北京市崇文区安乐林路18号

邮编：100075

电话：010-87254011　010-87259972

北京市广播电视学会第五届理事会

会长：张晓爱

常务副会长：李春良

副会长：洪兵、何桂芝、陆莹、张晓、贾玉祥、张淼、李米莉

秘书长：索宇琴

副秘书长：王福全、张恒、刘华

地址：北京市朝阳区建国门外大街14号

邮编：100022

电话：010-65157723

北京海外广播影视交流中心

领导成员：

主席：李廷芝

副主席：周溥雄、于知峰、黄乃箴、刘敏、常卫、李春良、邓宏凤、何桂芝、汪良、张晓爱

监事长：杨淑琴

秘书长：王学理

地址：北京市朝阳区建国门外大街14号

邮编：100022

电话：010–65159085

北京紫禁城影业公司

领导成员：

董事长：张强

总经理、书记：许建海

副总经理：李晓桐、练勇

内设机构：

办公室、财务部、市场推广部、制作部、策划部、第一创作室

地址：北京市西城区北三环中路乙6号伦洋大厦901室

邮编：100120

电话：010–62019597　010–62014931

传真：010–62019597　010–62014931

网址：www.fcmovie.com

北京北广传媒集团

领导成员：

总经理、党委副书记：马朝军

党委书记：刘志远

党委副书记、纪委书记：贾玉祥

副总经理：王建琪（兼）、张淼（兼）、赵多佳、王晓东、李湛军

总经理助理：赵卫

内设机构：

党委办公室（团委）、办公室、研究部、运营管理部、宣传管理部、技术部、纪检监察部（审计部）、财务部、人力资源部、工会办公室

部室主任：

总经理助理：王建

党委办公室：主任：王伟；副主任：杨秀英（兼）

办公室：主任：孙树公；副主任：李广建、李增明

研究部：主任：石鸿印

运营管理部：副主任：陈乐天、曹军

宣传管理部：主任：张平

技术部：主任：王建（兼）；副主任：吕灵武

纪检监察部：主任：杨秀英；副主任：黄文秀、刘惠

财务部：副主任：姜春海

人力资源部：副主任：刘亦文

工会办公室：主任：罗霄；副主任：周丽萍

地址：北京市朝阳区建国门外大街14号

邮编：100022

电话：010-65157259

传真：010-65157259

网址：www.bamc.com.cn

北京歌华文化集团

领导成员：

董事长、党委书记：王建琪（北京北广传媒集团副总经理兼）

副董事长：姜建秋、陈鹤彪

董事、总经理：苏春华

董事、党委副书记、工会主席：黄光显

副总经理：李丹阳、陈工

总经理助理：张力、李海滨

内设机构：

党委办公室、总经理办公室、行政办公室、计划财务办公室、投融资管理中心、综合清理办公室

部室负责人：

党委办公室：主任：张滨；副主任：何采燃、杨志华

总经理办公室：主任：张力（兼）；副主任：牛海云、安雅洁

计划财务办公室：主任：牛随心；副主任：秦玉良

投融资管理中心：主任：周卫东；副主任：王利

综合清理办公室：主任：李海滨（兼）

三个全资子公司领导成员：

北京歌华文化中心有限公司：

董事长：裴成虎；总经理：朱会东；党总支书记：孙玉栋

北京歌华传播中心有限公司：

董事长：葛立智；总经理：张谦；党总支书记：李大成

北京歌华科技中心有限公司：

董事长：黄光显（兼）；总经理：黄春雷；党总支书记：胡培生

地址：北京市东城区东直门内北小街青龙胡同1号歌华大厦14层

邮编：100007

电话：010-84186060

传真：010-84186001

网址：www.gehua.com

北京歌华有线电视网络股份有限公司

领导成员：

党委书记、董事长：张淼(北京北广传媒集团副总经理兼)

党委副书记、副董事长、总经理：卢东涛

党委副书记、纪委书记、工会主席：张家祥

监事会主席：黄广泉

副董事长：马健

常务副总经理：王振华

副总经理：吴瞻民、刘春生、刘华、康朝晖

董事、总会计师：胡志鹏

市场运营总监：罗小布

总工程师：何拥军

总经理助理：王奇之

董事会秘书：梁彦军

内设机构：

董事会办公室、党委办公室、稽核管理部、总经理办公室、人力资源部、财务部、信息部、培训部、卫视节目传送部、应急指挥调度中心、计划部、设计部、网络建设部、传送部、维护部、设备器材部、安全保卫部、数字电视技术开发部、基建办公室、数字电视推广部、客服中心、数据业务事业部、分公司管理部、证券投资部、工会办公室

另设：城中、朝阳、海淀、丰台、石景山、经济技术开发区、门头沟、房山、大兴、通州、顺义、昌平、怀柔、密云、平谷、延庆16个分公司；以及北京视宽新创有线信息工程有限责任公司、歌华有线数字媒体公司、涿州歌华有线电视网络有限公司3个子公司

部门主任：

副总工：刘磊、李焕平、吴建林

副总经济师：田秋

董事会办公室：主任：梁彦军（兼）；副主任：傅蕾红

党委办公室：主任：杨晓民

稽核管理部：主任：刘宇明；副主任：余孝纬

总经理办公室：主任：刘晓辉；副主任：陈慕风、彦宏、刘严

人力资源部：主任：康朝晖（兼）；副主任：方丽

财务部：主任：闫维丽；副主任：王琰、魏永鹏

安全保卫部：主任：李洪；副主任：曲伟

信息部：主任：高巍

培训部：副主任：荆志忠

卫视节目传送部：主任：康朝晖（兼）

应急指挥调度中心：副主任：王刚

计划部：主任：解龙；副主任：黄枫

设计部：主任：石江明；副主任：黄国安、权晓宇

网络建设部：主任：唐文伟

传送部：主任：曾春；副主任：耿玉树、卢春梅、王厚信

维护部：主任：鞠维铭；副主任：赵宏伟、刘建平

设备器材部：主任：刘中南；副主任：石连成

数字电视技术开发部：主任：刘磊（兼）；副主任：钟军、沈彤

基建办公室：主任：武金春

数字电视推广部：主任：刘希文；副主任：韩霁凯

客服中心：主任：熊英；副主任：孙灵芝、江庆红

数据业务事业部：主任：吴瞻民（兼）；常务副主任：白立平；副主任：陈锋、王琰（兼）

分公司管理部：主任：玉宝华

证券投资部：主任：田秋（兼）

工会办公室：主任：赵国庆

城中分公司：总经理：支百山；副总经理：黄卫京、潘铭

朝阳分公司：总经理：于海旺；副总经理：孙红志、孟宇明、邹玉华

海淀分公司：总经理：邱纪；副总经理：钱正

丰台分公司：总经理：陆野；副总经理：冯玉国、王军

石景山分公司：总经理：寒青；副总经理：卞素霞

经济技术开发区分公司：副总经理：张轲军

大兴分公司：副总经理：黎江、孙景红

房山分公司：总经理：李昌俊；副总经理：

郑林、焦俊臣

通州分公司：总经理：刘存明；副总经理：宋宝贵

门头沟分公司：总经理：张兵；副总经理：董宽荣、徐继春

延庆分公司：总经理：许文学；副总经理：王国庆

顺义分公司：总经理：刘希成；副总经理：李秉清、王志亚

昌平分公司：总经理：李仲英；副总经理：刘芳、李庆江

怀柔分公司：总经理：钱正琦；副总经理：缐继东、闫宝利

平谷分公司：总经理：姜体兴；副总经理：李明生

密云分公司：总经理：白宝林；副总经理：赵建生

北京视宽新创有线信息工程有限责任公司：总经理：贺春义；副总经理：张建新、赵寿强

歌华有线数字媒体公司：董事长：吴瞻民（兼）；总经理：孟建勋

涿州歌华有线电视网络有限公司：董事长：张兵（兼）；总经理：王法文

地址：北京市海淀区花园北路35号

邮编：100083

电话：96196

传真：010-62020048

网址：www.bgctv.com.cn

北京歌华有线电视网络股份有限公司城八区用户服务站一览表

编号	用户服务站	联系电话	联系地址
1	东城站	59260714	东城区青龙胡同1号（小街桥西南角）歌华大厦北门一层
2	西城站	66117169	西城区西直门南小街国英园7号楼西南角底商（二环西直门桥东南）
3	崇文站	67153090	崇文区幸福家园9号楼1层107号底商
4	宣武站	83161798	宣武区南横东街南华里10号楼底商
5	朝阳团结湖站	65080902	朝阳区六里屯西里3号院朝阳广电新闻中心院内
6	朝阳劲松站	67701985	朝阳区劲松三区328楼营业厅（海文大厦西侧加油站院内）
7	朝阳管庄站	85757008	朝阳区朝阳路67号院财满街8号楼0270号
8	朝阳香河园站	64644407	朝阳区柳芳北里海通证券西侧20米
9	朝阳亚运村站	64971011	朝阳区安慧北里安苑6号楼103室
10	海淀苏州街站	68403173	海淀区西三环北路21号久凌大厦北座1层
11	海淀北太平庄站	62202156	海淀区新外大街19号京师大厦1层105房间
12	海淀西翠路站	68238655	海淀区万寿路西街甲11号5号楼1层
13	海淀甘家口站	68356311	海淀区甘家口阜成路北一街31号楼

14	海淀学清路站	82372932	海淀区清华东路2号中国农业大学东校区科贸楼107号
15	丰台科技园站	63788568	丰台区科学城恒福中街2号院1号楼1层
16	丰台洋桥站	87593018	丰台区西马小区底商B3-3-1号
17	丰台方庄站	87644018	丰台区四芳景园2区商铺2-6号
18	丰台云岗站	83863521	丰台区长辛店东南街3号二七厂路西
19	石景山古城营业厅	88927567	石景山区古城信安大厦1层
20	鲁谷营业厅	68627866	石景山区依翠园17号楼1层
21	首钢营业厅	88719708	石景山区苹果园首钢建筑集团办公楼对面

北京电视艺术中心

领导成员：

主任、书记：郑晓龙

副主任、副书记：张迓平

副主任：李晓明、李俊明

内设机构：

办公室、生产办公室、摄制部、技术部、编辑部、发行部、计财部、译制部、出版社

地址：北京市海淀区皂君庙甲2号

邮编：100098

电话：010-62127625

传真：010-62115814

北京中北电视艺术中心有限公司

领导成员：

董事长：尤小刚

总经理：杨群

副总经理：刘沙、曹琦

内设机构：

办公室、财务部、经营部、宣传部、制作部、演艺音乐部、总编室（创作部）、经纪部、新媒体工作室、影视制作中心（拍摄基地）

地址：北京市朝阳区建国门外大街14号

邮编：100022

电话：010-65150607

传真：010-65150607

网址：www.zbmg.com.cn

邮箱：zbo1@zbtvart.com

北京广播电视报社

领导成员：

社长：陈克学

副社长：李浩

副总编辑：张彪

工会主席：宋杰

内设机构：

办公室(组织人事部、研发部)、财务部、总编室、《北京广播电视报》编辑部、《北京广播电视报·人物周刊》编辑部、《北京电视》周刊编辑部、广告管理部、发行中心

地址：北京市崇文区夕照寺街14—3号

邮编：100061

电话：010-67117161

传真：010-67134365

网址：www.bgtv.com.cn

北京音像公司

领导成员：

总经理：张学朝

副总经理：颜丙利

内设机构：

企划出品部、节目制作部、财务部、办公室

地址：北京市崇文区安乐林路18号

邮码：100075

电话：010-67262518

传真：010-87268961

网址：www.bavc.com.cn

电子信箱：bavc@bavc.com.cn

北京瑞特影音贸易公司

领导成员：

总经理：何公明（兼）

内设机构：

办公室、财务部、市场部、工程部

地址：北京市朝阳区建国门外大街14号

邮编：100022

电话：010-65155284　010-65159086

传真：010-65155285

北京广播影视物业管理中心

领导成员：

主任：李相保

副主任：郭长征、褚天元

内设机构：

办公室、财务部、物业管理部、设备工程部、餐饮部、开发经营部、延庆声屏苑培训中心

地址：北京市朝阳区建外大街14号

邮编：100022

电话：010-65159012

传真：010-65159137

北京北广传媒数字电视有限公司

领导成员：

董事长：赵多佳（北京北广传媒集团副总经理兼）

总经理：何公明

副总经理：艾禾

内设机构：

节目部、数据部、市场部、播出部、办公室、财务部

地址：北京市鼓楼外大街56号

邮编：100022

电话：010-84127979

网址：www.bjdtv.com

北京北广传媒移动电视有限公司

领导成员：

董事长：王晓东（北京北广传媒集团副总经理兼）

副总经理：罗晓军

财务总监：许新德

总经理助理：李志鹏、王莹、丁文辉

内设机构：

办公室、财务部、节目部、运营管理部、技术部、网络技术部、播出部、研究部

地址：北京市东城区北小街青龙胡同1号歌华大厦A座809室

邮编：100007

电话：010-59260500

传真：010-59260501

网址：www.bj-mobile TV.com

北京北广传媒影视有限公司

领导成员：

董事长兼总经理：张振华

副总经理：刘亚辉、张光北

内设机构：

办公室、财务部、策划部、制作部、发行部、演出部、演艺经纪部

地址：北京市东城区北小街青龙胡同1号歌华大厦B821

邮编：100007

电话：010-59260180

传真：010-59260181

邮箱：bamc_tv@bamc.com.cn

北京北广传媒城市电视有限公司

领导成员：

董事长：彭岱

总经理：姜宏志

内设机构：

办公室、财务部、市场部、工程部、技术部、户外大屏幕部、节目部、广告部

地址：北京市东城区东直门北小街青龙胡同1号801室

邮编：100007

电话：010-59260088-8000

传真：010-59260066

客户专线：4007000086

网址：www.bj-citytv.com

鼎视数字电视传媒有限公司

领导成员：

董事长：赵多佳（北京北广传媒集团副总经理兼）

总经理：蔡恒平

内设机构：

营销中心、产品中心、行政中心、财务部、技术播出部（委托北京北广传媒数字电视有限公司管理）

地址：北京市东城区东直门北小街青龙胡同1号B820室

邮编：100007

电话：010-59260099

传真：010-59260138

网址：www.topv.com.cn

北京北广置业有限公司

领导成员:

董事长：赵卫

总经理：刘志

副总经理：张克英

内设机构:

办公室、财务部、前期部

集团授权对以下单位进行管理:

北京影视城管理中心

北京现代电视艺术发展公司

北京东方艺苑物资仓储服务中心

地址：北京市朝阳区建外大街14号

电话：010-85012071　010-65158100

传真：010-85012070

邮箱：bjysc@yahoo.con.cn

北京市东城区文化委员会

领导成员:

主任：程永涛

书记：牟玉宪

副主任：刘景地、李志成、张志勇

行政执法队队长：杨勇

工会主席：王岩峰

纪委书记：张晓军

内设机构:

党委办公室、行政办公室、人事科、财务科、群众文化科、文物科、文化市场科、行政执法队

所属单位:

东城区文化馆、东城区图书馆、东城区图书馆会议中心、北京市钟鼓楼文物保管所、东城区文物管理所、北京市文天祥祠文物保管所、北京王府井古人类文化遗址博物馆

地址：北京市东城区交道口东大街85号

邮编：100007

电话：010-64068856　010-64068857

传真：010-64068856

邮箱：dcwhjbgs@tom.com

北京市西城区文化委员会

领导成员:

书记、主任：张宏达

纪检组长：李晓红

副主任：吉晓平、陈洪成、侯志伟、吕丹、黄群

工会主席：叶鹏

行政执法队队长：陈玉明

内设机构:

办公室、机关党委办公室（与人事科、监察科合署办公）、文化科、文化市场管理科、文

物科、财务审计科

直属机构：西城文委行政执法队

地址：北京市西城区后广平胡同26号

邮编：100035

电话：010-66561230　010-66561227

传真：010-66561227

网址：wenhua.bjxch.gov.cn

北京市崇文区文化委员会（旅游局）

领导成员：

书记：贾红梅

主任：局长：李承刚

副主任：副局长：郑亚东

副书记：吕欣荣

副主任：王富国、魏瑞峰

副调研员：刘秀华

内设机构：

行政办公室（党委办公室）、社会文化科、文化市场管理科、旅游科、文物科、文化市场行政执法队

地址：北京市崇外大街7号正仁大厦二段8层

邮编：100062

电话：010-67091091

传真：010-67092619

北京市宣武区文化委员会

领导成员：

主任：王旭

内设机构：

办公室（挂“纪检组、监察科”牌子）、文化艺术科、文化市场管理科、文化产业开发科、文物科、旅游科、人事科、财务科、行政执法队

地址：北京市宣武区长椿街9号

邮编：100053

电话：010-63035130

传真：010-63035131

北京市朝阳区文化委员会

领导成员：

主任：黄晓伟

书记：张前

副主任：金宏图、徐伟、倪遥远

纪委书记：华素霞

行政执法队队长：吴刚

内设机构：

办公室、组宣人事科、文化科、文物管理

科、出版发行管理科、电视音像管理科、文化行政执法队

单位人数：50人

地址：北京市朝阳区呼家楼北街36号

邮编：100026

电话：010-65014855

传真：010-65086844

网址：www.risingsun.org.cn

北京市海淀区文化委员会

领导成员：

书记、主任：刘明星

副主任：王强、张文涛

文化行政执法队队长：邱文忠

内设机构：

1.海淀区文化委员会机关：办公室、文化文物科、法制督察科、文化市场管理科、著作权管理科

地址：北京市海淀区中关村大街28-1号

邮编：100086

电话：010-51601028　010-51601033

网址：http://whw.bjhd.gov.cn

2.海淀区文化委员会行政执法队：执法一分队、执法二分队、执法三分队、执法四分队

地址：北京市海淀区颐和园路12号海淀区政府综合办公楼

邮编：100080

电话：010-62612226　010-62559851

3.下属事业单位

（1）海淀区评剧团

地址：北京市海淀区高梁桥斜街甲30号

邮编：100081

电话：010-62236922

（2）海淀剧院

地址：北京市海淀区中关村大街28号

邮编：100086

电话：010-62555898

（3）海淀区电影管理处

地址：北京市海淀区丹凌街16号海兴大厦C座406室

邮编：100080

电话：010-82605865　010-82605866

北京市丰台区文化委员会

领导成员：

书记、主任：王艳秋

副主任：姜岭

纪检组长：卜荣梅

行政执法队队长：咸向东

副调研员：鲜岳

内设机构：

办公室（人事科）、文化科、文物科、文化市场管理科（出版发行科、版权科）

所属行政执法机构：文化行政执法大队

下属事业单位：文物所、图书馆、文化馆、电影发行放映中心

地址：北京市丰台区西四环南路64号

邮编：100071

电话：010-83811361

传真：010-83811360

北京市石景山区文化委员会

领导成员：

书记、主任：刘燕

副书记、纪委书记：阮起良

副主任：刘跃华、郭明、宋青松

行政执法队队长：王援朝

内设机构：

办公室、文化科、文物科、市场科、行政财务科、监察科、行政执法队（下设办公室、执法一分队、执法二分队、执法三分队）

地址：北京市石景山路18号

邮编：100043

电话：010-88699876

传真：010-88680857

北京市门头沟区文化委员会

领导成员：

书记、主任：石军（9月免）、陈世杰（9月任）

副主任：李翠凤、邓洪泽、刘文利、郑华军

副书记：马建吉

执法队长：巩旭东

副调研员：张银星

内设机构：

办公室、文化科、文物科、文化市场管理科、计划财务科、政策法规科

文化行政执法队（下设信息举报中心、行政执法一分队、行政执法二分队、行政执法三分队）

地址：北京市门头沟路8号

邮编：102300

电话：010-69843315

传真：010-69843315

北京市房山区文化管理委员会

领导成员：

主任：李立新

副主任：赵润东、马京云、苏文江、陈光

行政执法队队长：江涛

纪检组长：张凯军

工会主席：崔杰

内设机构：

办公室、文物科、文化科、市场科、行政执法队

地址：北京市房山区良乡西潞南大街甲12号

邮编：102488

电话：010-69352012　010-69352106

传真：010-69352106

网址：www.bjfsh.gov.cn

北京市大兴区文化委员会

领导成员：

主任：许玉增

副主任：王凤强、颜淑敏、马宪颖

纪检组长：史国军

内设机构：

办公室、人事教育科、文化文物科、文化市场管理科、行政执法队

地址：北京市大兴区兴华中路3段15号综合服务中心16层

邮编：102600

电话：010-81296716

传真：010-81296740

网址：www.dxwh.gov.cn

北京市通州区文化委员会

领导成员：

书记：杜德久（7月任）、赵俊臣（7月免）

主任：杜德久

副主任：孙敦秀、杨根萌、刘升（兼执法队队长）

纪委书记：张福玉

内设机构：

办公室、政工科、文化市场管理科、业务科、财务科、文化执法队（下设法制科、执法一队、执法二队）

事业单位：通州区文化馆、通州区图书馆、通州博物馆、通州区文物管理所、通州区电影管理中心

企业：新华书店

地址：北京市通州区北关环岛齐天乐园院内

邮编：101100

电话：010-69553191

传真：010-69535234

北京市顺义区文化委员会

领导成员：

主任：刘振河

副主任：高源、王树柏、陈永祥、王宏（党组成员）、王颖（兼）、陈向东

内设机构：

办公室、政工科、计划财务科、文化文物管理科、文化市场管理科、著作权（广播电视）管理科、文化行政执法队

地址：北京市顺义区光明街拥军路

邮编：101300

电话：010-69443669

传真：010-69443669

北京市平谷区文化委员会

领导成员：

主任、副书记：张兴

书记、副主任：胡清

副书记：陈永

副主任：耿大鹏、贾桂贤

副调研员：刘东彪

内设机构：

政办室、业务科、市场科

直属单位：行政执法队、图书馆、文化馆、文物管理所、上宅文化陈列馆、电影发行服务中心、影剧院、新华书店

地址：北京市平谷区府前西街1号

邮编：101200

电话：010–69962871

传真：010–69962871

北京市怀柔区文化委员会

领导成员：

主任：王玉山

书记：崔凤春

副主任：董有瑞、朱宝坤、郭大鹏、王宏伟

纪检组长：穆建军

执法队长：曾春根

工会主席：彭春伶

副调研员：周洪福

内设机构：

办公室、政工科（监察科）、文化科、行政许可和服务科、行政执法队、文化创意产业办公室

地址：北京市怀柔区开放路56号

邮编：101400

电话：010–69623483

传真：010–69633250

北京市昌平区文化委员会

领导成员：

主任：杨富志

书记：李志武

副书记：李万平（调研员）、贾月林

纪委书记、工会主席：张满兰（调研员）、王艳亭

副主任：王宝江、杨广文、李彦樵

文化执法队队长：刘庆华

内设机构：

办公室、文化创意产业办公室、文化科、文物科、文化市场管理科

地址：北京市昌平区府学路10号（昌平区图书馆博物馆大楼）

邮编：102200

电话：010–69742257

传真：010–80110182

北京市密云县文化委员会

领导成员：

主任：李洪仕

文联主席：范庆海

副主任：张玉齐、张洪娟

纪委书记：王凤英

内设机构：

党政办公室、文化活动指导科、文化市场管理科、文化行政执法队

直属单位：文化馆、图书馆、文物管理所、大剧院、电影中心、新华书店

地址：北京市密云县西门外大街2号

邮编：101500

电话：010−69041925

传真：010−69085706

北京市延庆县文化委员会

领导成员：

主任：张素枝

书记：马健壮

调研员：韩金辉

副主任：赵万里、孙立民、王燕青

副调研员：程金龙

内设机构：

政办室、财务审计科、文化科、文物科、市场管理科、行政执法队

下属单位：文化馆、图书馆、电影发行放映管理处、文物管理所、新华书店、后勤服务中心

地址：北京市延庆县高塔街57号

邮编：102100

电话：010−69182354　010−69147133

传真：010−69182354

北京经济技术开发区社会发展局

领导成员：

开发区管委会副主任，分管社会发展局工作：王合生

社会发展局局长：徐子进

社会发展局副局长：郑海涛

社会发展局文教办负责人：袁长友

社会发展局分管广电工作人员：李静

地址：北京经济技术开发区荣华中路15号

邮编：100176

电话：010−67881380

北京市朝阳区广播电视新闻中心

领导成员：

主任：奚传斌

党委书记：洪建基

副主任：洪剑斌、孙帅、李昕宇

专职副总编：王曦

内设机构：

办公室、总编室、人事科、财务科、新闻科、时政新闻部、社会新闻部、采访部、编辑部、技术部、资料室、专题制作组

地址：北京市朝阳区六里屯西里3号

邮编：100026

电话：010-65025172

传真：010-65022498

网址：www.chynews.cn

北京市海淀区新闻中心

领导成员：

主任、书记：牛爱忠

副主任：张春民、张文明、朱晓华

内设机构：

办公室、总编室、媒资室、要闻部、编辑制作部、新闻采访一部、新闻采访二部、专题部、技术播出部、播音主持部、动漫制作部、事业发展部、特刊部、人事科、财务科

地址：北京市海淀区西四环北路11号海淀区政府第二办公区

邮编：100195

电话：010-88437116

传真：010-88487250

网址：www.hdcatv.com

北京市丰台区广播电视中心

领导成员：

主任：李智

副主任：姜萍、王艳平

内设机构：

办公室（人事科）、计划财务科、督导室、总编室、新闻部、社会教育部、专题部、广告部、技术播出部

地址：北京市丰台区西四环南路64号

邮编：100071

电话：010-63814361

传真：010-63814362

网址：www.bjftrt.com.cn

北京市石景山区广播电视中心

领导成员：

主任：魏志安

副主任：赵金全、刘长成

内设机构：

办公室、总编室、新闻部、广告专题部、技术播出部、经营部

地址：北京市石景山区古城大街61号

邮编：100043

电话：010-68849799

传真：010-68840434

北京市门头沟区广播电视中心

领导成员：

党组书记：张慧军

主任：宋奇

副主任：王幸国、班书臣、苏燕平

内设机构：

办公室、总编室、新闻部、专题部、制作部、播出部、广告部、电台

地址：北京市门头沟区新桥大街36号

电话：010-69843348

传真：010-69843348

邮编：102300

北京市房山区广播电视中心

领导成员：

中共房山区委委员、区委宣传部副部长、中心党委书记、主任：孙泽

副主任：吕井财、李晓梅、张英

工会主席：吕志怀

内设机构：

办公室、财务科、人教科、总编室、电视新闻部、电视专题部、电视文艺部、广告信息部、广播电台编辑部、事业发展部、技术科、后勤事务部

下属企业：北京方正广告公司、北京方明广播电视器材销售中心

地址：北京市房山区良乡西潞南大街6号

电话：010-69374235

邮编：102488

邮箱：guangdian@bjfsh.gov.cn

北京市大兴区广播电视中心

领导成员：

区委宣传部副部长、中心党组书记、主任：李岭涛

副主任：巴洪栓、杜桂玲

内设机构：

办公室、电台、电视台、节目管理部、研发培训部、事业发展部、制作播出部、人力资源部、计划财务部、媒体经营部、网络运营部、媒资管理部

地址：北京市大兴区兴政街7号

邮编：102600

电话：010—69244977

传真：010—69244977

邮箱：longmarchooo@sina.com

网址：www.zhhxw.com

北京市通州区广播电视中心

领导成员：

主任：王志刚

书记：高德澍

副主任：胡亚军、王雪征

副调研员：孙万良

工会主席：王守祥

内设机构：

办公室、总编室、新闻部、专题部、评论部、技术科、播出部、财务科、广告部、工会

地址：北京市通州区新华大街113号

邮编：101149

电话：010—69545860

传真：010—69545860

北京市顺义区广播电视中心

领导成员：

主任：王颖

副主任：杨春玲、黄海鹏、牟汉杰、李素华

内设机构：

办公室、政工科、财务科、《顺义时讯》报社、广播电台（办公室、新闻专题部、文艺部、广告部）、电视台（新闻部、专题部、总编室、文艺部、广告部、播出发射部、户外媒体部）

地址：北京市顺义区拥军路4号

邮编：101300

电话：010—69466677

传真：010—69463670

邮箱：hlna125@sohu.com

北京市平谷区广播电视中心

领导成员：

主任、副书记：刘义华

书记、副主任：龚士宏

副主任：王久武、于刚

内设机构：

办公室、政工科、财务科、新闻科、专题科、播音科、播出科、技术科、文艺科、广告科、总编室、后勤事务科

地址：北京市平谷区旧城街8号

邮编：101200

电话：010−69961255

传真：010−89983716

邮箱：guangdianzhongxin@163.com

北京市昌平区广播电视中心

领导成员：

主任、党委书记：李贵忠（2008年5月免）、刘晓梅（2008年5月任）

副主任：杜秀平、罗莉莉

总工程师：包书卿

纪检书记：王洪

工会主席、办公室主任：王纲

常务副台长：王江萍

内设机构：

办公室、宣传科、政工科、财务科、事业科、广播电视台、昌北音像广告中心、北京摇篮之家文化发展中心、昌平广播电视网站

地址：北京市昌平区南环东路1号

邮编：102200

电话：010−69746088

网址：www.cprt.com.cn

北京市怀柔区广播电视中心

领导成员：

主任：刘晓红

副主任：常金壮、刘殿彬、刘金凯

工会主席：赵海清

内设机构：

办公室、政工科、总编室、编辑部、新闻部、外宣部、专题部、文艺部、电台部、广告部、广播影视制作部、技术部、播出部、汤河口广播分站

地址：北京市怀柔区府前街19号

邮编：101400

电话：010−69626068

传真：010−69624232

北京市密云县广播电视中心

领导成员：

主任、书记：赵力杰

副主任：马士强、王有利、刘建军、鲁崇保

内设机构：

广播电台、电视台、差转台、办公室、党办室、总编室、人事科、财务科、技术科、新闻科、节目制作科、经济科、社教科、法制科、广告文艺科、行政事务科

地址：北京市密云县西大桥路18号

邮编：101500

电话：010-89095645

传真：010-89095645

邮箱：mydt4531@sina.com.cn

北京市延庆县广播电视中心

领导成员：

书记、中心主任：孟昭旭

副主任：李桂霞、贺农林、季晓冰、张树清

内设机构：

办公室、财务科、总编室、技术科、新闻科、专题科、编播科、播控科、广告部、文艺部、外线事业科、建设科、延庆县电视转播站、延庆县广播电视局记者站、延庆县广播电视服务部

地址：北京市延庆县高塔街73号

邮编：102100

电话：010-69103462

传真：010-69103462

邮箱：yqtv102100@sina.com.cn

网址：www.yanqingtv.com

光线传媒有限公司

领导成员：

总裁：王长田

内设机构：

总裁办、财务部、人力资源部、法务部、行政部、品牌部、媒体合作部、艺人经纪部、电视节目事业部、综艺部、活动部、综合运营服务部、艺人关系部、光线影业、大型活动公司、电视剧事业部、电视网事业部、发行部、英事达包装工作室、互联网事业部、上海光线、电视节目事业部销售中心华东大区、电影事业部发行部华东大区、综合运营部、娱乐现场上海站、广州光线、粤港台办事处

地址：北京市东城区和平里东街11号3号楼3层

邮编：100013

电话：010-64516000

传真：010-84222188

网址：home.netandtv.com

华谊兄弟传媒股份有限公司

领导成员：

董事长：王中军

总裁：王中磊

内设机构：

电影事业部、电视事业部、娱乐营销事业部、经纪事业部、影院事业部、财务部、人力资源及行政部、法务部，签约冯小刚、滕华弢、陈大明、张纪中、吴毅（天意影视）、李波、杨善朴（金泽）、陈剑飞、庄立奇（天奇）、易为平、郝琳等多个导演、制片人工作室

地址：北京市顺义区天竺温榆河楼台段

邮编：101312

电话：010－64579338

传真：010－64571299

网址：www.hbpictures.com

海润影视制作有限公司

领导成员：

董事局主席：刘燕铭

执行董事、海润影视制作有限公司执行总裁：赵智江

执行董事、上海海润影视制作有限公司总裁：曲光辉

执行董事、广东润视影音制作有限公司总经理：闫旻

执行董事、北京市润亚传媒股份有限公司总经理：陈铁铭

执行董事、云南润视荣光影业制作有限公司总经理：蒋晓荣

重庆润视影视传播有限公司总经理：唐莉莎

海南海润影视制作有限公司总经理：罗小凤

海南海润演艺经纪有限公司总经理：常继红

北京海润音乐有限公司总经理：李全章

内设机构：

总裁办、制作部、发行部、法务部、文学部、宣传部、财务部、策划部、行政部

总监级负责人：

制作总监：蒋晓梅

财务总监：陈艳

行政总监：王存林

宣传总监：熊潇虹

法务总监：王文彬

发行总监：张小军

地址：北京市朝阳区安慧北里安园5号

邮编：100101

电话：010－64897799

传真：010－64935440

网址：www.hairunmedia.com

北京英氏影视艺术有限责任公司

领导成员：

法人、董事长：英达

总经理：英宁

内设机构：

行政部、发行部、制作部、财务部、文学艺术部

地址：北京市朝阳区京顺路曙光大厦B座

邮编：100028

电话：010－84409933

传真：010－84409933

北京金英马影视文化有限责任公司

领导成员：

董事长、总经理：滕站

常务副总经理：刘建立

副总经理：陈志康、侯丽娟、耿双双

内设机构：

总经理办公室、财务部、行政部、策划部、制作部、宣传部、发行部、广告部、演艺经纪部、书刊发行部

地址：北京市朝阳区北四环中路6号华亭嘉园E座23层

邮编：100029

电话：010－82858715/16

网址：www.jymys.com

华夏视听环球传媒（北京）有限公司

领导成员：

董事长：蒲树林

内设机构：

电视节目制作中心、影视剧制作中心、广告中心、技术中心、人事行政部、法务中心、财务部、网络部等机构

地址：北京市朝阳区建国路93号万达广场8号楼20层

电话：010－58205558

传真：010－58205777

邮编：100022

邮箱：linpingzi@hotmail.com

天地人传媒有限公司

领导成员：

董事长兼总裁：杨伟光

内设机构：

影视剧制作部、广告部、发行部、后期制作部、财务部、办公室

对以下单位进行管理：

北京天地和合网络科技有限公司

北京儿女之家动漫制作有限公司

北京天地人演艺经纪有限公司

地址：北京市海淀区复兴路65号电信实业大夏6层

电话：010-51283966

传真：010-68165859

北京华亿联盟文化传媒投资有限公司

领导成员：

执行董事兼总裁：刘晓霖

总经理：金莲芳

副总经理：李昶

内设机构：

纪录片部、财务部、国内发行部、海外部、策划部、行政部、制作部

地址：北京市朝阳区京顺路5号曙光大厦A座705

邮编：100028

网址：yule.sohu.com

北京京都世纪文化发展有限公司

领导成员：

总经理：王正华

副总经理：王国祥

内设机构：

办公室、财务部、经营部、影视基地、基建办

地址：北京市广渠门南小街1号领行国际2单元9层

邮编：100061

电话：010-67110812　010-67194406

邮箱：jingdu@zbtvart.com

北京鑫宝源影视投资有限公司

领导成员：

法人：丁芯

内设机构：

办公室、财务部、制片部、演艺经理部、编辑部、发行部

地址：北京市朝阳区京顺路5号曙光大厦B座

邮编：100028

电话：010-84409922

传真：010-84409992

邮箱：kina@polyasian.com

北京慈文影视制作有限公司

法人：马中骏

地址：北京市朝阳区东三环中路乙10号艾维克大厦1301室

邮编：100022

电话：010-65685599（总机）

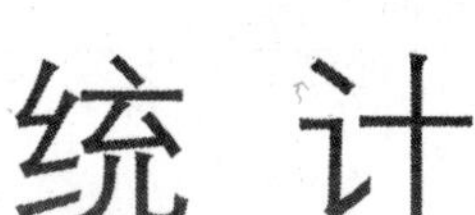

2009/《北京广播影视年鉴》

——记录行业情况　服务业内和社会——

2008年北京地区广播影视从业人员构成

项　目	单位	合计	中央级	市级	区县级
从业人员	人	51762	33284	16975	1503
其中：长期职工	人	40419	23623	15466	1330
按性别分					
男	人	28837	18046	9938	853
女	人	22925	15238	7037	650
按学历分					
本科以上	人	3683	2317	1309	57
本科及大专	人	37153	23073	12781	1299
高中及以下	人	10926	7894	2885	147
按职业分					
其中：管理人员	人	8576	5059	3177	340
专业技术人员	人	21082	13357	6782	943
高级	人	3467	2489	957	21
中级	人	6975	4519	2271	185
初级	人	10640	6349	3554	737
其他人员	人	22104	14868	7016	220

2008年北京地区广播影视专业人员状况

项　目	单位	合计	中央级	市级	区县级
专业技术人员总计	人	21082	13357	6782	943
编辑、记者	人	4849	2320	1925	604
高级	人	828	511	304	13
中级	人	1521	724	707	90
初级	人	2500	1085	914	501
播音员、主持人	人	714	311	287	116
高级	人	148	98	47	3
中级	人	255	121	108	26
初级	人	311	92	132	87
工程技术人员	人	5364	3948	1243	173
高级	人	797	592	203	2
中级	人	1985	1451	501	33
初级	人	2582	1905	539	138

2008年北京地区公共广播节目播出情况

项　目	单位	合计	中央级	市级	县级	中央级占总播出比重	市级占总播出比重	区县级占总播出比重
全年公共广播节目播出时间	小时	257666	148808	61016	47842	57.8	23.7	18.5
新闻资讯类节目	小时	64990	47791	12264	4935	73.5	18.9	7.6
专题服务类节目	小时	86861	52535	24435	9891	60.5	28.1	11.4
综艺类节目	小时	50987	29103	3876	18008	57.1	7.6	35.3
广播剧类节目	小时	5292	1278	183	3831	24.1	3.5	72.4
广告类节目	小时	19015	6669	8425	3921	35.1	44.3	20.6
其他类节目	小时	30521	11433	11834	7254	37.5	38.8	23.8
全年广播剧播出量	部／集	39/2937	2/16	—	37/2921	0.5	—	99.5

2008年北京地区公共广播节目播出构成图

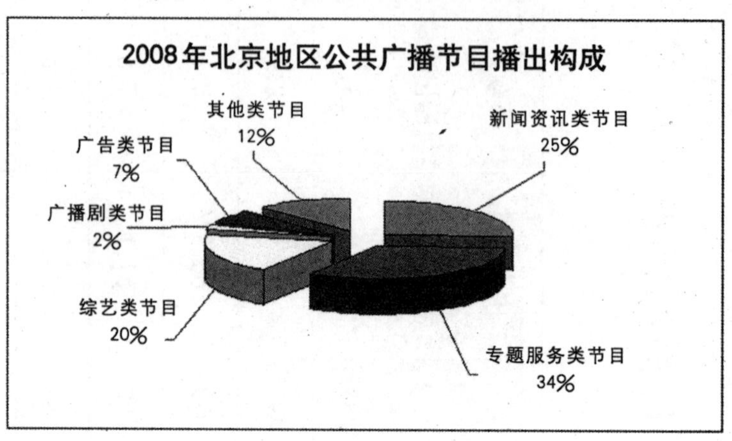

2006—2008年北京地区公共广播节目播出情况对比图

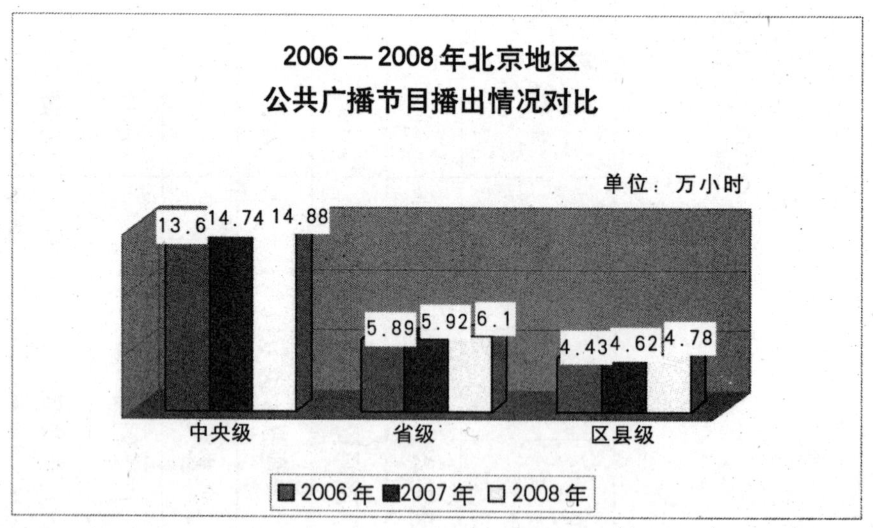

2008年北京地区公共电视节目播出情况

项　目	单位	合计	中央级	市级	区县级	中央级占总播出比重	市级占总播出比重	区县级占总播出比重
全年公共电视节目播出时间	小时	243093	138738	78864	25491	57.1	32.4	10.5
新闻资讯类节目	小时	52998	40601	6117	6280	76.6	11.5	11.8
专题服务类节目	小时	71897	36934	25998	8965	51.4	36.2	12.5
综艺类节目	小时	23410	17841	2583	2986	76.2	11.0	12.8
电视剧类节目	小时	55689	33872	20883	934	60.8	37.5	1.7
广告类节目	小时	20918	8588	8774	3556	41.1	41.9	17.0
其他类节目	小时	18181	902	14509	2770	5.0	79.8	15.2
全年电视剧播出量	部／集	1504/37146	974/23237	511/13084	19/825	62.6	35.2	2.2

说明：本表全年公共电视播出时间不含对外节目播出时间。

2008 年北京地区公共电视节目播出构成图

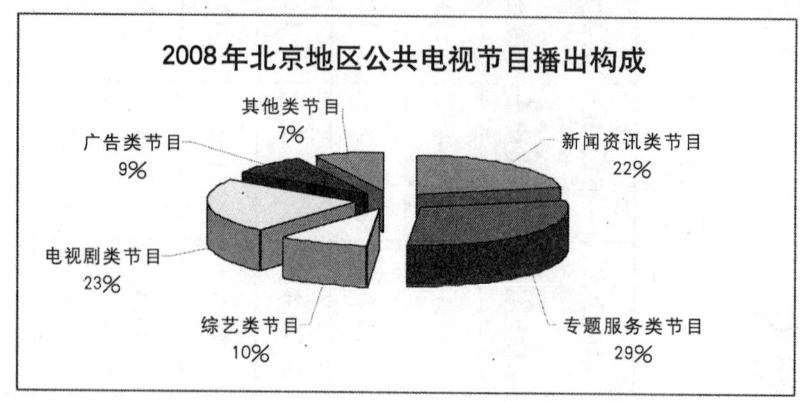

2006—2008 年北京地区公共电视节目播出情况对比图

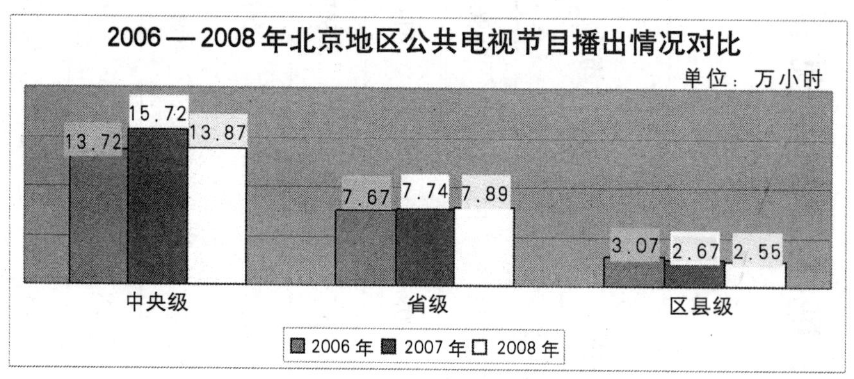

2008 年北京地区广播节目制作构成

项目	单位	合计	中央级	市级		区县级
					社会制作单位	
全年制作国内广播节目	小时	304945	200859	77593	22003	26493
新闻资讯类	小时	76180	64573	9384	50	2223
专题服务类	小时	140626	109522	23859	1035	7245
综艺类	小时	44195	10631	23278	19142	10286
广播剧类	小时	2022	1110	502	320	410
广播剧	部／集	18/972	2/60	—	—	16/912
广告类	小时	13382	3605	8094	814	1683
其他类	小时	28540	11418	12476	642	4646
全年制作对外广播节目	小时	480661	480661	0	0	0

2008 年北京地区广播节目制作构成图

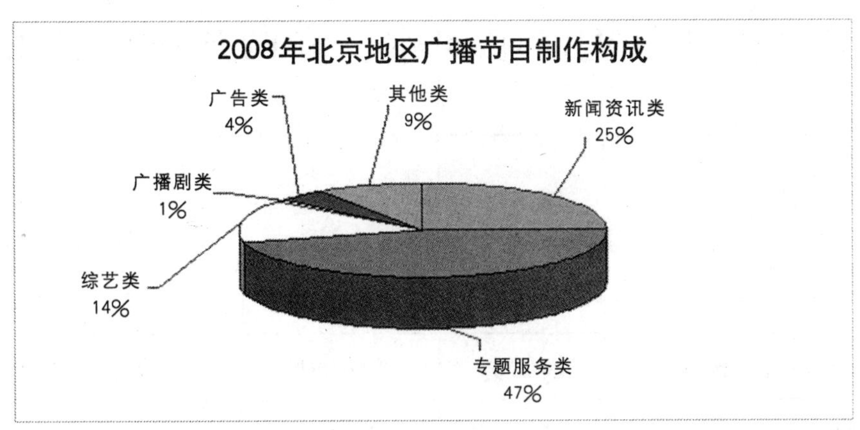

2008 年北京地区电视节目制作构成

项目	单位	合计	中央级	市级		区县级
					社会制作单位	
全年制作电视节目时间	小时	180868	96895	68887	46838	15086
新闻资讯类	小时	54562	43418	7494	3474	3650
专题服务类	小时	61863	34488	20369	12526	7006
综艺类	小时	21995	15248	5243	2874	1504
电视剧类	小时	18363	3307	15056	14639	—
电视剧	部／集	152/4408	15/443	137/3965	124/3575	—
广告类	小时	3769	51	1954	1030	1764
其他类	小时	20316	383	18771	12295	1162
全年制作对外电视节目	小时	38832	30072	8760	—	—

2008 年北京地区电视节目制作构成图

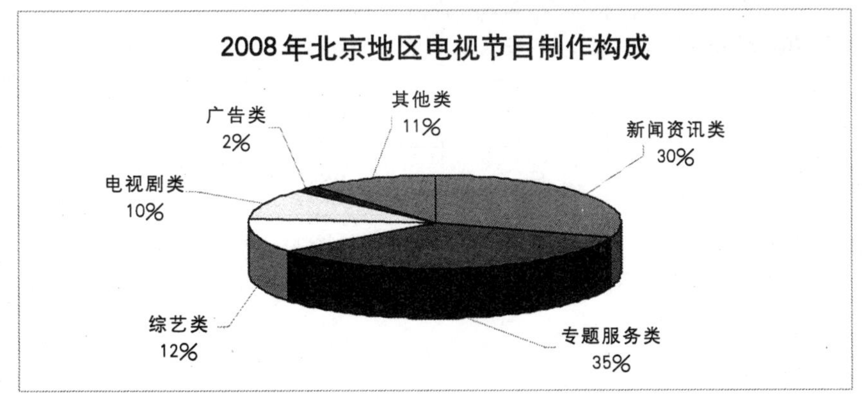

2008年北京地区电视剧、动画片制作情况

项　目	单　位	2008年		
		合计	中央级	市级
一、影视制作单位数	个	692	14	678
二、全年制作电视剧数量	部／集	152/4408	15/443	137/3965
其中：系统内	部／集	28/833	15/443	13/390
社会制作单位	部／集	124/3575	—	124/3575
三、全年制作电视剧投资额	万元	132260	17563	114697
其中：系统内	万元	30406	17563	12843
社会制作单位	万元	51949	—	101854
四、全年电视剧销售额	万元	72373	32288	101961
其中：系统内	万元	40795	32288	8507
社会制作单位	万元	93454	—	93454
五、全年制作动画数量	部／集	96/1673	18/477	78/1196
其中：系统内	部／集	23/691	18/478	5/213
社会制作单位	部／集	73/983	—	73/983
六、全年制作动画投资额	万元	19515	10181	9334
其中：系统内	万元	10619	10181	438
社会制作单位	万元	8896	—	8896
七、全年制作动画销售额	万元	10365	8259	2106

2008年北京地区广播影视主要指标

单位：人，亿元

项目	从业人员	增加值			资产总额			净资产			财政补助收入	业务收入(创收)			利润总额	税金总额		
		合计	事业	企业	合计	事业	企业	合计	事业	企业		合计	事业	企业		合计	事业	企业
合计	51762	185.76	138.29	47.47	864.7	498.75	365.95	663.05	447.56	215.49	62.39	330.03	213.68	116.35	11.54	22.63	12.22	10.41
中央级	33284	150.53	118.2	32.33	536.3	404.2	132.1	454.0	377.4	76.6	55.27	245.2	180.7	64.5	11.39	16.61	9.3	7.31
市级	16975	33.24	18.18	15.06	322.35	88.61	233.74	203.61	64.77	138.84	5.09	83.8	32.08	51.72	0.15	5.96	2.87	3.09
(1)局系统单位	3915	19.40	18.68	0.72	84.26	73.83	10.43	65.42	57.94	7.48	4.00	34.91	31.59	3.32	0.04	3.09	2.85	0.24
其中：电台	1113	3.82	3.81	0.01	24.12	20.20	3.92	15.69	12.43	3.26	0.29	7.02	6.39	0.63	−0.21	0.58	0.53	0.05
电视台	2333	12.95	12.25	0.70	55.16	48.66	6.50	44.93	40.71	4.22	0.89	27.87	25.18	2.69	0.25	2.26	2.07	0.19
(2)北广传媒集团	4412	9.59	−0.50	10.09	153.04	14.78	138.26	104.96	6.83	98.13	0.83	20.36	0.49	19.87	3.11	0.93	0.02	0.91
(3)社会影视制作单位	8648	4.25	0.00	4.25	85.05	0.00	85.05	33.23	0.00	33.23	0.26	28.53	0.00	28.53	−3.00	1.94	0.00	1.94
区县单位	1503	1.99	1.91	0.08	6.05	5.94	0.11	5.44	5.39	0.05	1.51	1.03	0.90	0.13	0.00	0.06	0.05	0.01

说明：财政补助收入中含补助企业的收入。

2008年北京地区广播影视总收入情况

单位：亿元

项目	总收入	财政补助收入	创收收入	广告收入	节目销售收入	有线电视收视费	付费数字电视收入	网络传输收入	新媒体业务收入	其他收入
合计	404.39	62.39	330.04	215.52	13.27	14.52	1.89	13.49	0.10	71.25
中央级	308.90	55.27	245.20	177.00	3.23	6.74	1.39	7.03	0.00	49.81
市级	92.86	5.61	83.80	37.81	10.04	7.78	0.50	6.46	0.10	21.11
(1)局系统单位	42.09	4.00	34.91	30.74	0.22	0.00	0.00	0.37	0.08	3.50
其中：电台	7.60	0.29	7.02	6.21	0.01	0.00	0.00	0.00	0.00	0.80
电视台	28.89	0.89	27.87	24.52	0.21	0.00	0.00	0.37	0.08	2.69
(2)北广传媒	22.08	1.35	20.36	1.18	0.67	7.75	0.43	4.65	0.00	5.68
(3)社会影视制作单位	28.69	0.26	28.53	5.89	9.15	0.03	0.07	1.44	0.02	11.93
区县单位	2.63	1.51	1.04	0.71	0.00	0.00	0.00	0.00	0.00	0.33

注：统计栏目由北京市广播电影电视局政策法规处提供，作者：吴彤。

华彩杯

2009／《北京广播影视年鉴》

——记录行业情况　服务业内和社会——

2008年度“北京市广播影视奖”获奖作品
（节目、技术、报刊类）

广播类作品

广播新闻（23个）

一等奖：5个

消息：国际奥委会医学委员会主席说，在北京没必要戴口罩　北京人民广播电台 曹力
评论：让和谐之光照耀世界　北京人民广播电台 邢立新
新闻编排：《整点快报》5月12日　北京人民广播电台 石正贵
长消息：“家电下乡”要惠农而不能坑农　平谷区广电中心 李冬亮、王健、陈东仓
短消息：中国夺得首枚赛艇奥运金牌　顺义区广电中心 刘连茹、马祎

二等奖：7个

长消息：同胞走好——成都人民悼念地震遇难同胞　北京人民广播电台 石秀冬
专题：阳光政府背后的公民力量　北京人民广播电台 连新元
新闻访谈：刘大妈：个体餐馆第一家　北京人民广播电台 邢桂苹
节目策划：百集奥运故事《咱们这七年》
北京人民广播电台 李彦平、罗湘萍、林俐、白玉、刘彤
广播评论：建章立制慎用“原则上”　大兴区广电中心 韩士合、卢劼
长消息：土地流转“转出”致富新天地　通州区广电中心 丛林、张嘉康
长消息：大病事前救助解民忧　房山区广电中心 王侠、王维佳、王雨佳

三等奖：11个

长消息：北京奥运圣火在希腊奥林匹亚点燃　北京人民广播电台 朱凌翔、刘智嘉
评论：奥运看台展现成熟国民心态　北京人民广播电台 谢先进、戚天
系列报道：自主创新——民族企业发展之路　北京人民广播电台 李艺龙、宓鸿、黄彦
组织策划：实现城市运行保障，全力做好奥运服务
北京人民广播电台 李洪兴、刘冰、章维、董婉苏、张锋、黄彦、宋扬、郭伟冬、高波、郭攀
现场直播：和祥云一起飞翔——3月30日火炬交接仪式　北京人民广播电台 杨洪、王异戈
长消息：国旗半垂全国默哀 悼念遇难同胞 “四川雄起 中国加油”响彻天安门广场
北京人民广播电台 程艳、孟洋
专题：中国击剑，跨越24年的接力　北京人民广播电台 连新元
长消息：网上买菜乐了农家人　大兴区广电中心 韩士合、卢劼
长消息：岳家营掀起种地热　延庆县广电中心 刘杨、单新荣
短消息：鸡蛋签名卖 诚信效益好
怀柔区广电中心 李秋连、赵红、王学新、张佳玮、孟小芹
录音报道：垃圾分类进农家 碧水蓝天迎嘉宾　平谷区广电中心 于丽丽、张文海

广播社教（18个）	
一等奖：4个	
公众性节目：《苦海之岸》——纪念《引渡法》颁布实施8周年节目	北京人民广播电台 姚博
对象性节目：百姓生活故事·妇女节礼物	北京人民广播电台 郭士荧
对象性节目：坚持拍摄鸟巢六年的老人	北京人民广播电台 石秀冬、成音
新闻性专稿：下屯村土地流转“转出”新天地	密云县广电中心 王淑品、黄晨昭、金芙蓉
二等奖：6个	
公众性节目：一部“天大”的法律——关注《食品安全法》（草案）	北京人民广播电台 董婉苏、张锋、郭攀
公众性节目：“物证、人证、口述史”——方军谈抗战文物收藏	北京人民广播电台 苏京平
对象性节目：从癌症患者到艾滋病宣传志愿者——倪素娟的故事	北京人民广播电台 于晓丹
特别节目：心手相连，抗震救灾	北京人民广播电台 王佳一
新闻性专稿：老村长写“博客”“晒出”村中大事小情	昌平区广电中心 张金鑫、李静、郭丽媛
新闻性专稿：“俏夕阳”圆了艺术大学梦	怀柔区广电中心 彭明亮、王德林、王书红、闫国强、李晓红
三等奖：8个	
公众性节目：地震发生第二天的心理疏导	北京人民广播电台 马维
对象性节目：我是“明星”——走进中学生城市志愿者	北京人民广播电台 王一
知识性节目：开车抢行酿冲突　“路怒族”怎样调整心态	北京人民广播电台 孟洋
知识性节目：人类的百米极限	北京人民广播电台 杨晓轩
特别节目：文学中的记忆——纪念改革开放30周年特别节目	北京人民广播电台 孟庆煜、李弋戈
新闻性专稿：延庆农村垃圾变奏曲	延庆县广电中心 王玉玲、单新荣、刘杨、刘洪宝
新闻性专稿：《感受巨变》——纪念改革开放30周年系列报道	顺义区广电中心 赵爽、王力力、路致远、王进松
新闻性专稿：“加减法”里的富民账	通州区广电中心 唐浩、高玉强

广播境外播出（3个）	
一等奖：1个	
境外播出：开幕这一天	北京人民广播电台 刘兴宇
二等奖：1个	
境外播出：皮影人生	北京人民广播电台 刘兴宇、陈彦旭
三等奖：1个	
境外播出：揭秘奥运开幕式——访第29届奥运会开幕式总导演张艺谋	北京人民广播电台 李杨

广播优秀栏目（8个）	
行走天下	北京人民广播电台
先听为快	北京人民广播电台
老年之友	北京人民广播电台
男孩女孩	北京人民广播电台
雄鸡唱晓	北京人民广播电台
我的生活 我的见证	昌平区广电中心
行风热线	怀柔区广电中心
青少年之友	密云县广电中心

广播播音（9个）	
一等奖：2个	
播音主持：《资讯早八点》之《新闻资讯》	北京人民广播电台 张红力、陈彦旭
播音与主持：三农有约	密云县广电中心 田小耕、尉红英、赵子天
二等奖：3个	
播音主持：麻辣我的电脑生活	北京人民广播电台 王佳一、顾峰
播音主持：服务爱车、服务奥运同样精彩	北京人民广播电台 王为、林贺
播音与主持：那一年我们都在青春里挣扎	大兴区广电中心 刘茹华
三等奖：4个	
播音主持：英雄盖世霸王山	北京人民广播电台 张闻天
播音主持：流浪者“自白”——访台湾青年谢旺琳	北京人民广播电台 王一
播音主持：先听为快	北京人民广播电台 白杰
播音与主持：点燃激情、传递梦想——北京奥运圣火顺义传递特别直播	顺义区广电中心 直守斌、张雨欣、王苹、焦淑君

广播文艺（11个）	
一等奖：2个	
广播剧：京城第一家	北京人民广播电台 胡培奋、邵军、赵以正、沈弘
音乐节目：梦想的旋律	北京人民广播电台 冯健、梁言
二等奖：3个	
综艺节目：隐形翅膀带我飞翔	北京人民广播电台 小雨、张宏
广播剧：我们永远在一起	北京人民广播电台 杨洋、李莉、梁和芝
音乐节目：飞逝的花瓣——纪念作曲家瞿希贤	北京人民广播电台 杜渐微、林贺
三等奖：6个	
小说连播：射雕英雄传	北京人民广播电台 汪良、李秀磊
长书：贺龙传奇	北京人民广播电台 徐北威、张宏
音乐节目：用母语歌唱的孩子们	北京人民广播电台 张欣、盛博
音乐节目：纪实音乐专题《生命的咏叹》	北京人民广播电台 赵爽、左丽、朱学兵
曲艺节目：《空中笑林》之听老外说学逗唱	北京人民广播电台 雅娟
广播剧：傅作义与北京城	北京人民广播电台 王兴东、马征、李健

广播节目技术质量（19个）	
一等奖：4个	
音乐类：肖斯塔科维奇作品——管弦乐《节日序曲》	北京人民广播电台 陈小斌
音乐类：歌曲《呼唤你的名字》	北京人民广播电台 曹漫
语言类：专题节目《永远的缪斯》	北京人民广播电台 罗霄笑
语言类：专题文艺《电影——阿育王》	北京人民广播电台 王莉丽、孟孟
二等奖：8个	
戏曲类：京韵大鼓《宋江坐楼》	北京人民广播电台 于立良
广播剧：《红河谷》	北京人民广播电台 贺西平
广播剧：《清明上河图传奇》	北京人民广播电台 王爱义、王丹
语言类：亚马逊蝌蚪	通州区广电中心 董继东、宫保义
语言类：怀旧金曲	怀柔区广电中心 贾小芳、尹航
戏曲类：看升旗	延庆县广电中心 李永生、高成红
语言类：《青少年之友》	密云县广电中心 胡玉梅、尉红英
语言类：奥运圣火耀延庆	延庆县广电中心 杨涛、张迎
三等奖：6个	
语言类：点燃激情 传递梦想	顺义区广电中心 高嵩
戏曲类：快板《看比赛》	昌平区广电中心 冯小龙、范义鹏、张佳艺
广播剧场：《国税四季》	昌平区广电中心 冯小龙、范义鹏、张佳艺
音乐类：歌曲《昌平人民赞》	昌平区广电中心 冯小龙、范义鹏、张佳艺
语言类：婚育文化	房山区广电中心 熊京生、杨建国
语言类：明陵史话	昌平区广电中心 范义鹏、吴彩彬
综合奖：1个	
昌平广电中心	

电视类作品

电视新闻（41个）	
一等奖：8个	
短消息：点燃激情 传递梦想：用身躯捍卫圣火的尊严	北京电视台 崔睿、任效松
长消息：闭幕式的背后：56个民族共唱国歌	北京电视台 陈栩、李琪
新闻编排：北京新闻（8月8日）	北京电视台 张亮、艾冬云、潘全心、张冬林、周永萍、陈楠、曹静、李玲、刘非非、谢小岩、李光军、刘彤
组织策划：让世界充满爱	北京电视台 张亮、秦蕾、李烨、成强、王振等
系列报道：大学生村官	北广传媒集团 赵芊、赵斌、王文平、乐旌洲
组织策划：车轮滚滚三十年	北广传媒集团 杨轶鹏、赵韫、曲丽、薛霞、李信扬、孙宇
电视新闻：长城脚下“国际村”	怀柔区广电中心 杜治平、孟阳、冀莹、李晓红

电视新闻：我没钱，但是我可以出力 海淀新闻中心 吴艳瑛、吉伟

二等奖：12 个

长消息：16万人与90分钟——开幕式疏散纪实
北京电视台 张丽、邵晶、王欢、陆林、董丽萍、郝欣、陈军、杨钧
长消息：缉毒英雄迈出康复步伐 北京电视台 罗嘉、金谊
长消息：汽车业百亿工程 提速推进 北京电视台 马国颖、梁岚、崔睿、王晓龙、王一
连续报道：连体婴儿手术成功 兄弟俩顺利“分手”
北京电视台 白云、戴兴华、蔡崴丞、魏三军
组织策划：大型新闻行动《见证新北京》
北京电视台 张亮、艾冬云、张冬林、周永萍、陈楠、李莲、王欢、李光军 等
新闻专题：北京冲锋在前 北广传媒集团 赵辉、王嘉、冯欣、王纯
长消息：敬老助残出租车上路 北广传媒集团 赵韫、王琛
短消息：“农转非”农民再就业 长效机制更安心 大兴区广电中心 米雪梅、宋涛
长消息：生态治理除旧貌 京西老区展新颜 门头沟区广电中心 胡金旺、张宏伟、王正
长消息：娃娃超市培养诚信 平谷区广电中心 王学俭、赵怡斌、王铮
长消息：“螳螂杀虫”全国首次大面积应用 顺义区广电中心 郭金玉、郭轶民
长消息：违章建筑突坍塌 被埋工人全获救 通州区广电中心 于亚辉、高玉强

三等奖：21 个

短消息：现在多种一点，国家负担就减轻一点 北京电视台 马国颖、梁岚、王晓龙
长消息：跨越千里的生命支架 北京电视台 马国颖、梁岚、王晓龙、陈栩、夏晓东
连续报道：残奥 1+1 北京电视台 张亮、徐京玲、崔睿、任效松、尹磊
连续报道：北京医疗队成为灾区伤员转运主力军 北京电视台 白云、周琼、舒予、戴兴华
专题：重生 北京电视台 张晓沁、刘继葳、苑秋宝、牛月华、王振、汪俊、刘民
现场直播：你好！奥林匹克——奥运圣火北京传递
北京电视台 张洁、朱静、张苏、吕军、刘颖等
新闻访谈：奥运会主题歌演唱者创作者专访
北京电视台 朱江、杜研、张宾、周波、王未央、胡宁扬、王旭东
系列报道：奥运荣耀 百姓情缘 北京电视台 周永萍、陈楠、曹静、陆放、何海东
评论：北京机会 北京电视台 周泳、沈军、丁莉、王磊、高潮东、姚长盛
长消息：樱桃园队成立“生命使者保障组” 北广传媒集团 赵韫、曲丽
短消息：十号线迎来首个早高峰 北广传媒集团 曲丽、李信扬
长消息：高考日 交通畅 北广传媒集团 赵韫、孙为
长消息：“双向视频”解农忧 专家请到我家来 大兴区广电中心 涂玲、贾悦
长消息：新型涂料防范街头小广告 丰台区广电中心 陶亮
长消息：农民看病也报销 带来就医新观念 海淀区新闻中心 朱晓杰、尹振
长消息：急救世家谱赞歌 昌平区广电中心 李斌、李晓洁
长消息：小村迎来百万客 小火盆烧出大市场 延庆县广电中心 刘剑、王静、张树清、龚素娟
长消息：奥运道旗变身环保布袋 顺义区广电中心 赵艳、刘前军
长消息：万里寻沙之路 朝阳区广电中心 徐柯
长消息：弱女子托起幸福家 密云县广电中心 田晓娟
长消息：北房镇残疾人“抱团”闯市场 怀柔区广电中心 张佳玮、喻星、李福亮、于国连

电视社教（27个）
一等奖：7个 长纪录片：北京记忆　北京电视台 张亮、袁子勇、吴群、张民 专题片：精彩北京闪耀天使之城——北京奥运花车巡游洛杉矶　北京电视台 白艳军、任效松、尹磊 系列片：揭秘——第二十九届奥运会开幕式筹备档案　北京电视台 杜研、寇建国、韩旭、康健 专题：北京印象　北京电视台 吴玮、李果 专题：足音——延安落实科学发展观巡礼　北广传媒集团 李青、马林、陈莉莉、裴伟 专题片：30年——献给大兴改革开放30年　大兴区广电中心 李岭涛、王纲、麻强、张铄 专题：半路夫妻　顺义区广电中心 李素华、张维维、袁伯伟、王桂斌、张珏、王秀华
二等奖：8个 长纪录片：同样精彩的明星　北京电视台 付海龙、杨玉卓、徐磊、汪俊、刘民 长纪录片：转身 北京电视台 周泳、王春元、郑雪涛、郭婷、杨扬、张欣、梁少君、赵曼、赵武、王超 系列片：人间和田玉 北京电视台 周泳、杨晓轩、李志兵、李铁军、鲍文、宋北光、贺俊、张曙光、李谦、张洪宽、黄羽 系列片：盛典——解读历届奥运会开幕式　北京电视台 杜研、李岩、张海军、寇建国 特别节目：次贷惊魂——美国房地产危机实录　北京电视台 孙旭、赵建春、杜冰、李婧、李海峰 专题：百年圆梦　北广传媒集团 祁昱杰、李青、白宝林、尹雪松 电视专题：今日新农民　怀柔区广电中心 于莉莉、白云霞、高继升、刘伟、赵春晖、王淑红、王德立 电视专题片：光荣属于你——石景山区奥运工作纪实　石景山区广电中心 魏志安、贺启公、徐晓洁、甄趁勇、刘宝良、靳晶
三等奖：12个 专题片：生活秀——我的北京记忆　北京电视台 侯振威、彭凡、李威、史焕龙、夏磊 专题片：民国疑影大揭秘　北京电视台 黄瑨、李欣、张妍、张宁 专题片：奥运会开幕式科技筑梦　北京电视台 韦嘉、武江 系列片：电视往事　北京电视台 张强、郭宏、梁建忠、刘瑜、冯涛、霍庆海 特别节目：中韩高中生知识大赛　北京电视台 庞玉珍、周星、张弘、郝涛、刘虎等 科普节目：筑造梦想2008　北京电视台 李志国、蓝霖、李维韦、李晨阳等 专题：董兴喜的“雷锋”情结　北广传媒集团 伊兰、戴杉杉 专题片：凝聚流动党员 筑就坚强堡垒　丰台区广电中心 李智、王艳平、成锦艳、骆建宏、李伟、任毅 专题片：草莓天使王丽娜　平谷区广电中心 贾晓静、王瑞民、张春艳、王宝庆 专题片：“小公共”改姓公　房山区广电中心 罗金明、王志强、王猛、史建聪、史跃鹏、巴金鹏、莘德艺 电视专题：带着丈夫嫁人　延庆县广电中心 冯亚玲、李凤海、聂鹏、李静 连续报道：老赵讨薪记　朝阳区广电中心 骆瑜鹏、任媛媛、刘大庆、王磊、汤小辉、陈佳楷

电视境外播出（3个）	
一等奖：1个	
境外播出：自行车回归	北京电视台 薛菁、朱欣翔
二等奖：1个	
境外播出：微笑北京——探访奥运外籍志愿者	北京电视台 白小玲、李博羿
三等奖：1个	
境外播出：我和你	北京电视台 吴玮、段静欢

电视优秀栏目（11个）	
特别关注	北京电视台
生活面对面	北京电视台
北京新闻	北京电视台
天下收藏	北京电视台
国学大讲堂	北广传媒集团
移动直通车	北广传媒集团
三农零距离	房山区广电中心
真情故事	昌平区广电中心
绿色家园	延庆县广电中心
情动绿港	顺义区广电中心
看通州	通州区广电中心

电视播音与主持（11个）	
一等奖：2个	
播音与主持：灾区群众来京投亲 八旬老太紧急寻人 真爱创奇迹 希望就在身边	北京电视台 张栗坤
播音与主持：延庆农业"有机"飞翔	延庆县广电中心作者 王爱华
二等奖：4个	
主持作品：特别关注	北京电视台 曹一楠、王巍
播音主持：光绪之死、当铺、曹氏风筝、马文化博物馆	北京电视台 卢文龙
播音与主持：《周日风景线》2008年第46期	海淀区新闻中心 郑永龙
播音与主持：一周新闻综述	朝阳区广电中心 陈菁姝
三等奖：5个	
主持：北京新闻	北京电视台 王业
主持：流感季节防病有招	北京电视台 高燕
播音与主持：《红绿灯》栏目2008年4月17日节目	北京电视台 范红军
播音与主持：怀柔新闻	怀柔区广电中心 尹静
播音与主持：《顺义新闻》奥运特别报道《亲临奥运》	顺义区广电中心 任璐、袁俊杰

电视文艺（17个）

一等奖：3个

电视综艺：2008年北京新春大联欢——电视台春节联欢晚会
北京电视台 齐建彤、段嵘、毕鲁克、孙勤、陈小健、朱沿延

电视音乐：岁月如歌 北京电视台 张帆、王淳华、孙宇、李雪萍、苗毅、王炳川

电视专题：《大爱无疆》、《光荣绽放》抗震救灾特别节目
北京电视台 田歌、全维润、司马南、尤征、王心语、郭树欣、王晔、魏连信、刘晓东

二等奖：4个

电视综艺："托起明天的太阳——首都青少年爱心慈善晚会"
北京电视台 庞玉珍、董宁、王荣起、武志荣、李晓军、崔笑田

电视综艺：2007年北京最美的乡村颁奖盛典 北京电视台 郝洪、伊国庆、裴晓林

电视综艺：龙的传人——大型电视选拔活动启动晚会
北京电视台 王炳川、石涛、王小雄、刘爽、范幼龙、崔道宁等

专题：杨青的古琴收藏 北广传媒集团 马成文、高斌

三等奖：10个

电视动画：乐满神州·欢动2008——动画春节联欢晚会
北京电视台 帅民、李果、池浩洋、苏侠

电视歌舞：2008年国庆晚会《我和我的祖国》
北京电视台 裴晓林、宁馨儿、叶蔚宁、何晓彬、任卫新

电视综艺：2008年北京迎新春双拥文艺晚会 北京电视台 姬荣、任卫新、张良、张冠雷

电视综艺：2007年影视盛典
北京电视台 孙仝、李雪萍、朱礼庆、李友谊、李媛、王春华

电视综艺：七色光擂台挑战赛 北京电视台 吴今月、路漠、刘强、胡俊叶、张楠

电视戏曲：真情家园 同此凉热——首都京剧名家赈灾义演
北京电视台 张炜、杨晓飞、杨晓春、王浚、伊国庆、黄瑨

电视戏曲：第三届文博会开幕式晚会 北京电视台 谢鑫、李蓓、徐博、李健、张晓华、姜力

电视戏曲：2007年北京青年榜样颁奖盛典 北京电视台 王旗、田向平

电视综艺：最佳现场——孙红雷（下） 北广传媒集团 宋佳怡、范佳佳、曾昭扬、黄曼妮

电视音乐节目：环球音乐之旅——《喝彩北京》、《漫游中国》 北广传媒集团 伊兰、梁艳、卫星

电视节目技术质量（32个）

一等奖：6个

视频图形片头类：《北京记忆》 北京电视台 郑星、赵新生、贺文林、黄锐

高清综艺类：《北京电视台2009年春节晚会》
北京电视台 周宏、周宝伟、刘旖旎、翟海云、姚银壮、范强、张志杰、李建

标清专题类：《北京记忆》第十五集《大都会》
北京电视台 周宏、彭楠、王申为、翟海云

标清新闻类：《顺义新闻》 顺义区广电中心 陈学森、周建文、董晓捷、王昆杰
标清综合文体类：《燕京歌唱部落》 顺义区广电中心 薛琦、陈学森、王昆杰、董晓捷、周建文、高梅、李佳明、阮红兵、李月林、王学刚、洪磊
标清专题类：《北京顺义 绿色国际港》 顺义区广电中心 陈学森、王昆杰、张钰、薛琦、董晓捷、周建文

二等奖：12个

标清专题类：《三农零距离》 房山区广电中心 冯明耀、许亚辉、李岩峰、牛雪锋
标清新闻类：《房山新闻》 房山区广电中心 刘玉迎、穆晓凤、刘振明、卢双庆
视频图形片头类：《祥云献瑞 龙乡圆梦》 房山区广电中心 刘瑜
视频图形片头类：《顺义电视台ID》 顺义区广电中心 陈学森、董晓捷、王昆杰、薛琦
标清专题类：《如诗如画龙庆峡》 延庆县电视台 李永生、高成红、杨涛、张迎
标清新闻类：《通州新闻》 通州区广电中心 金焕芝、高玉强、李焱、王延伟
标清综合文体类：《房山区纪念改革开放三十周年暨区府东移十周年合唱汇演》 房山区广电中心 冯明耀、熊京生、朱惠强、杨建国、张华、卢双庆、牛雪峰、武逸洋
标清专题类：《今日新农民》 怀柔区广电中心 于莉莉、尹航、贾小芳
标清综合文体类：《我行我秀》年度颁奖典礼 大兴区广电中心 孙岩、玉亮
标清新闻类：《石景山新闻》 石景山区广电中心 张金勇、吴立山、郗爱萍、孙磊
标清专题类：《改革开放三十年专题片》 大兴区广电中心 孙岩、玉亮
视频图形片头类：《颁奖晚会》 朝阳区广电中心 常青、李霞、范一平

三等奖：13个

标清新闻类：《平谷新闻》 平谷区广电中心 崔俊、王旭艳、王辉、张晓娜
标清新闻类：《昌平新闻》 昌平区广电中心 冯小龙、刘庆娟、范义鹏、张佳艺
视频图形片头类：《怀柔片头》 怀柔区广电中心 尹航、贾小芳
标清专题类：《光荣属于你——石景山区奥运工作纪实》 石景山区广电中心 刘长成、刘红波、乔焱、徐贵勇
视频图形片头类：《生活》 通州区广电中心 郭兴巍、王小利、赵坤、陈颖
标清新闻类：《怀柔新闻》 怀柔区广电中心 于国莲、尹航、贾小芳
标清新闻类：《门头沟新闻》 门头沟区广电中心 康金洁、孙伟、梁杰、胡金旺、王刚
标清新闻类：《一周新闻综述》 朝阳区广电中心 张冬雨、王太勇、刘洋
视频图形片头类：《门头沟新闻片头》 门头沟区广电中心 高蕾、梁杰
视频图形片头类：《通州明天更加辉煌》 通州区广电中心 郭兴巍、宫宝文、刘洪波、李焱
视频图形片头类：《感动昌平十大道德楷模颁奖晚会》 昌平区广电中心 明磊、冯小龙、张佳艺、宁小周
视频图形片头类：《第九届记者节片头》 延庆县广电中心 李永生、杨涛、高成红、林小玉
标清综合文体类：《改革开放三十年建设昌平先锋人物颁奖晚会》 昌平区广电中心 冯小龙、张佳艺、刘庆娟、吴志卫、范义鹏、宁小周、燕翔、明磊

综合奖：1个

顺义区广电中心

广播电视报刊类作品

二等奖：3个	
通讯：京城百姓热议“闯关东”	北京广播电视报社 刘颖
通讯：加油，孩子	北京广播电视报社 程戈
通讯：童蕾：当我轻轻叩响蒋敏家的门	北京广播电视报社 李枫
三等奖：6个	
通讯 郎峰蔚：赴灾区采访让我感受坚强	北京广播电视报社 陈文
通讯 单田芳：我们这一代人没了，谁来接班？	北京广播电视报社 陈文
通讯 白岩松：超越胜负，享受奥运	北京广播电视报社 鄢利平
通讯 央视名嘴讲述抗震救灾中的直播故事	北京广播电视报社 董岩
通讯 李幼斌：跑11年龙套成就了我	北京广播电视报社 夏茂平
通讯 连奕名：荧屏硬汉侠骨柔情 陈实：小家碧玉外柔内刚	北京广播电视报社 李枫

电影获奖名单	
《一个人的奥林匹克》	北京紫禁城影业有限责任公司

电视剧获奖名单	
《春草》	北京电视艺术中心
《最后的王爷》	北京北广传媒影视有限公司
《乔省长和他的女儿们》	北京金英马影视文化有限责任公司
《幸福里九号》	北京盛世凯华文化投资有限公司
《大地》	海润影视制作有限公司
《甜蜜蜜》	北京小马奔腾影视文化发展有限公司
《落地请开手机》	北京鑫宝源影视投资有限公司
《夜幕下的哈尔滨》	北京鑫宝源影视投资有限公司
《仁者无敌》	北京华亿联盟文化传媒投资有限公司
《八兄弟》	北京联盟影业投资有限公司

电视剧特别贡献奖	
《震撼世界的七日》	海润影视制作有限公司

影视部分先进个人(12个)	
许建海	北京紫禁城影业有限责任公司总经理
郑晓龙	北京电视艺术中心主任
刘亚辉	北京北广传媒影视有限公司副总经理
滕　站	北京金英马影视文化有限责任公司董事长
王　俭	北京盛世凯华文化投资有限公司副总经理
赵志红	海润影视制作有限公司副总裁、制片人、导演
蒋晓梅	海润影视制作有限公司制片人
李　明	北京小马奔腾影视文化发展有限公司总裁
丁　芯	北京鑫宝源影视投资有限公司总经理
赵宝刚	北京鑫宝源影视投资有限公司国家一级导演
刘晓霖	北京华亿联盟文化传媒投资有限公司执行董事兼总裁
郝亚宁	北京联盟影业投资有限公司董事长

经 验

2009/《北京广播影视年鉴》

——记录行业情况　服务业内和社会——

充分发挥奥运承办城市广播媒体的作用

汪 良

北京人民广播电台(以下简称北京电台)在奥运报道中突出承办城市地方特色，8个专业广播频率和北京广播网，立足体育赛事报道核心，全力扩展报道外延，发挥广播和多媒体优势，全景呈现奥运盛况，在赛事报道上追求高水平，在外围报道上追求有特色，全面及时报道奥运会赛场内外、北京、全国乃至世界各地发生的与奥运相关的重要新闻，全力以赴做好奥运宣传报道工作。央视索福瑞调查数据显示，奥运会期间，北京电台11个无线广播频率和7个有线调频占北京广播市场份额68.4%，交通广播、文艺广播、新闻广播、体育广播奥运之声分列北京地区广播收听率排名第一至第四名。

一、举全台之力做好奥运报道筹备工作

一是搭建奥运播出平台。2002年1月1日，北京电台创办的全国第一家体育专业广播频率——体育广播正式开播。2007年北京广播网建立了奥运社区，2008年开办了奥运频道，并建立了外语广播网络电台。

二是整合全台骨干力量组建奥运报道团队。2005年，北京电台以体育广播为核心，成立了奥运报道部。2008年成立了由台长、总编辑分别担任正副总指挥的奥运报道领导小组，抽调全台14个部门151人参加奥运报道工作，统一领导，统一调度，统一指挥。围绕奥运报道组织了40多场培训，培训人员遍及全台所有一线工作人员。

三是想方设法拓展奥运报道资源。由于北京电台是地方媒体，没有赛事报道权和转播权。针对这种情况，和中国国际广播电台签署合作协议，并加入了中央电台的全国报道合作网。承担奥运赛事报道任务的体育广播拥有近30人的专业赛事报道解说队伍，同时聘请一批对奥运赛事项目有深入研究的专业人士及20多名体育界、新闻界知名人士为赛事转播嘉宾；举办了“百姓解说奥运会”选拔活动。

四是切实抓好“硬件”建设。北京电台在技术保障上舍得投入，2008年以来至奥运会结束，不含购买视频转播车、转播信号、持权转播名额的费用和人工成本，北京电台投入到奥运宣传报道技术设备和后勤保障上的费用达1485万元。

二、300场赛事直播创历史之最

奥运会举办期间，北京电台赛事转播场次、时长创历史之最。8个专业广播奥运节目播出时长为每天120个小时以上，占频率总播出时长的71%，内容比重占频率总播出内容的3/4。8月8—24日，全台8个专业广播全程转播奥运会开、闭幕式实况，共转播赛事实况300场，播发赛事报道12399条，非赛事报道6954条，奥运文化报道3345条。

赛事报道内容丰富。奥运会开幕后，体育广播奥运之声、外语广播奥运之声奥运报道内容和时长分别达到100%和全天24小时，成为全奥运宣传频道。体育广播奥运之声每天现场直播5—6场重点赛事，总计转播150多场体育赛事，现场直播节目在320小时以上，全面报道了28个大项300多个小项的比赛。新闻广播、交通广播、外语广播、首都生活广播等专业广播还根据各自频率特点，纷纷辟出专门时间转播体育广播和中央电台“中国之声”赛事直播节目。

三、积极参与城市运行、服务保障工作

北京电台作为东道主城市的主流媒体，除了报道赛事动态、转播比赛实况外，奥运会

举办期间，重要活动、重大赛事接连不断，各项临时交通管理措施频繁出台。北京电台各专业广播在全力做好奥运报道的同时，着重做好赛场外的延伸报道，派出100多名非赛事报道记者，围绕城市运行、服务保障工作，及时提供天气、交通、票务、观赛提示等实用资讯，确保市民顺利出行、观赛。

从8月8日起，和北京市奥组委志愿者部联合推出“奥运观赛温馨提示”小栏目，全天在交通广播滚动播出。这个小栏目根据每天的赛事安排，介绍相关场馆的入场须知、观众疏导和观赛礼仪。

新闻广播在早间的《奥运北京》节目中专门安排“每天早知道”服务性系列报道。以服务奥运、方便人们出行为切入点，每天早晨由记者从市气象台、环保局、交通指挥中心分别发回报道，介绍当天的天气情况、主要奥运场馆的天气指数、空气质量以及当天的道路交通提示和主要路段的管理措施。这组录音报道有很强的服务性和权威性，对北京市民以及来参赛和观看奥运的中外人士都有告知和实用价值。

四、探索台网共做模式报道奥运

北京广播网奥运频道突出音视频特色，24小时滚动报道，共发布文字新闻24000条、图片新闻2500组、音频报道1900条、原创视频报道50段。北京电台奥运记者及广播网编辑都在第一时间向广播网发送消息，新闻资讯实现了实时更新，“刘翔因伤退出比赛”、“51金100奖牌创历史”等快讯的发布速度超过了新浪网等门户网站。体育广播在进行奥运会开幕式直播的同时，北京广播网同步进行了音频、图片和文字直播，实现了多媒体立体式呈现。7月26日至8月24日，北京广播网奥运网频道日均访问人数和页面数屡攀新高，达到日均4000多人次访问、15万的页面数，这是北京广播网开办大型专题报道以来访问量上升最快、短时间内访问量最高的一次。

外语广播网络电台以中英双语播出为主要特色，外语广播所有节目都在网络电台上开设专题页面，在全天播出的节目中有11个小时的直播节目实现了与网友文字或视频的互动，超越了传统广播仅以热线电话和手机短信互动的模式。这种“台网共做”的模式将形成传统广播与网络广播优势互补、互动便捷的特色。

五、大力宣传贯彻奥运“三大理念”

一是弘扬人文奥运精神。在宣传人文奥运理念方面，北京电台在节目策划、活动推广等方面特别注重以人为本，坚持“三贴近”原则，关注平凡人的不平凡事，用事实说话，以故事抓人，以情节感人，通过小视角展现大主题。比如，倾全台之力推出境内奥运火炬传递大型现场直播节目“祥云飞过我的家”，以中国波澜壮阔的改革开放30年为背景，以火炬在国内绵绵不断的传接为线索，以30多个真实、普通又具有一定典型意义的中国家庭为载体，由小见大，展现中国家庭和人们生活的精神风貌。

二是致力于绿色奥运。比如，已持续了7年，在京城有着很大影响的“治多伦一亩沙地，还北京一片蓝天”大型环保公益活动被评为“首都精神文明建设最佳活动”。

三是服务科技奥运。北京电台在奥运宣传报道中，不但注重最先进的科技装备、多种现代化传播手段的应用，同时关注传播技术特别是多媒体的最新动态和发展趋势，努力研发和运用先进的传播技术和产品服务科技奥运，提升媒体的科技水平，扩大报道的覆盖面和影响力。比如，在奥运会圣火采集的传递过程中，首次通过DAB数字多媒体广播和北京广播视频直播49场圣火采集和传递实况，记者第一次运用多媒体采访手段，从现场发回音频、文字、图片和视频报道，开创了音视频共做的新型报道方式。

（作者系北京人民广播电台台长，摘自《中国广播电视学刊》2008年第9期）

承载光荣 成就梦想

刘爱勤

2008年北京奥运会的巨大帷幕已经落下，承载着光荣与梦想的精彩时光成为永远铭记的历史记忆，媒体的全程纪录更是为这届无与伦比的奥运会增添了绚烂的色彩。北京电视台作为奥运承办城市电视台，以巨大的热情、缜密的筹划，全方位地加入这次难得的全球性的盛大赛事报道中，有力地树立了中国首都电视台的风范和品牌形象。

一、整合运营、系统协调——重大事件报道的执行保障

随着奥运举办日期的临近，北京电视台于2007年专门成立了奥运报道领导小组，对全台的奥运报道进行统一规划、统一部署，确保内部资源的有机整合和充分利用。在奥运报道统一的组织架构下，首先是实现播出平台的整合运营，明确了“2+2+1”的报道格局，即：“2”个主打频道，17天不停播。BTV-1卫视为奥运综合频道，动态化、全景式报道奥运综合情况，每天直播达到17.5小时。BTV-6为奥运赛事频道，全面直播赛事，提供专业赛场新闻，每天直播达到16.5小时；“2”个赛事延播、重播频道，即在公共频道开设两个精彩赛事时段，播出精彩赛事的重播、集锦，在奥运高清频道用奥运高清信号延播奥运赛事；“1”个双语服务时段，利用每晚黄金时段在生活频道为来自世界各地的朋友提供国际化服务。

二、总体策划、无缝衔接——重大事件报道的结构能力

重大事件报道头绪多、层次多，如何结构，如何组织，这一切都在考验着媒体的策划能力、驾驭能力。在精品赛事与全景新闻，动态化报道与国际化服务全面兼顾的总体报道原则指导下，针对报道对象的特点，《光荣与梦想——北京卫视第29届奥运会特别报道》确立了“动态编排、无缝衔接”的节目架构。北京卫视是奥运综合频道，一方面要全方位报道奥运赛场内外运动员、代表团及赛事最新进展、实际动态；另一方面要以全景化视角报道北京市的城市运行、奥运保障、市民生活、国际反响、服务资讯等综合情况。根据报道内容的需求，《光荣与梦想》设计了《奥林匹克早晨》、《奥林匹克新闻》、《北京新闻》和《奥林匹克全景》4档新闻板块，以及《赛场点兵》、《金牌看点》、《风情北京》、《五洲群英》、《每日盘点》等5档各具特色的演播室板块，每个板块既相对独立，又互有衔接与勾连。北京卫视奥运报道的结构设计正是体现了总体把握、局部解析、全程跟进、看点鲜明的特点。

体育频道的策划体现了在自身定位基础上与综合频道互为补充的特点。该频道以赛事转播和赛事新闻报道为主，主要强调竞技、专业和主打赛事的概念，分为赛事直播时段和重播时段。赛事直播时段每天播出13个小时左右，全天以精彩赛事直播为主，同时加入点评、预测、嘉宾评论、金牌访谈、观众参与等内容。同时在体育频道赛事全天直播中还安排了4档新闻，新闻播出时间则根据赛事进展进行微调，确保赛场动态第一时间传递。

三、传承文明、传播北京——重大事件报道的导向能力

北京电视台充分利用主办城市台的特有身份，全力展现具有悠久历史文化、具有现代气息的北京城市形象，展现热情好客、文明向上的国人精神风貌。北京奥运会提出绿色奥运、科技奥运和人文奥运三大理念，使北京奥运传播超越了传统的体育赛事及体育传播本身的意义。为此，北京电视台在奥运宣传中，大力宣传了广大人民群众参与奥运、奉献奥运的热情，大力宣传了奥运的世界性，大力宣传了奥运会对推动国家经济社会发展作出的贡献，大力宣传了两个奥运同样精彩。

奥运会每天都产生大量新闻，北京电视台奥运报道一个基本思路就是：浓缩赛事信息，聚焦感人故事，让赛事报道立体生动，体现奥林匹克跨越国界的和平友谊精神。为此，奥运会期间，各档栏目策划推出了一系列特色报道。冼东妹、栾菊杰等一批“妈妈选手”，带给观众永不言败、超越自我的启示；美国步枪名将埃蒙和捷克选手卡特林娜超越了国度与种族、超越单纯竞技体育、代表世界永恒主题的爱的力量；众多运动员身上体现的更快更高更强的奥林匹克精神，围绕一批在国外带队的中国教练和中国执教的外国教练，北京台制作了新闻特写《奖牌有归属，奥运无国界》，指出奥运是一场超越国度、政治、民族的人类盛会，突出了“同一个世界、同一个梦想”的主题。

四、全景呈现、形式创新——重大事件报道的传播效果

全景呈现是北京电视台奥运报道的基本原则，这一原则符合奥运社会性、大众性、广泛性和参与性的文化特点，有利于产生现实的影响力，在多元文化的交融中，有助于体现北京电视台奥运报道超越体育赛事、实现传播效果最大化的理念。

《光荣与梦想——北京卫视第29届奥运会特别报道》的演播室，最好地体现了重大事件报道传播效果最大化的设计理念。改造后的北京台800平方米演播室，矗立起一座18米宽、4.5米高的投影大屏幕，赛事的现场信号能够随时切进大屏幕，演播室恍如比赛现场。作为主演播区的背景，使观众充分领略到了身临其境的感觉。在这一宏大的背景下，演播室设计又分为主演播区、读报与功能区、服务信息播报区3个区域。在“动态编排，无缝衔接”的总体指导思路下，无论是赛事信号还是新闻、资讯、字幕等，都可以在第一时间切换到背景的大屏幕上。同时，这一大屏幕还可以平均切分为3个部分。主持人与嘉宾实际上是在一个巨大的实时背景下展开谈话，辅以中国印、祥云图案的点缀，以及变幻的灯光效果、手法多样的镜头调度、悠扬动听的现场即时配乐，北京卫视的节目，就在一种如梦如幻、如诗如画、美仑美奂的氛围中展开了，成为北京卫视节目形象最具有创新性的一个亮点。

五、实战奥运、演兵未来——重大事件报道的启示

以奥运承办城市电视台的角色，参与重大事件报道的全球新闻媒体竞争，是北京电视台千载难逢的机遇，不仅考验首都大台的现实力量，更检视北京电视台未来的国际、国内竞争能力。在诸多方面，北京电视台的答卷令人满意，也令人思考，即未来在这些方面能否更上一层楼？

1. 整体运营的系统竞争力是重大事件报道的核心保障。这次奥运报道，不是简单的部门合作，而是系统间表现出了高度的黏合能力，显示了总体作战能力的跃升，也显示了北京电视台迈向国际大台的良好基础。此次奥运报道，北京电视台实现了连续17天两个频道24小时不停机，总直播时长近600个小时。

2. 策划与结构能力是重大事件报道的关键环节。在这次奥运报道中，北京电视台展现了报道重大事件全局驾驭能力，并能在充分理解事件意义的基础上，用独到的策划与结构，淡化竞争劣势，突出竞争优势。

3. 国际视野是重大事件报道的内在标杆。北京电视台在奥运报道中格外注意国际视野、国际观念的把握，例如在运动员报道中，重视金牌报道，更兼顾对运动员命运的关照和解读，传递公平竞争、挑战自我的不朽精神，同时也注重展示环境、风土人情、历史文化。

（作者系北京电视台台长，摘自《中国广播电视学刊》2008年第9期）

以特色报道开辟第二战场

——北京电视台奥运新闻报道的启示

张 亮 艾冬云

北京电视台作为奥运举办城市台，有责任、有义务报道好发生在家门口的第29届奥运会。同时，作为非持权转播商，受到国际奥委会相关规定的限制，我们无法进入比赛场馆采访。在这种“不对称”的媒体竞争中，北京电视台坚持特色化报道战略，在奥运赛场外开辟第二战场，寻求奥运报道的首都特色。

事实证明，北京卫视的奥运特色报道收效明显。奥运会期间，北京卫视推出《光荣与梦想》特别节目，全天24小时播出奥运特别节目，其中新闻时段总时长5个半小时，包括《奥林匹克早晨》（每日7时播出）、《奥林匹克新闻》（每日11时30分播出）、《北京新闻》（每日18时播出）和《奥林匹克全景》（每日22时播出）四档栏目。

一、见缝插针，主动出击，想尽一切办法接近比赛场馆，创造性地获取赛事资源

接近接近再接近，这是我们对采访赛事的记者提出的要求。北京台新闻节目中心没有一张注册记者证件，但是这并不意味着我们就不能报道好赛事。只要你用心，一切皆有可能。

首先，创造条件进入比赛场馆。北京台的几位时政记者出于工作需要，经过上级部门批准办理了特殊通行证，可以出入各比赛场馆，但是不能携带摄像机。大家马上想到了可以采取电话连线的方式进行现场赛事报道。杨威获男子体操全能冠军、刘翔因伤退赛等历史瞬间，北京台时政记者在现场通过手机描述现场气氛，采访现场观众，再通过电视信号同步传入千家万户，巧妙实现了“我在场”，充分发挥了时政记者的资源优势。

其次，如果实在无法进入奥运场馆，我们就在一些热点比赛场馆外守候，同样捕捉了很多精彩新闻。8月13日，中国女子体操队获得团体金牌，记者一直守在国家体育馆门外采访，在退场观众中意外发现了一张熟悉面孔——前体操世界冠军杨艳丽，立即采访了她，通过前世界冠军和中外观众之口，将祝福送给了中国女子体操队的“六朵金花”。

二、注重策划，在赛场外开辟第二战场，让新闻报道体现首都特色，体现东道主电视台的地域优势

既然在赛事资源、信息量、时效性等方面处于竞争劣势，我们决定发挥东道主城市电视台的优势，在外采报道中突出地域优势，让我们的新闻报道具有鲜明的首都特色和大台风范。8月8日开幕式当晚，新闻节目中心派出了40多组记者，分别奔赴各个新闻现场采访。8月9日一早，《奥林匹克早晨》围绕市民热看转播、各界盛赞、焰火燃放、现场观众疏散、服务部门坚守岗位等，播发了一组开幕式报道，记录了奥林匹亚风吹进东方古都的历史瞬间，体现了鲜明的首都特色。

8月16日，奥运开赛以来的第一个周末，我们又策划播出了“分享奥运喜悦、欢度快乐周末”一组报道，记录了奥林匹克公园中心区的大型花车巡游表演、石景山雕塑公园奥运文化广场市民热看奥运赛事、国内外观众排队参观首都博物馆、世贸天街奥运文化广场的文化活动、东单体育中心的市民健身热等，突出了奥运之城的喜庆气氛。

此外，我们围绕志愿者服务、赛事保障、

外国友人感受中国传统文化等策划了多组系列报道，向世界显示了北京的城市形象，显示了北京电视台的大台风范。

三、浓缩赛事信息，寻找真情故事，宣传奥运精神，体现人文关怀

奥运会每天都产生大量新闻，新闻节目中心对赛事报道明确了基本思路：浓缩赛事信息，聚焦感人故事，让赛事报道立体生动，体现奥林匹克跨越国界的和平友谊精神。

在海量赛事信息中，各档栏目注意策划推出特色报道。《奥林匹克早晨》根据运动员的年龄特点，推出了特写《“妈妈一族”闪亮赛场》，报道了冼东妹、栾菊杰等一批“妈妈选手”，带给观众永不言败、超越自我的启示。而《自古英雄出少年》，则聚焦奥运赛场上的年轻小将，将新闻做得趣味横生。

在射击运动员杜丽首金失利的时候，我们的报道引导国人宽容以待；五天之后杜丽勇夺金牌，我们推出特写、短评和奥林匹克随想，生动地诠释了更快更高更强的奥林匹克精神：只要不断追求梦想、不断超越自己，就会诞生更多的奇迹。

南非运动员纳塔莉虽然左小腿截肢，却顽强参加了10公里游泳比赛；伊拉克选手达纳·阿卜杜勒拉扎克没有先进的比赛服，但她冲刺的身姿为仍在动荡中的祖国带去一份成功的梦想；巴勒斯坦运动员扎基娅·纳萨尔没有教练，没有泳衣，却坚持来到北京开始她的奥运梦想。我们围绕这些感人故事制作了大量新闻特写和述评，用生动的电视手段诠释了奥林匹克精神，体现了媒体的人文关怀。

四、灵活编排，将各种报道内容和报道手法融于一炉，形成收视峰谷效应

奥运会302块金牌都要在北京卫视体现，因此奥运赛事是四档新闻栏目的主轴。根据比赛进程和比赛关注度，我们在栏目编排上突出新闻性、时效性和特色性，赛事回顾、赛事追踪、赛事盘点、金牌榜、当日看点、赛事预告等板块将最及时、最重要的消息一网打尽。赛事保障、城市运行、社会新闻等内容穿插在赛事新闻中，形成收视上的峰谷效应。

各档新闻栏目还巧妙运用多种报道手法，消息、资讯、新闻特写、演播室访谈、SNG直播、路况直播、电话连线、MV宣传片、字幕新闻、短评、读报、互动话题等灵活穿插，交互运用，丰富了节目的表现力，淡化了大容量节目容易产生的视觉疲劳。

五、创新组织指挥体系，打破部门界限，实现统一指挥，资源共享

创新组织指挥体系，首先反映在全台奥运报道的整体规划上。去年12月，北京电视台成立了奥运会、残奥会报道领导小组办公室，对全台奥运报道工作进行了周密的规划部署。按照统一部署，北京卫视《光荣与梦想》主要由四个新闻直播时段和五个演播室直播时段组成，夜间零点以后安排重播。在全台一盘棋的指导思想下，全台各个部门互相合作，齐心协力完成了《光荣与梦想》特别节目的制作播出任务。

创新组织指挥体系，还反映在奥运报道组织机构的设置上。早在奥运会开幕之前，新闻节目中心决定打破原有部门设置，实行人员统一指挥，统一调配，资源共享。为此，新闻节目中心专门成立了四个奥运报道小组，分别是编辑播出组、时政报道组、赛事报道组和外采报道组。

编辑播出组以新闻编辑部为主要力量，负责各档节目的策划、编排、播出、包装、主持人、监播、演播室访谈、通联、互动等。

时政报道组以要闻采访部为主要力量，负责奥运会期间党和国家领导人、北京市委市政府、国际奥委会以及北京奥组委的重大时政报道。

赛事报道组负责赛事信号收录、制作、赛事新闻、综述、运动员相关素材、花絮、奥运小知识、观赛礼仪、历届奥运会资料信息收集、整理等。

外采报道组围绕城市运行、赛事保障等方面进行自主选题的采访报道。

四个跨部门的报道小组的成立，打破了原来各工种各自为战的局限，促进了不同专业知识、不同报道风格的记者、编辑之间互相交流合作，有利于出好稿、出精品。在中心编务会的统一指挥调度下，各个小组协同作战，资源得到充分利用。

为全面贯彻落实市委宣传部、市广电局和我台“平安奥运行动”，新闻节目中心还专门制定了《“平安奥运”安全报道规范及突发事件应急预案》，通过严格的制度和完善的预案，保障奥运会期间的安全播出。

奥运会促进了东西方文化的交流，同样也促进了国内外新闻媒体的交流。通过这次奥运报道，我们发挥了自己的特长，也看到了自己的短处。我们的收获不仅仅体现在报道了多少条新闻、更新了多少技术设备这些方面，更体现在对于现代媒体管理、跨媒体运营以及报道理念等方面的学习与反思。奥运会的圣火虽然熄灭了，留在我们心中的创新之火、激情之火还在熊熊燃烧。

（原载《新闻与写作》2008 年第 9 期）

同样的精彩 不一样的感受

朱　江　焦少波

北京电视台在奥运会结束后立即投入到残奥会的报道中。在国际广播中心（IBC）搭建了500平方米演播室，全台多个部门400多名编播技术人员参与前线报道，兑现了“两个奥运同样精彩”的承诺。

一、从人文的角度报残奥

残奥会报道与奥运会报道有着本质的不同，奥运会可以说是以赛事和明星为核心，而残奥会由于缺乏大家关注的明星，更多的是要关注运动员享受比赛的快乐。

我们改变了奥运会期间以赛事为主的方针，以讲故事的方式，抓人物，抓细节，先后邀请到了开幕式上表演独腿芭蕾的小姑娘李月、中国第一个残奥会冠军平亚丽和她的导盲犬，盲人残奥冠军李端和他在中青队时的队友王治郅等参与节目，突出人情、亲情，以情感人。每天节目中的固定小板块“学一手”，在教观众手语的同时传达人文关怀，真正体现了“人文奥运”的精彩内涵。

我们邀请了5位手语老师进行手语解说，以方便聋哑观众观看电视转播。在播出的所有节目中，除了手语解说，还专门配备电子机器人进行解说。北京电视台在残奥会独家使用的电子机器人，引起BOB高层的浓厚兴趣，他们希望能制作出英文版，准备以后作为残奥会官方电子设备。

二、以持权商的身份报残奥

残奥会使北京电视台历史上第一次成为国际大型综合性赛会持权转播商，我们非常珍惜这一机会。原定在IBC的地下一层申请一个200平方米的演播室，但随着残奥会的临近，我们发现这里无论从所处位置和面积上都无法满足需要，经与IBC的经营方BOB协商，最后拿下了原来准备供其他电视媒体使用的500平方米位置醒目又方便的演播室。

成了持权转播商，就要做相应的事，这时

才知道，IBC的媒体运行繁琐而复杂，但又非常规范，必须提前提出相应的要求和申请，否则很多事情到眼前就来不及了。通过残奥会的前期准备，我们第一次进入了IBC的核心，基本了解了媒体进驻的流程。

为了充分报道残奥会，我们把BTV－6体育频道的播出前移，每天从8：30到22：30的节目都在这个500平方米演播室中进行制作，通过两路光缆传回台里播出，每天14个小时都是直播状态。从内容上以赛事的直播和录播为主，10:00、12:00、15：00有三档8分钟滚动新闻，17：30有一个小时与卫视并机播出的访谈，21：30有一个小时的新闻专题。我们还在这里制作两档20分钟和50分钟的赛事集锦供卫视播出。

在残奥会期间，BOB每天下午会有一个持权转播商的通气会，通报赛事调整、转播信号的相关信息，并听取大家的意见和建议。由于持权转播商都是通过购买拿到版权的，BOB的任务就是为这些客户做好服务，我们感觉到持权转播商的权益相当受重视。比如开、闭幕式，BOB都会提前一天提供给持权转播商转播手册，对仪式的程序和内容作详细说明，供大家转播时用，当然前提是保密。BOB还提供给持权转播商相应的袖标和贴标，以供进现场拍摄。残奥会前，有电视台提出想要北京火炬传递的画面，这本来不属于BOB的权限，但他们联系相关电视台提供710分钟的集锦。开幕式彩排的信号是不许播出的，但BOB应转播商要求制作了30秒的片花供大家播出。有些项目的预赛同时在几块场地进行，持权商甚至可以就转播哪块场地的比赛提出要求，BOB都会认真研究并给出答复。

我们感觉，IBC的运行复杂而又规范，媒体必须对这个程序有相当的了解，并有一套相应的机制，才能应付这样的大赛。比如在残奥会期间，我们一直想做一件事，就是赛场注入点的对播。赛场注入点就是在赛场媒体混合采访区的优先位置，设置若干1平方米左右的区域，允许一家媒体进入一台摄像机和3名工作人员，通过光缆传输对运动员进行现场采访和与家里演播室的对播。奥运会明星云集，几乎每个赛场的注入点都人满为患。残奥会开赛不久，我们决定申请注入点，这才发现我们是整个IBC里唯一一家申请的。到现场才知道，这个注入点跟奥运会又不一样，由于注入点没有相应的光缆设施，我们只能在比赛前后用现场转播团队的摄像机进行对播，在时间和灵活性上都有很大局限。虽然如此我们仍然进行了几次对播尝试，在场馆运行团队和转播人员的协助下，创下了既是残奥会也是北京电视台的赛场注入点的先河。

三、圆满完成BOB转播任务

BOB是“北京奥林匹克转播有限公司”的英文缩写，是北京奥运会的主转播机构和主转播商，与北京奥组委是战略合作伙伴关系。该公司是北京奥组委与国际奥委会所属的奥林匹克广播服务公司（OBS）共同出资组建的，负责为购买转播权的世界各地广播电视媒体提供北京奥运会和残奥会的信号及相关服务。

北京电视台参与了残奥会BOB的主要工作。残奥会全部21个大项的公共信号制作全部由中国制作团队承担。我台两支残奥制作团队共计122人，负责部分轮椅篮球、硬地滚球和轮椅击剑三个项目的公共信号制作任务。

轮椅篮球比赛日为9月7～16日，男女共有79场比赛。由于伊朗队在预赛阶段后宣布退赛，实际比赛场次为77场，分别在国家体育馆和北京科技大学体育馆进行。我台承担国家体育馆部分预赛和决赛阶段共57场比赛的信号制作任务，公共信号制作达125小时，各类集锦制作约320分钟。我们的转播制作水平得到了BOB官员们的高度赞扬。

硬地滚球是第一次成为残奥会的正式比赛项目，通过对项目规则进行研读，团队很快掌握了硬地滚球国际公用信号制作的规律和特点。团队制作的电视共用信号剪接明晰、条理有致，对细节和情感的刻画也为精彩激烈的比赛增添了浓浓的人情味，创造了硬地滚球首次电视直播的历史。BOB 质量控制中心的评价是“你们创造了历史!”、“硬地滚球的首次电视直播起点非常高！”国际硬地滚球联合会的技术代表 JOaquimVegas 先生更是多次表达了对北京电视台制作团队的赞赏，他在接受媒体采访时发自内心地说：“是北京电视台的转播让我真正意识到硬地滚球原来有这么大的魅力，我期待着能再次邀请你们制作硬地滚球的电视信号。”

轮椅击剑是我台转播团队从未制作过的项目。残奥会的比赛组别多、轮次多、剑道多、节奏快。在 4 个工作日里我台 BOB 团队表现出了训练有素的专业水平，近 40 个小时的电视公用信号完全符合 BOB 的制作要求。

我台借北京奥运会和残奥会的契机，通过承担国际高水平赛事的信号制作，制作水平上了一个新台阶，实现了与国际先进制作理念的对接，为今后参与国内外大型赛事的电视转播积累了经验，储备了人员。

由于我台在本次奥运报道上投入了空前的人力和技术力量，加上我台BOB团队在残奥会上公共信号制作实力的出色体现，我台的美誉度大幅提升，得到了国际同行的充分肯定。

（作者单位：北京电视台）

听到的奥运也精彩

——北京电台奥运会、残奥会宣传报道总结

第 29 届奥运会和北京残奥会已经圆满落幕，北京电台提早筹划，周密部署，多频率、多媒体出击，在奥运报道中突出主办城市地方特色，立足体育赛事报道核心，全力扩展报道外延，发挥广播和多媒体优势，全景呈现奥运盛况，市场份额位居广播业第一。

调查统计数据显示，奥运会期间，北京电台 11 个无线广播频率和 7 个有线调频占北京广播市场份额 68.4%，交通广播、文艺广播、体育广播奥运之声、新闻广播分列北京地区广播收听率排名第一至四名。

一、真实记录从申办奥运、筹办奥运到举办奥运的每一个足音

2001 年 7 月 13 日，北京申奥成功后，我台围绕人文奥运、绿色奥运、科技奥运三大理念，浓墨重彩宣传奥运筹办工作和全市开展的“迎奥运、讲文明、树新风”活动，并开展了形式多样的社会公益活动。新闻广播发起的“治多伦一亩沙地，还北京一片蓝天”大型环保公益活动七年来募集各界捐款680万元，共治理浑善达克沙地82000多亩，使这一地区的植被覆盖率由原来的30%提高到70%以上，被评为“首都精神文明建设最佳活动”；新闻广播在奥运会倒计时100天之际播出的百集奥运故事“咱们这七年”反响强烈，通过记者采访100个人的100个故事勾画出北京从奥运申办成功到现在所走过的七年历程。由北京电台参与主办、北京音乐广播承办的奥运歌曲征集评选活动，从2002年以来举行了 4 届评选活动，共收到奥运歌曲89000余首，从中产生出北京 2008 年奥运会全套所需的相关歌词歌曲，在社会上广为传唱，北京电台为此获得了北京奥组委颁发的优秀组织奖。外语广播在北京市民讲外语活动中，向广大听众和英语爱好者推出了一系列丰富多彩的教学节目，涵盖多个语种。奥运火炬在境内外传递期间，北京电台首次派

出八个专业广播100多名记者，联手北京广播网、DAB数字广播顺利完成49场跨国、跨省市的大型音视频现场直播。

8月8日，举世瞩目的第29届奥运会隆重开幕，作为奥运会举办城市的广播媒体，我台密切关注、全程报道奥运会开幕式盛况以及开幕式当天北京的城市运行情况和各方面反映，与中央人民广播电台和中国国际广播电台合作，体育广播在国际台搭建了直播间，从8月8日晚上6点到次日凌晨，全台8个专业广播直播奥运会开幕式实况。

奥运会举办期间，体育广播奥运之声开办24小时大型直播特别节目"全景奥运、直播北京"，全方位、多角度进行赛事报道和评论。新闻广播重点打造每天早间1小时的《奥运北京》和下午3个小时的《直播2008》奥运节目板块，形成全方位快速报道奥运的频率形态；交通广播全面调整14档节目内容，与市交管局合作开设"平安奥运交通、微笑北京交警"栏目；城市服务管理广播推出重点策划"奥运有我一分光"，围绕城市运行保障主题，以特别栏目的形式贯穿全天主要节目；外语广播奥运之声全频率节目内容以"中英双语、奥运主题"全新亮相，为在京外国人服务，外语广播网络电台也从7月起全新改版。音乐广播以"唱响奥运"为主题，推出60集大型系列访谈《你我他，快参加》，并在天津、成都举办"唱响奥运，演唱接力——北京2008奥运歌曲推广巡演"活动。

残奥会期间，体育广播奥运之声全天推出四档北京残奥会特别节目《和你在一起 同在蓝天下》，每天播出时长为5个半小时，共完成130场赛事直播；新闻广播专门组建残奥会报道团队，承担残奥会火炬接力、赛事、城市运行保障及残奥会期间各项文化活动的报道，并在早新闻和《整点快报》节目中推出"残疾人事业的发展"和"赛会运行保障"专题报道。奥运会、残奥会举办期间，我台赛事直播场次、时长创历史之最。8个专业广播奥运节目播出时长为每天120个小时以上，占频率总播出时长的71%，内容比重占频率总播出内容的3/4。其中体育广播奥运之声、外语广播奥运之声奥运报道内容和时长分别达到100%和全天24小时，成为全奥运宣传频道。全台8个专业广播共直播赛事实况500多场，播发赛事报道15407条，非赛事报道8454条，奥运、残奥文化报道4430条。

二、调集骨干力量，整合新闻资源，倾全台之力搭建奥运报道平台

为全方位、多角度做好奥运报道，我台搭建了奥运播出平台。2002年1月1日，我台创办的全国第一家体育专业广播频率——体育广播正式开播，2008年先后开办了体育广播奥运之声、外语广播奥运之声两个奥运专业频率。全台还统一使用接发稿平台，奥运期间每天上传本台各专业广播记者采编的稿件及中央电台、国际台、新华社音频报道，做到资源共享。同时加快DAB移动多媒体广播项目建设。由我台负责建设的北京公众信息服务平台于2007年1月1号正式开通，DAB数字多媒体广播已经覆盖北京整个平原地区。加大对北京广播网的投入力度，2007年北京广播网建立了奥运社区，2008年开办了奥运频道，并建立了外语广播网络电台。

其次，整合全台骨干力量，打造一支专业的奥运报道团队。2005年，我台以体育广播为核心，成立了北京电台奥运报道部。2008年成立了由台长、总编辑担任总指挥的奥运报道领导小组。奥运报道领导小组下设赛事报道部、综合报道部、文化报道部和保障部四个部门，共抽调全台14个部门151人参加奥运报道工作，由总台统一领导，统一调度，统一指挥。建立奥运报道联席会议制度，进一步完善《北京电台奥运报道规划》，人手一册《北京电台奥运赛事报道及转播作业指导书》，细化了赛事报道记者、编辑、主持人的职责、分工，重大赛事直播和转播场次的安排。围绕奥运报道组织的培训进行了

40多场，培训人员遍及全台所有一线工作人员。

三、积极参与城市运行、服务保障工作，为听众提供服务性实用资讯

从7月20日起，本市实施“机动车单双号限行”和“错时上下班”措施，奥运会举办期间，重要活动、重大赛事接连不断，各项临时交通管理措施频繁出台。北京电台各专业广播结合奥运会主办城市特点，充分发挥广播媒体及时引导和权威告知的作用，积极参与城市运行、服务保障工作，滚动播出交管部门临时交通管理措施通告，及时提供天气、路况、票务、观赛提示等服务性实用资讯，确保市民顺利出行、观赛。8月8日北京奥运会开幕式结束后，交通广播《有我陪着你》节目延时到凌晨2点，通过电波陪伴刚刚看完开幕式的观众回家，当天的节目中还穿插了很多正在采访的记者发回的现场报道，实时介绍各分流点的人员疏散情况和奥运公交专线的运营情况。

交通广播从8月8日起，和北京市奥组委志愿者部联合推出“奥运观赛温馨提示”小栏目，新闻广播在早间的《奥运北京》节目中专门安排“每天早知道”系列服务性报道，城市服务管理广播《城市零距离》节目邀请北京市气象局局长谢璞向听众详细介绍奥运会期间北京的天气情况，外语广播每天滚动播出英语服务信息，涉及交通、入场须知等内容，为在京的外国人服务。

四、奥运报道为北京电台新闻工作改革创新和现代化建设留下了丰厚的财富

奥运会、残奥会报道工作给我们留下了丰厚的财富，有很多经验值得我们总结与思考。

首先，在这次奥运报道中，全台的新闻意识和采编能力得到极大加强，新闻报道更加及时、系统、有特色。

其次，全台新闻队伍得到充实，素质全面提升。特别是很多年轻记者、编辑、主持人通过奥运报道得到了锻炼，经受了考验，增长了见识，积累了经验，提高了水平。

第三，新闻资源进一步得到整合、开发和有效利用。全台进一步整合新闻资源，新闻节目统一使用紫光采编平台编发、调用稿件，并专门设置奥运赛事报道、奥运非赛事报道、奥运文化、中央电台、国际台奥运报道稿件等发稿栏目。各专业广播将自采的录音报道、连线、消息、评论全部上传到采编平台上，全台共享并合理分配奥运采访及转播资源，提高了全台整体工作效率和节目效益，改变了以往各专业广播在新闻采编上人员、投入重叠、各自为战的状况。

第四，台网共做，采用多媒体手段进行新闻采访、编辑制作和播出，打造多媒体信息平台。

第五，体育广播、外语广播网络电台和北京广播网影响力扩大，市场份额大幅上升。

奥运期间，体育广播收听率首次超过中央电台“中国之声”频率，北京地区收听排名由7月份的第九位跃居第三位，收听率和市场份额上升了118%，8月份单月经营创收实进款350万元，提前一个季度完成全年创收任务。北京电台开办的北京市第一家外语广播网络电台，以中英双语播出为主要特色，外语广播所有节目都在网络电台上开设专题页面，在全天播出的节目中有11个小时的直播节目，实现了与网友文字或视频的互动，超越了传统广播仅以热线电话和手机短信互动的模式。这种“台网共做”的模式将形成传统广播与网络广播优势互补、互动便捷的特色。北京广播网奥运频道突出台网共做特色，24小时滚动报道，新闻资讯实时更新，我台奥运记者以及广播网编辑都在第一时间向网络发送消息，共发布文字新闻3万多条，图片新闻2885组，音频报道2060条，日均发布奥运新闻1200条，日均访问人数和页面数屡攀新高。“刘翔因伤退出比赛”、“51金100奖牌创历史”等快讯的发布速度超过了新浪网等门户网站。

投入最大热情 付出最大努力 取得最佳成绩 全面实现北京奥运广播电视安全播出保障总目标

北京市广播电视局科技处

一、强化管理，严谨细致，任劳任怨，万无一失

科技处作为市广播电视安全播出指挥部办事部门，承担着指挥调度工作和突发事件应急指挥的组织协调工作，任务艰巨，责任重大。奥运会在北京举办，意味着广电战线将迎来一场迄今最为复杂激烈的斗争，而且奥运安全播出的保障工作要求更高、时间更久、战线更长、难度更大，必须提早做好充分准备。

科技处在主管领导的指导下，认真分析了我市广播电视安全播出面临的形势，向全市广电系统提出《北京市广播电视局关于确保奥运期间广播电视安全播出的工作意见》，从十个方面提出了工作重点，分三个阶段实施了隐患排查、整改、再排查、再整改，直至将各种隐患全部排除和解决。全处同志认真梳理完善各项广播电视安全播出应急预案和工作方案，认真研究防范重大事件（事故）的管理办法，研究快速处理非法插播广播电视处理流程等，编制了《北京市广播电视安全播出工作方案（奥运专题）》，印发全系统各单位。按照计划安排，组织对系统内的电台、电视台、集团所属几个新媒体公司以及区县广电中心的技术设施、设备方面的隐患排查、检查，促进整改。为了将各项预案从“纸面”落到“地面”，科技处组织以及与部分单位共同组织了多次广电系统内部的联合专项演练，也参与了市委610组织的演练，收到良好效果。科技处作为北京地区广播电视频率管理的责任部门，认真研究，反复测试，积极协调，终于促使北京电视台的高清频道在奥运期间如期开通，兑现了对国际奥委会的承诺。

科技处的同志们每天都加班到很晚，按照“5＋2”、“白＋黑”的要求，不计得失，全身心地投入工作中，在关键时刻体现出共产党员的优秀意志品质。在奥运期间，同志们投入“三个系列”的值班，分别参加市广电局的总值班、局安全播出调度中心值班以及由处长和另一位同志轮流每晚在安全播出指挥部值班，并通过专网向国家广电总局报告播出情况。两个月内，全处同志平均加班近300小时，但没有人叫苦叫累，也没有一人脱岗离岗，做到了北京市广播电视系统安全播出及传输无事故，确保了北京市人民群众在奥运期间收听、收看好各项赛事转播，为“平安奥运”做出贡献。

二、不畏艰辛，持之以恒，无线覆盖，共享奥运

作为市政府为民办实事工程，按照上级要求，市广电局落实在房山、平谷、怀柔、密云、延庆建立五座高山广播电观转播站，其中最高山峰海拔2010米，2008年6月底前完成，保证山区农民朋友能够免费收听收看奥运盛况。科技处承担此项建设，不仅涉及广播电视无线覆盖技术的具体应用，更涉及发射台站的土建工程和塔桅工程建设，专业性很强。由于转播站都建立在高山上，山高路陡，有的甚至没有路，每来回一次都需要5、6个小时的车程，工程很有挑战性。

两年的艰辛，百倍的努力，可以通过几组数据来说明：前期选址考察、实地踏勘、测试行程近6万公里，算上建设时期的路程，行程已有十几万公里；直接协调的单位达40个，办

理各种审批手续近80个。值得欣慰的是，北京第一套广播节目在远郊区县固定人口的无线覆盖率从50%提升到90%。转播站建设期间正逢党的十七大召开，也正处于奥运决战、决胜之年，工作十分繁重。科技处的同志们每天都工作到很晚，在转播站建设关键的几个月，他们几乎天天到家已近子夜，周末也大都加班工作。有的同志感冒发烧，输液后继续工作；有的同志家里老人和孩子都生病了，也无法回家照顾；处里有两位同志的孩子正值中考，他们却没有一天迟到早退请假休息。为了奥运，为了广电事业，同志们把对孩子和家庭的愧疚埋在了心底，同时家人也给予了他们深深的理解和强大的精神支撑。

事实证明，正是科技处的同志舍小家、顾大家，才换来工作上的累累硕果。事实也证明，科技处是一支能够克服一切困难、压倒一切艰险、敢于取得胜利、善于取得胜利的好队伍。

（本文摘自《北京市宣传系统服务保障奥运先进事迹选编》）

与奥运圣火同行

北京电视台海外节目中心

2008年，在北京电视台党委和奥运领导小组的直接领导下，在全台各部门的支持和配合下，北京电视台海外节目中心认真贯彻奥运火炬报道方针，圆满完成了北京奥运会、残奥会火炬接力各项直播报道工作。

一、成功组织“火炬传递体验之旅”大型报道活动

按照市委宣传部和台奥运领导小组的具体要求，海外节目中心从2008年3月火炬传递前夕开始，率先组织实施了“火炬传递体验之旅”大型报道活动，为3月24日开始的火炬传递全程直播提供必要的影像和信息支持。

“体验之旅”境外报道团队先后派出9个摄制组，携带奥运火炬，分赴希腊及境外13座传递城市，专访了10位我驻外大使或总领事，专访了澳大利亚总理陆克文、土耳其副总理巴谢尔斯基·奥卢和13位火炬传递城市领导、9个国家和地区奥委会主席，以及30多位境外火炬手。

“体验之旅”境内报道团队先后派出6个摄制组，分赴国内30个省市自治区，总行程超过一万公里，专访了国内17个省、自治区、直辖市的党委书记、省长、自治区主席或直辖市市长、主管火炬传递的副省级领导，以及70多位火炬手，展现了北京电视台作为首都台和奥运主办城市电视台的雄厚实力。

二、圆满完成《百日大直播》及《你好，奥林匹克》直播工作

《和谐之旅——奥运圣火传递百日大直播》及《你好，奥林匹克》直播自3月24日播出，是北京电视台有史以来连续直播时间最长、参与人数最多、直播规模最大的活动，同时也是北京电视台海外、新闻、体育节目中心及各前方报道组、奥组委官方摄影队多方合作、综合报道成果的结晶。

在为期138天的《百日大直播》、《你好，奥林匹克》直播报道中，海外节目中心直播团队发扬连续作战的工作作风，放弃了30多个周末休息日和五一、端午节等假期，坚持工作在直播第一线；累计播出节目时长达6550分钟，邀请国内外嘉宾、社会各界知名人士，以及各省区市电视台知名主持人共346人次嘉宾参与直播节目，取得了良好的收视效果与社会反响。

三、配合完成境内外火炬传递现场报道

在境外火炬传递现场报道中，由海外节

目中心人员组成的T1组，先后前往泰国曼谷和印尼雅加达进行现场报道。在一个星期内，摄制组拍摄到大量第一手独家、珍贵的电视画面，采访了包括两国奥委会主席在内的数十位当地重量级人士及火炬手，先后传回超过10条、总时长将近一小时的奥运圣火传递相关报道。

在境内传递现场报道中，由海外节目中心人员组成的A、B团，先后前往国内20多个省区市进行报道。在三个月的时间里，摄制组成员凭借坚韧的意志，克服包括身体不适等在内的诸多困难，制作了总条数超过100条、总时长约500分钟的火炬传递相关报道，出色的完成了任务。

四、圆满完成奥运会火炬北京传递直播工作

海外节目中心承担了北京奥运会火炬8月6日、7日、8日在北京传递的直播报道任务。面对此次直播时间紧、任务重、困难多的特点，海外节目中心在台奥运领导小组办公室的直接指挥下，迅速制订直播节目方案，并与台转传部多次会商，共同确定直播技术方案。参与报道的海外节目中心直播团队，为了筹备36小时的全程直播，共制作播出各类小专题片68个，内容涉及北京各区县党委书记及区县长专访、北京各区县介绍及最新奥运动态等，累计时长2160分钟。此外，三天直播共邀请37位嘉宾做客演播室，包括北京首棒火炬手、特级航天员杨利伟少将，和广大观众一起，见证了奥运圣火在北京传递的盛况。

此次直播规模庞大，涉及台内外各部门工作人员200多人，凭借不怕吃苦、勇于奉献的精神，取得了平均收视率2.65的好成绩，为北京电视台奥运火炬接力报道画上了圆满的句号。

五、圆满完成残奥会火炬北京传递直播工作

海外节目中心再次承担了北京残奥会火炬9月5日、6日在北京传递的直播报道任务。北京电视台延续了奥运会火炬传递直播的组团和报道方式，由台领导直接指挥，海外节目中心会同台其他节目部门，共投入超过230人的转播力量。直播前夕，海外节目中心还派出多路记者，拍摄残疾人火炬手的生活工作状况，制作完成供直播期间插播的短片25部，极大地丰富了电视画面，成为残奥会火炬传递直播的一大亮点。在两天直播中，海外节目中心直播团队总共完成无延时直播5小时45分钟，完整记录了两天共240名火炬手的接力实况，圆满完成残奥会火炬传递的直播任务。

（本文摘自《北京市宣传系统服务保障奥运先进事迹选编》）

全力让奥运转播信号搭载地铁新线

北广传媒地铁电视有限公司

2008年8月8日晚，因各种原因还在地铁内、以为将遗憾错过北京奥运会开幕式直播的乘客，却意外发现，当时针指向8点零8分的时候，地铁站厅和车厢内的电视屏幕上正在转播开幕式盛况。给他们带来惊喜的，正是成立仅一年多的北广传媒地铁电视有限公司。

一、紧急指示，历史性的使命

8月1日刚刚上班，地铁电视有限公司办公室的电话铃声突然响起，上级指示：为了让广大地铁乘客在奥运期间（8月8日至9月20

日）收看到赛事转播，一定要在奥运会开幕前，将奥运转播信号引入地下，进入地铁站台和车厢内。

突如其来的重任让地铁电视公司措手不及，而这项工作本身也非常棘手：一方面时间不足一周，非常紧迫，公司员工又少，没有类似工作经验；另一方面地铁5号线、10号线和奥运支线节目信号是否在技术上能够引进，是否可以获得奥运节目播出授权等问题，都还是未知数。本着为奥运添彩的高度政治责任感，公司当即召开了紧急会议，决定所有人放下手头一切工作，全力以赴投入这一具有历史意义的奥运任务当中。随即，各部门及人员进行了详细分工，分别与北广传媒集团有关部门、移动电视公司等单位联系、沟通，在第二天（星期六），就对信号引入地点、引入方案和是否需要破土施工等技术问题实地调研，初步确定了信号引进技术方案及播出节目的版权授权解决方案。

二、几经波折的二十四小时

8月4日，在经过与北广传媒集团、移动电视公司以及地铁运营公司小营指挥中心等有关单位沟通协调后，公司技术部大胆提议，利用小营指挥中心的乘客导乘系统，请求移动电视公司给予支持，单独发射一路空中信号，接收后分别进行传输，实现在地铁内实况转播奥运赛事。公司领导班子对方案多次讨论研究，得到北广传媒集团和地铁运营公司双方领导批复后，随即组织实施电视信号引进方案。

8月5日，公司组织技术部人员实施信号引入工程，为地铁5号线、10号线和奥运支线引进节目发射系统。当技术部同志赶到地铁小营指挥中心，打开锁着的机柜时，所有人都傻眼了，原来所有的穿线管孔都已占满，这与原来了解的情况并不相符。技术部人员立刻与北京地铁通信公司联系，紧急组织了数家单位和多名专家召开技术协调会。大家集思广益，地铁电视公司最终提出在保证不影响地铁正常运营的情况下穿孔布线，并设计出了合理的施工方案。

奥运即将开幕，在地铁运行中枢实施临时穿孔布线谈何容易。紧张的请示、协调、方案修改工作同步开展，所有工作人员的午饭取消了，也没有时间去吃。公司领导和技术部同志几个人的手机电池也开始告警、没电。晚上九点多，在得到专家和各方领导认可后，方案最终被批准了。技术部连夜组织施工，在几个机房内掀开地板，拆开顶棚，经过20多小时的奋战，终于在8月6日成功使电缆穿越机房，顺利对接地铁5号线、10号线和奥运支线的电视系统。

三、地铁里看上了奥运直播

8月8日，地铁电视公司领导和技术部人员深入各条地铁线路，除了和其他乘客一样期待奥运开幕外，也在担心奥运开幕式能否按照预期在地铁内正常转播。

历史时刻终于来临，当欣喜地看到乘客在车厢内聚精会神收看开幕式，不舍得下车的时候；当看到车站工作人员为了疏散聚集在地铁站厅内观看节目的人群，不得不暂时关闭电视屏幕的时候，一周以来日夜奔波所带来的辛苦一扫而光，他们顿时感到欣慰和自豪，和乘客一起愉快地欣赏着地铁车厢内转播奥运开幕式的独特风景。受此鼓舞，地铁电视公司再接再厉，在奥运会开幕式后，积极联系有关单位剪辑制作了开幕式集锦、奥运歌曲等节目，在暂不具备直播条件的地铁1号线、2号线重复播放，地铁车厢内洋溢着奥运气息。广大乘客在谈论奥运赛事的同时，也对北京地铁电视津津乐道。

地铁电视有限公司受到广泛好评，各大电台、电视台以及报刊杂志，对奥运赛事在地铁顺利转播给予充分报道，各级领导也对公司前期卓有成效的工作给予肯定和赞扬。

（本文摘自《北京市宣传系统服务保障奥运先进事迹选编》）

浓墨重彩宣传改革开放三十年

北京人民广播电台

从2008年9月下旬开始，北京电台8个专业广播纷纷通过组织策划专题节目、系列报道、开设专栏、制作宣传片花等方式，集中推出纪念改革开放30周年节目。

一、开设改革开放30年报道专栏

为纪念改革开放30周年，反映北京地区改革开放以来的风雨历程和巨大成就，新闻广播从9月25日开始在《北京新闻》、《新闻热线》、《新闻大视野》节目中分别开办“跨越30载，放歌新北京”、“我的经历”、“经典中国，辉煌30年”专栏，展开为期三个多月的集中报道。

“跨越30载，放歌新北京”选编本台记者的自采稿件，每集3分钟，每周一、周三、周五在《北京新闻》节目中播出。“我的经历”选编听众的亲口讲述，每天播出。其中有较大新闻价值的，由记者追踪采访，以录音新闻的形式在《北京新闻》节目中播出。“经典中国，辉煌30年”选编改革开放30年的相关报道，在《新闻大视野》节目中播出，每周不少于3次。这些专栏从发生在我们身边的、听众能够实实在在感受到的变化中，选取具有典型意义的事件进行报道。

“有多少歌可以让我们的记忆重来。”这是音乐广播推出的“改革开放30年30个最有影响力的歌手和歌唱家系列采访”专题节目的主题词。从11月1日开始，在音乐广播《歌飞扬》节目中，听众都可以听到这个以“歌声中的30年”为主题的访谈节目。

这次列入采访范围的歌曲演唱者，都是产生于音乐广播目前正在进行的“1978—2008年中国改革开放30年听众喜爱的30首金曲评选”展播活动入选曲目。这个大型访谈节目播出30集，从原创歌曲的创作和发展的角度反映中国改革开放30年来中国人民生活的巨变，反映改革开放给中国音乐事业带来的深刻变化。

音乐广播同时在北京广播网上设置“改革开放30年30个最有影响力的歌手和歌唱家系列采访”专题节目的特别主题页面，听众和网友可以在这个页面上看到节目的视频采访、访谈文字，收听节目上传的音频，还可以与节目互动交流。

二、30年30首金曲再现

2008年4月至9月，音乐广播举办“1978—2008年中国改革开放30年听众喜爱的30首金曲评选活动”。

评选活动汇集1978—2008年所有曲目，每十年为一组，共分三个十年组。从4月至9月，在《记忆的唱片》节目进行展播，全天滚动播出展播曲目和投票方式。在为期六个月的展播期间，听众通过电话、短信、网络、信件参加投票评选，按得票排序选出排在每个十年组的前十首歌曲共30首歌曲，2008年12月，举行揭晓晚会《改革开放30首金曲再现》。

“十一”期间，音乐广播《记忆的唱片》还播出5期“歌唱祖国”系列特别节目，《歌飞扬》播出7期“改革开放30年优秀经典歌曲回眸”系列特别节目。

从11月1日开始，在音乐广播《歌飞扬》节目中，听众都可以听到这个以“歌声中的30年”为主题的访谈节目。

三、风云激荡30年，书海撷英话今昔

从11月22日开始，首都生活广播在《读书俱乐部》节目中推出12集特别节目《文学中的记忆》。通过对改革开放三十年当中典型作品的回顾、介绍和分析，从一个侧面展现改革开放三十年当中，中国社会发生的翻天覆地的变化，体会改革开放带给中国人的新生活，引导听众一起重温风云激荡的岁月，回味多姿多彩的人生。

该专题邀请中国作协、人民文学出版社、《当代》杂志等单位合作。从1978年后出版的文学作品中，遴选出最能反映时代风貌、重大事件、个人生活，并取得强烈反响的12部作品加以回顾和介绍。节目的内容包括：对所选作品的介绍，采访作者、编者、评论者，媒体记者，从他们那里了解创作经过和感想，出版过程以及所产生的社会反响。寻访那些曾经受到作品影响的读者，从他们的回忆中展现作品的时代意义。选择书中有代表性的段落诵读欣赏。

所选书目为：《乔厂长上任记》、《沉重的翅膀》、《赤橙黄绿青蓝紫》、《陈奂生上城》、《平凡的世界》、《新星》、《人到中年》、《贫嘴张大民的幸福生活》、《人虫》、《中国姑娘》、《中国863》、《世界大串连》。

第八届北京图书节于10月10日至20日在北京地坛公园举办。首都生活广播通过第八届北京图书节直播节目展现改革开放30周年文化成就。系列直播节目以“阅读点燃梦想，创意成就未来”为主题，邀请北京市新闻出版局党组书记、局长冯俊科，文化学者北京师范大学教授于丹，首都师范大学出版社总编辑陈鹏，青年写作爱好者刘羊等数十位嘉宾走进设在地坛公园图书节现场的直播间，结合改革开放30年、抗震救灾重建家园、百年圆梦北京奥运、青年写作爱好者作品征集出版活动、京郊新农村文化建设暨北京市“读书益民”工程建设等大型图文展示、20讲名家讲坛和新书新作系列推介签售等主题内容，与现场的观众与收音机前的听众互动交流。

四、我的生活就此不同——改革开放30年之交通生活变迁

交通广播联合北京广播网计划实施以“我的生活就此不同——改革开放30年之交通生活变迁”为主题的大型活动，并开展故事线索和图片、实物征集活动，以普通人、多角度的切入，反映改革开放30年来交通生活的变迁。活动从2008年3月17日到12月18日，分为启动阶段、征集初期阶段、奥运阶段、征集后期阶段、集中报道阶段、高潮阶段。

“我的生活就此不同”系列节目继“五一”长假推出三期后，9月29日至10月5日间陆续播出7期，报道从普通市民交通方式的变化出发，展现过去和现在生活上的巨大变化，如《父子两代司机的故事》、如反映北京出租车变迁的《从三蹦子到现代轿车》等。《一路畅通》也在节目中以改革开放三十年的变化为题展现了人们吃穿住行的变化，让人实实在在感受到改革开放的成果。

五、细说变化，解读政策

城市服务管理广播从9月22日开始，动员全台力量，在新闻类节目和其他六大类节目中陆续推出“北京城市30年发展变化”专题报道，总共涉及13档节目。通过开展记者下基层、支部联谊等形式，深入采访体验30年来政府相关部门的变化，制作特别系列专题，体现执政水平的提高，执政方式的变化。

《七点早新闻》节目的“北京观察”专栏从9月22日开始，每周一至周五安排播出系列报道“细说变化、精说成绩”，系统报道城市环境、卫生、教育等水平的提高，发展方式的转变，发展成果惠及于民等。通过微观切入，讲述城市发展，人民富足。

10月13日，城市服务管理广播《中国财经60分》节目连线上海第一财经频率就十七届三中全会关于农村改革发展的若干重大问题进行了及时报道。节目中采访了北京大学副校长海闻、国务院发展研究中心学术办主任李左军、国务院发展研究中心金融研究所副所长张纯惠、北京市农委研究室主任王修达等农村问题专家，就农村改革发展的战略规划、稳定和完善农村基本经营制度、土地流转、建立现代农村金融制度、扩大农业对外开放等方面进行了详细解读。上海、天津、重庆、哈尔滨、甘肃、宁波、广东、广西、贵州、温州、香港等地的14家广播电台进行了同步直播。

《市民热线》节目侧重百姓谈变迁。从9月22日开始，继续在每天3分钟的“好市民讲述”系列节目中安排普通人的讲述，按衣食住行、教育、娱乐、医疗、工作等不同范畴，请不同年龄段的群众结合自己切实感受谈变化，以“点”带“面”，讲故事、讲细节。“十一”期间还推出“好市民讲述”特别节目《感受巨变，我这三十年》，包括《这些人，这些事》和《我说这三十年》两部分。《这些人，这些事》从社区开展的一系列活动来映射人民生活的变化，《我说这三十年》通过百姓讲述亲身经历凸显人民生活水平的提高。

六、关注改革开放多个“第一”

文艺广播组织创作广播剧《京城第一家》，以1979年北京第一家申请并获准开办的个体餐馆为题材，反映改革开放之初经济体制改革的破冰之举，表现改革开放30年来中国社会发生的巨大变革。

《小说连播》安排播出的纪实文学《袁庚传》，描写了袁庚同志担任改革开放初期第一个经济特区领导，打破旧体制禁锢，走出一条经济特区改革开放之路的历程。

《广播剧场》节目从国庆节开始展播广播连续剧《千古流芳》，生动再现了改革开放总设计师、一代伟人邓小平同志在香港回归祖国谈判过程中的魄力和智慧。

七、纵论改革开放30年北京体育的辉煌成就

为了全面报道改革开放30年北京的体育成就，体育广播在《体育新世界》三大板块当中推出系列专题报道“不辱使命全面发展——纵论改革开放30年北京体育的辉煌成就”，节目选题包括“奥运争光，北京体育奋勇争先”、“全民健身，北京体育硕果累累”、“城市体育名片，从长城杯到中网”、“从群众体育协会的发展，看北京体育的明天”等，每集10分钟以内；同时，在全天6档整点《体育新闻》中开辟专栏“耕耘结硕果——改革开放30年北京体育全面发展”，每篇报道3分钟，国庆期间在《体育新闻》里集中推出。

八、喝彩中国辉煌30年

北京广播网特别制作了改革开放30年大型专题报道页面《喝彩中国辉煌30年》，并于10月1日推出。

页面根据我台各专业广播对改革开放30周年的报道，设计了“音视频报道”、“30年观察”、“我的30年”、“改革开放30年之北京”、“图片故事”、“精彩瞬间”、“数据统计”等十多个栏目，力图生动地宣传改革开放30周年的成就，并为各专业广播提供网络展示平台。

开拓策划思路 创新组织形式

——大型新闻行动《见证新北京》获得成功

北京电视台

从2008年4月起，北京电视台新闻节目中心在以《北京新闻》为主的四档新闻栏目中推出了贯穿全年的大型新闻行动“见证新北京”，大量采用SNG直播、主持人现场报道等方式，以小见大、以点带面，集中展示中国改革开放后北京城市发展建设成就。《见证新北京》通过在组织策划方面的成功创新，取得了良好的社会反响，走出了一条成就报道的新思路。

一、视角独特

北京申奥口号是：“新北京、新奥运”。主要内涵是：有三千余年建城史的北京，经过改革开放的洗礼，将以崭新的、多姿多彩的面貌进入新世纪，她将以饱满的热情欢迎全世界的体育健儿和各界朋友，共同参与奥运盛会。经历百年沧桑的现代奥林匹克运动会，在拥有世界人口的1/5的中国举办，将使奥林匹克精神得到更广泛的传授，翻开奥林匹克运动的崭新一页。同时，进入新世纪的奥林匹克也将以全新的面貌向世界人民展示其特有的魅力。

当2008年奥运之年来临之时，几乎所有媒体都聚焦“新奥运”，各类相关报道大量出现在报纸版面、电视荧屏、网络页面等各种媒体上，而《见证新北京》在这时独具匠心地把视点聚焦“新北京”，并通过贯穿全年的系列报道完美的诠释了“新北京”的概念。这不仅有力的弥补了奥运报道中对“新北京”概念的报道缺失，同时这种独特的视角从一开始就抓住了观众，为后来《见证新北京》所达到的良好宣传效果打下了坚实的基础。

二、规模宏大

《见证新北京》系列报道是北京电视台新闻节目中心2008年度最大规模的新闻行动，从策划时起“贯穿全年、兼容并包”就成为栏目的核心思想，只有把规模做大才能最大限度地扩大影响，只有把报道内容做全面才能更好地吸引观众。

《见证新北京》系列报道从2008年4月开始播出到12月结束，在北京电视台卫星频道4档新闻节目共滚动播出240集，总时长超过1000分钟，如此大规模的报道力度创造了北京电视台新闻中成就式系列报道新的里程碑。

不仅篇幅长，《见证新北京》系列报道也做到了言之有物，“交通篇、城际篇、园林篇、乡村篇、人文篇、商业篇”6大部分，从“三条地铁今天开通试运营创北京地铁发展史多个第一”、“高科技铸就新南站高速铁路助环渤海经济腾飞”，到“九条特色商业街改造完成”、“走进美丽乡村感受建设成果”，再到“立体花坛扮靓长安街北京盛装迎宾客”、“国子监街全面开放重现明清古朴风貌”，每一篇报道都反映出新北京在经济社会发展的各个领域中取得的成就，而六大部分合在一起，就在奥运之年全景展示了首都建设的新成就。

三、手段丰富

《见证新北京》在组织拍摄中充分发挥电视优势，改变以往单一的报道模式，综合运用了各类新闻报道手段来表现不同的主题。

对于重点工程落成的报道，《见证新北京》采用SNG直播的方式，让观众能够在第一时间

"到达"新闻现场，感受工程的震撼。在人羊房收费站改扩建工程现场、北京南站工程现场都留下了《见证新北京》SNG直播组的身影。

对于一些涉及与市民生活息息相关的报道，《见证新北京》则采用了短信互动平台等新媒体手段加强与观众的联动。在2008年6月9日，北京地铁实现全网自动售检票的新闻报道中，通过短信平台很多观众就回忆了自己在各个年代乘坐地铁、使用纸质地铁票的情景，将新闻报道与观众距离瞬间拉近。

在以往的成就报道中，平铺直叙的介绍性报道占了很大部分，这种"填鸭式"的报道方式往往达不到很好的宣传效果。《见证新北京》通过组织市民参观、记者体验、邀请国际媒体记者体验等形式全面展示成就，探索了成就报道的新思路。

四、打造品牌

着力打造品牌效应是《见证新北京》系列报道在原有成就报道体系中的又一创新。以往多个彼此割裂的成就报道很难造成规模效应，单一的报道宣传效果并不明显，而《见证新北京》把建设成就类时效新闻有机组合在"见证新北京"的品牌下，实现了成就报道"1+1>2"的规模效应，不仅大大提升了报道的社会影响，而且品牌效应也受到了企业的关注，带来了可观的经济效益。同时，《见证新北京》系列报道提出的"让世界从BTV了解新北京、让新北京从这里走向世界"的传播理念，也成功尝试了宣传新模式。

全方位多角度报道抗震救灾

北京人民广播电台

5月12日，四川汶川县发生里氏8.0级地震后，北京电台立即投入了抗震救灾的宣传报道。

一、全方位、多角度、大篇幅报道抗震救灾工作

从5月12日至6月29日，北京电台共有139个栏目播出有关抗震救灾内容，总时长2742小时。各专业广播共播发抗震救灾报道9300多条次，其中自采稿件1200多条次，连线报道400多条，还制作了近百条不同内容的公益广告全天滚动播出。

迅速推出特别节目，播报灾区动态消息以及社会各界心系灾区的生动事例。新闻广播每天安排10个小时报道救灾情况，各节目采用统一的抗震救灾栏目曲"心系灾区，风雨同行，和你在一起"。《北京新闻》、《新闻大视野》、《新闻天天谈》、《新闻2008》、《整点快报》等重点节目以大量篇幅报道了中央领导亲临灾区指挥抗震救灾工作，解放军、武警官兵、公安干警克服困难开展救援，社会各界团结一致支援灾区的生动事例。5月13日到16日，新闻广播每天推出长达6个小时的抗震救灾特别报道"和你在一起"。新闻广播与城市服务管理广播还共同制作"抗震救灾英雄谱"专栏在《北京新闻》、《七点早新闻》节目中播出。

5月28日傍晚，四川汶川大地震91名伤病员来到北京老年医院接受康复治疗，引起了北京各界的密切关注。北京新闻广播第一时间追踪报道了伤病员入京安置的全过程，同时，新闻广播继到北京老年医院向灾区受伤群众捐赠价值3万元的收音机和营养品后，又紧急与北京市卫生局领导沟通，策划"为了91个兄弟姐妹"特别直播节目。

5月13日，交通广播心系灾区大型宣传活动——"心手相连，众志成城"正式启动，全天12次在交通广播黄金时间和重点栏目滚动播出公益广告，《车友音乐时空》、《动感北京·

舞动奥运》、《有我陪着你》节目调整内容，均安排"抗震救灾"特别板块，邀请北京红十字会、奥运志愿者做客直播间或参与节目连线，传递"一方有难，八方支援"的拳拳爱心。

外语广播在地震发生后第一时间与新加坡、美国洛杉矶等地进行了连线，及时向海外关注灾情的广大华人传递地震灾情以及救灾进展信息。《城市节拍》从5月13日起，推出"汶川地震特别节目"，以英文为主报道前方救灾情况和最新消息，同时与地震专家进行连线。《感受北京》、《在音乐上》、《名师在线》等节目也分别以"各国友人祈福"、"勇敢的中国人"、"团结就是力量"、"爱心募捐"为主题组织节目选题，与听众进行互动，号召大家为灾区人民捐款。

二、结合抗震救灾形势，及时调整文艺、娱乐类节目

音乐广播从5月13日起，取消所有节目娱乐内容，全天滚动播出救灾捐助热线、短信捐助方式等，同时制作并滚动播出抗震救灾公益片花6条。文艺广播在地震发生的次日，撤掉文艺广播的娱乐台标"快乐其实很简单"，换为抗震救灾的公益广告。全台的所有直播节目，在直播前均要涉及有关抗震救灾情况的报道，《876资讯》节目全天30次播出抗震救灾报道，在整点报时和直播节目中还插播捐款热线电话。新闻广播《都市夜心情》、城市服务管理广播《生活公告牌》、首都生活广播《说烦解忧》等服务类节目及时介绍抗震救灾相关知识，邀请专家对市民进行相关心理调适。首都生活广播青少节目《男孩女孩》邀请地震专家为同学们讲解防御地震知识以及如何开展自救。节目结束后，很多同学都自发的为灾区同学捐款。

三、派出记者、主持人深入抗震救灾第一线报道

地震发生后，北京电台先后有14名记者、主持人赴灾区采访，他们中有经历了唐山大地震的主持人，有跟随"爱心航线"前往四川地震灾区采访的记者。他们的足迹遍及汶川、北川、绵阳、什邡、德阳、都江堰、映秀、彭州、广元、江油、绵竹、汉旺、陇南等重灾区，为灾区群众送去首都人民的祝福，发回大量受灾地区医疗援助、物资发放、房屋建设等报道，为首都听众及时传递来自抗震救灾第一线的最新信息。

四、全国哀悼日节目播出情况

在全国哀悼日期间，新闻广播除《北京新闻》、《新闻热线》、《新闻大视野》、《资讯早八点》、《新闻天天谈》、《新闻2008》等自办节目外，其余时间均为转播中央人民广播电台和中央电视台节目。交通广播除播出《交通新闻》、《一路畅通》(上午版)、《汽车天下》、《一路畅通》（下午版）及《新闻直通车》等自办节目外，其余时间与新闻广播并机，播出新闻广播的节目。城市服务管理广播、首都生活广播、体育广播、音乐广播、文艺广播、外语广播六个专业广播，各有线调频广播，DAB数字广播均从19日零时起至5月21日24时，与新闻广播并机，播出新闻广播的节目。全国哀悼日第一天，新闻广播、交通广播共派出12路记者分赴天安门广场、王府井商业街、北京站、首都机场，以及奥运场馆、国旗班、机关企事业单位等地，及时反映身在不同场所的北京市民的心情和感受。记者们在采访中深深地被全国上下万众一心的巨大凝聚力所感染。

五、"六一"特别节目关注灾区儿童

"六一"儿童节，由北京交通广播联合中华文化传承创新发展联合会、首都慈善公益组织联合会等单位推出"志愿家庭和你一起过'六一'——爱心书包捐赠"活动，共计收到市民捐赠的爱心书包46730套，每套书包都装有文具、玩具、爱心书、红领巾、体育用品等礼物。北京志愿家庭捐赠的爱心书包，通过两列红十字会专列分别于5月30日和5月31日到达北京对口支援的陇南、什邡两市，并由北京市红十字会与当地红十字会及民政部门对接，"六一"当天直接发放到小朋友手中。交通广播派出记者全程记录"爱心'六一'特别直通车"的爱心之旅。

5月30日下午，文艺广播台长邵军和《爱星满天》节目主持人小雨来到四川省绵竹市孝德小学，给那里的孩子送去了500条红领巾，并带去了北京小朋友写给灾区小伙伴的卡片、图画和书信。在文艺广播送给孩子们的大条幅上，签满了北京小朋友的祝福，这份满载情谊的礼物也将永久保留在孝德小学。

由首都生活广播、北京红十字会联合发起，首都生活广播《男孩女孩》、北京新闻广播《教育面对面》、交通广播《动感北京》联合举办的，北京市青少年在假期通过捡拾废品垃圾为地震重灾区什邡市捐助"博爱电波书屋"的活动从6月1日启动以来，得到了北京市各中小学校的积极响应。首都生活广播作为发起者，捐出善款3万元。

北京交通广播等全国10家电台共同搭建"温馨花房"。《温馨花房——震不垮的学校》特别直播节目从6月1日9：00—19：00，唐山、宁波、北京、南京、上海、天津、大连、浙江、长春、河南等10家电台共同参与。6月1日11：00—12：00，由北京交通广播直播的"首都关怀"主题，将由交通广播记者、主持人重点讲述市民在为灾区孩子献爱心等公益活动中的感人故事，展现首都人民"大爱无疆"的情感。

6月1日，音乐广播与北京团市委、市少工委共同举办"'六一'儿童心灵关爱行动——从灾区儿童心理重建谈儿童心理健康"特别节目。全天播出5个小时，邀请权威心理专家参与节目。

另外，城市服务管理广播《城市零距离》和《市民热线》两档节目，5月30日、31日邀请心理干预专家和赴灾区救援的志愿者，与听众交流儿童心理干预和心理救援的话题。新闻广播《资讯早八点》节目在6月1日的"百姓生活故事"中关注一名来自地震灾区的女孩在北京过的第一个儿童节。

六、北京广播网制作"抗震救灾"专题

5月12日，四川汶川地震发生后不久，北京广播网在首页"热点新闻"栏目连续报道有关地震的最新情况以及各方反应。5月13日，北京广播网在前期报道的基础上，主页面均安排抗震救灾内容，制作了"抗震救灾"专题，设有焦点图片、救灾进展、汶川动态、各地情况、救灾捐助等13个板块，重点报道震后救灾、各方捐助等情况，利用图片、文字、音视频等形式，全面反映抗震救灾的进展，通过博客、论坛等工具引导网友为灾区祈福，并公布捐助热线，方便网民捐款。全国哀悼日期间北京广播网页面均用黑体字。为了更好地宣传"抗震救灾、重建家园"，并集中反映我台编辑、记者及各部门在赈灾报道中发挥的作用，北京广播网专门推出图片专栏"我们在一线"。

截至6月29日，"抗震救灾"专题中刊发新闻3476条，图片512幅，视频175条，音频32条，专题访问量超过270万次。

七、城市服务管理广播推出北京对口援建四川什邡系列特别节目

9月1日，四川省339万学生100%实现复课，9月1日到9月5日，城市服务管理广播策划完成"心手相连，重建家园——北京对口支援什邡系列特别节目"。北京广播网、新华网、网易、首都之窗、搜房社集网和焦点网几家网站进行同步音视频图文直播。

系列节目从什邡的学校建设、重建规划、过渡安置、基础设施建设、公共服务设施建设以及产业规划和发展等多个角度，全面展现北京对口支援什邡所做的工作，取得的成效。

此前被派往灾区的三名记者，采访了大量第一手素材。在北京的直播间内，北京市政府相关部门的负责人和灾后重建权威专家畅谈了什邡的建设规划思路。

系列节目共收到听众互动短信120余条，热线电话40余个。什邡市领导在节目中向北京市委、市政府和市民的关怀和支持表示感谢。

盘活前线·接牢地线·着眼长线

——从汶川大地震看地方电视台重大事件的报道组织

张冬林

四川汶川大地震是一场地质震动，从某种意义上来说也是一场传播震动。在这场新闻会战中，北京电视台卫视节目在推出抗震救灾特别直播节目的13天里，收视率同比上升85%，全国卫视排名由第7位上升到第4位。汶川大地震报道实践告诉我们，只要组织得力，地方媒体同样可以有所作为。而我认为，所谓组织得力，主要可以形象地概括为四个“线”，也就是通过盘活前线、接牢地线、着眼长线达到跻身一线的目标。

盘活前线

盘活前线首先表现在创造前线资源。在此次汶川大地震报道中，北京电视台一方面坚决遵照上级规定严格控制灾区报道人数，避免给灾区人民增加不必要的负担；另一方面迅速调动有效力量。主要采用了三种方式使灾区报道队伍实现零的突破。第一是“转调”，5月12日，报道火炬登顶珠峰的一支队伍正好滞留成都机场，我们要求他们立即转战灾区，成为事发当日到达前线的第一支报道队伍；第二是“征调”，事发前后，我们有多位记者分别因私探亲回川，我们组织他们发挥各自优势，就地参与报道；第三是“随队”，此后2天内，在京和本市军队武警、医疗抢险、工程救援、地质气象、民间专业化志愿团体分别应征或志愿赶赴灾区，我们随队派出多路记者。

盘活前线其次要拓宽前线资源。在本次地震报道中，我们迅即与包括当地政府、救援部队、医疗抢险队、气象地质专家队伍、交通运输部门等在内的上百个前方救援人员建立了连线关系，倍增报道力量。对前线资源的开掘我们做到两点：一个是联系上一个就再不放弃，有一位军队救援负责人一共有3个电话，我们全部掌握，以至于连他自己都感到惊讶；二是联系上一个就开辟出一串，打通一个领域或者一个地区的报道路径。这些新发展的报道采集点不但使报道成倍扩容的时候做到信息丰富，更重要的是他们是抗震救灾的真正主力，他们能够到达我们记者也无法到达的真正的前线，这样就把我们的报道推到了真正的前线。

同时我们还加强和兄弟媒体的联动，中央电视台资源得天独厚，加强和中央电视台的联系，另一方面可以拓展信息面，同时信息的准确性值得信赖，我们在征得对方单位同意的前提下，和部分记者建立了连线关系，很好地补充了我们的节目；其他地方媒体也是我们获取信息的重要来源，特别是事发地媒体，利用好他们手中的利剑会使别人的长处同样变成我们的长处。

盘活前线再次表现在激活后方资源，变后方为前线。比如随着过渡性住房建设工作的全面启动，北京市8大国有企业建设队伍陆续奔赴前方，这时我们的地域优势就有了用武之地，我们积极与所有建筑队伍取得联系，通过他们的驻站记者拍摄画面，传递信息，综合运用视频连线、电话连线等多种方式报道前方建设情况，取得了报道的主动权。更为重要的是，我们在自己拥有优势的地方集中兵力实行突破，6月4日，北京市援建灾区的首个过渡性安置房在四川安县落成，我们与建设单位——北京建工集团通力合作，进行了两个小时的异地直播，直播信号同时为中央电视台和四川电视台使用，实现了优势资源的效益最大化。

接牢地线

接牢地线首先要始终牢记媒体责任。媒体应当具有大局意识、责任意识和把关意识。始终把鼓舞人心、维护稳定放在首要位置。像5月13日某媒体到地震灾区组织拍摄废墟重生的艺术照被查处事件虽然是极端事例，但同样值得我们引以为戒。

牢记媒体责任核心一点就是确保信息准确权威，我们的做法主要集中在如下两个方面：

一是坚持从政府权威部门获取信息。比如抗震救灾指挥部是最权威的发布机构，而不同的政府主管部门则对某一单项发布内容负责，民政部门、财政部门、交通部门各司其职。信息出现不一致的情况下要慎重对待，避免出现杂音。

二是借鉴党报对版面的做法，和中央电视台对编排。因为中央电视台新闻频道作为专业化频道，新闻播出的频率和速度都是全国第一的，而大多数地方媒体的新闻节目仍然是栏目化的，所以完全可以把央视新闻作为资料库进行整合校对，从而确保信息的权威准确、丰富及时。

接牢地线其次要正确定位媒体角色。在中国，媒体由于承担着宣传任务，因此具有良好的社会资源，特别是在进行正面宣传时，更容易获得社会方方面面的照顾和支持，有时甚至获得一些特权，但越是在这种情况下我们越是要正确对待自己的角色。

接牢地线再次要特别注意传播效果。比如某媒体在进行连线报道时，就堰塞湖有这样一段连线，记者首先交代指挥部表示如果堰塞湖存在溃堤危险就发三颗信号弹，要求所有人员必须马上撤离，然后记者说，我们刚刚抢救出一名伤员，他是一名医生，就在救援人员准备对他进行现场包扎的时候，堰塞湖方向升起三颗信号弹，大家立即撤离，现在我们已经撤离到一个高坡上，抢险部队告诉我们这是一个安全地带。这个连线的本意是告诉公众我们的撤离及时和大家是安全的，但听完以后人们马上产生的一个疑问是那位刚刚被抢救出来的伤员呢？所以在这样的细节切换中，前方的记者应当对前一个细节进行必要的明示，后方的主持人也可以追问一句，这样就可以避免正面传播的负面效果。

着眼长线

汶川大地震的报道，使我们意识到，只有做好如下三方面的长线工作，才能确保实现重大事件报道的可持续发展。

首先，思路上要把积极参与重大事件作为发展方略的重要内容。新闻、影视剧、综艺节目是电视台收视和创收的三大法宝，而新闻立台曾经是众多媒介的一个理想。近年来，影视剧和综艺节目做大做强被当作是文化创意产业的重要组成部分得到长足发展，电视剧首轮大剧和周末连播的思路得到认可和广泛应用，综艺节目以选秀和真人秀为突破口，更获得巨大效应，这两者在推动媒介品牌建设方面发挥了重要的作用。而新闻节目则由于种种原因成为三足鼎立中改革相对滞后的一级。汶川大地震的报道使我们应当重新树立和更加坚定以重大突发事件为对象，以特别直播节目为形态的新闻发展思路，坚信新闻对于树立媒体品牌和社会影响力具有不可替代的巨大作用。

其次，软件上要建立专业机动的报道队伍和广泛的社会网络。既要专业又要机动，是对地方电视台重大事件报道队伍的要求。因为地方电视台毕竟报道内容有限，或者因为财力等原因不可能长期拥有一支固定的专职队伍，因此实现机动化和专业化相互结合尤为重要，分工明确、各司其职，成为熟手，平时从事日常节目的相关工作，定期举行培训和小型练兵，大事发生时则迅速组织成为报道团队。

再次，硬件上要进行必要的技术储备。北京电视台在这次报道中一个突出的感受就是我们的技术后援十分到位。这里的一个机缘巧合是我们为进行奥运火炬传递直播提前半年进行的技术准备发挥了作用，我们在地震当天就有了一个具有卫星传输路径的机动报道队伍，在三天内就实现了所有在前方报道力量的视频传输。如果说新闻的优势是现场的话，那么电视的优势就是让观众和我们一起看到现场。而这必须依赖先进配套的技术储备。媒介应当始终跟随技术进步，随时了解最新技术前沿并参与应用，建立多条技术通道，确保路径畅通，预案充分。

（原载《国际广播影视学刊》2008年第8期）

坚守媒体责任 引领社会舆论

——新闻节目中心推出《抗震救灾 众志成城》特别节目

北京电视台

5月13日，汶川大地震发生第二天，新闻节目中心推出《抗震救灾 众志成城——北京电视台抗震救灾特别节目》，最高峰时每天平均播出8小时，截至5月25日，累计直播时长55个小时，大直播及《北京您早》、《特别关注》、《北京新闻》、《直播北京》四档新闻栏目共发稿2000余条，成为全台抗震救灾报道的主战场。

抗震救灾期间，北京电视台成为国内电视媒体中为数不多的拥有独家新闻舆论平台的媒体，社会影响力和收视份额显著上升。《抗震救灾 众志成城》开播第一周平均收视率达到2.85%，带动北京卫视晚间时段（19：30—24：00）收视增长84%，在17城市收视份额排名中列省级卫视第二名（四川台第一），单日平均收视率峰值达到7.52%，成绩亮眼。我台其他频道先后与卫视频道并机，大量转播《抗震救灾 众志成城》，该节目总播出时长、总收视率非常高，为北京电视台各频道的收视提升做出了巨大贡献。

抗震救灾特别节目受到了中央新闻战线“三项学习教育活动”领导小组办公室、中宣部新闻阅评小组、国家广播电影电视总局收听收看中心、国家广播电影电视总局副局长胡占凡以及北京市委宣传部领导的多次表扬。中央新闻战线“三项学习教育活动”领导小组办公室表扬北京电视台“坚守媒体责任，服务抗灾大局，唱响团结一致、众志成城的抗震救灾主旋律”，中宣部新闻阅评小组认为：“北京卫视大型直播节目《抗震救灾 众志成城》正确把握导向”，“将党和政府的声音及首都人民对灾区人民的情谊及时传达给广大群众，体现了服从服务于抗震救灾工作大局的媒体责任。”国家广播电影电视总局副局长胡占凡两次专门做出批示：“北京电视台在这次救灾宣传中反应迅速，遵守宣传纪律，社会效果好”，“发挥了首都台特有的作用，感谢大家所做的工作。”

新闻节目中心被市委宣传部等四部门授予北京市抗震救灾宣传报道先进集体。《抗震救灾 众志成城》等4项作品获全国城市电视台抗灾救灾优秀节目奖。

新闻节目中心抗震救灾报道主要做法包括：

1.反应迅速，第一时间展开新闻报道。

“5·12”汶川地震发生当天，《北京新闻》和《直播北京》第一时间进行了报道，第二天即推出《抗震救灾 众志成城》大型直播，时效性强，反应迅速。

2.记者深入灾区一线，采制大量独家报道，发出了北京电视台自己的声音。

5月13日，刚刚结束奥运火炬登顶珠峰报道的新闻节目中心记者携带直播装备从成都机场直接转赴地震灾区，投入抗震救灾报道，是最早一批进入北川县城的媒体记者，并以最快速度传送并播发了国内外媒体第一条关于北川中学灾情的现场视频报道。接下来的十几天里，新闻直播小分队深入绵阳、理县、江油等重灾区，及时发回前线官兵群众抗震救灾的最新信息，满足北京电视台节目播出的同时，大量新闻素材被央视及国内其他电视媒体广泛选用。

之后，新闻节目中心又陆续派出43名记者赶赴四川灾区采访，加上技术人员总人数达到61人，全面展现抗震救灾、重建家园的第一现场。大量发自四川灾区一线的报道展现出北京电视台强烈的媒体责任意识和强有力的新闻创作能力。

3.内容丰富，报道全面，正确引导社会舆论。

抗震救灾特别节目牢牢把握了正确的舆论导向，将党和政府的声音及时传达给广大群众，将首都市民心系灾区奉献爱心的行动会聚成爱的海洋，同时，还报道了国际社会和国际舆论对中国政府开展抗震救灾的正面评价，展现国外友人、港澳台及海外华人捐款捐物的善举，有力地配合了党和政府的抗震救灾工作。

《抗震救灾 众志成城》特别节目以及各档新闻栏目大量运用本台短评来表达媒体立场，彰显了主流媒体的立场和责任，《让我们记着这个日子》、《爱让我们站在一起》、《危难时刻写大爱》、《用抗震凝聚的精神力量建设国家》等短评配合新闻播出，用正确的舆论引导群众的爱国热情，凸显了北京电视台的影响力。

4.讲究宣传艺术，创新报道方式和新闻编排，增强感染力。

抗震救灾大直播中，大胆创新报道方式和新闻编排，发挥电视声画优势，采用消息、特写、短评、SNG卫星直播、演播室访谈、读报、短信互动、字幕新闻、图示版、抗震救灾宣传片等多种形式，提高了新闻直播的感染力、影响力。

5.在重建家园阶段推出《抗震救灾 重建家园》大型直播，冒着生命危险完成北京援助四川灾区花荄首批过渡房安置交付仪式大型直播。

在台领导亲自带领下，新闻节目中心39名记者、编辑陆续集结绵阳安县，冒着唐家山堰塞湖决堤的危险，于6月4日顺利实现了“抗震救灾 重建家园——北京援助花荄首批过渡房安置交付仪式”大型直播，生动展现了首都人民对四川灾区重建的无私支援，实现了北京电视台历史上首次大型异地新闻直播。

北京电视台抗震救灾特别报道取得了强烈的社会反响。在收看了北京电视台抗震救灾报道之后，无数首都市民自发捐款捐物、无偿鲜血，众多在京企事业单位踊跃献爱心，更多的志愿者加入救援工作中来，受灾群众树立了战胜灾害、重建家园的信心。

美食类栏目的创新和管理

倪小康

北京电视台《食全食美》栏目于2002年1月1日开播。目前，收视率在全国同类栏目中达到最高，其中主要原因是节目总在变化。

一、创新应立微而行，因势所就

电视创新是精益求精，更上一层楼的表现，它是建立在原有成功的基础上，与时俱进而体现出的变化。

1.创新需要实践基础

创新的机会总在实际发展中寻得，人们也会因为变化带来的成功而保持相当的热情。《食全食美》栏目每一年的变化，总是基于前一年收视变化。作为制片人，在运作节目的实践中，切身感受到了节目的发展方向，逐步发现了观众对餐饮类节目的收视高点，才能有针对性地改变节目的构成。

《食全食美》大框架的发展脉络如下。

2003年，节目有意识地增加各类板块，因为已有2002年节目各类小板块的不同尝试；而2003年收视率的大幅提升，为2004年栏目由每周一次改为每周五次奠定了基础。2003年、2004年的节目衍变，使“美味新花样”这一百姓自己做嘉宾、做主角的板块，从每周一期，扩展为栏目的主打内容，主要缘于两年来稳定出色的收视表现。

节目创新需要在观众收视习惯的基础上，潜移默化地去改变。比如字幕的字体、颜色以及所显示的位置。日常工作中许多可有可无的细节，只要用心推敲、琢磨，就会让观众感觉越来越舒服。

2.创新需要遵循规律

《食全食美》作为餐饮类节目，创新主要体现在节目内容上。节目每一步发展，都要遵循电视的动作规律，《食全食美》内容变迁大致如下。

2002年，节目内容着重各大菜系的品尝、推荐，揭示其背后的渊源。通过电视告诉人们都有什么好吃的，应该去哪儿吃，在好看好吃的基础上，挖掘其中娓娓动听的餐饮故事。

2003年，新添由外宾主持的西餐制作，通过介绍西餐文化，佐证城市生活日益国际化。

2004年、2005年，周一至周五打通，栏目从周播改为日播，每天都有不同的主题，诸如吃喝名人坊(明星展示厨艺)、美味新花样(百姓私房菜)、西餐我爱吃(西餐制作)、食神风云榜(大师名厨秀)、周末饕餮夜(餐饮也娱乐)。

2006年、2007年，周一至周六节目内容均是观众自创的私房菜制作，同时配以板块《一招鲜》展示家里厨房餐桌的小窍门、小技巧。

不难看出，节目制作的重心起来越大众化，不再刻意寻找饮食后面的故事人文，而是更注重在节目中添加些家长里短的内容，去让人感觉生活中各式小小的欢乐点。

二、管理需循量为出，依人而入

1.节目管理的精细化

“有评量，就有管理；没有评量，就没有绩效。”这一现代管理观念揭示出数字化评量的必然。当节目生产和制作中出现收视率时，节目的评量日趋精细化。

《食全食美》栏目的管理伴随着节目的发展而日显烦琐，从一个周播节目到日播节目，工作量成倍上升。仅从摄像来看，从原来的一人发展到今天的六人，可变因素日趋增多。当人员简单，节目形式、节目内容相对简易时，管理机会和对管理的实践并未凸显出它的重要和迫切。

进入《食全食美》办公室最显眼的是贴在墙上的收视率。每周节目的最高最低，当月节目的最高最低，一目了然，收入也随之互有高低。这在周播节目时是没有的。而伴随收视率考核的出现，节目制作也相应成为编导负责制，每期节目固定编导，使数字考核成为现实。

2.节目制作中人的体现

管理过程中简单的数字背后其实蕴涵更多的付出，而这些仅从数字角度是无法述说和评量的。从《食全食美》几年的发展过程看，人性化的行为或个人感召力，使全组比其他餐饮节目有着更多的发展潜力。

应该承认饮食类栏目的门槛很低，以至于现在各类节目从体育、健康、旅游等都开

"吃"起来，连汽车节目也能一路寻"食"导"吃"。在人们眼中饮食节目仿如路边比比皆是的餐馆一般，找个店面，拉上几人就能开馆子赚钱。那么，作为饮食节目本身如何去应对？对我们来说，其实答案很简单，比别人付出更多。

当人们满世界寻找菜谱，想方设法将平面文字改变成电视语言时，我们的编导坐公交、乘地铁南城北郊深入观众厨房，与嘉宾引以为傲的佳肴，从中去挖掘做菜过程中点滴知识，去发现围绕嘉宾身上引人回味的特质和故事。没有细致的案头工作，就无法在有限的拍摄现场驾轻就熟。而这些历程绝不是简单数字所能体现出的，但在日常管理中又需要更多更灵活的方式和方法去激励。

从节目本身来看，在简单的烧饭做菜背后，我们倡导"用心做事，用情感人"，饮食在满足人们裹腹之后，更有一份简单的"满足"存在，它会让人们产生愉悦的感觉，这种感觉我们目前无法用数字去细化和解析，但我们清楚地知道这种感觉可能更重要。毕竟无论是做菜，还是看电视，归根到底是人的活动，而人对快乐的感觉永不排斥。节目要在"自然"中洋溢出快乐，那需要太多的发现和挖掘，这些都来源大量的付出。

（本文摘自《中国广播电视学刊》）

世纪广场大屏幕打造媒体新视界

刘义华

在世纪广场大舞台的两侧，两块97平方米的大屏幕电视格外抢眼，每到晚上，人们三五成群聚集于此，边休闲边通过大屏电视收看新闻等精彩节目，尤其在奥运会期间，广场上数万人一同收看奥运盛况，成为了平谷城区一道独特的风景。

世纪广场大屏幕电视建设项目是被市政府列入奥运前重点工作倒排工期的折子工程，它的主要功能是宣传奥运、服务奥运，在奥运会赛前、赛时和赛后实时播出电视节目，为丰富广大群众文化生活提供服务，同时也是政府处理突发性公共事件的应急平台和首都城市信息化基础设施的重要组成部分。

这项工程区政府指定由广电中心承建，要求在2007年11月底完工并进行验收。2007年8月23日，区委常委、副区长王晓光召集区纪检委、财政局、审计局、采购办、广电中心等部门负责同志就大屏幕电视项目采购、配套设施等问题进行专题研究。广电中心接到任务后，多次召开领导班子会进行研究部署，成立工程建设领导小组，实行一把手负责制。积极与区文委、市政、信息中心、歌华平谷分公司等单位协商，确定机房的建设位置。为了如期完成建设和安装任务，按照政府采购办批复的意见，采用集中采购竞争性谈判的方式进行招投标，有11家企业参与了谈判。通过LED产品演示和现场报价，经多次谈判协商，最终国内知名企业上海三思科技发展有限公司以576万元的价格中标，包括两块97平方米显示屏和中控室机房建设。此项工程市财政拨专款543.58万元，余下的部分资金由区财政解决。

大屏幕核心设备——彩色屏箱体采用日亚原装进口红绿蓝LED管，显示屏控制系统采用美国视频图像处理器。为确保质量，在进口设备运达上海海关时，广电中心及时组织技术人员前往验货，掌握第一手资料。大屏幕电视建设和中控室机房建设从2007年9月开始施工，自开工以来，广电中心对工程建设进行全程监管，与有关部门通力合作，克服冬季施工困难，仅用了45天，就完成了任务。建成后的大屏幕电视具有完善的防尘、防水、防雷、防风等安全措施，整体画面宽高比为4：3，显示寿命10万小时。大屏幕电视建设工程11月底全部完工。在同等条件下，全市区县唯我区建成了两块97平方米大屏幕电视。

2008年春节团拜会之前，广电中心先期垫资十几万元找来机械队，采用4米以下直埋管线进行施工的方法，在歌华平谷分公司的大力支持下，解决了大屏幕信号源问题。1月28日，世纪广场大屏幕有线电视信号接通，标志着这项民心工程圆满完成。区委常委、副区长王晓光到场祝贺，对广场大屏幕建设完成情况给予了高度评价，并责成广电中心抓好大屏幕电视的管理，更好地为群众服务。

今年区委区政府对春节团拜会、秧歌大拜年活动进行了电视现场直播，平谷百姓也首次通过户外大屏幕电视收看到了活动的盛况。为配合夏日文化广场活动，今年6月26日世纪广场大屏幕电视正式开播，并通过了专家组验收。专家组认为：平谷世纪广场大屏幕电视项目较好的满足了信号播出和图像显示要求，大屏幕图像质量清晰稳定，施工工艺精细，工程质量较好，基本符合招标文件的技术要求。

广场大屏幕电视开播后，每天播出平谷新闻、北京新闻、中央新闻节目。在奥运会、残奥会期间，大屏幕电视发挥了重要的作用。赛前，大力宣传新北京、新奥运，全面展示北京奥运会的风采与魅力；赛中，全方位播放精彩赛事，极大地满足了群众的观赏热情；赛后，播放奥运会精彩内容回顾。特别是在8月8日北京奥运会开幕当晚，4万多人云集世纪广场大屏幕前观看直播奥运会开幕盛况，现场气氛十分热烈。很多群众表示：虽然在家里也能看开幕式，但感受不到那种热烈的气氛，在广场大屏幕电视前和大家一起观看，很有气氛，感觉十分震撼。据不完全统计，在奥运会开、闭幕式期间，广场大屏幕电视共吸引观看群众50多万人次，显示出了广电新媒体的传播影响力。

开播至今，广场大屏幕电视已累计播出1800多小时，奥运会残奥会期间每日播出14个小时，共播出630个小时。将来我们还要充分利用大屏幕电视的公共服务职能，增加新闻资讯、服务信息等内容，传递党的路线方针政策，传达百姓心声，注重发挥媒体监视环境、联系社会、传递文化的社会功能，更好地为百姓服务。同时，做好城市预警报道也是户外大屏幕电视公共服务职能的重要体现，面对交通、天气、自然灾害等可能出现的警报信息，大屏电视可以凭借户外视频新媒体的优势，做到第一时间提供应对措施和指导信息，弥补传统电视只能面对室内人群的不足，成为最快捷有效的城市预警应急信息发布平台。

作为大屏幕电视的管理者，广电中心一方面责成专人维护好设备，加强值班，确保安全正常播出；另一方面还要对播出内容进行严格的审查把关，始终坚持正确的舆论导向，弘扬主旋律，杜绝一切违背社会公众利益的内容传播，保障大众文化的品质，让大屏幕电视真正发挥丰富居民文化生活的作用。

总之，采用先进数字高清技术、实时联网播出的户外大屏幕电视，具有辐射面广、色彩亮度高、视觉冲击力强等突出优势，利用广电资源播放丰富精彩的新闻资讯、市民生活服务信息及文体节目，将逐渐成为贴近群众、服务群众的户外强势媒体。

（作者系平谷区广播电视中心主任）

强化新闻影响力 架起沟通的桥梁

赵力杰

密云县地处山区，农业人口占80%，老百姓获取信息的主要途径是广播电视。他们尤其关注本县的政策导向，经济动态、致富信息等。为此，我们坚持把传递党和政府的声音，反映社情民意作为核心任务，突出地方特色，重点为三农服务，聚焦政府关心，百姓关注的热点、难点问题，架起政府与百姓之间沟通的桥梁。

一、栏目设置 新闻阵容强大

密云电视台共有7个栏目，其中新闻性栏目有5个，以《密云新闻》为主打，每天15分钟。在新闻节目之后，周一到周五每天一档新闻性专题栏目，作为新闻主题的解读和延伸，达到动态宣传与深度报道相结合，技术推广与信息服务相结合。

周一的《生态经济一刻钟》栏目重点关注全县经济发展，播报最新经济动态，推广致富信息，突出指导和服务。周二的《今日观察》栏目突出信息反馈与监督。聚焦百姓关注的热点、难点问题，坚持用事实说话，让群众说话，歌颂真善美，抨击假恶丑，体现人文关怀和道德的力量。周三的《檀州采风》栏目则侧重对百姓精神文化生活的引导，注重市民的广泛参与，采用及时和跟踪报道的手法，展示乡土文化和淳朴民风。周四的《社会纵横》栏目以鲜活的新闻故事，权威的法理解析，弘扬正确的法制和道德观念。周五还有一档大型新闻资讯栏目，名为《事事关心》，以读报、点评等形式，向观众播报本县及国内的最新新闻信息，开阔群众的视野，强化新闻的指导性和服务性。

二、新闻策划 传播效果增强

《密云新闻》作为电视台的最重要的新闻栏目，是发挥新闻影响力的最重要着眼点，加强策划，又是我们在日常生活中最重要的着力点。每逢重大活动或遇有重大事件，我们都制订详尽的宣传报道方案，临时组建专门的宣传报道领导小组，集中兵力，整合资源，打好阶段性新闻宣传战役，营造良好的舆论氛围。在内容上力求贴近实际，贴近生活，贴近群众。在形式上坚持不断创新，在坚持正确舆论导向的前提下，力求内容的丰富多彩。

为提高节目的可视性，我们将整组新闻划分为：时政新闻、专题性新闻、社会新闻和新闻资讯几个板块。时政新闻紧紧围绕县委、县政府的中心工作，及时报道县委、县政府的重大活动，重要政策出台和重要信息发布。专题性新闻以县委、县政府阶段性重点工作为主线，以系列报道或连续报道的形式进行集中宣传，形成规模、创造声势、突出重点、又丰富多彩，达到了很好的宣传效果。目前我们基本上做了月月有栏目，周周有话题，成为解读政策、报道成就、答疑解惑的平台。社会新闻版块坚持面向百姓，关注民生，传达民情，让百姓说话，讲百姓的故事，让百姓在这里最近距离看到媒体上的自己。新闻资讯以短、精、快为特点，反映最新经济动态，传递最新政策资讯，报道最新科技，力争以海量的信息体现新闻内容的强大。

三、创新为魂 节目质量优化

如今，媒体竞争日趋激烈，传播手段日新月异，特别是电视节目和频道日益丰富，电视观众的选择性越来越多，如果我们总是遵循老套套，推行老模式，千篇一律、照本宣科、会让人感到枯燥乏味，从而失去观众。新闻要立于不败之地，必须不断创新。我们的做法是：

首先，是报道形式上创新。围绕县委、县政府的中心工作，调整新闻栏目及版块设计，不定期地更新新闻中的小栏目，把稿件按内容题材归类，不仅使观众享受园中之园的美感，还能起到深化新闻主题，方便观众收看的作用，使新闻这一传统节目不断焕发新的生机。

其次，是报道手段上创新。为增强新闻节目的可视性，我们注重在“新、深、特”上下工夫。坚持因地、因时、因事制宜，力求新闻视角新颖，内涵深刻，突出特点。报道大型综艺类活动多采用现场主持的形式，增强吸引力、感染力和冲击力。异地采访当天不能传回影像资料的采用电话连接或电话录音加特技图片等形式播出，既保证了新闻的及时播放，也丰富了新闻的表现形式，得到了群众的认可。

再次，是会议新闻的报道形式创新，少报“会”多报“议”。长期以来，会议新闻在各类报道中比例很大，在县级台往往是县级会议无会不报、无日不会。会议虽然是电视台的重要新闻源，但观众对连篇累牍的新闻非常反感。针对这种情况，我们提出，县委、县人大常委会、县政府、县政协的重大会议可以按会议形式播报，但报道形式要灵活，让会议新闻也出彩。县内的一般会议或各部门召开的会议，在报道形式上，改变以往画面加解说的简单报道形式，要求记者少报“会”多报“议”，要顺着会议精神到会外去找新闻、挖新闻。使记者懂得，会议新闻主题来自会议而不只来自会场。

四、突发事件，凸显媒体威力

由于新闻媒体的特殊地位，遇有重大活动和突发事件，媒体的作用非常突出，百姓的关注程度愈加强烈。因此作为一个地区的主流媒体，必须强化服务意识，发挥导向作用，在第一时间向群众公开事情真相并随时关注事件动态，达到解疑释惑，凝聚民心的目的。例如，在非典肆虐的时候，我们的记者冒着生命危险到隔离病房去采访，与病房内的医护人员和患者零距离接触，采访到了鲜为人知的生动感人场面，制作了《来自SARS病房的系列报道》，在新闻节目中播出，在社会上引起强烈的反响，从而激发了全县人民万众一心战胜非典的坚定决心和信念。在我县石城地区发生了严重的泥石流灾害，洪水冲垮道路冲毁家园的危难时刻，我们的记者步行几十公里，最早到达灾区，并在第一时间详细报道了灾情，不仅为县委、县政府指挥救灾提供了第一手资料，同时也为灾区争取到社会各界的及时援助。

五、健全网络 广开新闻渠道

我们每天的新闻节目是15分钟，新闻专题栏目为20分钟至30分钟，需要大量的新闻信息，而我们的专职记者不足30人，力量相对薄弱，为保证新闻来源，实现信息最大化，我们在县直工委和乡镇，街道建立了30余个记者站，作为电视台新闻工作的补充力量，使新闻宣传触角延伸到各个层面。为充分发挥记者站的作用，我们坚持每月向他们下发宣传报道的要点，每年组织两次业务培训。各工委和乡镇对记者站的工作给予了大力支持，配备了相应的设备，记者站的从业人员业务水平也在不断的提高。如今，很多记者站都能独立完成大型活动的采访报道工作，成为新闻队伍中的一支生力军。另外，我们还在社区退休人员中聘请了6位DV信息员，为他们配发了DV设备，这些信息员热情很高，他们在茶余饭后，遛弯闲谈中捕捉到很多生动鲜活的民生新闻，极大地丰富了新闻节目的内容，增强了新闻节目的影响力、感染力和说服力。为及时了解掌握观众对我们电视节目的反映，我们还从社会各界聘请了一部分节目监督员，公布了监督电话，经常召开节目监督员座谈会，并通过向社会发放征求意见表的形式，征求观众对新闻节目的意见，及时进行改进。经过多年不断探索，不断改进，我们节目质量不断提高，新闻已经成为地方经济和社会发展中不可或缺的力量。

（本文作者系密云县广播电视中心主任）

用真情和使命感打造与农民朋友零距离的电视栏目

史跃鹏

房山电视台唯一一档农业专题栏目——《三农零距离》，已经成为电视观众的贴心朋友，成为农民了解信息走向致富的桥梁。在各方的广泛关注下，栏目已经走过了近5年的历程，房山广电人用他们的智慧和创新伴随着栏目的成长，同时也用他们的真诚和汗水打造着电视栏目和农民的零距离。

超前思路 创新节目

《三农零距离》是由房山广电中心与房山区委宣传部、区农委合办的一档反映三农问题的专题栏目。引领着广大房山农民的致富梦想，同时承载着房山区广大农民的殷切期望。栏目以中央、市、区关于三农工作的政策、方针为栏目导向，以普通观众，特别是农民朋友的视角为窗口，本着“走近农村、走近农业、走近农民”；“关注农村、关心农业、关爱农民”的宗旨，内容以农民喜闻乐见的形式报道农业信息，关注农民增收致富的创业经历，展示房山区新农村的新气象、新农民的新生活。

《三农零距离》栏目以政策的引导性和发展的前瞻性引起了区内外社会各界的广泛关注。《人民日报》、《农民日报》等国家级新闻媒体刊载了房山电视台开办“三农”专栏的消息。北京电视台、北京人民广播电台的新闻节目以及《北京日报》都报道了房山电视台开办“三农”节目的经验与收获。

为了突出“社会主义新农村建设”与“构建和谐社会”的主题，备受关注的《三农零距离》先后进行两次创新改版，节目包装新颖时尚、富有现代农村气息。先后增设了《和谐农家乐》、《乡村快报》等新内容，形式创新富有时代特色，内容更加贴近新农村发展的需求。

2005年，当房山区大力发展规模化柴鸡养殖业的初期，《三农零距离》栏目曾七进佛子庄乡拍摄专题片《擂主不是鸡状元》，通过趣味性的擂台赛的形式一展养殖专业户的风采。该片获得了2004年度“华彩杯”北京电视节目评比二等奖。

为创新节目内容，采访到翔实的资料，栏目记者的足迹走遍房山2019平方公里的土地，无论是春夏秋冬，还是在高山丛林、丘陵山地、平原田野，到处可以看到记者采访的身影，他们知道做好这份光荣的工作是责任、是使命，这是一个值得奉献和付出的事业。

准确解读政策 紧扣时代主题

房山区的新农村建设动手早、实践快、成效显著。《三农零距离》紧跟区委、区政府建设新农村的举措，创新报道方式，以新视角、新主题、新手法积极为新农村建设营造舆论氛围。2005年年底，《三农零距离》摄制组跟随区主要领导和农业口领导赴江西考察社会主义新农村建设，制作出纪录片——《赣州之行初探新农村》，为房山乃至北京郊区建设社会主义新农村提供了翔实可贵的参考资料。

当房山区新农村建设方兴未艾、初显成效的时候，《三农零距离》结合“百名记者乡村行，聚焦房山新农村”活动，精心策划制作了10期300分钟的《建设新农村走进乡镇》系列报道，重点介绍各乡镇在新农村建设中的先进做法和显著成果。2006年10月28日，北京市委书记刘淇、时任北京市市长王岐山到房山视察新农村建设，对我区新农村建设中的“亮起来、暖起来、循环起来”给予高度评价，《三农零距离》又及时策划《推广新能源，建设新农村》系列报道，很好地诠释了房山区新农村建设“三起来”的突出亮点，更使栏目策划与制作水平上升到了一个理论与实践相融合凝练的高度。

栏目组还定期与区农委的同志召开联合编委会，专门与在职农口干部、农业专家和农口离退休的老干部探讨农业政策，提升了栏目制作的政策性、专业性、知识性以及引导性。

形成宣传亮点 提供实在服务

4年多来，《三农零距离》在市级以上媒体共播发100多篇节目。《利用新能源创造新生活》、《新农村新农民》、《新村新景新变化》、《山区教育大移民》等多条节目分别在北京台和中央七套先后播发。

2005年金秋，中国第二届农产品交易会在北京举行。《三农零距离》栏目的记者到现场进行采访，拍摄并采访农业部部长杜青林、时任北京市市长王岐山、副市长牛有成在房山区展台前驻足，品尝房山特色农产品的镜头。值得一提的是，在整个北京市农产品展区，唯有房山电视台一家来自郊区县的栏目对农交会进行了专题采访报道。2008年8月，第四届中国国际食用菌烹饪大赛在房山举办，在开幕式上播放了《三农零距离》制作的反映房山食用菌产业发展的专题片《朝阳产业映龙乡》，向全国同行宣传并推介了房山的食用菌产业，产生了良好的宣传效果。

《三农零距离》就是房山电视台实践“三贴近”的具体平台和载体。多年来，栏目为全区农民提供了近千条的服务信息，为农民增收致富提供了参考性较强的指导。

农民实现工资性收入是增收致富的关键。栏目先后报道了《产业化——农业发展农民致富的新希望》——长阳奶牛合作社为养殖户提供各种服务，带动奶牛养殖业发展；城关镇八十亩地村开发荒滩资源，引进企业，种植酒用葡萄，开发葡萄酒带动当地农民就业；琉璃河镇扶持民营企业发展，成立肉鸭养殖合作社，使当地农产品就地转化为商品，促进农民持续增收等内容。

打造精品栏目 亲情塑造零距离

“走近农村、走近农业、走近农民”是《三农零距离》栏目的宗旨，“亲近、亲和、亲情”是《三农零距离》真正实现“零距离”的关键。房山区窦店镇七里店村有一个由村里几位德高望重的村民自发组成的“村民道德评议会”，在构建“和谐社会”中发挥了突出的作用。《三农零距离》用真心和农民沟通，用真情去感受农民的精神生活。主持人和几十个村民一起冒着蒙蒙细雨，畅谈农村民主议事管理制度，真情互动和谐邻里关系，把节目录制现场设在农家小院，录制完成1小时的访谈节目《咱们村的道德评议会》，此片在中央电视台农业频道《法制编辑部》播出后，村民们给栏目组送来了一篮大柿子，还说《三农零距离》让全村老百姓都感觉住在七里店挺光荣的！

每年的元宵节、中秋节前夕，《三农零距离》都会与区农委共同策划录制一场精彩的文艺演出，奉献给全区的农民朋友。“三农零距离”——《走进西地》、《走进最美的乡村南河村》和《走进最美的乡村河口村》，把亲情祝福送到了农民朋友的家门口，异彩纷呈、独具创意的节目让农民朋友尽情享受到了丰盛而贴心的文化大餐。在演出现场的采访中，农民朋友由衷的说：“现在我们的村子变化太大了，农民的生活也富裕起来了，还是党的政策好。”

《三农零距离》真正走进了农村、走近了农民，用心与心的沟通，打造着“零距离”的品牌，为推动房山新农村民主法制建设、丰富农民文化生活作出了特殊贡献。

《三农零距离》凝练了栏目创作的精品意

识，实现了房山广电打造精品节目的立台宗旨，栏目的成长受到了各方的关注，同时也受到了上级的肯定。

2005年12月《三农零距离》栏目荣获“北京电视台公共频道2005年度优秀栏目奖”；

2006年1月荣获北京市农委信息中心、北京城乡信息中心、北京市农业局信息中心评为最佳电视节目奖；

2006年、2007年度，《三农零距离》栏目分别荣获《2005年度北京广播电视奖郊区电视优秀栏目奖》；

2006年、2007年、2008年连续3年，《三农零距离》栏目分别荣获中国广播电视协会“全国对农电视节目评选一个二等奖、两个三等奖”和2007年度电视专题片评选二等奖。这是全国唯一获此殊荣的地市级电视台栏目。

（作者系房山区广播电视中心主任）

数字电视推广工作经验

北京歌华有线电视网络股份有限公司

北京正式开始有线电视数字化试点推广工作是2006年6月，截至2008年12月31日，北京已经完成数字化的试点小区1867个，用户数达到192万，位居全国前列。

一、坚定依靠各级政府的领导，深入研究和领会有线电视数字化的方针和政策，是进行北京有线电视数字化的基本前提

“政府领导，广电实施，社会参与，群众认可，市场运作”是国家广电总局关于有线电视数字化的基本方针。北京有线电视数字化得到了北京市广电局和集团的积极支持，一开始就处于政府的领导之下。在经过初步试点以后，北京市成立了有线电视数字化的领导小组，并将有线电视数字化纳入政府工程。歌华有线公司精心组织实施，定期召开各阶层座谈会，寻求建议，力求共识，合力推进数字化。为了提高用户满意度，歌华有线进行了流程再造，实现了闭环、直线的集中调度机制，客户服务软件系统进行了全面的升级，服务人员由50多名增加到300名，上门安装和网络维护人员增加了近1000名，网络进行了全面优化和整理，部分地区进行了网络的全面改造。

二、扎实做好基础准备，不断调整内部流程，是进行北京有线电视数字化的基本保障

歌华有线为了奥运和数字化，已经建设了具有模拟传输、数字电视传输、网管、交互电视专网传输、监控平台、数字化集成试验平台、指挥调度平台、监控平台、IDC机房九项功能的总前端。截至2008年年底，已经完成了180万用户双向网络改造。对原有不能满足数字化的机房进行扩容和搬迁。在两年半的有线电视数字化进程中，歌华有线已经初步形成了以用户为中心的运营体系和维护体系，并在工作中不断地进行修正与完善。

三、因地制宜地探索适合北京市数字化的道路，是制定北京有线电视数字化策略的核心

北京有线电视数字化的政策无论在保留频道上、收费政策上、频道使用政策上，还是在推广策略上、方式方法上都与外地有很大的不同。实践证明，北京有线数字化的策略是正确的，是符合北京市实际情况的。同时，也得到广电总局的充分肯定。

四、顺应百姓呼声，做好用户服务，把握加快北京有线电视数字化进程的最好契机

歌华有线在2008年充分利用了奥运的有利时机，加大集团用户、大专院校、军队大院、大型企业等单位的有线电视数字化推广力度，为北京有线电视数字化进一步地发展创造了良好社会环境，同时也实现了政府、企业和用户三赢的良好局面。

为了做好用户服务，歌华有线建立了7×24小时的应急指挥调度中心，实施全天候服务。在门市服务规范化的同时，改善门市环境，搬迁了东城、宣武两个门市。节假日各门市全部照常营业和服务。对合理建议和合理投诉的用户予以奖励。根据中国消协信息，至今未接到北京有线电视数字化关于侵害消费者权益的投诉。

五、融入社会，拓宽服务，是北京有线电视数字化运营的基本条件

所谓融入社会就是贯彻歌华有线的“十字战略”，满足社会需求，争取社会支持，特别是产业链的支持。对用户而言，数字化的好处不仅是功能，更是增加丰富的节目内容。歌华有线已经集成了全国四大平台70多套节目，其中包括4套高清节目。

论文摘编

2009/《北京广播影视年鉴》

——记录行业情况　服务业内和社会——

广播产业经营及资本运作的实践与思考

北京人民广播电台台长汪良认为:

2008年恰逢改革开放30年，在这个时间节点回望过去,激荡而伟大的改革岁月让我们有太多的理由总结历史与展望未来。

一、北京电台在改革中发展壮大

从完全依靠国家拨款到以靠自主经营创收发展壮大起来,北京电台经历了艰难的改革探索历程。电台内部的改革从20世纪90年代初开始就收效显著。尤其是2003年，北京电台又掀起新一轮重大改革创新，在节目宣传、广告经营、内部管理、队伍建设等方面创新管理,开创了中国广播史上的多个第一:第一个把广播节目作为产品实行流程化管理；第一个在电台内部实行节目制作与播出分离；第一个建立24小时运转的听众服务中心；第一个在节目采编播人员中实行“首席”制；第一个把ISO 9001国际质量管理体系引入广播行业；第一个全面开展数字多媒体广播试验等。截至2008年底广告营业额超过10亿元，净收入6.2亿元，目前北京电台总资产达到17亿元。

北京电台的改革在全国同行里算是开展时间比较早的，而且各项改革从未间断，在探索中不断深化。这个改革并非是对体制上的变革，也不是得到了国家政策的倾斜，最主要还是我们顺应当前体制政策对内部机制调整的结果。换而言之，北京电台在与其他媒体处于同一政策环境下,之所以达到今天的规模是不断地自我完善自我变革的结果。近几年来北京电台每年的广告收入大约占到了全国广播总和的十分之一，成为全国广播行业的标杆。逆水行舟，不进则退。在激烈的市场竞争中，为了保持前进的动力,北京电台制定了高远的发展目标，力争成为国内一流、亚洲领先、世界前列的电台。

二、实行资本运作，开展产业经营是做大做强广播的必由之路

北京电台当前不仅拥有频率，同时还拥有跨行业经营的公司,已初具小型传媒集团的规模。现阶段，广告是广播经营的重点，也是广播赖以生存的命脉,必须坚持成功的广告经营方法，保证电台的运转和可持续发展。但是，面对竞争日益激烈的传媒市场，新媒介传播技术不断革新以及境外传媒集体的渗入，要实现跨越式的发展，仅靠广告支撑还不够。目前广告经营收入远不能满足规模化发展的需求，而且积累速度太慢。要抓住时代的机遇和挑战，依托我们的主业开展适当的产业经营、积极融资进行资本运作成为当务之急和发展之路。

2004年初，北京电台认真贯彻中央和北京市委、市政府有关深化文化体制改革精神，制定了电台历史上第一个五年的产业发展规划，设定的总体目标是：“在保证广告经营稳步增长的同时，积极调整经营结构，大胆探索跨地域、跨行业经营，努力推进内容产业的发展，积极布局新兴媒体和数字广播，通过资本运作扩大电台经营规模”。此后，以北京广播公司为平台，充分利用本台优势资源开展经营，初步形成了比较合理的产业化布局。

北京电台尝试将可经营的产业部分，即节目制作和广告业务剥离融资。融资可以至少实现四个目的：

第一，作为党和国家的喉舌，剥离可经营部分进行融资后，还将牢牢坚持党的领导不能变，保证电台对公司的绝对控股，以国有无形资产吸引大量业外资金，为媒体坚持正确舆论导向提供经济保障，巩固和壮大党的舆论宣传阵地。

第二，融资还可实现国有资产的保值增值，使相对处于弱势竞争地位的广播转入良性循环，减少对财政的依赖。

第三，以资本和业务为纽带，整合广播的经营性资源，推进区域整合和跨地区经营，以发达地区带动不发达地区。

第四，丰富的资金用来投入到节目生产中，能够创作更多反映人民主体地位和现实生活、群众喜闻乐见的优秀精神文化产品。

解放思想、打破过去的一些条条框框，灵活多样地开展资本运作，既能使广播行业里的“兔子们”变得更肥更壮，同时也让资源和社会资本得到有效利用，国家也因广播行业的繁荣而获得经济增长点，应该说，这是三方受益的好事。

三、存在障碍

北京电台从完全依靠国家拨款到以自己经营创收为主发展壮大广播事业，其间经历了艰难的摸索历程。目前广告利润是广播经营的焦点，是命脉。必须坚持成功的广告经营方法，保证电台的运转和可持续发展。但是，在目前激烈的竞争环境下，面对新技术的发展和国际传媒的市场进入，要实现跨越式的发展，仅靠广告支撑还不够。要抓住时代的机遇和挑战，开展适当的产业经营，实行资本运作在所难免。

目前北京电台内部调整工作已基本完成，但在融资的具体操作细节上，还存在一些体制内和体制外的障碍：如体制内，广播电视按地区进行条块分割式管理的现状，导致实际上不能以资本和业务为纽带进行资源整合；体制外，按财政有关规定，电台的广告收入属于非税财政性收入，因此不能用广告收入形成的资产进行投资。这些不仅是改革的先行者遇到的实际问题，也具有普遍的行业特征。

北京电台的改革探索和成就，是深入贯彻落实科学发展观的结果。今后还将增强贯彻落实科学发展观的自觉性和坚定性，尤其是对待产业经营，要谨慎推行。既要符合中央精神，又要符合行业特点；既要对媒介的事业属性和产业属性有清醒的认识，又要对公益性事业和经营性产业要有清晰的区分。以做大做强为原则，稳扎稳打，步步为营。在中央掀起社会主义文化建设新高潮的号召下，抓住机遇，继续改革创新不停步。

（本文系作者在荣获“十大传媒领军人物”时的演讲稿 被选编入《在北大讲传媒》一书）

北京的视角 世界的奥运

北京电视台台长刘爱勤撰文认为：

奥运赛场内的精彩在于各国运动员竞技实力的激烈较量，那么，奥运赛场外的精彩则在于各路媒体报道能力的全面施展。作为举办国的举办城市媒体来说，其报道能力、传播能力的强弱更是直接关乎奥运举办成功与否、精彩与否的重要因素。北京电视台作为北京奥运主办城市电视台因其特有的角色地位拥有了一份光荣和使命，也因其特有的角色地位迎来了千载难逢的展示机遇，更因其特有的角色地位迎接了一场传播理念和传播能力的考验。

一、抓住一条主线，用足自身资源

奥运会是举世瞩目的体育盛会，赛事资源是奥运会的核心资源。作为非持权转播商但又是奥运主办城市电视台来说，如何用足自身的有限资源，开拓性、创造性、全方位、多角度做好奥运的宣传报道，充分展示首都媒体强大的传播能力，成为北京电视台面临的最为严峻的考验。

首先，要在全面、准确理解奥运核心理念的基础上，从主办城市的特定角度找准、抓住奥运宣传的主线。奥运会是体育的盛会，但又不是传播赛事单一符号的盛会。经过百年的风雨历程和全人类的共同铸造，奥运会已经成为传递丰富文化内涵和人类美好祝愿的体育与文化的复合载体。奥运来到北京，注定要融入新的文化内涵。早在申办2008年北京奥运会之初，中国就明确提出了“新北京、新奥运”的口号，作为奥运举办城市，北京更是为实现这一战略构想进行着不懈的努力。所以，“新北京、新奥运”是北京电视台必须牢牢抓住的奥运报道主线，而这种有着丰富内涵、牢固根基、长远目标的“大奥运观”，也为主办城市电视台打开了通向奥运、通向2008的特色通道。

正是“新北京、新奥运”的宣传主线，“大奥运观”的报道视野为北京电视台的奥运报道提供了强有力的支点和丰富的题材，使得北京电视台能够以开阔的视野、开放的姿态多层面挖掘奥运资源，将自己的报道触角延伸到最有效的信息空间，实现了奥运报道时间与空间的最大延展，保持了奥运会主办城市电视台在国际体育赛事报道上的良好姿态和应有张力。

其次，奥运报道要做到主线清晰、推进有序、工作到位、传播有效，一个必要的条件就是组织机构的强有力保障，只有搭建起统一、有效的管理运行平台才能够确保内部资源的有机整合和充分利用。

2004年年底，北京电视台组建了专门的奥运节目制作队伍，陆续开办了一批奥运栏目，使奥运宣传报道在常规化、栏目化的日常运作下有序推进。随着奥运举办日期的临近，为了形成全台奥运报道的合力，加大奥运宣传力度，协调奥运报道步伐，北京电视台于2007年专门成立了奥运报道领导小组，对全台的奥运报道进行统一规划、统一部署，并明确提出了奥运报道的“四个特点”，“五个目标”，“六个优秀”，“七项任务”，让全台的奥运整体战役向着重点突出、协调有序、指向明确的方向稳步迈进。

二、确立两个视角，深化奥运内涵

奥运文化作为多元文明汇成的广阔风景，需要每一个举办国家、每一个举办城市为它融入新的精粹和品格。创造奥运文化的是古代文明，传承奥运文化的是现代文明，而懂得怎样去丰富它，是一种更高创造或者说是智慧。

1.让世界分享北京奥运的文明成果

奥运来到中国、来到北京，必然融进中国元素、北京元素。奥运精神是丰富而多元的，中华文明是深厚而博大的。媒体如何促进这种交融，让全世界通过这样一次国际体育赛事深切体会中华文化，并使其沉淀于奥运文化之中显得尤为必要。让世界分享北京奥运的文明成果，正是主办城市电视台奥运报道中的题中应有之义。北京电视台从2006年开始倾力打造长达12集的大型文献纪录片《北京》，站在传播中华文明、加强国际交流的高度呈现给世界人民。

2.让北京积淀奥林匹克的文明价值

北京奥运印刻的是北京的符号、中国的符号，同时北京奥运也将印刻世界文明的符号。为了全面、准确向国人传递百年奥运的精神内涵，北京电视台充分利用这次机会，包括向海外派出记者采访与奥运有关的人和事，丰富奥运报道的视角，让人们感受到奥林匹克竞技之外的人文价值。

三、平衡三个关系，扩大奥运外延

北京奥运仅仅是十六天的一场国际体育赛事，如何将瞬间的精彩和永恒的价值相衔接，如何让专业的竞技和全民的健身相融合，则成为北京电视台奥运报道的着力点。

1.专业竞技和全民健身的关系

中国体育代表团参加雅典奥运会后，提交了报告《雅典奥运会的经验和启示》，其中特别提到“以把北京奥运会办成‘体育的盛会，人民的节日’为指向，积极推动群众体育发展”。报道赛事、报道运动员的专业比赛，固然是奥运盛会的核心内容所在，但是奥运精神还要求全民参与，因此，全民健身的宣传也是北京电视台奥运总体报道的重要内容。奥运不仅是体育明星的盛会，百姓也能成为明星。

2.文明倡导与文明行动的关系

倡导“人文奥运”是中国对奥运内涵的深化和丰富，也是中国对奥运的一种承诺。人文奥运对主办城市、举办国家的文明素质、文明水平也提出了新的要求。文明理念的倡导对于从根本上培育和提升市民的整体文明素质，对于营造良好的人文环境和文化氛围，对于展示中国人民文明礼貌、热情友好、奋发向上的精神风貌，对于增进中国人民与世界各国人民之间的了解与友谊，并且最终给北京留下一笔珍贵的人文财富，都至为关键。北京电视台的奥运宣传报道一个核心内容就是“文明提升”，这种向善、向好的变化，体现了奥运的社会价值，也是媒体报道的责任。

3.眼前宣传与长远目标的关系

北京电视台的奥运报道是举全台之力的大事，做好当前义不容辞，而缺乏长远思考也会影响媒体的持续传播能力。北京电视台围绕奥运共开办了10多档固定栏目，其中一部分节目在设计、策划之初就充分考虑到品牌价值和延续能力。像《现在行动》、《身边》、《快乐健身一箩筐》等栏目，因其具有良好的延展性，既能聚焦奥运又能进入更宽泛的话题领域，并且已经形成了良好的收视和品牌效应，因而，在奥运之后依然可以作为常态栏目发挥推进社会文明、推动全民健身的作用。

（摘自《中国广播电视学刊》2008年第5期）

广播媒介与新媒介的资源融合

北京人民广播电台总编辑陆莹认为：

数字化时代，传统媒介与新媒介资源融合是不可避免的。在传统媒介与新媒介之间，新媒体是资源融合的主体，传统媒体对新媒体有无可摆脱的依附性。抓住机遇与新媒介进行资源融合是数字化时代的最佳选择。

广播媒介与新媒介资源融合的主要方式与途径

从国际传媒发展历程看，传统媒介与新媒介是一个历史的、相对的概念，媒介的资源融合是由来已久的历史过程。数字技术进入传媒领域后，自20世纪末，美国国会通过新的《电讯法》，欧洲各国纷纷修改原有媒体法，容许电信、互联、广播电视三网兼并融合以来，媒介的资源融合、产业重组的发展速度之快、涉及地域之广、资金规模之巨令人乍舌。美国的CNN、ABC分别被时代华纳、迪斯尼公司并购。从1998年1月美国在线以近亿美元收购网景公司标志互联网业重组开始，仅一年，1999年度，全美互联网公司并购涉及价值飚升700%，占到美国过去两年所有公司并购价值的70%。

当前，传统媒介与新媒介资源融合受数字技术影响，呈现出跨媒介、跨领域前端与前端、终端与终端、前端与终端、内容与前端和终端的交叉融合，媒介发展呈现一体化与重新打造产业链的趋势。举三个实例说明：其一，清华同方和盛大网络、英特尔共同推出互动娱乐平台，清华同方生产微型台式电脑Imini，集成盛大EZpod解决方案，EZpod针对不同年龄、不同性别的消费者，给予“想要，就能得到”的内容理念，初期全面提供教育、游戏、新闻、财经、文学、电视、电影、音乐、卡拉OK等功能。集成后，Imini可提供网上娱乐体验，英特尔则提供宽带网络支持。其二，2006年12月，中央电视台联手中国移动、中国网通两大通信运营商，共同开启了CCTV集成电视服务。央视通过网络传输向用户提供400多个电视栏目节目、平均每年170余场大型活动和其他享有版权节目。其三，北京青年报、北青网和MSN一桌面地产凭借各自优势资源实现资源和市场效益共享。

在我国，现阶段广播及传统媒介与新媒介资源融合采取的可能途径与主要方式包括：

1.开发媒介母体资源，打造综合传播平台。这是典型的中国特色的媒介资源融合。即，传统媒体借助自身信息资源、资本资源、品牌资源、数字新媒体传播资源的空间，向新媒介延伸，目的是弥补和拓展传统媒体的传播覆盖率和信息影响力。如北京人民广播电台，在九个开路广播频率之外，又开辟了北京广播网、DAB手机电视、数字多媒体机、数字电视动感音乐频道、IPTV网络电视、《新广播》报、《音乐周刊》杂志，将现有广播资源整合进入新媒体。

2.信息资源的延展和多媒介转化。信息资源在新媒体的延展绝非一般的在线收听。新媒介有自身的规律，有特定的信息呈现方式，传统媒体在与新媒体融合时，需要转化观念，兼顾和顺应新媒介规律。新媒介信息的特点：(一)信息的使用者也是信息提供者，媒介只是众多信息提供者之一。(二)传统媒介可以依靠高素质、专业化、一定数量的采编人员在第一时间发布权威信息，以信息的真实可靠有效引导舆论。在新媒介和多媒介传播中，媒体是信息平台的经营者、用户的服务商。(三)新媒介信息海量，整合信息、连接和检索信息、孵化新信息，为用户维护页面提供服务是媒体信息提供和经营的重要内容形式。

广播在与新媒介融合时，信息开发的着重点应该在传统媒介可转化为新媒介原创信息的资源。比如，北京人民广播电台，资源开发侧重于采编播人员的播客、博客的建立，侧重于广播嘉宾访谈节目的音视频共做，侧重于广播的电话、手机短信互动向网民互动的开发，侧重于有版权节目的多媒介呈现形式的开发。这些资源的利用，在新媒介中都具有原创意义，而且可以充分运用计算机的存储和处理功能，满足综合传播平台的需要。

3.跨媒介企业联盟、集团化整合，实行并购的产业化资源融合。这类融合在企业属性的互联网、电信领域发展较快，在传统事业属性的媒介领域大多采取行政手段进行。然而，不得不看到，数字技术不仅打破了媒介间质的区别，同时，也使得媒介属性及其管理的藩篱为一体化的媒介市场所突破。诸如2007年6月8日，由清华大学、上海交通大学、国家广电总局广播科学研究院、北京数码视讯科技有限公司、海尔集团、莆田信息技术研究院有限公司、北京中天联科技有限公司、闪联信息产业协会等九家机构和企业发起、上百家在数字电视领域拥有技术、产业优势的研发机构和企业共同参与、中关村管委会支持的“数字电视产业联盟”宣布成立，目标是通过开展跨区域横向联合，全面提升研发、制造和创新水平，促进我国电视产业驶上快行道。2007年7月4日，“中国教育新媒体产业协作体”宣布成立。该协作体有27家成员单位，具有新媒体内容制作、技术集成、教育资源开发、平台管理的优势，具有自我创新开发、制作原创学习产品与传媒节目的能力。运用数字电视、网络电视、移动电视、楼宇电视、公交电视、门户网站、数字报刊、卫星数字电视、直播卫星等新兴载体，拓展新业务，抢占新媒体的制高点。跨媒介、跨领域的联盟，乃至并购近年已经越来越多地出现，市场联盟和技术联盟的“手”较之行政管理的“手”越来越具有推动的力量。

广播媒介与新媒介资源融合的优势

任何美丽的蓝图都是憧憬，任何理想的实现都需要审慎、客观的分析。广播与新媒介的资源融合有哪些优与劣呢？

技术优势。广播是工业社会现代传播技术的近亲，广播借助电波传送，通过电视无线发射塔发射，或通过卫星传播，与电视走同一光缆通道。在数字时代，广播已全面实现数字信号传播，广播可以直接进入数字接收终端，与互联网等连接。广播有类同电视演播室、网络聊天室的直播间，有一批精通音频制作与传播的技术人员，可以进行实时直播和异地与互联网等新媒介直接连接的同步播出。如果说现代传播讲究综合性，现代传播进入图像认知时代，讲究大众通过传媒用自己的眼睛去看待世界作出判断的话，那么广播在多种媒介表现形式中，不足的只是缺乏视频表现这一种形式，而这一形式的实现，广播的先天条件远远优于平面媒介，因而在与新媒介资源融合中有技术优势。

采编人才、特别是主持人优势。当前，新媒介内容信息以新闻、娱乐为主。随着网络和新媒介的日益普及，特别是新媒介嵌入大众日常生活，新媒介今后的走向将朝着大量增加商务服务内容，成为直接经济的一个重要组成部分发展。我们不能不看到，截至2008年上半年，中国已有84.7亿网页，有独立域名的网站60万个以上，2.53亿网民，网络普及率19.1%，5亿多手机用户，网民中开博客的有1.07亿，网上购物的有1亿，电子商务的资金流达到年1.5万亿，淘宝网每天资金流3、4个亿，2007年资金流1 000亿。中国有大约100万人从事网上销售，月收入逾2 000元。据国务院外宣办蔡铭肇分析，“未来十年有70%的交易通过电子商务解决。中国互联网将深入中国社会的更深层次，并向经济的深层发展。”在浩如烟海的新媒介世界，广播的人才优势体现在哪儿？(一)在海量信息、良莠杂陈中，广播专业采编播人员有能力、有传统业源能够将独家新闻和重大事件在第一时间权威发布。(二)广播的采编播人员在设备有保障、机制顺畅的情况下，可以较快进入和实现多媒介信息采集、编辑，多媒介采编，奥运火炬传递期间，北京人民广播电台已经成功实践，记者分别采集和发回声音、图片、图像三种采访素材，实现了第一次跨国、实时、音视频同做、广播、网络、手机电视多媒介同步播出。(三)广播有节目品牌，还有人才品牌。主持人不但有品牌影响，还是区别平面媒介、切近新媒介内容形态的重要生产要素环节。在当前的人、机对话、今后通过机、机进行人、人对话的媒介传播时代，主持人有独特作用，可以将广播的交互性与新媒介的交互性最好融合，且发挥到极致。如果说劣势，则是一些广播人对网络认识及其特点规律认识不足，对新媒体信息开发的技术、管理等掌握不熟练，多媒介资源开发生产机制有待建立和完备。

原创资源优势。报纸电视因其强大、可复读、其主要信息进入新媒介后为信息平移，即便形式转变也需要较为复杂的转换方式，如文字变画面，影像剪切制作或转换为文字等。而广播信息资源转换，较为便捷，无论转为视频、文字、图像进入新媒介都具有原创意义。广播中大量具有版权的广播剧、相声、笑话、故事辅以图像、动画就是原创视频财富，转为文字，就是网络文学，版权投资合作就是效益。关键在机制的建立。

低成本优势。新媒介经济三大特点，一是媒介价值不是通过广告价格间接体现，而是信息内容价值的直接价格体现。二是突破了传播的物质壁垒，降低了传播的边际成本，导致媒介市场更为广阔而竞争更加激烈，媒介形态多元而新媒介价值凸显。三是寡头垄断明显而创新组织活跃。市场效益如彗星，只有实力强大的坚硬头部的企业可以赢得较大利润，而其长尾的企业只可依个性生存，其他将面临倒闭。广播在与新媒介资源融合中难以成为坚硬头部，但是可以成为个性传媒，发挥低成本竞争优势。广播在新媒介资源融合中的个性可以体现为，音频矩阵集成，音视频转化。以避广播言语变语言文字的费时费力，而扬直接进入图像的便捷之长。低成本运作，包括音视频共做，一个生产过程获得几个产品；包括可以按照新媒介小屏幕制作方式和网民直接进入的方式进行新媒介制作规律的低成本生产，避免电视的高成本进入；包括广播与新媒体对接台网互作，网上办台系统地进入新媒体，如同北京台已经开办的网络外语台、网络爱家台，将触角直接插向京外、插向广播网络购物的探索。在这样的思路下，广播的劣势在于：传统媒介对新媒介市场运作理念和规律认识不充分。广播媒介因为市场不充分或依仗行政垄断，对新媒介高投入、高风险、高回报的市场运行不能适应。

（在《首届数字广播发展高峰论坛》上的讲话）

大众传播中的苏格拉底悖论

北京电视台总编辑张晓撰文指出：

法律界有一个著名的苏格拉底悖论。公元前399年，苏格拉底因为批评雅典的劣质民主而被叛处死刑。临刑前夜，苏格拉底的好友及学生贿赂了狱卒帮助苏格拉底越狱。就在狱门已经打开，生死系于一线的时候，苏格拉底停住了脚步，展开了他的悖论：逃狱符合公平正义吗？以思想有罪、言论有罪剥夺一个爱国者生命的权利严重丧失了法律的正义。但是服从法律的判决，维护法律的秩序也是一种公民的义务。每个公民都要执行守法的义务，这也是一种法律的正义。如果每个人都以自己判断的是非为是非，不履行自己的义务，势必会造成天下大乱以及整个社会公平正义的崩溃。而以一种令公平正义崩溃的方式去追求公平正义，无异于饮鸩止渴、以暴易暴。

在广播电视新闻等大众传播实践中，也会遇到一个苏格拉底悖论式的问题，这就是涉及记者在大众传播采集阶段的道德风险，我们对此一定要有清醒的认识。

一、真实性背后的欺诈手段

大众传播的目的是追求言论自由的正义。但是大众传播在追求这种正义的过程中却存在一种道德风险，往往与新闻真实性的本质相悖，即新闻采集内容真实性和新闻采集手段欺诈性之间的矛盾。

通常情况下，传播的从业者并没有背离大众传播的真实性原则，相反，他们还在努力地追求着大众传播的真实性伦理。但是，一些新闻记者在大众传播活动的采集阶段，特别是在隐性采访、曝光社会阴暗面时，为了获得正常手段无法获得的新闻素材，采取一些新闻欺诈的手段，以试图还原新闻内容的真实性，这样做的目的在于减少新闻采集的障碍，例如著名的“水门事件”和克林顿性丑闻事件最先都是由新闻记者隐性采访揭露的。

隐性采访的目的是为了能够最大限度地逼近事实真相，突破显性采访环境的封闭性和事实本身的隐蔽性，从而抓住问题的实质，体现新闻的真实性。但是，如果这种追求真实的背后却隐藏着欺诈手段，那就严重背离了真实的本质。这就是我们所说的大众传播中的苏格拉底悖论。

二、大众传播中的苏格拉底悖论的表征

在采访中遇到种种困难和阻力时，记者往往会发挥主观能动性，想方设法地解决，但这种解决办法很容易让记者本身陷入苏格拉底悖论式的困境中。一方面，记者最初目的是得

到真实的、客观的新闻素材，另一方面，为了得到这些素材，记者对新闻事件进行了设计。这种掺杂了记者主观设计的素材并不能严格地定义为真实的。

第一，在获取信息中隐藏身份。大众传播过程的采集阶段，传播从业者往往在不公开自己的真实身份，不说明自己的采集意图的前提下，对采集的对方进行大众传播的信息采集活动。新闻记者们采集活动的目的并不是要影响事件的进程，而只想用特殊的手段真实记录事件的过程。

新闻从业人员以一个普通参与者的身份，如公民的身份、过路人的身份、消费者的身份进行询问，从而介入事件。新闻从业者介入的事件也是这些普通身份可以直接介入的公共事件，而这些公共事件对于新闻从业者介入的身份并无特定性要求。

在大众传播活动过程中，还存在着另外一种采集方面的问题，就是记者以导演的方式，来采集不知内情的一些群众对某一事件的反映。这种导演的工作是为了在节目中达到某一效果而人为地设置事件过程和情节。本来，导演的工作方式方法多运用于电视剧、娱乐节目和谈话节目等，作为参与这种节目录制的各方人士要熟知自己的角色和定位，并按照导演的要求完成自己的角色任务，最终达到某种效果。但是新闻记者的工作方式却不同，他们的主要职责是记录正在或新近发生的事实，用事实说明问题，以期达到一种传播效果，这种效果可能是记者可以预期的，也可能无法预期。

第二，获取信息中进行角色扮演。有的记者通过设计圈套等进行取证，以不当的手法获取对方违法或隐私的内容，也就是通常所说的“以正义之恶对非正义之恶”的理念。从本质上说，这种行为是由一种非法制观念所导致的，记者在新闻事件中已经转移了采集的职业角色，而为了某种目的进行了角色扮演，直接干预甚至推动事件发展。

日常的采集活动中，最常见的是记者“陷阱取证”。一般是记者装扮成求购假文凭、假发票、假钞者，引诱制、贩者上钩，记者再记录整个过程，但使用不当就会有引诱犯罪之嫌，因为买卖假发票、假钞达到一定数额就是犯罪行为。一方面记者本身就是在以身试法，另一方面卖假发票、假钞的也可能处于罪与非罪、罪轻与罪重的界限，如在记者的推动下，卖假发票、假钞的人跨越了这个界限，记者就成为了事件进程的推动者。

有的记者乔装身份，扮演、冒充某些角色进行暗访，如冒充被采访事件中某些特定人物的家人、朋友、师长等身份，利用人情伦理套取并拍录需要的信息。这种方式在很多节目中被采用，有娱乐的意思，也满足了大众的某种偷窥欲。但是如果作为被录下的当事人得知这一幕是人为导演的，就会有一种上当受骗之感，会对传媒表示不信任，甚至会对传媒产生厌恶情绪。就这种采集的方式方法来讲，也有悖于大众传播的真实性伦理。

三、公共正义制衡下的传播真实性伦理

追求传播真实性的伦理，尽最大努力追求真实，向社会公众展示真实的社会，是社会公众与大众传播媒介之间政治契约的一部分。而大众传播活动中使用什么手段采集真实的社会信息，难免经常遇到苏格拉底悖论的问题：即能否用令公平正义崩溃的方式追求公平正义。

美国学者麦尔文·曼切尔曾经说过：“在你观察的事物中，你不能陷得太深，以至于改变了事情本来的进程。你可以登台表演，但绝不要充当主角。即使你卖力地演配角的时候，你的真正身份仍是局外人、旁观者。”（见《新闻报道与写作》，中国广播电视出版社，1981 年）。

记者只是忠实的新闻记录者，过度介入新闻事件，引诱对方或者设置陷阱达到自己的某种目的，这在某种程度上等于在诱使他人犯罪。虽然记者的目的是为了揭露社会丑恶现象，但不能只重结果而不问手段。对隐性采访的使用，既要考虑到社会效果和社会的容忍程度，也要尽可能回避法律的禁止领域。

（摘自《中国广播电视学刊》2008年第7期）

科学发展观为新媒介发展引航

北京北广传媒集团副总经理赵多佳撰文认为：

近几年，随着新的传播技术、传播手段的飞速发展，特别是多媒体技术的广泛应用，传媒业的生态环境和基本格局发生了前所未有的变化。产生于这种变化下的新媒介，特别是国有传媒机构下的新媒介，其舆论宣传与公共服务从一开始就具有了与传统媒体不同的特点。

1.更具开放性。新媒介的互动性、个性化、分众化以及传播系统的非同步性日显突出。

2.更广的普及性。特别是移动电视、楼宇电视、地铁电视和手机电视等面向的都是移动受众，这就实现了媒体随时随地的传播与服务，扩大了媒体舆论宣传的覆盖范围，增强了公共服务的实际效果。

3.更多的可选择性。新技术为丰富多样的内容形式提供了不同的传播平台，从而为新媒介的舆论宣传和公共服务提供了更多的选择性。新媒体的传播可以是“图文+视音频”，也可以是电视彩信、电视银行等互动形式的公共服务业务。

4.更注重社会服务。由于新媒介很多搭建、安装在城市的公交车、楼宇、卖场、银行、高层建筑上的户外大屏等公共场所，从而为其社会属性的发挥提供了更加广阔的空间，媒体的服务功能得到强化。

5.更尊重受众自主性。开放性和社会服务性的增强，要求新媒介必须充分尊重受众的自主权，只有这样，才能真正做好公共服务，达到良好的舆论宣传效果。

坚持科学发展观，实现新媒介全面协调可持续发展，必须处理好几方面的关系。

一是协调好舆论导向和满足受众需求的关系。党和人民的根本利益从来都是一致的，作为党领导下的新媒体无论何时何地都承担着党和人民的“喉舌耳目”的功能，只有保持党性和人民性的高度统一，才能做到在把握好舆论导向的前提下充分满足受众的需求。

二是协调好导向一元与表现形式多样的关系。导向是“主”，表现形式是“从”，二者之间是目的和手段的关系。新媒体只有坚持马克思主义、毛泽东思想新闻价值观的一元导向，利用新技术、新平台所赋予的更多的表现形式，才能真正满足人民群众日益增长的精神文化需求。

三是协调好传播与传递的关系。传播体现引导，而传递仅仅是一种操作行为。在全党全社会努力建设和谐社会的背景下，媒介的传播作用不仅在于新闻传播的快捷与全面，更要注重价值关怀和社会生活方式的建构。尤其是在网络信息快速发展的今天，新媒体利用新技术、新渠道强势传播党的声音显得更为重要。

四是协调好传播规模和传播质量的关系。新媒体是伴随着市场大潮和新技术的应用而产生，新媒体无论从覆盖的人群还是覆盖的范围都可以成为传统媒体在传播市场上的补充。既要覆盖广泛更要深入人心，只有充分利用自身特色，严格按照“三贴近”的原则，才能有效地将党的声音、人民的呼声传播到位。

（摘自《中国广播电视学刊》2008年第12期）

中国广播电视整体转型的多重动因

中国电影博物馆副馆长邢建毅撰文认为：

1978年以来，伴随着中国经济社会的转型发展，中国广电业也开始了自身的转型发展进程，从计划经济、传统社会下传统模式的广电业向社会主义市场经济、现代社会下现代模式的广电业过渡。

1.整体转型：中国广电业转型发展必然进入的新阶段

整体转型是中国广电业20余年转型发展必须进入的新阶段。改革开放以来，中国广播电视业的改革转型经历了几个波次。

第一个波次始于1978年。思想解放引发观念和行动上的突破。广播电视机构开始经营广告，撩开了中国广电业经济属性的面纱，开启了广电业尘封已久的通向市场的大门。1983年，第十一次全国广播电视工作会议确定的“四级办广播、四级办电视”政策极大地调动了各级政府兴办广播电视的积极性，改变了中国广电业两级办台的旧模式，使中国广电业的发展速度大大加快。

第二个波次始于1992年，党的十四大确立社会主义市场经济体制的改革目标后，广播电视业产业经营开始启动，体制改革有所突破，并开始了以有线电视大发展为标志的技术基础设施建设转型。1997年后，开始探索产业经营、集约经营和做大规模，组建广播电视集团。

第三个波次，就是中共十六大召开后，新一轮文化体制改革而开启的广电业新的转型阶段。广电业转型的这一波次，以体制机制创新为主要内容，以新技术为推动，着重考虑使行业制度体系全面与社会主义市场经济对接。

2.现实制度困局提出整体转型的迫切要求

进入新世纪以后，中国广电业的转型发展出现了新态势，遇到了许多新的矛盾。主要表现在：布局结构封闭垄断，资源难以整合，资源配置效率低下，行业各个链条环节发展不平衡，利益矛盾尖锐，管办一体的开办体制，条块分割的管理体制，行政事业化的动作机制，使行业缺乏活力，不适应外部环境要求，还导致了许多错位和矛盾。这些问题的根本症结，是广电业现行的这套制度体系（包括行业理念、行业的各项具体政策制度安排）与市场经济体制之间存在整体性、结构性不适应。为此，亟须通过制度的整体重构解决矛盾，拓展行业的发展空间。

3.数字化变革：广电业整体转型的技术动因

广播电视数字化变革，实现了广电业各个产业链条的技术升级和流程转型，大大提高了信息传播的效率，改善了信息传播方式，可以做到一点对多点的大众化传播和点对点的个性化精确式传播并存，并可以做到双向传播，按需求传播，在更大程度上满足了人们多样化的信息需求。数字化变革还引发广电业竞争模式、市场格式变化。由此，广电业的体制、政策和监管也要相应转型，如整合监管机构，实行综合监管，分类监管等，以适应技术发展的客观要求。

4.业态、制度转型：国际广电业发展的共同趋势

在数字化和全球化浪潮的推动下，当今世界广电业正处于深刻的转型过程中。数字化后发达国家出现了广播电视业与通信业融合的趋势，整合广播电视与通信二者功能的各种双向互动信息服务逐渐增多。广播电视内容流通市场和传播格局也发生了显著变化，以电视节目为例，过去以地面无线电视为主导的内容流通市场结构向有线电视、卫星电视、IP电视共同主导的多渠道流通结构转变。节目传播渠道和利用方式的多样化，使广播电视业的营收主要来源从广告费转向订户费。与此同时，发达国家的广电业者认识和把握数字化带来的机遇和挑战，应用新技术创新广播电视传播形态和赢利模式，促进产业发展，开拓国际市场。

5.加速转型的经济社会：中国广电业整体转型的环境条件和外部动力

经过近30年的改革转型，中国的经济社会发展已步入一个新的历史阶段——加速转型期。加速转型的经济社会对中国广电业整体转型的具体促动力体现在：一是文化及相关领域改革发展促动广电业整体转型；二是群众精神文化需求日益增长要求广电业加快提升服务水平；三是市场经济的不断完善要求广电业加快制度整体重构；四是社会主义民主政治的发展要求广电业大力改进传播方式；五是激烈的传媒竞争态势要求广电业加快业态功能的转型升级；六是新时期的国家意志对广电业转型发展提出新要求：增强国家软实力，要求广电业增强实力、提升国家竞争力；实现基本公共服务均等化，要求加强广电业的公共服务功能，实现产业结构的优化升级，要求广电业充分发挥产业功能。在这些动因要求的作用下，中国广电必须加快整体转型步伐。

（摘自《中国广播电视学刊》2008年第4期）

北京DAB数字音频广播

北京人民广播电台总工程师王季平撰文认为：

由北京人民广播电台主导技术构建，北京广播公司控股的北京悦龙数字广播公司和北京交广汽车俱乐部负责运营的DAB广播平台，在北京市承担着广播数字化、数字北京、数字奥运的重要作用。

一、DAB广播意义

1.数字化广播技术是一项新兴文化创意产业，可以有效带动产业链上的众多企业的发展；

2.DAB提供了新的、更广阔的平台，改变北京地区广播由于频率资源匮乏影响广播事业发展的局面；

3.有效地改善广播的移动收听质量，让每一个北京市民在北京的任何地点都可以随时了解和聆听党的声音；

4.建立移动公共信息服务平台，及时提供北京的各种公共服务信息；

二、北京DAB数字广播业务：

三、DAB广播业务平台

服务类型	服务套数	单套传输速率
音频广播	中央台、国际台、北京台共计17套	192或128kbps
视频多媒体试播	CCTV、国际台、BTV共计试播4套	384kbps
视讯多媒体试播	交通资讯、财经资讯共计试播2套	128kbps
公共服务信息	交通、新闻、财经资讯	64 × 4 kbps

1.数字音频广播业务

数字音频广播（DAB）是数字广播可以提供的最基本的服务。它是继调幅、调频广播之后的第三代广播技术。与AM、FM广播相比，数字音频广播具有接收音质好、抗干扰能力强、传输节目路数多的优势和优良的移动接收效果，是广播接收信息的首选。

数字音频广播在播出声音的同时，还能

够传送与节目相关的图文信息，如主持人的资料、图片、歌曲的背景资料和节目预告等，从而为听众提供了声音以外的视觉效果，将会成为今后广播节目形式的主流。

2.数字视频广播业务

DAB移动多媒体广播的视频是从数字音频广播的基础上发展而来的，利用高效率的编码将视频信号压缩之后，通过数字音频广播的平台向外发送，能在高速移动环境下可靠接收信号，在功能上将传输单一的音频信息扩展为视频载体。受众通过具有接收数字视频广播功能的手机、便携式接收机和车载接收机等设备可以观看到图像清晰、连贯的电视节目。即便是在高速移动过程中，接收效果也不会受到任何影响。

3.公共信息服务平台

基于DAB移动多媒体广播的公共信息服务平台，是DAB移动多媒体广播平台的重要业务应用。利用广播平台传播数据内容，具有无线接收，移动接收，无带宽瓶颈，实时性强等多种技术优势。接收终端可以是手机、车载接收机、PDA、GPS、MP4等多种形式，可以构建一个相当强大的信息发布平台。

四、DAB移动多媒体广播平台

1.核心技术

OFDM（正交频分复用）的时间交织、频率交织在高速移动接收情况下对多普勒效应造成的影响有很强的抑制能力。

包模式和流模式两种业务复用模式，可删除型卷积编码提供不同业务可以有不同的误码保护。

频率和时间分片技术，带宽和业务调整技术使芯片功耗等方面的特性最适合便携移动低码率业务的开展。

2.前端机房

搭建为各项业务服务的数字广播基础平台，包括：音视频编码设备、公共信息服务平台、用户管理系统、复用、传输系统以及远程监控等。其中数据业务均为自主研发，具有自主知识产权。

3.业务平台

搭建了专用DAB音频制作播出系统，具有制作播出20套音频节目的能力。

搭建了低码率视频拍摄、录制、编辑和播出系统，具有制作播出3套视频节目的能力。

建立了新闻、交通、服务数据采集、编发系统的综合运营管理平台，拥有70人中心工作团队。

4.覆盖网络

由中塔、名人、491、大兴、顺义五个转播发射台构成DAB移动多媒体广播网，可以确保六环内收到DAB广播。

2009年年底启动DAB远郊区转播点的覆盖工程，届时DAB移动多媒体广播将覆盖北京全境。

（在《首届数字广播发展高峰论坛》上的讲话）

从市场运作看美国广播业

北京人民广播电台副总编辑王秋撰文认为：

从分析美国广播业发展历史和现状入手，提出了以下见解：

节目与广告契合

美国广播业在经历了80多年的历史沉浮之后，已独辟蹊径，闯出了一片自己的天地。不断地创新与突破已成为这个行业共同的标志。传统的广播总是尽可能地去吸引听众，从而在提高收听率的基础上去寻找相应的广告主，这种运作策略是被动地用听众群来吸引广告客户。随着传媒激烈的竞争，受众严重的分化，广播已不可能重现历史上的辉煌，它必须靠特定类型的节目，主动抓住特定的目标群体，促使一种新的经营策略的产生——即电台先瞄准大广告商在不同阶段的销售目标和产品诉求定位，根据市场调查和研究来明确界定其目标消费者的人口特征，然后策划创意并组织恰当的节目类型聚合和培养最感兴趣的人群，有的放矢地出售给广告商。事实上，美国人花在广播上的时间比其他媒介要多，人们会有意识地去选择自己喜欢的节目和主持人，他们用耳朵和想象去弥补看不见的部分，大部分人会忠实地选择两至三家风格和定位不相同的电台，根据自己的需要调换。聪明的广告商会充分利用媒介与消费者建立起来的密切而稳定的联系，广播成了一种理想的整合营销的传播媒介。

种类繁多的不同类型的电台为广告商提供了广阔的选择空间，广告主根据产品的需要，选择不同类型的电台，而电台又为了配合广告主的要求在时间上进行极为灵活的编排，使得广告主无论从地域，还是时段及时间长短方面都游刃有余。广告主可借助电台的个性风格及地方特色快速提升知名度，并赢得所需人群的认可。

培育目标听众

美国广播业还利用受众调查结果为广告主培育目标消费群体。通过市场运作，电台使自身更加地方化、风格化，并努力培养一批有着相同的年龄、文化程度、兴趣爱好、消费习惯的忠实听众，并预售给广告商来获取利润。

据有关资料表明，在广播发展的早期，美国广告商主动了解整个受众的情况，以确定其广告投放，直到20世纪70年代末，由于TOP40类型电台的出现，才从根本上把广告主通过收听率了解媒体的做法改变为媒体通过受众调查来寻求符合广告主需要的听众群体。受众调查日趋成熟，类型电台也变得越来越专业。进入20世纪90年代后，电台仍然继续巧妙地发挥类型化的节目策略，为适应年轻人新的文化需求，新的电台类型不断被创造出来。

类型化和个性化电台的良性循环主要通过两种途径来实现，一是为新听众创造新的类型；二是不断对已经流行的类型进一步明确界定其风格，从而更加迎合广告商的要求。这种良性的循环，极大地促进了广播业的繁荣与发展。

跨地区经营，实现利益最大化

美国广播业基本上由公司进行集团化市场运作，跨地区经营，人员、节目、资源、信息共享，影响大、覆盖广、效果好，对广告商有着很强的吸引力，这样不仅极大地降低了运营成本，同时还实现了利益的最大化。

都市网络是威斯特伍德下属子公司，也是目前世界上最大的一家专门收集、整理和经营交通新闻和路况信息的机构。总公司拥有2 000多名记者、65架固定翼飞机、35架直升机，在纽约、芝加哥、洛杉矶等大中城市有70多家分公司，向80个城市的1 000多家电台和电视台提供信息。此外，他们还通过使用一个特殊系统将交通新闻和路况信息提供给各州政府、各级交通运输部门、交通管理部门以及互联网、手机用户、地铁乘客等。

我们访问的是洛杉矶分公司，在洛杉矶地区，有100多家电台、电视台与他们合作，其回报是每个时段可加带10秒钟广告。由于合作伙伴多，并且非常稳定，因此公司的广告回报也是相当的丰厚。当问到他们是否想有一个自己的广播频道时，老板连连摇头："不，那样就会卷入竞争，原来的客户就变成了对手，我们是不会那样做的。"

从美国广播业的繁荣，回过头来审视我们自己，仅就市场意识而言，我们可以说还停留在初级阶段。

（选自《中国广播》）

测评结合 绩票互补

北京人民广播电台党委副书记赵泽勤撰文认为：

对干部进行民主测评是群众参与干部选拔任用和管理监督的一项重要工作。如何在考评中正确运用民主测评手段，科学使用民主测评结果？北京人民广播电台党委在这方面进行了积极探索实践。

从实际出发，不简单套用测评标准

在测评工作中，一些同志特别是在采编播一线工作的中层领导，对民主测评多有顾虑。一方面担心在工作中管得严了，群众不满意，影响民主测评的得票率，甚至因此丢掉“官位”；另一方面担心管得松完不成任务或发生问题，领导和组织上不满意。因为有这些顾忌，使一些干部的工作积极性受到不同程度的影响。

民主测评的结果将直接影响干部的使用与奖惩。因此，科学确定民主测评结果的评定标准就显得十分重要。电台党委通过学习领会文件，认识到在干部考核上要坚持群众公认的原则，坚持按程序办事，同时要实事求是，不搞“一刀切”。

从2004年起，电台党委不再简单套用党政部门考核标准，根据事业单位实际调整了民主测评得票率标准。其中，对评定为优秀等次的从严掌握，除要求民主测评优秀率达到市委组织部文件规定的60%的标准外，还要求优秀和合格率达到85%以上；对评定为合格、基本合格和不合格等次的，则比照市委组织部的文件，适当降低了测评得票率的标准。这样做，不是为了让一些干部容易“过关”。目的是既坚持群众公认原则，维护民主测评的严肃性，又体现实事求是精神，解除基层干部的后顾之忧。

测与评有机结合，不以“票”取人

几年来，电台党委在干部考察、考核工作中，一般先在干部所在部门的全体职工中进行民主测评，然后同该部门中层以上干部个别谈话。如果发现测评结果不太好，就把个别谈话的范围扩大到该部门的全体职工，侧重了解干部究竟存在哪些问题，要求用实事说话，不说笼统性的言辞。同时，通过查阅干部所在部门的工作计划、总结、规章制度等文字资料，向有关职能部门采集、核实相关数据等，掌握干部的综合情况，把“测”与“评”有机结合。

民主测评的结果大多与干部的实际表现是吻合的，但也出现过不一致的情况。2004年，台党委把一名干部调整到一个专业台担任副台长，主持全面工作。这位同志年轻、有朝气，政治、业务素质都不错，但到新部门工作一年后，群众测评为不合格。对此，台党委十分重视，安排台领导带领考核组对该同志各方面情况进行深入考察。考核组了解到，该同志一年来工作认真负责，敢于管理，本台节目总体布局、节目质量和市场占有率都有明显改观，安全播出和广告创收任务完成得也比较好，但由于走上领导岗位时间不长，经验不足，工作中容易急躁，方法有时欠妥，“伤”了一些同志，造成民主测评时“跑票”。台党委认为，出现这种情况，既不能怪罪群众只站在个人角度看问题，也不能只拿得票率来评价干部。对工作有明显成绩，但存在不足，民主测评得票率相对低一些的干部，不能采取简单“拿下”的处理方式，而应该给予改进提高的机会。基于这样的考虑，台党委按相关规定对这名干部实行诫勉，随后台领导深入该部门召开全体职工大会，谈问题不回避矛盾，引导大家正视部门的变化，帮助年轻干部改进提高。这种处理方式和随后跟进的思想工作，让这名干部深受触动，积极克服自身不足，较快得到了本部门多数同志的谅解和认可。现在，这名干部已经走上了该部门正职领导岗位，挑起了更重的担子。

平时多提醒，避免小毛病变成“坎儿”

民主测评一般都是在干部任前考察、年度考核、任期考核等特定时机进行的，而群众对干部的印象则是在平时工作过程中逐渐形成的。

有的干部平时对自己的小毛病缺乏正确认识，或意识不到，长时间下来群众意见就可能越积越多，等到民主测评时这些意见就会通过手中的“票”表达出来。所以，台党委和组织部门要履行关心干部成长的责任，工作重心必须前移，即平时注意了解掌握干部的工作情况，发现问题及时提醒，避免小毛病变成“坎儿”。

在这方面，北京电台党委有三点做法。一是组织部门与各部门、各支部建立定向联系，通过参加部门的各种活动，同干部群众广泛接触，形成日常沟通机制，发现干部存在不足，及时提醒，打“预防针”。二是台领导班子成员对自己分管部门的干部在工作上进行传帮带，对年轻干部不但促思想水平提高，更注重良好作风的养成。三是坚持谈话制度，明确总台主要领导每年要同全台各部门主要领导谈一次话，其他台领导每年至少同分管部门的所有领导谈一次话。此外，每次年度考核、任期考核和试用期考核结束后，台党委都要安排领导班子成员按照分工同干部谈话，反馈考核情况，包括少数同志提出的、没有写进考核材料的意见、建议，督促被考核干部制定出整改措施。这些工作的实施，促进了干部的自我完善，群众对干部的满意率明显提高。

（发表于《北京支部生活》2008年第4期）

户外大屏幕电视的属性

北京北广传媒城市电视公司杨峰斌撰文认为：

采用先进数字高清技术、实时联网播出的户外大屏幕电视，具有辐射面广、色彩亮度高、视觉冲击力强等优势，利用广电资源播放丰富精彩的新闻资讯、市民生活服务信息及文体节目，已逐渐成为贴近群众、服务群众的户外强势媒体。

户外大屏幕电视与户外大屏幕广告显示屏的区别在传播特征与内容上，大屏幕广告显示屏主要是指在商业楼宇上悬挂的纯粹播放广告的巨幅显示屏，而户外大屏幕电视则是以传统电视媒体的内容资源为依据，以传播新闻资讯、公共服务信息及文体节目等服务性内容为主，包括适量广告在内的新兴电视媒体。

在经营方式上，大屏幕广告显示屏只播放广告，以出卖广告获取商业利益。户外大屏幕电视则是与传统电视媒体一样，以通过节目内容获取受众注意力为基础，再将注意力卖给广告商以获取利润。广告所占播出比例有严格规定。

在媒体定位上，大屏幕广告显示屏是广告发布平台，服务于广告商，以满足广告商的需求。而户外大屏幕电视则以受众需求为中心，注重社会服务功能。因此，户外大屏幕电视不同于大屏幕广告显示屏，它作为一种新兴的电视媒体，具有与传统电视媒体同样的媒体属性。

户外大屏幕电视的公共服务属性决定媒体性能。一般意义上说，媒体具有公共服务属性是媒体与生俱来的信息传播特性，是社会意识形态的性质，实现媒体的社会效益。商业属性是市场条件下的产业属性，通过向市场提供媒体产品和服务，创造经济效益。因此，媒体产品既具有公共性又具有商品性。

媒体提供公共信息服务，是国家进行社会管理的需要。在政治意义上，我国的新闻媒体是党和政府的舆论宣传阵地，是党和政府的喉舌，担负着引领社会舆论的职责，根本上是为广大人民群众服务的。作为新媒体的户外大屏幕电视也不例外。

户外大屏幕电视一经出现，便以服务性信息为主导，担负起了社会公共信息发布、城市应急预警、生活资讯服务、重大时事与文体活动的实时转播及宣传等公共信息服务的功能，树立以受众需求为中心的传播观，强调媒体的社会服务功能，充分体现出其以公益为主旨，“关注民生，服务大众”的媒体定位。

户外大屏幕电视要坚持媒体的公益属性，坚持以人为本、服务至上的原则，不断增强公共服务的保障能力。北广传媒城市电视始终坚持公益性的主旨，以奥运期间的新闻报道为例，在节目编排上，围绕奥运，服务奥运，宣传北京，突出社会公益色彩，在奥运赛事直播、奥运交通服务、奥运火炬传递等方面，进行全程化、高密度、多频次的报道，受到了观众的好评。

做好城市预警报道是户外大屏幕电视公共服务功能的重要体现。面对交通、天气、自然灾害等可能出现的警报信息，大屏幕电视可以凭借户外视频新媒体的播出优势，做到第一时间提供应对措施和指导信息，弥补传统电视只能面对室内人群的不足，成为最快捷有效的城市预警应急信息发布平台。

（摘自《北京广播影视》）

中国电视媒体的转型与创新

北京电视台高菲撰文认为：

创新是中国近几年的流行词语，转型也许会成为今后几年各产业尤其是包括电视媒体在内的信息产业的流行词语。对转型的认识和理解不同，最后的结果也不会相同。创新更不应是流行一时的词语，而应是一种持久保持的精神。

一、电视媒体为什么转型

何谓转型？简单地说，就是转变或者转换模式或类型。对电视媒体来说，就是转换思路，转变赢利模式，调整战略、策略和市场重心。转型一般分为主动和被动两种。主动转型往往能够抢占先机，获得更大的优势；被动转型则可能化优势为劣势，化劣势为无势。但不管是主动还是被动，转型都含有某种不得不转的因素。

（一）传统业务市场竞争加剧

中国电视媒体竞争日益加剧来自三方面原因：一是卫星电视频道大增；二是中国电视媒体收入结构单一；三是电视媒体市场意识的普遍增强和经营水平的提高。

既然传统业务市场竞争不断加剧，不具优势又想有所作为的电视台自然不能被领先者牵着鼻子走或坐以待毙，而是要琢磨是否应有所创新。

（二）广告经营模式后劲不足

近年来，电视媒介的广告经营出现了下滑的趋势，其增长速度甚至低于行业平均水平，一味依赖广告的电视经营模式越来越靠不住。电视广告收入增速的下降一方面使得广告市场的竞争更加激烈，一方面迫使一些电视台转换增收的重点和思路。

（三）观众分流速度加快

随着数字电视整体转换工作的推进，节目点播和付费频道等新服务必然在一定程度上对传统电视频道的收视市场造成冲击。但在笔者看来，这种冲击不足为虑，真正让电视媒体寝食难安的是互联网、手机等新媒体对电视观众和广告的分流。目前，中国网民在家上网的比例已达到73%，而观众看电视的时间也大部分在家里。很明显，未来的家庭娱乐和信息渠道到底是电视媒体还是网络媒体将有一番激烈的争夺。

（四）电信产业也在转型

随着新媒体技术的发展和国家对“三网融合”的推动，“两电”市场的传统界限已经模糊。中国电信、中国移动和中国联通等电信巨头数年前就开始尝试独自或与电视台、互联网企业合作向用户提供手机电视和网络电视服务了。有的电信公司已制定媒体发展战略，要联合内容产业，实现业务转型，成为媒体乃至多媒体的运营者；有的电信公司已建立设备先进、功能齐全的演播室，囤积了大量有播映版权的影视节目；有的电信公司与新浪网、新华网等结成了战略合作伙伴关系，招聘、组建、培训媒体队伍，以期在三五年后大有作为。可以预计，一旦实力雄厚的电信企业介入媒体市场特别是视频传播市场，将彻底改变电视媒体和媒体产业的格局。

二、电视媒体转型的内容

电视媒体转型的理由非常充分，但是，转得好，麻雀变凤凰；转不好，老虎变成猫。转型可分为六大类，即技术转型、业务转型、赢利模式转型、战略模式转型、管理转型和观念转型。

（一）技术转型

主要指电视媒体传播技术由模拟信号传播转换为数字信号传播。目前，我国有线数字电视和地面数字电视的转换工作已步入了发展的快车道。但如果数字电视只是收视费提高而内容换汤不换药，如果地面数字电视缺乏相关配套标准、频率规划工作滞后，数字电视媒体的发展肯定不会一帆风顺。

（二）业务转型

主要指电视媒体从原来的节目制播为主转变为媒体经营和经营媒体为主。具体来说，电视媒体的业务转型主要包括以下几方面：

1.从发展事业为主转向发展产业与事业并重。事业与产业是一枚钱币的两面，合之则用，分之则废。

2.从单一的电视终端传播转向多视屏、多媒体传播。网络电视、手机电视已经登上时代和市场的舞台，并将全方位地和传统电视媒体争夺受众、争夺广告、争夺影响力。

3.从单向传播转向互动传播。传统的电视传播是自上而下、以电视台为中心的单向传播，实现数字化转换以后，传播模式将转变为双向或多向，“受众”的概念也将转变为“授众”的概念，即有“授权”资格的观众。

4.从固定传播模式转向移动传播模式。随着手机电视、移动电视和楼宇电视的兴起，固定地点、固定时间“收看”电视的消费模式已成传统，在任何地点和任何时间“送看”电视的移动消费模式已逐渐形成。当然，“送看”有的是免费的，有的是需要破费的。

（三）赢利模式转型

电视媒体的赢利模式主要有广告播出和付费播出两种。但是，随着业务的多元化和与新媒体的交叉融合，传统电视媒体的赢利模式也将日益多样化。如资本运营、各种形式的付费电视、各种与节目相关的在线播出与服务、节目交易与品牌授权、各种与节目相关的衍生产品与服务等。

（四）战略模式转型

在目前包括中央电视台在内的电视市场大混战中，不管是有意无意，各主要媒体采取的竞争策略还是有差异的。有的靠市场区位垫底，有的靠资本雄厚占优，有的靠节目品牌取胜，有的靠制度创新领先，有的靠资源垄断支撑，可谓八仙过海，各显神通。但根据我们的研究，任何电视媒体要想在全国市场上经营成功，至少必须具备以下八个要素：战略清晰，定位准确，节目创新，覆盖配套，制度完善，注重营销，反应灵敏，善于合作。没有战略，等于没有方向；定位不准，等于浪费资源；节目平庸，等于驱赶观众；覆盖滞后，等于有车无路；制度残缺，等于轮不在轨；营销不力，等于珠混鱼目；反应迟钝，等于坐失良机；不善合作，等于不会竞争。

三、电视媒体应在转型中创新

简单地说，创新包括“破”和“立”两个过程。破而不立，是为破坏；立而不破，是为改良；破而后立，是为创新；创而不新，是为失败。创新有虚拟和现实两种。虚拟创新是精神、观念、制度层面的创新，现实创新是产品、技术等形态层面的创新。创新还有相对和绝对之分。相对创新是和自己比或和过去比，绝对创新是和别人比或和世界比。对大多数人和企业来说，在谈创新之前，首先应做到的是到位，是回归，是达到标准水平和应有水平。

电视属于创意产业，创新乃立身之本、繁荣之根。如果失去了对创新的追求，电视节目或电视频道必然变得千篇一律，同质同构，最终失去观众，失去市场，失去自我。

（一）电视媒体创新的内容

从内容上看，电视媒体的创新无外乎五类，即：

1.技术引领的创新。这种创新受经济实力和科研实力的支配。世界上引领电视技术创新的主要是美国、日本和西欧少数国家。对中国大多数电视台来说，几乎没有技术创新，只有技术设备的更新，有的甚至比西方国家电视媒体的技术更新速度还快。可惜，高技术并没有带来高质量的节目，更没有带来高效益。

2.制度引领的创新。这种创新受思想观念的支配。有什么样的思想观念，就有什么样的制度。对中国大多数电视台来说，除了宣传制度，几乎所有的管理制度都是移植而来，少有创新。移植的来源主要有两个：国外电视媒体的经营管理制度和工商行业的经营管理制度。

3.内容引领的创新。这种创新受思维方式和认识方式的支配。这几年，电视节目形态不断变化，栏目改版如四季更替，新创栏目也层出不穷。但是，这些“创新”都属于相对创新的范畴。追根溯源，这些所谓的新栏目或品牌栏目的原型都在国外或港台。因此，对中国目前大多数电视台来说，几乎没有创新，只有模仿。当然，模仿也有价值。模仿是创新的第一步。但如中国电视节目这般竞相模仿或克隆境外节目，则是文化不自信、精神不自立的表现，堪可忧虑。

4.战略引领的创新。中国大多数电视台没有战略，只有战术。对收视率近乎痴迷的崇拜即是明证。战略引领的创新只有成熟的、目光长远的、有强烈使命感的企业才能做到。电视媒体更是如此。

5.观念引领的创新。这种创新虽然排列在最后，但是最重要。观念决定思路，思路决定出路。观念创新受文化理念和制度环境的支配。所以，提倡文化多元，打造一个宽松的制度环境和社会环境，方能为观念创新提供肥沃的土壤和持久的营养。

（二）电视节目创新的途径

在创新这个问题上，不应幻想一劳永逸，而是应把创新当成一种习惯，一种文化。中国电视节目的创新必须探索新的途径。笔者认为，以下三个方向可供参考：

1.让需求引领创新。创新本身不是目的，而是手段，是为了更好地满足需求或满足更高的需求。这里的需求有两层含意：一是主体即电视媒体有没有创新的需求。二是创新合不合乎社会或市场的需求。创新不取决于愿望，也不是哗众取宠，而是科学和使命。脱离了观众需求的所谓节目创新，只能是一种资源浪费。

2.向优秀的传统文化寻求灵感。中国的一些电视节目从舞台设计、音乐、灯光到服化道美乃至栏目名称、主持人的语言、作派等，以“洋”为美，力求“去中国化”。笔者认为，这些数典忘祖、舍本逐末的行为或许可以炫目于一时，绝不可能行之久远，更不可能征服海外。世界上无数的事例证明：没有本土文化支撑的企业不可能做大做强；没有本土文化滋补的电视节目和电视媒体不可能成为品牌，更谈不上创新。中国电视节目的创新只能向优秀的传统文化寻求灵感和动力。文化资源的流失就是核心价值和核心竞争力的流失。文化的自弃则意味着精神的自杀。

3.营造鼓励和有利于创新的环境。很多人对电视湘军的崛起感到莫名其妙。殊不知，湖南广电集团能有今天是其不断营造宽松的内部环境和积极利用外部环境中有利因素的结果。对电视媒体和电视节目而言，不断优化上述环境只是创新的必要条件，持久的创新还需要创造一种专业环境。创新的专业环境包括严格的知识产权保护制度、完善的产业链、有效的激励机制和良性的市场竞争机制等要素。

（原文发表在《视听界》）

还“典型”人物以“真人”本色

——从系列报道《华益慰：平凡医者人间天使》谈起

北京电视台张丽撰文说：

华益慰是国家主席胡锦涛亲自批示、由中宣部隆重向全社会推出的重大典型人物，对于这位享有很高荣誉，又极具社会影响力的新闻人物的报道，其实非常具有挑战性。北京电视台制作播出的三集系列报道《华益慰：平凡医者人间天使》，能够引起较大社会反响和良好的受众反馈，就是我们有意识地打破了以往塑造先进人物，追求高、大、全形象的创作惯性；在报道的形式和内容上注重了细节的挖掘，通过大量的采访，从不同侧面展现人物性格，使人物形象更加立体、丰满；在具体的报道手法和后期制作中，又着重突出了声音效果（尤其是同期声）在电视新闻报道中的作用。

1.人物定位决定人物报道的框架

发生在典型人物身上的故事往往有别于常人，但是他们又的确过着普通人的生活，有着和我们一样的喜怒哀乐。因此，选择一个恰当的角度，从总体上展现这些典型新闻人物平凡生活中的“不平凡”，是我们作人物系列报道的第一个考验。

传统的人物报道在宣传先进人物时，为弘扬其体现的时代精神和高尚情操，往往站在高处向受众告知，用词也多是“伟大的”、“高尚的”、“无私的”，给人感觉这个人物高高在上，只能仰视。改革开放以来，人物报道的理念发生了很大变化，逐渐摒弃了“神”化先进人物，“鬼”化反面人物的极端做法，实现了向“人”的回归。而只有用普通人的视角去关注新闻人物，才能使人物更加常人化，给受众以亲切感。因此，在华益慰的系列报道中，我们尝试着以一个受众的视角去观察，去了解究竟发生在华医生身上的什么事情最能吸引普通受众的注意力。然后再用记者的眼光去挖掘这些事件，寻找有价值的新闻点，来组织素材制作新闻。

2.还原细节是报道亮点

选择适当的角度报道新闻人物仅仅是为整个的系列报道搭建了一个基本的框架，而对于成功的新闻人物报道而言，只有框架是远远不够的，真正打动受众的还是记者能够在多大程度上还原细节。因为细节虽然微小，但却是最具有表现力的新闻点。人物的性格特质、思想情操往往就是通过不经意的细节来体现。在表现华益慰一心为患者的高尚医德时，我们特别注重挖掘典型事件中的细节，以小见大：华主任查房时，对患者特有的微笑；为患者听诊时，总会先用手捂热听诊器；为病人查体，他会先把自己的手搓热，免得患者感觉凉，不舒服；为病人手术，他会先来到手术室，让病人在麻醉前看到自己，心里可以踏实；这些细节的呈现，看似不经意，但可谓“润物细无声”，一点一点在屏幕上勾勒出华医生高尚的人格和精湛的医术，令受众倍感真实。

3.人物报道需要呼应和连贯

当然，如果系列报道只停留在细节的铺陈和堆砌上，那么会令受众感到冗长和模糊，也会从整体上影响新闻的传播效果。为了从总体上实现系列报道的关联性，使得细节能够互相补充，不至于凌乱，我们选择了每天守候在华医生病房门口、被华医生救治过的病人们。用患者与华医生之间发生的一个个鲜活感人的故事，串联起三集系列报道的主要内容：首先，从守候在垂危的华益慰病房门口的患者中展开，通过华医生救治过患者的真情表白，让受众对华医生几十年行医的医技医德有了最直接的了解和感受。其次，以一个保存在华医生手中九年的红包为故事的主线，以最终归还患者红包，了却华医生多年心愿为高潮，着重展现华益慰行医56年中一心为患者的高尚情操；最后，围绕华益慰在生命的最后时刻展开，此时的华医生已经气管插管，不能说话，但记者却巧妙地在片中向观众展现了此时华益慰仍然心系患者的所思所想，人物形象再次升华，感人至深。

4.手法运用使人物更加丰厚

除了以上在报道视角和方式上的突破外，在具体的报道手法上，人物系列报道也可以通过同期、音乐、背景资料等多种形式，烘托气氛，以达到更好的收视效果。具体表现为：

第一，大量运用同期声，突出真实感。现场同期声的运用可以给人很强的身临其境之感，而现场情景的重现也会带动人们的感官，烘托气氛。如在华益慰的系列报道中，我们选取了退还红包的事例，当华益慰的老伴把钱退还给当年的患者张秋海时，张秋海攥着这张在华益慰的办公桌抽屉里放了九年的存折泣不成声，口中喃喃地念着：“华主任，华主任……我不敢看他去……”相信很多观众听到这段同期声时都会热泪盈眶。

第二，用音乐烘托感情。当叙事达到一定阶段后，抛开解说词，完全用音乐和画面结合更能将气氛烘托、甚至升华到高潮。在上面的例子中，当张秋海说完把这1 000元钱上交组织后，一段情绪高昂的音乐，配合上华益慰泪流满面与张秋海双手紧握的慢动画面叠加，就令观众的情绪被最大化地调动起来。另外，在报道的结尾处，有一段华益慰的同期：“我这一辈子做医生，就想当个好医生，做一个能给病人解决痛苦，受病人信任的医生，这就是最幸福的。”之后，配合一段音乐，以及华益慰生前为病人微笑服务、手捂听诊器、退还红包等画面，不仅回顾了整篇报道，也诠释了华医生的这段心灵独白，并使整篇系列报道的收尾意味深长，耐人回味。

（原文发表于2008年第3期《中国广播电视学刊》）

地面数字电视单频网的开发与应用

北京电视台王伟撰文认为：

移动电视作为一个新兴的电视项目，为广播电视带来了新的产业发展空间。如何以宣传与经营并举，事业与产业并重的创新精神去面对移动电视，以产业化的视点去观察移动电视的发展，以市场营销的思路去开发移动电视的核心资源，以企业化的管理理念去实现移动电视的最大价值，成为能否最终把这一项目建设成为广播电视标志性项目的重要因素。

一、打造一条价值链条

所谓移动电视的产业价值链，指的是以单频传输网为核心资源，以提供满足消费者某种需要的效用系统为目的，具有相互衔接关系的资源的优化配置与组合。

移动电视产业价值链是这样的：内容提供→内容集成→数字电视无线网络提供→数字电视无线网络服务→整合相关产业资源→项目产品开发→项目产品营销推广→用户→内容提供。

从这一价值链中，我们得出以下四点结论：

1.内容提供，内容集成

“内容为王”是所有媒体发展的永恒真理，内容产业必然处于媒体产业价值链的上游。谁控制了上游环节，谁就会控制整个产业价值链。

2.网络提供，网络服务

网络提供者是地面数字电视频率的所有者。在现阶段，频率的所有者和经营者很难做到一体化。就广播影视而言，事业和产业是一个事物的两个方面，事业是产业发展的目的和归宿，产业是事业发展的基础和条件。

3.整合相关资源，开发项目产品

在产业价值链中，用户将以广告收视，有偿服务和购买产品三种方式接收内容信息。为此，要求处于中游的单频网与电信及GPS系统等相关产业资源进行整合，形成新的产业平台。

4.移动电视在价值链中的定位

目前该产业价值链中，移动电视只能起到电视传输网络运营商的角色，它既无法提供丰富的节目内容，也难以出色完成内容集成的任务。只有利用丰富的广播影视内容资源，建立形成内容集成的功能机构，重新明确角色定位，树立专业化经营思想，才能发挥其应有作用。

二、构建四种赢利模式

1.广告经营赢利模式

这是一种传统的、目前广播电视最集中的赢利模式，市场竞争极为激烈。就移动电视而言，作为一个新媒体及其传输覆盖的独特性，在相当一段时间内会吸引广告客户的关注和广告的投放。同时，随着地铁、城铁新线路的不断开通，小轿车、出租车的安装，以及手机电视、户外媒体等项目的开发，移动电视的广告价值将因其覆盖范围的日渐扩大而日益上升。

2.产品营销的赢利模式

这主要是面对小轿车、出租车的车载电视的推广，以及手机电视的产品推广方面而言的。移动电视虽然不是制造商和产品经销商，但由于它在媒体产业链中处于轴心位置，可以控制下游产品的发展，因此，可以利用其资源优势，采取授权经营或参股合营的方式进入产品营销层面。它的运营过程应该以扩大接收为目标，获得产品推广利润应该是第二位的。

3.增值服务的赢利模式

正如手机产业一样，其增值服务的利润已经超过了它的基本业务，移动电视在其未来产业的发展当中，有可能会形成这样的发展模式。这种增值服务主要是在整合相关产业的基础上，为受众提供个性化的、实用性的信息服务套餐，并在服务过程中，收取服务费用。比如，当我们把车载电视与GPS相结合，可以通过GPS系统起到导航、智能交通疏导，紧急避险等服务，而服务费的收取将是一项稳中有升的收入。

4.内容产业赢利模式

在移动电视未来的发展中，应逐渐渗透内容产业的生产与营销。一方面，解决自身媒体的节目来源，形成媒体本土化、个性化的服务理念，另一方面，也可以通过节目交易方式使节目实现版权利润，逐渐形成这一新的赢利模式。

这里需要说明两点，其一，上述四种盈利模式，仅是以移动电视发射频率为核心资源而衍生的赢利模式，并不是移动电视公司的赢利模式，移动电视公司不过是局部参与；其二，上述四种赢利模式，为基础型赢利模式，随着四种赢利模式的逐渐成熟，将有利于移动电视的资本化运营，从资本市场获得资金，以推动事业的发展。但由于资本化运营所得很难称之为利润，故不把此项目收入定位于赢利模式。

三、实施五大项目运营

1.公交车辆

这一项目是移动电视的龙头项目，它占有2兆带宽，传输一套正规电视节目，并通过广告经营、免费收视的运营方式将内容信息送达受众。如能吸引社会资本的流入，加大对公交车辆安装的投入，扩大收视范围，其广告价值必将相应提高。

2.地铁、城铁车辆

这一项目具有乘客消费层次高、乘车时间规律、声音相对平衡等有利于移动电视播出的特点，故地铁会比公交车更具人气。另一方面，鉴于地铁隧道内的屏蔽现象，只有采取光缆泄漏技术才能解决隧道内的接收问题，且投资巨大，再加上接收设备等硬体投入，资金压力会较为沉重。需要指出的是，该项目应仅限于地铁、城铁车辆，传输内容与公交内容相同，无须另辟传输带宽。

3.分众媒体

分众媒体是指户外、楼宇及有关机构公共通道内设置的电视媒体。目前，户外大屏幕电视、楼宇电视、加油站、超市等分众媒体都有长足的发展。对于移动电视所拥有的8兆频率，应在上述公交、地铁传输的一套节目的基础上，再开发传输一套以广告内容为主的节目，带宽也应是2兆。该节目应以地铁、城铁站台为发展基础，参与到分众媒体的竞争中，做成一套广告频道。同时，在紧急时刻可作为城市应急手段。

4.GPS车载电视

轿车市场是移动电视较大的潜在市场，因此移动电视应以核心资源整合卫星定位系统资源，将移动电视节目与智能交通项目有机地结合起来，进而真正树立移动电视城市应急手段的形象。

GPS车载电视项目的营销方式将通过车载电视的产品销售及交通信息、交通导航以及其他位置服务收取的服务费等运营模式获得利润，同时，作为辅助型的电视频道，将因其扩大了覆盖范围而可以提高广告价值。

5.手机电视

该项目以地面数字电视为传输方式，以手机为主要接收工具，利用地面单频网传输手机电视节目，对于单频网剩余资源而言，可开通10余套甚至更多的电视节目。该项目有利于为数字电视的发展开拓一个新的市场，有可能将成为移动电视衍生出的一项新的支柱型业务。

（摘自《中国广播电视学刊》2008年第6期）

新闻框架的和谐理念及效果分析

北京电视台李春颐撰文认为：

在新闻报道的过程中记者以认知、选择、强调、排除等形式报道新闻，形成了新闻报道的基本框架。构建社会主义和谐社会离不开媒介的引导作用，自然也就离不开新闻框架的影响。本文试图从构建和谐社会的角度，阐述有关坚持新闻框架和谐理念的现实意义。

一、新闻框架和谐理念为传媒营造良好社会舆论氛围奠定基础

应该说，新闻框架属于新闻报道意义的中心构成，媒体通过框架强化发生事实的某些属性和弱化、回避另一些属性，影响受众对这些属性的认识。而和谐理念属于新闻报道的指导思想，通过和谐理念指导新闻框架的建构，就是要求记者报道新闻时的观察点、视点和语境，以构建和谐社会为思想内核和价值取向，通过新闻框架的涵化影响来进一步倡导和谐思想，通过新闻的框架效果，促进人们对和谐社会的认知、理解，在全社会倡导崇尚和谐的价值观。

我们倡导、运用和谐理念构建新闻框架，必须坚持正确导向，营造良好的思想舆论氛围。随着信息传播技术迅速发展，我国社会舆论环境和舆论格局正在发生深刻变化，突出的表现是出现了媒体分众化、对象化的新趋势，互联网及其博客等已成为功能强大的新兴媒体；我国又处在黄金发展期和矛盾凸显期，西方文化的渗透，各种价值观念的激烈碰撞，对社会和谐理念与和谐精神的形成都会产生这样或那样的影响。因此，要不断提高舆论引导能力，最大限度地压缩噪声、杂音的传播空间；要增强社会责任感，宣传党的主张，弘扬社会正气，通达社情民意，引导社会热点，疏导公众情绪，促进全社会和谐理念的形成、和谐精神的培育。

媒介主体从选择事实的那一刻起，就应发挥媒介的过滤、涵化作用，运用有利于社会的和谐理念去体现新闻的框架效果，传达符合社会价值观的思想观念与道德规范，在新闻的主题涵化、结构性(技术性)涵化、舆论定向等诸多方面体现和谐价值观，促进社会的和谐发展。

新闻框架和谐理念的确立不排除揭示社会矛盾，关键取决于框架的着眼点及影响力是否有利于社会的安定、团结，是否有利于调动社会各方面的积极因素，为社会、自然的协调发展创造良好的舆论环境。

通过和谐理念确立新闻框架，要遵循党和国家利益至上的原则，党和国家的利益代表的是全体国民的利益、需求。在社会发展日益多元多样的条件下，社会分层加快，各利益群体不断分化组合，不断增加新的利益要求，这种相互作用组合而成的利益，不同于比较单一、封闭和固定状态下的利益概念。因此，在确立新闻框架过程中，我们要特别注意党、国家和人民利益元素内生变量的情况，增强政府与民众的沟通和理解，平衡各利益阶层的关系，化解矛盾与冲突，彰显社会和谐，从而进行正确的舆论引导。

新闻媒介是构建和谐社会的重要桥梁和纽带。在现实环境与媒介环境相互融合的情况下，媒介整合人们对于现实的认识，影响人们的行动方向。在新时期，新闻框架的和谐理念为传媒营造良好社会舆论氛围奠定基础。在和谐思想指导下，新闻框架具有特殊的现实意义。这就要求媒介从业人员不断更新报道观念，努力增强新闻框架的针对性和涵化效能，通过新闻报道中的和谐内涵打动受众，通过充分运用和谐理念增强新闻框架的效果和影响，为社会主义和谐社会提供精神动力和舆论支持。

二、和谐理念体现的新闻框架冲突及负面新闻的关系问题

新闻报道离不开事件的冲突和矛盾。对于负面新闻如何发挥和谐理念及其新闻框架的影响作用，也是需要重点研究的问题。

新闻框架和谐效果的产生，主要体现在新闻报道对事件最终结局的缝合作用。从一定角度说，反常性东西对受众更具有吸引力，但是新闻报道首先要肩负的是社会责任，信息流通的目的是为了促进社会的进步和发展，是以民众同政府的沟通交流、社会认同、终极关注和关怀、社会各阶层各得其所为出发点和归宿点。在新闻冲突及负面报道中揭露问题的目的应是解决问题，消减不对称信息。报道者应避免感性冲动，产生负面的煽情效果。

首先表现新闻冲突、报道负面新闻时，要特别关注媒介环境发生的认知情况。由于人与自然、社会的矛盾冲突是客观存在，现实境况也必然在媒介环境中得到反映，新闻冲突、负面新闻不可避免，关键是如何处理这些报道，如何认识这些报道，坚持新闻的正面引导，挖掘新闻冲突及其负面新闻传播的积极功能，避免所带来的消极影响，为从正反两个方面营造和谐舆论环境付出积极的努力，使负面报道产生正向的社会认知效果。

其次，新闻框架充满了选择性，新闻框架的视野制约效果值得关注。1998年我国遭遇百年不遇的特大洪水，新华社四川分社选择报道了《长江上游仍在砍树》的事实，披露了四川西部地区许多原始森林，遭不法分子乱砍滥伐，毁坏严重的情况。其报道受到了国务院领导同志的高度重视，当即派出调查组赴川检查禁伐工作，阻止了15亩原始森林的砍伐，这则负面新闻对长江上游的生态保护具有直接的推动作用，报道蕴涵了“可持续发展”的和谐框架视野制约效果。

另外，新闻报道中还包含着是与非、善与恶、美与丑、进步与落后的价值判断。因此，新闻框架应该体现维护社会主义价值体系的作用。

（摘自《中国广播电视学刊》2008年第5期）

关于北京音像资料馆数字化存储的设想

北京音像资料馆尚克智撰文认为：

随着广播电台、电视台设备、制作、播出和存储的数字化进程，广播电视模拟技术时代即将结束，我国广播电视行业将整体步入数字化时代，与世界同步。音像资料馆的收藏管理工作要跟上时代的步伐，更好地为广播电视行业服务，数字化管理工作就应该摆到我们的议事日程上来。

一、媒体资产数字化应用趋势

当前，国家广播总局正在大力推进广播电视数字化工作，中央各台率先垂范，数字化程度已经达到70%以上，有影响的省级台，比如北京、上海、天津、广东等电台、电视台数字化率也在60%以上，应该说数字化改造是个大趋势。

媒体资产管理系统的数字化应用，一方

面是紧跟国际科技发展的需要，为国际间交流扫清障碍；另一方面是使现有的音像资料在开发和再利用方面发挥其最大的潜能，创造更大的效益。

音像资料数字化管理系统旨在用最小、最节省的存储方式，建立低成本的数据库；使用最快捷、最智能化的检索方法，方便用户找到任何需要的节目和素材；用最简单的手段实施资料馆的资源管理，并且保护媒体资产不会受到来自任何方面的侵入、盗取。

早在数年前，中央电视台音像资料馆和中国电影资料馆就开始了“数字化媒体资产管理系统”的改造，实践证明，不但达到很好的效果，而且产生了很大的经济效益。

二、北京音像资料馆存储现状

北京音像资料馆建立20年以来，在为广电系统服务中做了一系列工作，作为北京广电发展史的一部分，馆藏的一些资料具有极高的历史保存价值。目前资料馆库存资料2万多小时，半数以上的资料是以模拟磁信号记录的方式被保存在各种磁带中，而磁带的存储年限只有十到十五年，这些磁带正在日复一日地老化，如不进行抢救就将成为一堆废物。另外，随着节目制作数字化的进程，随着模拟时代的终结，模拟设备的生产厂家纷纷转行转产，模拟信号的读写设备面临告罄的局面，比如现存的钢丝录音带，由于没有配套录音机，不得不令人望而生叹。所以，数字化存储已成当务之急。

音像资料馆提出了为“广播电视局和广播电视事业服务”的口号，即“用得上、离不开、有影响”。音像资料存在的价值，最终的目的在于再利用继而产生经济效益。一旦用到现存的资料，如果由于存储不到位而耽误工作，那“用得上、离不开、有影响”的口号就将成为一句空话。

三、数字化存储设想

北京音像资料馆媒体资产管理系统设计目标是：提供一个包括集上载、编辑、音视频资料数字化存储、编目、管理、检索发布再利用于一体的双项交互服务平台。通过对音像资料的数字化处理，完成资料的数字化压缩、存储。改变当前以音视频磁带为存储介质的传统堆砌式资料存储模式，在完善统一的数字化、网络化的基础上，建立以节目为基本单元的信息组合体，通过运用最佳的工作流程，缩短节目查找时间和再制作时间，降低节目的制作成本，增强资源的利用率，提高制作和管理内存的效率，实现北京音像资料馆的视频信息网络的数字化、网络化。

系统拟采用FiberChanael和Etherner的双网架构，双网架构的优势在于安全、快捷，是目前媒体资源管理系统通用的模式。可细分为局域网系统和光纤通道网络系统两个部分。以太网络系统用于满足音像资料馆内部对于编目、检索、工作流程控制、安全控制、网络管理等项服务需求；光纤网络系统用于高码流数据（15Mbps、Mpeg2ibp格式）上下载、存储和转码业务。目前，欧洲、美国和日本等国家和地区均采用Mpeg2的标准，此种标准相应比较成熟。

码流格式设计

高码流采用编码速率为15Mbps的MPEG2IBP格式文件，用于存储业务；采用编码速率为350Kbps的MPEG4格式文件，用于查询业务。前期设计按照1 000小时的节目量计算，所需要的存储空间为15Mb/s*3600s*1000h/8=6.4TB。因此在线存储容量至少为6.4TB的容量。最终将达到2万小时的存储能力，以15Mbps高码流节目成片文件格式计算，按照2万小时的数字化转储的总量需求，需要数字化转储的高码流容量大致为40TB容量。

按上图所述媒体资产管理系统所管理的文件可以包括AV信号、图片、文档、数字媒体和非线编素材，从业务功能上可以划分为内容创建、内容标引、内容迁移和内容查询4部分，其中内容创建完成节目的数字化，内容标引实现节目的编目、内容迁移实现节目文件在多级存储设备间的数据搬迁，内容查询为用户提供了多种查询手段，内容创建阶段的码流转换与非线性编辑、硬盘播出等系统的接口，可以在总体系统搭建时建立完备，媒体资产管理系统建立以后，可以为硬盘播出、节目交换、VOD点播、DVB广播、非线性编辑和网上检索查询提供丰富的节目资源，为音像资料馆带来多元化的服务模式和更大的经济效益。

系统网络示意图简明地介绍了媒体资产管理系统的工作流程及各种设备在流程中所起的作用。

媒体资产管理系统拟按照总局发布的《广播电视音像资料编目规范》和《广播电视节目资料分类法》统一依照上述规范编目管理，以备今后与兄弟馆联网资源共享。

综上所述，按照音像资料、文字资料为一体全方位资料存储的原则，从发展事业、服务行业的理念出发，无论是从提高科技含量，还是从提高工作效率的角度来讲，北京音像资料馆数字化存储工作，都是必须提到议事日程上来的大事情。“工欲善其事，必先利其器”。音像资料、文字资料数字化存储，将为北京音像资料馆的事业发展带来新的契机，将使我们为广播电视行业的服务工作迈上更高的台阶。

(摘自2008年《研究与实践》)

重大突发事件直播：电视媒体的态度与责任

北京广播电视研究中心刘玮撰文指出：

2008年5月12日15时，中央电视台在整点新闻中播发了四川汶川发生大地震的消息，距地震发生的14时28分仅32分钟。中央电视台从15点20分开始推出“抗震救灾、众志成城”大型直播节目，广播、报纸、杂志等其他传统媒体，网络、手机等新媒体也以前所未有的高频率、多手段迅速跟进传播信息，使一场新中国成立以来最大的地震灾害迅速成为一次重大的媒介事件。“5·12”汶川特大地震属于重大自然性突发事件的范畴。当重大突发事件发生时，媒体应对是整个社会系统有效应对突发事件中极为重要的一环。

新闻直播使媒体与灾区人民携手并肩

中央电视台“5·12”汶川特大地震的电视新闻直播充分展示了电视直播在重大突发事件信息传播中不可替代的地位。重大事件发生时电视媒体是否在现场实施报道是检验电视媒体态度的尺度，是电视媒体是否具有公信力的重要标志。

第一，电视直播随时播出最新消息，大大提高新闻报道的实效性，使电视成为大众传播媒介中反应最为迅速的媒介之一。中央电视台从5月12日15点20分开始的“抗震救灾、众志成城”大型直播节目，迅速构建了来自国家媒体权威消息的大众发布平台。

第二，电视直播同步报道新闻事件发生、发展的过程，使观众在电视的伴随下成为事件的“亲身经历”者。电视现场直播和现场报道不仅对新闻事件形成迅捷直观的报道，而且以其连续地过程性记录形成媒体对事件的伴随与过程性报道。

第三，电视直播立足现场、呈现现场，不仅凝聚了全世界的目光，更体现出电视媒体在重大事件中的态度——与事件同步、与灾区同在。电视现场报道记者通过画面把观众带到现场，使观众产生强烈的参与感，观众与记者融为一体，与事件同步、与灾区同在，同时构成了记者、媒体与灾区人民、救灾人员同在事件之中的一种报道形态。

媒体责任在灾难时刻不辱使命

电视媒体作为影响力最大的大众传媒，在重大突发事件发生时，不仅肩负着及时、准确、快速地搜集信息和传播信息的使命，同时也担负着把握舆论导向、动员社会力量的重任。

第一，新闻直播担负了权威信息发布平台的职责。24小时的电视新闻直播，使大量与灾区有关的信息汇集到一起，央视的直播节目瞬间转换成大量信息汇总和发布的平台。

第二，伴随事态的发展，新闻直播及时担负起动员职责。新闻直播与事件发展同步，观众在了解事件发展进程的同时，能够准确知道抗震救灾最紧迫的物资供应信息，所以才能在第一时间作出准确判断，为抗震救灾贡献自己的力量。

第三，“我在现场”——电视媒体的记录职责。电视媒体具有影像和声音同步记录、同步传播的优势，因此能够最直接、最真实、最客观地记录现场、还原现场。这些影像资料不仅满足了社会公众的知情权，促进了信息传播的速度和透明度，也成为中国政府在灾难发生时尊重生命、尊重人权、行动有力的重要见证，书写了影像记录历史中新的篇章。

第四，“第一时间”——迅速、及时传播真相，是政府与媒体共同的责任。谣言止于公开、止于透明，而这一切最有力的是止于电视影像直播。主流媒体迅速公布事实真相的传播行为使许多谣言不攻自破，为社会稳定和有序的抗震救灾创造了良好的社会环境。

第五，稳定民心、树立榜样——电视媒体新闻报道维护稳定、恢复秩序的舆论责任。重大突发事件在第一时间往往让人在精神上感到困惑和迷茫，媒体有责任肩负起神圣的使命，维护民心稳定，促进社会秩序的恢复。

（摘自《现代传播》2008年第四期）

大事记

2009/《北京广播影视年鉴》

——记录行业情况　服务业内和社会——

2008年北京市广播影视大事记

1月

1月1日　北京电视台卫视频道在次黄金时段即22:00之后推出历史文化专题节目《这里是北京》、电视文化讲座专题节目《中华文明大讲堂》、公益谈话节目《真情互动》，得到国家广电总局收听收看中心的充分肯定。国家广电总局副局长胡占凡批示："服务、文化、真情都是广播电视的社会责任，也是人民群众最需要的，北京台的努力值得肯定，希望办得更好。"北京市委常委、宣传部长蔡赴朝批示："占凡副局长的批示应当是对我们的鼓舞和鞭策，电视台要继续努力，精心打造提高每个频道、时间段的节目，务求精益求精，当前特别是提高卫视的全国影响力。"

1月1日　为配合2008年北京奥运会宣传报道工作，北京人民广播电台体育广播呼号改为北京人民广播电台体育广播"奥运之声"（奥运会结束后改回原呼号）。

1月3～8日　北京市广播电视局主办，北京市文化局、北京市旅游局、美国洛杉矶会议及旅游局、北京电台等单位协办，北京电视台承办的"缘——北京·洛杉矶奥运寻梦之旅"活动在洛杉矶环球影城举行。刘长春之子刘鸿亮、洛杉矶奥运会射击冠军许海峰和影片《一个人的奥林匹克》制片人随团参加活动，并介绍中国奥运影片——《一个人的奥林匹克》的创作情况。

1月4～10日　中国电影博物馆举办"永不消逝的记忆——孙道临影片公益展映"活动。活动中放映了《永不消逝的电波》、《革命家庭》、《早春二月》等12部由孙道临主演的影片。

1月初　北京歌华文化发展集团控股的北京歌剧舞剧院责任有限公司新创贺岁大型乐舞诗《紫气京华》在21世纪剧院隆重上演。其间，市委常委、宣传部长蔡赴朝，市委宣传部常务副部长陈启刚、市文化局局长降巩民等观看演出。该剧系"纪念改革开放30周年、全国文化体制改革试点院团优秀剧（节）目汇报演出"的优秀剧目。

1月7日　北京北广传媒集团移动电视公司为配合2008年北京奥运会宣传，编辑制作和播出《奥运竞赛项目》、《奥运人物访》等一批奥运节目。

1月10日　北京市政法委与北京电视台联合举办的"崇高的荣誉——第五届人民满意的政法干警（单位）标兵揭晓颁奖晚会"录制成功。中央政法委副秘书长周本顺，北京市委常委、公安局局长马振川，副市长赵凤桐等出席颁奖晚会并为荣获标兵称号的10名个人和10个单位代表颁奖。

1月11日　全国政协提案委员会副主任杨振杰、傅志煌率出席全国政协提案承办单位座谈会的100余人参观考察中国电影博物馆。北京市政府办公厅副主任薄钢、助理巡视员李珍和北京市广播电视局巡视员洪兵等陪同参观。

1月11日　北京青少年发展基金会希望工程北京捐助中心授牌北京电台交通广播"爱心1039"，并寄语《动感北京·舞动奥运》节目"爱心电波，传递感动；携手希望，成就未来"。

1月12日　北京电台荣获中国广告协会"2006～2007年度全国广告行业文明单位"称号。

1月12日　北京电台副总编辑王秋荣获"中国策划20年十大风云人物"称号。该奖项由中国商业联合会、中国企业文化促进会和中国策划评价活动组委会联合颁发。

1月14日　国家广播电影电视总局召开专门会议，听取北广传媒移动电视工作汇报，并就移动电视发展过程中遇到的问题进行研讨。总局副局长胡占凡对规范和促进移动电视事业的发展做出指示。总局宣传管理司、北京市广播电视局有关负责人参加会议。

1月15日　北京电台在北京饭店举行2008年广告客户新春联谊会。市委宣传部副部长陈冬，国家广播电影电视总局社管司巡视员罗建辉和副司长任谦，北京市工商行政管理局副局长王英偶、北京市广播电视局副局长臧增祥和北京电台台长汪良，北京电台8个专业台和各职能部室负责人及广告客户近500名代表参加会议。

1月15日　北广传媒影视公司第一届第七次（2008年第一次）董事会召开，会议通过《关于2007年工作总结及2008年经营计划》的报告，并通报2008年公司扩股融资工作计划。

1月16日　北京市广播电视局召开机关第六次党员大会，126名党员参加。大会总结了上一届机关党委工作，选举了新一届机关党委和纪委。大会选举杨淑琴为书记、李伟为副书记，李伟、张大烨为纪委书记、副书记。市委直属机关工委副书记杜顺成，北京市广播电视局党组书记、局长孙向东出席会议并讲话。

1月18日　由中共北京市委宣传部、北京市委农工委、北京市农委、北京市文化局和北京电视台共同主办、北京电视台承办的2007年度“寻找北京最美的乡村”评选活动颁奖盛典在大兴区隆重举行。晚会将新农村建设的带头人、致富模范、经营高手、农民英雄和最美乡村的代表一一请到台上讲述创业历程。并以农历二十四个节气为切入点，分别用儿童舞蹈《美丽乡村节气歌》、女子群舞《惊蛰》、男子群舞《芒种》、杂技舞蹈《秋分》、喜剧舞蹈《冬至》、双人舞《立春》以及由李伟建、武宾表演的化妆相声《长寿》节目来进行串联，使整台晚会自始至终洋溢着欢乐、祥和的气氛。副市长牛有成观看了演出，并给予高度评价。

1月18日　北京歌华文化发展集团与怀柔区宝山镇开展精神文明共建结对活动——“歌华爱心图书室”揭牌，歌华集团451名职工为宝山镇小学捐献图书2 008本。

1月18日　北京电台文艺广播北京广播网联合北京地区千龙、新浪、搜狐、网易等19家商业网站共同举办“迎新春，送祝福——2008年第三届原创新春祝福短信大赛”。共征集36 154条原创短信，累计投票数突破2 430万人次，大赛得到市委书记刘淇的肯定。2月20日在颁奖仪式现场，20家主办网站领导共同揭晓“2008年十大最受欢迎原创新春祝福短信”。

1月19日　北京电台主持人张树荣在奥地利维也纳金色大厅和中央电视台青年主持人卫晨霞及奥地利资深乐评人威廉·新科维志共同主持2008年《维也纳·中国新春音乐会》。

1月19～20日　北广传媒集团数字电视公司《北京党建》频道利用自身独特的图文与视频结合的传媒优势，对北京市十三届人大一次会议和北京市政协十一届一次会议进行报道。报道重点为“报告解读”、“热点聚焦”、“委员观点”及一批动态图文信息。

1月21日　北京电台举办奥运倒计时200天暨奥运征歌评选活动。原北京市广播电视局局长、奥组委大型活动部部长赵东鸣，北京电台总编辑陆莹为活动剪彩。

1月21日　北京电视台卡酷动画卫视原创动画片《福娃奥运漫游记》，制作成中、英、粤三种语言配音和中、英、法、韩、日五种语言字幕DVD“金装版”全面上市，并被北京奥组委、北京市政府列为奥运会外宾馈赠礼品。

1月22日　中国电影博物馆召开2007年度总结表彰大会，对7个优秀部室和109名优秀员工进行表彰。北京市广播电视局副局长、中国电影博物馆党委书记李春良出席会议并讲话。中国电影博物馆2月10日正式对公众开放，全年接待参观群众15万人次。

1月23～24日　北京市广播电视局主持召开全市卫星电视设施综合治理八方联席会议第七次会议，分析2008年卫视综治工作面临的形势和任务，研究卫视综合治理考核事宜。市国家安全局、首都综治办、市工业促进局、市工商局、市公安局、北京海关、市文化市场行政执法总队等部门的相关负责人参加会议。

1月24日　北京市公安局与北京电台交通广播共同策划制作的首部公安题材40集纪实评书——《猎贼英雄传》在交通广播《长书连播》节目中首播，由著名评书表演艺术家刘兰芳演播。

1月24日　北广传媒集团数字电视公司《北京党建》编辑部与北京歌华有线电视网络公司为密云县溪翁庄镇黑山寺村村委会和全村83户有线电视用户免费安装《北京党建》专用机顶盒。

1月25日　由中共北京市委组织部、宣传部、农工委等八家单位主办的2008慰问首都各界人才大型文艺晚会《数风流人物》由北京电视台录制完成。高技能人才、农村实用人才、专业技术人才、获得长城友谊奖的外国朋友、宣传文化人才的代表都作为“新春祝福人”跟观众见面。北京电视台定于2月8日（正月初二）19:40在BTV卫视频道播出。

1月28日　北京电台召开大会，表彰2007年度各级奖项人员，并举行第四届首席人员聘任仪式。2007年度，北京电台共获得奖项91项，其中包括“五个一工程奖”、“中国新闻奖”、“中国广播影视大奖”等重大奖项。北京电台交通广播荣获全国新闻工作先进集体称号。

1月29日　北京电台副总编辑亢亚志率队到延庆县井庄镇三司村开展“三下乡”慰问活动。此次慰问活动达40余人。

1月29日～2月2日　北京电台交通广播《动感北京》、《行走天下》、《1039交通服务热线》、《车友音乐时空》、《动感北京·舞动奥运》、《一路畅通》等多个栏目在第一时间制作出南方各省抗冰雪救灾专题节目。

1月30～31日　北京电台召开奥运报道动员大会，全台八个专业广播、节目制作中心、网络信息中心、技术中心的120名采编播人员、管理人员参加大会。大会邀请北京奥组委志愿者部负责人介绍《奥林匹克发展史》，邀请人民日报、中国体育记协和新华社负责人讲授奥运报道的组织、策划等工作。

1月30日　北京广播电视报社召开2007年度工作总结暨表彰大会，部署2008年工作。会议表彰了2006年度优秀稿件获奖人员和2007年度考核优秀人员，领导班子成员述职并进行民主测评。北广传媒集团副总经理赵多佳出席会议。

1月31日　国家广播电影电视总局局长王太华、副局长张海涛在北京市委常委、宣传部长、副市长蔡赴朝和市委宣传部常务副部长陈启刚陪同下到北京市广播电视局慰问广电系统干部职工，并考察北京电视台新闻中心、播出机房、新闻演播室，市广播电视监测中心、北京电台新闻广播和体育广播直播机房。市广电局局长孙向东作了关于北京市广播影视工作的汇报。总局宣传管理司司长金德龙、社管司司长陶世明、科技司司长王效杰、办公厅副主任罗建辉，市广电局副局长李春良、臧增祥、纪检组长邓宏凤、总工程师何桂芝、巡视员洪兵、副巡视员宋春华和北广传媒集团、北京电台、北京电视台主要负责人陪同慰问和考察。

1月　北京电台交通广播被国家广播电影电视总局评为全国广播电影电视系统先进集体，蔡明可被评为全国广播电影电视系统先进工作者。

1月至2月　北京电视艺术中心摄制50集电视连续剧《金婚》被北京市评为2007年度优秀影视作品，并获得北京市创优鼓励金100

万元。此外，《金婚》还荣获北京电视台2007年影视最佳导演、最佳男女主角、最佳电视剧3项大奖。2月25日，又荣获“上海地区2007国产电视剧年度大奖”。

1月　北京市广播电视局召开远郊区县广播电视无线覆盖转播站工程建设推进会议。局总工程师何桂芝主持会议，房山、平谷、怀柔、密云、延庆5个区县广播电视中心主管领导和市广电局有关处室负责人参加会议。

2月

2月1日　北京歌华有线电视网络公司召开2008年度工作会议。歌华公司各部门、各分（子）公司近1 500名员工参加。会议总结上一年的工作，部署新的一年工作，对80名优秀员工进行表彰。市广电局副局长臧增祥、市人大教科文卫体办公室副主任孙世超和市政协委员洪学锴、市广电局特邀行风监督员聂振强出席。

2月1日　北京电台举行2007年度获奖听众颁奖大会，向10位荣获“2007年度北京电台优秀听评员”称号和40位荣获“听评月优秀评议稿件奖”、“热线电话网络论坛优秀建议奖”及30位荣获“2007年度北京电台主持人节目展播听众评议奖”的获奖听众颁奖。

2月2日　北京市广播电视安全播出指挥部联合国家广电总局安全播出调度中心，在北京市广播电视安全播出调度中心举行安全播出事故处置流程演练。市广播电视局局长孙向东任演练总指挥，总工程师何桂芝任现场指挥，国家广电总局调度中心常务副主任杨一曼现场指导。北广传媒集团、北京电台、北京电视台、歌华有线网络公司等播出和传输机构相关负责人参加演练。

2月2日　北广传媒集团数字电视公司《北京党建》编辑部一行24人，在北广传媒集团副总经理赵多佳、编辑部主编何公明带领下，到密云县溪翁庄镇黑山寺村进行春节慰问，送去1万元慰问金和千余册书刊。

2月4日　北京电视台承办的大型慈善义演晚会——《爱心融化冰雪——首都大型赈灾慈善义演》在首都体育馆隆重推出。从接到承办晚会的任务到演出开始，仅有48小时。台长、总编辑亲自动员，文艺节目中心、转传部、办公室通信科等部门即刻投入工作当中，积极配合晚会主办方，并同北京人民广播电台、千龙网等单位做好协调工作。北京电视台卫视频道、北京人民广播电台和千龙新闻网进行现场直播。晚会现场共募得捐款8 654.16万元，北京电视台也通过晚会现场捐赠200万元，全部票款和捐款通过首都慈善公益组织联合会捐往灾区。

2月4日　北京市委宣传部常务副部长陈启刚一行到中国电影博物馆检查安全工作，北京市广播电视局副局长杨淑琴和中国电影博物馆领导陪同检查。

2月4日　北京电台向南方受冰雪灾害地区人民献爱心，共计捐款164.6万元送至北京市慈善协会。

2月5日　北京电台在新落成的北京广播大厦400平方米演播厅进行长达8小时的音视频同步直播节目——“除夕节目大赛”。

2月6日　北京市委常委、副市长、宣传部长蔡赴朝到北京歌华有线电视网络公司调研。歌华有线电视网络公司董事长张淼汇报工作。

2月6～12日　北京电台新闻广播与节目制作中心派出记者邢云、冬雪跟随“爱心突破冰雪线”赈灾车队沿途采访各地灾情、救助和生产自救情况。

2月6～13日　北京歌华文化发展集团承办的“2008海淀中华世纪坛春节文化庙会”在中华世纪坛举行，接待近20万人。庙会在北京市文化局、北京日报、北京电视台、北京人民广播电台主办的“我最喜欢的北京春节庙会(灯会)”活动中被评为“特别鼓励奖”。

2月11日　北京电台音乐广播成功转播第50届格莱美颁奖礼。报道小组独家采访郎朗，并在直播过程中在格莱美颁奖后台与他电话连线，通过电波第一时间展现中国音乐家在国际最高音乐舞台上的精彩表演。

2月15日　北京市广播电视局召开2008年北京广播影视工作会议。市委常委、宣传部长、副市长蔡赴朝出席会议并讲话。市广电局党组书记、局长孙向东作题为《全力做好奥运服务保障工作，努力推动首都广播影视大发展大繁荣》工作报告。北广传媒集团、中国电影博物馆、北京电台、北京电视台等局属各单位处级以上干部，北京市广播电视局特邀行风监督员、市属电视剧制作单位（甲种证）负责人约150人参加会议。

2月15～16日　北京市广播电视局召开市广电系统特邀监督员工作会议。市广电局局长孙向东出席并讲话，市广电局纪检组长邓宏凤主持。会议听取北京电台、北京电视台2007年行风建设情况和2008年工作思路汇报，学习中央和北京市关于行风政风建设的有关文件，研究《2007年特邀监督员工作总结》，讨论《2008年特邀监督员工作安排》。

2月19日　北京市委宣传部副部长肖培来北京市广播电视局进行专题调研。在听取市广电局关于落实蔡赴朝在全市广播影视工作会议上讲话精神汇报后，肖培指出：北京广电系统要以电视剧《闯关东》为楷模，组织好精品影视创作，体现出北京特点和北京人的精神；奥运前开展一个月集中整治工作，确保奥运期间播出和传输安全。北京市广播电视局孙向东、李春良、臧增祥、洪兵陪同调研。

2月21日　北京电台音乐广播成功转播《2008全英音乐奖颁奖典礼》。“全英音乐奖”是欧洲最高级别的流行音乐奖项。

2月22日　北京市广播电视局为做好全国“两会”代表驻地视频点播节目安全和各项服务保障工作，召开视频点播开办主体单位工作会议。市广电局副局长臧增祥出席并讲话。传达全市确保全国“两会”代表驻地各项保障工作会议精神和北京市13部门打击整治网络淫秽色情专项行动方案，通报市广电局落实保障“两会”代表驻地收看有线电视、卫星电视节目等方面工作情况。

2月25日　中国电影博物馆被命名为北京市2008年市级爱国主义教育基地。

2月25日～4月25日　北京电台城市服务管理广播，以“迎奥运、促和谐”为主题邀请北京市政府委办局44位“一把手”相继和市民直接交流探讨相关工作，在社会引起强烈反响。直播期间，共接到热线电话860个、互动短信1145条；嘉宾回答热线提问90余次、回答短信提问170多次。北京电视台、北京日报、北京晨报、北京晚报、北京青年报等20余家媒体参与报道，播发稿件200多篇。截至3月28日，该报道网络访问量达688 300人次；百度搜索引擎显示，网络转载量20 000余条。

2月26日　国家广电总局宣传管理司司长金德龙在北京市广播电视局局长孙向东和副局长李春良陪同下，到北京联盟影业有限投资公司调研北京市电视动画片生产情况，就该公司制作电视动画片《武林外传》提出具体指导意见。2007年经北京市广播电视局推荐，该公司《武林外传》项目获得市“文化创意产业发展专项资金”500万元扶持资金。

2月26日　北京电台主持人伍洲彤作为特派记者参加首次由海外华人自发组织的祝福北京奥运主题公益活动“龙行天下耀中华”非欧亚汽车远征之行，从南非开普敦维多利亚港湾正式起程，并进行跟踪报道。

2月26日　北京电视台召开2007年工作总结暨表彰大会，北京电视台领导班子成员、各部室主任、科长（制片人）和获奖代表及全台职工代表大会代表500余人参加大会。北京市广电局局长孙向东出席会议并讲话。北京电视台台长刘爱勤作题为《把握机遇，改革创新，科学决策，实现北京电视台又好又快发展》的工作报告，大会对2007年度获奖作品、优秀栏（节）目和节目中心、广告部等部门和个人进行表彰奖励。

2月27日　北京市广播电视局126名干部职工捐款16 520元，捐献棉衣（被）140余件；中国电影博物馆140名干部职工捐款3 429元；北京电台785名干部职工捐款146 770元，单位捐款150万元；北京电视台2 748名干部职工捐款280 978.5元，单位捐款200万元。北京电视台承办组织《爱心融化冰雪——首都大型赈灾慈善义演》，现场共筹集资金8 654.16万元。

2月27日　北京市委宣传部副部长肖培到北京电视中心工地慰问检查工作。在听取北京电视台关于工程建设、节日期间安全生产、民工工资发放及返乡安排、新台址技术设备安装调试的汇报后，肖培代表市委宣传部向工作在一线的北京电视台工程建设和管理者拜年。

2月28日　北京市广播电视局召开2008年思想政治工作会。市委宣传部副巡视员张伯华，市广电局党组书记、局长孙向东出席并讲话。市广电局党组副书记、副局长杨淑琴主持会议。北京电台、北京电视台等单位做交流发言。市委宣传部基层处、纪检处负责人出席会议。市广电局纪检组书记邓宏凤、总工程师何桂芝和中国电影博物馆、北京电台、北京电视台党委书记、副书记及局属事业单位党支部书记、副书记，局机关处室负责人及党办、人事、纪检监察、工会、老干部、共青团等部门专职工作人员参加会议。

2月28日　北京市广播电视局召开全市安全播出防范工作部署会议。市广电局总工程师何桂芝主持会议，市广电局局长孙向东出席并讲话。市广电局结合“平安奥运行动”要求，制定了北京市在奥运期间确保广播电视安全播出工作意见。

2月28～29日　北京市广播电视局、北广传媒集团召开影视工作座谈会。座谈会以电视剧《闯关东》为切入点，就北京市如何精心组织好弘扬社会主义先进文化，向改革开放30周年和中华人民共和国成立60周年献礼的优秀精品影视作品创作进行探讨和交流，听取各方面专家及领导的意见。

中宣部文艺局局长杨新贵、中国文联原副主席李准、国家广电总局电视剧管理司司长李京盛、北京市委宣传部常务副部长陈启刚、市作协主席刘恒、市社会科学院研究员阎崇年、中国传媒大学教授胡智峰、著名编剧邹静之及市广电局局长孙向东、市广电局副局长李春良和北广传媒集团总经理马朝军、党委书记刘志远、副总经理赵多佳等领导出席会议。

2月　北京市委常委、宣传部长、副市长蔡赴朝在北广传媒集团《信息专报》第2期上作出批示：电视剧作为文化产品，要以质取胜，不在数量多少。争取在集团所属单位中拍出《闯关东》、《士兵突击》以及《金婚》这样有良好社会反响的作品，收到以一当十的效果。

2月　北京中北电视艺术中心有限公司拍摄的24集大型人文历史系列专题片《前清秘史》首次在北京电视台卫视频道黄金时间播出，收视率均达2.58，最高收视率达4.21。

2月　北京中北电视艺术中心有限公司拍摄的30集电视连续剧《死去活来》（一生有你），在北京电视台影视频道热播。

2月　北京市广播电视局工会被北京市总工会评为“迎奥运、讲文明、树新风——争做首都文明职工”优秀组织单位。北京电台工会荣获“迎奥运、讲文明、树新风——争做首都文明职工”优秀集体；北京电台陈彦旭、梁晋；北京电视台吴华、宋健生、孙湘源、覃刚、张宇青、朱礼庆荣获“首都文明职工”称号。

2月　2007年度《北京广播影视年鉴》正式出版发行，全书设20个栏目，共计58万字，比2006年版增加18万字，较全面反映北京市广播影视基本情况和发展风貌，客观记录全市广播影视业新情况、新变化。

3月

3月1日　北京市副市长赵凤桐到北京电

台城市服务管理广播调研并参加《城市零距离》节目直播。

3月1日～8月31日　北京市广播电视局和北京市广播电视学会联合举办"昨天·今天·明天——纪念改革开放30周年"征文活动。

3月1日　北京电台城市服务管理广播以"沟通、服务，共建和谐"为主题，邀请市政府领导、委办局和区县政府代表与市民代表共同庆祝开播3周年。市长郭金龙对北京城市服务管理广播作出重要批示，副市长赵凤桐出席并讲话。市广电局局长孙向东、市信访办主任薄钢、市委宣传部助理巡视员孙玉山、市市政管委副主任柴文忠、市交通委副主任李建国、市城管执法局副局长王连峰、东城区副区长李荣庆、朝阳区副区长赵全保等领导出席。城市服务管理广播直播间"社区信息员队伍"正式成立。城市服务管理广播在全国首创"市民反映＋媒体曝光＋政府督办解决＋向群众反馈"媒体监督模式，受理解决2万多个群众反映问题；组织30多个专题调研和60多个专题系列节目，有1 800多人次市政府官员到城市服务管理广播直播间与市民直接沟通交流；"市长市民面对面"、"市民对话一把手"、"城市零距离"等节目深受市民欢迎。

3月1日　北京电台新闻广播举办开播15周年庆祝活动。市委宣传部巡视员孙玉山、市广播电视局局长孙向东出席并讲话。

3月3～18日　北广传媒集团移动电视公司圆满完成全国"两会"的宣传报道，与中央电视台《小丫跑两会》形成互动合作。《小丫跑两会》节目片尾标注北京移动电视LOGO，并报道观众收看北京移动电视情况。

3月6日　中共中央政治局委员、中央书记处书记、中宣部部长刘云山专程来到北京歌华文化发展集团所属中华世纪坛世界艺术馆观看"抗击冰雪心系人民"新闻摄影展和古典与唯美西蒙基金会藏欧洲19世纪绘画精品展，中宣部副部长李东生陪同参观。

3月6日　北京紫禁城影业公司电影《PK.COM.CN》在北京首都时代影城、金源星美影城、万达影城三地举办首映发布会，导演小江，知名演员房祖名、陈柏霖和牛萌萌到场为影片宣传，与观众互动。

3月6日　北京市广播电视局召开政府信息公开工作专题会议，传达学习市政府有关信息公开工作精神，研究局信息公开相关工作。市广电局局长孙向东、巡视员洪兵出席会议，局机关各处室负责人和信息公开工作人员参加会议。

3月6日　北京电视台召开2008年思想政治工作会议并举办党支部书记培训班。市广电局纪检组长邓宏凤出席会议并讲话。邀请红旗出版社副总编辑黄苇町作党的十七大精神专题辅导报告，全台各部门负责人、各党支部（党总支）、团支部组成人员和思想政治部门工作人员参加会议。

3月6日　北京市广播电视局纪检组长邓宏凤主持召开纪委书记会议。学习传达中央纪委17届二次全会、北京市纪委10届三次全会、国家广电总局纪检监察工作会议精神和有关领导讲话精神；北京电台等单位分别汇报纪检工作思路和工作安排；研究市广电局2008年党风廉政建设工作。

3月7日　北京电视台和通州区委、区政府联合摄制的40集电视连续剧《漕运码头》举行开机仪式。市委常委、宣传部长、副市长蔡赴朝和市委宣传部常务副部长陈启刚，市广电局局长孙向东、通州区区长邓乃平等领导出席开机仪式。

3月7日　北广传媒集团召开"奥运宣传管理及安全播出传输工作会议"，传达国家广电总局、市委宣传部有关会议精神，部署奥运会宣传管理及安全播出传输工作。

3月10日　北京市广播电视局网络视频发展新闻发布会举行，北京广播网视频网站——

播播视频（v.bjradio.com.cn）及北京电视台BTV在线全新上线。市广电局局长孙向东、副局长李春良、总工程师何桂芝，北京电台台长汪良，北京电视台台长刘爱勤及北京电台副总编王秋、北京电视台副总编张强出席新闻发布会。

3月10日　北京电视台全新打造的互联网视频平台——“BTV在线”(tv.btv.com.cn)正式上线。网络视频平台将提供相当数量的影视剧、动画片和优秀电视节目的点播服务。

3月14日　青海省副省长吉狄马加在北京市政府副秘书长刘志、市委宣传部副部长常卫和北京市广播电视局副局长李春良陪同下到北京电视台调研。青海省广播电视局党组书记、局长巨伟，副局长、电视台台长白居壁等参加调研。吉狄马加代表青海省委、省政府对北京市广播电视局和北京电视台在青海电视台新楼部分技术系统改建工作中给予大力支持和帮助表示感谢。吉狄马加等一行参观了北京电视台新闻演播室和北京电视中心。

3月15日　为纪念中国改革开放30周年，中国电视暨中国电视剧诞生50周年，北京电视台特别制作纪录片《电视往事》取得较高收视率。该片按编年体的方式讲述了1980年电视复兴时期至1999年20年间中国电视剧的发展和传播史，由青年作家宋强担任总撰稿，王刚担纲主持。该片采访了众多在中国电视剧发展史上留下印迹的影视人物，并回顾了《加里森敢死队》、《血疑》、《上海滩》、《渴望》、《还珠格格》等曾在中国大地风靡一时的电视剧。该片播出前四天的平均收视率为2.36%，其中最高收视率达到4.2%。

3月16日　北京电台“统一冰红茶·挑战无极限，小DJ大不同”——2008新广播·北京电台主持人大型选拔活动正式启动。这是北京电台首次广泛面向社会以比赛形式选拔主持人。10月19日，选拔活动总决赛在北京广播大厦举行。有8人分获新闻访谈组和综艺娱乐组冠、亚、季军；9人分获新闻访谈组、综艺娱乐组的潜质奖、亲和力奖、活力奖、思辨奖、播报奖、创意奖、幽默奖。

3月19日～20日　北广传媒集团召开2008年工作会议。会议总结2007年的工作情况，部署2008年的工作任务。市广电局局长孙向东、副局长臧增祥等出席。

3月21日　北京电视台、北京卡酷动画卫视向遭受严重冰雪灾害的南方五省区100所希望小学捐赠一批《福娃奥运漫游记》光盘。《福娃奥运漫游记》已完成全部100集制作，陆续在北京卫视、北京卡酷动画卫视和上海、江苏、山东、山西等全国100多家电视台亮相；全国铁路视频系统、航空视频系统、北京公交、地铁、轻轨和出租车等车载电视系统全线播放该片。

3月23日　由中国电影集团公司、北京市广播电视局、北京电视台、SMG上海电视传媒公司、北京金盾影视文化有限责任公司和北京传奇时代影视文化传播有限责任公司联合摄制、出品的大型电视连续剧《狼烟北平》，在中影怀柔影视基地正式开机。中国人民解放军军事医学科学院副院长文仲夫、中宣部文艺局局长杨新贵、怀柔区委书记王海平、中影集团公司董事长韩三平、中央电视台影视剧部主任汪国辉、北京电视台台长刘爱勤、总编辑张晓、副总编辑张强等领导出席开机仪式。

3月24日　北京电台体育广播奥运之声、外语广播、新闻广播、北京广播网、DAB数字多媒体广播联合推出第29届北京奥运会火炬传递特别节目“和祥云一起飞翔”。北京电台第一次派出多名记者跨国追踪采访奥运火炬传递；记者第一次采用多种采访手段，在现场发回音频、文字、图片和视频报道；第一次与中国国际广播电台合作直播奥运圣火采集仪式；第一次实现境外大型现场直播和音视频共做，第一次利用DAB数字多媒体广播平台直播现场盛况。

3月24日　北京电视台成功完成“奥运圣火取火仪式”直播工作。本次直播总时长145分钟，是北京电视台《“和谐之旅”圣火传递百日大直播》的开篇之作，从而拉开2008年北京电视台奥运报道的序幕。

3月25日　北广传媒集团召开2008年思想政治工作会议。会议传达中纪委和市纪委有关文件精神，总结集团2007年思想政治工作，部署2008年工作任务。会议还专门研究落实《集团思想政治工作考核评估办法(试行)》的工作。

3月25日　北京市广播电视局召开2008年北京市广播影视法制工作会议。总结2007年全市广播影视法制工作，部署2008年工作任务。国家广电总局法规司、市政府法制办有关部门负责同志出席会议。

3月25日～4月2日　北京市广播电视局举办两期广电系统处级干部学习贯彻十七大精神培训班。市广电局党组书记、局长孙向东出席开班仪式并讲话，副书记、副局长杨淑琴主持开班仪式。培训班邀请著名经济学家、党建专家和大学教授授课，市广电系统150余名处级干部参加学习培训。

3月27日　北京电台与蒙牛乳业携手发起，联合中国自行车协会等众多单位共同启动“蒙牛绿色骑手，奔向北京”——2008北京人民广播电台自行车志愿之旅活动。上海、天津、秦皇岛、沈阳、青岛5城市参与活动。

3月27日　北京市广播电视局召开广播电视科技工作会议，对荣获市广电局技术奖项的先进单位和个人进行表彰。国家广电总局科技司司长王效杰和市广电局局长孙向东、副局长杨淑琴、总工程师何桂芝出席会议。北广传媒集团、北京电台、北京电视台、各区县广播电视中心主管领导、技术负责人和获奖代表等120人参加会议。

3月27～28日　北京市广播电视局召开市卫星电视设施综合治理工作会议，就奥运期间全市卫星电视传播安全工作进行部署。首都综治办、市文化执法总队有关领导出席会议并讲话。西城、海淀、房山、怀柔等单位进行经验交流。市卫视综治八方联席会议成员单位首都综治办、市工业局、市工商局、市公安局、市国家安全局、北京海关、市文化执法总队相关部门负责人出席会议，全市各区县文委主管卫星电视设施管理工作领导和部门负责人参加会议。

3月28日　中国电影博物馆开始免费开放，是全市第一批免费开放33家博物馆之一，免费首日接待观众746人。

3月28日　北京紫禁城影业公司和北京新影联影业公司、中国电影评论学会、新浪网等共同主办“贺岁十年欢乐盛典”在北京首都影城举办颁奖活动，邀请专家、网友共同评选十年贺岁之最。北京奥组委开闭幕式工作部部长张和平、市文化局局长降巩民、副局长王珠、紫禁城影业公司董事长张强、总经理许建海、新影联院线董事长魏健、总经理黄群飞等各界领导出席，冯小刚、吴天明、郑洞天、葛优、徐帆、刘蓓，刘桦、王宝强、李曼等知名演艺明星及嘉宾章柏青、张颐武、刘诗兵等到场祝贺。现场颁发了最受欢迎影片、导演、男女主角、男女配角及最受关注系列奖项，近百家媒体对活动进行报道。

3月28日　北京市广播电视局召开北京市21家影视制作机构代表共60余人赴法国参加4月7日开幕的戛纳春季电视节活动行前动员会。市广电局副局长李春良、臧增祥出席会议，对做好电视节参展活动的宣传报道及在法期间需遵守有关规定和外事纪律提出具体要求。

3月　北广传媒集团移动电视公司开始播出《奥运场馆揭秘》短片、15首奥运歌曲及4部奥运宣传片。

3月　北京电视台为落实青海省省委书记强卫关于加强北京市与青海省广电工作相互支

持、相互促进的指示精神，专门成立工作小组，赴青海电视台实际考察后，制订出改造青海新闻中心和藏语中心两个机房技术方案。

3月　北京市广播电视局正式派驻工作人员进入北京奥运会“一站式”服务大厅，开设北京市广播电视局“一站式”服务办公窗口并对外办公，办理国家广电总局授权市广电局审批境外媒体用于北京奥运会和北京残奥会及其筹备期间在京暂时设置和使用卫星电视广播地面接收设施，向外方出具卫星电视广播地面接收设施暂时进境证明及境外媒体在京暂时设置和使用卫星电视广播地面接收设施咨询服务。

4月

4月2日　北京电台“第三届听众喜爱的名牌栏目”评选活动正式启动。参选栏目增加到80个，还增设了现场投票方式，在全市100多个贝科蓝图公共单车服务站设立票箱。

4月2～29日　北京电台第29届奥运会火炬传递大型直播和系列追踪节目——《和祥云一起飞翔》圆满完成奥运火炬的境外传递报道。北京电台体育广播奥运之声、外语广播、新闻广播联合北京广播网、DAB数字广播顺利完成阿拉木图、伦敦、达累斯萨拉姆、堪培拉、胡志明市等12场境外火炬传递音视频现场直播。北京电台新闻广播《北京新闻》、《新闻大视野》，体育广播奥运之声《体育新世界》，交通广播《一路畅通》、《新闻直通车》、《动感北京——舞动奥运》等主要节目共播发本台记者、中央电台、中国国际广播电台、新华社有关奥运火炬境外传递的录音、口播报道145篇，其中本台记者的录音报道49篇。北京电台特派记者还传回386张火炬传递现场照片，81段视频，在北京广播网和DAB数字广播直播中采用。

4月2日　北京市推进有线电视数字化工作小组召开会议，市委常委、宣传部长、副市长蔡赴朝出席会议并讲话，市推进有线电视数字化工作小组副组长、市政府副秘书长侯玉兰主持会议。北京市推进有线电视数字化工作小组副组长、北京市广播电视局局长孙向东介绍小组成员和各成员单位的职责分工，并就北京市自2006年6月开展有线电视数字化试点以来工作进展情况作专题汇报。会议审议通过“增加市社会建设工作办公室、北京经济技术开发区为北京市推进有线电视数字化工作小组成员单位”的建议，审议通过“中小学有线电视数字化宣传培训方案”。截至3月21日，东城、西城、崇文、宣武、朝阳、海淀、丰台、石景山、昌平、通州、大兴区已有1 257个小区进行有线电视数字化，试点用户达到127万户。市推进有线电视数字化小组成员单位70余人参加会议。

4月7日　北京市广播电视局与北广传媒集团联合召开大型优秀剧本征集活动新闻发布会，市广播电视局副局长李春良、北广传媒集团党委书记刘志远出席。征集活动由市广电局和北广传媒集团联手各投入100万元，面向全国征集大型优秀电影、电视剧剧本(梗概)、小说、纪录片创意。

4月7日　新疆维吾尔自治区广播电视局党组书记安思国、新疆广电网络公司董事长吐尔洪·阿不力孜等一行9人到北京歌华有线电视网络公司考察，歌华有线公司总经理卢东涛及相关负责人参加座谈。

4月初　北京歌华文化发展集团歌华大厦再次蝉联2007年北京市地税系统纳税千强企业。

4月10日　北京歌华文化发展集团控股的北京歌舞剧院有限责任公司被中宣部、文化部、国家广电总局、新闻出版总署评为“全国文化体制改革优秀企业”。

4月10日　北京市广播电视局召开2008年北京市广播影视统计工作会议，市广电局巡视员洪兵出席会议并讲话，市统计局相关部门负责人传达市统计工作会议精神。全市广播影视系统和民营机构330余人参加会议。

4月10日　北京市地方志办公室副巡视员谭烈飞等一行到北京市广播电视局检查指导史志工作，市广电局巡视员洪兵参加座谈。

4月15日　北京市广播电视局召开“平安奥运行动”工作会议。市广电局副局长杨淑琴主持会议，市广电局局长孙向东出席会议并讲话，助理巡视员宋春华传达《中央政法委关于确保北京奥运会安全的工作意见》等会议精神，部署市广电局“平安奥运行动”工作实施方案。市广电局与局属各单位分别签订“维护首都安全稳定、实现平安奥运目标责任书”。市广电系统“平安奥运行动”将分严格整治（2月至5月）、严格防范（6月至7月）和严格控制（8月至9月）三阶段开展。市广电局制定了《“平安奥运行动”工作实施意见》等相关配套措施，下发《保障奥运工作纪律手册》。市广电局副局长李春良、臧增祥、纪检组长邓宏凤出席会议，中国电影博物馆、北京电台、北京电视台等单位及党办、保卫部门，局机关、局属单位副处级以上领导干部和机关全体党员110人参加大会。

4月18日　中宣部文艺局向北广传媒数字电视公司《北京党建》提供首批近60个“第10届全国五个一工程奖精选节目”。涵盖基层党建、榜样人物、重大史实回顾等题材，包括电影、电视剧、戏曲、话剧、音乐歌曲等。

4月23日　北京电台召开外语广播网络电台开播新闻发布会。北京电台主办外语广播网络电台（www.netfm.com.cn）4月30日正式上线开播，拥有独立域名，全天候播出节目中有11个小时直播节目，实现与网友文字或视频互动。

4月23日　北京电视台召开部署“平安奥运行动”会议，全台领导班子成员和科长（制片人）以上干部410人参会。会议传达市委宣传部关于在宣传系统开展“平安奥运行动”工作精神，组织观看了奥运反恐安全教育片，通报了《北京电视台平安奥运工作方案》。与全台31个中心、部门主任签订了“平安奥运行动”部门目标责任书。刘爱勤台长作《迅速行动起来，全面落实“平安奥运行动”工作》的动员报告，市广电局局长孙向东出席会议并讲话。

4月23日　由北京电视艺术中心、中央电视台文艺中心影视部和信阳中辰文化艺术交流有限公司联合拍摄的21集电视连续剧《战友》在梅地亚召开新闻发布会。该剧由实力派演员任程伟、韩雯雯、陈锐、丁军出演。

4月24日　中国电影博物馆举办“光影人生，永恒记忆”老艺术家与老教授座谈会。电影艺术家葛存壮、谢芳、翟俊杰与清华大学、北京大学20余位老教授进行座谈。

4月25日　北京市广播电视局党组书记、局长孙向东带领党组中心组成员和机关各处室党支部书记一行20余人到大兴区广播电视中心调研。大兴区委副书记、代区长李长友，副区长曲凤宏等陪同调研，大兴广电中心主任李岭涛作工作汇报。2007年大兴广电中心被评为全国广播电视系统先进单位。

4月29日　“北京电视台奥运高清频道”开播仪式在北京电视台新址举行，国家广播电影电视总局副局长田进，北京市委常委、宣传部长、副市长蔡赴朝，市委宣传部副部长肖培，市广播电视局局长孙向东等领导出席开播仪式。该频道通过北京歌华有线电视网络传输和无线频道播出。这是国家广电总局批准的全国唯一省级电视台开办的公益性高清频道。

4月30日　北京电台城市服务管理广播、青岛人民广播电台经济广播、香港电台普通话台联合推出奥运倒计时100天特别节目——“圣火燃激情，奥运到我家”。北京电台新闻广播、北京交通广播和北京外语广播并机直播。

4月30日　北京电台获奥运歌曲征歌活动优秀组织奖。由北京奥组委主办的北京2008年奥运会倒计时100天庆祝活动暨第四届北京2008奥运歌曲评选活动颁奖晚会在劳动人民文化宫隆重举行。来自海内外的近百名华人歌星与首都各界群众欢聚一堂，并揭晓第四届北京2008奥运歌曲征集评选活动的优秀作品奖、特别支持奖、特别贡献奖等奖项。

4月30日　北京电视台海外节目中心在4个多月的时间里，拍摄制作了100集反映北京发展变化、场馆建设、古都风貌的专题片《北京奥运故事》。这部长达百集系列专题片，每集片长5至10分钟，分中英文两个版本。英文版100集还分别录制了磁带播出版和DVD发行版。全部《北京奥运故事》在奥运会开幕前已全部制作完成，送交奥组委后，英文版本在三大奥运新闻中心循环播放。该片的中文版本在北京电视台BTV-1、BTV-4等各个频道轮流播出，同时在北京电视台的北美平台和华盛顿56台播出。

4月30日　北京歌华文化发展集团所属歌华传播中心完成歌华开元大酒店改建暨2008北京国际新闻中心建设工程。中共中央政治局委员、北京市委书记刘淇，北京市委副书记、市长郭金龙，中宣部常务副部长李东生，北广传媒集团总经理马朝军等分别到酒店视察新闻中心筹建工作。

5月

5月2日　由北京电视艺术中心制作发行的25集电视连续剧真情无限之《养母·生母》在大连开机。导演周耀杰，演员王茜华、徐露、李菁菁、李小萌、王雷、李颖等。

5月4日　北京市委宣传部副部长肖培到北京电视台看望慰问参加《和谐之旅奥运圣火传递百日大直播》的工作人员。

5月7日　北京电视台奥运火炬境外传递宣传报道小组受到刘云山同志及北京奥运会新闻宣传工作协调小组的表扬。中央政治局委员、中央书记处书记、中宣部部长刘云山批示：“圣火境外传递新闻团队很好地完成了任务，请东生同志转达对大家的问候，并予以表扬。”北京奥运会新闻宣传工作协调小组给北京电视台的表扬信中指出：“北京奥运会火炬接力境外传递官方信号制作组和随团媒体报道组27名记者，自4月1日随团赴境内外以来，圆满完成官方信号制作和随团报道任务。”

5月8日　北京市广播电视局召开2008年全市广播电视村村通工作会议，市广电局副局长臧增祥出席会议并讲话；与有关区县签订《维护首都安全稳定，实现平安奥运目标，北京市2008年广播电视村村通工程建设责任书》。全市各相关区县文化委员会、广播电视中心和施工单位主管领导、负责人参加会议。

5月9日　北京电台举行2008年下半年广告招标会，41家企业近300人参加。交通广播、音乐广播、文艺广播的40个标版及知名栏目总额达8 833万元，同比增长56%。其中交通台“路况信息最后一条”标版，以676万元成交，创下招标会标王新纪录。

5月10日　中国电影博物馆联合中央电视台科教节目制作中心共同举办“我拍DV电影献给2008”首届北京地区青少年DV电影作品大赛颁奖典礼在中国电影博物馆举行。大赛历时5个月，开展了DV训练营、作品征集、“电影大讲堂”、“电影放映车”进校园、入围作品初选、专家评审等系列活动，北京地区15所重点学校参与大赛，共征集作品53部，入围作品20部，获奖作品12部，3个学校获优秀组织奖。

5月12日　四川汶川发生大地震两个小时内，北广传媒移动电视公司迅速行动，启动应急预案，以INFO滚动字幕快捷方式，发出有关地震灾情资讯。

5月12日起　北京北广传媒城市电视停播文娱类栏目，持续同步直播CCTV-1《抗震救灾，众志成城》，做好抗震救灾宣传工作。

5月12日～6月　北京电台、电视台按照中宣部、国家广播电影电视总局和北京市委宣传部的指示精神，及时调整节目栏目，先后派出一批记者，及时报道中央和国务院的关于抗震救灾的决策和部署、灾区抗震救灾的进展情况，以及首都各界爱心援助及北京市援助队救援工作进展，港澳台及海外华人的捐助活动。

5月13日　北京电视台新闻节目中心陆续派出17组、共计43名记者赶赴四川灾区采访，加上技术人员总人数达到61人，足迹遍及汶川、北川、绵阳、绵竹、江油、什邡、安县、都江堰等地。《抗震救灾，众志成城——北京电视台抗震救灾特别节目》采用消息、特写、短评、SNG卫星直播、演播室访谈、读报、短信互动、字幕新闻、图示版、抗震救灾宣传片等多种形式，发挥电视声画优势，提高了新闻直播的感染力、影响力。北京电台先后派出9名记者深入到汶川灾区，及时报道灾区抗震救灾的进展情况。

5月13日　北京歌华文化发展集团所属歌华文化中心有限公司、北京天创演艺制作有限公司和北京市文化艺术基金会，共同投资设立北京歌华天创演艺公司。该公司投资、创制大型视觉交响京剧《新白蛇传》，成为北京常年驻演项目。

5月13日　北京市纪委常委刘经宇等一行4人来到北广传媒数字电视公司《北京党建》编辑部，就合作拍摄反腐倡廉系列电视短剧进行座谈，并确定联合拍摄电视系列短剧《以案为鉴》。

5月13日～6月1日　北广传媒数字电视公司《北京党建》调整各栏目节目编排，保障及时、全面的抗震救灾报道。共编排相关节目20期、安全播出480小时，图文信息量400条、近10万字、150多幅照片。

5月14日　中宣部舆情信息局副局长孙瑜率队，到北京市广播电视局进行调研。听取市广电局局长孙向东和北京歌华有线电视网络股份有限公司总经理卢东涛作奥运安全播出保障工作汇报。调研组考察市广电局监测中心和歌华有线电视传输总前端新机房。市广电局副局长臧增祥、总工程师何桂芝、巡视员洪兵和歌华有线电视网络股份有限公司董事长张淼等参加调研。

5月16日　由北京紫禁城影业公司等拍摄的“电影《一个人的奥林匹克》首映典礼暨电影人迎奥运抗震救灾义演晚会”在北京展览中心隆重举行。晚会由国家广播电影电视总局电影局、北京奥组委、北京市委宣传部联合主办，国家广电总局副局长赵实等领导出席。

5月18日　北广传媒集团、北京电台、北京电视台在全国宣传文化系统抗震救灾大型募捐活动晚会上，向灾区捐款各500万元。

5月18日　中国电影博物馆于“5·18”国际博物馆日举行系列专题活动，并在活动现场为四川灾区募捐。与北京红十字会联合举办赈灾义卖和捐款活动，所得款项13 000余元全部送到北京红十字会。

5月21日　北京市广播电视局纪检组在市纪委监察局昌平教育基地，召开市广电局纪检监察系统主题实践活动动员会，组织近30名局系统纪检监察干部集中学习培训。市广电局党组书记、局长孙向东，市委宣传部副巡视员张伯华，市广电局党组成员、纪检组长邓宏凤等出席会议并讲话。

5月22日　北京市政协副主席沈宝昌及30余位港澳委员在市政府有关领导、市广电局洪兵巡视员的陪同下，视察了北京电视台新址。台长刘爱勤、副台长邵宣堂及办公室主任、基建办主任参加了座谈并陪同参观。委员们观看了介绍北京电视中心的宣传片，并就关心的话题相互进行了探讨。座谈会后，委员们饶有兴趣地参观了新大楼的演播室、办公区、剧场等处。

5月26日　北京电台交通广播联合中华文化传承创新发展联合会、北京市红十字会、北京市红十字会血液中心等单位，推出“志愿家庭和你一起过‘六一’——爱心书包捐赠活动”。

5月27日　北京市广播电视局、北广传媒集团、北京电视艺术中心、中央统战部、铁道部等单位联合摄制反映青藏铁路建设40集电视剧《雪域天路》在北京举行开机仪式。全国政协副主席、中共中央统战部部长杜青林，中国西藏文化保护与发展协会名誉会长热地，全国政协常委、铁道部原副部长孙永福，国家民委副主席丹珠昂奔和北京市广播电视局局长孙向东、副局长李春良等出席开机仪式并揭幕。全国政协副主席、中国西藏文化保护与发展协会会长阿沛·阿旺晋美发来贺信。

5月28日　北京市广播电视局、海润影视制作有限公司携手中央电视台电视剧制作中心、上海文广新闻传媒集团、贵州电视台、成都军区政治部联合摄制纪实电视系列剧《震撼世界的七日》在北京港澳中心瑞士酒店举办新闻发布会。6月20日，纪实电视系列剧《震撼世界的七日》在四川德阳市汉市旺镇杀青。

5月28～31日　中国电影博物馆举办《战胜灾难——中国电影博物馆抗灾电影影展》活动。共放映了《紧急迫降》、《大气层消失》、《极地营救》和《惊涛骇浪》四部主旋律影片。观众在电影结束后纷纷留言对此活动表示肯定和赞许。

5月29日　云南省广播电视局局长杨文虎和云南省楚雄州副州长李红民一行12人来北京考察调研广播电视网络整合及产业发展情况。北京市广播电视局局长孙向东、巡视员洪兵和北京电台、北京电视台相关部门负责人，及北广传媒集团总经理马朝军、北京歌华有线电视网络公司董事长张淼、总经理卢东涛等分别参加座谈，他们还实地考察了北京歌华有线电视网络公司新总前端机房。

5月29日　北京歌华文化发展集团歌华艺术馆与中关村科技园区雍和园管委会主办，当代胜地商业管理（北京）有限公司、北京艾特菲尔文化有限公司联合承办“2008创意雍和艺术节”开幕。

5月29日　北京市委宣传部、市广播电视局、市委教育工委、市民政局、团市委、市妇联、首都慈善公益组织联合会共同主办，北京电视台承办《托起明天的太阳——首都青少年爱心慈善晚会》在北京隆重举办。北京市领导王安顺、蔡赴朝、梁伟，中宣部、北京市老领导徐惟诚、陶西平，团中央书记处书记卢雍政等观看晚会。北京电视台卫视频道、青少频道等直播晚会盛况。在近3个小时演出中，共筹善款5 000万元港币和3 050万元人民币，可为地震灾区孩子建2 482间抗震希望教室，12万多名灾区学生可重返课堂。还募集到3笔对口援助资金453万元和价值1 400万元援助物资。晚会通过北京电视台呼叫中心96168热线收到来自江苏、上海、山东、山西、河北、黑龙江、吉林、辽宁、江西、福建、贵州、广西、湖南、湖北等地观众意向捐款190万元。

5月31日　中央宣传部副部长李东生，北京市委常委、宣传部长、副市长蔡赴朝，北京市新闻办主任王惠检查歌华开元大酒店改建暨2008北京国际新闻中心建设工程。

5月31日　北京奥组委新闻宣传协调小组要求北京电视台制作一部30分钟的高质量北京外宣片，并定于奥运会期间在中央电视台和北京电视台播放。在两个月时间里，摄制组拍摄了近1 200分钟的素材，摄取了T3航站楼、国家大剧院、中轴路、金融街、中关村、CBD、798艺术区等许多城市新景观，及时完成了外宣片《舞动北京》的制作任务。该片以高度凝练而又真实动人的表现手法，展示了新北京——一个延续了传统精神血脉又富有无限创造力的大都市。

5月　北京电台在《北京新闻》节目中推出百集奥运故事《咱们这七年》，用100个与奥运相关人士的故事，讲述筹办奥运7年中他们的奉献与付出，受到中宣部《新闻阅评》的好评。

6月

6月1日　北京电台少儿节目主持人“小雨姐姐”孙怡和团中央中国少年儿童新闻出版总社总编辑“知心姐姐”卢勤，带领由国家知名艺术家、专业心理辅导师等组成知心“六一”慰问团，参加全国小朋友爱心捐建手拉手抗震希望小学——绵竹市富兴小学落成典礼，与当地孩子共度“六一”。

6月1日　北京电视台卡酷动画频道及七色光艺术团携手北京七色光少儿电视发展促进会、北京保利紫禁城剧院管理有限公司中山音乐堂，举办“爱心之旅抗震希望教室”六一募捐音乐会，10多家单位在音乐会上献爱心，共为灾区捐建20间“抗震希望教室”。

6月3日　北京市广播电视局工会主席宋春华带领局工会一行走访慰问北京电台、北京电视台深入一线灾区采访报道的编辑记者，送去慰问信和慰问金。宋春华代表局党组对北京电台、北京电视台编辑记者在灾区的出色表现给予表扬。北京电台总编辑陆莹、党委副书记赵泽勤和北京电视台党委副书记王云等陪同慰问。

6月3日　为支援西部地区建设与发展，北京电台决定给予青海人民广播电台200万元资金援助，用于青海电台的技术改造，并决定在今后帮助该台进行人员培训。台长汪良、总工程师王季平、副台长陈晓红亲赴青海，受到省委书记强卫、省委宣传部长曲青山等领导的热情接见。

6月4日　北京歌华文化发展集团作为奥运票务系统独家供应商获得奥组委给予奥运火炬手名额，歌华集团副总经理陈工代表集团在湖南长沙参加奥运火炬传递活动。

6月5日　北广传媒集团召开纪检监察干部“做党的忠诚卫士、当群众的贴心人”主题实践活动动员大会。

6月8～9日　北京市广播电视局主办、首都广播电视节目制作业协会承办的“2008～2009年电视剧项目推介会”在上海隆重举行。北京市广播电视局巡视员洪兵出席会议并讲话。首都广播电视节目制作业协会50家成员在本次推介会上联手推出123个电视剧项目，数量超过2007年。大批项目达成合作意向或协议。应邀参加推介会的有来自中央电视台、中国教育电视台和全国40家省级电视台（频道）、15家市级电视台（频道）在内140多位国内嘉宾。

6月10日　由北京市朝阳区政府和朝阳公安分局牵头、北京歌华有线电视网络公司承建的朝阳监控项目正式竣工。朝阳区信息办、朝阳公安分局、IBM公司、瑞特公司、歌华有线公司联合召开朝阳监控项目工作检查会，并进行现场演示。

6月12日　由北京市广播电视局科技委组织，广播专业委、电视专业委具体承办的2008年北京市广播电视节目质量奖揭晓。从37个参评电视节目的录制技术、视频图形、声音制作中评出一、二、三等奖节目27个；从23个参评广播节目的语言、音乐、戏曲、广播剧四类中评出一、二、三等奖节目17个。评奖得到北京电台、北京电视台大力支持，部分获奖作品将推荐参加国家广电总局2008年广播电视节目技术质量奖评比。

6月13日～8月30日　北京电视艺术中心摄制的50集电视连续剧《金婚》荣获第14届上海电视节白玉兰奖的最佳导演、最佳女演员、最佳男演员和最佳电视连续剧银奖。6月21日，《金婚》荣获2007中国最具网络影响力的十大省级卫视栏目奖。8月30日，《金婚》获得第七届中国金鹰电视艺术节暨第24届中国电视金鹰奖优秀长篇电视剧奖，女主角蒋雯丽获得最佳表演艺术奖、最具人气的女演员奖和观众喜爱的电视剧演员奖。

6月16日　北广传媒移动电视公司编辑制作的《移动直通车》节目正式播出。

6月16～17日　北京市广播电视局副局长李春良赴四川重灾区汉旺市看望慰问《震撼世界的七日》摄制组演职人员，并代表市广电局党组对全体人员表示真挚慰问和衷心感谢。海润影视制作有限公司总裁刘燕铭、副总裁赵志江陪同慰问。

6月20日　北京歌华有线电视网络公司召开"奥运安全传输暨奥运专网运维保障工作动员誓师大会"。北京奥组委技术部部长杨义春，北广传媒集团总经理马朝军，北广传媒集团副总经理、歌华有线公司董事长张淼出席会议，歌华有线公司总经理卢东涛等领导班子成员及各部门、分（子）公司负责人、奥运专网运行保障全体工作人员共600余人参加大会。

6月21日　中国广播电视协会、中国传媒大学和中央民族大学举办《中国电视网络影响力报告》颁布仪式暨中国电视50周年高峰论坛，发布网络影响力研发结果：北京电视艺术中心制作的50集电视连续剧《金婚》荣获2007中国最具网络影响力的十大省级卫视栏目奖。

6月25日　北京电台召开企业文化建设启动大会，标志北京电台企业文化建设项目正式进入实施阶段。大会由总编辑陆莹主持，全台副处级以上干部参加会议。

6月25日　"北京电视台专家顾问团成立仪式暨产业发展规划研讨会"举行。顾问团核心成员是：国家广电总局副总编辑、规划院院长、发展改革研究中心主任黄勇，中国传媒大学副校长丁俊杰，中国人民大学新闻学院教授、舆论研究所所长喻国明，媒体投资顾问尹克。

6月27日　北京市广播电视局召开全市广播影视系统"迎'七一'、促奥运"誓师动员大会。市广电局党组书记、局长孙向东进行战前动员，国家广电总局直属机关党委常务副书记杨烁和市直机关工委委员巡视员刘俊出席大会并讲话，市广电局党组副书记、副局长杨淑琴主持会议，中国电影博物馆、北京电台、北京电视台等5个单位优秀党组织和党员代表作经验交流。

6月27日　北京市广播电视局在通州区区广播电视中心组织开展"非法无线插播突发事件应急处置演练"。市广电局局长孙向东和总工程师何桂芝参加演练指挥。市委610办公室有关负责人，通州区委常委、宣传部长张秀余，通州区副区长刘淑华参加。

6月27日　北京市广播电视局召开优秀电视剧《乔省长和他的女儿们》推介暨精品电视剧研讨会。国家广电总局电视剧司司长李京盛、市广电局副局长李春良和清华大学新闻传播学院副院长尹鸿以及《乔省长和他的女儿们》主创人员等出席会议。《乔省长和他的女儿们》是2008年度市广电局向社会推荐的第一部优秀电视剧。

6月28日　刘淇、郭金龙、杜德印、蔡赴朝、吉林、陈刚、程红等市领导视察2008北京国际新闻中心（歌华开元大酒店）。2008北京国际新闻中心主任、中国记协党组书记翟惠生，北广传媒集团副总经理、北京歌华文化发展集团董事长王建琪等陪同视察。

6月29日　北京电台举行第三届"听众喜爱的名牌栏目"评选颁奖仪式，《一路畅通》、《新闻热线》、《汽车天下》、《行走天下》、《空中笑林》、《百姓TAXI》、《演艺群英会》、《北京新闻》、《欢乐正前方》、《先听为快》10个栏目被评为"听众喜爱的名牌栏目"；《整点快报》、《我为歌狂》、《纪实广播小说连播》、《新闻大视野》等20个栏目被评为"听众喜爱的优秀栏目"。国家广播电影电视总局副局长胡占凡、中华全国新闻工作者协会党组书记翟惠生、中国广播电视协会会长李丹等领导出席颁奖活动，并为获奖栏目及幸运听众颁奖。

6月29日　北京歌华文化发展集团党委在中华世纪坛大屏幕厅召开"歌华集团纪念建党87周年表彰暨服务保障奥运临战动员大会"。集团副董事长姜建秋代表集团党委向集团全体党员宣读"为党旗增辉，为奥运添彩"倡议书，北广传媒总经理马朝军出席大会并作服务保障奥运临战再动员报告。

6月30日　北广传媒数字电视公司《北京

党建》作为唯一受邀北京市属新闻媒体和数字新媒体，全程采录中共中央组织部在北京举行抗震救灾先进基层党组织、优秀共产党员表彰大会实况，为中央电视台提供节目素材。

6月　北京电台、电视台抗震救灾宣传报道工作受到国家广电总局副局长胡占凡表扬。胡占凡在批示指出：“北京电台、电视台抗震救灾宣传报道做了很好、很有成效的工作，发挥了首都台特有的作用，感谢大家所做的工作。”

6月　北京中北电视艺术中心有限公司拍摄的大型反映抗日战争史诗性的电视连续剧《对手》在北京开机。《对手》被中宣部列为向新中国成立60周年献礼剧目。

6月　北广传媒数字电视公司《北京党建》参加市委组织部组织的主题为“服务奥运、奉献奥运”优秀党员电教片评选活动。

7月

7月1日　北京市广播电视局召开加强宾馆饭店视频点播业务管理、确保平安奥运工作会议。市广电局副局长臧增祥出席会议并讲话。市广电局与视频点播业务开办主体单位签订了《维护首都安全稳定 实现平安奥运目标责任书》，北京市宾馆饭店视频点播业务开办主体单位负责人参加会议。

7月1日　北京电台外语广播正式改呼号为“北京人民广播电台外语广播奥运之声”，英文呼号为：The olympic voice on radio 774。这是继2008年1月北京电台体育广播奥运之声推出后北京电台的第二个奥运专业频率。外语广播网络电台奥运之声也于7月1日全新上线。奥运会结束后奥运专业频率全部恢复原呼号。

7月1日　北京电台新闻广播、文艺广播、北京广播网和中国广播电视协会广播文艺(小说连播)委员会主办的第二届全国纪实广播小说演播人选拔赛北京地区初选活动结束，有38名选手进入北京地区复赛。

7月1日　由北京奥组委授权，北京电视台卡酷动画卫视倾力打造的百集动画片《福娃奥运漫游记》在2008年第13期《求是》杂志上被作为北京市“贯彻落实党的十七大精神、推动文化大发展大繁荣”重点工作进行报道。7月10日，《人民日报》文艺评论版以《国产动漫的成功之道》为题，刊载10余位国内动漫界、影视界知名专家学者的评述，高度评价《福娃奥运漫游记》的成功经验。

7月1日　北广传媒集团召开纪念建党87周年暨服务保障奥运临战动员大会。总经理马朝军主持会议，党委书记刘志远代表集团领导班子结合集团所承担的奥运服务保障任务和“平安奥运”的工作要求，对做好奥运会期间的各项服务保障工作，进行再动员、再部署。

7月3日　北京电视台举行建台以来的规模最大、演练内容最全、涉及部门和参与人员最多的“反恐防爆、消防灭火、紧急疏散”综合演练。指挥机构设14个处置组，全台约1 200人和驻台武警官兵80人参加演练。

7月3日　北京电台体育广播作为受邀媒体在国家奥林匹克中心体育馆对2008“迎奥运、赞中华”大型群众歌咏活动进行独家全程转播。

7月4日　由国家广播电影电视总局国际合作司副司长曹寅带队，总局科技司、宣传司人员和北京奥组委技术部、媒体运行部有关人员共同组成验收组，到北京歌华有线电视网络公司验收奥运专网境外商业频道节目传输系统。歌华有线公司董事长张淼及相关人员陪同验收。

7月4～13日　北京电台交通广播主持人吴勇、牛力随大陆居民赴台首发团前往台北、台中、台南、高雄、台东、花莲、宜兰等城市进行采访，先后发回现场报道20个，并推出特别节目《行走台湾》。

7月8日　北京电视台新闻节目中心推出100分钟特别直播节目《北京，准备好了》，节目内容有新闻短片、文艺表演、人物访谈等，受到中宣部、广电总局、市委宣传部的表扬。

7月8日～9月2日　北京歌华文化发展集团奥运新闻中心项目组完成2008北京国际新闻中心建设与服务工作，确保新闻中心所在地歌华开元大酒店设施安全运行。期间，召开新闻发布会150场次，采访和协调会76场无一起事故发生。该项目获得了市总工会颁发的“首都劳动奖状”和北广传媒集团颁发的“服务保障奥运先进集体”称号。

7月8～9日　北京电台与北京红十字会联合举办为“5·12”重灾区什邡市捐助“博爱电波书屋”活动。

7月10日　中共中央政治局常委李长春在中央政治局委员、北京市委书记刘淇，中央政治局委员、书记处书记、中宣部部长刘云山的陪同下考察2008北京国际新闻中心。

7月10～11日　北京市广播电视局举办北京市奥运文化广场大屏幕电视技术培训班。市广电局总工程师何桂芝出席会议并做动员。北广传媒集团、全市各区县文委、北京经济技术开发区和6个大屏幕电视生产厂家105名主管领导及大屏幕电视值守人员参加培训。

7月11日　北京市广播电视局召开“加强互联网视听节目服务管理、确保平安奥运工作会议”。北京市网络宣传管理办公室常务副主任席伟航和市广电局副局长臧增祥出席会议并讲话。会议通报北京奥运会筹办工作情况，部署北京奥运会筹备及举办期间加强网络视听节目管理工作，与全市29家网络传播视听节目持证单位签订了《维护首都安全稳定　实现平安奥运目标责任书》。北京市29家网络传播视听节目持证单位的法人代表和主要负责人60人参加会议。

7月14日　北京广播电视报社为迎接北京奥运会召开，在《北京广播电视报》第28期起推出“奥运艺术特刊”专栏。

7月15日　北京市纪委监察局督导组组长徐衡带队，高峰、王心等一行3人到市广播电视局对主题实践活动第二阶段工作进行检查指导。市广电局纪检组组长邓宏凤汇报主题实践活动开展情况。督导检查组查阅派驻纪检组监察处第二阶段实施方案、征求意见、初步整改方案及思想剖析等材料，并进行座谈。

7月16日　北广传媒集团召开反腐倡廉专题报告会，邀请市纪委常委刘经宇做《以十七大精神指导，加强反腐倡廉建设》专题报告。

7月17日　北京电台新闻广播特别系列报道《咱们这七年》结集为《咱们这七年——发生在北京的奥运故事》中英文版图书正式出版，国际奥委会主席雅克·罗格先生为该书做序。

7月18日　北京市广播电视局召开全市广电系统保障奥运安全播出战前动员大会。市广电局局长孙向东出席会议并作动员，市广电局总工程师何桂芝主持会议。市广电局与全市广电系统各播出、传输单位签订确保奥运广播电视安全播出和传输责任书。北广传媒集团、北京电台、北京电视台，各区县广播电视中心、局监测中心主要负责人和主管领导90余人参加会议。

7月18日　北京市政协主席阳安江一行到北京电台考察调研，并看望慰问在电台工作的3名政协委员。市政协副主席沈宝昌、秘书长阎仲秋、市委宣传部副部长陈冬、市广电局副局长李春良等领导参加考察调研。

7月18日　重庆市文化广播电视局副局长李泽林一行7人到北京市广播电视局调研。北京市广播电视局副局长臧增祥与重庆局一行就机构编制改革、村村通工程建设、安全播出、广播电视网络建设等工作进行交流座谈。重庆局一行参观了北京市广播电视监测中心和北京歌华有线电视网络公司机房。

7月20日～9月20日　北京电台交通广播《一路畅通》、《1039交通服务热线》、《新闻直通车》、《百姓TAXI》、《动感北京》等栏目倡导的“和谐交通，北京有我”活动，得到北京180万私家车主响应，有3万多车主贴上“和谐交通，北京有我”车贴。

7月21日　北京电台新闻广播、交通广播、文艺广播、城市服务管理广播联合推出“奥运，我们准备好了”6场音视频直播节目，北京广播网和DAB数字广播同步播出。

7月21日　北京电视台隆重举行奥运会/残奥会报道暨平安奥运转入赛时体制誓师大会。北京市广播电视局局长孙向东和北京电视台领导刘爱勤、张晓、王云、邵宜堂、田方、张强、朱江、张亮出席大会，全台副科级（副制片人）以上干部400余人参会。

7月22日　北京市广播电视局局长孙向东、总工程师何桂枝等在北广传媒集团总经理马朝军，副总经理赵多佳、王晓东等陪同下到中央电视塔对北广传媒移动电视、城市电视安全播出以及广电设施进行检查。

7月23日　北京市委常委、宣传部长、副市长蔡赴朝在宣传部副部长肖培、北京市广播电视局局长孙向东陪同下，对北京电台的安全生产、播出、传输以及应对突发事件处置预案和演练情况进行检查。北京电台台长汪良、总编辑陆莹等陪同检查。

7月26日　中国电影博物馆蜡像厅揭幕。国家广电总局副局长赵实，国家广电总局电影局局长童刚、电影局原局长刘建中，北京市广播电视局局长孙向东，中国电影博物馆馆长杨永安及在京老艺术家代表王晓棠、田华、于洋、陶玉玲、杨静等参加揭幕仪式。

7月26日　北京电视台、北京紫禁城影业公司、中影、成龙中国和英皇星艺等主办的《龙的传人》大型电视选拔活动，在八达岭长城举办“祝福奥运，决胜长城——‘龙的传人’大型电视选拔活动颁奖典礼”。成龙、韩三平、吴宇森、徐克、唐季礼、陈道明等走上红地毯作为开奖和颁奖嘉宾，出席颁奖典礼的还有奥运冠军杨凌、张山、王丽萍，音乐界的莫华伦、迪里拜尔、孔祥东、张也、汤灿等。

7月28日　在北京歌华文化发展集团所属中华世纪坛世界艺术馆举行《伟大的世界文明》特别展区——《古雅典的荣耀——2480年前的冠军奖杯》开幕仪式。国家文物局领导、意大利驻华使馆官员出席开幕式。

7月30日　北京电视台手机电视开播发布会召开，市委宣传部副巡视员张伯华代表市委宣传部到会并致辞；北京市广播电视局局长孙向东、总工程师何桂芝出席；北京电视台台长刘爱勤、总编辑张晓、党委副书记王云、副台长邵宜堂、副总编辑华艺、副总编辑张亮及台各部门负责人到会。

7月30日上午　北广传媒城市电视公司与北京市公安局、消防局举行共建北京市消防宣传平台签字仪式。北京市消防局政委张久祥、副局长骆原，北广传媒集团总经理马朝军、党委书记刘志远，副总经理赵多佳、王晓东等出席签字仪式。

7月31日　北京电台、北京广播公司举行1039新媒体机新闻发布会。国家广电总局科技司副司长曾庆军、北京市委宣传部副部长陈冬、北京市广播电视局局长孙向东、北京电台台长、北京广播公司董事长汪良，北京电台总工程师王季平、副总编辑亢亚志、副台长陈晓红等出席发布会。北京电台是北京地区唯一DAB数字多媒体广播运营商。1039新媒体机是北京广播公司下属北京交广汽车俱乐部有限公司研发推出、为科技奥运开发运行新科技产品，具备“公共服务信息平台”功能。

7月31日　北广传媒集团党委书记刘志远、集团副总经理赵多佳率队赴灾区慰问抗震救灾部队。

7月　由北广传媒集团与北京电台音乐广播联合出品，北京音像公司制作的抗震救灾专辑——《汇爱成川、点燃希望》出版。专辑收录了30余首优秀抗震救灾歌曲。

8月

8月1日～9月30日　中国电影博物馆举

办“电影祝福奥运”体育电影公益展映活动。循环放映《沙鸥》、《冰上姐妹》等37部国产体育内容故事片。

8月1日～9月16日　北京歌华文化发展集团奥运节拍项目完成第六届奥运节拍露天音乐会举行任务，在中华世纪坛北广场连续45场不间断演出，接待观众约12万人次。获得北广传媒集团颁发的“服务保障奥运先进集体”称号。

8月1日　由中国音乐家协会、中央人民广播电台、中央电视台和北京音乐家协会、北京人民广播电台、北京电视台共同主办的“全国优秀流行歌曲创作大赛”华北赛区北京赛点征集活动正式启动，征歌委员会办公室设在北京电台。

8月1日～9月20日　北京电台联合北京奥运会、残奥会运行指挥部人力资源及志愿者工作组志愿者工作综合协调办公室、北京奥组委志愿者部、共青团北京市委员会、北京市运输管理局等单位共同开展了“的士情，志愿心——首都的士司机争做北京奥运会、残奥会社会志愿者主题活动”。

8月1日～10月31日　由北京奥组委、北京市委、市政府、国家体育总局和中国残疾人联合会共同主办、歌华集团承办的“同一个世界、同一个梦想”大型主题展览，“梦展”项目组完成展览的策划、承办工作，确保展览所在地中华世纪坛设施安全运行。共展出图片2 450余幅、实物近1 300件，接待各界观众15万人。该项目获得北京市总工会颁发的“首都劳动奖状”和北广传媒集团颁发的“服务保障奥运先进集体”称号。

8月4日　北京电视台BOB转播团队正式赴奥运场馆报到，并投入北京奥运会排球公共信号的制作任务中。至8月14日，圆满完成12场排球比赛、约23小时公共信号和约120分钟的集锦制作工作，得到BOB外方场地经理和制作经理的充分肯定。

8月4日　北京紫禁城影业公司在《鸟巢》举办看片研讨会。中国文联原副书记、文艺理论家梁光弟，中国电影艺术研究中心主任、中国电影资料馆馆长傅红星，中国影协电影文学创作委员会副主任、《电影》杂志社社长、总编辑赵葆华，《中国电影报》社长王迎庆等专家现场与导演宁静武参加研讨。

8月6日　北京电台北京广播网新版网站上线试运行。新版网站共设置17个频道，特别策划设计北播奥运频道，集中展现体育广播奥运之声等各专业广播制作的奥运节目和北京广播网自创两档视频节目《奥运天天报》、《我与奥运共辉煌》。8月6～12日，北播奥运频道(http://2008.bjradio.com.cn/)日均访问人数和页面数均翻番，日均4 000余人访问、点击数16万次。

8月6日　北京电台音乐广播承办的历时5年共四届的奥运歌曲征集评选活动中“北京2008年奥运会主题歌”脱颖而出，北京奥组委官方发布：北京2008年奥运会主题歌的演唱者为刘欢和莎拉·布莱曼。

8月初　北京歌华文化发展集团所属歌华科技中心票务项目组承担“同一个世界、同一个梦想”大型主题展览票务方案的任务，这是歌华科技票务系统的首次公开运营。

8月8日　第29届北京奥运会开幕式在北京国家体育场隆重举行，北京电台、北京电视台和北广传媒移动电视、城市电视等同时转播了开幕式盛况。北京电视台卡酷七色光艺术团的小演员们还参加了开幕式表演。

8月8～24日　奥运会期间，北京电台8个专业广播共播发赛事报道12 399条，非赛事报道6 954条，奥运文化报道3 345条，转播赛事实况300场。北京广播网奥运频道共发布文字新闻24 000条左右，图片新闻2 500组，音频报道1 900条，北京电台（含广播网）原创视频报道50段。广播收听率占北京广播市场份额65.8%，交通广播、文艺广播、体育广播奥运之声、新闻广播分列北京地区广播收听率排名第一至四名。

8月8日 北京电视台圆满完成一分钟英语系列节目《一呼百应迎奥运》，一年教授300余个英文单词、短语和句子，节目邀请240余位社会知名人士、公众人物及为奥运会作出突出贡献的各界楷模参与节目制作，共制作362期节目。

8月8日 北京电视台《光荣与梦想——北京卫视第29届奥运会特别报道》节目正式亮相荧屏。截至8月13日0：30，节目累计播出时长128个小时，从每天早晨7：00开始，至次日凌晨0：30，实现全天17.5个小时不间断直播，初步构建起动态编排、无缝衔接的节目架构。

8月8～24日、9月6～17日 北广传媒城市电视在楼宇电视、户外大屏电视及奥运文化广场大屏幕电视三大播出平台上，同步直播奥运会、残奥会开闭幕式及赛事盛况。据不完全统计，8月8日晚8时，全市近30块大屏电视，吸引50多万人次观看开幕式。奥运期间，北广传媒城市电视顺利完成奥运文化广场大屏幕电视的技术保障工作，并制作多档奥运相关栏目。

8月10日 北京市委宣传部常务副部长陈启刚检查中国电影博物馆奥运期间接待服务和安保工作，北京市广播电视局局长孙向东陪同检查。中国电影博物馆根据工作实际，及时修订出台《奥运期间外籍观众接待服务及安全保障办法》。

8月14日 北京市广播电视局局长孙向东、总工程师何桂芝等一行到IBC奥运专网前端机房、MPC、水立方和奥运村奥运专网机房对有线电视安全传输服务保障情况进行实地检查。对北京歌华有线电视网络公司高质量建设奥运专网、全力确保奥运专网安全传输所做工作给予充分肯定，并向歌华有线公司值守一线工作人员表示慰问。奥运专网是2008年奥运会北京50个场馆（包括31个竞赛场馆、19个非竞赛场馆）有线数字电视专网系统，服务于各国代表团、奥委会官员、运动员、国外新闻记者、奥组委相关工作人员等。奥运赛时阶段，歌华有线公司组建220人的运行维护保障团队，24小时值守在场馆。

8月15日 北京市政府办公厅副主任吴大仓到北京电台城市服务管理广播调研，与北京电台台长汪良、总编辑陆莹、副总编辑陈晓海及城市服务管理广播负责人就办台思路进行座谈，市政府督察室副主任孙国美陪同调研。

8月15日 北京电台首届“赢在创意”广播节目大赛揭晓，在原创和创新两大类参赛作品中，有12件作品分获金、银、铜奖；10件作品获得优秀作品奖。

8月21日 国家广播电影电视总局监察局三室主任张建军和社会管理司副司长任谦一行5人到北京电台调研。北京电台台长汪良就北京电台广告经营管理的主要做法向调研组作了介绍。北京市广播电视局纪检组长邓宏凤陪同调研。

8月21日 北广传媒集团马朝军、刘志远、张淼等集团领导在歌华有线公司总经理卢东涛及相关部门负责人的陪同下，专程到奥运中心区的国际广播中心（IBC）、主新闻中心（MPC）、国家游泳中心等奥运场馆，看望并慰问了坚守在奥运第一线的歌华有线员工。

8月23日 北京市委宣传部副部长肖培批示：“北京电台，特别是音乐频率为奥运主题歌做了长达数年的努力，做了十分广泛的工作，调动了数以百计的音乐家，举办了许多推广演出，为主题歌的产生作出了贡献。应予表彰！”

8月24日 北京电视台主持人爱心团、北京青少年发展基金会、北京儿艺联合举办的公益演出——大型奇幻童话剧《福娃》在安徒生剧场上演。主持人演出画册及CD义卖所得2 289元汇入北京青少年发展基金会的专项基金，用于捐助贫困学生和其他公益活动。主办方还特邀东城区和打工子弟学校学生观看演出。

8 月 26 日　北京奥组委技术部向北京歌华有线电视网络公司发来感谢信，对北京歌华有线电视网络公司在筹办和举办第 29 届奥运会过程中提供的高质量的有线电视服务给予充分肯定。

8 月 27 日　北京市广播电视局副局长李春良和北广传媒集团副总经理赵多佳赴格尔木探望《雪域天路》剧组人员。电视剧《雪域天路》是市广电局和北广传媒集团主抓的庆祝新中国成立 60 周年重点作品。该剧用全景、写实方式记录青藏公路到青藏铁路各个时期的建设历程。

8月29日　北广传媒数字电视公司《北京之窗》联合“星美国际影城”在《影视演出》栏目中推出“看电影、发短信，购票省10元”优惠活动。

8 月 30 日　海润影视制作有限公司制作的 36 集电视连续剧《狼毒花》获第 24 届中国电视金鹰奖优秀长篇电视剧奖，28 集电视连续剧《红梅花开》、25 集电视连续剧《青春之歌》、34 集电视连续剧《记忆之城》、30 集电视连续剧《一世情缘》获第 24 届中国电视金鹰奖长篇电视剧三等奖。

8月　北京电视艺术中心为庆祝新中国成立60周年和改革开放30周年，从历年拍摄的172 部电视剧作品中精选 27 部电视剧精品制作完成《电视往事，激情岁月》DVD 光盘。

8月　奥运期间，北广传媒移动电视公司制作专题节目《大家说盛会》19 期、22 个话题，制作与残奥会相关新闻 31 条，节目播出后得到社会各界好评。

8 月　北广传媒数字电视公司《北京之窗》奥运赛事期间推出《奥运》栏目，每日 3 次更新，更新信息总数 500 余条。《奥运》栏目尝试“视频＋图文”24 小时滚动播出，图文信息随用随查。

8 月　北京紫禁城影业公司总经理许建海、主演李兆林出席电影《一个人的奥林匹克》在香港的首映活动，该电影在澳门也举行了首映活动。

8月　北广传媒移动电视公司引进奥组委38集《奥运竞赛项目知识》系列专题片、北京电视台《福娃奥运漫游记》、《奥运人物访》、法制晚报社制作《奥运场馆揭秘短片》、20 首奥运歌曲宣传片和北京对外文化交流中心《国际导演拍北京》宣传片等节目。总节目引入量达 1 895 分钟。奥运期间，共制作各类奥运专题片超过 200 个，总计超过 1 000 多分钟。

8月　北京市委常委、宣传部长、副市长蔡赴朝，市委宣传部副部长肖培就《北广传媒集团服务保障奥运工作总结》作出批示，对北广传媒集团圆满完成服务保障奥运各项任务给予充分肯定。蔡部长的批示是：北广传媒集团在筹办和举办奥运会期间承担多方面的重要任务，全集团干部职工高度重视热情参与，认真负责全力以赴地投入工作，做到了多方面万无一失、优质高效。特向集团全体干部职工致以谢意。肖部长的批示是：集团在确保安全播出、服务奥运文化活动、承担非注册记者接待任务、举办大型展览、服务奥运票务、扩大新媒体宣传、维护大屏播出等方面，为奥运举办作出了贡献。

9月

9月1日　中国电影博物馆举行“奥运故事DV作品征集活动获奖作品首映式暨颁奖收藏典礼”。北京奥组委新闻宣传部部长王惠、中国电影博物馆馆长杨永安、北京市互联网宣传管理办公室副主任李卓好、北京 2008 年奥运会官方电影总导演顾筠、2002 年盐湖城冬奥会短道速滑冠军杨扬、2000年悉尼奥运会10米台双人冠军李娜、2000年悉尼奥运会体操男团冠军邢傲伟，以及 DV 作品获奖者出席典礼。

9月2日　北京市委宣传部副部长肖培批示：“北京电台计划早，多频率出击，调集全台资源，开办特色栏目，为奥运举办创造了良好的舆论氛围。北京台发挥优势，在交通、票务、出行服务上及时快速；北京台还发挥专业特长，在奥运歌曲征集推广上作出了贡献；北京台依靠主持人的优势，创办了有特色的专栏。望认真总结，继续搞好残奥报道。”

9月2～4日　北京市广播电视局举办“讲党性、重品行、作表率，树组工干部新形象”培训班，市广电局副局长杨淑琴出席并讲话。邀请专家学者就“组织干部应具备的素质和修养”、“树组工干部新形象，不断加强作风建设”、“如何保持心理健康”等做专题辅导，局系统近70余名组工干部参加培训。

9月3日　北京电台新闻广播宋梓祯编辑《新闻大视野》获第18届中国新闻奖二等奖，节目制作中心李洋和交通广播王世玲采制的专题报道《爱的奇迹——救助的士女儿王秋月》及奥运报道部集体完成的现场直播《五环同心盼奥运，圣火光芒耀全球》获第18届中国新闻奖三等奖。

9月初　北京歌华文化发展集团所属歌华文化创意产业中心、北京国际创意产业联盟基地在歌华大厦落成，并正式运营，北京歌华文化发展集团董事长王建琪任该联盟理事长。

9月4日　北京歌华文化发展集团所属歌华莱恩文化体育发展有限公司主办“乔治·班森和艾尔·贾诺世界巡演北京演唱会”在北京展览馆剧场隆重举行，此演出是该公司的开门之作。

9月5～6日　北京电视台直播团队完成残奥会火炬传递直播工作，完整记录240名火炬手火炬接力实况。向中央电视台和BOB提供包括主持人单边注入点在内的直播信号6个多小时。提供残奥会火炬官方信号40分钟。

9月6日　北京电视台《北京新闻》开设专栏《残奥1+1》，首次邀请残障人士作为记者，以第一人称方式报道残奥会。整个节目以情感人，残障人士青风和解岩亲自配音，发回现场报道，极富感染力，被央视《新闻联播》采纳播出。

9月6日　国务院副秘书长、中央联席会议办公室主任、国家信访局局长王学军考察调研北京电台工作。在听取北京电台台长汪良“关于城市服务管理广播开办工作”汇报后，王学军指出，北京电台城市服务管理广播是北京市委、市政府结合首都城市管理特点，化解人民内部矛盾、减少社会不和谐因素等方面的探索开办的。城市服务管理广播开办三年，为群众解决并答复实际问题26 000多件，减少信访量，促进社会和谐稳定。北京市联席会议办公室主任、市信访办主任薄钢、国家投诉受理办公室负责人赵春林、市政府办公厅副主任吴大仓陪同考察调研。

9月6～17日　北京电台为做好北京2008残奥会报道，派出24名记者，以实况转播、新闻报道、现场连线、服务类信息发布、新闻报道、深度新闻专题、访谈、话题互动为主要形式，辅以赛事综述及点评。

9月17日　北京市广播电视学会召开第五届理事会第三次会议暨“2007年度北京广播影视奖”颁奖大会。北京市广播电视局局长孙向东和局领导班子成员出席会议，市广电局副局长、学会常务副会长李春良主持会议。会议向获得一等奖和节目创优先进个人代表颁发奖杯和证书。2007年，经市人事局认定，“北京广播电视奖”更名为“北京市广播影视奖”，并升格为北京市政府奖，增加“节目创优先进个人”评选。“北京市广播影视奖”共评选出集体获奖作品215个，其中一等奖43个，二等奖65个，入围优秀作品89个，优秀栏目18个，评选出节目创优先进个人62名。

9月18日　北京市广播电视局召开推进廉政风险防范管理工作座谈会。市广电局纪检组组长邓宏凤要求党员领导干部要加强对本单位本部门学习贯彻中央关于《建立健全惩治和预防腐败体系2008—2012年工作规划》的组织和领导，加强对广播电视行业重点领域、重要岗位监督检查。中国电影博物馆、北京电台、北京电视台等局属单位和局机关相关处室负责人参加座谈。

9月18日　北京电台新闻广播对在北京广播大厦举行的第二届全国纪实广播小说演播人选拔赛决赛进行音频直播，北京广播网进行全程视频直播。

9月24日　北京电台城市服务管理广播《城市零距离》启动“对话市长、共议发展”市长访谈系列节目，副市长丁向阳走进直播间与市民共话“十一”黄金周旅游以及奥运之后北京旅游业的发展情况。

9月24日　由北京电台交通广播、市交通委、北京私人机动车交通安全服务管理中心、新京报社联合主办的“和谐交通，北京有我”公益活动闭幕。有46名车主分获一、二、三等奖，特等奖奖品是一辆上海通用汽车雪佛兰。

9月24～27日　北广传媒移动电视公司并机CCTV转播“神七”最新动态，精编3集“神七”专题片：《壮美腾空》、《太空漫步》和《胜利凯旋》，在“十一”国庆节期间循环播出。

9月24～28日　北京电视艺术中心制作电视连续剧《金婚》在日本福冈举办的第8届中日韩电视制作者论坛上，荣获优秀作品奖第一名。

9月24～28日　北京电视台新闻中心要闻部、编辑部与转传部通力合作，进驻北京航天城，采用新闻SNG实时对播等形式，在北京卫视《北京新闻》、《北京您早》、《特别关注》、《直播北京》开辟专栏“龙行九天——神舟七号载人航天飞行任务”，不间断地报道神舟七号载人航天飞行任务全过程。

9月26日　中国电影博物馆举行纪念延安电影团成立70周年座谈会，揭开“人民电影先锋——纪念延安电影团成立70周年”系列活动序幕。中华全国新闻工作者协会党组书记翟惠生、国家广电总局电影局副局长张宏森、北京市委宣传部常务副部长陈启刚等和10位当年延安电影团老艺术家、13位延安电影团成员亲属以及8位电影界、新闻界嘉宾出席座谈会。系列活动为期3个月，中国电影博物馆和中央新闻纪录电影制片厂共同举办。中国电影博物馆通过举办纪念专题会、电影纪录片展映、藏品展、电影大讲堂等多项活动，展示并介绍延安电影团艺术成就及中国新闻纪录电影发展历程。

9月27日　北京电视台卫视首播剧推介会举行。推介的剧目有《马文的战争》、《国家形象》、《落地，请开手机》、《漕运码头》、《潜伏》、《乔省长和他的女儿们》等，从10月9日起陆续推出。

9月27日　北京电视台隆重举行奥运工作总结表彰大会。市广电局党组副书记、副局长杨淑琴和电视台领导出席大会。杨淑琴代表局党组和孙向东同志对北京电视台圆满完成奥运宣传报道任务表示衷心感谢和崇高敬意，向获得表彰的先进集体和先进个人表示祝贺。刘爱勤台长作题为《创新、融合、拼搏、超越、奥运任务圆满完成，各项工作全面提升》总结报告。会上播放专题纪实片《为奥运奉献，为党旗增辉——北京电视台党委服务奥运奉献奥运工作纪实》。

9月28日　北京电台举行2009年广告代理资格授权仪式，共有23家公司获取北京电台2009年的广告代理资格。

9月28日　北京电视台新闻节目中心按照中宣部和北京市委宣传部部署，在《北京新闻》推出系列报道《经典中国，辉煌三十年》和《我的经历》，以不同角度和形式从政治文明、经济发展、社会进步、文化繁荣、城市建设与管理等六大领域对首都30年发展成就进行回顾。

9月28日～10月5日　由北京电视台和海淀区政府共同主办，卡酷卫视频道和中关村海淀园承办“2008卡酷全卡通动漫嘉年华”在中华世纪坛开幕。吸引近8万人次观展。

9月29日　北广传媒移动电视公司完成《经典中国，辉煌30年》专题片的编辑制作，10月陆续播出。

9月　北京市编制委员会办公室批复同意北京音像资料馆加挂“北京广播电视研究中心”牌子，经费形式由差额拨款变更为全额拨款，人员编制不变。北京音像资料馆（北京广播电视研究中心）的主要职责是：承担北京市广播电视政策研究和重点课题研究，有关音像资料收集、整理、研究、挖掘和补救工作，北京广播影视年鉴编撰工作。

9月　北京电台各专业广播通过专题节目、系列报道、开设专栏、制作宣传片花等方式，启动纪念改革开放30周年专题报道。新闻广播从9月25日在《北京新闻》、《新闻热线》、《新闻大视野》节目中分别开办“跨越三十载，放歌新北京”、“我的经历”、“经典中国，辉煌30年”专栏，展开为期三个多月集中报道；城市服务管理广播采取与各委办局合作方式，制作特别系列专题；交通广播制作“改革开放30年——我的生活就此不同”系列节目；音乐广播制作“改革开放30年优秀经典歌曲回眸”系列特别节目；首都生活、体育、文艺、外语等专业广播相继推出各具特色系列报道专题。北京广播网开设“喝彩中国，辉煌30年”改革开放30周年大型系列专题。

10月

10月1日～11月30日　中国电影博物馆举办“喜看今日路，胜读百年书”纪念改革开放30年公益电影系列展映活动。展映分为邓小平系列电影和改革开放30年中国在国际上获奖电影集锦两个系列，39部电影参加展映。

10月2～7日　北京市广播电视局首次率全市10家电影公司组成北京电影代表团，赴韩国参加第13届釜山电影节展活动。韩国釜山电影节副主席全阳骏与北京电影代表团团长、市广电局纪检组长邓宏凤进行座谈。期间，北京电影代表团代表作品《伟大的伟》、《李米的猜想》、《硬汉》、《鸟巢》等影片受到亚洲及欧美等国际制作发行公司关注。北京紫禁城影业公司参加了釜山电影节并设立展台。

10月7日　北广传媒集团召开服务保障奥运总结表彰大会。党委书记刘志远主持会议，总经理马朝军同志作集团服务保障奥运工作总结，党委副书记、纪委书记贾玉祥宣读《关于表彰奖励服务保障奥运先进集体和先进个人的决定》，41个单位、111名个人分获服务保障奥运先进集体、先进个人称号。

10月13日　北京市广播电视局党组召开专题会议，学习传达中央和市委关于开展深入学习实践科学发展观活动的有关文件精神，成立以孙向东任组长、杨淑琴任副组长、党组成员参加的学习实践科学发展观活动领导小组。领导小组下设办公室，局机关党委副书记李伟任主任。

10月13日　北京紫禁城影业公司电影《万家灯火》开机仪式在双井华星影城举行。北京市委宣传部常务副部长陈启刚、北京市广电局巡视员洪兵、国家广电总局电影局艺术处处长陆亮出席，导演安战军率全体主创人员亮相。首都及各地20余家新闻媒体记者出席开机仪式。

10月14日　北京电台体育广播被命名为奥运立功“工人先锋号”。

10月14日　在北京市总工会召开的“北京奥运会残奥会总结表彰大会”上，北广传媒集团多个集体和个人受到表彰。北广传媒集团被评为“北京奥运会残奥会文明观众、拉拉队工作优秀组织单位”；歌华集团李智跃、歌华有线汤军等16人被授予“北京市奥运立功标兵”称号；歌华集团奥运体育展示培训项目组、歌华有线奥运场馆有线数字电视专网运行协调（保障）部被授予“北京市工人先锋号”；歌华集团李智跃和马明珠、歌华有线汤军、城市电视张楠荣获“北京市奥运立功奖章”；歌华集团2008北京国际新闻中心项目组和“同一个世界，同一个梦想”大型主题展览项目组、歌华有线奥运场馆有线数字电视专网运行协调（保障）部荣获“北京市奥运立功奖状”。

10月15日　北京市委宣传部副部长肖培一行到北京电台调研。电台台长汪良、总编辑陆莹、总工程师王季平就奥运会后北京电台总体发展规划、业务宣传、新媒体发展、产业经营与管理等情况做汇报，市委宣传部新闻处处长苏仁先陪同调研。

10月17日　在圆梦2008大型社会公益行动举办的“2008中国民生行动论坛”系列活动中，北广传媒集团荣获“2008中国民生行动先锋”称号。集团党委副书记贾玉祥代表集团出席“邀您一起——10·17国际消除贫困日主题公益晚会”，接受了民生行动先锋荣誉表彰。

10月21日　北广传媒集团举办劳动政策法规培训班，集团所属各单位的主管领导、人事（主管）部门工作人员、工会负责人共98人参加培训。

10月21～24日　中国广播电视年鉴主办、北京市广播电视局承办的中国广播电视年鉴第24届年会在北京召开。国家广电总局办公厅主任朱虹受总局副局长胡占凡委托出席会议并讲话，北京市广电局局长孙向东出席大会并致辞。年会总结年鉴编纂工作经验，表彰先进单位和先进个人，部署2009年年鉴的编纂任务。北京市广播电视局被评为年鉴工作先进单位。国家广电总局、中央人民广播电台、中央电视台、国际广播电台及各省市区广电局、广电集团、计划单列市广电局的有关负责人及特约编辑近120人参加会议。中国广播电视年鉴编委会对北京市广电局圆满承办会议表示感谢，并赠送锦旗，北京市广播电视局巡视员洪兵代表局接受锦旗。

10月21～24日　国家广电总局、北京市政府共同主管，北京电视台和中国传媒大学联合主办的[Aniwow！2008]第三届中国（北京）国际大学生动画节在北京开幕。国家广电总局宣传管理司司长金德龙，教育部、文化部、共青团中央等相关单位负责人，北京市委宣传部副部长陈冬，北京市广电局局长孙向东和一批国际国内动漫界专家学者应邀出席开幕式。这次大学生动画节，首创高等学府和电视媒体联合举办动漫节的新模式，吸引来自50多个国家和地区、49所国外高校、65所国内高校上千名大学生，征集到近500部国外作品、1000余部本土作品。动画节期间举办“中国日”、“法国日”、“美加日”、“英国日”四大主题日活动。中国（北京）国际大学生动画节是国家广电总局批准设立的中国第一个国际性大学生动画节，历时4天，有18场展映、10场大师课程、4场论坛、3个主题展览。

10月21～31日　中国电影博物馆为纪念著名导演谢晋先生举办“他为电影而生——谢晋电影公益展映”活动，免费放映《女篮5号》、《牧马人》、《芙蓉镇》等10部谢晋导演的作品。

10月24日　北京市广播电视局召开深入学习实践科学发展观活动动员大会。局领导孙向东、杨淑琴、李春良、臧增祥、邓宏凤、何桂芝、洪兵，市委指导检查组冯国安等出席大会。局党组副书记、副局长杨淑琴主持大会，局党组书记、局长孙向东作动员讲话。市委指导检查组组长冯国安作重要讲话。局党组成员、副局长李春良传达中央政治局委员、市委书记刘淇《在全市深入学习实践科学发展观活动动员大会上的讲话》。局机关和局属处级事业单位全体党员，中国电影博物馆、北京电台、北京电视台主要领导和有关人员100余人参加动员大会。

10月24日　中央国家机关工委委员、宣传部部长陈祥如一行11人到北京电台考察，与北京电台党委书记、台长汪良座谈。

10月25～26日　由北京市广播电视局承办的2008年全国广播电视编辑记者播音员主

持人资格考试北京考区开考。2008年北京考区报名参考人员共计1 990人，其中编辑记者1 586人，播音员主持人404人。在京设3个考点、67个考场。25日，国家广电总局人事司司长张丕民，驻广电总局纪检组副组长、监察局局长范玉刚和人事司副司长张宏等巡查了考场工作，北京市广电局局长孙向东、副局长杨淑琴、纪检组长邓宏凤陪同巡查。

10月28日　北广传媒影视公司在全国第七届电视制片十佳评选活动中，荣获十佳电视剧制作单位提名奖。北广传媒影视有限公司总经理张振华荣获优秀出品人称号。

10月29日　中央政治局委员、北京市委书记刘淇到光线传媒考察调研，光线传媒总裁王长田等介绍情况。

10月30日　北京电台首都生活广播特别直播节目——“好作品我演绎·播讲人才艺大pk暨听众喜爱的读书节目三季度评选结果揭晓”。《老北京的传说》、《非洲踏寻郑和路》、《八月狂想曲》荣获听众喜爱的作品前3名；主持人大鹏、白钢、小群被评为听众喜爱的播讲人前3名。

10月30日　北京电台城市服务管理广播1073城市管理志愿者服务队被首都精神文明建设委员会授予“首都‘迎奥运、讲文明、树新风’活动先进集体”称号，邵军等9人被授予“首都‘迎奥运、讲文明、树新风’活动先进个人”称号。

10月30日　北京市广播电视局、北广传媒集团联合举办的全国优秀剧本征集活动评选揭晓，18部作品分别荣获影视剧类、纪录片类、小说类各奖项。中宣部文艺局局长杨新贵，北京市广电局局长孙向东、副局长李春良，北广传媒集团总经理马朝军、党委书记刘志远、副总经理赵多佳等出席颁奖仪式并讲话。优秀剧本征集活动自4月开始，受到社会各界的广泛关注，共收到稿件1 400多部。活动除常设奖项外，特设荣誉奖和鼓励奖。市广电局和北广传媒集团将进入复评的78部优秀作品集结成册，并与获奖作者代表签订版权使用协议。

10月　2008年度北京市广播电视局科技创新奖揭晓。共6个项目获奖：北京市广播电视监测中心《北京市广播电视安全播出智能监管平台》和《广播电视移动监测车》分别荣获科技成果应用与技术革新类、工程技术类一等奖；大兴区广电中心《大兴区广播电视中心新媒体业务综合平台之电视制播系统》荣获工程技术类二等奖；北京电视台《面向服务架构全台网络化节目制播体系环境下跨系统工作流程设计和服务关系说明》和通州区广电中心《非法卫星电视信号全方位快速定位、跟踪捕获及自适应压制系统》荣获论文类一等奖；通州区广电中心《秸秆汽化炉和牛粪发电技术》荣获科普作品类一等奖。

10月　北京歌华文化发展集团奥运音乐创作和制作项目组受北京奥组委委托，完成北京奥运会开闭幕式及残奥会开闭幕式音乐制作工作。项目组先后签约30多名艺术家，邀请近30家北京一流院团1 000多人参与录音，录制工作累计达240多天，完成近800分钟的音乐成品。为此，北京歌华文化发展集团还获得北京市妇联颁发“三八红旗集体”和北广传媒集团颁发“服务保障奥运先进集体”称号。

11月

11月5日　北京市广播电视局党组学习中心组一行到延庆县、怀柔区进行调研，并实地考察延庆浆棚山无线覆盖转播站的运行维护情况；到怀柔区西营子村入户查看“村村通”设备运行情况及电视收视效果，到长哨营乡、正红旗村考察智能广播试点建设和使用情况。

11月5~9日　海润影视制作有限公司参加台北电视节。

11月7日　国家广电总局副局长雷元亮、人事司副司长王怀庆等一行到北京电台、北京电视台，就广播电视人才队伍建设情况进行专题调研。北京市广播电视局纪检组长邓宏凤和北京电台台长汪良、电视台台长刘爱勤等陪同调研。

11月7日　北京市广播电视局召开《北京市广播电视安全播出智能监管平台》和《全数字广播电视信号移动监测、压制及应急指挥系统》技术鉴定会。国家广电总局、国家广播电视科学研究院、国家广电总局监测中心、国家广电总局网络视听传播监管中心、国家广电总局安全播出调度中心、天津市广播电影电视局等单位专家组成鉴定委员会，审查北京市广播电视监测中心研制报告、技术报告、用户使用报告、检测报告和查新报告，现场考察系统运行情况。鉴定委员会认为《北京市广播电视安全播出智能监管平台》在省级监测监管系统处于领先水平，具有很好的社会效益和推广价值，《全数字广播电视信号移动监测、压制及应急指挥系统》整体技术水平属国内领先，并一致同意通过技术鉴定。

11月7日　北京歌华DV文化发展中心、北京和融投资有限公司和普信通公司共同投资设立北京歌华在线文化传媒有限公司，从事视频新闻及网络运营等业务。

11月9日　北京电视台为庆祝第九届中国记者节，受北京市新闻工作者协会委托，承办了北京新闻界乒乓球邀请赛。全市新闻单位的17支代表队、近200人参赛，北京电视台获团体冠军。

11月10日　北京市委宣传部副部长肖培一行到北京电视台卡酷动画频道考察调研。在听取动画节目中心负责人的汇报后，肖培要求动画节目中心着重做好产业整合、规范运作、创新机制、抓好作品等七项重点工作。市委宣传部新闻处处长苏仁先、副处长金鹏参加调研，北京电视台副总编辑张强陪同调研考察。

11月11日　北京市广播电视局党组学习中心组会同市委学习实践科学发展观活动第13指导检查组组长冯国安、副组长周秀惠等到北京电台进行调研，参观了电台演播室、新建广播大厦等设施，高度评价了北京电台开拓精神和创新发展的成果。

11月11日　北京市广播电视局召开《大兴区广播电视中心电视制播存管综合业务系统》技术鉴定会。国家广电总局科技司、总局广播电视规划院、中央电视台、中国传媒大学等单位专家组成的鉴定委员会现场审查系统运行情况。鉴定委员会一致认为《大兴区广播电视中心电视制播存管综合业务系统》在中小型电视台数字化、网络化改造方面处于国内先进水平，具有积极的推广价值，同意通过技术鉴定。

11月12日　北京市广电系统学习实践科学发展观，推进惩治和预防腐败体系建设工作交流会召开。会议传达全国落实党风廉政建设责任制电视电话会议精神和《北京市建立健全惩治和预防腐败体系2008—2012年实施办法》。北京市委宣传部副巡视员张伯华、市广电局领导孙向东、邓宏凤、洪兵、宋春华出席交流，邓宏凤主持会议。中国电影博物馆办公室、北京电台广告管理部、北京电视台影视剧中心、局宣传管理处有关人员在交流会上发言。

11月13日　北京市纪委常委张同生等一行3人到北京市广播电视局检查指导纪检监察工作。在听取市广电局纪检组长邓宏凤工作汇报后，张同生等一行到北京电台直播间和广告业务大厅进行考察。

11月16日起　北广传媒影视公司拍摄的38集电视连续剧《最后的王爷》在北京卫视独家播出，创下北京卫视收视率新高，在全国卫视排名第一，并荣获北京电视台2008年度电视剧播出“特殊收视贡献奖”。

11月17～24日　北广传媒集团总经理马朝军率慰问团赴日本探望北广传媒影视公司

《滴泪痣》电视剧摄制组。慰问团在日期间得到中国驻日本大使的接见，还与日本富士电视台及神奈川日中友好协会等机构进行了交流。

11月18日　北京市广播电视局党组中心组在学习实践科学发展观活动中，到北京电视台进行调研。

11月18日　北京电视台卡酷动画频道制作的短片(IDENT)“好玩的机器人，好玩的LOGO，好玩的频道”在新加坡获得最佳在播频道ID银奖。该短片是本届评选中唯一入围并取得奖项的中国媒体团队，是中国大陆地区电视媒体首次获得该奖项。

11月18日　北京电台2009年节目推介暨品牌活动推广会举行。来自电台客户公司、广告代理公司及社会报名的公司近400位来宾到场，集中了解电台2009年的16个品牌活动和29个优秀栏目。台长汪良，总编辑陆莹，总工程师王季平，党委副书记赵泽勤，副总编辑王秋、亢亚志、陈晓海、张松华，副台长陈晓红、台长助理李捷及各专业广播台长和相关部门负责人出席推介会。

11月19日　北京市副市长程红到北京电台城市服务管理广播《城市零距离》——“对话市长，共议发展”系列节目直播现场，与听众一同畅谈北京商业发展。程红以“新北京，新商业”为题和现场专家、老字号企业代表及市民进行交流。

11月21日　国家外国专家局副局长孙照华、出国培训管理司司长崔长征、副司长吕革一行，就北京电视台开展管理干部和业务骨干境外培训工作情况进行调研。

11月21～22日　北京大学新闻与传播学院与北京电台共同主办的首届数字广播发展高峰论坛举行。国家广电总局科技司司长王效杰、总局无线电管理局总工程师李国华，北京市委宣传部副部长肖培，北京市广电局局长孙向东、总工程师何桂芝及来自全国数字广播发展领域专家学者、业界人士60多人出席会议。

11月22日　北京电台交通广播、市交管局新闻办、搜狐汽车联合举行第五届路德日暨“北京市民千日无违章大赛”总冠军颁奖仪式。

11月24日～25日　北广传媒集团党委举办基层党支部书记培训班，集团所属单位及总部党支部书记共63人参加培训。

11月25日　中国广播电视协会主办，北京市公安交通管理局和北京电视台共同承办的中国广播电视协会交通电视分会成立大会暨中国交通电视年度颁奖典礼隆重举行。中国广播电视协会、公安部、中国传媒大学以及全国30家省市电视台和移动电视公司的有关负责人、专家、电视节目制片人100多人出席会议。

11月25日　北广传媒移动电视公司由海淀区阜成路73号裕惠大厦15层迁址至东城区北小街青龙胡同1号歌华大厦A座809室。

11月27日　北京市广播电视局召开推介优秀电视剧新闻发布会，向社会隆重推荐北京电视艺术中心出品的电视剧《春草》，北京京都世纪文化发展公司出品的电视剧《祈望》，北广传媒影视公司出品的电视剧《雾柳镇》。北京市广电局副局长李春良、北广传媒集团副总经理赵多佳出席会议。

11月28日　北京京都世纪文化发展公司著名导演尤小刚、陶玲玲执导的都市情感剧《祈望》，在安徽卫视黄金时段播出，收视率攀升央视索福瑞和AGB尼尔森调查全国卫视收视排行第一。

11月28日　北京市广播电视局召开2008年全市电视剧工作会议，50多家电视剧制作机构代表参加会议。市广电局副局长李春良出席会议并讲话。

11月　北京电视艺术中心荣获全国制作业2008年度“最具实力国营电视剧制作机构”奖。

11月　北京中北电视艺术中心有限公司董事长尤小刚应俄罗斯欧亚电视节邀请参加2008年第11届欧亚电视节，中北电视剧《对手》荣获2008年第11届欧亚电视节最高奖“创作大奖”，尤小刚获该电视节“重大贡献奖”。

12月

12月1日　北京市广播电视局党组召开总结学习实践科学发展观活动第一阶段工作会议，提出第二阶段工作意见。会议就加大广播电视公共服务、解决广播电视覆盖、加强对市和区（县）两级广电资源配置等问题进行了重点研讨。

12月3日　在首个“首都慈善公益日”，北京电台与北京市红十字会联合发起捐助“博爱电波书屋”在四川省什邡市宏达中学挂牌。

12月4日　北广传媒集团与北京市文化局联合召开《演艺罗盘》节目推广会，70余家演出机构的170余名代表参加会议。市文化局局长降巩民，北广传媒集团总经理马朝军、副总经理赵多佳等出席会议。

12月5日　北京市广播电视局党组中心组一行到北广传媒集团座谈调研，就如何以科学发展观为指导，推进首都广播影视业的大发展大繁荣为课题进行了研讨，并交换意见。

12月5日　由北京电视台体育节目中心制作的《北京申办2014年男篮世锦赛宣传片》，作为中国北京陈述报告的重要部分在瑞士日内瓦向国际篮联正式递交。

12月6日　北京电视艺术中心制作的电视剧《便衣警察》歌曲《少年壮志不言愁》、《四世同堂》歌曲《重整河山待后生》、《渴望》歌曲《渴望》、《北京人在纽约》歌曲《千万次的问》、《编辑部的故事》歌曲《投入的爱一次》、《贫嘴张大民的幸福生活》歌曲《日子》、《幸福像花儿一样》歌曲《爱如空气》等7部作品在中国文联、中国电视艺术家协会、中共广州市委共同主办“中国改革开放30年优秀电视剧歌曲研讨推选活动”中获奖，占全部获奖总数23%。排名紧随中央电视台位居第二。

12月7日　北京电视艺术中心、中央文献研究室科研管理部、河南亚龙影视文化传播有限公司联合制作12集电视连续剧《刘少奇故事》在CCTV-1黄金时间播出。

12月7日　北京电台新闻广播向北京市禁毒志愿者代表赠送一批奥运图书《咱们这七年——发生在北京的奥运故事》。

12月11日　北京电视台科教节目中心承办的《和谐中国，爱心绽放》——全国妇联、中国妇女发展基金会成立20周年主题晚会隆重举行。全国政协副主席张梅颖，全国妇联名誉主席彭佩云，全国妇联副主席、书记处第一书记、中国妇女发展基金会理事长黄晴宜，全国妇联党组书记、副主席、书记处书记陈秀榕等及一批海内外关爱、关注妇女事业发展的各界人士参加晚会。

12月11～12日　北京市广播电视局举办视频点播业务培训班，运营单位主管和责任编辑重点学习了广播电视节目、电影片购置、版权等许可事项和相关法规规章。

12月12日　北京电视台首部采用最新高清标准摄制并播出的纪念改革开放30年大型纪录片《北京记忆》在北京卫视频道播出。

12月16～21日　第三届中国北京国际文化创意产业博览会在京开幕。由文博会组委会办公室和北京市广播电视局主办，北京歌华文化发展集团承办的广播电影电视展览获得圆满成功，展览吸引了5万余人次参观，受到有关领导和观众的广泛好评。展览设在中国国际展览中心1号馆B厅，位于整个展馆的黄金位置，展区面积4 000平方米。中央人民广播电台、中央电视台、中国电影集团公司、中国人口宣传教育中心，北广传媒集团、中国电影博物馆，北京电台、北京电视台，汇佳卡通影视制作有限公司、威亚视讯科技有限公司、北京广播网青檬网络广播、台湾故事巢股份有限公司12家广播影视机构参展，搭建展位13个，200平方米以上展位6个，最大展位400余平方米，全部为特装搭建，成为本届文博会最吸引眼球的展区之一。广播电影电视发展论坛在北京歌华开元大酒店国际新闻大厅隆重举行。北京市政府副秘书长侯玉兰出席论坛并致辞，国家广电总局和市政府、市政协、文博会组委会等方面有关部门领导，各级广播影视机构的领导和新闻媒体记者200余人出席。论坛以“改革创新，科学发展”为主题，以论坛方式纪念北京广播影视改革发展30年。国家广电总局办公厅主任朱虹、北京市广电局局长孙向东、中国传媒大学副校长胡正荣、北广传媒集团总经理马朝军、北京电视台台长刘爱勤、北京电台总工程师王季平、顺义区广电中心主任王颖等发表演讲。2008中国设计师高峰论坛在歌华艺术馆举行。期间，中央政治局常委李长春，中央政治局委员、市委书记刘淇，全国人大常委会副委员长韩启德、华建敏，全国政协副主席阿不来提·阿不都热西提，文化部部长蔡武来，市委副书记、市长郭金龙等领导参观广播电影电视展览。

12月16日　中国电影博物馆举行情景音乐剧《中国电影博物馆之夜》首场演出。

12月16日　中国电影博物馆第二届青年论坛之青年编剧论坛开幕。国家广电总局电影局局长童刚、副局长张宏森、中国电影博物馆馆长杨永安及10余位专家、青年编剧参加论坛。

12月16日　有“游戏行业金鸡奖”之称的2008年度中国软件协会“金手指奖”颁奖盛典举行，北京电视台卡酷动画频道同巨人网络、金山软件、盛大网络、完美时空等知名企业跻身“2008年度中国动漫游戏行业优秀企业”序列，并获“2008年度中国游戏行业·行业自律先进单位”；动画节目中心主任帅民荣获“2008年度中国动漫游戏行业优秀企业家”称号。工业和信息化部、文化部、中央精神文明办等有关部门领导出席颁奖典礼。

12月18日　北京电台举办交通广播开播15周年庆祝晚会。

12月18日　第七届中国花卉博览会(北京展区)市场开发招商推介会暨首批赞助企业签约仪式在人民大会堂北京厅举行。国家林业局副局长张建龙、中国花卉协会会长江泽慧、市委常委牛有成以及国家林业局、中国花协、北京市委、市属各相关单位、顺义区有关领导出席了活动。集团领导刘志远、王晓东出席了签约仪式。集团作为花博会媒体行业独家赞助方，将依托自身优势，积极支持本届花博会，通过各个新媒体对花博会进行宣传报道；歌华集团将承担花博会票务系统销售任务。

12月19日　北京音像公司代表集团在中国妇联大厦向中国妇女基金会捐赠由北京音像公司出版发行的赈灾歌曲《汇爱成川·点燃希望》1 000套、沈菁专辑《祖国在我心》2 000套，总价值11万元。中国妇女发展基金会向北京音像公司颁发了抗震救灾“爱心企业”荣誉证书。中国妇女发展基金会副秘书长秦国英、著名作曲家徐沛东、前线歌舞团青年歌手沈菁、在京30多家媒体参加了捐赠活动。

12月21日　由北广传媒数字电视公司制作、北京市委组织部选送的《红色记忆》在全国第十届党员教育电视片观摩评比活动中荣获“专栏类”二等奖。

12月22日　《北京广播电视报》特约作者赵红岩因多次采访报道冯玉祥将军女儿、海军总医院教授冯理达将军，受邀代表报社参加全国政协、全国妇联、总政、总后等部门组织的“冯理达将军事迹报告团”在人民大会堂进行演讲，被报社授予“特殊贡献奖”。

12月22日　北京电台交通广播参与主办的第五届“中国石油北京杯”首都的士英雄评选颁奖举行。北京电台副总编辑亢亚志、交通广播副台长李秀磊出席典礼并为的士英雄颁奖。

12月24日　北广传媒移动电视公司与地铁电视正式签约，就地铁数字移动电视终端提供信号传输、广告及节目上播服务。合同期3个月，自2009年1月1日～3月31日。

12月25日　北京电台召开爱家广播和故

事广播开播新闻发布会。台长汪良正式宣布：爱家广播（中波927千赫／有线调频92.7兆赫）将于2009年1月18日开播，首都生活广播（中波603千赫）将于2009年1月1日起调整为故事广播。

12月26日　“七色光20周年庆典暨北京卡酷七色光文化有限责任公司揭牌仪式”举行。文化部、国家广电总局、中国文联、全国妇联，北京市委宣传部、北京市广播电视局、北京市文化局、北京市教委、北京市妇联等相关部门及文化界、艺术界、教育界、产业界等相关单位的代表出席。市广电局党组副书记、副局长杨淑琴，北京电视台台长刘爱勤在仪式上讲话，并为北京卡酷七色光文化有限责任公司揭牌。

12月28日　北京电台新闻广播、北京绿化基金会和内蒙古多伦县人民政府联合召开总结表彰大会，对在“治多伦一亩沙地，还北京一片蓝天”大型环保公益活动中作出贡献的51家单位和2 000多名个人进行表彰。

12月29日　北京电台举办新中国成立60周年系列宣传活动新闻发布会，向新闻媒体介绍10项宣传活动的策划方案。总编辑陆莹作《倾听北京的声音，唱响时代的旋律》主题发言。

12月29日　中国电视艺术委员会、中国广播电视协会电视制片委员会、北广传媒集团和北京电视艺术中心联合举行电视连续剧《春草》研讨会。北京电视艺术中心制作的33集电视连续剧《春草》在北京、湖北、江苏、宁波、大连、上海等播出取得同时段收视第一的好成绩。

12月30日　北京电台荣获首都民族团结进步先进集体称号。

12月　北京市委组织部、市委宣传部、北京电视台联合制作的电视纪录片《为你而歌》第六部制作完成并播出，市委宣传部常务副部长陈启刚、市委组织部副部长吕和顺审看该片后，给予高度评价。

12月　北京市委常委、宣传部长、副市长蔡赴朝在《北京党建》一周年工作情况中批示“此项工作很有成效”。市委宣传部副部长肖培批示“北广传媒集团在办好《党建》上下了工夫，做出了利用数字电视开展党员教育的有益探索”。

12月　国家广电总局宣布建立第四批国家动画产业基地和第三批国家动画教学研究基地。由北京市广播电视局上报“北京市文化创意产业集聚区”——海淀区中关村创意产业先导基地、石景山区北京数字娱乐产业示范基地和通州区宋庄原创艺术与卡通产业集聚区，成为本次新获批准建立的三家国家动画产业基地之一。国家广电总局已分三批批准成立17个国家动画产业基地。

12月　为纪念改革开放30周年，北京电视台制作播出《岁月如歌》和《北京记忆》两部专题片。北京市委常委、宣传部长、副市长蔡赴朝批示：北京电视台为纪念改革开放30周年先后推出《岁月如歌》、《北京记忆》堪称强档精品栏目，策划到位，思想深刻、内容丰富，形式新颖，生动感人。巧妙运用电视台的历史资料，对比今天现实，让改革开放的主体与受益者——人民群众现身说法，大大增强节目的贴近性、可信性和强烈的感染力。

12月底　中国电影博物馆完成一期工程交接工作。一期工程是由国家广播电影电视总局和北京市政府联合投资建设的国家级电影专业博物馆，是纪念中国电影诞生100周年标志性建筑。

12月　北京中北电视艺术中心有限公司董事长尤小刚、陶玲玲在中国电视艺术界隆重纪念中国电视艺术50周年华诞庆典活动中，被推选为全国优秀电视剧导演。

12月　北京电台交通广播被北京市委授予“北京市思想政治工作优秀单位”称号。

12月　北京歌华文化发展集团举办纪念歌华集团成立10周年系列活动。

12月　北京电视台新址——北京电视中心综合业务楼投入使用，总建筑面积19万平方米。

12月　北京人民广播电台——北京广播大厦投入使用。大厦位于建国门商圈东长安街南侧，是北京人民广播电台独资建设的集电视和广播节目演播制作、酒店式公寓、写字楼办公、餐饮服务等于一体的现代化综合型5A级智能建筑，总建筑面积58798平方米。有电视演播厅4个，面积为1,300平方米、600平方米、400平方米和230平方米的各一个，安装了世界最先进的高标清全数字化电视演播设备，可完成各类综艺、访谈节目的录制和直播；11台高、标清兼容视频工作站的非线性编辑存储系统可满足各种格式视频节目的上下载、包装和编辑工作；一个高清对编机房和一个合成机房可满足传统的视频节目制作；一个专业录音机房可制作各类立体声和环绕声节目，经营的各项筹备工作基本就绪。

年内　北京市广播电视局和北京电台、北京电视台获“抗震救灾，重建家园——工人先锋号”称号。

年内　北京市广播影视作品审查中心依法审查国产电视剧76部2 426集；引进电视剧4部96集；电影4部；引进电影15部；专题片1部9集；引进专题片1部9集；国产动画片12部436集7 390分钟；引进动画片1部52集；审读剧本19部。

年内　华谊兄弟影业有限公司出品《非诚勿扰》、《李米的猜想》、《约翰-拉贝》、《功夫之王》影片4部，制作《我的团长我的团》、《爱你所以离开你》、《身份的证明》、《人间情缘》、《望族》、《兵圣》电视剧6部。

年内　北京紫禁城影业公司出品《一个人的奥林匹克》、《鸟巢》、《烟花恋人》、《赤壁·上》、《铁人》、《万家灯火》影片6部，制作《牟氏庄园》电视剧1部。

年内　海润影视制作公司制作《狐步谍影》、《排球女将》、《杀虎口》、《重案六组Ⅲ》、《震撼世界的七日》、《珍宝》、《中天悬剑》、《侦探成旭Ⅱ千年迷局》、《十三省》、《黑三角》、《沧海》、《锣鼓巷》、《翡翠凤凰》、《潮起两江》、《化剑》、《进城》、《风云1949》电视剧17部。

年内　天地人传媒有限公司制作《家有儿女》(3)、《家有儿女新传》、《家有外星人》、《男人的承诺》、《天地有爱》、《家住小区》、《家有爹娘2》、《都市六人行》电视剧8部。

年内　北京金英马影视文化有限责任公司出品《米香》影片1部，制作《乔省长和他的女儿们》、《对攻》、《关中义事》、《穷妈妈富妈妈》电视剧4部。

年内　北京电视艺术中心制作《春草》、《派出所的故事》、《养母·生母》、《战友》、《刘少奇故事》电视剧5部。

年内　北广传媒影视公司制作《雾柳镇》、《原谅》、《老师错了》、《滴泪痣》电视剧4部。

年内　华夏视听环球传媒(北京)有限公司制作《大唐游侠传》、《夜幕下的哈尔滨》、《好孕来临》和《四世同堂》电视剧4部。

年内　北京华亿联盟文化传媒投资有限公司出品《硬汉》影片1部，制作《仁者无敌》、《勇者无敌》电视剧2部。

年内　北京中北电视艺术中心有限公司制作《对手》、《勇士的最后秘密》电视剧2部。

年内　北京英氏影视艺术公司制作《剧组的故事》、《超人马大姐》情景喜剧2部。

2008年北京市区县广播影视大事记

1月

1月1日　延庆县电视台《延庆新闻》采用新片头、片花，同期声一律打字幕，结束《延庆新闻》不打字幕的历史。

1月1～30日　由顺义区委宣传部、顺义区广播电视中心联合举办的“2007，顺义的骄傲”大型评选活动启动，共有40件顺义区2007年发生的重大新闻事件参评，评出10件作为“2007，顺义的骄傲”十佳事件。

1月4日　顺义区广播电视中心召开2008年工作动员大会。以决胜奥运为主题，全面部署2008年工作，并对2007年度“忠诚之星、微笑之星、严谨之星、创新之星”和“优秀科室”进行表彰。

1月4日　怀柔区文化委员会召开关于安排部署对车载楼宇等公共视听载体进行调查工作会议。怀柔区广播电视中心、发改委、国资委、建委、商务局、工商分局、卫生局、旅游局、交通局等单位主管领导参加。

1月5日　密云县广播电视中心新办栏目《檀州大舞台》正式开播。

1月6日　由丰台区广播电视中心摄制的专题片《大爱无声》在中央电视台《军事报道》栏目中播出。

1月8日　昌平区广播电视中心在2007年度交通安全情况考核验收中取得综合考核成绩98分，被评为区“交通安全优秀单位”。

1月9日　门头沟区广播电视中心全体干部职工在“送温暖，献爱心”及为帮扶学生捐款活动中，共计捐款1 570元。

1月12日　密云县广播电视中心邀请参与《生态新密云》宣传片制作的中央电视台摄影导演孙增田讲授新闻摄像专业课，有90余人参加培训。

1月13日　密云县广播电视中心广告部策划“密云首届职业技能大赛颁奖典礼”在玛森姆度假村举行。典礼上播放了密云县电视台广告文艺科制作的表现县劳动保障部门在就业和再就业方面取得成绩的两个专题片。

1月16日　平谷区广播电视中心经一年多筹划和建设，建成集编辑、制作、资料存储、播出等功能于一体的新非线性制播存一体网，并正式投入使用。

1月17日　怀柔区广播电视中心开展“迎奥运巾帼志愿服务活动”。怀柔区广电中心30多名巾帼志愿服务队成员到光荣院开展志愿服务活动，受到老人们的好评。

1月18日　顺义电台科普类新闻作品《花儿为什么这样红》荣获国家广播电影电视总局“科技创新三等奖”，是北京市唯一获得此类奖项的区县级媒体，也是区电台获得的最高级别奖项。

1月18日　平谷区广播电视中心副主任王久武被国家广播电影电视总局授予“十七大”安全播出先进个人二等功。

1月20日　由石景山区委宣传部、区精神文明建设办公室、老山街道工委、老山街道办事处主办、区广播电视中心承办的《奥运春光映老山》——石景山区喜迎奥运倒计时200天暨老山社区之星颁奖晚会在区广电中心一楼演播大厅录制。

1月22日　牛爱忠任海淀区新闻中心主任。

1月23日　平谷区广播电视中心党支部书记、副主任龚士宏被平谷区总工会、区人事局授予优秀工会工作者称号。王广富被评为平谷区经济技术创新标兵。

1月28日　由平谷区广播电视中心监管、北京歌华有线电视网络公司平谷区分公司、市政管委协力合作的平谷区世纪广场大屏幕民心工程圆满完成，接通有线电视信号，区委常委、副区长王晓光到场祝贺。

1月31日　海淀区新闻中心成立编委会。

1月　通州区广播电视中心宫宝文撰写《移动通讯增值业务和定位系统在非法地面电视信号监控上的应用》荣获国家广电总局科学技术委员会2007年度全国广播影视系统优秀科技论文一等奖。

1月　延庆县广播电视中心藏书上万册的图书阅览室正式投入使用，延庆县委副书记郭振清为其揭牌。

1月　石景山区广播电视中心圆满完成区“两会”电视宣传报道任务，平均每天播出70分钟，共播出有关区“两会”情况的《石景山新闻》50条、《“两会”专题报道》10期。

1月　丰台区广播电视中心新网站(www.bjftrt.com.cn)正式开通试运行。新网站增加了分类、日期、关键字检索查询功能。

1月　大兴区广播电视中心充分发挥媒体作用，大力宣传报道低温冰雪灾害的灾情。

1月　朝阳区区委常委、宣传部部长谢莹慰问朝阳区广播电视中心的一线记者。

1月　怀柔区广播电视中心被北京市人口和计划生育委员会评为2007年度人口和计划生育先进集体。

1月　昌平区广播电视中心百余名干部职工向南方灾区献爱心捐款6 280元，平谷区广播电视中心85名职工为南方灾区捐棉衣（被）94件，丰台区广播电视中心干部职工为南方灾区捐款4 850元，捐棉衣（被）104件。

1月　房山区广播电视中心刘飞在2007年度开展“迎奥运讲文明树新风——争做首都文明职工活动”中，被北京市总工会评为首都文明职工。

1月　朝阳区广播电视新闻中心出资以“朝阳传媒”作为2008朝阳国际风情节冠名名称。

1月　房山区广播电视中心的朱惠强、穆晓凤、许亚辉所著论文《城市台制播存一体化系统和数字播控系统设计及实施》被国家广电总局科学技术委员会评为2007年度全国广播影视系统优秀科技论文三等奖。

2月

2月1日　平谷区广播电视中心完成“平谷区2008年春节团拜会”现场直播任务，与北京电视台转传部合作录制播出实况90分钟。

2月3日　石景山区广播电视中心开展为南方雪灾地区募集棉衣（被）活动，共募集棉衣（被）87件。

2月3日　顺义区广播电视中心举行“凯歌欢歌谱新曲，福猪灵鼠纳吉祥”新春联谊会。同日，顺义区区长张延昆到顺义电视台录制“新春贺词”。

春节前夕　丰台区广播电视中心党组成员走访慰问了共建单位长辛店镇太子峪村生活困难的老党员。

2月4日　门头沟区广播电视中心全体职工在“风雪救援计划”为南方受灾地区捐款1 340元，捐献棉衣（被）41件。

2月5日　平谷区委常委、副区长王晓光，区委常委、宣传部长江涛及政府办副主任李晨到平谷区广播电视中心慰问节日值班的干部职工。

2月6日　房山区区委副书记、区长祁红，区委常委、宣传部长唐淑荣到区广播电视中心慰问干部职工。

2月20日　丰台区广播电视中心副主任姜萍、王艳平率队到石景山区广播电视中心参观、学习。

2月21日　平谷区广播电视中心完成“平谷区第十八届农民艺术节民间花会秧歌进城大拜年”活动现场直播任务，与北京电视台转传部合作录制播出实况120分钟。

2月22日　通州区广播电视中心召开2008年广播电视工作会议，区委常委、宣传部长张秀余就如何搞好广播电视宣传提出具体要求。

2月22日　顺义区广播电视中心举行“倾情广电，和谐共享”——广电中心答谢2007年优秀员工家属座谈会。

2月28日　海淀区新闻中心在皇苑大酒店举行“海淀区新闻中心成立两周年暨《城市周刊》正式创刊庆典活动，北京市广播电视局巡视员洪兵出席并讲话。

2月　昌平区广播电视中心荣获北京市语言文字工作先进集体。

3月

3月3日　昌平区广播电视中心对广播电台节目进行改版，定位为“新闻、文化、娱乐”三大类型，栏目设置为整点小说和评书、半点音乐和娱乐。电视台新开设专题节目《时空关注》、《古今昌平》、《视角》和《百姓话题》。

3月3日　丰台区广播电视中心对社教部制作的栏目开始进行评档，是为提高节目质量采取的新举措。

3月4日　门头沟电视台《走进社区》栏目改版后首次播出，每周一期，时长10～15分钟。分《奥运来了》、《社区故事》、《我上镜》三大板块，为贴近百姓生活、反映群众问题的专题栏目。

3月5日　怀柔区广播电视中心与怀柔区科委联合开办《科技视点》栏目，时长10分钟。内容为科学技术宣传、科技成果展示及科技在工业、农业和休闲旅游等第三产业所发挥的巨大作用。

3月7日　石景山区委书记荣华和区人大主任赵玉民、区政协主席倪国锋出席石景山区广播电视中心承办、录制的石景山区纪念“三八”国际劳动妇女节98周年大型活动。

3月12日　怀柔区广播电视中心开办《国土方圆》栏目，时长5分钟。栏目有政策解读、法律法规介绍和国土资源介绍等。

3月13日　丰台区广播电视中心召开2008年度通联工作会。来自全区各委办局、街乡镇的通讯员参加会议，会上对10个优秀记者站进行了表彰。

3月21日　顺义区广播电视中心举办“顺义因我而美好，奥运因我而精彩”多才多艺广电人服装服饰表演赛。

3月21日　北京市广播电视局总工程师何桂芝、科技处处长陈煜及房山、怀柔、延庆、密云四个区县广播电视中心负责人到平谷区广播电视中心对景台山广播电视无线覆盖转播站建设进行阶段性验收，平谷区广播电视中心主任刘义华作情况汇报。

3月25日　昌平区广播电视中心与北京歌华有线电视网络公司昌平分公司就如何做好2008北京奥运会期间广播电视节目的信号传输、安全播出保障工作进行交流座谈。

3月30日　大兴区广播电视中心和房山区广播电视中心被首都精神文明办、市扶贫济困春风行动办公室授予“春风行动使者”称号。

3月31日　昌平区广播电视中心召开“迎接平安奥运”党员大会。

3月　密云县广播电视中心荣获“2007年度密云县体育工作先进单位”称号。

3月　怀柔区广播电视中心汤河口广播电视转播站被中宣部、文化部、国家广播电影电视总局、国家新闻出版总署评为全国服务农民服务基层文化建设工作先进集体的称号。怀柔区广电中心汤河口转播分站主任樊福林被国家人事部、国家广电总局评为全国广电系统劳动模范。

3月　大兴区广播电视中心荣获北京市妇联、市总工会、市人事局联合颁发的“北京市‘三八’红旗集体”荣誉称号。

3月　通州区广播电视中心承办区人大代表《关于在通州电视台开辟介绍通州人文历史栏目的建议》被区人大办公室评为优秀承办

件，受到表彰。并被区精神文明建设委员会评为《2007年精神文明单位》和《绩效建设先进单位》。

3月　房山区广播电视中心和怀柔区广播电视中心分别被首都精神文明建设委员会评为2007年度首都文明单位标兵。

3月　平谷区广播电视中心被平谷区人民政府评为2007年度人口和计划生育工作区直先进集体。

3月　房山区广播电视中心被北京市交通安全委员会评为北京市2007年度交通安全先进单位。

4月

4月1日　昌平区广播电视中心召开“迎奥运”动员誓师大会。为搞好奥运宣传报道，招聘编辑记者20余人，投入120余万元购买摄像机、录放机、非线性编辑机等新设备。先后组织摄像技术、新闻采编、电视制作、安全播出等四个培训班，提高从业人员业务素质。

4月2日　顺义区广播电视中心主任王颖在顺义区委召开的“2008年宣传思想”工作会上作题为《创新服务、乘势而上、决战奥运、成就梦想、为区域经济和社会发展贡献力量》的典型发言。

4月2日　由北京市委宣传部、首都精神文明建设办公室、市文化局、石景山区委区政府主办，区委宣传部、文明办、文化委员会承办的首届《清明诗会》在北京国际雕塑公园录制，市委宣传部副部长常卫出席活动。4月4日，《清明诗会》在北京电视台播出。

4月8日　平谷区广播电视中心和房山区广播电视中心专题文艺部被团市委、首都综治委预防青少年违法犯罪工作领导小组、市未委会、首都综治办及市高级人民法院、市人民检察院、市公安局、市司法局、市民政局、市劳动和社会保障局、市工商局、市质量技术监督局、市广播电视局、市新闻出版局分别授予2006～2007年度北京市优秀“青少年维权岗”荣誉称号。

4月8～9日　平谷区广播电视中心在区委党校举办全区广播电视业务培训班。邀请中央电视台、中国传媒大学知名专家学者讲课，对平谷区110余名采、编、播人员及乡镇局记者站记者进行培训。平谷区委常委、宣传部长江涛出席并讲话，区广电中心主任刘义华进行动员。

4月13日　由通州区委宣传部主办、区广播电视中心承办的“春归运河，情牵五环——让我们携手走近奥运”大型新闻现场活动录制完成。通州区委书记王云峰，区人大主任石进贤、区长邓乃平、区政协主席王玉辉等及通州籍奥运火炬手、奥运志愿者和社会各界人士300余人参加。

4月15日　朝阳区广播电视新闻中心与朝阳区和平街街道合办刊物《和平家园》发行。

4月16日　昌平区广播电视中心召开新闻座谈会，区文委、区档案局等单位的专家学者及部分社区、乡镇的观众代表应邀对昌平区电视台新闻节目进行点评，并就挖掘地方文化内涵、倾听百姓呼声、强化舆论监督功能等提出建议和意见。

4月18日　海淀区新闻中心与最高人民检察院影视中心《法治中国》栏目进行合作。

4月19日　顺义电视台转播车进入“鸟巢”国家体育场，现场录制“好运北京2008国际田联竞走挑战赛”比赛实况。同日，时任顺义区委常委、常务副区长胡尚云，区委常委、宣传部长杨宝华等，到顺义区电台调研。

4月24～26日　丰台区广播电视中心王艳平副主任带队参加清华大学“电视节目形态创新策略研讨班”学习。区广电中心总编室、新闻部、社教部、专题部51人次参加为期3天的培训。

4月25日　怀柔区广播电视中心与区农委联合开办《今日三农》栏目开播，时长12分钟。栏目分为“三农报道”、“三农亮点”、“农业科技”和“市场行情”四个板块。

4月28日　顺义区广播电视中心对“同心奋战一百天，共铸奥运新辉煌”——奥林匹克水上公园比赛项目倒计时100天服务保障工作誓师大会进行现场直播。区委书记夏占义、区长张延昆到直播间看望工作人员。

4月29日　丰台区广播电视中心党总支组织党员参加奥运倒计时100天主题实践活动，并到共建单位太子峪村悬挂奥运知识图片，开展奥运宣传活动。

4月29日　由石景山区委、区政府主办，区广播电视中心和区文委承办的《走近奥运》——石景山区喜迎奥运倒计时100天电视文艺晚会在区广电中心一楼演播大厅录制。

4月29日　望泉文学社向顺义区广播电视中心赠送“弘扬乡土文学·支持文化事业”锦旗，对区广电中心出资支持村级文化建设予以感谢。同日，区电台文艺部与区少年宫联手推出的“绿港天使唱响奥运活动”正式启动。

4月　中华兴网与央视网的视频联盟正式建立合作关系，对大兴电视台《大兴新闻》、《女子别动队》和《我行我秀》等节目进行宣传，扩展了节目传播领域。

4月　房山区广播电视中心被区委、区政府评为2007年度“迎奥运、讲文明、树新风”活动先进单位、2007年度北部山区环境综合和奥运环境秩序建设先进单位和2007年度创卫工作先进单位；区广电中心技术科被市总工会评为北京市群众性经济技术创新工程优秀班组；区广电中心的许亚辉先后被市总工会和区总工会评为2007年度经济技术创新标兵。怀柔区广电中心文艺部主任高秋英被市总工会评为经济技术创新标兵。

4月　丰台区广播电视中心加强对公益广告的制播，累计制播公益广告近50条。

4月　通州区广播电视中心被北京市防火安全委员会评为2007年度消防工作先进单位，并被评为2007年度区级文明单位。平谷区广播电视中心荣获“北京市2007年交通安全管理先进单位”称号。平谷区广播电视中心播音部被评为2007年度平谷区“青年文明号”、新闻部被重新认定为2007年度平谷区“青年文明号”，区广电中心赵怡斌被评为2007年度平谷区“青年岗位能手”。

4月　房山区广播电视中心制播存一体网被国家广播电影电视总局评为2007年度科技创新奖三等奖。

5月

5月4日　顺义区广播电视中心团总支组织团员青年赴怀柔区青龙峡开展登山赛、篝火晚会和赛诗会，欢庆五四青年节。

5月6日　昌平区委书记关成华、区委常委、宣传部长戴维及区委常委、区委办公室主任曹鹏程等到昌平区广播电视中心调研指导工作。刘晓梅被任命昌平区广播电视中心党委书记、主任，李贵忠调任区委宣传部调研员。

5月6日　海淀区文化委员会组织召开“青少年公益电影节活动电影放映有关问题专题工作会”，全区27个街道、乡镇公共事业管理科、文化服务中心的有关领导30余人参加会议。活动由海淀区文委承办，区电影管理处管理实施，全区20个街道办事处（50～60个社区）、7个乡镇、19个数字电影厅共同参与。

5月12～14日　房山区广播电视中心制作“众志成城、抗震救灾”宣传片花，利用新闻、专题、宣传口号、飞播字幕等形式，宣传抗震救灾。采制有关抗震救灾新闻1 200条（次）并配发相关评论。区广电中心干部职工175人为四川地震灾区捐款共计18 340元。

5月12日　丰台区广播电视中心90名干部职工踊跃向灾区伸出热情援手，支援灾区人民。通过区红十字会为灾区捐款11 750元，帮助灾区人民战胜灾害、渡过难关、重建家园。

5月14日　顺义区广播电视中心干部员工166人，向四川地震灾区捐款23 600元。同日，顺义区广电中心派出记者赴广西、湖北、福建等燕京集团外埠企业摄制“燕京中国行”主题系列报道。

5月14日　石景山区广播电视中心组织全体员工为四川地震灾区捐款，共募集善款3 565元。

5月15日　平谷区广播电视中心全体干部职工向四川地震灾区捐款共计7 350元，如数上交区红十字会。

5月16日　顺义区广播电视中心就数字化改造与成都索贝数码科技股份有限公司签订合作协议。

5月18日　丰台区广播电视中心承办，共青团丰台区委主办“2008丰台区十大志愿者颁奖典礼暨奥运会志愿者誓师仪式”在丰台区文化馆大演播厅举行，区广电中心相关部门人员积极参与，区广电中心领导班子成员现场观摩演练。

5月19日　房山区广播电视中心为四川地震灾区捐款5万元。石景山区广电中心全体员工为四川地震灾区进行第二次捐款，共募集善款12 635元。

5月20日　密云县广播电视中心领导将价值2万多元的10台彩电送到大城子镇聂家峪村10户贫困户家中，为他们安装了有线电视，并为他们代交初装费和3年收视费。

5月22日　房山区广播电视中心共产党员、入党积极分子、普通群众为四川地震灾区共计捐款47 460元。

5月22日　顺义区电视台、广播电台、《顺义时讯》报社、顺广传媒网等媒体，在抗震救灾重点宣传期间，累计播出新闻、公益广告、宣传口号、倡议书总计424条。日播新闻20条，创建台以来日播新闻最高纪录。同日，《顺义时讯》刊发“我们和你在一起”特刊号，纪念“5·12”汶川地震中遇难的同胞。

5月23日　密云县广播电视中心124名干部职工积极向四川地震灾区人民进行第二次捐款计25 475元。

5月23日　延庆电视台与县红十字会联合拍摄了“我们和你在一起，爱心捐助”大型特别节目。

5月26日　房山区广播电视中心干部职工在“捐款十元钱，爱心送汶川”活动中捐款17 800元。

5月27日　平谷区广播电视中心开展以“捐赠十元钱，爱心送汶川”为主题捐赠日活动，全体干部职工共计捐款4 580元。

5月30日　顺义区广播电视中心《顺义时讯》刊登“周岁寄语，励志时讯”创刊一周年专版。《人民日报》原社长，中国记者协会名誉主席邵华泽；《人民日报》原总编范敬宜；《经济日报》原社长武春河；《人民日报》原副总编辑梁衡分别为《顺义时讯》创刊一周年题词。

5月31日　顺义区广播电视中心派出20余名编辑、记者赴奥林匹克水上公园，拍摄、采访“2008奥运会马拉松游泳资格赛”。

5月　门头沟区广播电视中心被北京市防火安全委员会评为“北京市2007年度消防工作先进单位”。

5月　石景山区广播电视中心及时调整播出方案，停播文艺、娱乐、广告类节目，报道全区广大干部群众为灾区捐款、捐物情况，充分利用公益广告、宣传片、游动字幕等多种形式进行抗震救灾宣传。区广播电视中心已制作播出抗震救灾类新闻64条，《记者视线》8期，公益广告4版，宣传片8部。

5月　丰台区广播电视中心加快网络数字化建设，新增6套大洋非线性数字编辑站，新增编辑站与中心媒体资源服务器相连，可实现媒资素材的下载和共享。

5月　海淀区新闻中心在历史上首次实现了电视新闻节目网络化制作。

5月　大兴区广播电视中心开展《抗震救灾，奉献爱心》专题报道，及时准确宣传党和政府抗震救灾的政策措施。

5月　房山区广播电视中心被首都精神文明建设委员会办公室评为“城乡携手迎奥运，共建文明京郊行”先进单位。

5月　各区县广播电视中心采取多种形式喜迎奥运倒计时100天。海淀区文化委员会联合区其他单位在海淀区国家级重点文物保护单位大钟寺古钟博物馆举行“鸣响永乐大钟·祈福百年奥运”活动；丰台区广播电视中心精心策划、设计制作1 000张精美奥运知识宣传卡，并组织党员到共建单位太子峪村进行发放；顺义区广播电视中心圆满完成“同心奋战一百天，共铸奥运新辉煌”奥运倒计时100天外围保障工作誓师大会的电台、电视台现场直播工作。

5月　昌平区广播电视中心2008年新推出《古今昌平》、《百姓话题》、《视角》、《时空关注》等新栏目，突出反映昌平区发展建设新成果、新风貌。

5月　朝阳区广播电视新闻中心《朝阳新闻》栏目开设“奥运之路”专题，共计播出100期，时间跨度从2001年奥运申办成功到2008年奥运会开幕，重点报道朝阳区环境建设、奥运场馆与道路建设、人文奥运建设、奥运功能区建设和外围保障服务工作等。

5月　2008年是大兴西瓜节举办20周年纪念，大兴区电视台集中播出20集大型系列报道《辉煌20年——大兴西瓜节精品回顾展播》，总时长达50分钟。

5月　丰台区广播电视中心与中央电视台7频道《军事纪实》栏目合作拍摄专题片《七月七日》开机。在丰台区首次使用10米摇臂和数字摄像机全景式展示卢沟桥和宛平城旧战场。

5月　房山区广播电视中心在中国广播电视协会城市（县）级广播电视台工作委员会第九届年会暨优秀节目颁奖会上，报送的广播长消息《“民事联系卡”成就便民事》获二等奖，广播短消息《农家女当形象大使》、广播社教类专题节目《龙乡行》，电视长消息《“晒”意见、“晾”家丑，取信于民，和谐发展》和电视短消息《新农合坐上网络快车》分获三等奖。

5月　房山区广播电视中心被中宣部教育局、共青团中央青农部等评为“我与新农村建设”全国农民读书征文活动组织奖。

5月　怀柔区广播电视中心荣获怀柔区全民运动会组委会颁发的怀柔区第二届全民运动会开幕式最佳风采奖。

6月

6月2日　朝阳区广播电视新闻中心《今日点击》栏目开设“奥运的百姓故事”专题，根据朝阳区档案资料和区志区史整理的素材，以电视视角和手法进行宣传报道，共计播出45期。

6月4日　由顺义区广播电视中心策划、协拍的2008版“绿色国际港”形象宣传片在顺义区内开始拍摄。

6月6日　密云县广播电视中心主办密云县全民健身月暨“广播电视杯”羽毛球比赛在瑞海姆田园度假村体育馆开赛，全县30多家单位的300余名运动员参加比赛，密云县委常委、副县长王春林出席开幕式。

6月10日　房山区广播电视中心杨柳的论文《信息时代对主持人管理的思考》在2008年度主持人优秀论文评选中被中国电视艺术家协会、主持人专业委员会评为二等奖。高健的论文《试论记者型主持人在电视新闻节目中的双重定位》、原婧的论文《节目主持艺术研究——论电视民生新闻主持人的平民视角》、王雨佳的论文《浅谈广播节目主持人的“非角色表演”和包装》分获三等奖。

6月20日　昌平区广播电视中心成立总编室。加大广播、电视节目的监审力度，同时对广播、电视节目播出时间进行统筹管理。昌平区广电中心党委书记、主任兼任总编室主任。

6月21日　大兴区广播电视中心成功承办《中国电视网络影响力报告》颁布仪式暨中

国电视50年高峰论坛。大兴区广播电视中心参与的《中国电视网络影响力报告(2008)》课题在中国传媒大学发布。

6月21日　门头沟区广播电视中心为迎接建党87周年组织全体职工去顺义区焦庄户地道战遗址参观,是门头沟区广电中心组织的特色党日活动,中心全体党员在地道战遗址前重温入党誓词，面向党旗庄严宣誓。

6月24日　北京市广播电视局奥运文化大屏幕办公室专家组对平谷区文化广场大屏幕进行验收。

6月26日　延庆县广播电视中心完成对176个卫星+闭路系统增加奥运频道任务。并对全县"村村通"前端机房设备进行全面维护。

6月26日　石景山区委组织部、宣传部主办,石景山区广播电视中心承办的石景山区庆祝建党87周年电视文艺晚会《我是共产党员》在区广电中心一楼演播大厅录制。

6月28日　丰台区广播电视中心党总支与王佐镇西庄店村党总支共同举办《五环相映党旗红》主题党日活动暨《相约奥运》纪念"七一"特别节目。

6月30日　房山区广播电视中心房山区百草畔转播站和监控机房正式投入使用。房山区和门头沟区的群众可以清晰地收看、收听中央电视台、中央人民广播电台、北京电视台、北京人民广播电台等播发的4套电视、3套广播节目。

6月30日　顺义区广播电视中心召开"为党旗增辉，为奥运添彩"——庆祝建党87周年大会。

6月　石景山区广播电视中心确定"改革开放30周年"宗旨为"一个围绕三个贴近"，即围绕改革开放30周年,贴近石景山区实际、贴近百姓生活、贴近时代旋律。在《石景山新闻》中开办《改革开放30周年》和《百姓话说30年》板块；策划开办《足迹》、《难忘30年》等专题节目和一部电视专题片、一场大型电视文艺晚会及一批公益性广告。

6月　延庆县广播电视中心专题科被北京市总工会授予"首都劳动奖状"荣誉。

6月　李岭涛改任大兴区委宣传部副部长兼大兴区广播电视中心党组书记、主任。

6月　平谷区广播电视中心在演播大楼和电视发射塔增设防盗设施,其中播出机房增设防盗窗2块11平方米，防盗门1个；电视发射塔增设防盗窗5块22平方米，防盗门2个；监控周界报警系统1套。

6月　经平谷区编办批准，平谷区广播电视中心增设政工科、总编室、广告科、后勤事务管理科4个科室，现平谷区广电中心下设办公室、新闻科、专题科、技术科、播出科、文艺科、播音科、财务科、政工科、总编室、广告科、后勤事务管理科等12个科室。

6月　怀柔区委副书记蔡淑敏、宣传部部长彭丽霞到怀柔区广播电视中心调研。

7月

7月1日　延庆电台成功改版。节目由原13个整合、改版为12个，改原重播节目为日播节目，节目量增加一倍以上。

7月5日　昌平区广播电视中心党委组织全体党员参观焦庄户地道战遗址纪念馆,并在纪念馆前举行新党员入党宣誓仪式。

7月8日　怀柔区广播电视中心对"村村通"线路升级改造工程进行全面检查。区委宣传部、区文委和相关乡镇负责人参加检查。2008年，怀柔区有82个运行10年以上的"村村通"前端系统线路升级改造工程,为确保工程按时、保质、安全完成，区广电中心对存在问题和隐患进行了及时整改。

7月13日　石景山区广播电视中心对在国际雕塑公园举行的北京奥运文化广场开幕式进行录制。

7月20日　顺义电视台改扩建工程历时五个月竣工。新增会议室、编辑机房、工作间等建筑面积1 325平方米；顺义电台历时两个月的改扩建工程结束；顺义区光明广场、和谐广场、人民公园的奥运大屏开始试播。

7月22日～8月25日　顺义区广播电视中心播刊新闻826条，其中电视台276篇、电台352篇、报社198篇；在市级以上媒体发表稿件460篇。奥运综合报道类栏目《奥运顺义》包括：谈话类栏目《奥运聊吧》、英语类栏目《这里是顺义》、专题类栏目《奥运改变生活》、新闻类栏目《顺义新闻》，每日平均时长达37分钟。《顺义时讯》报社推出奥运特刊8期。

7月27日　平谷区广播电视中心和北京市电力公司平谷区分公司为保障奥运期间电力供应、广播电视播出顺畅运行，联合进行电力供应应急演习。

7月28日　顺义区委书记夏占义，区长张延昆，区委常委、宣传部长、区委办主任杨宝华，到顺义区电视台审阅由顺义区广电中心策划拍摄2008版“绿色国际港”宣传片。

7月30日　平谷区广播电视中心筹资4.9万元，对发射塔低压配电设备、设施进行维修改造，对变压器进行除污加油。

7月　石景山区广播电视中心荣获2007年度北京市首都文明单位标兵荣誉称号。

7月　通州区广播电视中心实施“五个到位”确保平安奥运。通过自查和专业检测，对隐患逐一排查整改，不留死角，重点完善19个消防应急系统及烟感报警系统，更换5个配电箱，更新57个灭火器。实施3个应急分队和装备到位。

7月　怀柔区广播电视中心汤河口南山广播电视无线覆盖工程竣工，使怀柔北部山区百姓可收看到3套电视节目，2套广播节目。此工程占地3.95亩，塔高60米，海拔700米，机房200平米。

7月　海淀区新闻中心启用P2摄像机，新闻采编工作开始进入无带化。

7月　怀柔区广播电视中心完成173个“村村通”系统加装奥运频道（中央5频道）工程，确保全区百姓按时收看到奥运节目。

7月　平谷区文化广场大屏幕转播奥运文化广场文艺演出3场。

8月

8月1日　延庆电视台全新栏目《生活·气象》正式与观众见面。其前身是延庆县电视台播出十年之久的《天气预报》节目。

8月3～25日　大兴电视台联合山东齐鲁电视台、河北电视台、黄河电视台等9家省级电视媒体，共同推出大型直播节目——《“奥”视群雄》，每晚直播1小时。

8月4日　昌平区广播电视中心对《昌平新闻》进行改版，时长由原10分钟改为15分钟，加大奥运宣传报道力度。

8月4日　朝阳区广播电视新闻中心将《朝阳新闻》和《今日点击》两个栏目合并为《奥运朝阳》（日播45分钟），集中报道奥运会期间的各项工作及赛事情况。

8月5日　海淀区新闻中心为海淀区苏家坨镇寨口村、大工村接通光缆电视。

8月6日　石景山区广播电视中心完成奥运火炬在石景山区内传递过程的录制任务。

8月6日　北京奥运会火炬传递仪式在丰台区总部基地举行，丰台区广播电视中心派出36名记者全程参与报道工作，丰台区广电中心领导坐镇指挥，圆满完成拍摄任务。

8月6日　平谷区广播电视中心委托北京科讯立达网络技术有限公司，对中心办公楼内的网络进行内外网改造。

8月7日　通州电视台设置10台机位，出动20名记者，4名播音员对奥运火炬在通州区运河源头传递进行全程录播，并对11名火炬手进行采访。

8月7日　奥运圣火传递活动到达平谷区，平谷区广播电视中心派出13组记者进行现场报道，录制180分钟视频资料，平谷区电视台PGTV－1转播奥运火炬传递全过程。平谷区广电中心派出27名拉拉队成员到现场为奥运火炬传递呐喊助威。

8月7日　延庆电视台完成祥云火炬在八达岭传递活动现场报道，当天即赶制播出《祥云燃激情，奥林匹克火炬在八达岭长城传递》和《延庆各界群众透过屏幕，感受圣火长城激情传递》等新闻。

8月7日　顺义电视台推出奥运综合报道《奥运顺义》，该栏目为《奥运聊吧》、《这里是顺义》、《奥运改变生活》、《顺义新闻》、《潮白两岸是故乡》五个板块。顺义电台策划播出"点燃激情、传递梦想——北京奥运圣火顺义传递"特别节目，并与中央人民广播电台"都市之声"，电话连线并机直播顺义区奥运火炬传递仪式。顺义区广电中心派出两台一报多组记者，全方位采访报道奥运火炬传递仪式。

8月8日　门头沟电视台对《门头沟新闻》的片头、片花、片尾和演播室背景板进行全新包装。

8月8日　奥运火炬在房山区传递，房山电视台多名记者奔赴火炬传递主会场、传递沿线乡镇、4个庆祝分会场和重点乡镇社区，围绕"祥云献瑞，龙乡圆梦"奥运火炬传递主题，运用实况录像采用模拟直播方式，全方位展现奥运火炬传递盛况。完成房山区历史上规模较大的现场宣传报道任务。

8月8日　朝阳区广播电视新闻中心与朝阳区酒仙桥街道合办刊物《酒仙桥》发行。

8月8～24日　顺义电台推出《你好，奥林匹克》特别直播节目，总时长达5个小时，占全天播出节目总量的50%。

8月8～24日　石景山区广播电视中心《石景山新闻》播发160条新闻，《记者视线》播出6期，12个专题节目；配合市以上新闻媒体，播发反映石景山区新闻29条；开设《奥运赛场》、《奥运梦》、《奥运信息服务台》、《当好东道主》等4个奥运节目板块。

8月8日　门头沟区广播电视中心多角度、全方位拍摄奥运火炬在门头沟区传递全过程，并进行详细报道，留下宝贵影像资料。

8月9日　通州电视台为推动新农村建设，开设《走进乡村》栏目正式开播。

8月28日　昌平区委常委、宣传部长戴维及宣传部有关领导到昌平区广播电视中心看望慰问奥运宣传工作人员。

8月29日　顺义区广播电视中心举行"百年梦圆，荧屏庆典"——庆祝顺义区电视台开播14周年联欢会。

8月下旬　密云县广播电视中心记者随密云县慰问团赴四川灾区慰问医疗队员。

8月　昌平区广播电视中心派出16路记者，全程报道奥运火炬在昌平区域内的传递情况，同时昌平电台、昌平电视台、昌平广播电视网在多档新闻专题节目中，全面报道奥运火炬传递活动。

8月　大兴电视台派出记者20多人次，从早晨5点至次日凌晨1点全程跟拍火炬传递活动，高效完成火炬传递报道任务。

8月　门头沟区广播电视中心为适应新设备升级改造需要，规范技术操作规程和提高技术操作技能，确保电视节目的编辑制作和安全播出，制定《2008年非编系统和播出系统培训方案》，邀请经验丰富的工程师及非编网络技术专家对中心领导及全体业务部门人员进行为期两个月培训。

8月　奥运期间，顺义电视台制作播出7集系列专题《历兵七年扬眉亮剑》、31集系列专题报道《奥运改变生活》和《奥运全纪录》系列纪录片。

8月　密云县广播电视中心采制的录音新闻《数字法庭进农家》荣获第18届中国新闻奖三等奖，该作品是本届262件获奖作品中唯一由县级新闻媒体制作的获奖作品。该作品还荣获中央综治委"全国社会治安综合治理优秀新闻作品"二等奖和首都综治办"北京市社会治安综合治理优秀新闻作品"一等奖。密云县广电中心创作电视专题《法律援助在身边》获首都综治办“北京市社会治安综合治理优秀新闻作品”二等奖。

8月　昌平电视台相继开办《真情故事》、《胡先生开讲》、《法制纪事》3档新栏目，自办栏目已达9个。

8月　顺义电台与中央电台通力合作，直播、连线奥运新闻时间达9小时30分钟。区电视台新闻《充气福娃成为水上公园“大明星”》、《动水赛场欢歌热舞激情无限》等7篇新闻分别被江苏卫视、云南卫视等5家卫视台采用播出。

9月

9月3～18日　石景山区广播电视中心开办“北京残奥会信息服务台”专栏节目。

9月4日　顺义区广播电视中心策划、编辑的大型画册《盛世华章——奥林匹克在顺义》和《光荣的记忆》开始编纂。

9月8日　平谷区人大副主任曹来成带领区人大教工委成员到平谷区广播电视中心视察工作，区广电中心领导班子成员参加视察活动。

9月19日　通州区政协主席王玉辉率领20名政协委员到通州区广播电视中心视察，还参观了顺义区广播电视中心和平谷区广播电视中心。

9月25～27日　石景山区广播电视中心先后录制了石景山区纪念“9·25《公开信》”发表28周年电视文艺晚会——《国策之路》、石景山区奥运志愿者表彰电视晚会——《光荣属于你》和纪念石景山区园林事业30年电视晚会——《花儿为什么这样红》。

9月28日　顺义区广播电视中心《顺义时讯》在“全国第四届花博会”倒计时一周年之际，刊发首个号外。

9月　昌平区广播电视中心制定《残奥会新闻宣传服务保障方案》，加强对广电中心志愿者新闻报道服务培训；继续做好音视频收集、图片采集、新闻宣传工作，积累各种资料，为新闻宣传服务遗产转化奠定基础。

9月　怀柔区广播电视中心制作播出《三十年，我们共同走过》、《纪念怀柔改革开放30年》电视系列片。

9月　丰台区广播电视中心《丰台新闻》相继开辟《数字看丰台》和《丰台相册》专栏，纪念改革开放30年来丰台区取得的突出成绩。

9月　大兴区广播电视中心自办发行刊物《大兴广播电视》已印发68期5万余册。区广电中心积极开展“捐赠衣被、温暖灾区”活动，捐献棉衣被141件。大兴区广电中心荣获北京市新闻工作者协会举办的“北京新闻界庆祝记者节乒乓球邀请赛”团体第三名。

9月　昌平区广播电视中心荣获北京奥组委颁发的“北京奥运会、残奥会体育展示工作突出贡献奖”；区广电中心主任刘晓梅、总工程师包书卿获“北京奥运会、残奥会体育展示工作特殊贡献奖”。

9月　怀柔区广播电视中心获北京奥组委、交通部授予的奖牌；区广电中心职工武建立获北京奥组委授予“北京奥运会残奥会优秀志愿者”称号。

10月

10月1日　朝阳区广播电视新闻中心编印《奥运之路——朝阳区筹办奥运、服务奥运、保障赛事工作纪实》一书，记录了朝阳区筹办奥运7年来的历程。

10月3日　顺义电台文艺部推出改革开放30年特别节目《口述历史——一个人的三十年》和《你还记得吗》专题节目。

10月6日　房山区广播电视中心被北京市委、市政府、北京奥组委评为“北京奥运会、残奥会先进集体”。

10月6日　顺义区广播电视中心召开“激情圆梦，快乐奉献”顺义区广电中心奥运总结表彰大会暨新员工军训汇报表演。副区长杨培丽、区宣传部副部长马朝龙、区文明办主任沈凤田、区直机关工委副书记米树毅参加大会。

10月7日　昌平区广播电视中心对北京

电视台公共频道昌平时段栏目和广告时间进行规范，《胡先生开讲》和《百姓话题》每期20分钟，《真情故事》和《法制纪事》等栏目每期10分钟，所有节目实现正、负零秒播出。

10月12日　昌平区广播电视中心邀请中国科学院北京基因组研究所司法物证鉴定中心主任、“全国五四奖章”获得者、全国青联委员、十七大代表邓亚军博士为区广电中心干部职工和区各部门通讯员做专场报告会。

10月12日　昌平区广播电视中心摄制的专题片《2008不会忘记》在全区奥运会、残奥会总结表彰大会上播出，反响强烈。

10月16日　平谷区广播电视中心的93名干部职工为甘肃陇南地震灾区捐赠棉衣、棉被123件。

10月18～20日　密云县广播电视中心98名干部职工向汶川地震灾区捐赠衣（被）157件，并及时送往灾区。

10月20日　门头沟区广播电视中心新机房正式启动。

10月23日　平谷区广播电视中心被北京市委、市政府、北京奥组委评为“北京奥运会、残奥会先进集体”。

10月23日　门头沟区广播电视中心全体干部职工向地震灾区累计捐赠棉衣(被)101件。

10月26日　昌平区广播电视中心召开“2008北京奥运会、残奥会总结表彰大会”，对先进集体和41名先进个人进行表彰。

10月29日　顺义区广播电视中心组织17个镇广播站广播员与区电视台、区电台相关人员共同参加由北京电台副台长王秋作《节目与经营》的讲座。

10月　昌平区广播电视中心开展“金秋献爱心”捐赠活动，共捐献新衣物200余件、爱心慈善款19 400元人民币。密云县广播电视中心积极开展向地震灾区“送温暖、献爱心”活动，干部职工向灾区捐赠棉衣（被）共157件。

10月　朝阳区广播电视新闻中心被北京市委、市政府、北京奥组委评为“北京奥运会、残奥会先进集体”，并荣获“北京奥运会、残奥会集体功勋大奖”。

10月　怀柔区广播电视中心于2007年8月至2008年10月，投资400万元，搭建完成的集编辑、制作、审片、储存等功能于一体的媒资管理系统正式启用。新系统包括：12个编辑站、一个配音站、一个卫星收录站等组成的制作网，三个频道的播出系统。同时启用了编辑设备使用管理系统、门禁系统和安全监控系统。

10月　怀柔区广播电视中心党组成员、副主任刘殿彬被首都精神文明建设委员会授予首都“迎奥运、讲文明、树新风”活动先进个人。怀柔区广电中心被区委、区政府评为“迎奥运、讲文明、树新风”活动先进单位。

10月　平谷区广播电视中心被北京市“2008”环境建设指挥部评为“北京奥运会、残奥会环境建设先进集体”。平谷区广电中心在《平谷新闻》推出“辉煌30年”系列报道，在《视点》中开设“变化”专栏，反映平谷区改革开放30年的变化和成就。

11月

11月2日　平谷区广播电视中心80多名编辑记者以登山比赛的形式欢庆第九届中国记者节。

11月6日　昌平区广播电视中心欢度第九届中国记者节。新闻、专题、广告等10个奖项获奖人员受到表彰。昌平区副区长方炎、区政协常务副主席沈玉宝和区委宣传部领导出席并致辞。

11月8日　门头沟区广播电视中心召开“广电、新闻中心奥运总结表彰大会”，表彰了奥运期间涌现出的先进个人。

11月15日　延庆县广播电视中心完成延庆县山区24个村的“村村通”升级改造工程，把高质量的电视信号传送到千家万户。

11月17日　门头沟区广播电视中心播出

机房正式启用硬盘播出。

11月20日　海淀区新闻中心与区史志办联合召开“纪念海淀解放60周年”座谈会。

11月26日　北京市广播电视局科技处组织专家组对平谷区景台山无线广播电视信号覆盖效果进行验收，并对信号覆盖效果表示满意。

11月28日　顺义电台文艺部完成2009年节目改版工作，新推出《百姓秀场》、《电台情歌》、《西部往事》、《时尚生活》和《文艺大联盟》等多种娱乐性节目。

11月28日　北京市红十字会授予丰台区广播电视中心《抗震救灾先进集体》荣誉证书。

11月　大兴电视台制作完成《历程——大兴改革开放30周年》系列报道。通过叙述身边人和事及社会新变化，从不同视角、层面展现改革开放以来大兴区社会发展取得的成就。

11月　平谷区广播电视中心荣获区“北京奥运会、残奥会志愿者工作优秀组织奖”。

11月　大兴区广播电视中心《中华兴网》网站认知度和点击率逐步攀升，加强对外合作，突出独特视音频特色，实现每日《大兴新闻》、《女子别动队》两档新闻实时上传，受到好评。

11月　顺义电视台专题片《拿什么奉献给你，我的乡亲》和《欢迎罗格到我家》分别荣获第二届中国新农村建设小康电视节目工程纪录片最佳作品奖和好作品奖。

11月　平谷区广播电视中心新闻科王学俭、张亮拍摄制作的新闻《大山深处的奥运特刊》在“奥运中国”好新闻评选中荣获优秀新闻奖。

11月　房山区广播电视中心报送的《三农零距离》，经中国广播电视协会专家评析，被评定为三等创优栏目类。

11月　平谷区广播电视中心被北京市妇联评为北京市“三八”红旗集体，平谷区广电中心的王健荣获“奥运巾帼奉献奖”。

12月

12月5日　门头沟区广播电视中心召开全体党员大会，选举组建党总支，经选举班书臣为党总支书记，滕红琴为党总支副书记，高艳蕊、胡金旺、安文生为党总支委员。

12月15日　顺义电视台选送的专题片《拿什么奉献给你——我的乡亲》、《欢迎罗格到我家》荣获第二届中国新农村建设小康电视节目工程纪录片最佳作品奖。

12月15日　石景山广播电视中心录制了由区委宣传部主办，区广电中心、区文委承办的石景山区纪念改革开放30周年文艺晚会——《走过30年》。石景山区委书记荣华、区长周茂非、区人大主任赵玉民、区政协主席倪国锋等区领导观看演出。

12月16日　顺义区广播电视中心主任王颖参加“第三届中国（北京）国际文化创意产业博览会·广播电影电视发展论坛”。

12月17日　房山区委书记刘伟到房山区广播电视中心调研，观看了编辑机房、播出机房和400平方米演播厅，并听取工作汇报。

12月23日　平谷区区委常委、副区长王晓光到平谷区广播电视中心审看重新包装的频道节目，对频道包装体现出的平谷区特色和独特创意表示满意。

12月25日　顺义电台先后完成并开通顺沙路、顺于路、临空一街、临空二街、临空一路、临空二路等6条街道15.1公里的有线广播，安装音柱438只，建立3个二级功放站，另有12条街道完成管线和缆线的铺设。

12月29日　由昌平区广播电视中心策划、导演的“昌平区庆祝改革开放30年建设昌平先锋人物颁奖晚会”在区广播电视中心演播厅成功举办，区委、区政府、区人大、区政协等领导参加晚会并为先锋人物颁奖。

12月　平谷区广播电视中心拍摄制作的《圆梦》荣获由中国电视艺术家协会组织评选的“新农村、新农民——中国农村小康故事”

电视专题片优秀奖。

12月　昌平区广播电视中心和怀柔区广播电视中心分别荣获北京市爱国卫生运动委员会颁发的“爱国卫生先进集体”。昌平区广电中心获北京市体育局颁发的“全民健身周优秀报道奖”。怀柔区广电中心办公室主任郭福利被北京市公安局评为保卫干部个人三等功。

12月　延庆县广播电视中心与县委宣传部、延庆报社共同组织、策划，并成功举办“首届感动延庆十大人物”颁奖晚会。

12月　密云县广播电视中心举办计算机基本技能比赛，全中心共77名职工报名参加比赛，有20人进入决赛。

12月　丰台区广播电视中心2008年累计制作、播出《迎奥运，促和谐》、《奥运指路》、《关爱残疾人》和《环保为人人》等公益广告14条。

12月　怀柔区广播电视中心与怀柔区相关单位密切配合，在39个卫星+闭路的行政村加装怀柔台节目，扩大怀柔台覆盖范围。投资17.35万元为长哨营满族乡长哨营村安装广播设施，取消原有高音喇叭，安装40多个低音柱，提高群众收听效果。

12月　平谷区广播电视中心奥运宣传报道先后与区政法委合作开设《平安奥运行动》新闻专栏；与区残联合作开设《与梦一起飞》新闻专栏，并制作播出一批专题节目。

12月　大兴区广播电视中心被大兴区委、区政府评为“北京奥运会、残奥会工作先进集体”。7人荣获先进个人称号，2人荣获优秀志愿者称号。丰台区广播电视中心被丰台区委、区政府评为“北京奥运会、残奥会先进集体”，9人荣获先进个人称号。

年内　门头沟区广播电视中心先后被评为首都“迎奥运、讲文明、树新风”活动先进集体，“北京奥运会、残奥会环境建设先进集体”；并被门头沟区委、区政府评为“北京奥运会、残奥会先进集体”。

索 引

2009/《北京广播影视年鉴》

——记录行业情况　服务业内和社会——

索　引
INDEX

汉语拼音索引

A

B

C

D

T

W

X

Y

Z

数字索引